Fachbuchprogramm mit Kompetenz

Börcsök, J.

Rechnerarchitekturen
Struktur und Konzepte
2002, 397 S., DIN A5, geb.
ISBN 3-8007-2629-7
25,– € (D) /
25,60 € (A) / 42,10 sFr*

Junk, K.-P. / Mayer, M.

Active Datamanagement
Säulen der Informations-
sicherheit
2003, 156 S., DIN A5, geb.
ISBN 3-8007-2682-3
18,50 € (D) /
19,– € (A) / 31,50 sFr*

Werb-Nr. 031020

Bestellungen über den Buchhandel bzw. direkt beim Verlag.

Preisänderungen und Irrtümer vorbehalten.

* = Persönliche VDE-Mitglieder erhalten bei Bestellung unter Angabe der Mitgliedsnummer 10 % Rabatt.

Dipl.-Ing. Peter Jöcker

Computernetze

LAN • WAN • Internet

3. Auflage 2004

VDE VERLAG GMBH • Berlin • Offenbach

Umschlagbild:
mit freundlicher Genehmigung der Fa. Cisco Systems (www.cisco.de)

Bibliografische Information Der Deutschen Bibliothek
Die Deutsche Bibliothek verzeichnet diese Publikation in der Deutschen
Nationalbibliografie; detaillierte bibliografische Daten sind im Internet über
http://dnb.ddb.de abrufbar

ISBN 3-8007-2739-0

© 2004 VDE VERLAG GMBH Berlin und Offenbach
Bismarckstraße 33, 10625 Berlin

Satz: VDE VERLAG GMBH, Berlin
Druck und Bindung: „Thomas Müntzer" GmbH, Bad Langensalza   2004-01

Inhalt

Prolog

Lieber Leser, mit dieser 3. Auflage meines Buchs „Computernetze" versuche ich erneut, das komplexe Thema Netzwerke einfach, aber auch umfassend zu erläutern. In meinem Buch verwende ich meistens die Sprache der Praxis und selten die der Wissenschaft. Alle im Buch genannten Techniken habe ich seit 1983 selbst in Kundenprojekten mit gutem Erfolg angewandt. Sicher gab es dabei kleine und große Pannen, aber auch daraus kann man lernen.

Ein Kunde fragte mich 1986, ob ich nicht bei dessen nächster Kundenveranstaltung einen Vortrag zum Thema Computernetze halten könne. Daraus entstand meine diesbezügliche Seminarreihe bei der Technischen Akademie Wuppertal (www.TAW.de). Nachdem diese seit 1991 erfolgreich stattfindet, bat mich im Jahr 1999 der VDE VERLAG (www.VDE-Verlag.de), meine Netzwerkerfahrungen in einem Buch zusammenzufassen und zu veröffentlichen. Damit will ich nur zeigen, dass dieses Buch aus der Praxis heraus entstand.

Einige Leser haben sich dankenswerterweise der Mühe unterworfen, mir eine E-Mail zu schreiben (an: PJoecker@Yahoo.com), mich auf Fehler hingewiesen, Netzwerktechniken diskutiert und mich um Erweiterungen gebeten. Als Ergebnis liegt nun diese 3. Auflage vor. Nur drei Seiten der 2. Auflage blieben unverändert, und es kamen mehrere neue Kapitel hinzu.

Meinen Vorsatz, alle Änderungen zu den vorherigen Aussagen auf meiner Internet-Homepage (www.Peter-Jöcker.de) zu veröffentlichen, musste ich in der 3. Auflage leider aufgeben. Es hat sich zu viel geändert. Wer meine Homepage besucht, wird dort Buchkorrekturen und Ergänzungen finden, Freeware-Programme zum Netzmanagement und viele Links zu interessanten Internetseiten auf dem Gebiet Computernetze.

Bedanken möchte ich mich in erster Linie bei meinen Lesern, dann natürlich bei meinem Lektor *Roland Werner* und meiner Freundin *Claudia Rauch*, die nicht nur monatelang auf jeden Ausflug verzichten musste, sondern mir immer beim Korrekturlesen half.

Dieses Buch widme ich meinem Sohn Jens, den ich sehr lieb habe.

Oktober 2003   *Peter Jöcker*

1   Normen

Zu Anfang dieses Buchs etwas Theorie. Auch wenn es ein sehr trockener Stoff ist, man muss die Grundlagennormen kennen, um zu verstehen, wie ein Computernetz arbeitet.

Basis jeder Kommunikation ist eine Norm. Wollen zwei Menschen miteinander reden, dann müssen sie dieselbe Sprache sprechen. Die Regeln für jede Sprache sind in Grammatik und Wörterbuch festgehalten.

Das Gleiche gilt auch für Computernetze. IBM veröffentlichte 1974 die erste Netzwerknorm: **SNA** (System Network Architecture). DEC (heute Compaq/HP) folgte 1976 mit seinem **Decnet**. Jedes dieser Netzwerke basierte auf einer herstellerspezifischen (proprietären) Architektur und nicht zusammenpassenden (inkompatiblen) Schnittstellen. So war es damals von den Herstellern gewollt, dass man zwischen SNA und Decnet keine Daten austauschen konnte.

Diese Tatsache wollten die Anwender nicht hinnehmen. Daher begannen Mitte der Siebzigerjahre nationale und internationale Gremien herstellerunabhängige Normen für Computernetze zu entwickeln. Denn nur Normen schaffen Richtlinien, die für alle gelten und erst einen Datenaustausch zwischen Systemen verschiedener Hersteller ermöglichen.

1865 ITU (vormals CCITT) gegründet

1884 IEEE gegründet

1947 ISO gegründet

1969 ARPANET, Start des Internet

1970 erste Modems

1971 X.25 ist das erste WAN-Netz

1973 TCP/IP im Arpanet

1973 Ethernet von Bob Metcalfe

1974 SNA von IBM

1976 DECNET von Compaq (DEC)

1978 OSI-Modell

1980 Ethernet Thickwire-Coax

1981 IEEE-802.3 Ethernet

1982 Arpanet nutzt das erste IP

1985 Token-Ring mit 4 Mbit/s

1986 IETF gegründet

1987 FDDI als erstes Glasfasernetz

1987 Token-Ring mit 16 Mbit/s

1988 ATM vom ITU als Basis für B-ISDN

1988 IBM-Cabling-System

1989 ISDN in Deutschland

1990 Ethernet über Twisted-Pair

1991 Frame-Relay als neues WAN-Netz

1991 ATM-Forum gegründet

1995 DIN 50 173 strukturierte Kabel

1995 Ethernet über Glasfaser

1997 Fast-Ethernet mit 100 Mbit/s

1998 DSL in Deutschland

1999 Gigabit-Ethernet mit 1000 Mbit/s

2002 10-Gigabit-Ethernet

1.1 Das OSI-Modell vom ISO aus 1978

Die Basis aller heutigen Netze bildet das 1978 von der ISO (International Standard Organisation) veröffentlichte OSI-Referenz-Modell (Open System Interconnect). Das OSI-Modell ist auf folgenden Prinzipien aufgebaut:

- es beschreibt die generellen Funktionen, ohne im Detail zu definieren, wie man etwas realisieren soll,
- es vereinfacht die Komplexität eines Computernetzes dadurch, dass es die Norm in Untergruppen (engl. Layer) aufteilt,
- man kann die Funktionen eines Layers ändern, ohne Einfluss auf andere Layer zu nehmen, d. h., die anderen bleiben unverändert,
- es definiert standardisierte Schnittstellen (engl. Interface), so dass ein Datenaustausch (Kompatibilität) in einem herstellerübergreifenden (engl. Multivendor) Netz möglich wird,
- erst durch die Layer kann die Industrie spezielle Detaillösungen anbieten, das fördert die industrielle Umsetzung von Normen in reale Produkte,
- das OSI-Modell vereinfacht die Fehlersuche: man kann mit den entsprechenden Messmitteln stufenweise einen Fehler einkreisen, es ist, als ob man die Schalen einer Zwiebel einzeln entfernt, um den Fehler zu finden.

1.1.1 Sieben Layer im OSI-Modell

Die Arbeitsweise des OSI-Modells kann man mit folgendem Beispiel vergleichen:

- man möchte eine Armbanduhr von Deutschland nach den USA versenden, das ist der Wunsch des Anwenders auf **Application-Layer**,
- er packt die Uhr ein, diese Arbeit übernimmt der **Presentation-Layer**,
- nun füllt man eine Paketkarte aus und gibt das Päckchen auf der Post ab, auf dem **Session Layer**,
- die Postbeamten schauen in den Fahrplan des **Transport-Layers**, wann der nächste Flug in die USA abgeht und veranlassen den Transport des Päckchens,
- das Päckchen mit der Armbanduhr wird nun in einen Container verladen, da man noch weitere Fracht in die USA senden möchte, die Fracht-Container be- und entlädt der **Network-Layer**; auch den Weg, den die Container nehmen sollen, wird hier über eine Routenplanung definiert,
- der **Datalink-Layer** sucht einen Lastwagen oder ein Flugzeug für den Containertransport, den Lastwagen könnte man mit einem Ethernet-LAN und das Flugzeug mit einem ISDN-WAN vergleichen,
- schließlich benötigt der Lastwagen noch eine Straße, auf der er fahren kann; die Aufgabe, Straßen zu bauen, übernimmt der **Physical-Layer**.

OSI-Layer	Aufgabe	Analogie
Application	Anwendungen (Web-Browser, SMTP, FTP)	Uhr versenden
Presentation	Datencode (ASCII, EBCDIC, TIFF, MPEG)	Päckchen packen
Session	Verbindungsaufbau/-abbau (NFS, SQL, RPC)	Paketkarte
Transport	Flusskontrolle (CRC, ACK, Window, Duplex)	Fahrplan
Network	Wege finden (Routen), Protokolle (IP, IPX)	Container, Pakete
Datalink	Frames, Netze (Ethernet, ISDN)	Lkw, Flugzeug
Physical	Kabel + Stecker, elektrische + optische Signale (Bits)	Straße

Tabelle 1.1 OSI-Modell aus 1978 („Please do not throw salami pizza away")

Das OSI-Modell definiert folgende Übertragungstechniken:

- Der **Application-Layer** definiert Anwenderfunktionen, wie einen Web-Browser (WWW), ein E-Mail-System (SMTP), Filetransfer (FTP) oder den elektronischen Datenaustausch (EDI).

- Der **Presentation-Layer** verfügt über Funktionen zur Datencodierung (ASCII, EBCDIC, TIFF, JPEG, MPEG), zur Verschlüsselung (DES, RSA) und Komprimierung (STACKER).

- Der **Session-Layer** baut eine Verbindung zwischen zwei Rechnern (engl. Station, Host) auf und ab. Einige, heute herstellerübergreifend normierte, Session-Layer-Programme werden im Folgenden kurz genannt: das Network-File-System (NFS) von Sun verbindet Festplatten verschiedener Rechner; die Structured Query Language (SQL) von IBM realisiert Datenbankoperationen; Remote Procedure Calls (RPC) erlauben einen Programmstart auf entfernten Rechnern; über X-Window wird es möglich, grafische Anwendungen zu programmieren, die auf verschiedenen Rechnern im Netz laufen.

- Der **Transport-Layer** schaltet eine Ende-zu-Ende-Verbindung zwischen Rechnern, die miteinander Daten austauschen wollen. Wenn es gewünscht wird, sucht er nach Übertragungsfehlern, wiederholt defekte Pakete oder bestätigt den fehlerfreien Empfang (engl. ACKnowledgement) und verhindert eine Überlastung des Empfängers. Sollten die Datenmengen des Anwenders zu groß werden, teilt er diese in einzelne Pakete auf und fügt sie im Empfänger wieder zusammen.

- Der **Network-Layer** transportiert die einzelnen Pakete durch das Netz. Er legt die Wege, bzw. Routen fest, denen ein Datenpaket folgen muss. Network-Layer-Protokolle sind u. a. IP aus dem Internet oder IPX von Novell. Diese definieren auch den Aufbau der **Pakete**. Auf dem Network-Layer findet man auch die IP-(192.168.254.1) oder IPX-Adressen (DEADBEAF:00000c-4812ad).

- Der **Datalink-Layer** definiert die physikalischen Netzwerke wie Ethernet oder ISDN. Er transportiert die Network-Layer-(IP, IPX)Pakete **eingepackt in Frames** der jeweiligen Netzwerke (Ethernet-SNAP, ISDN-PPP). Über den Cyclic-Redundancy-Check (CRC) kann man errechnen, ob ein Frame den Empfänger fehlerfrei erreicht hat. Des Weiteren beschreibt der Datalink-Layer Netzwerkadressen, wie eine MAC-Adresse (4000.7ade.fade) oder eine ISDN-Rufnummer (+49-177-705-1157).

- Der **Physical-Layer** definiert Kabel und Stecker, legt elektrische und optische Signale fest und **transportiert Bits** von einer Netzwerkkomponente zur nächsten.

Alle hier nicht erläuterten Fachbegriffe werden in den folgenden Kapiteln dieses Buchs im Detail erläutert.

1.1.2 Protokolle in Computernetzen: IP, IPX, SNA, Apple-Talk

Unter einem Netzwerk-Protokoll versteht man normierte Funktionen, wie Rechner über Netze, wie Ethernet oder ISDN, hinweg kommunizieren. Hier hat sich in letzter Zeit das Internet-Protokoll (IP) durchgesetzt. Alle Hersteller, u. a. Apple, Banyan, HP/Compaq/DEC, IBM, Novell, Xerox, empfehlen heute, in neuen Netzen nur noch IP einzusetzen. IP hat folgende Vorteile: es wird herstellerneutral vom IETF (Internet Engineering Task Force) genormt und läuft unabhängig von der Technik über alle Netze, wie Ethernet, ISDN, Frame-Relay oder DSL. Auch ist es sehr robust gegen Störungen und Fehlkonfigurationen.

1.1.3 LLC- und MAC-Sublayer vom IEEE

Das Institute of Electrical and Electronics Engineers (**IEEE**) aus den USA teilt den Datalink-Layer für Local Area Networks (**LAN**: Ausdehnung < 3 km) in einen Logical-Link-Control- und einen Media-Access-Control-Sublayer auf. Eine dem IEEE vergleichbare Organisation in Deutschland ist der **VDE** (Verband der Elektrotechnik Elektronik Informationstechnik e.V.).

Die LLC- und MAC-Sublayer des IEEE sagen Folgendes aus:

- Der **Logical-Link-Control (LLC)** definiert ein netzwerkunabhängiges Frameformat, den LLC- oder SAP-Frame (Service Advertising Protocol). Diesen kann man eingepackt in die verschiedenen LAN-Frames von Ethernet, Token-Ring oder FDDI transportieren. Auch werden im LLC unterschiedliche Verbindungsarten (siehe unten) festgelegt.

- Der **Media-Access-Control-(MAC)**Sublayer beschreibt die Netzwerke. So definiert die Spezifikation IEEE-802.3 das Ethernet und die IEEE-802.5 den Token-Ring.

OSI-Layer	Aufgabe
Application	Anwendungen (Web-Browser, SMTP, FTP, Telefonie)
Presentation	Datencode (SCII, EBCDIC, TIFF, MPEG)
Session	Verbindungsaufbau/-abbau (NFS, SQL, RPC)
Transport	Flusskontrolle (CRC, ACK, Window, Full-Duplex)
Network	Wege finden (Routen), Protokolle (IP, IPX)
Datalink	**LLC:** Übertragungsarten (Typ 1, 2, 3) (LLC-Frames) **MAC:** Adressen + Netze (Ethernet, Token-Ring, FDDI)
Physical	Kabel und Stecker, elektrische und optische Signale (Bits)

Tabelle 1.2 LLC- und MAC-Sublayer vom amerikanischen IEEE als Modellergänzung

1.2 Internet-Modell

Im Gegensatz zum ISO-Modell verfügt das IP- oder Internet-Modell nur über vier Layer. Die unteren drei Layer des IP-Modells sind identisch mit dem ISO-Modell. Die ISO-Layer 4 bis 7 werden im IP-Modell zum vierten Layer, dem Application-Layer, zusammengefasst. Das kommt der praktischen Anwendung viel näher.

Die Struktur der vier Layer findet man bei jedem Netzaufbau: erster Layer, Kabel und Stecker; zweiter Layer, Netzkomponenten für Ethernet oder ISDN; dritter

Layer 4	**Application**	**Port-Nummer**	**von 1 bis 65.535**	**Host = PC, Server**
PORT	beschreibt Anwendung (www.iana.org/assignments/port-numbers)			
TCP	mit Empfangsbestätigung & Fehlerkontrolle (WEB, E-MAIL, FTP, TELNET)			
UDP	senden ohne Empfangsbestätigung (NFS, SNMP, SYSLOG, TFTP)			
Layer 3	**Network**	**IP-Pakete**	**192.168.128.254**	**Router = Def.Gate**
IP	ein PING prüft die Erreichbarkeit, und ein TRACE zeigt den Weg			
Layer 2	**Datalink**	**MAC-Frames**	**4000.7000.4711**	**Switch = Bridge**
Netze	wie Ethernet mit MAC-Frames oder ISDN mit PPP-Frames			
Layer 1	**Physical**	**Bits (elektr./opt.)**	**Stecker & Kabel**	**Hub = Repeater**
Frame	L1: Start-Bits	L2: Ziel/Abs.-MAC	L3: Ziel/Abs.-IP	L4: Anw./Session-Port

Tabelle 1.3 Vier-Layer-IP-Modell und Aufbau eines IP-Datenpakets

Layer, Transport der Daten mit IP, und im vierten Layer findet man die Stationen mit ihren Anwendungen.

Auch die Netzkomponenten kann man in vier Gruppen einteilen: erste Gruppe, Hubs und Repeater senden Bits; in der zweiten Gruppe sortieren Switches die MAC-Frames; die dritte Gruppe bilden die Router, die finden die Wege für die IP-Pakete; und die vierte Gruppe sind die Stationen, im IP auch Hosts (PC, Drucker, Server, Mainframe) genannt.

Auch jedes IP-Paket gliedert sich in vier Teile: zu Beginn, im Layer 1 werden Startbits gesendet; dann folgt der netzwerkspezifische zweite Teil, im Ethernet mit den MAC-Adressen von Ziel und Absender; im dritten Teil findet man IP-Ziel- und -Absenderadressen, und im vierten Teil definiert die erste Portnummer die Anwendung und die zweite Portnummer die Session, die Nummer der TCP-Verbindung.

1.3 Verbindungslos und verbindungsorientiert

In Computernetzen unterscheidet man prinzipiell zwischen zwei Verbindungsarten (engl. Link): verbindungslos und verbindungsorientiert.

1.3.1 Datagramme

Eine verbindungslose Strecke oder ein Datagramm gleichen dem Versenden einer Postkarte. Man gibt die Karte auf die Post und erwartet, dass diese ankommt. Man erhält aber keine Empfangsbestätigung von der Post.

Datagramme besitzen:

- keine Fehlerkontrolle und
- keine Empfangsbestätigung.

Durch diese einfache Art der Übertragungssteuerung sind Datagramme die schnellsten Datenverbindungen. Datagramme werden u. a. beschrieben als LLC.1 vom IEEE oder UDP/IP im Internet.

1.3.2 Sessions

Verbindungsorientierte Strecken oder Sessions arbeiten ähnlich wie der Versand eines Einschreibens mit Rückschein. Man erhält eine Bestätigung vom Empfänger, dass die Sendung fehlerfrei angekommen ist. Sessions haben folgende Kennzeichen:

- Auf- und Abbau der Verbindung (Setup und Disconnect)
- Übertragen jedes Frames mit Empfangsbestätigung (Acknowledge)
- Versenden der Frames mit Folgenummern (Windowing, Modulo)
- Erkennen von Fehlern und im Fehlerfall gibt es Paketwiederholungen
- Flusskontrolle (Start/Stop-Betrieb, Handshake, Congestion, Full-Duplex)

Man bestätigt jedoch nicht jedes einzelne Paket, das würde zu lange dauern, sondern erhält die Empfangsquittung erst nach einer Gruppe von Paketen. Dieses Verfahren nennt man **Windowing**. Kommt die Bestätigung nach acht Paketen, dann nennt man das Modulo-8. Es gibt aber auch ein **Modulo-128** oder ein Windowing nach der Anzahl gesendeter Bytes. Nach 9000 Bytes erwartet man eine Bestätigung. Die Technik der Flusskontrolle verhindert, dass der Empfänger überlastet wird. Droht sein Empfangsspeicher überzulaufen, dann sendet er ein Pause-Frame an den Absender. Dieses nennt man Handshakeverfahren oder Congestion-Management.

1.4 Local Area Network und Wide Area Network

Computernetze kann man in zwei große Gruppen einteilen, in LAN und WAN.

Ein LAN hat folgende Kenndaten:

- ein **LAN** kann sich nur innerhalb der Grundstücksgrenzen ausdehnen
- es ist in der Regel **kleiner als 10 km**
- hohe Datenrate: von 10 Mbit/s **bis 10 000 Mbit/s**
- der Besitzer kann sich seine Netzwerktechnologien selbst frei auswählen
- die verbreitetste LAN-Technologie ist **Ethernet**

Ein WAN kann weltumspannend werden und auch Satellitenstrecken nutzen:

- ein **WAN** reicht bei großen Unternehmen, wie Daimler, um die ganze Welt
- die Entfernungen können bei mehreren 1000 km liegen
- die Datenraten sind gering, in der Regel nutzt man das Vielfache von **64 kbit/s**, Strecken mit 2 Mbit/s sind selten und höhere Geschwindigkeiten, wie 34 Mbit/s, 155 Mbit/s oder 622 Mbit/s, benutzen die Telefongesellschaften (engl. Carrier) auf ihren Fernstrecken (der Backbone ist 10 Gbit/s schnell)
- als Nutzer von WAN-Verbindungen muss man die vom Carrier angebotene Technik einsetzen; man hat hier nicht die Freiheiten wie in lokalen Netzen
- häufig eingesetzte Techniken sind: **Telefonleitungen** (engl. POTS = Plain Old Telephone Service), **ISDN** (in Deutschland und Japan), **Frame-Relay** (in den Industriestaaten), **X.25** (weltweit), **ATM** (selten) und **DSL** (neu)

Als Sonderfall eines WAN sollte man noch das **MAN** (Metropolitan Area Network) erwähnen. Dieses ist auf große Städte beschränkt. Man nennt es auch **City-Netzwerk**. Seine Ausdehnung erreicht in der Regel maximal 40 km. Als Technik kommt, zusätzlich zu den WAN-Techniken, noch Gigabit-Ethernet zum Einsatz.

An dieser Stelle noch ein kurzer Hinweis auf das Internet. Es arbeitet ab Layer 3 aufwärts und nutzt im Layer 1 und 2 die oben genannten Techniken im LAN (Ethernet, Token-Ring, FDDI) und WAN (Telefonleitungen mit Modem, ISDN, DSL, Frame-Relay, X.25 und ATM).

1.5 Topologien

Das Wort **Topologie** wird im Duden mit räumlicher Ausdehnung erklärt. In Computernetzen bezeichnet man damit die Art der Verbindungen zwischen den Stationen. Eine Zeichnung der Topologie nennt man im Englischen **Topology-Map**.

1.5.1 Punkt zu Punkt (engl. Point-to-Point, PTP, P2P)

Bild 1.1 MAP der „Punkt-zu-Punkt"-Topologie

Eine Punkt-zu-Punkt-Strecke ist eine direkte Verbindung zwischen zwei Stationen. Jede WAN-Verbindung und auch alle Ring- bzw. Sternnetze basieren auf mehreren Punkt-zu-Punkt-Strecken. Punkt-zu-Punkt-Verbindungen nennt man englisch Point to Point oder einfach kurz **P2P**. Im Ethernet reicht für eine P2P-Strecke ein einfaches gedrehtes Kabel (PIN: 1/3, 2/6, 3/1, 6/2) aus.

1.5.2 Punkt zu Mehrpunkt (engl. Point-to-Multipoint, PMP)

Mehrpunktnetze verbinden eine Zentrale mit mehreren Außenstellen. In der Zentrale gibt es nur einen Anschluss (engl. Port). So kann man mit einem 2-Mbit/s-ISDN-Anschluss in der Zentrale 30 Außenstellen mit je 64 kbit/s anschließen. Diese Netzwerkart findet man vor allem in Frame-Relay-WAN-Netzen oder bei ISDN-Einwahlknoten von Internet-Service-Providern (ISP).

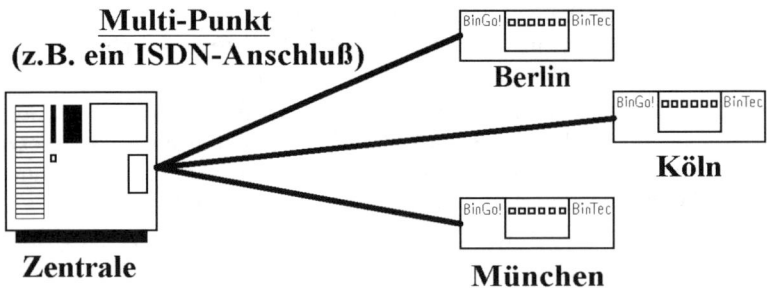

Bild 1.2 MAP der „Multipunkt"-Topologie

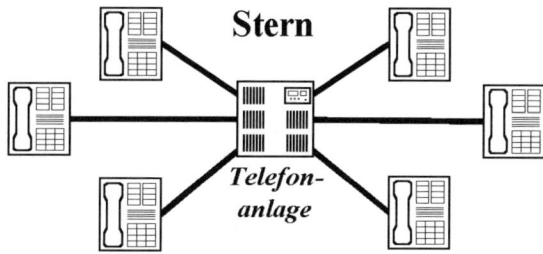

Bild 1.3 MAP einer „Stern"-Topologie

1.5.3 Stern (engl. Star)

Auch bei einem Stern sind alle Rechner mit einem zentralen Punkt verbunden. Im Gegensatz zum Multipunkt besitzt bei einem Stern aber jeder angeschlossene Rechner in der Zentrale einen eigenen Anschluss. Will man 200 Stationen mit einem Sternverteiler verbinden, dann muss dieser auch über 200 Buchsen verfügen. Sternnetze basieren auf vielen Punkt-zu-Punkt-Strecken.

Sternnetze erfordern den größten Verkabelungsaufwand, sind jedoch die stabilsten Netze. Wird eine Leitung zu einem Host gestört, dann sind alle anderen Stationen davon nicht betroffen. Man kann so sehr einfach Fehler finden und beheben. Sternnetze sind sehr wartungsfreundlich und preiswert im Betrieb.

Unsere heutigen Telefonnetze sind alle Sternnetze bis zum Endteilnehmer hin. Vom Telefonanschluss läuft ein maximal 8 km langes Kupferkabel ohne elektronischen Verstärker bis in die Ortszentrale der Telefongesellschaft hinein.

Alle neuen Netzwerknormen seit den 90er-Jahren, wie Fast-Ethernet, Gigabit-Ethernet, Fiber-Channel und DSL, basieren auf Sternstrukturen.

1.5.4 Ring

Bei einem Ring sind alle Stationen kreisförmig verbunden. Dabei handelt es sich jedoch nicht um ein durchgehendes Kabel, sondern um viele einzelne Punkt-zu-Punkt-Strecken. Das bedeutet, dass in jeder Station der Ring unterbrochen ist. Jede Netzwerkkarte verfügt über zwei Anschlüsse: Ring-In und Ring-Out. Das bedeutet aber nicht, dass jede Karte zwei Buchsen haben muss. Ring-In und Ring-Out werden in der Regel auf verschiedene Stifte in einem Stecker aufgelegt. Die Daten, die eine Station auf dem Ring-In-Anschluss empfängt, müssen von der Elektronik der Netzwerkkarte auf den Ring-Out-Port kopiert werden, und das auch dann, wenn die Daten nicht für diese Station bestimmt sind. Dadurch wird deutlich, dass die langsamste Station den Durchsatz im ganzen Ring definiert.

Ringnetze sind sehr empfindlich gegen Störungen. Wird auch nur eine Ringstation ausgeschaltet, dann steht der ganze Ring, und es können keine Daten mehr transpor-

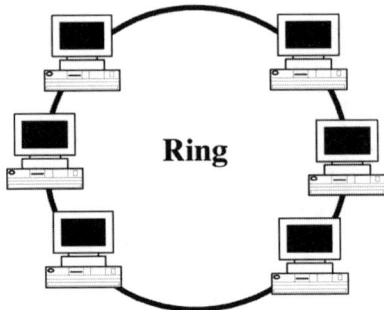

Bild 1.4 MAP einer „Ring"-Topologie

tiert werden. Daher werden Ringnetze in der Praxis als Doppelring, wie bei FDDI (1987), oder als Doppelstern, wie im Token-Ring (1985), ausgeführt. Zusätzlich wird über die Ringleitungsverteiler im Token-Ring oder die Concentratoren im FDDI der Ring geschlossen, wenn man eine Station abschaltet. Man darf daher nie den Fehler machen, eine Station direkt, ohne Ringleitungsverteiler oder Concentrator, in den Ring zu schalten. Schaltet man eine direkt mit dem Ring verbundene Station aus, dann ist der Ring wirklich unterbrochen. Ringnetze werden heute nur noch selten eingesetzt. Die Firma Cisco, der größte Produzent von Komponenten für Computernetze, produziert seit Ende 2001 keine FDDI- und seit Anfang 2003 keine Token-Ring-Bauteile mehr.

1.5.5 Bus

Bei einem Bus sind alle Stationen an ein gemeinsames Kabel angeschlossen. Dieses Kabel muss an beiden Enden mit Endwiderständen abgeschlossen werden.

Busnetze erfordern den geringsten Verkabelungsaufwand, jedoch sind ihre Betriebskosten auf Grund der schwierigen Fehlersuche sehr hoch. Ist der Bus auch an nur einer Stelle durch einen Wackelkontakt oder Knick im Kabel beschädigt oder wird das Datensignal zu stark gedämpft, dann fällt der ganze Bus aus, und es ist keine

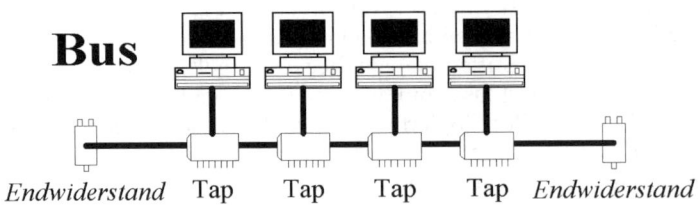

Bild 1.5 MAP einer „Bus"-Topologie

Datenkommunikation mehr möglich. Dann wird es sehr aufwändig, die fehlerhafte Stelle zu finden.

Busnetze findet man bei Ethernet-Koaxialkabeln (1986) und ISDN-Mehrgeräte-anschlüsscn (1989). Man war in den 80er-Jahren der Meinung, durch die Busstrukturen Verkabelungskosten sparen zu können, übersah jedoch den ungleich höheren Betriebskostenaufwand bei einer Fehlersuche. Daher entwickelte man seit den 90er-Jahren nur noch sternförmige Netze. Seit 1993 empfiehlt der Autor, kein neues Koax-Bus-Ethernet mehr zu installieren.

1.5.6   Local und Remote

Lokale Stationen stehen am Ort, und Remote Hosts sind weit fort. Der Rechner, an dem man derzeit arbeitet, ist die lokale Station, und alle anderen Hosts sind Remote-Systeme. Diese beiden Begriffe benutzt man, um in Computernetzen mit einem Wort zu definieren, wo man sich im Netz gerade aufhält.

1.5.7   Der Netzwerk-Backbone

Backbone (engl.) bedeutet Rückgrat. Im Netzwerk wird damit der zentrale Teil bezeichnet, an dem alle Informationen zusammenlaufen. Der Begriff Backbone hat keinerlei technische Bedeutung. Ein Backbone kann aus Coax-, Twisted-Pair- oder Glasfaser-Kabeln bestehen. Es kann ein einfacher Hub, ein großer Switch oder ein komplexer Router sein.

Ein Distributed-Backbone (engl. für verteilt) wurde früher als FDDI oder Gigabit-Ethernet-Ring durch alle Gebäude und Etagen geführt. An diesen Backbone-Ring sind über Etagenverteiler die Stationen angeschlossen.

In einem Collapsed-Backbone (engl. hier für zentralisiert) laufen alle Kabel zu einem zentralen Punkt. Dort werden dann alle Systeme und Kabel an einen großen Backbone Switch, eventuell auch mit Routerfunktionen, angeschlossen. Den zentralen Punkt legt man am besten ins Rechenzentrum (RZ) oder in den Serverraum.

Wie beim Menschen kann auch ein Netzwerk ohne Rückgrat nicht existieren. Das bedeutet: jedes Netzwerk besitzt einen Backbone. Stellen Sie sich doch einmal einen Menschen ohne Rückgrat vor, wo die ganze Körpermasse als großer Klumpen auf dem Boden liegt und Arme, Beine und der Kopf daraus hervorragen.

1.6   Netzwerkkomponenten

Das OSI-Modell beschreibt auch die Komponenten eines Netzes. Man unterscheidet zum einen zwischen Stationen oder Hosts, die Frames selbstständig erzeugen können, wie PCs (Personal Computer) oder Server. Zum anderen gibt es Komponenten, wie Verstärker (Repeater), Hubs, Switches, Router oder Gateways, die nur dann Daten senden, wenn sie welche empfangen.

1.6.1 Hub (Repeater, Ringleitungsverteiler, Concentrator)

Ein Hub ist ein Verstärker oder Verteiler. Immer wenn ein Kabel zu kurz ist und man es verlängern möchte, kann man einen Hub einsetzen. Auch wenn in ein Büro nur ein Kabel hineinführt, man jedoch mehrere Stationen anschließen will, benötigt man einen Hub.

Der Begriff Hub kommt aus dem Englischen und steht für das Zentrum oder die Nabe eines Speichenrads. Die Fa. Hirschmann bezeichnet Hubs daher auch als Sternverteiler. Im Ethernet nennt man sie Repeater, im Token-Ring Ringleitungsverteiler und im FDDI Concentratoren.

Hubs übertragen Bits. Wird ein Bit empfangen, dann verstärkt der Hub das Bit-Signal und sendet es auf allen anderen aktiven Anschlüssen weiter. Hubs arbeiten auf dem Physical-Layer, dem ersten Layer des OSI-Modells.

Hubs kann man mit einem Regionalbahnhof an einer eingleisigen Strecke vergleichen. Es kann immer nur ein Zug fahren. Das gilt auch für die an einen Hub angeschlossenen Stationen. Es darf immer nur eine Station senden. Die verfügbare Netzbandbreite müssen sich also alle angeschlossenen Stationen teilen.

Der Hub überträgt aber nur Bits von maximal einer Station gleichzeitig. Aufgrund dieser Eigenschaft und weil 5-Port-Switches nur noch 28 Euro kosten (ww.Cnet.com.tw), verwendet der Autor Hubs und Repeater nur noch zeitweise zu Messzwecken. Fest eingebaut nutzt der Autor keine Hubs mehr.

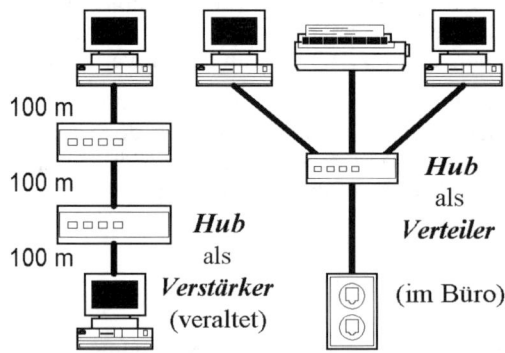

Bild 1.6 „Hub" als Verstärker oder Verteiler

1.6.2 Mediakonverter (bitte meiden)

Man kann, um Geld zu sparen, zwischen ein Kupfer- (100Base-TX) und ein Glas-faserkabel (100Base-FX) einen Mediakonverter schalten, anstatt einen Switch zu nutzen. Das funktioniert bei geringen Datenraten, unter 20 % Auslastung, auch ganz gut. Mediakonverter sind Hubs, bei denen einige Funktionen fehlen. In keiner Netz-werknorm werden Mediakonverter definiert. Auch führt der Einsatz von Mediakon-vertern immer wieder zu schwer auffindbaren Problemen in Datennetzen. Warum nutzt man dann solche Bauteile? Mediakonverter sind im Vergleich zu Switches deutlich preiswerter. Mediakonverter kann man nach Erfahrung des Autors nur in der Betriebsart Full-Duplex stabil einsetzen. Damit man hierbei aber vor Problemen sicher ist, muss man den Full-Duplex-Modus am Mediakonverter fest einstellen können, über einen Taster, einen Micro-Schalter oder einen Jumper. Alle sich auto-matisch konfigurierenden Mediakonverter verursachen unter Last, manchmal schon ab 30 %, viele Fehler (Collisions und CRCs). Wenn man zwei Mediakonverter in einer Strecke nutzt (Kupfer – Mediakonverter – Glasfaser – Mediakonverter – Kup-fer), kann es weitere Probleme geben. Einige Mediakonverter senden den Link-Im-puls nicht, und so baut sich keine Verbindung auf, oder man muss nach jedem Stromausfall die Konverter manuell neu starten. In einem stabilen Computernetz gibt es, nach Meinung des Autors, keinen Platz für Mediakonverter. Mediakonverter sparen zwar Investitionskosten, erhöhen aber in der Regel die Betriebskosten deut-lich durch langsame, instabile Verbindungen und eine sehr aufwändige Fehlersuche.

1.6.3 Bridge (Layer-2-Switch)

Eine Bridge ist heute die Standardkomponente von lokalen Computernetzen. Eine Bridge nennt man auch Layer-2-Switch. In vielen Prospekten findet man nicht mehr die Bezeichnung Bridge, sondern nur noch Switch. Das soll sich dann moderner und schneller anhören.

Switches sollte man mit SNMP managen, d. h. remote überwachen und steuern kön-nen. Es wird empfohlen, sich immer an folgende Regel zu halten: **„Traue keiner Komponente, die dir nicht sagen kann, wo es ihr wehtut."** Daher ist es sinnvoll,

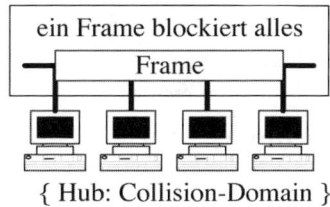

{ Hub: Collision-Domain }

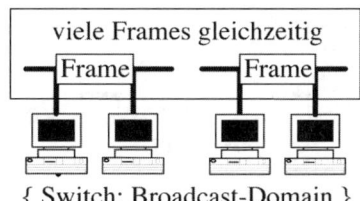

{ Switch: Broadcast-Domain }

Bild 1.7 „Switch" (Bridge) als Verbinder von Subnetzen

in Switches generell SNMP-Agenten einzubauen. Diese zählen dann die Pakete und notieren vorkommende Fehler. Nur so erfährt man, was im Netz los ist.

Ein Switch arbeitet wie ein Hub als Verstärker und Verteiler. Jedoch transportiert ein Switch Frames, d. h. die Datenpakete des OSI-Layer 2. Dadurch können im Gegensatz zum Hub mehrere Stationen gleichzeitig senden. Bei einem Hauptbahnhof an einer mehrgleisigen Strecke können ja auch mehrere Züge gleichzeitig fahren. Ein Switch erhöht die nutzbare Bandbreite eines Netzes durch parallelen Frame-Transport.

Ein Switch besitzt zusätzlich zum Hub eine Adresstabelle. Der Switch wertet die Zieladresse eines Frames aus und leitet diese nur an den Anschluss weiter, an dem der Empfänger angeschlossen ist. Nur Frames an alle Stationen werden an alle Anschlüsse übertragen. Findet der Switch eine Station nicht in seiner MAC-Adresstabelle, dann sendet er dieses Frame an alle Ports, damit das Frame sein Ziel sicher erreicht.

Switches (Bridges) verändern wie Hubs die Datenpakete nicht. Man kann also nicht am Frame erkennen, ob dieses durch einen Hub oder Switch (Bridge) gelaufen ist.

Eine weiterführende Erklärung der einzelnen Funktionen einer Bridge findet der Leser im Kapitel „Switching".

1.6.4   Router (Layer-3-Switch)

Ein Router verbindet verschiedene Netze miteinander, wie Ethernet mit ISDN. Einen Router kann man mit einem Grenzbahnhof oder einem Hafen vergleichen. Das IP-Paket muss vom Ethernet-Lkw auf den ISDN-Zug oder das Frame-Relay-Schiff umgeladen werden, um sein Ziel zu erreichen.

Router arbeiten auf OSI-Layer 3 und sind abhängig vom verwendeten Netzwerk-Protokoll. Wenn man einen Router für Internet IP kauft, dann funktioniert dieser nicht in Novell-IPX-Netzen. Folgende Protokolle sind relativ weit verbreitet:

- **IP**   Internet-Protokoll für weltweite Computernetze und moderne LAN
- **IPX**   in älteren lokalen Netzwerken mit Novell-Servern (veraltet)

Bild 1.8 Paare von „Routern" verbinden Standorte

- **SNA**   früher im Umfeld von größeren IBM-Rechnern

- **AT**   Apple-Talk in veralteten Macintosh-LAN-Umgebungen

- **Decnet**   für die Vernetzung von uralten VAX-Rechnern von Compaq

- **Vines-IP** ganz früher in standortübergreifenden PC/Server-Installationen

- **XNS**   das Xerox-Network-System fand man fast nur in den USA

Es ist ein klarer Trend in Richtung IP zu erkennen. Alle Hersteller bieten heute ihre Systeme unter IP ohne Funktionseinschränkung an. Selbst HP (Compaq/DEC), IBM, Apple und Novell empfehlen in neuen Netzen, nur noch IP zu nutzen.

Es gibt auch ältere, nicht routbare Protokolle, wie **Netbios** (Microsoft), LLC.2 (IBM-**SNA**) und **LAT** (Decnet). Hier fehlen die Layer-3-Netzinformationen in den Datenpaketen. Die Frames verfügen nur über eine Stationsadresse und eine Kennung für die Anwendung, jedoch über keine Netznummer. Man hilft sich, indem man die nicht routbaren SNA-, LAT-, LLC-Frames in IP-Pakete einpackt, über das WAN transportiert und im Zielnetzwerk wieder auspackt. Dieses Ein- und Auspacken von Layer-2-Frames in Layer-3-Pakete nennt man auf Englisch **encapsulation**. Encapsuliert man Pakete über eine einzelne Strecke, dann spricht man auch von **Tunneln**.

Router müssen aufwändig eingerichtet werden. Bei einem Hub oder Switch (Bridge) ist die Installation einfach: Strom anschließen, Netzwerkkabel einstecken und einschalten. **Ein Router muss immer manuell eingerichtet werden!** Je Interface ist das Frameformat zu definieren. Dann muss man Anschluss- und Netzwerkadressen eingeben. Auch sind statische Wegbeschreibungen (engl. Routen) zu pflegen oder dynamische Routing-Protokolle einzurichten:

- **IP** routet man über Gateways statisch oder mit (RIP), OSPF und BGP

- **IPX** arbeitet meistens dynamisch mit SAP und IPX-RIP (selten NLSP)

- **ATALK** nutzt das dynamische RTMP (Routing Table Maintenance Protocol)

- **Decnet** sendet Wegbeschreibungen mit MOP (Maintenance Operation Protocol)

Große Netze laufen ohne Router nicht, und diese arbeiten nicht ohne manuelle Konfiguration durch einen Netzwerkspezialisten.

Router lesen die Zieladresse auf Layer 3, also eine IP- oder IPX-Adresse. Die Layer-3-Pakete werden nur dann übertragen, wenn es eine Route dazu gibt. Router verändern die Datenpakete. Sie setzen ihre MAC-Adresse in die Frames ein und löschen die des Senders bzw. Empfängers. Ein Router muss dies tun. Verbindet er ISDN mit Ethernet, dann gibt es im ISDN keine MAC-Adressen. Kommt also ein Paket aus dem ISDN, dann muss der Router seine MAC-Adresse als Absender im Ethernet einsetzen, da immer in jedem Ethernet-Frame MAC-Adressen für Absender und Empfänger enthalten sein müssen.

Wer mehr über Router wissen möchte, der wird auf die im Buchhandel erhältliche Literatur zu Cisco Routern oder dessen Web-Seite hingewiesen: www.cisco.com. Heute kommen zwei von drei Routern auf der ganzen Welt aus dem Hause Cisco.

1.6.5 Remote Access Server (RAS)

Router setzt man auf WAN-Strecken immer nur paarweise ein, den ersten in der Zentrale und den zweiten in der Außenstelle. Ein Router liest die Zieladressen, sucht eine dazu passende Route und leitet das Paket weiter. Welcher Anwender ein Paket geschickt hat, das interessiert einen Router in der Regel nicht.

Nun möchte sich der Außendienst per Modem, ISDN oder Mobiltelefon (GSM Handy, engl. Mobile) ins Unternehmensnetz einwählen. Hier sollte verhindert werden, dass auch Unbefugte (engl. Hacker) diese Möglichkeit zur Einwahl nutzen. Dazu muss man Username (Anwenderkennung) und Password (Kennwort) vergeben. Hierfür verwendet man Remote-Access-Server (RAS), denn Router kennen keine Anwender (Username/Password), sondern nur Wegbeschreibungen (Routen). Router transportieren Datenpakete, und darin sind nur selten Benutzernamen enthalten, aber immer Netzwerkadressen vom Absender und vom Ziel.

Fazit: Immer wenn man sich von zu Hause oder von unterwegs via Modem, ISDN oder GSM in ein Netz einwählen will, benötigt man als Einwahlkomponente einen RAS (und keinen Router).

RAS werden in Deutschland an ISDN angeschlossen. Nun sind aber nur Verbindungen Modem/Modem und ISDN/ISDN möglich. Damit sich ein Modem mit einem

Router verbinden Standortnetze, man verwendet sie immer paarweise.

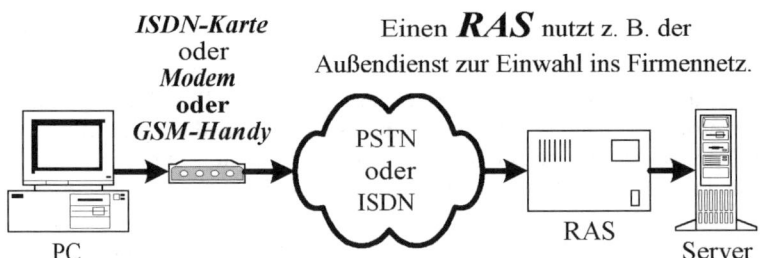

Bild 1.9 Zur Einwahl ins Firmennetz via ISDN/Modem nutzt man „RAS" und keine Router

ISDN-RAS verbinden kann, muss der ISDN-RAS mit digitalen V.92-Modem-Chips ausgerüstet werden. GSM-Mobiltelefone verhalten sich wie V.110-Modems. Ein moderner RAS benötigt also eine Benutzerverwaltung, einen ISDN- und einen Ethernet-Anschluss plus Modemchips, die die V.92- und V.110-Spezifikationen unterstützen.

1.6.6 VPN-Client und VPN-Server

Der größte Kostenanteil einer zentralen RAS-Lösung, für die Einwahl des Außendienstes über Modem oder ISDN, sind die hohen Telefongebühren. Die preiswertesten Wählverbindungen für den Datenaustausch sind heute Verbindungen ins Internet. Daher liegt die Idee nahe, diese zur Einwahl in ein Unternehmen zu verwenden. Das ist technisch auch kein Problem, jedoch sollte man firmeninterne Informationen über das Internet nicht unverschlüsselt übertragen. Zur Verschlüsselung setzt man Techniken wie DES, 3DES oder AES ein. Der PC des Mitarbeiters im Außendienst bleibt hinsichtlich der Hardware unverändert. Er nutzt weiterhin Modem, ISDN-Karte oder WLAN-Adapter zur Einwahl ins Internet. Danach startet er die VPN-Client-Software. Diese baut eine verschlüsselte Verbindung zum VPN-Server in der Firmenzentrale auf. Die VPN-Lösung hat im Vergleich zum RAS zwei Vorteile: zum einen sind die „Telefonkosten" deutlich günstiger, und zum anderen kann man diese Technik weltweit nutzen. Man muss dazu nur einen Internet-Service-Provider (ISP) für die Interneteinwahl finden und eine Standleitung mit fester IP-Adresse in die Zentrale schalten.

1.6.7 Gateway

Ein Gateway übersetzt die Sprache eines Computernetzes in die eines anderen. Will man aus dem Internet auf einen IBM-Großrechner zugreifen, dann benötigt man ein IP/SNA-Gateway. Dieses übersetzt den vollständigen IP-Datenstrom über alle sieben OSI-Layer hinweg in SNA-Frames. Der SNA-Großrechner kennt nur Terminals. Der Internet-PC arbeitet nur mit Servern. Ein Gateway sieht aus Sicht des IP-PC wie ein Server aus und stellt für den SNA-Großrechner ein Terminal dar. So können IP-PCs auf SNA-Großrechner zugreifen.

Gateways sind sehr komplexe Systeme. Sie beherrschen nicht alle Funktionen der einzelnen Netzwerke. Über eine Terminalemulation sind Zugriffe auf Großrechner heute kein Problem mehr. Das Drucken von einem Großrechner auf einen Arbeitsplatzdrucker wird schon schwierig. Ein Kopieren von Dateien via Filetransfer kann nach Vorarbeiten gelingen. Programme via Gateway auf dem Großrechner zu starten wird zum Abenteuer.

Vergleicht man ein Gateway mit einem vollautomatischen Sprachübersetzungsprogramm, dann lässt sich nach der Übersetzung von Shakespeare aus dem Englischen ins Deutsche zwar der Sinn erkennen, jedoch ist die Automatik von guter deutscher Literatur noch weit entfernt. Das gilt auch für ein Gateway. Nur wenige Funktionen der angeschlossenen Netze lassen sich über ein Gateway hinweg nutzen.

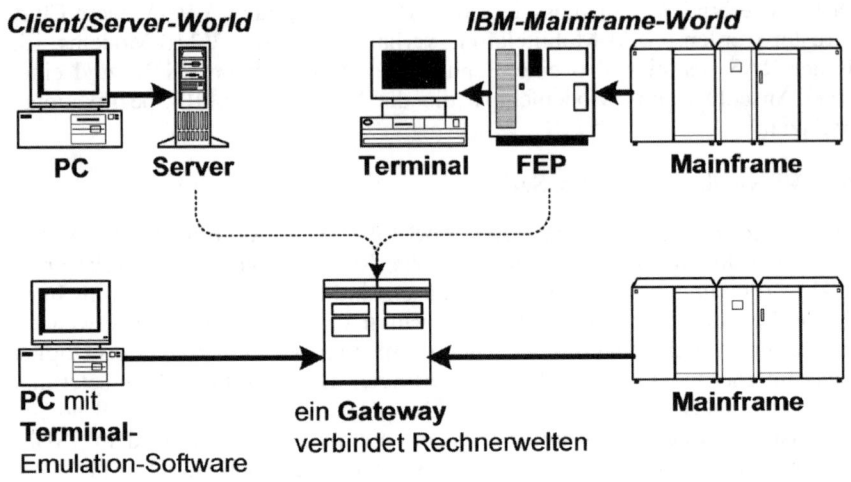

Bild 1.10 Ein „Gateway" übersetzt die Sprache des einen Netzes in die eines anderen

Gateways sind aufwändig zu managen und doppelt abhängig von den Netzwerkprotokollen und dessen Funktionen. Ändert sich auch nur eine unterstützte Funktion auf einer Seite, dann muss man auch das Gateway umrüsten bzw. aktualisieren (engl. update/upgrade).

1.6.8 Multiplexer

Multiplexer (MUX) erlauben den Anschluss verschiedener Systeme an eine Leitung. Ein MUX ermöglicht, mehrere logische Verbindungen über ein physikalisches Kabel zu führen.

Man kann an eine 2-Mbit/s-WAN-Leitung über einen MUX sowohl einen Router

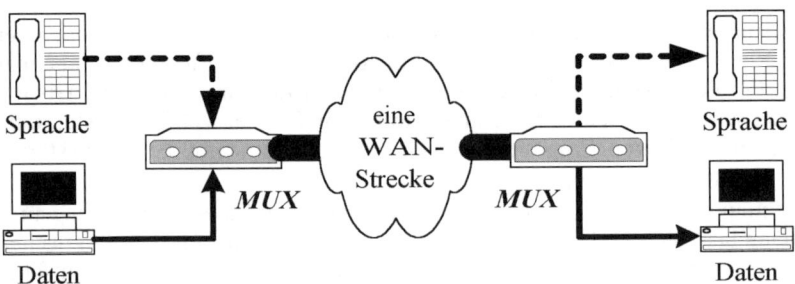

Bild 1.11 Ein „MUX" verbindet unterschiedliche Systeme (Sprache/Daten) über eine Leitung

mit X.21 als auch gleichzeitig eine Telefonanlage (engl. PBX) mit G.703 anschließen. Der MUX auf der Gegenseite teilt dann die Leitung auf einen zweiten Router
und auf eine zweite PBX wieder auf. Die 2-Mbit/s-WAN-Leitung ist in 30 Kanäle
aufgeteilt, wobei man 10 Kanäle für Sprach- und 20 Kanäle für den Datenverkehr
nutzen kann. Es ist aber auch eine andere Aufteilung möglich.

MUX werden heute fast nur noch in WAN-Verbindungen eingesetzt, denn die sind
teuer (durchs Teilen wirds billiger).

1.7 Netzwerkklassen

Es gibt drei verschiedene Klassen von Computernetzen, bezogen auf die logischen
Verbindungen der Rechner untereinander.

1.7.1 Client- und Server-Netze

Ein Server (engl., für „Diener") ist ein Netzwerkhost, der für andere Stationen
Arbeiten (Dienste, engl. Services) ausführt. Man sagt auch, Server sind die Butler
der Computernetze. Die Stationen, die einem Server Arbeit geben, nennt man
Clients (engl., für „Kunden").

Ein Server ist also nicht der Herr des Netzes. Zwischen ihm und dem Client herrscht
keine Herr/Sklaven-Beziehung (engl. Master/Slave). Vielmehr muss der Server den
Client um Arbeit bitten, denn sonst ist er arbeitslos und wird abgeschaltet.

Es gibt viele verschiedene Server: Terminal, Web, File, Print, Mail, Backup, Datenbank, Archiv, CAD, DNC, GIS usw.

Client/Server-Netzwerke findet man vor allem in PC-Umgebungen, meistens in
Microsoft-Netzen, bei Apple-Talk, unter Novell-Netware oder im Internet.

1.7.2 Peer-to-Peer-Netze

In Peer-to-Peer-Netzwerken (engl. Gleicher unter Gleichen) kann jede Station
Client und Server zugleich sein.

So ist z. B. an eine Station ein Drucker angeschlossen, über den alle anderen Hosts
drucken können. Hier ist die Station der Printserver des Netzes. An einem anderen
Netzwerkhost gibt es eine große Festplatte. Die Station greift hier als Client auf diesen File-Server-Host zu. Zum einen ist die Station also Client (beim File-Service)
und zum anderen gleichzeitig Server (für den Print-Service).

Peer-to-Peer-Netze findet man häufig im Unix-Umfeld.

1.7.3 Cluster-Netze

In einem Cluster (engl. Gruppe) werden mehrere Server so zusammengeschaltet,
dass sie für die Clients aussehen, als ob der Cluster ein Rechner wäre.

Diesen Serververbund entwickelte man, um die Rechnerleistung zu erhöhen und um eine bessere Ausfallsicherung zu erreichen. Solange noch die meisten Server im Cluster laufen, bleiben die Funktionen (engl. Services) des Clusters erhalten. Cluster bildet man heute nicht nur aus Großrechnern, sondern auch mit Microsoft-Windows-Servern.

Begonnen hat die Entwicklung mit Cold-Standby-Servern. Neben einem funktionierenden Server steht ein ausgeschalteter, identischer zweiter Backup-Server. Fällt der primäre Server aus, dann startet man den Backup-Server. Der nächste Schritt waren Hot-Standby- oder Failover-Server. Hier laufen im Normalbetrieb beide Server. Fällt der primäre aus, dann übernimmt der Backup-Server sofort, möglichst ohne dass dies die Anwender merken, den Betrieb. Nun hat man aber noch ein Problem: man kauft zwei Server, kann aber immer nur einen nutzen. Gewünscht war zusätzlich noch eine Funktion zur Lastverteilung. Dieses realisierte man mit der Clustertechnik. Diese Technik benötigt jedoch auf Grund des ständigen Abgleichs zusätzliche Rechnerleistung. Um ein ausfallsicheres Cluster zu betreiben, müssen mehr als 50 % der Server aktiv sein. Man benötigt also mindestens drei Server, um ein ausfallsicheres, zur Lastverteilung fähiges Cluster zu installieren.

1.8   Verbindungen

Der Aufbau einer Verbindung zwischen zwei Rechnern läuft immer nach folgendem Schema ab:

- zuerst muss der Empfänger die Bits des Senders erkennen können
- dann werden aus den Bits sinnvolle Gruppen (Frames) gebildet
- nun starten die Protokolle oder Netzwerkbetriebssysteme

Diese Aufgaben übernehmen im Netz folgende Funktionsgruppen:

- die Biterkennung erfolgt über die Bandbreite: 64 kbit/s, 10 Mbit/s, ...
- den verwendeten Frametyp muss man manuell im WAN (PPP) einstellen, im LAN (Ethernet) erfolgt das automatisch ...
- das Layer-3-Protokoll wählt dann der Manager: heute meist IP

Diese Aufgaben können den Layern des OSI-Modells zugeordnet werden:

- auf dem Physical-Layer 1 den Bit-Transport
- auf dem Datalink-Layer 2 das der Frame-Bildung
- auf dem Network-Layer 3 den Start der Netzwerkprotokolle

Den Vorgang, dass ein Empfänger die Bits eines Senders erkennt, nennt man Synchronisieren. Hierzu gibt es zwei grundlegende Verfahren.

1.8.1 Synchrone Verbindungen

Bei einer synchronen Verbindung schickt der Empfänger ständig Bits. Auch wenn keine Nutzdaten vorliegen, werden Idle-Signale (engl. für untätig) gesendet. Eventuell nutzt man für die Idle- oder Clock-Signale spezielle Adern im Anschlusskabel, wie bei X.21 oder V.11.

1.8.2 Asynchrone Verbindungen

Bei asynchronen Verbindungen werden nur dann Bits gesendet, wenn Nutzdaten übertragen werden sollen. Ist kein Datentransfer erforderlich, dann gibt es auf der Leitung auch keine Signale.

Dennoch müssen sich Sender und Empfänger synchronisieren. Daher sendet man vor jedem Frame eine Präambel. Das ist eine definierte Folge von Bits, damit der Empfänger erkennt, dass ein Paket folgt. Mit Hilfe dieser Startbits kann sich der Empfänger auf die Bitfolge des Senders synchronisieren.

Durch die Startbits geht bei einer asynchronen Verbindung natürlich Bandbreite verloren. Auch ist es bei einer asynchronen Verbindung ohne Datenaustausch nicht möglich zu überprüfen, ob die Gegenstation noch aktiv ist oder bereits abgeschaltet wurde.

1.8.3 Full-Duplex

Bei einer Full-Duplex-Übertragung können zwei miteinander verbundene Stationen gleichzeitig senden und empfangen. Auch werden die Datenströme mit derselben Geschwindigkeit in beide Richtungen übertragen.

Vergleichbar ist diese Technik mit dem Telefonieren. Beide Gesprächspartner können gleichzeitig sprechen. So kann der eine den anderen jederzeit für eine Rückfrage unterbrechen.

1.8.4 Half-Duplex

Bei Half-Duplex-Verbindungen steht in der Regel nur ein Übertragungskanal zur Verfügung. Man kann entweder senden oder empfangen, aber nicht beides gleichzeitig.

Die Halb-Duplex-Technik findet z. B. Anwendung bei Funkgeräten (engl. Walkie Talkie). Hier hat man nur einen Übertragungskanal. Es kann also immer nur einer reden und man muss beim Sprechen mit einem Handshake-Signal arbeiten, wie mit dem Wort „over" (engl. für Übergabe). Beispiel: Hallo, Claudia, bist du da? **over** Hallo, Peter, schön dich zu hören. **over** Claudia, sollen wir heute Abend um acht ins Kino gehen? **over** Gerne, Peter. **over** Danke, Claudia. Bis heute Abend. **over + out** Bis heute Abend, Peter. **over + out**.

Im WAN bezeichnet man mit Halb-Duplex auch Verbindungen, die nicht gleich schnell in beide Richtungen übertragen können. ISDN sendet als Voll-Duplex-Technik Daten mit 64 kbit/s in beide Richtungen gleich schnell. Der V90-Modem-Standard empfängt vom Amt mit 56 kbit/s, kann aber nur mit 33,6 kbit/s senden, also etwa nur halb so schnell.

1.9 Frame-Aufbau

Wie bereits erwähnt werden Bits, die man über ein Netzwerk schickt, zu Paketen, engl. Frames, zusammengefasst. Jedes Netzwerk hat seinen eigenen Paketaufbau. Im Folgenden werden die wichtigsten Frametypen aufgezählt.

1.9.1 WAN-Frames: PPP (und LAPM, LAPD, HDLC)

Als Standard hat sich heute für WAN-Netze das Point-to-Point-Protokoll (PPP) durchgesetzt. Dieses Protokoll und dessen Frame sollte man immer einstellen.

- PPP-Frame

Flag	Zieladresse	Kontrollfeld	Protokoll	Daten	FCS	
1	2	2	2	4096	6	Byte

- Modem-Frame (nach V.42 = LAPM-Frame)

Flag	Zieladresse	Kontrollfeld	Daten	FCS	
1	2	2	128	2	Byte

- ISDN-Frame (im D-Kanal für Euro-ISDN = LAPD-Frame)

Flag	Zieladresse	Kontrollfeld	Daten	FCS	
1	2	2	256	2	Byte

- HDLC-Frame (Basisnorm, als LAPB-Frame im X.25)

Flag	Zieladresse	Kontrollfeld	Daten	FCS	
1	2	2	4096	2	Byte

Tabelle 1.4 WAN-Frame-Formate (PPP, Modem, ISDN, HDLC)

Die oben genannten Abkürzungen bedeuten Folgendes:

LAPM	Link Access Protocol Modem nach ITU-Norm V.42
DSS1	Digital Subscriber System One, auch eine ITU-Norm
HDLC	Highlevel Data Link Control, eine ISO-Norm
ITU	International Telephone Union, mit Sitz in der Schweiz

1.9.2 LAN-Frames: Ethernet (SNAP), Token-Ring (LLC), FDDI

Im LAN hat sich Ethernet mit seinen Varianten Fast-Ethernet und Gigabit-Ethernet durchgesetzt. Nun gibt es im Ethernet vier verschiedene Frame-Typen. Will man Daten nicht nur im Ethernet, sondern auch über andere Netze übertragen, wie Token-Ring, FDDI oder ATM, dann sollte man das SNAP-Frame-Format einstellen. Moderne Betriebssysteme erkennen automatisch, welches Frame genutzt wird.

- Ethernet SNAP-Frame

Sdel	DST	SRC	Len	DSAP	SSAP	CTRL	Code	Typ	Data	FCS	
8	6	6	2	1(AA)	1(AA)	2	3	2	38–1492	4	Byte

- Ethernet SAP-Frame (auch genannt LLC-Frame)

Sdel	DST	SRC	Len	DSAP	SSAP	CTRL	Data	FCS	
8	6	6	2	1	1	1	43–1497	4	Byte

- Ethernet DIX-Frame

Sdel	DST	SRC	Typ	Data	FCS	
8	6	6	2	46–1500	4	Byte

- Ethernet Novell-Frame

Sdel	DST	SRC	Len	DSAP	SSAP	CTRL	Data	FCS	
8	6	6	2	1(FF)	1(FF)	1	43–1497	4	Byte

- Token-Ring LLC-Frame

Sdel	AC	FC	DST	SRC	RI	Data	FCS	Edel	FS	
1	1	1	6	6	0–32	1–4443	4	1	1	Byte

- FDDI LLC-Frame

Sdel	FC	DST	SRC	Data	FCS	Edel	FS	
9	1	6	6	1–4472	4	1	1	Byte

Tabelle 1.5 LAN-Frame-Formate (Ethernet, Token-Ring und FDDI)

Folgende Abkürzungen wurden in der obigen Tabelle verwendet:

SNAP	Sub Network Access Protocol nach IEEE 802.3
SAP	Service Access Point nach IEEE 802.2
DIX	Digital, Intel, Xerox = Version 1 und 2 als erste Ethernet-Normen
Novell	veraltetes herstellerspezifisches Format der Fa. Novell
LLC	Logical Link Control nach IEEE 802.2
Sdel	Starting Delimiter = Präambel-Bits zur Empfängersynchronisation

AC	Access Control = Kontrollfeld im Token-Ring
FC	Frame Control = Kontrollfeld im Token-Ring und FDDI
DST	Destination = Zieladresse, auch MAC-Adresse genannt
SRC	Source = Quell- oder Absenderadresse, auch MAC-Adresse genannt
RI	Route Information = Feld zur Aufnahme der Source-Route-Info
Typ	Kennung des Netzwerkprotokolls, wie IP, IPX oder SNA
Len	Length = Frame-Länge in Byte (ohne Sdel)
DSAP	Destination Service Access Point
SSAP	Source Service Access Point
CTRL	Control = Kontrollfeld
Data	Platz für Benutzerdaten, ab OSI-Layer 3 aufwärts
FCS	Frame Check Sequence = Prüfsumme
Edel	Ending Delimiter = Synchronisationsbits zum Verbindungsabbau

Einen Frame-Aufbau muss man sich nicht merken, wenn man zur Fehlersuche spezielle Messgeräte, wie Netzwerkanalyser, einsetzt. Diese erkennen die LAN-Frames und ihre Felder automatisch.

1.9.3 Fehlererkennung (FCS/CRC)

Über eine Prüfsumme (FCS) am Frame-Ende kann der Empfänger kontrollieren, ob er das Datenpaket fehlerfrei empfangen hat.

Die Prüfsumme durchläuft hierzu einen Cyclic Redundancy Check (CRC). Die zu sendende Bitfolge wird durch ein Generatorpolynom ($x^{16} + x^{12} + x^5 + 1$) geteilt. Der 16-stellige Rest wird invertiert und als Frame Check Sequence an das Frame angehängt. Der Empfänger teilt die Daten ebenfalls durch das Generatorpolynom. Der dabei entstehende Rest ist immer 0001.1101.0000.1111.

So werden Fehler mit einer Wahrscheinlichkeit von $1,5 \times 10^{-5}$ erkannt. Das bedeutet, dass man einen Fehler in etwa 60 000 Frames nicht erkennen kann.

1.10 MAC-Adressen

LAN-Adressen wurden vom IEEE definiert, im Sublayer Media-Access-Control (MAC) des OSI-Layer-2-Datalink.

MAC-Adressen sind sechs Byte lange Ziffern, die man mit einer zwölfstelligen hexadezimalen Zahl darstellt: „**00000c-4711ef**" (hexadezimal = Zählsystem mit Basis 16; die Zahlen von 10 bis 15 werden mit A bis F bezeichnet).

Die MAC-Adresse ist in zwei Bereiche aufgeteilt. In den ersten sechs Zeichen von links erkennt man den Hersteller der Netzwerkkarte (00000c = Cisco). Die restlichen sechs Zeichen sind einfach eine fortlaufende Nummer.

Jede LAN-Netzwerkkarte muss eine MAC-Adresse besitzen. Diese Adresse darf sich niemals auf der Welt wiederholen. Die Kartenhersteller sind verpflichtet, sich einen Bereich reservieren zu lassen. Für Ethernet macht dies die Fa. Xerox, für Token-Ring musste man früher bei IBM und heute bei Cisco nachfragen, und für FDDI verwaltet dies der ANSI (American National Standard Institute, vergleichbar dem Deutschen Institut für Normung (DIN)). Mit einer Reservierung kann man 280 Billionen Karten produzieren.

Es ist möglich, MAC-Adressen manuell zu vergeben und damit die auf jeder Netzwerkkarte eingebrannte Hersteller-MAC-Adresse zu überschreiben. IBM hat seinen Token-Ring-Kunden früher empfohlen, dies zu tun, um in SNA-Netzen die Stationen besser erkennen zu können. IBM empfiehlt hier folgende Syntax. Die Adresse soll mit **4000.7xxx.xxx** oder anders geschrieben 40007x-xxxxxx beginnen. Für ein „x" kann der Kunde eine beliebige hexadezimale Zahl von „0" bis „F" einsetzen. An diese Regel (**4000.7xxx.xxx**) sollte man sich unbedingt halten, sonst hat man bei Modernisierungen später Probleme, z. B. bei der ATM-LAN-Emulation. Die LANE-Server laufen nicht, wenn man andere private MAC-Adressen als 4000.7xxx.xxxx verwendet!

1.10.1 Broadcast, Multicast und Unicast

Die ersten zwei Bit der Ziel-MAC-Adresse definieren den Frametyp:

- 11... steht für einen   **Broadcast**   an **Alle**
- 10... wird für   **Multicast**   an eine **Gruppe**
- 00... sendet man   **Unicast**   nur an einen **Host**

Ein **Broadcast** wird von allen Stationen im Netz gelesen. Switches/Bridges übertragen Broadcast an alle Anschlüsse (engl. Port). Router leiten keine Broadcasts weiter.

Mit einem **Multicast** wird eine Gruppe von Rechnern angesprochen. Dies kann die Gruppe der Hosts sein, die mit demselben Protokoll betrieben werden, wie eine Meldung an alle Novell- oder IP-Stationen. Der Systemmanager kann diese Adressierung aber auch nutzen, um den Einkaufsmitarbeitern mitzuteilen, dass ihr Drucker wieder läuft. Beim Verteilen der Frames über Bridge, Switch und Router gelten für Multicasts dieselben Regeln wie für Broadcasts. Ein Switch sendet einen Multicast an alle Anschlüsse, ein Router sendet selten Multicasts.

Unicasts nennt man Frames, die nur an eine bestimmte Station versendet werden. Dies sollte in Netzen der Standardfall sein. Broadcast und Unicast sollten Ausnahmen bleiben. Unicasts werden von Bridge, Switch und Router nur an den Anschluss weitergeleitet, über den die Zielstation zu erreichen ist.

1.10.2 Lowest Significant Bit First (LSBF)

Im Ethernet ist der Versand von Broad- und Multicast kein Problem. Ethernet sendet immer zuerst das Bit mit dem kleinsten Wert (Lowest Significant Bit First = **LSBF**). Den Herstellern wurde einfach verboten, die niedrigsten zwei Bit ihres Adressbereichs für ihre Netzwerkkarten zu benutzen. Jeder Hersteller darf aber diese zwei Bit für eigene Broad- oder Multicastadressen ohne Nachfrage verwenden.

1.10.3 Highest Significant Bit First (HSBF)

Der Token-Ring sendet das Bit mit dem höchsten Wert zuerst (Highest Significant Bit First = **HSBF**). Aus diesem Grund müsste man ganze Herstellerkennungen für Broad- und Multicast blockieren. IBM hat dieses Problem so gelöst, dass es nur einige wenige Broad- und Multicast-Adressen gibt. Diese Tatsache ist gut in der Spezifikation RFC.2338 beschrieben. Den Text dieser Spezifikation kann man sich im Internet kostenlos vom www.IETF.org herunter laden.

2   Switching

Wie im ISO-Modell definiert, gibt es in Computernetzen hauptsächlich drei Netzwerkkomponenten: Hubs (Repeater), Switches (Bridges) und Router.

In den letzten Jahren ist ein Begriff immer moderner geworden: der Switch. Das
Wort Switch kommt aus dem Englischen und steht eigentlich für Schalter. Ein
Switch schaltet Datenpakete oder Telefonate durch Computernetze.

Heute ist Switching das Modewort in Computernetzen geworden:

- es werden keine Hubs oder Repeater mehr verkauft, sondern   Port-Switches

- es gibt keine Bridges mehr, nur noch   Layer-2-Switches

- auch Router sind nicht mehr zu haben, man kauft   Layer-3-Switches

- und auch Telefonanlagen (Telekommunikation) werden zu   TK-Switches

Mit dieser Wortspielerei versucht der Vertrieb Geschwindigkeit zu vermitteln. Die
neuen Namen ändern aber nichts an der Funktion der Geräte.

2.1   Hubs (Repeater) und Port-Switching

Der Begriff Port-Switch oder Layer-1-Switch ist nur ein anderer Name für einen
Hub (Repeater, Ringleitungsverteiler, Concentrator). Ein Hub transportiert Bits.
Jedes empfangene Bit wird verstärkt und auf allen Anschlüssen, außer dem Emp-
fangsport, weiter gesendet. Dadurch blockiert eine sendende Station die ganze verfügbare Bandbreite. So müssen sich alle an einem Hub angeschlossenen Stationen
die verfügbare Bandbreite teilen.

Es gab Hubs, die über mehrere Netzwerksegmente verfügten, die untereinander
nicht verbunden waren. Deshalb kann der Netzadministrator via Management die
Anschlüsse den einzelnen Segmenten zuordnen. Diese Zuordnung, Port 1 + 2 + 3
auf Segment A und Port 4 + 5 + 6 auf Segment B, bleibt so lange bestehen, bis der
Administrator diese wieder ändert. Diese Zuordnung nennt man Port-Switching.
Die Zuordnung der Ports zu den Segmenten kann man über Steckbrücken,
Microschalter oder ein lokales Management vornehmen (mit VT100-Emulation und
9,6 kbit/s, 8 Datenbit, keine Parität, 1 Stoppbit via V24/RS232c/COM1: zum Hub).
Um die Segmente miteinander verbinden zu können, benötigt man ein Bridge- oder
Router-Modul bzw. externe Bridges/Switches oder Router.

2.2   Layer-2-Switch (Bridge)

Layer-2-Switch oder nur Switch ist einfach eine neue Bezeichnung für eine Bridge. Eine Bridge schaltet Frames durch ein Netzwerk. Sie teilt ein Netzwerk in Teilnetze (engl. Subnet) auf und erhöht so die Bandbreite. In modernen Backbone-Switches kann man so Geschwindigkeiten von 250 Gbit/s erreichen, obwohl die einzelnen Stationen nur mit 10 Mbit/s, 100 Mbit/s oder 1000 Mbit/s angeschlossen sind. Im LAN gibt es zwei Bridging-Verfahren.

Das Transparent Bridging:

● ist Standard für Ethernet und FDDI (kann auch im Token-Ring genutzt werden)

● die Bridges lernen, wo die Stationen im Netz angeschlossen sind

● die Bridges konfigurieren sich automatisch

● die Frames werden unverändert durch das Netz geschaltet

Das Source-Route Bridging:

● gibt es nur im Token-Ring (und stirbt mit diesem aus)

● hier lernen und speichern die Stationen die Wege durch das Netz

● Source-Route Bridges müssen manuell konfiguriert werden

● die Explorer-Frames werden von Bridges verändert, im Route-Info-Feld (RIF)

2.3   Transparent-Bridge (TRB)

Das Transparent-Bridging-Verfahren hat sich heute durchgesetzt. Es wurde von DEC (heute Compaq) im Rahmen der Ethernetentwicklung konzipiert.

Wie arbeitet nun eine Transparent-Bridge? Host A und B sind an verschiedene Ports einer Bridge angeschlossen. Host A möchte mit Host B kommunizieren. Host A sendet ein Frame. Wir erinnern uns, in jedem Frame ist die Ziel- und die Absenderadresse enthalten. Die Bridge sieht auf dem linken Port das Frame und weiß nun, dass der Host A am linken Port angeschlossen ist. Sie trägt nun die MAC-Adresse der Station A und die Bezeichnung des Ports an dem Host A angeschlossen ist in ihre Switch-Tabelle ein. Nun schaut die Bridge wieder in ihre Switch-Tabelle und sucht die Station B. Diesen Host kennt die Bridge noch nicht. Daher wird das Frame der Station A über alle

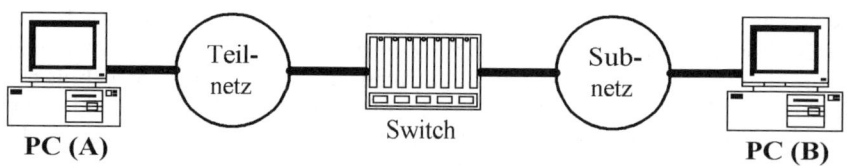

Bild 2.1 Kommunikation über eine Transparent-Bridge

anderen Anschlüsse, außer dem linken Eingangsport, versandt. Das Versenden von Frames an alle Ports macht eine Bridge nicht nur bei unbekannten Zieladressen, sondern auch bei Broad- und Multicast-Frames. Der Host B erhält den Frame der Station A und antwortet. Aus der Antwort lernt die Bridge, dass die Station B auf der rechten Seite angeschlossen ist. Die Bridge hat so automatisch gelernt, wo Host A und Station B angeschlossen sind. Nun sendet die Bridge Unicasts an A oder B nur noch auf den Ports, wo A bzw. B angeschlossen sind. Will A mit der ebenfalls links angeschlossenen Station X kommunizieren, und die Bridge hat die Adressen von A und X bereits gelernt, dann überträgt die Bridge die Frames nicht, da dies für eine Kommunikation von A und X unnötig ist. Sie sind beide links angeschlossen.

Eine Bridge kann aber auch mehr als einen Frame transportieren. Wollen z. B. die Stationen von Port 1 mit 3 und von Port 2 mit 4 kommunizieren, dann kann die Bridge die Frames gleichzeitig übertragen. Dies erhöht die verfügbare Bandbreite. Theoretisch gilt nun für die Bandbreitenberechnung folgende Formel:

Bandbreite pro Anschluss × Anschlussanzahl = Nutzbandbreite (bei Full-Duplex)

Eine Transparent-Bridge kennt drei Betriebsarten: Learning, Forwarding und Blocking:

- im **Learning** Modus lernt die Bridge die Adressen der Stationen und ordnet diesen die Ports zu, woran die dazu gehörenden Stationen angeschlossen sind

- im **Forwarding** Modus transportiert die Bridge die Frames

- im **Blocking** Modus schaltet die Bridge einen Port ab, sollte sie eine verbotene Schleife erkennen, via doppelte MAC-Adresse oder Spanning-Tree

Der Blocking Modus wird im Abschnitt Spanning-Tree noch detailliert erklärt. Nach dem Einschalten einer Bridge benötigt diese etwa ein bis drei Minuten, bis sie aus dem Learning in den Forwarding Modus schaltet und Frames transportiert. Daher der dringende Rat: Bitte etwas Geduld haben und einige Minuten nach dem Einschalten warten, bevor man die Funktionsfähigkeit einer Bridge testet.

2.4   Source-Route-Bridge (SRB)

Das Source-Route-Bridging wurde von IBM für Token-Ring entwickelt. Heute empfiehlt selbst IBM, **auch im Token-Ring nur noch transparent** zu bridgen.

Damit Source-Route-Bridging funktionieren kann, muss man jedem Ring und jeder Bridge eine Nummer geben. Erlaubt sind Ring-Nummern von 1 bis 4095 (12 bit) und Bridge-Nummern von 1 bis 15 (4 bit). IBM beschränkt jedoch die Anzahl der Bridgenummer auf maximal sieben. Diese Ring- und Bridge-Nummern müssen manuell vom Netzadministrator auf den Source-Route-Bridges konfiguriert werden.

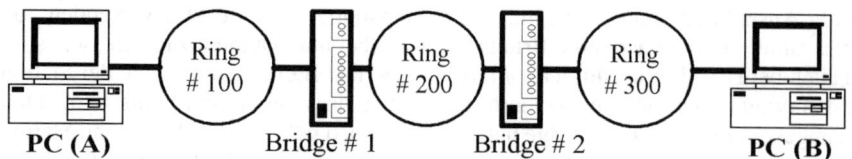

Bild 2.2 Kommunikation über eine Source-Route-Bridge. Mit dem Abbau der meisten Token-Ring-Netze 2002/2003 stirbt auch SRB aus

Das gleiche Szenario wie beim Transparent-Bridging. Wieder will der Host A einen Frame an die Station B senden. Der Host A sendet einen normalen Frame (ohne RIF) in seinem Ring aus. Er erhält aber keine Antwort von B. Nun sendet die Station A einen Explorer-Frame. Eine Source-Route-Bridge überträgt den Explorer-Frame an alle Ports und fügt ein Route-Info-Feld (RIF) ein. Im RIF werden von jeder Bridge Ring- und Bridge-Nummer eingetragen. In unserem Beispiel erhält nun der Host B einen Explorer-Frame mit folgendem RIF: 100-1-200-2-300-0. Host B kennt nun den Weg durch die Ringe zur Station A. Von Host A und Ring 100 über Bridge eins in Ring 200 und von dort über Bridge zwei in Ring 300 zur Station B. Host B speichert jetzt die RIF-Wegbeschreibung in seinem RAM ab. Nun sendet die Station B den Explorer-Frame zurück, indem sie einfach ein Bit ändert, was bedeutet: RIF rückwärts lesen. Nun können die Stationen A und B miteinander kommunizieren. Source-Route-Bridges übertragen nur Explorerpakete oder RIF-Frames. Frames ohne RIF werden von keiner Source-Route-Bridge übertragen.

Gibt es mehrere Wege zwischen Host A und Station B, dann wird die Wegbeschreibung aus dem ersten zurückkommenden Explorer-Frame verwendet. Bei einem Neustart oder Ausschalten einer Station gehen die RIF-Wegbeschreibungen verloren. Die Stationen müssen neue Explorer-Frames senden.

Das RIF ist auf maximal 16 Byte begrenzt. IBM verwendet ein Bit zur Steuerung (engl. Control), zwölf Bit für die Ring-Nummer und drei Bit für die Bridge-Nummer, also zwei Byte pro Ring/Bridge-Eintrag. Somit dürfen **maximal sieben Bridges und acht Ringe** zwischen zwei Stationen liegen. Eine Ring- oder Bridge-Nummer darf man durchaus doppelt vergeben. Jedoch ist es verboten, dass sich in einer Wegbeschreibung die Kombination Ringnummer/Bridgenummer unmittelbar aufeinander folgend wiederholt.

2.5   Source-Route-Transparent (SRT)

Hosts, die mit verschiedenen Bridge-Methoden arbeiten, verstehen sich nicht. Von einem transparent arbeitenden Host erhält eine Source-Route-Station keine Antwort. Auch überträgt eine Source-Route-Bridge keine transparenten Frames (ohne RIF-Wegbeschreibung).

Um eine Kommunikation dennoch zu ermöglichen, wurde vom IEEE das SRT-Verfahren (Source-Route-Transparent) entwickelt. SRT-Bridges arbeiten mit beiden Methoden. Es werden sowohl RIF-Frames mit Änderungen als auch transparente Frames unverändert übertragen. Dennoch hat das SRT-Verfahren einen großen Nachteil. Es kann keine RIF- in Transparent-Frames oder umgekehrt wandeln. Ist eine SRT-Bridge mit einem Ethernet-Segment verbunden und gibt es hinter der SRT-Bridge noch mehrere Ringe mit Source-Route-Bridges, dann ist eine Kommunikation zwischen allen Hosts nicht möglich. Nur wenn maximal ein Ring hinter einer SRT-Bridge liegt, dann können Frames im Transparent-Modus übertragen werden. Wir erinnern uns, ein Source-Route-Host sendet sein erstes Frame ohne RIF, wie eine Ethernet-Station mit Transparent-Bridging.

2.6   Source-Route/Translational-Bridge (SR/TLB)

Einige Hersteller, wie die Fa. Cisco, haben eine SR/TLB-Methode (Source-Route/Translational-Bridge) für Router entwickelt. Hier ist der Router in der Lage, in Richtung Ethernet die RIF-Bits zu löschen (engl. RIF-Stripping) und zum Token-Ring hin die Bits wieder einzufügen (engl. RIF-Adding). Diese Methode funktioniert gut, ist aber herstellerabhängig. Hier muss man für das Ethernet eine virtuelle Ring-Nummer vergeben und so tun, als ob das Ethernet auch ein Ring wäre. Aber seit Februar 2003 produziert Cisco keine Token-Ring-Bauteile mehr.

2.7   Bridging zwischen verschiedenen LANs

Will man Frames von einem Netzwerk in ein anderes übertragen, z. B. von Ethernet nach Token-Ring oder FDDI, dann muss man einige Regeln beachten:

● **Frametyp** jedes Hosts im Ethernet, Token-Ring und FDDI stellen auf   **SNAP**

● **Framelänge** jedes Hosts im Token-Ring und FDDI begrenzen auf   **1500 Byte**

● **Bridgeverfahren** aller Hosts im Token-Ring konfigurieren auf   **transparent**

Der Frametyp muss in allen Netzwerken identisch sein. Eine Übertragung von Ethernet-Novell-Frames nach Token-Ring-LLC-Frames ist nicht möglich. Man sollte heute auf allen Stationen für alle Netzwerkkarten den SNAP-Frame wählen.

Ethernet (maximal 1518 Byte), Token-Ring (maximal 17 968 Byte) und FDDI (maximal 4500 Byte) besitzen unterschiedlich große maximale Framelängen. Hier muss man auf allen Stationen im FDDI und im Token-Ring die Framegröße auf den kleinsten gemeinsamen Nenner einstellen, das ist immer die maximale Länge von Ethernet. Je nach Betriebssystem sind die Einstellwerte verschieden. In der Regel muss der MTU-Parameter (Maximum-Transport-Unit) auf 1500 Byte gesetzt werden. Manchmal wird in den Handbüchern von Switch und Bridge darauf hingewiesen, dass eine Funktion zur automatischen Frame-Längen-Umsetzung eingebaut wäre. Diese arbeitet aber nur in Ausnahmefällen und bei wenigen Netzwerkfunktionen. Wenn eine Station im Token-Ring oder FDDI für Ethernet zu große Frames mit Folgenummern versendet, sagen wir einmal mit den Nummern 1, 2 und 3, wie soll der Switch dann die Frames aufteilen? Mit den Nummern 1a, 1b und 1c geht das nicht. Hier gibt es nur eine Lösung: die MTU jeder Netzwerkstation im Token-Ring und im FDDI auf 1500 Byte begrenzen.

Im Ethernet und Token-Ring gibt es unterschiedliche Bridging-Verfahren. Man kann Frames aus dem Token-Ring, die über Switches mit Source-Route-Bridging transportiert wurden, nicht im Ethernet über Switches im Transparent-Bridgemode versenden. Eine Kommunikation zwischen Source-Route- und Transparent-Hosts ist nicht möglich. Man muss also alle Token-Ring-Hosts auf Transparent-Bridging umschalten, um eine problemlose Kommunikation zwischen Ethernet und Token-Ring zu ermöglichen. Das funktioniert mit IBM-Netzbauteilen problemlos, aber IBM stellt seit Ende 1999 keine Token-Ring-Komponenten mehr her.

2.8 Spanning-Tree für Backup-Verbindungen (STP)

In einem Computernetz darf es immer nur eine Verbindung zwischen zwei Stationen geben. Jeder weitere Link würde dazu führen, dass Datenpakete endlos kreisen. In folgendem Beispiel sind zwei Netze zur Ausfallsicherung mit zwei parallel geschalteten Bridges verbunden. Ein Broadcast wird von der rechten Bridge aus dem oberen LAN an das untere weitergeleitet. Über das untere LAN kommt der Broadcast zur linken Bridge. Diese überträgt den Frame über den linken Weg wieder in das obere LAN. Dort geht es erneut weiter zur rechten Bridge, wieder rechts ins untere und das immer so weiter. So entsteht eine Endlosschleife (engl. Loop).

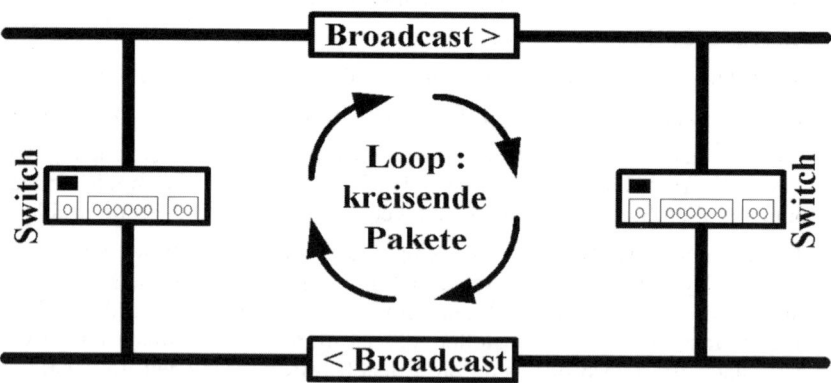

Bild 2.3 Schleife mit endlos kreisenden Datenpaketen

50

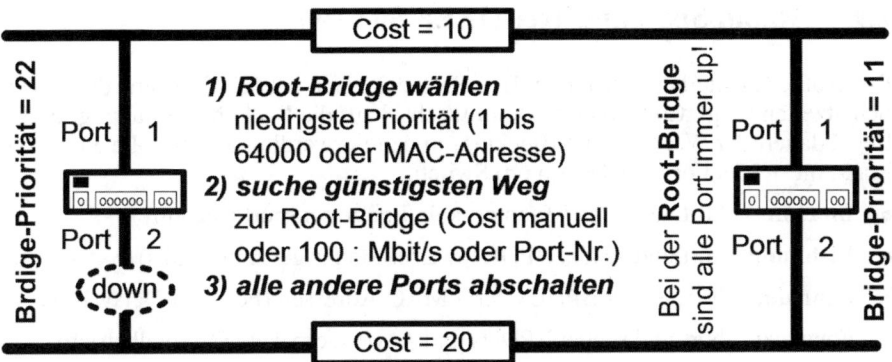

Bild 2.4 Spanning-Tree-Topologie

Manchmal möchte man aber Backup-Strecken schalten, die dann aktiviert werden, wenn die primäre Verbindung ausgefallen ist. Um dies mit Bridges zu ermöglichen, hat DEC das Spanning-Tree-Protocol (STP) entwickelt. Diese wurde später etwas verändert und 1993 als **Standard IEEE 802.1d** normiert.

Wie funktioniert nun Spanning-Tree? Alle zwei Sekunden sendet jede Bridge auf jedem Anschluss ein BPDU-Frame (Bridge-Protocol-Data-Unit an folgende Multicast-MAC-Adresse: 0180c2-000000).

Im ersten Schritt wird die Root-Bridge ausgehandelt:

- das ist entweder die Bridge mit der niedrigsten Priorität: von 1 bis 64 000 oder

- die Bridge mit der niedrigsten MAC-Adresse (wenn keine Priorität vergeben)

Als zweites berechnet jede Bridge, von allen Anschlüssen aus, mögliche Wege zur Root-Bridge und ermittelt, welcher Weg der günstigste ist:

- entweder wurden Port-Kosten definiert (Default Cost = 100: Mbit/s) oder

- man nimmt einfach die niedrigste Nummer des Anschlusses (Port 1 bis 24)

Nun gehen alle Ports, außer dem preiswertesten, in den Blocking-Modus und übertragen keine Frames mehr. Die teuersten Ports oder die mit der höchsten Nummer werden geblockt. Es bleibt nur ein Anschluss in Richtung Root-Bridge aktiv. So werden Netzwerkschleifen und ständig kreisende Frames vermieden. Fällt nun die einzig noch aktive Strecke aus, dann erkennt das die Bridge an den ausbleibenden BPDU-Paketen und aktiviert einen anderen Anschluss. Das Spanning-Tree-Verfahren benötigt in größeren Netzen mit mehreren Switches u. U. mehrere Minuten zum Umschalten. Dies ist aber immer noch bedeutend schneller, als manuell eine Reserveleitung zu stecken. Leider gehen bei einer solchen Störung jedoch in der Regel alle Netzverbindungen verloren, und man muss sich neu anmelden.

2.9 Rapid Spanning Tree (IEEE 802.1w)

Der größte Nachteil des Spanning-Tree-Protocols nach IEEE 802.1d sind die langen Schaltzeiten (engl. Convergence) beim Wechsel auf die Backup-Verbindung. In der Regel dauert der Wechsel vom Blocking- in den Forwarding-Status volle 35 s (20 s Max-Age + 15 s Forward-Delay) pro Switch.

- **Blocking** hört auf BPDU-Frames, kein Frametransport (Standby)
- **Listening** hört und sendet BPDUs, wartet Max-Age-Timer (20 s)
- **Learning** hört/sendet BPDUs, lernt MAC-Adressen (Forward-Delay 15 s)
- **Forward** hört und sendet BPDUs und Anwenderpakete (Normalbetrieb)

Schon bei zwei Switches benötigt STP über eine Minute zum Umschalten (Etagen- und Backboneswitch liegen zwischen PC und Server). Das führt dann leider in der Regel zu einem Abbruch der Anwenderverbindungen.

Um dieses Problem zu beheben, entwickelte die www.IEEE.org das Rapid Spanning Tree Protocol (RSTP). Das RSTP basiert auf STP: Bridge-Priorität, Port-Kosten, die Suche nach der Root-Bridge und Hello-Timer (alle 2 s einen BPDU-Frame senden) blieben unverändert erhalten. Bei RSTP lernen Switches aber zusätzlich die Topologie kennen, den Aufbau des Layer-2-Netzes.

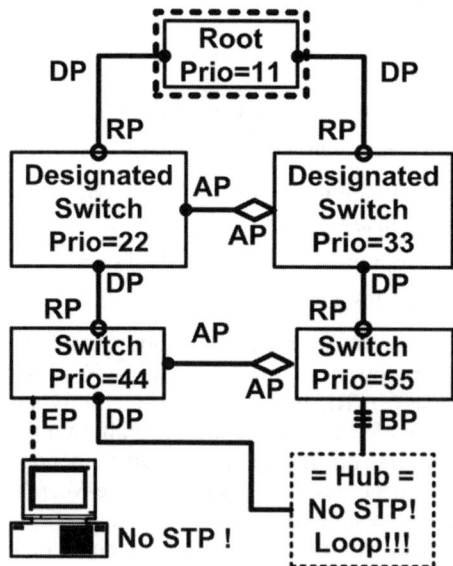

Bild 2.5 RSTP nach IEEE 802.1w

Bei RSTP unterscheidet ein Switch folgende Anschlüsse:

- **EP**   Edge-Port, ganz ohne RSTP, zum Anschluss von PC und Server

- **RP**   Root-Port, aktiver Anschluss zur Root-Bridge

- **AP**   Alternative-Port, normalerweise blockierte Backup-Strecke zur Root-Bridge

- **DP**   Designated-Port, Anschlüsse zu anderen RSTP-Switches

- **BP**   Backup-Port, Erkennen einer Schleife, zwei DP wurden miteinander verbunden

Auch kennt RSTD nur drei Port-Stati und keine Timer (kein Max-Age oder Forward-Delay):

- **Learn**   der Learn-Mode dauert nur so lange an, bis der Root-Switch gewählt wurde

- **Discard**   kein Frame-Transport, hört auf BPDU-Frames, bis diese ausbleiben (Standby, bisher Blocking-Status)

- **Forward**   hört und sendet BPDUs und Anwenderpakete (Normalbetrieb)

Ein Switch schaltet nach der Rapid-Convergence-Methode vom Root-Port auf den Alternative-Port um. Zieht man den Stecker des Root-Ports heraus, schaltet der RSTP-Switch so schnell wie möglich auf den Alternative-Port um und wartet im Gegensatz zum STP nicht erst auf den Ablauf der Timer; Max-Age (20 s) plus Forward-Delay (15 s). Das gilt auch, wenn die BDPU-Frames dreimal ausbleiben. So erhält man immer Schaltzeiten kleiner 10 s, was so kurz ist, dass keine Anwenderverbindung abbricht.

STP und RSTP sind nicht kompatibel. Das bedeutet: Entweder arbeiten alle Switches in einem LAN mit STP oder mit RSTP. Ein Mischen beider Methoden ist nicht vorgesehen.

2.10   Ein Beispiel für Spanning-Tree

Um das unten dargestellte Backup-Konzept zu realisieren, benötigt man Switches, auf denen man die Bridge-Priorität und die Port-Kosten manuell einstellen kann. Dies ist leider nicht bei allen Bridges der Fall, für die der Hersteller angibt, sie beherrschen Spanning-Tree.

Wie arbeitet hier STP? Leitung (3) steht normalerweise im Blocking-Mode und überträgt keine Frames. Fällt Leitung (1) aus, dann wird ein Ersatzweg über Leitung (3) und (2) aktiviert.

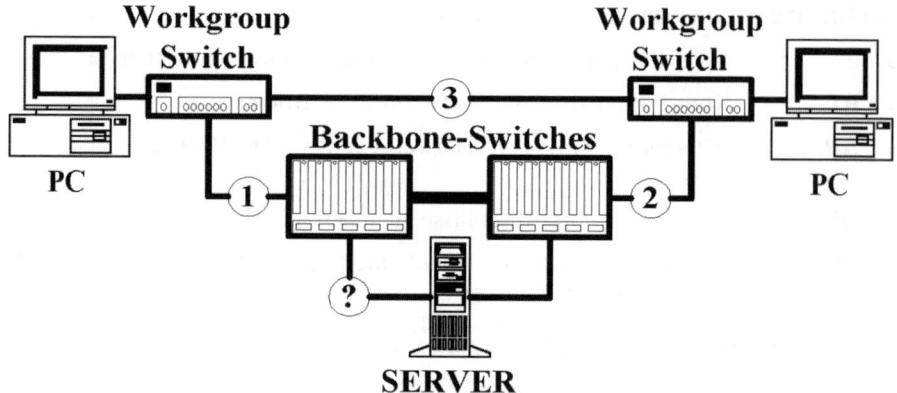

Bild 2.6 MAP eines Backup-Konzepts mit Spanning-Tree

Backbone-Switches sollte man immer doppelt auslegen, falls einer Probleme bekommt (Root und Secondary-Root).

Server kann man nicht einfach mit zwei Netzwerkkarten ausrüsten, um diese ausfallsicher anzuschließen. Das gibt Probleme. Mit Clustern (aus mindestens drei Servern) ist das aber problemlos möglich.

Einen einzelnen PC mit nur einer Netzwerkkarte kann man nie ausfallsicher an ein Netz anbinden.

2.11 Congestion: Full-Duplex, Slow-Down, Back-Pressure

Engl. Congestion bedeutet Stau oder Verstopfung. Was passiert in einer Bridge, wenn ein Anschluss überladen wird? In der Regel gehen dann Frames verloren. Um dies zu verhindern, kann man folgende Techniken anwenden.

2.11.1 Full-Duplex

Die beste Lösung ist es, wenn man Bridge und angeschlossene Station auf **Full-Duplex** umschaltet. Droht nun der Empfangsspeicher überzulaufen, dann sendet die Bridge einen MAC-Pause-Frame. Die Station empfängt den Frame und stoppt die Übertragung. Im MAC-Pause-Frame ist eine Wartezeit enthalten. Nach Ablauf dieser Zeit sendet die Station wieder. Wurde die Wartezeit zu lange bemessen, dann sendet die empfangende Bridge einen Pause-Frame mit der Zeit null. Dann beginnt der Absender sofort wieder zu senden. So werden Frame-Verluste durch Überlastung (engl. Congestion) ganz vermieden.

2.11.2 Slow-Down

Bei **Slow-Down** werden Sender und Empfänger mit großen Speichern ausgestattet. Man hofft, dass diese Speicher niemals überlaufen. Manchmal geschieht dies aber doch, und es gehen Frames verloren.

2.11.3 Backpressure

Bei **Backpressure** sendet der Switch so lange im Ethernet Collision-JAM-Signale zum Sender, bis dieser das Senden stoppt. Diese Methode ist gefährlich, weil immer das Risiko besteht, dass der Sender eine Störung vermutet und den Anschluss ganz abschaltet. Hier sollte eine Netzkomponente die Möglichkeit bieten, die Backpressure-Funktion zu deaktivieren. Denn JAM-Signale dürfen normalerweise nur verschickt werden, wenn es im Ethernet zu einer Collision kam und nicht, wenn Empfangsspeicher (engl. Buffer) voll laufen. Ein Switch soll nach der 32. Collision in Folge einen Anschlussport abschalten, und Backpressure sendet 1000 Collision-Jam-Signale pro Sekunde.

2.12 Cut-Through

Eine Bridge (Layer-2-Switch) kennt zwei Methoden, um ein Frame weiterzutransportieren.

Bei der Cut-Through-Methode wird nur der Frame-Kopf gelesen, teilweise nur die Zieladresse, und schon wird das Frame weitergeleitet. Der Switch ist dann nicht in der Lage, defekte Pakete herauszufiltern, da er den Framekopf bereits verschickt hat, bevor er die FCS am Frame-Ende prüfen konnte.

Cut-Through-Switches sind sehr schnell, übertragen jedoch fehlerhafte Frames und können nur zwischen Anschlüssen mit derselben Bandbreite genutzt werden. Empfängt ein Switch die Daten mit 10 Mbit/s und sendet sie mit 100 Mbit/s weiter, womit soll dann der Switch die Lücken füllen? Das geht nicht.

2.13 Store-and-Forward

Moderne Switches arbeiten nach der Store-and-Forward-Methode. Hierbei wird das Frame erst vollständig empfangen, dann wird die FCS überprüft, und erst wenn diese fehlerfrei ist, wird das Frame weitergeleitet. Store-and-Forward-Switches sind etwas langsamer als Cut-Through-Switches. Das spielt in der Praxis aber heute keine Rolle mehr. Dafür übertragen Store-and-Forward-Switches keine defekten Frames und können Netze mit unterschiedlichen Bandbreiten problemlos verbinden.

2.14 Auto-Partitioning

Ein Switch (Bridge) sollte im Fehlerfall einen Port abschalten:

- wenn er **kein Link-Signal** von der angeschlossenen Station empfängt
- wenn **viele FCS-Fehler** vorkommen (mehr als 1 % defekte Frames)
- wenn **eine Schleife** erkannt wird (gleiche MAC-Adresse an zwei Ports)
- nach **vielen Collisions** (nach der 32., unmittelbar aufeinander folgenden)

Eine Schleife wird erkannt, wenn der Switch seine eigenen BPDU-Frames wieder empfängt oder wenn eine MAC-Adresse an zwei Anschlüssen gesehen wird. Das kann aber auch durch einfaches Kabelumstecken geschehen. Hier muss man eine Minute warten, bis der Switch umgelernt hat.

Wann aktiviert ein Switch einen Port wieder? Nachdem er ein Frame fehlerfrei empfangen hat oder erst, wenn der Netzadministrator den Anschluss manuell freigibt?

Auch weiß keiner, was geschieht, wenn die angeschlossene Station mit Backpressure arbeitet und viele Collisions nacheinander sendet!

2.15 Stromversorgung via Ethernet

Mit IEEE 802.3af soll es möglich werden, Endgeräte, wie IP-Telefone, Wireless LAN Access-Points oder Web-Kameras, mit Strom zu versorgen. „DTE-Power via MDI", wie die offizielle Bezeichnung des Standards lautet, sendet 48 V Gleichstrom (maximal 350 mA, 15 W) über Twisted-Pair-Kupferkabel der Category.3 für Ethernet (10Base-T) oder Category.5 für Fast-Ethernet (100Base-TX). Später soll man auch Strom parallel zu Gigabit-Ethernet senden können. Der Strom wird entweder über die Signalkontakte 1 + 2 und 3 + 6 oder die ungenutzten Adern 4 + 5 und 7 + 8 übertragen. Im Standard IEEE 802.3af ist eine Schutzfunktion eingebaut, dass keine Bauteile beschädigt werden, die nicht Power-over-Ethernet unterstützen. Der endgültige Standard wurde im Juni 2003 verabschiedet. Weitere Informationen findet man unter http://www.ieee802.org/3/af.

2.16 Workgroup-Switches

Bei Bridges oder Layer-2-Switches kann man zwischen zwei Bauformen unterscheiden.

Workgroup-Switches sind Etagen-Verteiler, an die man 12, 24 oder 48 Anwender anschließt, in der Regel mit 10 Mbit/s oder 100 Mbit/s Ethernet. Workgroup-Switches sollten über zwei Uplink-Ports zum Backbone-Anschluss mit 100 Mbit/s oder

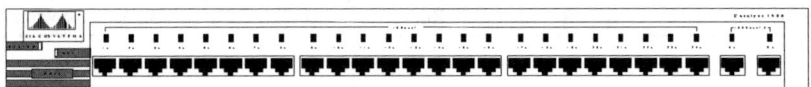

Bild 2.7 Workgroup-Switch von www.cisco.com

1000 Mbit/s verfügen. Der zweite Uplink-Anschluss erlaubt eine Backup-Verbindung via Spanning-Tree oder eine Ring-Schaltung (Ring-In und Ring-Out). Die Switch-Tabelle ist in der Regel recht klein und erlaubt maximal die Verwaltung von 1024 MAC-Adressen bzw. Hosts. Hier sollte man aufpassen, dass pro Anwenderanschluss immer mehr als eine MAC-Adresse gespeichert werden kann, sonst arbeitet der Switch u. U. wie ein Hub, falls dort mehr als eine Station angeschlossen wird. Workgroup-Switches sind in der Regel recht klein (Pizzaschachtel: 19 Zoll, 1 HE = 450 mm × 45 mm × Tiefe). Modulare Einschubplatinen für Kupfer und Glasfaserkabel gibt es meistens nur für die Uplink-Ports. Workgroup-Switches sind relativ preiswert und schon für wenige 1000 Euro zu erwerben.

2.17 Backbone-Switches

Backbone-Switches bilden das Rückgrat, die Zentrale moderner lokaler Netze. Sie erlauben den Anschluss von Workgroup-Switches und Servern über 100 Mbit/s oder 1000 Mbit/s. Sie haben teilweise über 200 Anschlüsse und können mehr als 20 000 Adressen verwalten. In der Regel sind sie so groß wie ein Microwellenherd (19 Zoll und 4 HE). Es gibt aber auch Systeme in Kühlschrankgröße. Backbone-Switches sind meistens modulare Systeme, d. h. man kauft ein Gehäuse, das man mit Steckkarten aufrüsten kann. Es gibt Module (Einschubplatinen) für Kupfer- und für Glasfaserkabel. Einen modernen Backbone-Switch kann man heute zum Router aufrüsten. Man sollte keine Backbone-Switches mehr kaufen, die nicht auf Layer 3 routen können. Backbone-Switches sollte man in Stern-Netzen immer doppelt auslegen, falls einer ausfällt, auch wenn diese relativ teuer sind (> 5000 Euro).

Hersteller	LAN-Switch	WAN-Router	IP-Tel./PBX	WAN-Tel.-Switch
3Com	X	X	X	–
Alcatel	X	X	X	X
Cisco	X	X	X	X
Enterasys	X	X	–	–
Ericsson	–	–	–	X
Fujitsu	–	–	–	X
Lucent	X	X	X	X

Tabelle 2.1 Liste einiger Switch-Hersteller (unvollständig)

Hersteller	LAN-Switch	WAN-Router	IP-Tel./PBX	WAN-Tel.-Switch
NEC	–	–	–	X
Nokia	–	–	–	X
Nortel	X	X	X	X
Siemens	X	X	X	X

Tabelle 2.1 (Fortsetzung) Liste einiger Switch-Hersteller (unvollständig)

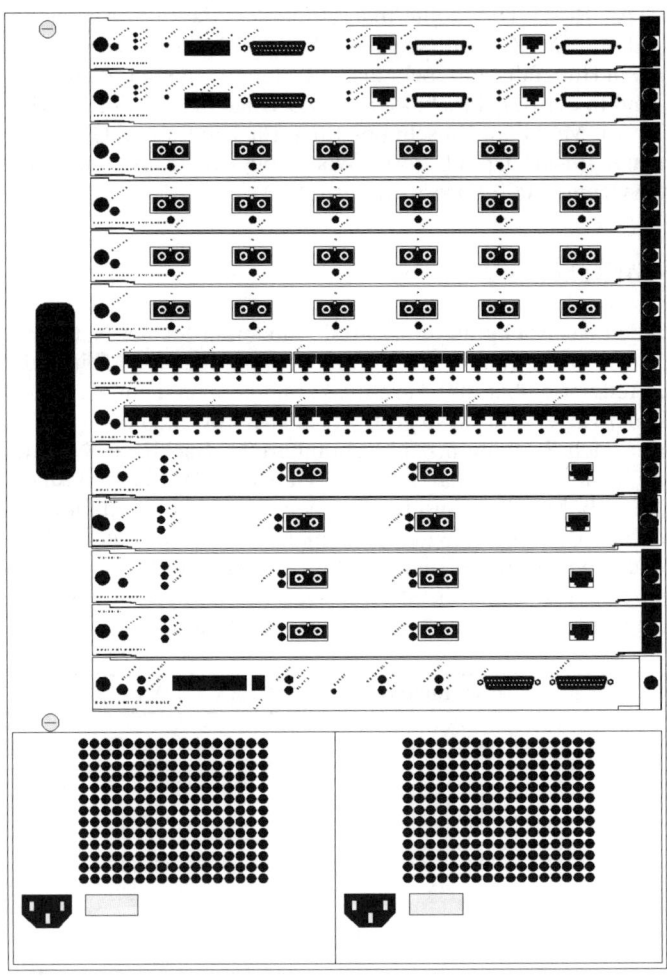

Bild 2.8 Backbone-Switch von www.cisco.com

58

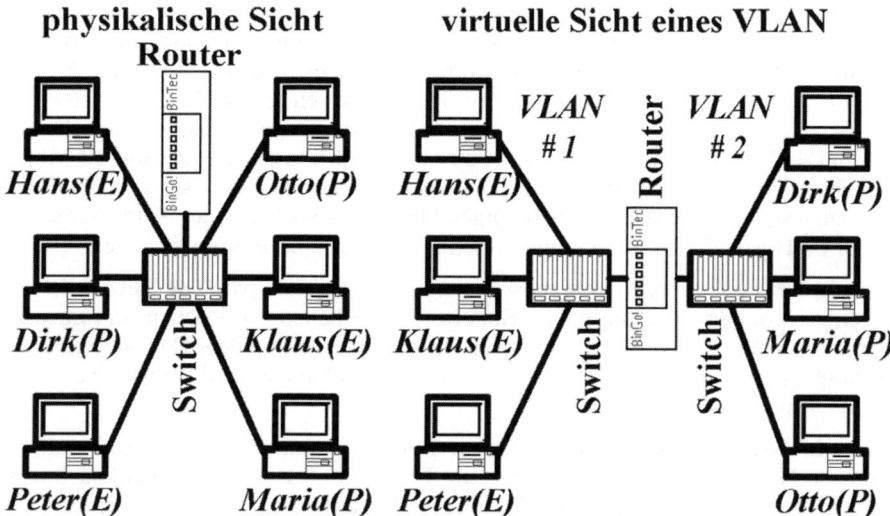

physikalische Sicht   **virtuelle Sicht eines VLAN**

Bild 2.9 Topologie eines VLAN

2.18 VLAN (virtual local area network)

Mit der virtuellen LAN-Technik (VLAN) kann man in einem physikalischen Netz, ohne Kabel umzustecken, mehrere logische Gruppen bilden. Ein virtuelles LAN ist ein von Switchen simuliertes Netzwerk, das kabeltechnisch, d. h. physikalisch, nicht existiert, jedoch vom Benutzer als abgesondertes einzelnes Netzwerk wahrgenommen wird. Die Anwender in verschiedenen VLANs können nur über Router hinweg Daten austauschen. Die Datenströme werden von VLANs so sicher getrennt, dass das www.BSI.de sie für Banken, Telefongesellschaften und das Militär empfiehlt.

Die Stationen in einer Gruppe, einem VLAN, werden mit Zahlen (und einem Namen) gekennzeichnet. Dirk, Hans und Tom arbeiten in der Entwicklung und wurden dem VLAN 3 (E) zugeordnet. Maria, Mark und Otto arbeiten in der Produktion, im VLAN 2 (P). Wo die Rechner von Dirk, Hans, Tom, Maria, Mark und Otto physikalisch wirklich angeschlossen sind, spielt für die VLAN-Gruppierung in Netz 1 (Entwicklung) und Netz 2 (Produktion) keine Rolle.

Für die Bildung von Gruppen (VLANs) in einem LAN gibt es zwei Gründe:

- **Der erste ist organisatorischer Natur.** Man möchte die Produktion von der Entwicklung abtrennen. Es soll vermieden werden, dass Versuche in der Entwicklung die Produktion stören.

- **Der zweite Grund ist ein technischer.** Schaltet man zu viele Stationen in ein Netz (nach der Literatur ab 1000 Hosts), dann kommt es zu Broadcast-Stürmen, und die Stationen arbeiten nur noch langsam. Sie beschäftigen sich nur noch damit, die Broadcasts zu lesen, und nicht mehr mit dem Transport der Benutzerdaten. Ein Broadcast-Sturm als Grund wird oft unnötigerweise zitiert. Stellen wir einmal eine kleine Rechnung an: Jeder Host sendet alle 30 Sekunden einen Broadcast (tatsächlich wird jedoch nur alle 2 Minuten ein Broadcast verschickt). Bei 4500 Stationen ergeben sich 9000 Frames/Minute. Ethernet mit 10 Mbit/s überträgt jedoch maximal 900 000 Frames/Minute. Würden Sie sich über eine Auslastung von einem Prozent sorgen? In der Praxis kennt der Autor Netze mit 3500 Hosts, die ohne Trennung durch Router noch problemlos arbeiten.

Um ein LAN zu segmentieren, musste man früher mehrere parallele Netzwerke mit eigenen Verteilern und getrennten Kabelwegen aufbauen. Im Rechenzentrum wurden die verschiedenen Netze dann über einen Router verbunden. Das war sehr aufwändig. Heute kann man einen Switch und ein Kabel nutzen und dennoch verschiedene Gruppen über VLANs bilden.

Um VLAN-Informationen zwischen den Switches auszutauschen, tagged man die Frames. Nach IEEE 802.1q wird dazu im Frame ein 4 Byte langes Feld nach dem Type-/Length-Feld eingefügt (engl. tag für etikettiert). Von den 16 bit werden 3 für Priorisierung, 2 zur Steuerung und 11 für die VLAN-Nr. (1-4094) verwendet. Hinzu kommen noch zwei Byte im Type-Feld, die jeder Station mitteilen, dass dieses Frame ein VLAN-Paket ist. Eine Station sendet einen Frame. Der nächste Switch ordnet die Station einem VLAN zu, tagged das Frame und sendet es zum Ziel-Switch. Dieser entfernt den Tag und schickt das Frame zur Zielstation weiter. So muss man in die Stationen (PC + Server) keine VLAN-Software einbauen, und die Frames haben nur auf den Verbindungen von Switch zu Switch einen Tag.

Die Switches sorgen nun dafür, dass die Frames nur an Anschlüsse transportiert werden, die zum selben VLAN gehören. So kann man Broadcast-Stürme vermeiden und Abteilungen voneinander trennen, ohne extra Kabel verlegen zu müssen. Mit Hubs kann man leider keine VLANs aufbauen, man benötigt dazu zwingend Switches (Bridges).

8 Byte	Präambel (7 Byte) und Start-Frame-Delimeter (1 Byte)
6 Byte	DST = Destination Address (Ziel)
6 Byte	SRC = Source Address (Absender)
2 Byte	**VLAN-Tag: TPID = 0x8100 (alte Position des Type-/Length-Feldes)**
2 Byte	**VLAN-Tag: Priority (3 bit) + CFI (2 bit) + VLAN-ID (11 bit)**
2 Byte	Type-/Length-Feld
42–1500 Byte	Daten (Nutzlast, engl. Payload)
4 Byte	FCS = Frame-Check-Sequence

Tabelle 2.2 VLAN-Tagging verlängert ein Ethernet-Frame von 1518 auf 1522 Byte

Zum Bilden von VLANs gibt es drei Methoden:

- **Port-based**

  Jeder Anschluss eines Switches wird einem VLAN zugeordnet. Das ist die stabilste Methode. Port-based VLANs sind nach IEEE 802.1q normiert.

- **MAC based**

  Die MAC-Adresse einer Station wird einem VLAN zugeordnet. Hier muss man bei einem Kartenaustausch daran denken, das VLAN nachzupflegen.

- **Protocol based**

  Je Netzwerkprotokoll IP, IPX usw. wird ein VLAN gebildet, oder man verwendet IP- bzw. IPX-Adressen zur VLAN-Bildung. Da man die Protokolladresse eines Hosts leicht ändern kann, ist diese Methode nicht so sicher wie die auf MAC-Adressen oder Ports basierende Variante.

Nur Port based VLANs sind heute nach IEEE 802.1q normiert. MAC und Protocol based VLANs funktionieren nur mit bestimmten Produkten eines Herstellers. Herstellerbasierte VLANs haben noch ein weiteres Problem. Beim Tagging verwenden sie nicht nur 4 Byte, sondern 32 Byte bei Cisco und 48 Byte bei Cabletron. Im Ethernet ist die Framelänge aber auf maximal 12144 bit (1518 Byte) begrenzt. Hinzu kommen dann noch die VLAN-Bytes. Jede Ethernet-Komponente sollte eine Funktion eingebaut haben, um Dauerstörer abzuschalten. So kontrolliert ein Hub, Transceiver und Mediakonverter u. U. die maximale Sendedauer anhand der Bits. Erlaubt sind 50 bit mehr als 12144 (= 8×1518 Byte). Dann wird die Sendung abgebrochen. VLAN-Tagging nach IEEE 802.1q liegt unter dieser Grenze (12144 + 32 bit). Die Lösungen von Cisco (12144 + 256 bit) und Cabletron (12144 + 384 bit) liegen weit darüber. In solchen Netzen darf man also keine Hubs, Transceiver oder Mediakonverter von anderen Herstellern einsetzen.

Normalerweise wird ein Frame zwischen Station und Switch nicht getagged. Es bleibt unverändert. Der Switch weiß ja, wo welche Station angeschlossen ist und zu welchem VLAN diese gehört. Nur auf den Strecken zwischen den Switches verwendet man getaggte Frames, da ein Switch erfahren muss, was an einem anderen Switch angeschlossen ist und zugewiesen wurde. Der sendende Switch fügt den Tag hinzu und der empfangende Switch entfernt den Tag wieder, bevor ein Frame zur Station weitergeleitet wird. Die Verbindung zwischen zwei VLAN-Switches nennt man auch Trunk (Trunk-Call für Ferngespräch) oder Inter-Switch-Link (ISL).

Die VLAN-Technik hat in der Praxis zwei große Nachteile. Wie sich gezeigt hat, arbeiten herstellerspezifische VLANs nur mit Problemen. Totalausfälle ganzer Netze für mehrere Tage können vorkommen. Auch kann man Layer-2-VLAN-Informationen von einem Netz nicht über eine WAN-Strecke in einen anderen Standort übertragen. Das WAN mit seinen PPP- oder HDLC-Frames verfügt über keine Möglichkeit zum VLAN-Tagging. Daher ist ein Trunk zwischen zwei Switches über eine geroutete WAN-Strecke hinweg unmöglich.

Normierte, Port-basierte VLAN nach 802.1q arbeiten heute sehr stabil. Um die Stabilität zu erhalten, sollte man in geswitchten VLANs auf Hubs und Mediakonverter gänzlich verzichten. Port-based-VLANs sind heute aus modernen, leistungsfähigen Netzen nicht mehr wegzudenken.

2.19 Router (Layer-3- oder Multilayer-Switches)

Mit Routing bezeichnet man die Suche nach einem Weg (engl. Route) vom Absender (engl. Source) zum Empfänger (engl. Destination) durch ein Netzwerk hindurch. Die Router sind also die Pfadfinder im Dschungel des Internet.

Jedes Netzwerkbetriebssystem, wie Novell (IPX) oder Unix (IP), benutzt ein Netzwerkprotokoll. Protokolle beschreiben den Auf- und den Abbau von Verbindungen und Methoden zum Datenaustausch zwischen zwei Netzwerkstationen. Protokolle arbeiten auf OSI-Layer-3, der nicht nur die Protokolltechnik, sondern auch die Funktionsweise von Routern definiert.

Router muss man manuell konfigurieren. Die Adressen der Netzwerkkarten und die Wegbeschreibungen (engl. Routen) sind immer manuell einzugeben. Ohne Konfiguration funktioniert kein Router!

2.19.1 Statische Routen und Default-Gateway

Statische Routen trägt man fest ein, wie die Angabe eines Default-Gateway oder einer Default-Route. Diese statischen Wegbeschreibungen zeigen immer fest auf den nächsten Router in Richtung des Zielnetzes. Fällt dieser Router aus, dann ist das Zielnetz nicht mehr zu erreichen.

2.19.2 Dynamische Routen mit RIP, OSPF und BGP

Nutzt man **dynamische Routing-Verfahren, wie RIP, OSPF oder BGP,** mit deren Hilfe die Router ihre Wegbeschreibungen automatisch austauschen, dann kann man Backup-Verbindungen einrichten. Einige dynamische Routing-Verfahren für das Internet-Protokoll (IP) sind:

- **RIP**

  das Routing-Information-Protocol ist veraltet und sollte heute nicht mehr genutzt werden. Daher übersetzt man RIP heute auch mit „Rest-In-Peace" (engl. für Ruhe in Frieden)

- **OSPF**

  Open-Shortest-Path-First ist der Nachfolger von RIP und heute der Standard in modernen LANs

- **BGP**

  das Border-Gateway-Protocol wird von den Internet-Service-Providern einge-setzt, um verschiedene Unternehmensnetze miteinander zu verbinden und im Internet zu routen

Auf das Thema Routing und Router-Protokolle wird im Abschnitt Internet-Protokoll (IP) noch näher eingegangen.

2.20 Routen zwischen VLANs

Noch einmal zurück zum VLAN. Im vorausgehenden Beispiel waren die Switch-Ports der PCs von Hans, Klaus und Peter ins VLAN 3 (Entwicklung) und Dirk, Maria und Otto ins VLAN 2 (Produktion) konfiguriert. Ohne Router gibt es zwi-schen VLAN 2 und VLAN 3 keinen Datenaustausch. Erst ein VLAN-fähiger Router oder ein Router mit zwei Ports schafft eine Verbindung zwischen den VLAN, d. h. der Entwicklung und der Produktion.

Im folgenden Beispiel wurden noch zwei weitere VLANs installiert, für die beiden Ser-ver. Die Server liegen in IP-Netzen auf der anderen Seite des Backbone-Routers. Nun kann man über die Definition von Routen und Filtern exakt festlegen, wer mit wem kommunizieren darf. Und durch die Logik der Router wird garantiert, dass IP-Pakete nur an die gewünschten Zielstationen geleitet werden.

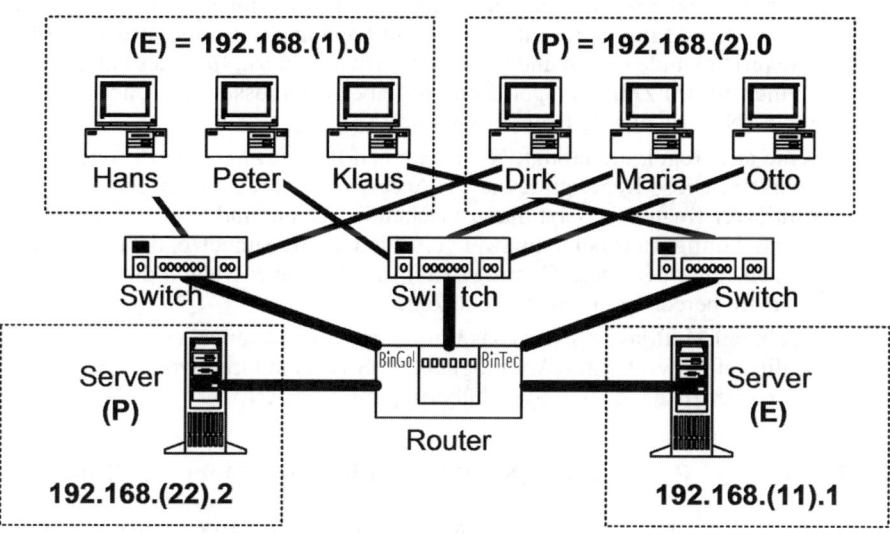

Bild 2.10 Topologie von IP-Subnetzen auf Basis von VLANs

2.21 Access-Router und Multilayer-Switch

So wie man Layer-2-Switches in zwei Gruppen aufteilen kann (Workgroup und Backbone), so unterscheidet man auch zwei Arten an Routern (Access und Multilayer).

Access-Router haben WAN- und LAN-Schnittstellen. Sie verbinden Ethernet mit ISDN, DSL oder Frame-Relay. Da die Übertragungsraten im WAN wesentlich niedriger sind (64 kbit/s, 768 kbit/s, 2 Mbit/s, 34 Mbit/s) als im LAN (10 Mbit/s, 100 Mbit/s, 1000 Mbit/s, 10 000 Mbit/s), muss ein Access-Router auch nicht so schnell arbeiten wie die Geschwindigkeiten auf LAN-Seite. Solange er nur etwas schneller arbeitet als die Summe der Bandbreite seiner WAN-Ports, ist das ausreichend. Hat ein Router zwei ISDN- und zwei Ethernet-Schnittstellen, so kann man fast immer davon ausgehen, dass der Durchsatz unter 500 kbit/s liegt, auch wenn man Daten vom ersten zum zweiten Ethernet-Anschluss (je 10 Mbit/s) sendet. Die Idee bei diesem Router ist es, zwei LAN-Segmente mit ISDN zu verbinden, und dafür reichen schon 256 kbit/s ($2 \times (64\ \text{kbit/s} \times 2)$) Durchsatz aus.

Multilayer-Switches sind LAN-Router. Sie routen zwischen VLANs und arbeiten nicht nur als Layer-3-Router, sondern auch als Layer-2-Switch. Sie arbeiten also auf multiplen Layern. Woran erkennt man nun einen Multilayer-Switch? Sie besitzen keine WAN-Schnittstellen, kein ISDN, kein DSL, kein Frame-Relay oder X.21 und können auch nicht damit nachgerüstet werden. Sie routen nur zwischen Ethernet, Fast-Ethernet und Gigabit-Ethernet, selten auch zu Glasfasernetzen, wie SDH oder SONET. Ihre Durchsatzleistung liegt bei Millionen von gerouteten IP-Paketen pro Sekunde. Im Gigabit-Ethernet kann man maximal 1,5 Millionen IP-Pakete pro Sekunde senden. Ein Multilayer-Switch mit zwölf Gigabit-Ports muss also 18 Millionen Pakete pro Sekunde routen und die Weginformation dazu, für jedes einzelne Paket, aus einer 20 000 Zeilen langen Routing-Tabelle heraussuchen. Dabei würden langsame WAN-Ports nur als Bremse wirken.

Es gibt eine alte Regel, die besagt: Niemals einen Router zwischen PC und seinen Server schalten. Diese Regel gilt zwar für Access-Router, aber nicht mehr für moderne Multilayer-Switches. Setzt man zwischen PC-Client und Server einen Multilayer-Switch, konfiguriert beide in zwei verschiedene IP-Subnetze, dann kann man mit Hilfe von Filtern (Access-Control-Lists) im Multilayer-Switch die Server vor Angriffen nicht berechtigter Clients schützen.

Auch erlaubt ein Multilayer-Switch das Priorisieren von Datenpaketen. Erst so wird QoS (Quality of Service) im LAN möglich. QoS ist eine Grundvoraussetzung für VoIP (Voice over IP), d. h. eine Sprachübertragung im LAN.

2.22 Router-Protokolle: IP, IPX, Apple-Talk, Decnet, Vines-IP

Außer IP gibt es noch weitere routebare Netzwerkprotokolle: IPX, Apple-Talk, Decnet, Vines-IP und XNS. Nun beherrscht ein Router selten alle Protokolle gleichzeitig. Man muss vielmehr beim Kauf eines Routers darauf achten, die gewünschten Protokolle mit zu erwerben.

Die meisten Router verstehen IP. Alle anderen Protokolle sind heute Ausnahmen. Nach Empfehlung der Hersteller, wie Novell (IPX), Apple (Apple-Talk), HP/Compaq (Decnet) oder Xerox (XNS) sollte man planen, alle Netze ganz auf IP umzustellen. Prognose: in zehn Jahren gibt es nur noch IP-Netze.

Nicht nur bei IP, sondern auch bei den anderen Protokollen gibt es dynamische Routingverfahren:

- IP   dynamisch mit RIP, OSPF, BGP und EIGRP (Cisco)
- IPX   dynamisch mit SAP, IPX-RIP, NLSP und EIGRP (Cisco)
- Apple-Talk   dynamisch mit NBP, ZIP, RTMP und EIGRP (Cisco)
- Decnet   dynamisch mit DRP und IS-IS
- Vines-IP   dynamisch mit ICP und RTP

Diese Protokolle hier detaillierter zu erklären würde den Umfang dieses Buchs sprengen. Für gute und kostenlose Informationen wird u. a. auf die Dokumentationsseite der Fa. Cisco verwiesen (http://www.cisco.com, suche den „Internetwork Design Guide").

2.23 Encapsulation, wie DLSW für SNA von IBM

Es gibt auch Netzwerkprotokolle, die man leider überhaupt nicht routen kann:

- **SNA** von IBM über LLC2 im Token-Ring für Anschlüsse an Großrechner
- **NETBIOS** von Microsoft für kleine, lokale Windowsnetze
- **LAT** von DEC/Compaq/HP zum Terminalanschluss an VAX-Rechner

Diese Protokolle (SNA = Systems-Network-Architecture, NETBIOS = Network-Basic-Input-Output-System, LAT = Local-Area-Transport) verfügen über keine Layer-3-Informationen, über keine Netzwerknummern, da man bei deren Definition davon ausgegangen ist, dass solche Netze nicht über einen Standort hinaus größer werden.

Um diese Protokolle dennoch über WAN-Strecken zwischen zwei Standortnetzen transportieren zu können, packt man die SNA/NETBIOS/LAT-Frames in IP-Pakete ein und am Ziel wieder aus. Diese Technik nennt man Encapsulation: IP (SNA), IP (NETBIOS) und IP (LAT). Die IP-Pakete werden dann im WAN ganz normal geroutet.

Beim alten Netbios von Microsoft encapsulieren die Stationen (PCs, Server) selbst. In SNA-Verbindungen packen Router mittels der normierten DLSW-Technik (Data-Link-Switching) die SNA/LLC2-Frames in IP-Pakete ein und am Ziel wieder aus. Das Problem bei DLSW ist, dass die IP-Pakete garantiert schnell, priorisiert übertragen werden müssen, andernfalls wird die SNA-Verbindung unterbrochen. Die

Verzögerungszeit (engl. Latency) sollte immer unter 80 Millisekunden liegen. LAT-Frames transportieren Router durch Cisco-IP-GRE-Tunnel oder mit dem L2TP (Layer-2-Tunneling-Protocol).

2.24 Backup-Verbindungen über Router

Eine statische Route sagt aus, das das Netz X über den Routeranschluss drei zu erreichen ist. Fällt der Anschluss drei auf Grund einer Störung aus, dann wird das Netz X unerreichbar. Da die statische Route immer nur auf den Anschluss drei zeigt, kann sich diese statische Route nicht automatisch auf andere Anschlüsse umschalten. Statisch funktioniert eine Backup-Route nicht.

Um mit Routern Backup-Wege zu schalten, benötigt man dynamische Routing-Protokolle, wie RIP, OSPF oder BGP. Bei STP auf Switches ist immer nur ein Weg aktiv. IP (RIP, OSPF, BGP) schalten bei Default vier parallele Wege. Dabei wird kein Paket geteilt, sondern das erste nimmt den ersten Weg, das zweite den zweiten, das dritte den dritten, das vierte den vierten, das fünfte wieder den ersten usw.

2.25 Layer-4-Switching

Der Begriff Layer-4-Switching bezeichnet eine Erweiterung der Router-Technik. Auf Layer-4-Routern kann man IP-Pakete bestimmter Anwendungen priorisieren, filtern und nach Last verteilen. Das Internet-Modell (IP = Internet-Protocol) verfügt im Gegensatz zum OSI-Modell nur über vier Layer, die unteren drei des OSI-Modells und den Layer vier für Anwendungen (eine Zusammenfassung der OSI-Layer Transport, Session, Presentation und Application zu einem IP-Layer).

OSI-Layer	OSI-Modell	IP-Layer	IP-Modell	IP-Komponente
7	Application	4	**Application** (mit Port-Nummer, TCP und UDP)	**Host** (PC, Drucker und Server)
6	Presentation			
5	Session			
4	Transport			
3	Network	3	**Network** (IP-Paket)	**Router**
2	Datalink	2	**Datalink** (MAC-Frame)	**Bridge**
1	Physical	1	**Physical** (Kabel+Stecker, Bits)	**Hub**

Tabelle 2.3 Vergleich OSI-Modell zu IP-Modell

Einige Anbieter nennen ihre Layer-4-IP-Switches daher auch Layer-7-Switches nach dem ISO-Modell. Um der Layer-Verwirrung ein Ende zu setzen, verwendet man besser den Begriff Multilayer-Switching.

Im Kopf jedes IP-Pakets ist neben der IP-Adresse von Absender und Empfänger noch die Port-Nummer der Anwendung enthalten. Eine Liste aller Port-Nummern findet man unter „www.iana.org/assignments/port-numbers".

- 21   FTP   File-Transfer-Protocol
- 23   Telnet   Terminal-Emulation over Network (VT100, 3270, 5250)
- 25   SMTP   Simple-Mail-Transfer-Protocol (E-Mail)
- 53   DNS   Domain-Name-System (Host-Namen)
- 66   SQL×Net   Datenbankzugriffe (Structured-Query-Language×Net)
- 67   BOOTP   Bootstrap-Protocol (Laden von Betriebssystemen)
- 69   TFTP   Trivial-File-Transfer-Protocol (Firmware-Updates)
- 80   HTTP   Hyper-Text-Transfer-Protocol (Web-Browsen)
- 84   Trace   Test der Route durch das Netz zwischen zwei Stationen
- 137   Netbios   Net-Basic-I/O-System (Microsoft Windows over IP)
- 161   SNMP   Simple-Network-Management-Protocol (Überwachung)
- 515   LPR/LPD   Line-Print-Remote/Line-Print-Daemon (Drucken)
- 1352   Notes   Lotus Notes (Bürokommunikation)
- 1494   Metaframe   Windows/NT-Terminal-Server (Microsoft, Citrix)
- 2065   DLSW   Data-Link-Switching (IBMs SNA bridgen über IP)
- 6000   X.11   X-Window-System (grafische Unix-Oberfläche)

2.26   Priorisierung von Anwendungen

Eine Priorisierung ist für Anwendungen, wie IP-Telefonie oder IP-TV, zwingend erforderlich. Auch interaktive Programme sollte man priorisieren, um Antwortzeiten zu reduzieren. Zu den interaktiven Programmen gehört vor allem die Terminal-Emulation (VT100, 3270, 5250), X-Window-Konsolen, Datenbankzugriffe via SQL@Net, Lotus-Notes oder Windows-Terminal-Server.

Ein File-Transfer via FTP kann eine WAN-Leitung u. U. eine halbe Stunde ganz blockieren. Dann muss man den interaktiven Verkehr priorisiert haben, sonst fallen die Anwender aus dem Netz und erhalten vom Server keine Antwort mehr.

Die Priorisierung wird in den Routern über Warteschlangen (engl. Queues) realisiert. Mit einer Priority-Queue kann man die Anwendungen in die Gruppen High, Medium, Normal und Low einteilen. Nachteil dieses Verfahrens ist: solange sich noch Frames in der High-Gruppe befinden, werden keine Frames aus anderen Gruppen übertragen. Diesen Nachteil gleicht eine Fair-Queue aus. Aus jeder Gruppe werden Frames übertragen, z. B. 40 % aus der High-, 30 % aus der Medium-, 20 % aus der Normal- und 10 % aus der Low-Gruppe. Diese Prozentanteile einer Fair-Queue kann ein Netzadministrator beliebig verändern.

2.27 Quality-of-Service (Verbindungsqualität)

Mit den aktuellen Arbeiten an Normen zur Priorisierung, nicht nur in einem Router, sondern von kompletten Datenstrecken zwischen Endstationen über ganze Netze hinweg, versucht man die Verbindungsqualität (QoS) zu verbessern:

- Reservieren einer minimalen Bandbreite   Bandwidth
- Vereinbaren einer maximalen Verzögerungszeit   Frame-Delay
- Minimieren der Frame-Verluste   Frame-Loss-Ratio
- Garantieren einer maximalen Fehlerrate   Frame-Error-Ratio

Das IEEE arbeitet für LANs am Standard 802.1p (priority), und im IETF hat Cisco die Internet-Spezifikation RSVP (Resource-Reservation-Protocol) eingereicht.

2.28 Filter (Access-Control-List = ACL)

Man kann über Filter (ACL) auch die Sicherheit in Netzwerken erhöhen, indem man den Zugriff von bestimmten Stationen oder Netzen auf Netzdienste erlaubt (engl. Permit) oder verbietet (engl. Deny).

In dem obigen Beispiel für einen Filter wird in der ersten Zeile allen Stationen aus dem Netzwerk 192.168.234.0 nur das Web-Browsing erlaubt (Stöbern in den Internet-Seiten). Der Host 192.168.129.1 darf sämtliche Netzdienste nutzen. In Zeile 3 wird allen anderen Stationen jeglicher externe Zugriff verboten. Zeile 5 aktiviert den Filter auf dem Anschluss Ethernet 1 nur für ausgehenden Datenverkehr.

1	Access-list 123 permit ip from net 192.168.234.0 mask 255.255.255.0 to any equal web
2	Access-list 123 permit ip from host 192.168.129.1 to any equal all
3	Access-list 123 deny all from any to any
4	Interface ethernet 1
5	Access-list 123 outgoing

Tabelle 2.4 Beispiel für einen Filter, eine Access-Control-List, kurz ACL

2.29 Accounting (Abrechnung)

In Telefonnetzen und TK-Anlagen ist heute ein Einzelgesprächsnachweis Standard. Wenn IP-Netze die Aufgabe heutiger Telefonnetze übernehmen wollen, dann muss es auch Funktionen zu Abrechnung (engl. Accounting) geben. Hier sieht es im Jahr 2004 beim Accounting in Layer-4-Switches noch mangelhaft aus.

2.30 Content-Switch

Bei großen Unternehmen, auf deren Webseite viele tausend Benutzer gleichzeitig zugreifen müssen, kann man diese Aufgabe nicht mehr einem einzelnen Server überlassen. Er würde überlastet. Auch muss man an Servern Wartungsarbeiten ausführen, oder sie sind während einer Datensicherung nicht verfügbar. Ein 24-Stunden-Betrieb, an sieben Tagen in der Woche, ist mit einem einzelnen Web-Server nicht durchführbar.

Die Lösung für dieses Problem sind Content-Switches. Der Benutzer denkt, er würde mit einem Server arbeiten. Der Content-Switch verteilt, unbemerkt von den Anwendern, die Datenströme auf mehrere Server. Hält man einen dieser Server an, so bleibt der Service verfügbar, dank der anderen Server. Die Hauptaufgabe von Content-Switches besteht also darin, die Verfügbarkeit und Ausfallsicherheit von Internet-Servern zu garantieren.

Damit ein Content-Switch arbeiten kann, müssen die Daten und Anwendungen auf alle Server dupliziert werden, oder man nutzt einen ausfallsicheren Cluster aus mehreren Servern, welcher an einem SAN angeschlossen ist. Storage-Area-Networks werden in einem eigenen Kapitel gesondert erklärt. Der Content-Switch verteilt nun via Server-Load-Balancing die Anwender auf die Server. Beim einfachen Simple-Round-Robin schaltet der Switch den ersten Anwender auf den ersten Server, den

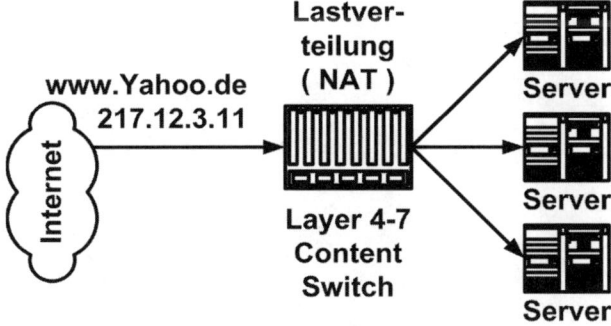

Bild 2.11 Content-Switch

69

zweiten auf den zweiten, den dritten auf den dritten und den vierten wieder auf den ersten usw. Bei gewichtetem Weighted-Round-Robin setzt der Administrator Parameter, so dass ein Server mehr Anfragen erhält als ein anderer. Der Content-Switch kann aber auch einen Cookie, eine kleine Textdatei, auf den Anwender-PC kopieren, so dass ein Anwender immer wieder auf denselben Server geschaltet wird. Eine weitere Möglichkeit ist es, die Sessions nach den Anwendungen zu verteilen, wie HTTP auf den ersten Server und FTP auf den zweiten.

Die Arbeit von Content-Switches gestaltet sich deutlich komplexer als die von Layer-2-Switches oder Layer-3-Routern. Ein Content-Switch muss alle Verbindungen in Abhängigkeit von den Inhalten der Datenpakete schalten. Ein Content-Switch arbeitet also auf dem Anwendungs-Layer, auf Ebene 7 des OSI-Modells oder Schicht 4 des Internet-Modells. Daher nennt man Content-Switches auch Layer-7-Switches oder Layer-4-Switches.

3   Kabel

Das Fundament für jedes Computernetz ist eine solide Verkabelung. Das gilt immer noch, obwohl man heute die letzten Meter drahtlos überbrücken kann. Denn Kabel bilden auch bei einem WLAN den Backbone, zwischen den Root-Access-Points. Als 1981 Ethernet auf den Markt kam, nutzte noch jedes Netzwerk seine eigenen, speziellen Kabel. Das begann sich glücklicherweise zu ändern, als 1988 IBM sein universelles Verkabelungssystem ankündigte (IBM Typ.1-Kabel und IBM-Datenstecker). Das erste Mal konnten alle Rechner der Firma IBM über eine einheitliche Verkabelung verbunden werden. 1995 gab es dann die erste internationale Norm, die ISO/IEC 11801. Sie normierte das Category-Kabel mit dem RJ45-Stecker. Diese wurde in die DIN EN 50173 übersetzt. 1999 wurden beide verbessert und in 2002 komplett durch eine Neufassung ersetzt. Heute gibt es auch Kabelklassen für Glasfaserkabel. Beide Normen, ISO und DIN, definieren „Anwendungsneutrale Kommunikationskabelanlagen für die Informationstechnik" (Generic Cabling for Customer Premises in Information Technology). Mit diesen beiden Normen will man folgende Ziele erreichen:

- Anwendungsunabhängigkeit (neutral für jede Anwendung)
- Flexibilität (anpassbar an die sich ändernden Anforderungen der Unternehmen)
- universell einsetzbar (noch bevor die Nutzeranforderungen bekannt sind)
- Planungsgrundlage für Archtikten (was leider viel zu wenig genutzt wird)
- zehn Jahre Nutzungsdauer (bitte vom Kabelsystemhersteller garantieren lassen!)

Es gibt in Deutschland aber noch weitere Normen, die ein Planer berücksicht:

- DIN EN 50174   Installation von Kommunikationskabelanlagen
- DIN EN 50346   Prüfung von Kommunikationskabelanlagen
- DIN EN 50310   Potentialausgleich
- DIN EN 50022   EMVG (Gesetz über elektromagnetische Verträglichkeit)

Zur DIN EN 50022 gehört als Ergänzung noch die DIN EN 50024.

3.1   Die Topologie der Normverkabelung ist ein Stern

Topologie ist nach Duden „die Lehre von der Anordnung geometrischer Gebilde". In Computernetzen versteht man darunter, wie Bauteile miteinander verschaltet sind. DIN EN 50173 empfiehlt eine sternförmige Verkabelung. Das Netz beginnt am Standortverteiler und endet an der Datendose. Es gliedert sich in drei Teilabschnitte:

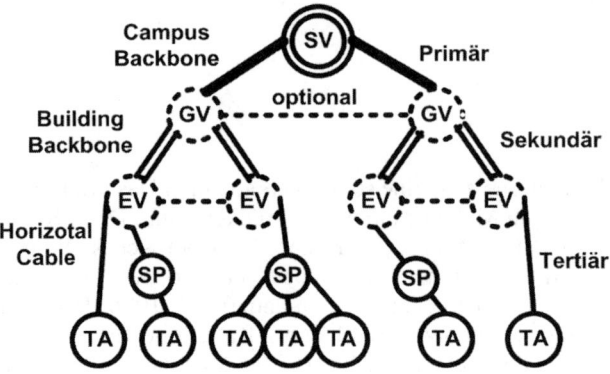

Bild 3.1 Topologie der Verkabelung nach DIN EN 50173

- Primär   vom Standort- (SV) zum Gebäudeverteiler (GV) via Glasfaser
- Sekundär vom Gebäude- (GV) zum Etagenverteiler (EV) als Glassteigleitungen
- Tertiär   vom Etagenverteiler (EV) zum Teilnehmeranschluss (TA)

Zwischen Etagenverteiler und Teilnehmeranschluss kann man einen Sammelpunkt (SP) setzen. In einem Sammelpunkt darf man keine Elektronik installieren.

Redundante Kabelwege zur Ausfallsicherung sind ausdrücklich erlaubt, vor allem zwischen den Etagen- und Gebäudeverteilern. Bei kleineren Installationen entfallen Etagen- und/oder Gebäudeverteiler.

DIN EN 50173 umfasst den Bereich vom Standortverteiler bis zum Teilnehmeranschluss.

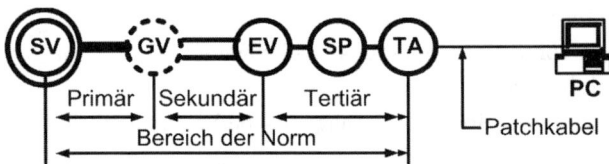

Bild 3.2 Bereich der Verkabelung nach DIN EN 50173

3.1.1 Der Sammelpunkt (SP)

Der Sammelpunkt liegt im Tertiärkabel zwischen Etagenverteiler und Teilnehmeranschlussdose. Für einen Sammelpunkt gibt es folgende Regeln:

- In einem Sammelpunkt darf man keine Elektronik installieren.
- Durch einen Sammelpunkt vergrößern sich nicht die Kabellängen.

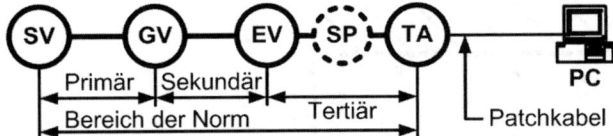

Bild 3.3 Lage des Sammelpunktes

- Ein Sammelpunkt sollte weniger als 12 TA Dosen versorgen.
- Ein Sammelpunkt muss zugänglich installiert werden.
- Alle Messwert sind über den Sammelpunkt hinweg zu prüfen.
- Inbesondere ist das Übersprechen bei Kupferkabeln zu beachten.
- Jeder Sammelpunkt muss in der Dokumentation vermerkt werden.

Woher kommt die Idee eines Sammelpunkts? In erster Linie aus den USA. Dort gibt es viele Telefon-Installationen mit einem Punch-Down-Block. Das ist ein Sammelpunkt mit RJ45-Buchsen auf der einen Seite und 50-poligen Centronics-Steckern auf der anderen. Von den 50 Kontakten werden 48 genutzt, je vier Adern für 12 Fast-Ethernet-Anschlüsse. So hat man am Switch 2 RJ21-Telco-Stecker und nicht mehr 24 RJ45-Buchsen. Nachteilig am Punch-Down-Block ist seine zusätzliche Dämpfung. Aber auch für Glasfaserkabel ist ein Sammelpunkt eine gute Idee. Man führt ein 48-faseriges Kabel ins Großraumbüro und dort vom Sammelpunkt aus dünnere, vieradrige Kabel zur Teilnehmeranschlussdose. Beim Glasfaserkabel gibt es keine Nachteile hinsichtlich Dämpfung oder anderer Übertragungswerte.

3.1.2 Die Verteiler (SV, GV, EV)

Nach DIN 50173 gibt es drei Standorte für Verteilerräume bzw. Verteilerschränke.

- SV   an einem zentralen Ort, als Verteiler im Serverraum oder Rechenzentrum
- GV   in jedem Gebäude, als Gebäudeverteiler im Keller
- EV   auf der Etage, als Etagenverteiler in der Nähe der Steigeschächte

Für Standortverteiler (SV), Gebäudeverteiler (GV) und Etagenverteiler (EV) bitte unbedingt ausreichend Fläche einplanen. Hier versuchen Architekten und Bauherren immer wieder an der falschen Stelle zu sparen. Dabei ist darauf zu achten, dass ein Zugang zu den Netzbauteilen von zwei Seiten ermöglicht wird. Die Netzkomponenten werden immer flacher. Je weniger 19-Zoll-Höheneinheiten (1 HE = 4,45 cm = 1,75 Zoll) benötigt werden, umso besser sei es, meinen die Entwickler. Dadurch werden die Bauteile aber immer tiefer, und die Frontfläche reicht zur Aufnahme der Buchsen und Leuchtdioden nicht mehr aus, so dass einige wichtige Funktionen, die man auch bedienen muss, auf die Rückseite verlagert werden. Auch die

73

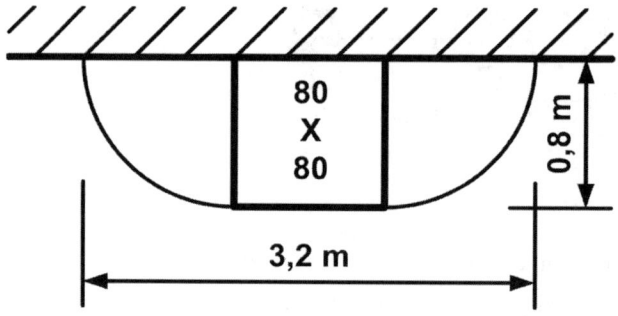

Bild 3.4 Bitte ausreichend Platz für die Verteilerschränke planen

Verteilerschränke werden daher immer tiefer. Vor 15 Jahren waren Schränke nur 600 mm tief, 800-mm-Schränke gab es eher selten. Heute sind Serverschränke 1000 mm tief, und es gibt schon solche mit 1200 mm Tiefe. Damit die tiefen Komponenten noch montiert werden können, benötigt man vorne und hinten im Schrank 19-Zoll-Montageleisten. Ein Verteilerschrank ist immer mit einer ausreichenden Stromversorgung (Absicherung mindestens 2 × 16 A träge) zu planen. Wurde genügend Elektronik eingebaut, dann muss man auch noch eine Spitzenkühlung vorsehen. Eventuell ist eine Klima-, Strom- und Feuer-Überwachung auch keine schlechte Idee. Aus den USA kommt die Idee, keine Schränke, sondern nur Regale zu verwenden. Das ist preiswerter und aus Sicht der Klimatechnik besser als geschlossene Schränke. Ein Rechenzentrum ist nicht frei zugänglich und darf nur von ausgewähltem Fachpersonal betreten werden. Warum soll man dann die Server im Rechenzentrum noch in Schränke wegschließen? Das war früher bei den Großrechnern auch nicht der Fall. Hier gab es nur Schutzbleche und Türen, damit man nicht aus Versehen die Elektronik beschädigt. Diesen Schutz besitzt ein 19-Zoll-Server aber auch bereits ab Werk.

3.2 Kupferkabel

Für Computernetze werden heute zwei Kabelarten verlegt: Kupferkabel und Glasfaserkabel. Koaxialkabel, wie man sie als Antennenkabel kennt, werden in modernen Computernetzen nach DIN 50173 aus 2002 nicht mehr genutzt.

3.2.1 Kategorien (Category) für Twisted-Pair-Kupferkabel

Eine überragende Rolle bei der Verkabelung lokaler Netze hat inzwischen das – zu den symmetrischen Kabeln gehörende – Twisted-Pair-Kupferkabel eingenommen. Es besteht aus vier oder acht Adern, die paarweise miteinander verdrillt sind. Ein

Bild 3.5 Twisted-Pair-Kupferkabel

weiterer Unterschied ist die Art der Abschirmung. Ein Unshielded-Twisted-Pair(UTP)-Kabel besitzt nur eine äußere Gesamtabschirmung. Beim Shielded-Twisted-Pair(STP)-Kabel gibt es eine zusätzliche Abschirmung um jedes einzelne Adernpaar herum.

Die Twisted-Pair-Kabel werden in sieben Übertragungsklassen eingeteilt.

- US Category.1   DIN Klasse A   bis 0,1 MHz
- US Category.2   DIN Klasse B   bis 1,0 MHz
- US Category.3   DIN Klasse C   bis 16,0 MHz
- US Category.5   DIN Klasse D   bis 100,0 MHz
- US Category.6   DIN Klasse E   bis 250,0 MHz
- US Category.7   DIN Klasse F   bis 600,0 MHz

Allen Twisted-Pair-Kupferkabeln gleich ist eine Impedanz von 100 Ω (elektrischer Scheinwiderstand). Die dicken 150-Ω-IBM-Typ.1-Kabel oder die französischen 120-Ω-Telefonkabel sind nicht mehr zulässig.

In den Normen ISO IEC 11801 und DIN EN 50173 aus 2002 findet man auch Angaben über die Verwendung bzw. das Einsatzziel der sieben Kabelklassen:

- Category.1   **Telefonie**, PBX (TK-Anlagen), X.21, V.11, V.24/RS.232
- Category.2   **ISDN** (S0-Bus), ISDN (S2M), [1 Mbit/s Ethernet 1Base-T]
- Category.3   **Ethernet** (10 Mbit/s, 10Base-T), Token-Ring (4 Mbit/s),
  ATM (mit 26 Mbit/s und 52 Mbit/s), HP's 100VG-AnyLAN

- Category.5   **Fast-Ethernet** (100 Mbit/s, 100Base-TX),
  Token-Ring (16 Mbit/s), FDDI (TP-PMD), ATM (155 Mbit/s)
- Category.6   **Gigabit-Ethernet** (1000 Mbit/s, 1000Base-T), ATM (1,2 Gbit/s)
- Category.7   Anfang 2004 unbekannt

Über den Sinn und Unsinn von Category-7-Twisted-Pair-Kupferkabeln wird 2003 noch viel gestritten. Hier wird die Zeit erweisen, wer Recht hat und ob es einmal ein Netzwerk geben wird, welches Category.7 benötigt.

3.2.2   Maximale Länge 90 m von Twisted-Pair-Kupferkabeln

Die Länge eines Twisted-Pair-Kupferkabels ist auf maximal 100 m begrenzt.

- Davon dürfen **90 m fest verlegt** werden.
- Die restlichen 10 m sind für **zwei 5 m lange Anschlusskabel** vorgesehen.

Diese Anschlusskabel nennt man auch Patchkabel. An dieser Stelle noch eine dringende Bitte an alle Planer. Bitte nie mehr als 90 m fest verlegen lassen. Verwendet man größere Kabellängen, dann funktioniert die normale Netzwerktechnik nicht mehr, und man muss spezielle und damit teure Techniken zur Übertragung wählen, wie Ethernet in the First Mile (EFM) bis 1000 m mit 15 Mbit/s oder G.SHDSL-Modems bis 3500 m mit 2,3 Mbit/s. Überschreitet man die maximale Länge von 100 m, dann kommt es nicht sofort zu einem Totalausfall, sondern zu langen Antwortzeiten, durch hohe Fehlerraten (> 1 ‰) und sporadische, nicht nachvollziehbare Verbindungsabbrüche.

3.2.3   Häufige Fragen zu Twisted-Pair-Kupferkabeln

Es gibt immer wiederkehrende Fragen zu TP-Kupferkabeln. Die häufigste ist:

Benötigt man einen Kabelschirm?

Die Amerikaner sagen nein und favorisieren ihr UTP (Unshielded-Twisted-Pair). Die Europäer sagen ja und schwören auf die STP(Shielded-Twisted-Pair)-Kabel. An dieser Diskussion wird sich der Autor nicht beteiligen. Er hat aber einen eindringlichen Rat. Bitte nicht selbst Dosen, Verteiler und Kabel von verschiedenen Herstellern zusammenstellen, sondern immer nur ein Verkabelungssystem eines Herstellers auswählen. Nur damit kann man garantieren, dass die von der Übertragungstechnik und dem EMVG vorgegebenen Grenzwerte eingehalten werden. Das EMVG ist ein deutsches Gesetz über elektromagnetische Verträglichkeit. Auch erhält man nur für ein Verkabelungssystem eines Herstellers bis zu zehn Jahren Garantie, und die sollte der Installateur schriftlich bestätigen.

Soll man vier oder acht Adern verlegen?

Ethernet, Fast-Ethernet und ISDN benötigen nur vier Adern, aber Gigabit-Ethernet und Power-over-Ethernet nutzen alle acht Adern. Neue Normen, wie 10-Gigabit-

Ethernet (10GE) über Twisted-Pair-Kupferkabel, wird es nur für acht Adern geben. Wenn man zukunftssicher installieren möchte, dann benötigt man acht Adern.

Kann man ein Kabel für zwei Dienste nutzen?

Diese Frage stellt sich nur, wenn man achtadrige Kabel installiert hat. Dann wird es mit einem doppelt geschirmten, speziellen S/FTP-Kabel möglich, zwei Dienste gleichzeitig zu nutzen, d. h. über ein Kabel Ethernet zu fahren und parallel zu telefonieren. Man verbaut sich so aber den Weg in die Zukunft. Gigabit-Ethernet oder Power-over-Ethernet benötigen bereits heute für eine Verbindung alle acht Adern. Die S/FTP-Kabel (Shielded/Foiled-Twisted-Pair) besitzen um jedes einzelne Aderpaar herum einen Folienschirm und zusätzlich außen, um alle Paare gemeinsam, noch einen weiteren, zweiten Geflechtschirm.

Soll man nach Category.6 oder Category.7 neu verkabeln?

Wählt man Category.6 (250 MHz), ist das eine gute Idee. Viele Hersteller haben die Produktion von Category-5(100 MHz)-Produkten eingestellt und fertigen nur noch zum selben Preis Category.6. Auch die Verlege- und Installationskosten für Category.5 und 6 sind identisch. Warum dann nicht Category.6 einsetzen? Immerhin hat man nur Vorteile davon. Bei Category.7 (600 MHz) ist das anders. Das minimal teurere Kabel ist kein Problem. Man benötigt aber einen besonderen Stecker, den GP45. Dieser kostet deutlich mehr als ein RJ45 für Category.6. Bei der Installation von Category.7 muss man eine besondere Sorgfalt walten lassen, was Zeit erfordert und die Installation zusätzlich verteuert. Auch gibt es Mitte 2003 noch kein Feldmessgerät, welches 600 MHz vermessen könnte. Handmessgeräte sind 2003 nur in Level-III-Genauigkeit verfügbar, und die reicht nur bis 250 MHz. An einem Level-4-Standard für 600 MHz wird derzeit noch entwickelt. Nur Labormessgeräte beherrschen 600 MHz, aber eine solche Messung auf der Baustelle ist unwirtschaftlich teuer. Daher wird in der Regel nur mit 250 MHz nach Level 3 vermessen. Dann kann aber niemand garantieren, dass eine solche Installation für eine zukünftige Netzwerknorm, wie 10GE over Twisted-Pair, nutzbar sein wird. Der Autor empfiehlt daher seinen Lesern, mit Category-7-Installationen noch etwas zu warten.

Wie überträgt man 1000 Mbit/s bei nur 31,25 MHz?

Wie dies technisch möglich ist, beschreibt die Spezifikation 1000Base-T, ein Teil der Norm IEEE 802.3ab Gigabit-Ethernet (GE). Zuerst teilt man die 1000 Mbit/s in vier Kanäle zur Übertragung auf. So muss jedes der vier Adernpaare eines Twisted-Pair-Category-6-Kupferkabels nur 250 Mbit/s transportieren. Die Trellis-Code-Modulation stabilisiert die Signale gegen Rauschen und Übersprechen. Die PAM5-Pulsamplitudenmodulation reduziert die Frequenzen weiter nach unten. Eine Multilevel-Codierung erlaubt eine Übertragung von 5 bit in nur einer Schwingung. Durch diese vielen Techniken wird die Schwerpunktfrequenz auf 31,25 MHz gedrückt. Zusätzlich erlaubt Echo-Cancelation den Full-Duplex-

Betrieb, d. h. ein gleichzeitiges Senden und Empfangen von Signalen auf nur einem Aderpaar. Aufgrund dieser komplexen Übertragungstechnik stellt Gigabit-Ethernet besonders hohe Anforderungen an das Übersprechverhalten. Ein Sendesignal darf ein Empfangssignal nicht zerstören. Diese Forderung kann erst Category.6 erfüllen. In den USA gab es von 1999 bis 2002 eine Category-5e-Spezifikation („e" steht hier enhanced bzw. erweitert), falls ein Leser diesen Begriff einmal finden sollte.

3.2.4   ISDN-Systemkabel sind 1-MHz-Category.2-Twisted-Pair-Kabel

In Datennetzen werden Category.6-Twisted-Pair-Kupferkabel auf der Etage verlegt (Tertiärbereich). Im Steigbereich zwischen den Etagen (Sekundärbereich) oder auf dem Werksgelände zwischen den Gebäuden (Primärbereich) verwendet man Glasfaser. Das bedeutet, man verbindet PCs mit Etagen-Switches via Kupferkabel, und die Etagen-Switches werden über Glasfaserkabel an den Backbone-Switch angeschlossen.

Nutzt man nur eine große, zentrale Telefonanlage (PBX = Private Branch Exchange) für das ganze Unternehmen, dann kann man dazu die Glasfaserkabel aus der Datentopologie nicht verwenden. Für die Telefonie muss man bei einer zentralen PBX im Sekundär- und Primärbereich ISDN-Systemkabel installieren. Diese müssen den Category-2-Vorschriften bis 1 MHz entsprechen. Diese Definition ist relativ neu, und sie gibt es erst seit Ende 2002. Davor existierten nur spezielle Vorschriften von der Telekom und von Herstellern großer TK-Anlagen (Telekommunikationsanlage = PBX) wie Siemens, Tenovis oder Alcatel.

Auch die Festlegung der Kabellänge ist herstellerabhängig. Ein ISDN-Bus darf normalerweise nur 120 m lang werden. Das beinhaltet aber auch die Tertiärkabel auf der Etage. Manche Hersteller erlauben hier 220 m. Das funktioniert dann aber nicht mehr mit jedem Endgerät. Bei nur einem Endgerät am S0-Bus werden im Idealfall bis 550 m möglich. Mit der herstellerspezifischen Up0-Schnittstelle kann man 2000 m erreichen. Welches Fazit ziehen wir? Bitte fragen Sie den Hersteller Ihrer Telefonanlage, wie lang die ISDN-Systemkabel werden dürfen.

ISDN-Systemkabel besitzen nicht nur acht Adern, sondern es gibt sie mit 30, 50, 100 oder 200 Doppeladern (verdrillte Adernpaare). Für einen analogen Telefonanschluss benötigt man zwei Adern oder eine DA (Doppelader). Für DSL und Up0-Systemtelefone reicht auch eine DA aus. Nur für den ISDN S0-Bus muss man zwei DA gleich vier Adern pro Anschluss schalten.

Es gibt aber auch die Möglichkeit, auf ISDN-Systemkabel ganz zu verzichten und eine verteilte Telefonanlage zu installieren. Hierzu nutzt man kleine Telefonunteranlagen auf der Etage und verbindet diese via Glasfaser mit der Telefonhauptanlage. Die Telefone werden einfach mit den tertiären Category-6-Kupferkabeln an die Unteranlagen angeschlossen. So kann man die strukturierte Datenverkabelung unverändert auch für die Telefonie nutzen. Wer eine noch modernere Technik einsetzen möchte, der verzichtet ganz auf Telefonanlagen und arbeitet mit der Voice-over-IP-Technik, d. h. er schließt seine Telefone an das Ethernet-Datennetzwerk an.

3.3 Dose für den Teilnehmeranschluss (TA)

Je Arbeitsplatz sollte man nach DIN 50173 mindestens zwei Anschlüsse installieren. Einen für die Telefonie und einen für das Datennetzwerk, in der Regel ein Ethernet. Der Telefonie-Anschluss muss auf Kupferkabeln basieren. Der Autor empfiehlt auch hier, Category-6-Kupferkabel zu verwenden. Der zweite Anschluss, für den Datenverkehr, kann wie der erste in Kupfer ausgeführt werden, oder man verwendet Glasfaserkabel. Dazu später mehr.

3.3.1 RJ45-Stecker für Twisted-Pair-Kupferkabel bis Category.6

Der international normierte Stecker für Kupferdaten- und Telefonkabel ist der RJ45-Stecker. Er besitzt acht Kontakte und verfügt über eine kleine Baugröße. Dann ist da noch ein Kunststoff-Clip zur Arretierung. Schrauben zur Befestigung gibt es keine.

Leider ist die Belegung der acht Kontakte eines RJ45-Steckers für jede Netztechnik anders.

Neben dem RJ45-Stecker gibt es noch andere Registered-Jack-Stecker. Den vierpoligen RJ10-Stecker findet man an der Schnur zwischen dem Telefonhörer und dem Telefonapparat. Genutzt werden aber nur die mittleren zwei Pole (2 + 3). Der sechspolige RJ11-Stecker ist weltweit als Telefonstecker normiert. Nur in Deutschland nutzt man dafür den TAE-Stecker. Von den sechs Positionsrillen des RJ11-Steckers werden nur die mittleren vier genutzt, leider aber unterschiedlich. Weltweit verwendet man die Kontakte (1 + 4), in Deutschland jedoch die Pins (2 + 3). Der RJ12-Stecker besitzt in jedem seiner Positionsrillen einen Metallkontakt. Auch den RJ12-Stecker verwendet man manchmal als Telefonanschlussstecker.

Bild 3.6 RJ45-Stecker bis Category-6 (250 MHz)

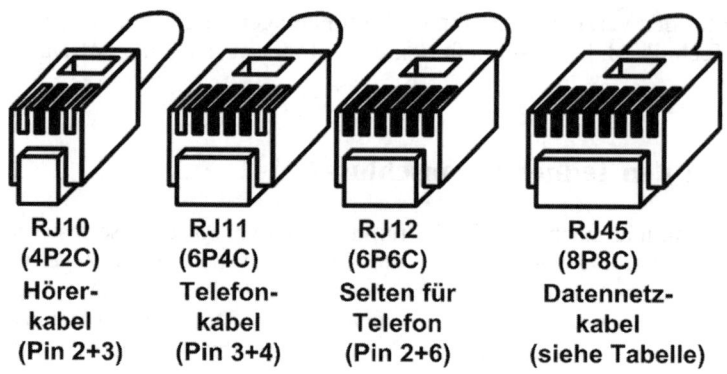

RJ10	RJ11	RJ12	RJ45
(4P2C)	(6P4C)	(6P6C)	(8P8C)
Hörer-	Telefon-	Selten für	Datennetz-
kabel	kabel	Telefon	kabel
(Pin 2+3)	(Pin 3+4)	(Pin 2+6)	(siehe Tabelle)

Bild 3.7 RJ10-, RJ11-, RJ12- und RJ45-Stecker

Netzwerk	Stift 1 + 2	Stift 4 + 5	Stift 3 + 6	Stift 7 + 8
Telefon analog			Category.1	
X.21 (V.11)		Category.1	Category.1	
ISDN (S0-Bus, BRI)		Category.2	Category.2	
ISDN (S2M, E1, PRI)		Category.2	Category.2	
Token-Ring (4/16)		Category.3/5	Category.3/5	
FDDI	Category.5			Category.5
ATM (155 Mbit/s)	Category.5			Category.5
ATM (2000 Gbit/s)	Category.6	Category.6	Category.6	Category.6
Ethernet (10 Mbit/s)	Category.3		Category.3	
Fast Ethernet (100)	Category.5		Category.5	
Gigabit Ethernet (1000)	Category.6	Category.6	Category.6	Category.6

Tabelle 3.1 Belegungen eines RJ45-Steckers

3.3.2   GP45-Stecker für Twisted-Pair-Kupferkabel bis 600 MHz

Eine RJ45-Steckverbindung kann maximal die 250 MHz eines Category-6-Twisted-Pair-Kabels übertragen. Für Category.7 mit 600 MHz hat sich die ISO im Jahre 2002 auf einen neuen Stecker geeinigt. Dieser wurde von Alcatel, heute www.Nexans.de, entwickelt.

Der Giga-Plug-Stecker (GP45) und die Giga-Gate-Buchse (GG45) besitzen dieselben Abmessungen wie eine RJ45-Steckverbindung. Eine GG45-Buchse kennt aber zwei Betriebsmodi. Im ersten Mode arbeitet sie wie ein RJ45-Stecker und nutzt alle

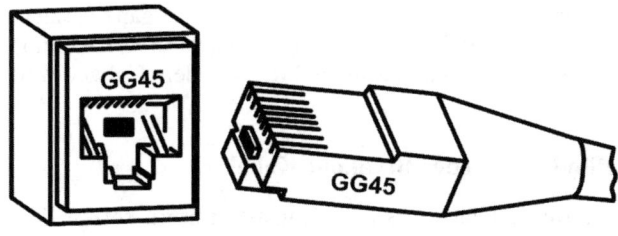

Bild 3.8 GP45-Stecker und GG45-Buchse

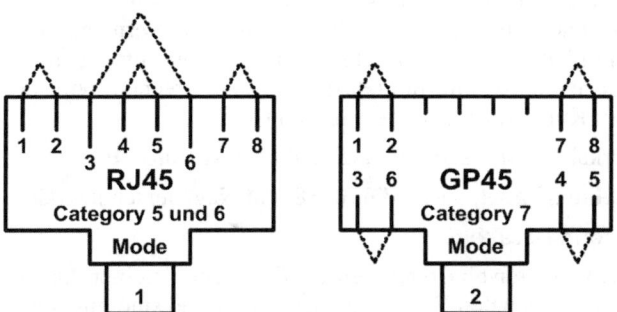

Bild 3.9 Stift- und Doppelader-/Paar-Zuordnung RJ45 und GP45

acht Kontakte auf der Oberseite des RJ45-Steckers. Man kann im ersten Mode normale RJ45-Anschlusskabel verwenden.

Im zweiten Mode benötigt man Patchkabel mit GP45-Stecker. Dieser hat vorne eine kleine Nase. Beim Einstecken drückt die Nase einen Schieber in die GG45-Buchse hinein, legt so die oberen Kontakte 3 bis 6 auf Masse und aktiviert dafür je zwei Kontakte außen auf der anderen Seite der GP45/GG45-Steckverbindung. Jetzt befinden sich die Kontakte 1 + 2 und 7 + 8 auf der einen Seite bzw. 4 + 5 und 3 + 6 auf der anderen Seite so weit auseinander, dass es auch bei einer Übertragung von 650 MHz nicht zum Übersprechen kommt, d. h., die Signale der einzelnen Adernpaare stören sich nicht gegenseitig. In der Praxis hat sich leider gezeigt, dass Schiebemechanik der GG45-Buchse hakt.

3.4   Glasfaserkabel

Die DIN 50173 empfiehlt für die Verkabelung zwischen Gebäuden (primär) und als Steigleitung zwischen den Etagen (sekundär) Lichtwellenleiter (LWL). In der aktuellen Fassung der DIN 50173 kann man auch auf der Etage bis zur Teilnehmeranschlussdose (tertiär) Glasfaserkabel verlegen und auf Kupferkabel ganz verzichten. Um Kosten zu sparen, wird es möglich, bei einer reinen Glasfaserverkabelung, den Etagenverteiler entfallen zu lassen und alle Räume direkt mit dem Gebäudeverteiler zu verbinden.

3.4.1 Kabelaufbau als Bündelader oder Breakout-Kabel

Lichtwellenleiter sind in der Regel Glasfaserkabel. Kunststofffasern setzen dem Licht eine zu hohe Dämpfung entgegen. Die erreichbare Kabellänge bei Kunststofffasern ist dadurch für eine Netzwerkinstallation, selbst im LAN, zu kurz.

Ein Glasfaserkabel besteht immer aus einem Glaskern und einem Glasmantel. In der Bezeichnung eines Glasfaserkabels findet man die Durchmesser von Kern und Mantel. Eine Glasfaser 9/125 μm hat einen Kerndurchmesser von 9 μm, umgeben mit einem 125 μm starken Glasmantel. Damit die Glasfasern nicht brechen, wird der Glasmantel außen mit einen Kunststoffmantel fest umschlossen.

Der Mantel eines Glasfaserkabels wird sehr unterschiedlich ausgeführt. Es gibt

- Außenkabel, als **Bündeladerkabel**, nach VDE 0888, mit Nagetierschutz, oder
- Innenkabel, in der Bauform **Breakout**.

In einem **Bündeladerkabel** verlaufen eine oder mehrere Glasfasern in einer Plastikröhre. Die Zwischenräume zwischen den Fasern und der Innenwand sind mit einem wasserabweisenden Gel, das auch als Schutz gegen Knicke dient, gefüllt. Der Biegeradius dieses Kabels beträgt etwa 30 cm, wobei er mit steigender Anzahl an Fasern größer werden muss. Mit Gel gefüllte Kabel sollten nicht in Steigbereichen von Gebäuden eingesetzt werden. Das Gel könnte im Laufe der Zeit (nach Jahren) nach unten laufen und das Kabel zerstören.

Bei **Breakout-Kabeln** sind die einzelnen Glasfasern direkt mit einem isolierenden Material (z. B. Teflon) beschichtet, was einen wesentlich geringeren Durchmesser und damit einen geringeren Krümmungsradius (nur 10 cm) zur Folge hat. Ohne Schutz gegen das Eindringen von Wasser darf ein solches Kabel aber nur innen im Hause (Inhouse) verwendet werden.

Glasfaserkabel sollten ohne metallische Zugelemente (wie Drahtseile) gefertigt sein, um die Möglichkeit von Erdschleifen ganz auszuschließen. Auch empfiehlt es sich, schwer entflammbare LSZH-Kunststoffmäntel zu verwenden. LS steht für **Low-Smoke**, bei einem Brand gibt es wenig Rauch, und ZH bedeutet **Zero-Halogen**. Beim Brennen des Kabels entstehen keine giftigen Gase (Halogene). Die schwer entflammbaren LSZH-Kabelmäntel sollte man auch bei Kupferkabeln einsetzen. Das Ganze nützt natürlich nichts, wenn man die Kabel in einem PVC-Kabelkanal verlegt. Dann entstehen bei einem Brand immer die lebensgefährlich giftigen Halogen-Gase und ätzende Salzsäure. Das ist am Flughafen Düsseldorf geschehen. Gegen jede Bauvorschrift wurden dort die Kabel- und Lüftungskanäle mit leicht brennbaren Polystyrolplatten (Styropor) als Lärmdämmung verkleidet. An einer

Stelle des Gebäudes hat man im April 1996 ein Dach mit Schweißarbeiten saniert. Dabei wurde es so heiß, dass die Verkleidung eines Kabelkanals und die Auskleidung der Zwischendecke Feuer fing. Das traurige Ende waren 17 Tote und ein Sachschaden von mehreren 100 Millionen DM. An dieser Stelle kann man nur jedem Bauherrn raten, sich Gedanken zum Thema Brandschutz zu machen. (P.S.: Entgegen der Darstellung einiger Kabelhersteller haben nicht die Kabel den Brand verbreitet, sondern die Kabelkanäle und die Verkleidungen der Zwischendecken.)

Besonders wichtig ist aber eine Unterscheidung der Glasfaserkabel hinsichtlich der Übertragungseigenschaften. Auch hier gibt es zwei grundverschiedene Bauformen:

- Multi-Mode-Fasern (MMF, engl. Multi-Mode-Fiber) und
- Ein-Moden-Fasern (EMF = SMF, engl. Single-Mode-Fiber).

Der Autor verwendet für Ein-Moden-Fasern mit Absicht nicht den Begriff Mono-Mode-Fasern, der auch gebräuchlich ist, denn dann würde die Abkürzung MMF für Multi-Mode-Fasern und auch für Mono-Mode-Fasern stehen.

3.4.2 Multi-Mode-Fasern (MMF)

In ein MMF-Kabel hinein werden die Lichtstrahlen von einer LED gesendet. Nun fallen leider nicht alle Lichtstrahlen gerade in das Kabel. Einige treffen schräg auf. Diese werden an der Grenze vom Glaskern zum Glasmantel reflektiert und laufen hin und her durch die Faser. Dabei wirkt der Übergang vom Kern zum Mantel wie ein Spiegel. Die ältere Stufenindex-MMF arbeitet genauso. Bei einer Gradientenindex-MMF nimmt die Spiegeleigenschaft vom Kern zum Mantel immer mehr zu. So läuft der Lichtstrahl nicht im Zickzack durch die Faser, sondern ähnlich einer Sinuswelle. Bei einer Gradientenindexfaser ist die Dispersion geringer als in einer Stufenindexfaser.

Mit Dispersion bezeichnet man den Effekt, dass Lichtstrahlen, die gerade durch eine MMF laufen, früher am Faserende ankommen als solche, die schräg eingestrahlt wurden. Ab einer bestimmten Faserlänge, die von der Übertragungsgeschwindigkeit abhängig ist, kann man die zu übertragenden Bits nicht mehr von der Dispersionsstörung unterscheiden. Je höher die Übertragungsgeschwindigkeit wird, umso kürzer muss, wegen der Dispersion, eine Multimodefaser werden.

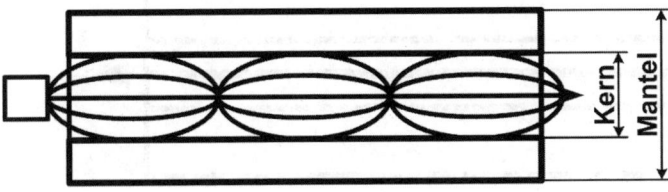

Bild 3.10 Multi-Mode-Faser (MMF)

Bei MMF gab es zwei Faserstärken, 62,5/125 µm aus den USA und 50/125 µm aus Deutschland. Da die 62,5/125-µm-Multimodefasern schlechtere Übertragungswerte besitzen als die 50/125-µm-MMF, sollte man diese nicht mehr installieren. Die Übertragungsqualität wird angegeben in MHz × km. Kennzahl schlechter Fasern sind 200 MHz × km, gute Fasern erreichen 500 MHz × km, und seit 2003 gibt es auch Fasern mit 1500 MHz × km.

In einer Kabelstrecke darf man die beiden Fasern 62,5/125 µm und 50/125 µm nicht gemischt verwenden. Es kommt dann zu einer Fehlanpassung. Diese erzeugt eine zusätzliche Dämpfung und verstärkt zusätzlich noch die Dispersion. Bei kurzen Entfernungen (< 50 m) kann man das aber problemlos ignorieren.

3.4.3   Ein-Mode-Fasern (EMF)

Bei einer EMF, auch Single-Mode-Fiber genannt (SMF), strahlt ein Laser das Licht in die Faser hinein. Die Faser ist so dünn, 9/125 µm, dass keine Strahlen schräg hineintreffen können. Daher kennt eine SMF keine Dispersion, und die erreichbaren Kabellängen sind nur noch von der Dämpfung der Faser und der Lichtstärke des Lasers abhängig: Short Range = 300 m, Long Range = 10 km, Extended Range = 40 km, Ultra Range = 100 km. Einige Hersteller werben damit, sie können Bauteile liefern, die 4000 km ohne Zwischenverstärker ermöglichen, wie Nortel's OPTera Long Haul 4000. Das ist dann allerdings kein LAN mehr, und diese Technik hier zu beschreiben, würde den Rahmen dieses Buchs sprengen. Übrigens war das erste Transatlantikkabel der Welt, das 1866 zwischen Neufundland und Irland verlegt wurde, auch etwa 4000 km lang.

Die EMF-Technik (9/125 µm) ist teurer als die MMF-Variante (50/125 µm). Das begründet sich in den kleineren Abmessungen und den größeren Distanzen. Man muss viel sauberer arbeiten und verwendet teure Laser anstatt der preiswerteren Leuchtdioden. Für lokale Netze reichen MMF mit LED bis 1 Gbit/s noch aus. Im WAN werden bereits seit über zehn Jahren nur noch EMF-Kabel und Laser eingesetzt. Es zeichnet sich ab, dass bei immer größerem Datenaufkommen, auch im LAN-Bereich ab 10 Gbit/s, die EMF-Technik die MMF-Variante ablösen wird, so

Bild 3.11 Ein-Mode-Faser (EMF)

wie heute die Category-X-Twisted-Pair-Kupferkabel, die Coax-Kupferkabel im LAN vollständig ersetzt haben. Es stellt sich daher die Frage, ob man in neuen Gebäuden überhaupt noch MMF-Kabel verlegen soll oder, wie im WAN-Bereich üblich, EMF installiert. Das ist aber teuer.

3.4.5 Kategorien für MMF- und EMF-Glasfaserkabel

Die ISO 11801, bzw. die DIN 50173 aus 2002, definieren zum ersten Mal auch Kategorien für Glasfaserkabel. Die Normen unterscheiden vier Kategorien:

- **OM1** für MMF-Kabel mit einer Qualität von 200 MHz ×km (bei 850 nm)
- **OM2** für MMF-Kabel mit einer Qualität von 500 MHz ×km (bei 850 nm)
- **OM3** für MMF-Kabel mit einer Qualität von 1500 MHz ×km (bei 850 nm)
- **OS1**   für Ein-Moden-Faser-Kabel = Mono-Mode-Faser = Single-Mode-Fiber

Kabel der Category.OM3 für 10-Gigabit-Ethernet über MMF gibt es erst seit 2003. Wenn eine Multi-Mode-Faser die geforderten Werte einhält, dann darf sie auch den amerikanischen Querschnitt 62,5/125 µm besitzen. Bisher gibt es aber kein 62,5/125-µm-OM3-Glasfaserkabel.

3.4.6 Optische Fenster

Zeichnet man eine Grafik, bei der man die Dämpfung (dB/km) auf der vertikalen Achse und die Wellenlänge (nm) des Lichtsignals auf der horizontalen Achse einträgt, dann erkennt man drei Stellen (oder Senken), an denen die Dämpfung minimal wird, bevor sie wieder ansteigt.

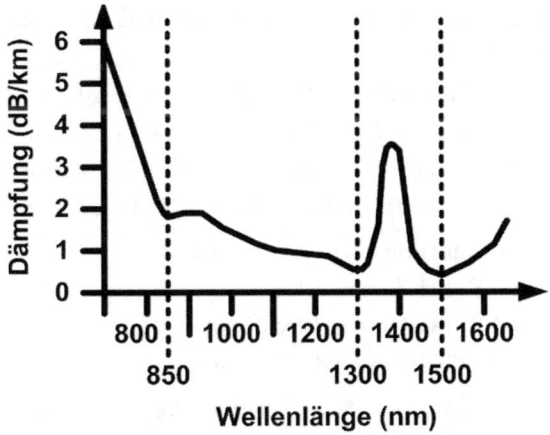

Bild 3.12 Drei optische Übertragungsfenster

Das ist etwa bei 850 nm, 1300 nm und 1500 nm der Fall. Diese Stellen sind auf Grund der minimierten Dämpfung ideal für die optische Übertragung geeignet. Man spricht hier auch von den drei optischen Übertragungsfenstern. Jedes Glasfaserkabel dämpft Licht je nach Wellenlänge stärker oder schwächer. So darf eine Category-OM1-Multi-Mode-Fiber bei Licht von 850 nm eine maximale Dämpfung von 3,5 dB/km besitzen, bei einer Wellenlänge von 1300 nm aber nur noch 1,5 dB/km. Eine Einmodenfaser der Category.OS1 besitzt sowohl bei 1310 nm als auch bei 1550 nm eine maximale Dämpfung von 1,0 dB/km.

3.4.7 Längenklassen für Glasfaserkabel

Bei Kupferkabel ist es einfach. Ein Category-Twisted-Pair-Kabel darf immer nur 90 m lang fest verlegt werden. Dazu addieren sich noch 2×5 m für die Anschlusskabel. Länger als 100 m darf eine Kupferkabelstrecke im LAN nach DIN 50173 also niemals werden.

Bei Glasfaserkabeln ist das nicht so einfach. Es wurden drei Längenklassen für lokale Netze definiert.

- **OF-300**   Glasfaserkabel **bis 300 m**
  (MMF 850 nm < 2,55 dB, 1300 nm < 1,95 dB, SMF 1550 nm < 1,8 dB)
- **OF-500**   Glasfaserkabel **bis 500 m**
  (MMF 850 nm < 3,25 dB, 1300 nm < 2,25 dB, SMF 1550 nm < 2,0 dB)
- **OF-2000**   Glasfaserkabel **bis 2000 m**
  (MMF 850 nm < 8,50 dB, 1300 nm < 4,50 dB, SMF 1550 nm < 3,5 dB)

Es gibt zusätzlich noch abweichende Werte aus Netzwerknormen. Dazu später mehr.

In der DIN 50173 gibt es eine Tabelle, die dem Anwender die Berechnung der maximalen Länge eines Glasfaserkabels erleichtern soll.

- für Multi-Mode-Fasern (MMF) der Kategorien OM1, OM2 und OM3 gilt

  OF-300 $L = 735 - 145\,X - 90\,Y$ (850 nm) $L = 1300 - 330\,X - 200\,Y$ (1300 nm)
  OF-500 $L = 935 - 145\,X - 90\,Y$ (850 nm) $L = 1500 - 330\,X - 200\,Y$ (1300 nm)
  OF-2000 $L = 2435 - 145\,X - 90\,Y$ (850 nm) $L = 3000 - 330\,X - 200\,Y$ (1330 nm)

- bei Ein-Moden-Fasern (EMF) der Kategorie OS1 rechnet man

  OF-300 $L = 1800 - 500\,X - 300\,Y$ (1310 nm und 1550 nm)
  OF-500 $L = 2000 - 500\,X - 300\,Y$ (1310 nm und 1550 nm)
  OF-2000 $L = 3500 - 500\,X - 300\,Y$ (1310 nm und 1550 nm)

Dabei steht L für die Länge der Glasfaser, X für die Anzahl der Steckkupplungen und Y für die Zahl der Fusionspleiße innerhalb der fest installierten Glasfaserstrecke. Es wird angenommen, dass die Dämpfung einer Steckverbindung unter 0,5 dB liegt und die eines Spleißes bei 0,3 dB. Bei dieser Rechnung darf man die Stecker an den Endgeräten nicht berücksichtigen.

Ein **Fusionsspleiß** ist eine Verbindung von zwei Glasfaserkabeln. Dazu wird der Kunststoffmantel ganz abisoliert. Nun werden die zwei Glasfasern ausgerichtet. Ein Lichtbogen schmilzt das Glas beider Fasern, so dass es ineinander läuft. Ein Metallröhrchen wird über die abisolierte Stelle geschoben und mit Kunstharz gefüllt. Sobald das Harz getrocknet ist, kann man den Spleiß nutzen, als ob es eine durchgehende Glasfaser wäre. Etwas Signaldämpfung lässt sich aber nie vermeiden. Ein Spleiß ist teurer zu erstellen anstatt auf der Baustelle einfach einen Stecker an das Kabel zu kleben. Dieses Steckerankleben nennt man Konfektionieren. Mit einer Baustellenkonfektionierung erreicht man in der Regel nicht die sehr guten Werte einer industriell gefertigten Steckverbindung. Daher werden die Glasfaserkabel nicht wie Kupferkabel direkt auf den Stecker oder die Buchse aufgelegt. Vielmehr verbinden die Hersteller die Glasfaser-Stecker mit einem kurzen, etwa 1 m langen Glasfaserkabel und liefern den Stecker zusammen mit dem Kurzkabel zum Kunden. Diese Stecker/Kurzkabel-Kombination nennt man „**Pigtail**" (engl. für Zopf). Man entwicklet derzeit Techniken, um Glasfaserkabel direkt mit einem Stecker verbinden, und das auf der Baustelle, bei gleicher Qualität, aber zu deutlich geringeren Kosten. In Zukunft hofft man weder die aufwändige Spleißtechnik noch die teuren Picktails zu benötigen. Wie soll es ohne Kleben und Polieren funktionieren? Erst einmal eine speziell ummantelte Glasfaser absetzen (Abisolieren des Kunststoffmantels), dann die Faser mit einem Spezialmesser brechen, ein besonderes Werkzeug in die Buchse einsetzen und um 90° verdrehen, Glasfaser einschieben, das Werkzeug zurückdrehen, und die Glasfaser wird in der Buchse fest verklemmt und ist automatisch ausgerichtet.

3.4.9 Anwendungen und deren Längen

Endgültig definieren aber nur die Spezifikationen der Netzwerknormen die Kabellängen:

MMF-Anwendung	Wellenlänge	Faser 50/125 μm	Faser 62,5/125 μm
ATM (155 Mbit/s)	1300 nm	2000 m @ 5,3 dB	2000 m @ 10,0 dB
FDDI (100 Mbit/s)	1300 nm	2000 m @ 2,0 dB	2000 m @ 7,0 dB
Token-Ring (100 Mbit/s)	1300 nm	2000 m @ Madge	2000 m @ Madge
Fast-Ether (100 Mbit/s)	1300 nm	2000 m @ 2,0 dB	2000 m @ 11,0 dB
Token-Ring (4/16 Mbit/s)	850 nm	1857 m @ 8,0 dB	2000 m @ 13,0 dB
ATM (155 Mbit/s)	850 nm	1000 m @ 7,2 dB	1000 m @ 7,2 dB
GE-LX (1000 Mbit/s)	1300 nm	550 m @ 2,4 dB	500 m @ 2,4 dB
GE-SX (1000 Mbit/s)	850 nm	550 m @ 3,6 dB	220 m @ 2,6 dB
Ethernet (10 Mbit/s)	850 nm	514 m @ 3,3 dB	1000 m @ 9,0 dB

ATM (622 Mbit/s)	1300 nm	330 m @ 2,0 dB	500 m @ 6,0 dB
ATM (622 Mbit/s)	850 nm	300 m @ 4,0 dB	300 m @ 4,0 dB
10GE-SR (10 000 Mbit/s)	850 nm	300 m @ Hersteller, mit neuer Faser!	
10GE LX4 (10 000 Mbit/s)	1300 nm	300 m @ Hersteller, nicht möglich	

EMF-Anwendung	Wellenlänge	Entfernung	Dämpfung
FDDI (Ein-Moden-Faser)	1310 nm	10 km	Hersteller
ATM (155 Mbit/s)	1310 nm	10 km	Hersteller
ATM (622 Mbit/s)	1310 nm	10 km	Hersteller
Gigabit-Ethernet (1000Base-LX)	1310 nm	10 km	4,6 dB
10GBase-LR (im LAN)	1310 nm	10 km	Hersteller
10GBase-LW (WAN: Sonet/SDH)	1310 nm	10 km	Hersteller
10GBase-ER (im LAN)	1550 nm	40 km	Hersteller
10GBase-EW (WAN: Sonet/SDH)	1550 nm	40 km	Hersteller

Zum Schluss der dringende Rat des Autors: Nicht die DIN 50173, auch nicht die Netzwerknorm, sondern nur die Angaben der Gerätehersteller definieren letztendlich die erreichbaren Längen von Glasfaserkabeln. Man kann sich in der Regel aber nach den oben genannten MMF- und EMF-Anwendungen richten.

3.4   SC-Stecker für Glasfaserkabel

Für Glasfaserkabel wurde als Standard der SC-Stecker festgelegt. Es gibt den SC-Stecker in zwei Ausführungen, eine Variante für MMF und eine für SMF.

Da man immer zwei Glasfasern für eine Übertragung benötigt, die erste zum Senden (Transmit = Tx) und die zweite zum Empfangen (Receive = Rx), sind immer zwei SC-Stecker erforderlich. Man spricht hier von einem SC-Duplex-Stecker. Dieser sollte teilbar sein, da man Senden (Tx) mit Empfangen (Rx) verbinden muss, d. h., in einer Kabelstrecke vertauscht man mindestens einmal die beiden Fasern und damit auch die SC-Stecker.

Ein SC-Stecker besteht aus einem Kern, der Ferrule, und einem Kunststoffrahmen mit Halt-Clips. Diese Clips erlauben eine Befestigung mit der einfachen Push/Pull-Technik, d. h. ohne Schrauben, ohne Befestigungsmutter (wie am SMA-Stecker) und auch ohne einen Bajonettverschluss (wie am ST-Stecker). Einfach den SC-Stecker in die Buchse schieben, und er hält von selbst.

Zum Schutz der empfindlichen Glasfaser wird diese in ein Röhrchen aus billigem Stahl oder besser aus Keramik eingeklebt und am Ende auf Hochglanz poliert. Dieses Röhrchen mit der Glasfaser nennt man Ferrule. Die Ferrule des SC-Steckers hat einen Durchmesser von 2,5 mm. Damit besitzt der SC-Stecker die gleiche Ferrule

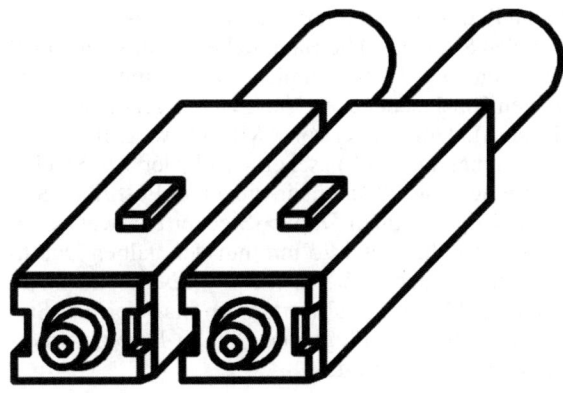

Bild 3.13 SC-Duplex-Stecker

und somit die gleichen optischen Übertragungseigenschaften (0,5 dB Dämpfung pro Kupplung) wie ein ST-Stecker oder ein MIC-Stecker (FDDI). Wäre die Schraub-befestigung eines SMA-Steckers besser gelöst worden, dann könnte man auch den SMA zu dieser Gruppe zählen.

3.4.1 LC-Stecker als Small-Form-Factor-Connector?

Wie man sieht, gibt es viele Glasfaserstecker (SMA, ST, MIC usw.). Damit ist die Liste bei weitem noch nicht vollständig. Aber nur der SC-Stecker ist normiert, und nur diesen sollte man in Verteilerschränken oder in Steckdosen verwenden. An den Endgeräten muss man den Stecker nutzen, den der Hersteller eingelötet hat. Daher wird in der Regel ein spezielles Patchkabel vom Gerätestecker zum SC-Anschluss erforderlich. Dieses kann man im Fachhandel meistens problemlos bestellen.

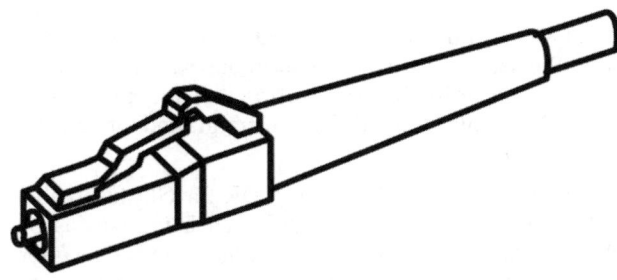

Bild 3.14 LC-Duplex-Stecker

Der SC-Stecker hat nur einen Nachteil, er benötigt relativ viel Platz. Das ist im Verteilerschrank kein Problem, aber in den Switches. Die Bauteilehersteller können auf einer Karte, die 24 RJ45-Stecker trägt, nur 12 SC-Duplex-Stecker unterbringen. Deshalb sucht man nach einem neuen Glasfaserstecker. Nach vielen Versuchen, wie dem VF-45 von 3M (www.MMM.com), dem MT-RJ von AMP (www.AMPnetconnect.com) oder dem E2000 (www.hubersuhner.ch), scheint sich der LC-Stecker durchzusetzen. Dieser ist, wie der einfache SC-Stecker, ein einzelner Push/Pull-Stecker, den man mit einem Kunststoff-Clip zu einem Duplex-Stecker paarweise verbinden kann. Die Ferrule des LC-Steckers hat mit 1,25 mm nur den halben Durchmesser eines SC-Steckers (d = 2,5 mm). Damit ist ein LC-Duplex-Stecker nicht größer als eine RJ45-Steckverbindung. Man muss abwarten, ob man den LC-Stecker nur in SFP-GBIC finden wird (Small-Form-Pluggable Gigabit-Ethernet-Interface-Connector) oder ob er sich noch weiter verbreitet.

3.5 Vermessen einer Verkabelung

Die DIN 50173 und die ISO 11801 empfehlen dringend eine Vermessung der installierten Verkabelung, bevor diese in Betrieb genommen wird. Diese Forderung kann der Autor nur unterstreichen. Um im Betrieb nicht nach Kabelfehlern suchen zu müssen, sollte man die Kabel auf Normkonformität prüfen lassen. Einige Anbieter nennen das auch Abnahmemessung. Hinsichtlich der Messvorschriften ist die ISO IEC 11801 wesentlich ausführlicher als die DIN 50173. Daher wird der Autor sich im folgenden Text auch hauptsächlich auf US-Normen beziehen, denn die DIN 50173 sollte ja eigentlich nur eine Übersetzung der ISO sein.

Die Normen unterscheiden erst einmal in eine Labormessung beim Kabel- und Komponentenhersteller und in eine Feldmessung beim Endkunden. Die folgenden Aussagen beziehen sich auf die Feldmessung beim Endkunden. Hier sind die Messgeräte noch bezahlbar (bis 10 000 Euro für ein komplettes Set).

3.5.1 Feldmessgeräte: TDR, OTDR, OPM und OS

Zur Kabelmessung verwendet man Time-Domain-Reflektometer (TDR). Diese arbeiten ähnlich wie Echolote. Sie senden ein Messsignal in das Kabel hinein und hören auf das Echo. Nach TIA 568B geprüfte Messgeräte arbeiten mit einem Injektor, der an einem Kabelende die Messsignale ins Kabel einstrahlt, und am anderen Ende wertet der TDR die Messsignale aus.

Ein Optical-Time-Domain-Reflektometer (OTDR) ist ein TDR für Glasfaserkabel. Während ein TDR für Kupferkabel alle Messungen ausführen kann, ist das bei einem OTDR leider nicht der Fall. Ein OTDR ermittelt die Länge eines Glasfaserkabels und auch die Position einer Störstelle sehr exakt, versagt jedoch bei einer genauen Dämpfungsmessung. Daher fordert die ISO 11801 auch eine

Dämpfungsmessung mit einem Optical-Power-Meter (OPM). Am entfernten Glasfaserende strahlt eine Optical-Source (OS) einen definierten Lichtstrahl in die Glasfaser hinein, und am anderen Ende misst der OPM die ankommende optische Leistung.

Die OPM-Messung muss man doppelt ausführen, von jedem Faserende aus einmal. Es könnte aus Versehen vorkommen, dass man in einer 50/125-µm-Glasfaserstrecke irrtümlich ein 62,5/125-µm-Pigtail verwendet hat. Sendet man den Lichtstrahl von der 50/125-µm-MMF in die 62,5/125-µm-MMF hinein, misst man kaum Verluste. In der Gegenrichtung geht aber einiges Licht verloren. So sind die beiden OPM-Messwerte für dasselbe Kabel unterschiedlich, und das darf nicht sein. Eine OTDR-Längenmessung doppelt auszuführen, das macht keinen Sinn. Eine Glasfaser ist, von beiden Enden aus gemessen, immer gleich lang.

Seit der Cebit 1999 gibt es für LAN-Anwendungen bis 3 km Feldmessgeräte, die TDR, OTDR, OS und OPM in einem Gerät vereinigen. Dazu muss man aber einen TDR mit Messadaptern erweitern. Die unten stehende Liste ist nicht vollständig, nennt aber die wichtigsten Anbieter:

DSP 4000	plus DSP FTA	von www.FlukeNetworks.com
LANTEK 7	plus FIBERTEK	von www.Idealindustries.com
OMNI Scanner2	plus OMNI Fiber	von www.Microtest.de (auch Fluke)
WireScope	plus Fiber Smartprobe	von www.Agilent.com (HP-Tochter)

Genauigkeitsanforderungen für Feldmessgeräte sind im Anhang des US-Standards TIA/EIA 568B beschrieben. Die dort Anfang 2003 definierte höchste Stufe ist der Level 3, für Messungen bis 250 MHz eines Category-6-Kupferkabels. Am Level 4 wird noch gearbeitet. Das bedeutet, es gibt Anfang 2003 kein zertifiziertes Feldmessgerät für 600-MHz-Category-7-Verkabelungen mit dem GP45-Stecker.

3.5.2 Channel und Permanent-Link

Beim Messaufbau unterscheidet die ISO 11801 zwischen der Messung des Channel, der kompletten Verbindungsstrecke von Endgeräten zu Endgerät und einer Messung der fest installierten Verkabelung, dem Permanent-Link.

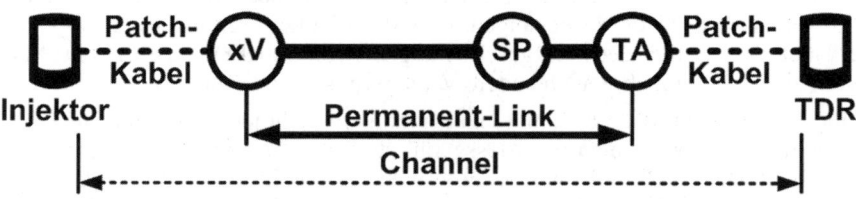

Bild 3.15 Channel und Permanent-Link

91

Nicht in der Channel-Messung enthalten sind die Steckanschlüsse an den End- bzw. an den Messgeräten. Denn jeder TDR ist auf den ersten Metern blind, d. h., er erkennt dort keine Kabelfehler. Bei Kupferleitungen sind es nur wenige Fuß (1 Fuß = 30,48 cm), bei Glasfaser aber schon mehrere Meter. So ist für Ein-Moden-Fasern im WAN je eine Vorlauf- und Nachlauffaser von 1 km Länge vorgeschrieben. Im LAN für Multi-Mode-Fasern, meint die Firma Fluke, reichen zweimal 100 m aus. Bei Twisted-Pair-Kupferkabeln liefern die Gerätehersteller ausreichend lange Messadapter mit (etwa 1 m). Eine Channel-Messung ist im Feld fast nicht durchführbar, denn die Channel-Messung wird sofort ungültig, sobald man die Patchkabel austauscht. Man müsste also alle Dosen und Verteilerfelder mit Anschlusskabeln bestücken, dann im Channel vermessen und am Ende alle Kabel stecken lassen. Schon aus Sicht der Unfallgefährdung ist das verboten. Channel-Messungen sind daher nur geeignet für Zertifizierungsmessungen eines Verkabelungssystems bei dessen Hersteller.

Bei der Permanent-Link Messung ist das Patchkabel ein Bestandteil des Messgeräts, d. h., der Messgerätehersteller ist für die Kalibrierung der Anschlusskabel verantwortlich. Der Permanent-Link wurde aus der Basic-Link-Messung heraus entwickelt. Dort waren die Patchkabel noch ein Teil der zu vermessenden Strecke, was immer wieder zu Messfehlern führte. Auch gab es bei Nachmessungen immer wieder Diskussionen über abweichende Messergebnisse derselben Kabelstrecke mit anderen Patchkabeln. Bei der Permanent-Link Messung hat man die zu erreichenden Messwerte verschärft, um später ausreichend Reserven für die Anschlusskabel der Endgeräte zu besitzen. Die Anforderungen an die fest installierte Verkabelung sind daher höher als die der Channel-Link-Messmethode. Die Permanent-Link-Messmethode ist das Ergebnis von über zehn Jahren Diskussion. Sie wird von allen Fachleuten als die Technik zur Feldmessungen empfohlen.

3.5.3   Messungen am Kupfer- und Glasfaserkabel

Die ISO 11801 schreibt folgende 15 Messungen für Twisted-Pair-Kupferkabel vor. Diese muss ein Messgerät für jede vorgeschriebene Messfrequenz wiederholen. So kommen bei einer Kabelmessung über 1000 Messwerte zusammen. Diese speichert dann das Messgerät.

Man findet in der ISO 11801 auch Messwerte für Glasfaserkabel. Hier werden zur Abnahme einer Verkabelung nur drei Messungen empfohlen: Durchgang, Dämpfung und Laufzeit. Aus der Signallaufzeit errechnet ein OTDR die Kabellänge. Dabei wird davon ausgegangen, dass die Lichtausbreitung in einem Glasfaserkabel zwei Drittel der Lichtgeschwindigkeit von 300 000 km/s erreicht. Man kann in ein Messgerät aber auch andere Verzögerungswerte eingeben.

Bei modernen Feldmessgeräten muss man aber nicht mehr jeden Test einzeln aufrufen. Vielmehr kalibriert man das Messgerät, stellt die zu vermessende Kabeltype ein, schließt Messgerät und Injektor an, drückt auf die Taste Autotest und wartet. Nach etwa einer Minute meldet das Feldmessgerät „PASS" (Test bestanden) oder „FAIL" (durchgefallen).

Messung am Kupferkabel		Abnahme	Fehler
Rückflussdämpfung	Return Loss	m	i
Einfügedämpfung	Insertion Loss, Attenuation	m	i
Nahübersprechen	NEXT	m	i
summiertes Nahübersprechen	PS NEXT, Near End Crosstalk	e	i
Dämpfung/Übersprechen-Verhältnis	ACR, Attenuation Crosstalk Ratio	m	i
summiertes Dämpfung/ Übersprechen-Verhältnis	PS ACR	e	i
Fernübersprechen	ELFEXT	m	i
summiertes Fernübersprechen	PS ELFEXT	e	i
Gleichstrom-Schleifenwiderstand	DC Loop Resistance	m	i
Laufzeit	Propagation Delay	m	i
Laufzeitunterschiede	Delay Scew	m	i
Länge (kein Durchfallgrund)	Length (no Fail Criteria)	m	i
korrekte Belegung	Wiremap	m	m
Durchgang acht Adern und Schirm	Continuity, 8 Wire & Screen	m	m

Tabelle 3.2 Messungen am Kupferkabel (m = maßgebend/normativ, i = info, e = errechnet/calculated)

Messung von Glasfaserkabeln			Abnahme	Fehler
Optische Dämpfung	Optical Attenuation	beidseitig	m	m
Laufzeit	Propagation Delay	einseitig	m	i
Länge	Length	einseitig	e	e
Durchgang und Polarität	Continuity + Polarity	einseitig	m	m

Tabelle 3.3 Messungen am Glasfaserkabel (m = maßgebend/normativ, i = info, e = errechnet/calculated)

3.6   Unterschiede DIN 50173 aus 1995 und aus 2002

Die meisten Unterschiede müsste man eigentlich nicht erwähnen, weil man dies bereits seit Jahren in der Praxis so ausführt, wie in der neuen Norm erst Ende 2002 beschrieben.

- Man installiert in kleinen Gebäuden keine Etagenverteiler, um Kosten zu sparen.
- Man verlegt selten, aber manchmal, Glasfaser bis zum Arbeitsplatz.
- Man verbindet mehrfach Verteiler miteinander, für Backup-Links.

93

Die Normen aus 2003 bringen aber auch Neues, was es bisher noch nicht gab.

- Es gibt nun für Glasfaser Kategorien: **OM1, OM2, OM3** und **OS1**.

Damit und durch die Längenklassen **OF-300, OF-500** und **OF-2000** wird hoffentlich auch den Architekten und den Planern der Ingenieurbüros klar, dass Glasfaserkabel nicht immer 2000 m lang sein dürfen. Bei älteren 62,5/125 μm in einem Gigabit-Ethernet-Backbone sind sogar nur 220 m Glasfaser erlaubt!

Weniger wichtig ist die Frequenzreduzierung für Twisted-Pair-Category-1-Kupferkabel von 1 MHz auf 0,1 MHz und bei Category.2 von 10 MHz auf 1 MHz. Bei Category.5 muss man aber aufpassen. 1995 wurde Category.5 bis 100 MHz normiert. Im Jahr 2000 stellte man dann aber fest, dass die alten Messwerte für Gigabit-Ethernet 1000Base-T nicht ausreichen. In den USA erweiterte man den Category-5-Standard und nannte ihn „Category.5e" (enhanced). Deutschland schuf neue Kategorien, 6 bis 300 MHz und 7 bis 650 MHz. Im Jahr 2002 einigte man sich im ISO dann auf die derzeitigen Werte, Category.6 bis 250 MHz und Category.7 bis 600 MHz. Wenn man also heute Category.6 mit RJ45 oder Category.7 Kabel mit GG45 installieren lässt, dann sollte man sich auf die DIN 50173 aus 2002 beziehen und Abnahmemessungen nach ISO 11801 aus 2002 verlangen.

Ganz verboten für eine strukturierte Verkabelung wurden die 1995 noch als Ausnahme erlaubten IBM-Typ.1-Kabel mit 150 Ω Impedanz oder französische Telefonkabel mit einer Impedanz von 120 Ω. Beim nächsten größeren Umbau sollte man diese Kabeltypen ersatzlos entfernen und bereits heute die Mittel dafür planen.

3.6.1 Balun und Impedanzwandler

Dadurch, dass man in der ISO 11801 und der DIN 50173 nur noch einen Kupferkabeltyp (Twisted-Pair) mit einer Impedanz von 100 Ω zugelassen hat, benötigt man keine Baluns oder Impedanzwandler mehr. Das Wort Balun ist eine Abkürzung für Balanced-Cable-to-Unbalanced-Cable-Connector. Twisted-Pair-Kabel sind Balanced-Cable, und Koax-Kabel nennt man Unbalanced-Cable.

Baluns verbinden Koax-Leitungen über Twisted-Pair-Kabel. Man kann also einen 3270-Koax-Anschluss über eine Category-5-Verkabelung führen. Das geht auch für 5250-Twinax oder Thinwire-Ethernet (10Base-2). Aber aufpassen, jede Anwendung benötigt ihren eigenen Balun, und manchmal passen alte Baluns nicht zu neuen. Auch darf man Baluns, ohne Ausnahme, immer nur paarweise nutzen: 3270-RG62-Koax = Balun 1 = Category.5 = Balun 2 = RG62-Koax.

Das gilt auch für Impedanzwandler. Diese verbinden zwei Twisted-Pair-Kabel unterschiedlicher Impedanz. Von Category.5 (100 Ω) geht es über IBM Typ 1 (150 Ω) wieder zu Category.5. So kann man Ethernet oder Fast-Ethernet auch über ein IBM-Cabling-System (ICS) hinweg nutzen. Doch dabei kommt es immer wieder zu Problemen. Wie bei Baluns sind die Impedanzwandler von der Anwendung abhängig. Ethernet, Fast-Ethernet und Token-Ring verlangen drei unterschiedliche

Paare von Impedanzwandlern. Für Gigabit-Ethernet (GE) geht das gar nicht, da das IBM-Typ-1-Kabel nur vier Adern besitzt, während GE davon acht benötigt.

Ein weiteres Problem beim IBM-Verkabelungs-System (IVS) sind die für den Token-Ring erforderlichen Kurzschlussbrücken im IBM-Datenstecker. Um Ethernet-Stationen mit einem Switch über das IBM-Verkabelungssystem zu verbinden, muss man zwei Impedanzwandler einsetzen. Diese besitzen an dem einen Ende einen RJ45-Stecker zu der Ethernet-Station bzw. dem Switch und auf der anderen Seite einen passenden Anschluss für den IVS-Datenstecker. Zieht man nur auf der Stationsseite den Impedanzwandler heraus, dann schließen die Kurzschlussbrücken das Ethernet kurz. Der noch angeschlossene Switch denkt auf Grund des Kurzschlusses irrtümlich, am anderen Kabelende wäre noch eine Station aktiv und sendet weiter Daten in den Kurzschluss hinein. Bei Halb-Duplex (CSMA/CD) verursacht dieser Kurzschluss viele Kollisionen und CRC-Fehler. Im Full-Duplex-Modus gibt es unter Umständen gar keine Frame-Fehler, sondern es kommt zu Broadcast-Stürmen, und die sind sehr schwer zu finden. Der Autor zieht folgendes Fazit: Ethernet über IBM Typ 1 mit Datensteckern kann nur eine Zwischenlösung sein, bis man das komplette IBM-Verkabelungssystem durch eine strukturierte Verkabelung nach DIN 50173 ersetzt hat.

3.7   Dokumentation der Verkabelung

In der ISO 11801 und der DIN 50173 wird eine Dokumentation dringend empfohlen. Deutsche Gerichte halten eine Dokumentation für zwingend erforderlich. Lässt man diese weg, dann handelt man grob fahrlässig und haftet bei Schäden aus Privatvermögen, denn bei grob fahrlässiger Handlungsweise zahlt keine Versicherung und auch kein Arbeitgeber!

Leider sagen die Normen nicht aus, wie man dokumentieren soll. Aus seiner Erfahrung, auch als Gutachter vor Gericht, empfiehlt der Autor, Folgendes zu beachten.

- Eine Dokumentation muss so **umfassend** sein, dass ein geschulter Fachmann nach dem Studium der Dokumentation das Netz, z. B. nach einem Brand, wieder neu aufbauen bzw. reparieren kann. Auch ist eine Dokumentation Basis für jeden Umbau und jede Erweiterung.

- Noch vor Auftragsvergabe sollte man **Bezeichnungen** (engl. Label) festlegen. Diese muss man einem Installateur vorgeben. Nur so kann man sicherstellen, dass man einen identischen Label auf der Dose, im Verteilerfeld und im Messprotokoll wiederfindet. Es gibt Feldmessgeräte, die auf der Baustelle mit einem kleinen Labelprinter verbunden sind. So kann man die Aufgaben Messen und Beschriften direkt miteinander verbinden. Bei der Definition der Bezeichnung muss man beachten, dass die Label auf der Steckdose und im Verteilerfeld relativ klein sind. Die Bezeichnungsvorgabe sollte man mit Microsoft Word erstellen.

- Einen ersten Einblick in den Aufbau eines Kabelnetzes gewährt der Spinplan oder der **Schemaplan**. Darin findet man alle Verteilerschränke und die Verbindungen dazwischen. Für die eingezeichneten Kabelstrecken sind die Kabeltypen, die Anzahl der Fasern bzw. Adern und die Kabellängen anzugeben. Idealerweise zeigt der Spinplan auch die Lage der Kabelkanäle. Allerdings ist ein Schaltschema keine maßstäbliche Bauzeichnung. In der Regel wird ein Schaltschema mit Microsoft Visio erstellt und gepflegt, denn die wenigsten Kunden besitzen eine AutoCAD oder eine andere CAD-Lizenz.

- Es folgen die **Verteilerfrontansichten**. Hierauf muss man erkennen können, wo der Verteiler steht, welche Abmessungen er hat, wie viel Platz noch frei ist, was womit belegt wurde und wohin die Kabel führen (zu den Dosen oder zu anderen Verteilern). Ein Hinweis auf die Beschriftung der Patchfelder reicht nicht aus, da Label herunterfallen oder entfernt werden können. Der Autor hat einmal einen Mitarbeiter erlebt, der in die Verteilerschränke ging und alle Label herunterriss, aus Wut über seine Kündigung. Eine Verteilerfrontansicht ist auch keine maßstäbliche Bauzeichnung. In der Regel sind Verteiler 19-Zoll-Schränke. Dabei weiß man, dass eine Höheneinheit (HE), engl. Rack-Unit (RU), immer 17,5 Zoll breit (etwa 45 cm) und 1,75 Zoll hoch (etwa 4,5 cm) ist. Hat der Verteiler eine Höhe von 42 RU, dann muss man einfach nur eine Microsoft-Excel-Tabelle mit 42 Zeilen und drei Spalten erstellen. In der ersten Spalte werden die HE durchnummeriert (von unten nach oben), in der zweiten Spalte findet man die Belegung und in der dritten Spalte einen Kommentar dazu. Hinzu kommt noch eine Überschrift mit Verteilernamen, Standortbeschreibung und letztem Änderungsdatum. Das alles passt auf eine DIN-A4-Seite.

- Nun weiß man zwar, wo die Verteiler stehen, aber die Lage der Steckdosen ist noch unbekannt. Hier gibt ein **Etagengrundriss** Auskunft. In der Regel übernimmt man die Etagengrundrisse von den Architekten und zeichnet dort die Positionen und Bezeichnungen der Steckdosen und Etagenverteiler ein. Wenn noch Platz ist, sollte man auch die Hauptkabelwege und die Raumnummern vermerken. Steht kein Architektengrundriss zur Verfügung, hat man selbst eine Zeichnung anzufertigen. Diese beinhaltet unmaßstäblich die Lage der Räume und die Position aller Steckdosen. Auch hier leistet Microsoft Visio gute Dienste. Autocad-Zeichnungen kann man mit VoloViewExpress (kostenlos von www.Autodesk.de unter Produkte) anzeigen, drucken und ergänzen (Texte und Handskizzen).

- Jetzt fehlen noch die **Messprotokolle** der Kupfer- und Glasfasermessungen. Hier liefern die Hersteller der Feldmessgeräte (TDR) kostenlose Messwertdatenbanken oder Messdatenansichtssoftware. Das ist aber eine schlechte Lösung. Keines dieser Produkte konnte nach Erfahrung des Autors zehn Jahre alte Messprotokolle lesen, oder die alte Windows-95-Datenbank läuft nicht mehr unter Windows XP. Besser ist es, jede Messung auf einem DIN-A4-Blatt als PDF auszudrucken. Das Print-Data-Format der Firma Adobe war bisher immer lesbar, auch mit Grafik, und das bei Messprotokollen aus 1993.

- Der letzte, auch von deutschen Gerichten, geforderte Punkt führt immer wieder zum Streit zwischen Auftraggeber und Intallateur. Derjenige, der eine Rechnung stellt, muss nachweisen, für welche Leistungen er welche Beträge fordert. Daher muss der Installateur kostenlos ein **räumliches Aufmaß** anfertigen. Das ist eine Tabelle, in der alle Bauteile mit ihrem Einbauort aufgezeichnet wurden. Auch findet man darin einen abgenommenen Stundennachweis, der zeigt, welchen Aufwand man wofür geleistet hat. Man sollte räumliche Aufmaße mit Microsoft Excel erstellen. Ohne ein räumliches Aufmaß oder einen Lieferschein muss kein Kunde eine Rechnung zahlen. Das hat der Autor sowohl bei Schiedsmännern als auch vor Gericht immer wieder erfahren. Allerdings muss man keine Arbeit doppelt ausführen. Das räumliche Aufmaß darf durchaus auf andere Stellen in der Dokumentation verweisen, wo der betreffende Nachweis zu finden ist.

Eine vollständige Kabeldokumentation besteht also aus Bezeichnungsvorgaben, Schemaplänen, Verteilerfrontansichten, Etagengrundrissen, Messprotokollen und einem räumlichen Aufmaß.

Wichtig bei einer Dokumentation ist eine ständige Pflege. Jede Änderung muss nachgetragen werden. Daher empfiehlt die DIN 50173, die Dokumentation elektronisch zu erstellen. Der Autor rät zu den Programmen Microsoft Word, Excel, Visio und zu der Adobe-Software Acrobat (Printer). Dennoch reicht nur eine elektronische Dokumentation, z. B. auf CD, nicht aus. Die deutschen Gerichte fordern immer noch einen Ausdruck auf Papier. Es könnte ja sein, dass die Rechner ausfallen und genau dann die Dokumentation benötigt wird, um den Fehler zu finden.

4   Ethernet

Den 22. Mai 1973 kann man als Geburtsstunde des Ethernet verstehen. Bob Metcalfe, der später 3Com gründete, verfasste an diesem Tag im Xerox-Palo-Alto-Research-Center eine Memo, welches das erste Ethernet skizzierte. Seine Aufgabe bestand darin, eine Verbindung zu entwickeln, mit der man Daten für Massendrucksachen, wie die monatlichen Rechnungen der Telekom für Millionen von Kunden, von IBM-Großrechnern auf Xerox-Druckstraßen übertragen konnte. Daraus entwickelten sich dann alle LAN-Netze von heute.

- **1973   Bob Metcalfe**   Beginn der Ethernet-Entwicklung bei der Fa. Xerox
- 1978   Starlan   1 Mbit/s über Telefonkabel, Stern oder Daisy-Chain
- **1980   Thickwire**   DIX v.1, als Bus, 10 Mbit/s über Yellow-Coax
- 1981   IEEE 802.3   Institute of Electrical and Electronics Engineers
- 1982   10Base-5   DIX v.2, Anpassung an IEEE durch Dec-Intel-Xerox
- 1983   Novells Frame   Novells Ethernet-Frame-Format
- 1986   10Base-2   Thinwire als Coax-Bus, 10 Mbit/s von Compaq/Dec
- **1990   10Base-T**   Twisted-Pair Category.3 im Stern, 10 Mbit/s von HP
- 1993   IEEE 802.1d   Spanning-Tree erlaubt Ethernet im Ring

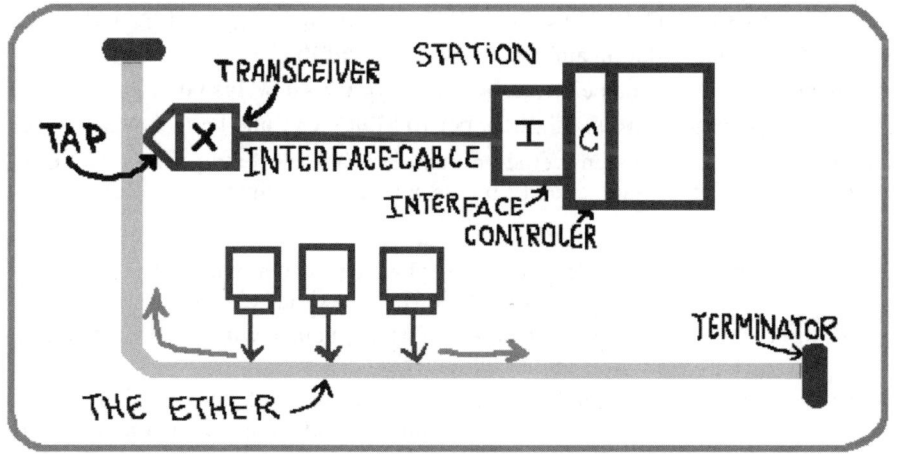

Bild 4.1 Memo von Bob Metcalfe am 22. Mai 1973 über Ethernet

- **1995 10Base-F**   Glasfaser (MMF) im Stern, Backbone mit 10 Mbit/s
- **1996 Full-Duplex**   nach IEEE 802.3x anstatt CSMA/CD
- **1997 Fast-Ethernet** im Stern mit 100 Mbit/s über Category.5 und MMF
- **1999 Gigabit-Ethernet** im Stern mit 1000 Mbit/s über Glasfaser
- **2000 Gigabit-Ethernet** im Stern mit 1000 Mbit/s über Category.5e
- **2001 10 GE**   im Stern mit 10 000 Mbit/s über Glas (Prognose)
- **2002 WLAN**   drahtlose Netzwerke

Mit Daisy-Chain bezeichnet man Rechnerverbindungen über zwei Netzanschlüsse (In und Out) auf einer Karte, die wie eine Kette aus Gänseblümchen (engl. Daisy-Chain) hintereinander geschaltet werden. Man verbindet immer einen In-Anschluss mit einem Out-Anschluss. Das Daisy-Chain-Starlan gibt es heute nicht mehr.

Ethernet ist ein Wortspiel aus den englischen Worten Ether und Network (für Netzwerk). Ether bedeutet in Deutsch Äther, ein älteres Wort für die Luft, die die Gashülle um die Erde bildet. Ethernet ist also das Netzwerk der Atmosphäre. Ethernet war ursprünglich eine Weiterentwicklung des Funknetzes der Hawaii-Inseln aus den 70er-Jahren. Ethernet arbeitete früher asynchron, d. h. eine Datenübertragung erfolgte nur bei Bedarf. Heute gibt es beim Ethernet ein altes und ein neues Übertragungsverfahren: CSMA/CD = Halb Duplex und Full-Duplex.

4.1   CSMA/CD

CSMA/CD ist die ältere Kommunikationssteuerung im Ethernet. Sie gibt es seit 1980. Ab Gigabit-Ethernet oder für 10 GE wird CSMA/CD überhaupt nicht mehr genutzt. CSMA/CD für 10 Mbit/s und 100 Mbit/s besitzt folgende Eigenschaften:

- der Zugriff einer Station auf das Netzwerk ist **zufällig**
- ab vier PC erreicht man eine **Auslastung von nur 40 % bis 60 %**
- es sind **Repeater (Hubs) möglich**: bei 10 Mbit/s vier und bei 100 Mbit/s zwei

Die maximalen Kabellängen werden durch die minimale Frame-Größe (64 Byte) bzw. maximale Bit-Umlaufzeit (512 bit = 8 × 64 Byte) definiert.

CSMA/CD bedeutet:

- Carrier Sense   Trägerfrequenz beobachten, wenn man 96 Bit lang nichts hört, dann darf ein Host maximal 1518 Byte senden
- Multiple Access   gleichberechtiger Zugriff, keiner wird bevorzugt, aber es darf immer nur einer senden
- Collision Detect   Signalzusammenstöße werden erkannt; senden zufällig einmal zwei Stationen gleichzeitig, dann müssen beide aufhören und eine Sendepause von mindestens 1024 bit einhalten

CSMA/CD gleicht einer Gesprächsrunde. CS: Jeder darf reden, solange kein anderer spricht und er 0,096 ms (96 bit) gewartet hat. MA: Alle sind gleichberechtigt. Es gibt keinen Diskussionsleiter. Die maximale Redezeit jedes Einzelnen ist auf etwa 12 ms begrenzt. CD: Beginnen zufällig zwei gleichzeitig zu sprechen, dann stoßen die Worte zusammen und es gibt eine Kollision. Die Kollision wird erkannt und nun müssen beide sofort eine Wartepause von mindestens 1 ms einhalten. Da andere Gesprächsteilnehmer aber nur 0,096 ms Millisekunden warten müssen, kann es geschehen, dass nach der Kollision ein Dritter das Wort ergreift.

4.1.1 Collision als Steuerung im CSMA/CD

Bei CSMA/CD wartet eine Station 96 bit, ob die Leitung frei ist. Nun darf sie minimal 64 Byte und maximal 1518 Byte senden. Zwischen zwei Datenpaketen muss von allen Stationen eine Pause von 96 bit, das Inter-Frame-Gap, eingehalten werden. Die minimale Frame-Größe von 64 Byte ergibt sich aus der maximalen Signalumlaufzeit von 512 bit, die Zeit, die minimal benötigt wird, damit alle Stationen eine Collision erkennen können. Es gibt bei CSMA/CD keine spezielle Steuerung, wie den Token (Staffelstab) im Token-Ring. Alle Stationen sind gleichberechtigt! Ist ein Netz sehr groß (> 2000 m), dann kann es geschehen, dass zwei Stationen 96 bit lang nichts hören und gleichzeitig zu senden beginnen. Nun stoßen die Pakete zusammen, und es gibt eine Collision. Die sendenden Stationen erkennen eine aktive Collision an der Spannungsverdopplung des Empfangssignals. Nun müssen die Stationen noch mindestens 32 bit und maximal 48 bit lang weitersenden. Diese Bits nennt man Jam-Signal (engl. für Verkehrsstau). Die Jam-Signal-Bits sind nicht definiert, dürfen jedoch keine gültige Prüfsumme (FCS) bilden. Ziel der Jam-Signal-Bits ist es, dass jede Station sicher eine Collision erkennt. Nun dürfen die sendenden Stationen keine Bits mehr übertragen. Sie müssen eine Wartepause von $2^C \times 512$ bits (2 hoch C mal 512 bit) warten. C ist hier die Anzahl der Collisions in ununterbrochener Folge. Ab der zehnten Collision wird 1024×512 bit gewartet. Erst nach dem 16. erfolglosen Versuch meldet die Netzwerkkarte einen Fehler an das Betriebssystem. Damit müssen die kollidierten Stationen mindestens 1024 bit warten, während andere Stationen nach 96 bit bereits wieder senden dürfen.

4.1.2 Collisions sind keine Fehler in CSMA/CD-Netzen!

Kollisionen sind im Ethernet keine Fehler. Sie gehören zum CSMA/CD wie Wasser zu einem Fluss. Nur wenn es eine Überschwemmung gibt, d. h. zu viele Collisions vorkommen, dann hat man ein Problem. In guten Netzen liegt die Anzahl der Collisions unter einem Promille der gesendeten Frames.

Wann gibt es eine Collision? Immer wenn zwei Frames zusammenstoßen. Diese werden in der Regel durch den Zusammenstoß zerstört. Man kann also nicht erkennen, wer die Frames, die zu einer Collision führten, gesendet hat.

Hat man viele Collisions, dann ist die Netzauslastung gering (10 % bis 20 %). Nur mit wenigen Collisions kann man eine hohe Netzauslastung von über 90 % erreichen. Diese 90 % sind mit CSMA/CD aber nur in Client/Server-Netzen mit einem Server erreichbar. Es gilt: **viele Collisions erzwingen geringe Netzlasten!**

4.1.3 Collisions durch Kurzschluss, SQE, Backpressure, Late-Collision

Collisions können aber auch durch Installationsfehler verursacht werden. Fehlt ein **Endwiderstand** am Ende eines Koaxialkabel-Segments, dann endet jedes Frame in einer Collision. Dies ist bei allen Coax-Arten der Fall, bei Thickwire und Thinwire.

Gibt es einen **Kurzschluss** zwischen den Adern 1 + 3 bzw. 2 + 6 einer Twisted-Pair-Verkabelung, dann erzeugt jedes größere Frame eine Collision. Ein solcher Kurzschluss ist vor allem in Netzen mit Typ-1-Kabeln, IBM-Datensteckern und Ethernet-Impedanzwandlern zu finden. Die Typ-1-Verkabelung mit den IBM-Datensteckern wurde für Token-Ring entwickelt. Diese Adern werden gebrückt, um einen unterbrochenen Ring wieder zu schließen. Im Ethernet erzeugt dies erst einen Kurzschluss und dann Collisions.

Der Schalter **SQE** oder **Heartbeat** eines Transceivers ist auf „ein" (on) gesetzt. Dies wurde zu Beginn der Ethernet-Entwicklung genutzt, um ein Collision-Signal zu testen. Nach dem erfolgreichen Senden eines Frames schickt der Transceiver mit SQE-On ein Collision-Present-Signal zur Netzwerkkarte. Daran konnte man erkennen, dass der Transceiver fehlerfrei arbeitet. Diese Funktion fehlt in modernen Netzwerkkarten. Heute erzeugt SQE-On nur Fehler. Leider ist nach Norm der Auslieferzustand von Transceivern aber SQE-On. Daher die dringende Bitte:

Vor Inbetriebnahme eines Transceivers, SQE immer auf „aus" (off) schalten!

Ethernet in der Version DIX v.1 kennt kein SQE-Signal. Repeater (Hubs) durften und dürfen nur mit SQE-Off betrieben werden. Heutigen Netzwerkkarten ist die SQE-Funktion unbekannt.

Die **Backpressure**-Funktion erzeugt viele Collisions. In CSMA/CD-Netzwerken gibt es kein Wartesignal, mit dem ein überlasteter Empfänger den Sender bremsen könnte. Daher bauen einige Unternehmen in ihre Ethernet-Chips eine Backpressure-Funktion ein. Droht der Empfangsspeicher überzulaufen, sendet der Empfänger so lange Jam-Signale (Collision-Present) an den Sender, bis dieser seinen Sendebetrieb unterbricht. Und genau hier liegt das Problem. Nach der 32., unmittelbar aufeinander folgenden Collision sollte ein Switch ihren Ethernet-Anschluss abschalten. Doch wann aktiviert die Station den Anschluss wieder? Automatisch, nachdem sie den ersten fehlerfreien Frame auf diesem Anschluss empfangen hat oder erst, wenn der Netzadministrator den Anschluss manuell wieder freischaltet? Die Aktivierung wurde leider nicht normiert! In der Praxis führt Backpressure immer wieder zu sporadischen, schwer zu findenden Netzwerkausfällen.

Eine **Late-Collision** oder Out-Of-Window-Collision erhält man nur dann, wenn das Netz zu groß ist. Bei 10 Mbit/s größer als 3000 m oder mehr als vier Repeater und bei 100 Mbit/s größer als 205 m oder mehr als zwei Class-2-Repeater bzw. mehr als ein Class-1-Repeater. Jeder Endwiderstand sendet den Frame zum Absender zurück. Kommt das letzte Echosignal erst nach 512 bit, der maximalen Signalumlaufzeit, beim Sender an, dann ist das Netz zu groß, und es gibt eine Late-Collision.

4.1.4 Gibt es Collisionen in voll geswitchten Netzen?

In voll geswitchten Twisted-Pair-Netzwerken ohne Repeater (Hubs) kann es fast nie zu einer Collision kommen. Um dies zu begründen, müssen wir erst einmal klären, wie lang ein Bit in Metern ist. Die Lichtgeschwindigkeit (c) liegt bei 300 000 km/s. Die Geschwindigkeit von Signalen in einem Kabel erreicht nie ganz die Lichtgeschwindigkeit. Bei Thickwire-Coax liegt sie bei 77 %, bei Thinwire-Koaxialkabeln bei 65 %, bei Twisted-Pair-Kabeln bei 59 % und bei Glasfaserkabeln bei 66 %. Multipliziert man die Lichtgeschwindigkeit mit einem dieser Faktoren und teilt das Ergebnis dann durch 10 Mbit/s, dann erhält man **eine Länge von etwa 20 m pro Bit**.

Die Kabellänge darf bei Twisted-Pair-Category-5-Kabeln 100 m nie überschreiten. Die Kabellänge reicht also gerade für fünf Bit. Wie soll es da zu einer Collision kommen, wenn jede Station 96 bit (oder 1920 m) vor jedem Senden warten muss? Das ist fast unmöglich. Collisions in voll geswitchten Twisted-Pair-Netzwerken ohne Hubs werden meistens nur durch Fehler verursacht.

4.1.5 Collision-Domain

Mit Collision-Domain bezeichnet man im CSMA/CD die Größe eines Ethernet-Netzwerks, bis zum nächsten Switch (Bridge) oder Router. Hubs sind in IEEE 802.3b normiert. Eine Collision-Domain besteht nur aus Kabeln, Repeatern (Hubs) und Stationen. Für den Übergang von einer Collision-Domain in eine andere nutzt man Switches (Bridges) oder Router. Begrenzt wird die Collision-Domain durch die maximale Umlaufzeit von 512 bit, das bedingt die minimale Frame-Länge von 64 Byte. Die Größe einer Domain ist abhängig von der verwendeten Bandbreite:

- das bedeutet für Ethernet mit **10 Mbit/s**
  vier Repeater (zwischen zwei Hosts) und maximal 3000 m Kabel
- für Fast-Ethernet gilt bei **100 Mbit/s**
  zwei Repeater (Class 2 mit 5 m Abstand) und maximal 205 m TP-Kabel
  oder ein Repeater (Class 1) und maximal 200 m TP-Kabel
  oder ohne Repeater zwischen zwei Switches maximal 412 m MMF-Glas
- im Gigabit-Ethernet mit **1000 Mbit/s** gibt es kein CSMA/CD mehr und damit
  keine Repeater, keine Collisions, keine Collision-Domain mehr.

Im Gigabit-Ethernet gibt es nur Full-Duplex mit Switches! Das englische Wort Domain bedeutet zu Deutsch Domäne und steht für eine Verwaltungseinheit staatlichen Grundbesitzes, wie die Staatsdomäne Wiesbaden. Im Ethernet begrenzt die Domain die Größe eines repeateten Teilnetzes.

4.2 Full-Duplex

Das zweite Übertragungsverfahren im Ethernet ist Full-Duplex (FD) nach IEEE 802.1x. Neuere Ethernet-Normen wird es nur noch mit Full-Duplex und ohne CSMA/CD geben. Das ist bereits heute bei Gigabit-Ethernet und 10GE der Fall. Ein Full-Duplex-Ethernet verfügt über folgende Kennzeichen:

- der Zugriff einer Station auf das Netzwerk wird **gesteuert** (durch Pause-Frames)
- es ist **eine Auslastung von 100 %** erreichbar
- die maximale Kabellänge wird **nur durch die Signaldämpfung begrenzt**
- alle Repeater (Hubs) sind verboten, es gibt **nur Switches** (Bridges) und Router
- mit Full-Duplex gibt es auch im Ethernet **keine Collisions mehr**

Full-Duplex arbeitet ohne CSMA/CD und ohne Collisions, dafür aber mit Pause-Frames. Mit Full-Duplex kann man Ende 2001 **bis zu 100 km** überbrücken, mit Einmoden-Glasfaserkabeln ohne Zwischenverstärker.

Full-Duplex basiert auf einer sternförmigen Struktur, bei der immer nur zwei Komponenten über eine Punkt-zu-Punkt-Strecke miteinander verbunden sind. Das Netz bilden dann viele Punkt-zu-Punkt-Strecken. So reduziert sich die Zugriffssteuerung auf den Verkehr zwischen zwei Stationen. Die Stationen sind mit je einer Sende- und einer Empfangsleitung angeschlossen. Ein gleichzeitiges Senden und Empfangen ist jederzeit möglich. Droht der Empfangsspeicher einer Station überzulaufen, dann sendet der Empfänger ein **Pause**-MAC-Frame mit einer Wartezeit zum Sender. Der Sender stoppt, wartet die Pause ab und beginnt wieder mit der Sendung. Ist der Empfangsspeicher schneller als erwartet geleert worden, dann kann der Empfänger ein Pause-Frame mit der Wartezeit null senden, und der Sender beginnt sofort wieder. Dieses Verfahren ist sehr einfach und arbeitet in der Praxis extrem stabil.

Es gibt jedoch keine stabile Methode für eine Station, zu erkennen, ob die Gegenseite mit CSMA/CD oder Full-Duplex arbeitet. Daher empfiehlt der Autor dringend, Full-Duplex manuell auf jeder Station, jedem Switch und jedem Router, für jeden einzelnen Anschluss, einzuschalten.

4.2.1 Vorteile von Full-Duplex

Full-Duplex bietet folgende Vorteile gegenüber dem älteren CSMA/CD:

- bei FD gibt es keine Collisions und dadurch wird eine Auslastung bis **100 %** möglich und nicht wie bei CSMA/CD mit Collisions nur bis etwa 60 %
- keine Längengrenzen durch eine Collision-Domain mehr, mit Full-Duplex sind **100 km** ohne Verstärker möglich, anstatt bei 100 Mbit/s CSMA/CD nur 412 m
- Erhöhung der Bandbreite durch gleichzeitiges Senden und Empfangen, **20/200/2000 Mbit/s** mit Full-Duplex, aber mit CSMA/CD nur 10/100 Mbit/s

Full-Duplex erlaubt einen stabileren Betrieb als CSMA/CD. Anstatt zufällig auftretender Collisions sendet man bei Bedarf gezielt Pause-Frames.

Es gibt aber auch einige Nachteile, die nicht verschwiegen werden sollen:

- **keine Repeater** (Hubs) sind bei Full-Duplex erlaubt

  Man muss für Full-Duplex teurere Switches kaufen. Ein guter Workgroup-Switch mit 24 Ports kostet ab 1500 €, und ein Backbone-Switch ist im Jahr 2000 ab 6500 € zu haben. Dieses Argument sieht der Autor aber eher als Vorteil. Switches übertragen mehrere Frames gleichzeitig und separieren Fehlerquellen.

- **keine Koaxialkabel** darf man bei Full-Duplex einsetzen

  Bei Coax gibt es keine getrennten Sende- und Empfangsadern wie bei Twisted-Pair- oder Glasfaserkabeln. Auch den Verzicht auf Koaxialkabel wertet der Autor als Vorteil, da die Fehlersuche in Coax-Bus-Netzen sehr schwierig ist und extrem langwierig sein kann.

4.2.2   Fehlermanagement in Full-Duplex-Switches

Moderne Full-Duplex-Switches können auch mit CSMA/CD betrieben werden. Man kann jeden Anschluss einzeln auf Full-Duplex umschalten. Des Weiteren sind noch folgende Funktionen zur Fehlervermeidung eingebaut:

- Link-Integrity   ständige, analoge Verbindungskontrolle zu einer Station
- Jabber-Protection   Dauersender (> 1518 Byte + 50 bit) werden separiert
- Auto-Partition   ab der 32. Collision in Folge wird ein Port deaktiviert
- Loop-Detection   unzulässige Schleifen werden erkannt und abgeschaltet
- Spanning-Tree   Backup-Verbindungen werden automatisch aktiv
- Auto-Negotiation   die Bandbreite 10/100/1000 wird automatisch erkannt

Es gibt aber keine automatische Erkennung von Full-Duplex oder CSMA/CD. Alle diese Funktionen bietet ein Repeater (Hub) nicht. Ein Full-Duplex-Netz mit Switches arbeitet bedeutend stabiler als ein CSMA/CD-Ethernet mit Repeatern.

4.3   Ethernet-Generationen

Man unterscheidet bei Ethernet zwischen:

- drei Generationen   DIX v.1, DIX v.2 und IEEE-802.3
- vier Frame-Formaten   DIX v.2, Novell, Ethernet, SNAP und SAP-LLC
- zwei (drei) Topologien Bus (veraltet) und Stern (und Ring mit Spanning-Tree)
- vier Bandbreiten   10 Mbit/s, 100 Mbit/s, 1000 Mbit/s, 10 000 Mbit/s
- drei Kabeltypen   Coax (Thick/Thin) (veraltet), Twisted-Pair, Glas

Generationen	DIX v.1	DIX v.2	IEEE 802.3	Probleme?
Signalpegel	0 bis +5 V	0 bis +5 V	-5 bis +5 V	Nur bei Coax!
SQE-Heartbeat	ohne	2 ms	3,1 ms	SQE ausschalten!
Verbindungsart	LLC.1	LLC.1	LLC.1 + LLC.2	keine
4. Frame-Feld	Typ	Typ	Länge	keine

Tabelle 4.1 Unterschiede zwischen den Ethernet-Generationen

Die Hardware-Unterschiede zwischen den Ethernet-Generationen spielen heute keine Rolle mehr, da nur noch Karten nach IEEE-802.3 eingesetzt werden.

Verwendet man kein Koaxialkabel mehr, schaltet die SQE-Funktion bei Transceivern aus, dann hat man keine Probleme zwischen den Ethernet-Generationen.

4.3.1   Ethernet-Frames

Für Ethernet wurden im Laufe der Zeit vier verschiedene Frame-Formate definiert.

● Ethernet SNAP-Frame

Sdel	DST	SRC	Len	DSAP	SSAP	CTRL	Code	Typ	Data	FCS	
8	6	6	2	1(AA)	1(AA)	2	3	2	38-1492	4	Byte

● Ethernet LLC = SAP-Frame

Sdel	DST	SRC	Len	DSAP	SSAP	CTRL	Data	FCS	
8	6	6	2	1	1	1	38-1497	4	Byte

● Ethernet Novell-Frame

Sdel	DST	SRC	Len	DSAP	SSAP	CTRL	Data	FCS	
8	6	6	2	1(FF)	1(FF)	1	43-1497	4	Byte

● Ethernet DIX-Frame

Sdel	DST	SRC	Typ	Data	FCS	
8	6	6	2	< 1500	4	Byte

Tabelle 4.2 Ethernet-Frames

Moderne Stationen und Protokolle erkennen das Frame-Format automatisch. Durchgesetzt hat sich heute weitestgehend das SNAP-Frame-Format. Um den Nutzdatenanteil zu erhöhen, setzt man wieder verstärkt DIX-Frames ein.

4.4   Ethernet-Varianten

Ethernet wird nach der Bandbreite und den verwendeten Kabeltypen unterschieden: 10Base-5, 10Base-2, 10Base-T, 10Base-F, 100Base-TX, 100Base-FX, 1000Base-T, 1000Base-SX, 10GBase-xR und 10GBase-xW.

4.5   10Base-5: 10 Mbit/s über Thickwire Yellow-Coax

Thickwire nach IEEE 802.3 ist die älteste Ethernet-Variante. Sie wird heute nicht mehr verwendet. Man nennt sie auch 10Base-5. Das bedeutet: 10 Mbit/s über Basisband-Technik und 500 m gelbes Koaxialkabel. Zum Einsatz kam ein Bus.

Der Bus bestand aus maximal 500 m langen gelben Koaxialkabeln (3/8 Zoll RG58-C/U). An jedes Kabelende (links und rechts) musste man je einen 50-Ω-Endwiderstand aufschrauben. Setzt man ein Coax-Segment aus mehreren Teilstücken zusammen, dann sollte jedes einzelne Stück 23,4 m, 70,2 m oder 117 m (± 0,5 m) lang sein.

Nur an den schwarzen Ringen, die alle 2,5 m (± 0,5 cm) auf das Koaxialkabel aufgedruckt sind, durfte man Taps (engl. für Wasserhahn) aufschrauben. Der Tap bestand aus zwei Teilen. Den Halter schob man so auf das Yellow-Coax, dass in der mittleren Bohrung ein schwarzer Ring zu erkennen war. Nun nahm man ein Spezialwerkzeug und bohrte ein Loch in das Yellow-Coax. Das Loch musste ausgeblasen und von Bohrspänen befreit werden. In dieses Loch drehte man eine Kontaktschraube hinein. Jetzt war der Tap gesetzt.

Das Yellow-Coax-Ethernet-Kabel musste an einem Ende geerdet werden. Aber nur an einem Ende, sonst gab es Erdschleifen und keinen Datenaustausch. Der Autor

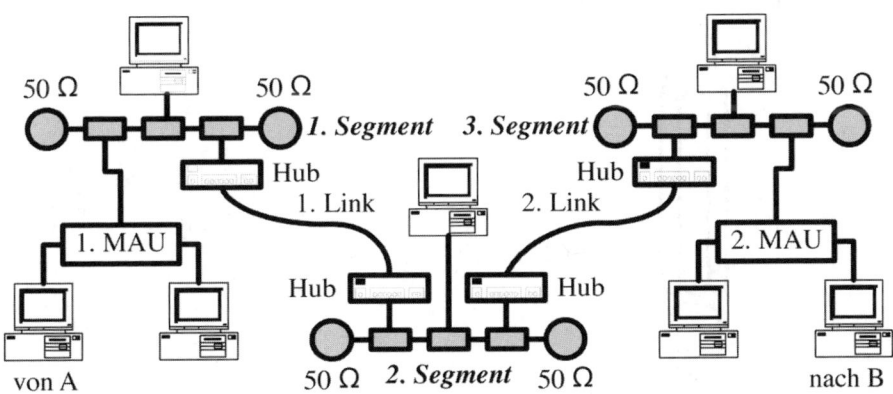

Bild 4.2 Topologie der Ethernet-Variante 10Base-5 Thickwire

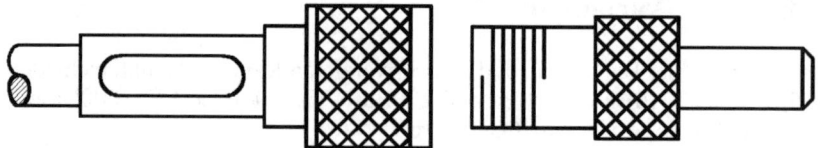

Bild 4.3 Endwiderstand für ein Yellow-Coax-Ethernet-Kabel

hatte einmal mit einem Segment Probleme. Mehrmals in der Woche fiel es aus. Nachdem man die Stationen etwas umstellte, ging es wieder. Das Segment war ordnungsgemäß einseitig geerdet worden. Das Yellow-Coax lag hinter den Tischen einfach auf dem Boden, mit einer Kupplung zur Busverlängerung. Immer wenn die Facility-Managerin (Neudeutsch für Putzfrau) den Boden saugte, drückte sie die nicht isolierte Kupplung vor einen Heizungsfuß, an dem die Farbe abgeblättert war. Es gab eine Erdschleife, und das Netz fiel aus. Verstellte man die Rechner, dann zog man damit die Kupplung wieder von der Heizung weg, und das Netz lief wieder. Es dauerte Wochen, diese Ursache zu finden.

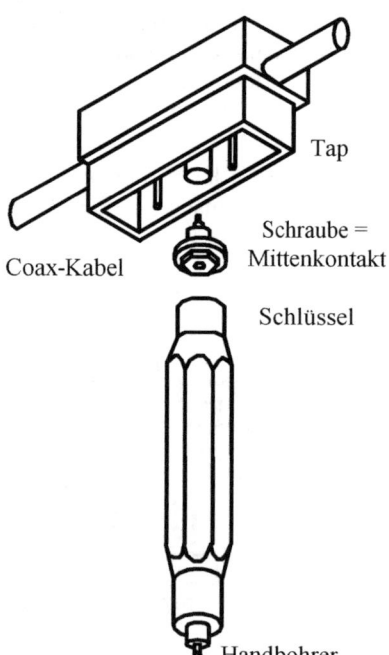

Bild 4.4 Montage eines Tap an einem Yellow-Coax-Ethernet-Kabel

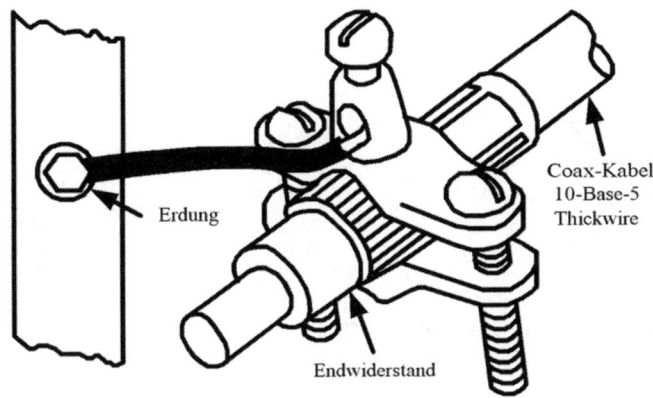

Bild 4.5 Erdung eines Yellow-Coax-Ethernet-Kabels

An einem 500 m langen Koaxialkabel sind maximal 100 Taps gleichzeitig erlaubt. Auf einen Tap wurde dann ein Transceiver aufgesteckt und festgeschraubt.

Das Wort Transceiver ist eine Zusammensetzung aus Transmitter (Sender) und Receiver (Empfänger). Bei Transceivern bitte heute nie vergessen, **die SQE-Funktion auszuschalten**. Der Transceiver wird dann mit einem mindestens 5 m und maximal 50 m langen Transceiver-Kabel verbunden (besser maximal 35 m, das geht immer) und auf den **AUI-Anschluss** einer Station gesteckt (Access-Unit-Interface, Buchse DB15-male). Man kann das Transceiver-Kabel auch weglassen und den Transceiver direkt auf den AUI-Port der Station stecken. Von den Stiften des DB15-AUI-Steckers sind folgende belegt: 1 = Collision-Ground, 2 = Collision (+), 3 = Transmit (+), 4 = Receive-Ground, 5 = Receive (+), 6 = Power (– 12 V), 9 = Collision (–), 10 = Transmit (–), 11 = Transmit-Ground, 12 = Receive (–), 13 = Power (+ 12 V), 14 = Power-Ground. Der AUI-Stecker wird auch heute noch verwendet,

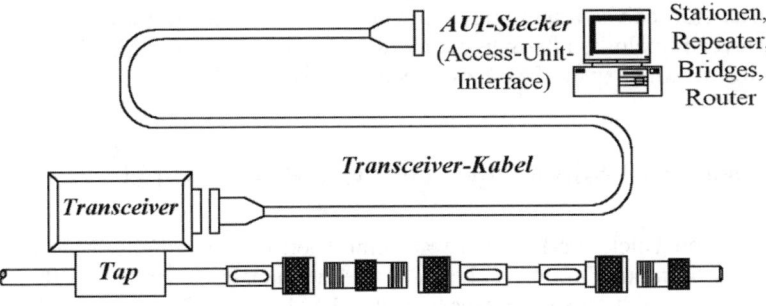

Bild 4.6 Ethernet-Transceiver und Transceiver-Kabel

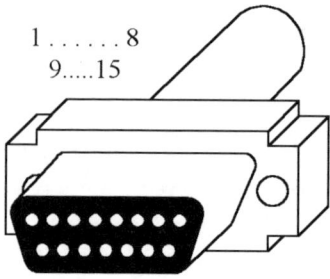

Bild 4.7 Ethernet Access-Unit-Interface (AUI), an Station DB15-male

um Stationen mit AUI-Anschluss über direkt aufgesteckte Mini-Transceiver in Streichholzschachtelgröße mit Glasfaserkabel (10Base-F), Twisted-Pair-Kabel (10Base-T) oder Thinwire-Koaxialkabel (10Base-2) zu verbinden.

Nach folgenden Regeln war es möglich, ein einzelnes Buskabel zu einem Baum zu erweitern. Man durfte maximal drei Segmente, zwei Linkkabel und vier Repeater zwischen zwei Stationen schalten. An ein Segment konnten Stationen angeschlossen werden. Coax- oder Glasfaser-Link-Segmente durfte man nur zwischen zwei Repeater schalten und keine Stationen damit verbinden. Nur an den Link-Enden war je ein Repeater in der oben beschriebenen Anschlusstechnik mit Tap, Transceiver-Kabel und Transceiver erlaubt. Die gesamte Kabellänge inkl. Transceiver-Kabel zwischen zwei Stationen durfte 3000 m nicht überschreiten. Die Regel vier Repeater (Hubs) ergab sich eigentlich automatisch aus der Topologie:

1. Seg **[1. Hub]** 1. Link **[2. Hub]** 2. Seg **[3. Hub]** 2. Link **[4. Hub]** 3. Seg (siehe Bild 4.2 Topologie Thickwire)

Wollte man mehr als eine Station an einen Tap anschließen, dann konnte man dazu **MAUs** (Medium-Attachment-Unit) einsetzen. Dies sind Sternverteiler für Transceiver-Kabel. Das Transceiver-Kabel vom Tap wurde auf die MAU gesteckt. Mit weiteren Transceiver-Kabeln konnte man dann 4/8/12 Stationen mit der MAU verbinden. Es durften maximal zwei MAUs zwischen zwei Stationen liegen.

4.6   10Base-2: 10 Mbit/s über Thinwire-Koaxialkabel

Die Installation von Thickwire-Ethernet war kompliziert und aufwändig. Man fand eine einfachere Lösung in **Thinwire**, auch **Cheapernet** genannt, nach IEEE 802.3a. Die Unternorm dazu heißt **10Base-2**, was bedeutet: 10 Mbit/s via Basisband-Technologie über 200 m dünnes Coax. In der Praxis darf dieses Kabel **nur 185 m lang** sein.

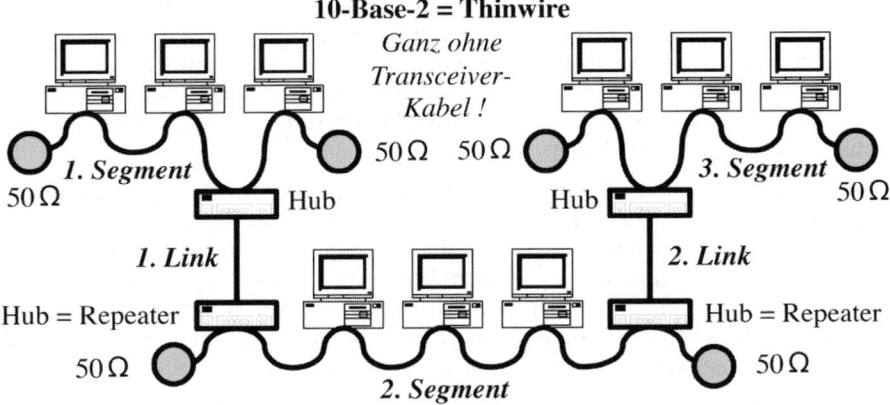

Bild 4.8 Topologie der Ethernet-Variante 10Base-2 Thinwire

Man verlegt als Bus also maximal 185 m schwarzes Koaxialkabel (1/5 Zoll RG58-A/U). Dieses Kabel hat eine Impedanz von 50 Ω. Hier muss man aufpassen. Es gibt noch andere Koaxialkabel, die fast genauso aussehen, aber eine andere Impedanz besitzen: RG59 mit 75 Ω als Antennenkabel oder für ISDN-E1/E3-Anschlüsse und RG62 mit 93 Ω für IBM3270-Terminalnetze. Vertauscht man die Kabeltypen, dann läuft Ethernet nicht fehlerfrei. Ein Thinwire-RG58-Koaxialkabel darf aus mehreren Teilstücken bestehen, wobei das kleinste Teilstück minimal 0,5 m lang sein muss. Das Buskabel muss man, wie bei der Thickwire-Variante, auch an beiden Kabelenden mit je einem 50-Ω-Endwiderstand abschließen.

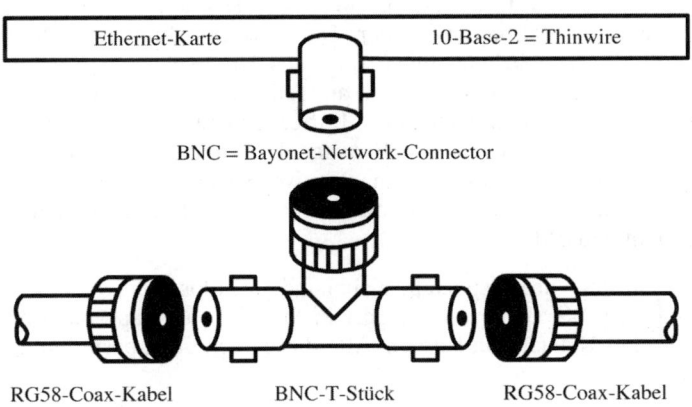

Bild 4.9 Anschluss einer Station über ein T-Stück an Thinwire-Coax

An jeder Netzkarte einer 10Base-2-Station gibt es einen BNC-Stecker. Über ein T-Stück wird der Thinwire-Bus nun direkt mit der Netzwerkkarte verbunden. Da die Transceiver-Bausteine bei Thinwire direkt auf der Netzwerkkarte eingebaut sind, darf man niemals ein Anschlusskabel verwenden, sondern muss den Bus immer in einer Schleife bis an die Station heranführen. Man darf theoretisch maximal 30 Stationen an einen Bus anschließen.

Die Regeln, um mehrere Bussegmente miteinander zu einem Baum zu verbinden, sind die selben wie bei Thickwire-Ethernet. Man darf drei Segmente, zwei Linkkabel und vier Repeater zwischen zwei Stationen schalten. An ein Thinwire-Coax-Segment darf man Stationen anschließen. Mit Coax- oder Glasfaser-Link-Segmenten verbindet man keine Stationen, sondern immer nur zwei Repeater. Die gesamte Kabellänge zwischen zwei Stationen darf 3000 m nicht überschreiten. Die Regel, nur vier Repeater (Hubs), ergibt sich wieder automatisch aus der Topologie:

1. Seg [**1. Hub**] 1. Link [**2. Hub**] 2. Seg [**3. Hub**] 2. Link [**4. Hub**] 3. Seg

4.6.1 Erstes Problem von 10Base-2: der Anschluss über T-Stücke

Das erste Problem eines Thinwire-Netzes ist der Stationsanschluss über T-Stücke.

Wie bereits gesagt sind bei Thinwire jegliche Anschlusskabel verboten. Man muss **den Bus bis an die Station heranführen.** Zieht nun ein Mitarbeiter um oder will man auch nur einen PC versetzen, dann werden die Thinwire-Koaxialkabel vom PC getrennt, und in der Regel wird dabei der Bus unterbrochen. Das ganze Segment fällt aus, und alle daran angeschlossenen Rechner verlieren ihre Verbindung zum Ethernet-Netzwerk.

Dieser Fehler ist nicht immer leicht zu finden. Der Autor war einmal an einem wunderschönen Sommertag als Teilnehmer auf einem Decnet-Lehrgang bei DEC in Köln. Nach dem Mittagessen verlor man die Lust. Der Seminarraum war mit Thinwire-Coax verkabelt. Nun entfernte der Autor den Endwiderstand vom Bus und steckte ein Stück Papier zur Isolation dazwischen. Der Dozent und mehrere Mitarbeiter von DEC suchten eine Stunde lang ohne Erfolg nach dem Fehler. Das Seminar wurde auf den nächsten Morgen verschoben, und die Teilnehmer bekamen frei. Im Sommer sind die Terrassen in Köln am Rhein mit Kaffee, Kuchen und Eis wunderschön. Am nächsten Morgen gab es natürlich Ärger. DEC hatte das Stückchen Papier um 22:00 Uhr abends nach sechs Stunden intensiver Suche gefunden. Für die DEC-Mitarbeiter gab es keinen schönen Sommerabend. Dies tut dem Autor leid, denn daran hatte er nicht gedacht.

Um dieses Problem zu lösen, wurden spezielle Kabel und Steckdosen entwickelt. Es gab vier Anbieter: das EAD-System von Telegärtner, den Thinnet-Tap von AMP, CAB von Ackermann und Net-Jet von Kerpen. Alle diese Techniken basierten auf denselben zwei Prinzipien:

- in den EAD-Anschlussdosen sind Kurzschlusskontakte eingebaut, diese schließen den Bus wieder, sobald man ein Stationskabel an der EAD-Dose abzieht

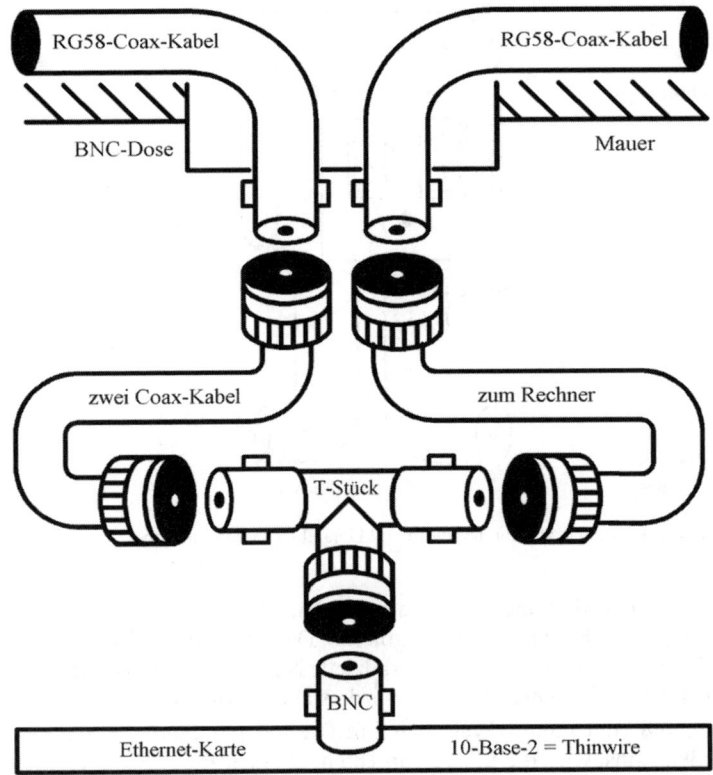

Bild 4.10 Stationsanschluss über ein T-Stück an das Thinwire-Coax-Segment

- zur Netzkarte führt ein spezielles EAD-Stationskabel; in diesem Kabel laufen zwei Koaxialkabel, eines zur Station, zum T-Stück hin und ein zweites wieder zur EAD-Dose zurück; dieses Kabel wird dadurch ein Teil des Thinwire-Coax-Segments; die Länge des EAD-Stationskabels muss man daher doppelt rechnen

So wurde das Problem der Busunterbrechung gelöst. Wenn man noch gegen jeden guten Rat Thinwire neu installieren will, dann sollte man das mit dem EAD-System tun. Auf ein Detail muss man jedoch besonders aufpassen: ein EAD-Stationskabel zählt bei der Berechnung der Buslänge doppelt.

4.6.2 Zweites Problem von 10Base-2: Thinwire-Buslänge

Das zweite Problem von Thinwire-Netzen sind die Buslängen. In der Regel werden die erlaubten 185 m weit überschritten. In der Praxis ist es unmöglich, 30 Stationen

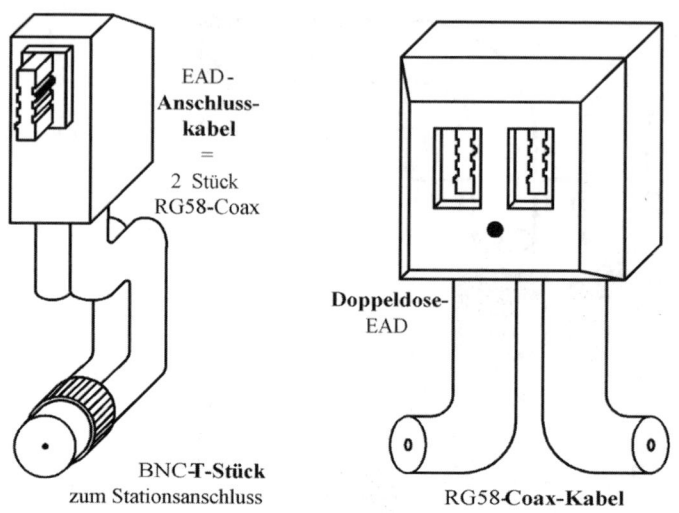

Bild 4.11 Ethernet-Anschluss-Dose (EAD) für Thinwire und Doppel-Coax-Stationskabel

mit nur 185 m Thinwire-Koaxialkabel in einem normalen Bürogebäude zu verlegen. Das Ergebnis sind zu lange Thinwire-Coax-Segmente. Dadurch werden Frame-Fehler verursacht, die lange Antwortzeiten und sporadische Netzausfälle bewirken, aber keinen totalen Stillstand. Bei höherer Netzlast wird es aber immer schlimmer.

Man darf nur maximal 85 m Coax im Wandkanal fest verlegen und nur zehn Stationen daran anschließen, sonst wird die Länge von 185 m überschritten. Wie errechnet sich das? Wir verwenden fünf Stück EAD-Doppeldosen und können so zehn Stationen an das Thinwire-Coax-Segment anschließen. Die Hosts schließen wir über 5 m

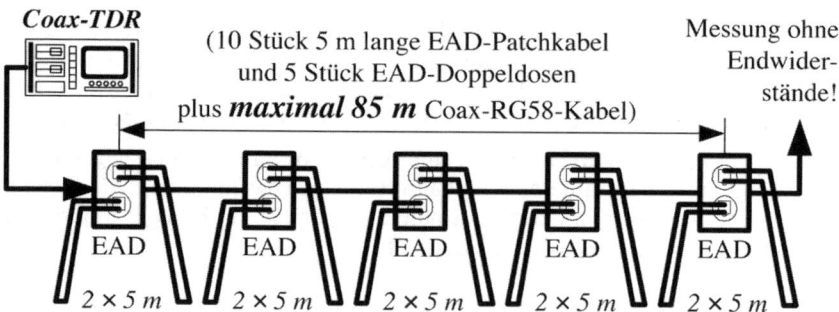

Länge < 185 m; Dämpfung < 11 dB (10 mHz); Widerstand < 0,479 Ω/m

Bild 4.12 Maximale Länge eines Thinwire-Bussegments

lange Stationskabel an. Die Stationskabel von der EAD-Doppeldose bis zur Netzwerkkarte zählen bei der Längenberechnung doppelt, denn der Thinwire-Bus läuft zu jeder Station hin und wieder zurück. Man rechnet:

185 m – 10 Stationskabel × 5 m Länge × 2 (hin + zurück) = 85 m fest verlegt!

Jedes Coax-Segment muss vor der Inbetriebnahme mit einem TDR vermessen werden. Bei Thinwire-Coax-Segmenten macht das Ganze nur dann Sinn, wenn man alle Kabelverbindungen zu den Stationen mit vermisst. Ein EAD-Installateur sollte hierfür zehn Stück 5 m lange Stationskabel immer vorrätig haben und auch einen Coax-TDR besitzen, sonst würde der Autor diesem keinen Auftrag erteilen.

4.7   10Base-T: Ethernet mit 10 Mbit/s über Twisted-Pair-Kabel

Auch die Ethernet-Thinwire-Coax-Variante ist noch recht kompliziert. Man entwickelte weiter und entwarf 10Base-T nach IEEE 802.3i: 10 Mbit/s via Basisband über Twisted-Pair-Kupferkabel der Category.3 mit vier Adern.

Station und Repeater (Hub) sind mit RJ45-Buchsen ausgerüstet. 10Base-T verwendet die Kontakte 1 + 2 und 3 + 6 in einem RJ45-Stecker: 1 = T+, 2 = T–, 3 = R+ und 6 = R–. Will man Station mit Station oder Hub mit Hub verbinden, dann sind gekreuzte Kabel erforderlich. Gekreuzte Kabel müssen folgende Verbindungen aufweisen: 1-3, 2-6, 3-1 und 6-2. 10Base-T basiert auf vielen Punkt-zu-Punkt-Verbindungen. Die Strecken kann man zu einem Stern erweitern. Dabei sind folgende Regeln zu beachten:

● die Twisted-Pair-Category-3-Kabel dürfen **maximal 100 m** lang werden

● zwischen zwei Stationen darf man **nicht mehr als vier Repeater** schalten

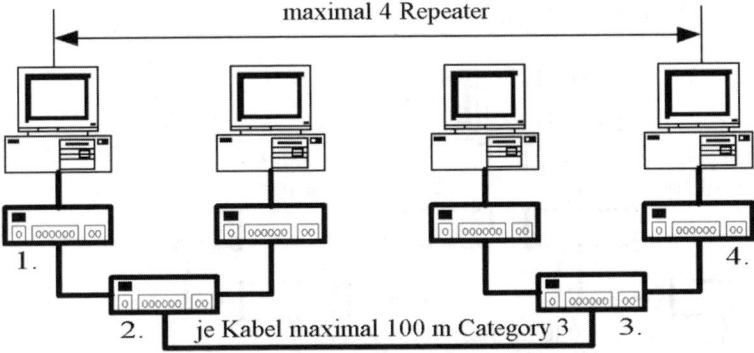

Bild 4.13 Topologie der Ethernet-Variante 10Base-T für Twisted-Pair

115

Nimmt man anstatt der Hubs oder Repeater nur Switches, dann gilt nur noch:

- **Twisted-Pair-Category-3-Kabel dürfen maximal 100 m lang sein**

Man sieht also, die Regeln sind im Vergleich zu Coax-Netzen sehr einfach.

4.8   10Base-F: Ethernet mit 10 Mbit/s über Glasfaserkabel

Um längere Punkt-zu-Punkt-Strecken zu bekommen, nutzt man Glasfaserkabel. Normiert sind Multi-Mode-Fasern 50/125 μm (auch 62,5/125 μm) mit ST-Steckern. Für eine Verbindung nach IEEE 802.3j benötigt man zwei Fasern.

Auch 10Base-F basiert auf vielen Punkt-zu-Punkt-Verbindungen. Man kann 10Base-F als Ergänzung zur 10Base-T verstehen. Dann gelten folgende Regeln:

- die Multi-Mode-Fiber-Kabel 50/125 μm dürfen **maximal 2000 m lang** sein
- zwischen zwei Stationen darf man **nicht mehr als vier Repeater** schalten
- maximale Entfernung **zwischen zwei Stationen immer kleiner 3000 m**

Zwischen Switches, ohne Repeater, wird die Sache wieder ganz einfach:

Multi-Mode-Fiber-Kabel 50/125 μm dürfen bis 2000 m lang werden

Heute sind 10 Mbit/s als Backbone-Geschwindigkeit für ein LAN zu langsam. Daher nutzt man kaum noch 10Base-F, sondern meistens Gigabit-Ethernet.

4.9   100Base-X: Fast-Ethernet mit 100 Mbit/s

Fast-Ethernet ist eine Weiterentwicklung von 10Base-T und 10Base-F. Da man CSMA/CD und seine Timer nicht ändern wollte, die Geschwindigkeit bei Fast-Ethernet aber zehnmal höher ist als bei Ethernet, mussten die Kabel kürzer werden.

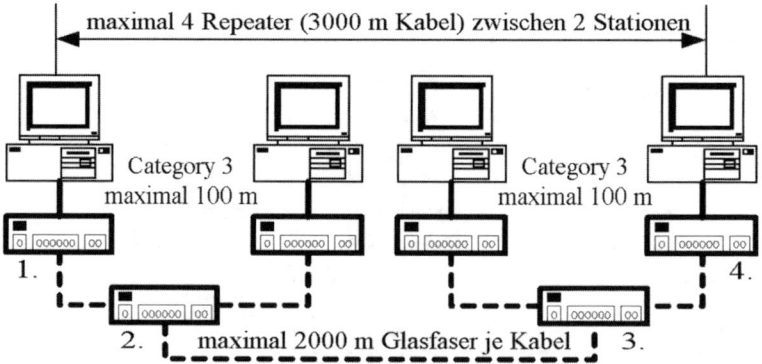

Bild 4.14 Topologie der Ethernet-Variante 10Base-F für Fiber-Optic

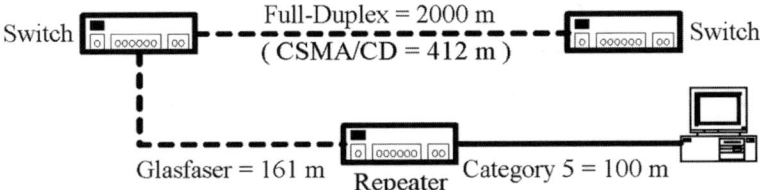

Bild 4.15 Topologie von Fast-Ethernet

FE gibt es in zwei Varianten: IEEE 802.3u (-TX) und IEEE 802.3w (-FX)

- 100Base-TX   Kupferkabel Twisted-Pair Category.5 mit RJ45-Stecker
  maximal 100 m Kabellänge mit den vier Adern 1 + 2 und 3 + 6
- 100Base-FX   Glasfaser Multi-Mode-Fiber 50/125 µm, SC-Duplex-Stecker
  maximal 161 m Kabellänge mit CSMA/CD zum Repeater
  maximal 412 m Kabellänge mit CSMA/CD zwischen Switches
  maximal 2000 m Kabel mit Full-Duplex zwischen Switches

(Eine dritte Variante 100Base-T4 gibt es zwar als Norm, jedoch hat der Autor noch nie 100Base-T4 kompatible Komponenten gesehen. 100Base-T4 nutzt maximal 100 m lange Category-3-Kabel, benötigt jedoch im Gegensatz zu 10Base-T und 100Base-TX nicht nur vier, sondern alle acht Adern eines RJ45-Steckers.)

4.9.1   100Base-X: Fast-Ethernet und Repeater

Man sollte schon bei Fast-Ethernet **keine Repeater** mehr, sondern nur noch Switches nutzen. Wer aber auf Repeater nicht verzichten will, für den gilt:

- **maximal ein Repeater** der Klasse 1 zwischen zwei Stationen
- oder selten maximal zwei Repeater der Klasse 2 zwischen zwei Stationen

Nur 5 m sind als maximaler Abstand zwischen zwei der schnelleren Repeater der Klasse 2 erlaubt! Ein Repeater mit Kupfer- und Glasfaseranschlüssen oder einem MII-Interface wird automatisch zu einem langsameren Klasse-1-Repeater. Vereinfacht gilt folgende Regel: pro Collision-Domain maximal ein Repeater (besser gar keiner, sondern Switches). Wer an den genauen Längen interessiert ist, findet diese in folgender Tabelle:

100Base	100Base-TX	TX und FX	100Base-FX
Switch-Switch	100 m	unmöglich	412 m
1 Repeater Class 1	100 m + 100 m	100 m + 161 m	136 m + 136 m
1 Repeater Class 2	100 m + 100 m	100 m + 208 m	160 m + 160 m
2 Repeater Class 2	100 m + 5 m + 100 m	100 m + 5 m + 111 m	111 m + 5 m + 111 m

Tabelle 4.3 Repeater (Hub) und Kabellängen für Fast-Ethernet

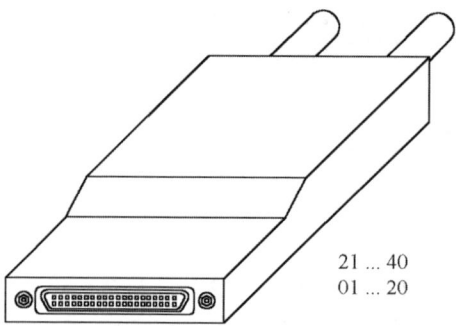

21 ... 40
01 ... 20

Bild 4.16 MII-Anschluss und Fast-Ethernet-Transceiver

Will man zwei Stationen, zwei Repeater (Hubs) oder Switches miteinander verbinden, benötigt man wie bei 10Base-T auch bei 100Base-TX ein gekreuztes Kabel mit der Kontaktbelegung: 1-3, 2-6, 3-1 und 6-2 (engl. crossed).

4.9.2   100Base-X: Fast-Ethernet-Transceiver mit MII-Port

Das Media-Independent-Interface (MII), ein kleiner 40-poliger Stecker, erlaubt es auch bei Fast-Ethernet Transceiver einzusetzen. Über einen Fast-Ethernet-Transceiver kann man wahlweise Category-5-Kupfer-Kabel oder 50/125 µm MMF-Glasfaser mit einer Komponente via MII-Anschluss verbinden.

Die MII-Schnittstelle ist vergleichbar zu dem Ethernet Access-Unit-Interface (AUI), einem DB15-Stecker, für 10 Mbit/s Ethernet-Transceiver. MII-Transceiver sind selten.

4.10   1000Base-X: Gigabit-Ethernet mit 1000 Mbit/s

Gigabit-Ethernet nach IEEE 802.3z ist die nächste Weiterentwicklung von Ethernet bzw. Fast-Ethernet. Man hat sich bemüht, so viel wie irgend möglich unverändert zu belassen. Jedoch wurde nur Full-Duplex und gar **kein CSMA/CD** als Übertragungsverfahren normiert, das bedeutet:

- es gibt **im Gigabit-Ethernet keine Hubs und keine Collisions** mehr

Man kann mit Gigabit-Ethernet nur Punkt-zu-Punkt-Strecken zwischen Switches schalten (Bridges) und natürlich auch PCs, Drucker, Server und Router anschließen, jedoch keine Repeater verwenden. Selbstverständlich sind auch im Gigabit-Ethernet Backup-Strecken mit Switches über das Spanning-Tree-Protocol möglich.

Es gibt folgende drei Gigabit-Ethernet-Varianten:

- **1000Base-LX**   **mit Single-Mode-Fiber, 9/125 µm mit 1300 nm bis 70 000 m**
  mit Multi-Mode-Fiber, 50/125 µm mit 1300 nm bis 550 m

118

- **1000Base-SX**   **mit Multi-Mode-Fiber, 50/125 µm mit 850 nm bis 500 m**
  (Multi-Mode-Fiber, 62,5/125 µm mit 850 nm bis 220 m)

- **1000Base-T**   **mit Twisted-Pair, Category.5e, Kupferkabel bis 100 m**

(Es existiert noch eine weitere Variante: 1000Base-CX. Diese spielt jedoch in der Praxis keine Rolle, da hier nur 25 m über spezielle Kupferkabel überbrückt werden können. Gigabit-Ethernet basiert physikalisch auf der Fiber-Channel-Entwicklung zum Festplattenanschluss. Hier ergibt die 25-m-Variante einen Sinn. Übrigens, Fast-Ethernet basiert wie Fiber-Channel auf der Physik von FDDI, genauer der Unternorm TP-PMD.)

4.10.1   1000Base-X: Kabel für Gigabit-Ethernet

Gigabit-Ethernet stellt auf Grund der hohen Übertragungsrate von 1000 Mbit/s besondere Anforderungen an die eingesetzten Kabel:

- **Category.5e (enhanced; seit 2002 gilt nach ISO 11801 hier Category.6)**

  Nach IEEE 802.3ab musste man für Twisted-Pair-Kupferkabel die Category-5-Spezifikation erweitern. Die Messwerte für NEXT (27,1 ≥ 30,1 dB) und ACR (3,1 ≥ 6,1 dB) wurden angehoben und folgende Parameter neu eingeführt: PS-NEXT, PSACR, ELFEXT, PSELFEXT und Return-Loss.

- **Multi-Mode-Fiber** und das neue Bandbreiten/Längen-Verhältnis

  Auch bei Glasfaser gibt es einen neuen Wert, der die Übertragungsgüte des Kabels spezifiziert: das Bandbreiten/Längen-Verhältnis (MHz/km). Dieser Wert wird durch die Produktion des Kabels festgelegt und kann bei der Installation nicht verändert werden.

Gigabit-Ethernet	Typ	Frequenz	µm	Bandbreite/ Länge	Länge	Dämpfung
1000Base-SX	MMF	850 nm	62,5/125	160 MHz/km	220 m	2,38 dB
	MMF	850 nm	62,5/125	200 MHz/km	275 m	2,60 dB
	MMF	850 nm	50/125	400 MHz/km	500 m	3,37 dB
	MMF	850 nm	50/125	500 MHz/km	550 m	3,56 dB
1000Base-LX	MMF	1310 nm	62,5/125	500 MHz/km	550 m	2,35 dB
	MMF	1310 nm	50/125	400 MHz/km	550 m	2,35 dB
	SMF	1310 nm	9,5/125	Keine Vorgabe	5 km	4,57 dB

Tabelle 4.4 Kabellängen für Glasfaserkabel mit Gigabit-Ethernet

Nur die Glasfaser 9/125 μm Single-Mode-Fiber besitzt ausreichende Reserven, um unverändert bis 100 km genutzt zu werden.

4.10.2 1000Base-X: Anschluss für Gigabit-Ethernet

Als Komponentenanschluss nutzt man für Gigabit-Ethernet folgende Stecker:

- **RJ45**   1000Base-TX über ein enhanced Twisted-Pair-Kabel: **Category.6** (Komponenten für 1000Base-T sind Anfang 2000 noch selten)
- **SC**   für 1000Base-SX + 1000Base-LX über SMF + MMF: **Glasfaser**

Man hat auch einen neuen Glasfaserstecker, den MT.RJ, getestet. Dieser ist kleiner als der SC-Duplex, etwa so groß wie ein RJ45-Stecker. Leider kam es bei diesem Stecker überraschend auch bei Glasfaser zum Übersprechen. Wenn die Frequenz hoch genug ist und die Glasfasern eng beieinander liegen, dann gibt es auch bei Glasfaser, wie bei Twisted-Pair, ein Übersprechen. Man ließ den MT.RJ fallen und kehrte zu SC-Duplex zurück. Allerdings versucht man es jetzt mit dem LC-Stecker.

4.10.3 GBIC anstatt Transceiver

Es gibt für Gigabit-Ethernet keine Transceiver, sondern Gigabit-Interface-Connectoren. Das sind kleine, etwa Streichholzschachtel große Bauteile mit RJ45-(1000Base-T), SC-Duplex-MMF-(1000Base-SX), SC-Duplex-EMF (1000Base-FX)-Anschlüssen. Diese schiebt man einfach in die GBIC-Slots (Steckplätze) von Netzkarte, Switch oder Router. Noch kleiner sind die SFP-Module (Small-Form-factor-Plugable).

4.10.4 Keine Repeater und Hubs im Gigabit-Ethernet

Repeater oder Hubs gibt es im Ethernet nur für die CSMA/CD-Steuerung der Kommunikation. Die Größe einer Collision-Domain (maximale Netzgröße bis zum nächsten Switch oder Router) ergibt sich aus der maximalen Signalumlaufzeit von 512 bit, die Zeit, die minimal benötigt wird, damit alle Stationen einer Domain eine Collision erkennen können. Mit den 512 bit wird natürlich auch die minimalen Frame-Größe von 64 Byte definiert. Folgende Längen ergeben sich aus dieser CSMA/CD-Regel:

- **3000 m** und **vier** Repeater   bei Ethernet mit   10 Mbit/s
- **205 m** und **zwei** Repeater   bei Fast-Ethernet mit   100 Mbit/s
- **10 m** und **kein** Repeater   bei Gigabit-Ethernet mit   1000 Mbit/s

Bei Gigabit-Ethernet würde mit der oben genannten Regel die Größe einer Collision-Domain auf 10 m zusammenschrumpfen, und das macht keinen Sinn. Daher ist man auf die Idee gekommen, die minimale Framegröße von 64 Byte auf 512 Byte (Signal-Umlaufzeit von 4096 bit) zu verlängern. Dies würde aber den Durchsatz in einem möglichen CSMA/CD-Gigabit-Ethernet so weit reduzieren, dass man nur zweimal Fast-Ethernet herausbekäme. Das will aber auch keiner. Daher gibt es für Gigabit-Ethernet keine Repeater und somit auch keine Collision mehr, nur noch Full-Duplex.

4.10.5   Gigabit-Ethernet anstatt ATM oder FDDI

Gigabit-Ethernet (GE) mit 1000 Mbit/s ist heute vor allem eine Backbone-Technik.

Für GE muss der Backbone mit folgenden Glasfaserkabeln ausgerüstet werden, mindestens Multi-Mode-Fiber 50/125 µm (bis 500 m), oder besser Single-Mode-Fiber 9/125 µm (bis 10 km).

Diese Längenbeschränkungen gelten auch für 622-Mbit/s-ATM. ATM ist deutlich komplexer als Gigabit-Ethernet. Gigabit-Ethernet-Switches arbeiten nach dem Plug-and-Play-Prinzip: Stecker einstecken, Strom einschalten und das Netz läuft. Bevor sich im ATM etwas tut, muss der Netzadministrator die Systeme konfigurieren. Bei LANE muss er die LECS, LES und BUS-Server einrichten.

FDDI überträgt nur mit 100 Mbit/s. Vor einigen Jahren, als es nur Ethernet mit 10 Mbit/s gab und Token-Ring mit 4 Mbit/s, war FDDI die einzig verfügbare Technik mit 100 Mbit/s. Das hat sich mit Fast-Ethernet geändert. Gigabit-Ethernet ist zehnmal schneller und das bei geringerem Preis pro Anschluss als FDDI.

Da FDDI-Komponenten nicht mehr produziert werden und ATM-LANE massive Probleme mit Multicast-Protokollen und -Anwendungen hat, entschied Gigabit-Ethernet den Kampf um den LAN-Backbone für sich. Ob sich dieser Siegeszug sich auch im WAN fortsetzt, das wird die Zukunft zeigen.

4.10.6   Server mit PCI-Bus an Gigabit-Ethernet anschließen

Es kommen immer mehr Server mit fest eingebautem Gigabit-Anschluss 1000-Base-T auf den Markt. Welche Durchsatzerhöhung bringt nun ein solcher Anschluss im Vergleich zur bisherigen Fast-Ethernet-Karte 100Base-TX?

Ende 2001 hat die www.CSAresearch.com „Gigabit to the Desktop" untersucht. Dabei wurden relativ niedrige Steigerungsraten von 20 % bis 40 % gemessen. Bei SQL-Datenbank-Transaktion nur

- bis zu 47 % schneller auf einem 1,5-GHz-Pentium-IV-Windows-Server
- bis zu 42 % schneller auf einem 733-MHz-Pentium-III-Windows-Server

und beim File-Download von Word-, Excel-, Powerpoint-, Acrobat-Dateien

- bis zu 42 % schneller auf einem 1,5-GHz-Pentium-IV-Windows-Server
- bis zu 24 % schneller einem 733-MHz-Pentium-III-Windows-Server

Man steckt eine Gigabit-Karte in einen PC und weiß genau, die Bits werden bei 1000 Mbit/s zehnmal oder 1000 % schneller übertragen als mit 100-Mbit/s-Fast-Ethernet, und das Ergebnis ist beim Transport der Anwenderdaten nur eine Leistungssteigerung um 24 %, also 1,2-mal schneller. Das ist enttäuschend.

Der Grund für diese geringe Durchsatzsteigerung sind die unterschiedlichen Taktraten von PCI-Bus und Gigabit-Ethernet. Sie passen nicht zusammen, und so wartet einmal der PCI-Bus und das andere Mal die Gigabit-Karte. Dieser Effekt wird sich erst dann ändern, wenn der PCI-Bus durch eine andere Bus-Technik ersetzt wird. Geht man in der Geschichte der Intel-basierten, IBM-kompatiblen PC zurück, begann alles mit dem XT-Bus, es folgte der AT-Bus, und dann kam nach dem EISA-Bus der PCI-Bus. Heute ist der PCI-X (express) aktuell (www.PSIsig.org).

4.11 Fast-Etherchannel und IEEE-802.3ad-Link-Aggregation

Bereits im Vorfeld der Entstehung von Gigabit-Ethernet gab es Bedarf an mehr Bandbreite. Die Firma Cisco entwickelte eine Technik, mit der man zwei, vier, sechs oder acht Ethernetkabel zu einer logischen Verbindung zusammenschalten kann. Cisco nennt es für Fast-Ethernet den Fast-Ether-Channel (FEC) und bei Gigabit den Giga-Ether-Channel (GEC). Diese Technik wurde später vom IEEE als 802.3ad-Link-Aggregation normiert. FEC nennt Intel Teaming und Compaq Trunking (bitte nicht verwechseln mit einem VLAN-Trunk).

Wie arbeitet nun FEC? Nehmen wir einmal an, ein Server und ein Switch sind mit zwei Fast-Ethernet-Kabeln verbunden. Diese beiden Kabel hat man zu einem logischen Channel zusammengeschaltet. Die Datenpakete werden nicht wie bei PPP-Multilink in zwei Teile geteilt, über die beiden Kabel gesendet und am anderen Ende wieder zusammengesetzt. Das würde zu lange dauern. Auch findet keine Lastverteilung wie beim IP-Routing über zwei parallele Wege statt, das erste IP-Paket über die linke Leitung, das zweite IP-Paket über die rechte, dann wieder über die linke usw. Da Etherchannel eine Layer-2-Technik ist, werden die Frames gemäß der MAC-Adressen verteilt. Der Switch verteilt die Frames nach den MAC-Adressen der Absender, da die MAC-Adresse des Ziels, des Servers, immer gleich ist. Der Server verteilt die Frames nach den MAC-Adressen der Ziele, da der Absender immer gleich bleibt. Daraus folgt, dass Etherchannel den Durchsatz einer einzelnen PC-zu-Server-Verbindung nicht beschleunigt, da hierbei die MAC-Adressen immer dieselben sind. Etherchannel lohnt sich also nur bei Switch-zu-Server- und Switch-zu-Switch-Verbindungen, die viele Anwender nutzen.

Warum wird FEC heute noch eingesetzt? Eine Gigabit-Karte erhöht die Zugriffsgeschwindigkeit auf einen Server, wie im vorigen Kapitel erläutert, u. U. nur um 24 %. Fast-Ethernet kann man zu 100 % auslasten. Das gilt auch noch, wenn man zwei Fast-Ethernet-Karten nutzt. Der Durchsatz aller Anwender zum Server erhöht sich dann auf 200 %, gegenüber 124 % bis 147 % mit einer Gigabit-Ethernet-Karte. Auch wenn zwei Fast-Ethernet-PCI-Karten, wie z. B. die Intel Pro/100 mit je 35 Euro, etwas teurer sind als eine Gigabit-Ethernet-PCI-Karte, zu etwa 50 Euro, erreicht man mit zwei FEC-Karten einen höheren Durchsatz als mit einer Gigabit-Ethernet-PCI-Karte. Bei dieser Betrachtung blieben jedoch die Kosten für die

Switch-Ports unberücksichtigt. Ein 12-Port-Gigabit-Multilayer-Switch kostet rund 10 000 Euro (etwa 800 Euro pro Gigabit-Port) und ein 48-Port-Fast-Ethernet-Multilayer-Switch liegt etwa bei 7000 Euro (etwa 290 Euro pro FEC-Duplex-Anschluss). Fasst man alle Fakten zusammen, dann ist eine FEC-Lösung am PCI-Bus schneller und preiswerter als die Gigabit-Karten-Variante.

FEC ist eine Eigenschaft der Hardware der Netzwerkkarten. Man muss also bei der Auswahl der Netzwerkkarten darauf achten, dass diese Fast-Ether-Channel oder Link-Aggregation unterstützen. Diese Funktion kann man mit Treibern nicht nachrüsten. An dieser Stelle noch ein Hinweis: Cisco's Fast-Ether-Channel ist vollständig zum normierten IEEE-802.3ad-Static-Link-Aggregation kompatibel. FEC wird vom Betriebssystem nicht erkannt. Das Betriebssystem meint, es gäbe nicht mehrere FEC-Netzwerkkarten, sondern nur eine. Der ganze Channel, mit allen Karten, erhält nur eine IP-Adresse. In der Regel muss man im Betriebssystem nur die erste Karte eines Channels konfigurieren.

FEC kann man nicht automatisch konfigurieren lassen. Man muss die Bandbreite 100 oder 1000, Full-Duplex und Fast-Ether-Channel an beiden Enden der Kabel, auf allen betroffenen Ports, manuell aktivieren. Ist auch nur ein Interface falsch eingestellt, wird der Durchsatz ungenügend, es kommt zu CRC-Fehlern und zu Collisions. Im Full-Duplex gibt es keine Collisions, also stimmt etwas nicht.

FEC wurde entwickelt, um einen Server mit einem Switch oder zwei Switches miteinander zu verbinden. FEC ist eine Technik zur Erhöhung der Bandbreite, aber keine Technik zur Minimierung von Ausfallzeiten. Man darf mit FEC nie einen Server an zwei Switches anschließen, um die Ausfallsicherheit zu erhöhen. Die IEEE 802.3ad sagt nachdrücklich dazu: „IEEE 802.3ad do not support aggregations among more than two Systems"! Bitte glauben Sie nicht den Propheten, die sagen, es ginge doch. Zur Erhöhung der Ausfallsicherheit gibt es andere Techniken, wie die „Adapter-Fault-Tolerance" von Intel.

4.12   10-Gigabit-Ethernet (10GE)

10GE ist die Abkürzung für ein 10 Gigabit/s schnelles Ethernet. 10GE wurde im Jahr 2002 als IEEE 802.3ae genormt. Auch 10GE kennt, wie andere Ethernet-normen, Kabelvarianten.

Man unterscheidet **WAN** mit **9,6 Gbit/s** (SDH/STM64 und SONET/OC192),

- 10GBase-EW   über 9/125-µm-Einmodenfaser bei 1550 nm   bis 40 km
- 10GBase-LW   über 9/125-µm-Einmodenfaser bei 1310 nm   bis 10 km

von der Verwendung im **LAN** mit **10 Gbit/s**,

- 10GBase-ER   über 9/125-µm-Einmodenfaser bei 1550 nm   bis 40 km
- 10GBase-LR   über 9/125-µm-Einmodenfaser bei 1310 nm   bis 10 km
- 10GBase-SR   über 50/125-µm-MMF (500 MHz) bei 850 nm   bis 60 m.

Sie lesen richtig, installierte LAN-Glasfasern, wie die 50/125-μm-Multimodefaser (MMF) werden mit 10GBase-SR nur bis 60 m und die 62,5/125-μm-MMF sogar nur bis rund 25 m unterstützt. Die Übertragungsqualität älterer, vor 2002 installierter Multimodefasern ist bei den hohen Frequenzen von 10GE so schlecht, dass man nur Entfernungen bis 25 m bzw. bis 60 m erreichen kann. 10GBase-SR scheidet daher als Technik für den LAN-Backbone über verlegte Multimodefasern aus. Gigabit-Ethernet erlaubte hier noch Entfernungen bis etwa 500 m.

- 10GBase-SR   über 50/125-μm-MMF (2000 MHz) bei 850 nm   bis 300 m

Die Entwicklung einer neuen 50/125-μm-Multimodefaser mit einer Übertragungs-qualität von 2000 MHz × km hilft nur, wenn man neu verkabeln möchte.

Um vorhandene MMF-Kabel dennoch für 10GE nutzen zu können, entwickelte man noch eine weitere 10GE-LAN-Variante:

- 10GBase-LX4   über 50/125-μm-MMF (500 MHz) bei 1300 nm   bis 300 m

Bei 10GBase-LX4 wird mit der Technik Wavelength-Division-Multiplexing gear-beitet. WDM teilt die Datenmenge von 10GBase-LX4 in vier Übertragungskanäle auf. So reduziert man die Frequenzen. Man muss nun nicht mehr 1000 Mbit/s, son-dern nur noch 250 Mbit/s pro Kanal senden. Die vier LX4-Übertragungskanäle nut-zen Laserlicht unterschiedlicher Wellenlänge. Das Laserlicht hat dabei verschiedene Farben. So kann man vereinfacht sagen, die vier Datenkanäle werden mit Hilfe von mehrfarbigem Licht übertragen. 10GBase-LX4-Bauteile sind zwar teurer als die von 10GBase-SR, aber man kann die besseren der installierten Glasfasern im LAN weiter nutzen (50/125-μm-MMF mit 500 MHz × km) bis 300 m.

Als Glasfaserstecker nutzt man den bekannten SC-Duplex Stecker in seinen nach ISO 11801 genormten Varianten für Ein-Modem-Fasern 9/125 μm und Multi-Mode-Fasern 50/125 μm.

10 Gbit/s über Kupferkabel soll es nicht geben. Dazu sind die Übertragungseigen-schaften von Twisted-Pair-Kabeln zu schlecht. Es gibt derzeit kein Normungs-gremium, das daran arbeitet.

- Daher kein 10GBase-T über Category-7-Twisted-Pair-Kupferkabel!

10-Gigabit-Ethernet könnte ATM aus dem WAN verdrängen. Aufgrund der Unter-stützung der optischen Netze SDH (STM 64) und SONET (OC 192) durch 10GE kann man vorhandene WAN-Strukturen relativ einfach auch für Ethernet nutzen. Was sollte dies für einen Carrier für Vorteile haben? Stellt man ein ATM-Netz auf Ethernet-over-SDH um, dann erhält man über das gleiche zugrunde liegende Glas-fasernetz etwa 25 % mehr Datendurchsatz. Der Grund dafür liegt in dem großen ATM-Protocol-Overhead. Auch sind Ethernet-Bauteile etwa um den Faktor 3 bis 5 preiswerter als vergleichbare ATM-Komponenten. Weitere Informationen zu 10-Gigabit-Ethernet findet man unter www.10GEA.org.

4.13 Ethernet in the first Mile (EFM)

Das Ziel der IEEE 802.3ah EFM ist die Übertragung von Ethernet-Frames über ganz normale Telefonkabel oder über Glasfasernetze zwischen der Ortsvermittlung einer Telefongesellschaft und dem Telefonkunden. Die Techniken für folgende Vorschläge werden im Jahr 2003 entwickelt:

- Short Reach soll 10 Mbit/s über bis zu 750 m lange Telefonkabel übertragen

- Long Reach soll 2 Mbit/s über 2700 m lange Telefonkabel senden

- 100Base-LX soll Fast-Ethernet über 9/125 µm EMF bis 10 km ermöglichen

- 1000Base-EX gilt für Gigabit-Ethernet auch über 9/125 µm EMF bis 10 km

- 100Base-BX und 1000Base-BX soll über eine einzelne Glasfaser arbeiten

- 1000Base-PX erlaubt den Aufbau passiver optischer Netze bis zum Teilnehmer

Als Technik zur Übertragung von Short-Reach-EFM wird VDSL genutzt (Very-High-Bit-Rate Digital-Subscriber-Line). Aufgrund der geringen Entfernung von bis zu 750 m gibt man dieser Technik nur eine geringe Chance in der praktischen Anwendung.

Long-Reach-EFM verwendet die Übertragungstechnik G.SHDSL (Global.Standard Single-Pair High-Bit-Rate DSL). G.SHDSL ist eine Weiterentwicklung von DSL (Asynchronous DSL), was in der Regel mit 768 kbit/s downstream und 128 kbit/s upstream arbeitet. Die Telekom verkauft DSL unter der Produktbezeichnung T-DSL. Die Reichweite von G.SHDSL ist etwas größer als die von DSL, das Übersprechverhalten ist besser, man kann also schlechtere Kabel für höhere Bandbreiten nutzen, und die Datenrate arbeitet in beiden Richtungen gleich schnell, zwischen 192 kbit/s und 2,3 Mbit/s. Dabei bleibt die DSL-Eigenschaft erhalten, dass man parallel zum DSL-Datenstrom auch noch Sprache analog oder via ISDN übertragen kann. Im Gegensatz zur ITU-Norm G.991.2, die G.SHDSL nutzt, um ATM-Zellen zu übertragen, wird EFM Ethernet-Frames via G.SHDSL senden. Ob allerdings die Telekom ihre T-DSL-Technik um Long-Reach-EFM erweitern wird, das bleibt abzuwarten. Technisch ist das möglich. Ein T-DSL-Teilnehmer besitzt ein DSL-Modem zu Hause. In der Ortsvermittlung steht nicht für jeden Teilnehmer ein DSL-Modem, sondern diese Aufgabe übernimmt ein DSLAM (Digital Subscriber Line Access Multiplexer) für mehrere Anwender. Ein DSLAM ist in der Regel modular aufgebaut. Er besitzt Steckplätze, in die man nicht nur DSL-, sondern auch G.SHDSL-Module einschieben kann.

Die Übertragungstechniken bis 10 km über 9/125 µm Einmodemfaser für Fast-Ethernet (100Base-LX) und Gigabit-Ethernet (1000Base-EX) gibt es bereits heute herstellerspezifisch. Für Fast-Ethernet kann man Mediakonverter kaufen, und bei Gigabit-Ethernet gibt es GBIC-Module. Daher sind diese Normen keine echten Neuheiten, sondern nur eine Standardisierung bestehender Techniken. (Hier noch ein kleiner Hinweis: Bitte achten Sie bei der Auswahl von Mediakonvertern darauf, dass man dort Full-Duplex via Schalter, Dip-Switch oder Jumper fest einstellen kann. Auto funktioniert nach Erfahrung des Autors nie.)

An den anderen Glasfasertechniken von EFM arbeitet die Arbeitsgruppe IEEE 802.3ah unter den Arbeitstiteln APON (asynchronous transfer mode passive optical network) und EPON (Ethernet passive optical networks).

EFM ist noch nicht normiert. Das soll erst im Jahr 2004 erfolgen. Ob sich die Aussage vom Vorsitzenden der EFM-Gruppe bewahrheiten wird, „EFM ist der letzte Nagel im Sarg von ATM", bleibt abzuwarten.

4.14   Auto-Negotiation

Die Funktion Auto-Negotiation ist eine optionale Funktion, die zuerst in der Fast-Ethernet-Norm IEEE 802.3u zu finden ist. Heute gibt es diese Option für Ethernet 10Base-T, Fast-Ethernet 100Base-TX und Gigabit-Ethernet 1000Base-T. Auto-Negotiation soll einen RJ45-Anschluss automatisch einstellen. Dabei müsste Auto-Negotiation folgende Varianten selbst erkennen:

- Bit A6 =   1000Base-T (nur mit Full-Duplex)
- Bit A5 =   Pause MAC-Frame (Handshake in Full-Duplex-Verbindungen)
- Bit A4 =   100Base-TX mit Full-Duplex (ohne Collision)
- Bit A3 =   100Base-T4 (ungebräuchlich, nicht in Deutschland verfügbar)
- Bit A2 =   100Base-TX mit Collision (Half-Duplex)
- Bit A1 =   10Base-T mit Full-Duplex (ohne Collision)
- Bit A0 =   10Base-T mit Collisions (Half-Duplex)

Erkennt eine Netzwerkkarte, ein Dual-Speed-Hub oder ein Switch eine Verbindung, dann wird zu Beginn mit der höchstmöglichen Geschwindigkeit gearbeitet. Zuerst werden 17 bis 33 Link-Pulse-Words (16 bit lang) gesendet. Erhält die Netzwerkkarte keine Antwort, dann schaltet sie eine Geschwindigkeitsstufe herunter. Theoretisch erkennen so Netzwerkkarte und Switch automatisch die schnellstmögliche Geschwindigkeit und können so auch herausfinden, ob die Verbindung im Full-Duplex-Modus arbeiten kann. Praktisch klappt das nie.

An dieser Stelle ein Hinweis für Glasfaserverbindungen. Hier hat es Auto-Negotiation nie gegeben. Man konnte einen Glasfaserport noch nie zwischen 10Base-F, 100Base-FX, 1000Base-SX oder 1000Base-LX hin- und herschalten. Das ist physikalisch unmöglich. Kauft man ein Ethernet-Bauteil mit 100Base-FX Uplink-Port, dann ist nur Fast-Ethernet über Multi-Mode-Glasfaser möglich und nichts anderes.

Leider ist Auto-Negotiation nur eine optionale Funktion und läuft auch nicht stabil. Die www.Computacenter.co.uk hat einmal Folgendes getestet. Zwischen Server und

Client wurde ein Switch geschaltet. Dann hat man mit FTP eine 100 MByte große Datei vom Server auf den Client kopiert. Es ergaben sich folgende Kopierzeiten:

- Auto-Negotiation auf allen Anschlüssen   Dauer = 60 Minuten
- 10 Mbit/s und Half-Duplex (mit Collisions)   Dauer = 20 Minuten
- 100 Mbit/s und Full-Duplex (ohne Collisions)   Dauer = 6 Minuten

Der Autor kann diese Erfahrungen nur bestätigen. Auto-Negotiation arbeitet nicht stabil. Besser ist es immer, alle Anschlüsse fest einzustellen:

- Bandbreite (10, 100 oder 1000 Mbit/s)
- Full-Duplex (an oder aus)
- kein Spanning-Tree-Protocol auf den Ports zu Clients und zu Servern

Wenigstens auf einer Seite, am besten am Switch, muss man auf Auto-Negotiation verzichten, will man ein stabiles Netz. Als Problem erweisen sich hier immer wieder kleine Hubs und Switches, ohne Managementfunktion, die man daher nicht fest einstellen kann.

5   Wireless LAN (WLAN)

Drahtlose Netzwerke über Funkfrequenzen dienen primär folgendem Ziel:

● Funkverbindungen sollen Kabelstrecken beim Endanwender ersetzen.

Damit senkt man Installationskosten und muss nicht mehr unter den Schreibtisch kriechen oder darüber hinwegsteigen, um sein Ethernet-Netzkabel in eine Datendose stecken zu können. Funknetze kann man auf Grund der überbrückten Entfernungen in drei Gruppen gliedern:

● **WAN** Wide Area Network mit **GSM**-Mobilfunktelefonen (Handys als Modem)

● **LAN** Wireless Local Area Network (**WLAN** bis 125 m nach 802.11)

● **PAN** Personal Area Network mit **Bluetooth** (i. d. R. 10 m um den PC herum)

Die Bandbreiten reichen hier von 9,6 kbit/s mit einem GSM-Handy-Modem über 723 kbit/s mit Bluetooth bis 54 Mbit/s mit einem WLAN-Adapter nach IEEE 802.11a.

5.1   Mit dem GSM-Handy unterwegs

Nach der Werbung ist man mit einem GSM-Handy weltweit mobil erreichbar. In der Praxis muss man erst einmal einen guten Funkempfang haben. In einem Funkloch geht gar nichts. Auch bei schlechtem Empfang wird es schwierig.

● **9,6 kbit/s** mit dem **GSM**-Handy (Global System for Mobile Communication)

● **38,4 kbit/s** via **HSCSD** (High Speed Circuit Switched Data)

● **53,6 kbit/s** mit **GPRS** (Global Packet Radio Service)

● **384 kbit/s** via **UMTS** (Universal Mobile Telecommunication Systems) ab 2004

Die Bandbreite ist sehr gering, und die Paketlaufzeiten sind sehr lang (Ping um 1000 ms). Daher kann man nicht einfach vorhandene LAN-Anwendungen im WAN verwenden. Die Anwendungen müssen angepasst werden. Man verwendet via GSM nicht wie im Internet HTML und XML, sondern WAP und SyncML als Programmiersprachen und muss daher alle Anwendungen umschreiben.

5.1.1   GSM = Global System for Mobile Communication

GSM ist die Basistechnik für die meisten Mobilfunknetze in der Welt. Nur die Amerikaner nutzen hier eine andere Lösung. GSM ist in erster Linie ein drahtloses Netzwerk zur Sprachübertragung. Daten kann man mit GSM nur bis 9,6 kbit/s versenden. Das ist so langsam und teuer, dass dies freiwillig niemand benutzt (ins Internet via GSM mit 35 Cent/min, versus ISDN mit nur 1,5 Cent/min). Nur kurze SMS-Texte werden öfter verschickt.

5.1.2   HSCSD = High Speed Circuit Switched Data

HSCSD schaltet drei bis vier Sprachkanäle zu einem Datenkanal mit 38,4 kbit/s zusammen. Je nach Telefontarif und Carrier kostet diese Leistung zusätzlich.

5.1.3   GPRS = Global Packet Radio Service

Bei GPRS werden die Telefonkosten nicht pro Sprachkanal und Minute abgerechnet, sondern pro übertragenem Kilobyte an Daten. Aber auch das ist für eine Bandbreite von 53,6 kbit/s recht teuer, so kostet die Übertragung nur der Startseite von www.Yahoo.de bis zu 50 Cent. Kaum jemand kann sich leisten, einen halben Euro pro HTTP-Web-Seite zu bezahlen. Da die Bildschirme von Handys deutlich kleiner sind als die von Notebooks, kam man auf die Idee, deren Inhalte zu verkleinern. Das reduziert natürlich gleichzeitig auch die zu übertragene Datenmenge (WWW = 37 kByte, WAP = 4 kByte). Dazu programmiert man Internet-Seiten für Handys nicht mit HTML, sondern mit WML:

- **HTTP** und **HTML**
  (Hyper Text Transfer Protocol und Hyper Text Markup Language)

- **WWW** (Man nennt HTTP auch das World Wide Web Protocol)

- **WAP** und **WML** (Wireless Application Protocol und Wireless Markup Language)

Man startet eine WAP-Seite, indem man nicht wie beim PC „www.Yahoo.de" eingibt, sondern „wap.Yahoo.de".

5.1.4   Paketlaufzeiten in GSM-Netzen

Aber nicht nur die geringe Bandbreite von 9,6 kbit/s bis 38,4 kbit/s ist ein Problem bei der Datenübertragung mit GSM, HSCSD oder GPRS. Auch die langen Paketlaufzeiten von bis zu 1000 ms tragen zu den langen Antwortzeiten bei. Neue Mobilfunktechniken, wie UMTS, müssen also nicht nur die Bandbreite erhöhen, sondern auch die Laufzeiten reduzieren. Ein Ping zum www.DENIC.de ergibt über DSL Laufzeiten von etwa 65 ms. Via GSM dauert das etwa 975 ms, ganze 15-mal länger. Was sind nun 975 ms? Stellen wir uns eine sehr gute Sekretärin vor, die via Telnet einen Brief schreiben will. Sie erreicht etwa 240 Tastenanschläge pro Minute. Das sind vier Anschläge pro Sekunde. Vergessen wir einmal die Verarbeitungszeiten der Rechner und den TCP-Overhead, dann müssten hier die Paketlaufzeiten unter 250 ms liegen. Die ITU in der Schweiz definiert für interaktive Anwendungen eine maximale Obergrenze von 150 ms für einen Weg. Beim Ping und bei Telnet wird der Weg aber zweimal zurückgelegt. Also liegt der Wert hier bei 300 ms minus Geräteverzögerung minus TCP-

Overhead. Man sieht also, mein Beispiel mit der Sekretärin ist gar nicht so falsch. Die 975 ms über das GSM-Netz sind für interaktive Anwendungen viel zu lang!

5.1.5 UMTS = Universal Mobile Telecommunication Systems

In Zukunft soll UMTS die Lösung für einen schnellen Datentransfer bringen. Mit UMTS will man die nutzbare Datenbandbreite auf 384 kbit/s erhöhen. Zu Paketlaufzeiten im UMTS hat der Autor jedoch noch keine Angaben gefunden. Liegt hier ein mögliches Problem von UMTS? Warum haben eigentlich die Telefongesellschaften so viel Geld für UMTS ausgegeben? Nur um schneller im Internet surfen zu können? Nein, sondern um mehr Telefonkunden zu gewinnen. Gehen wir einmal etwas in der Geschichte zurück. Mit dem C-Mobilfunknetz in Deutschland konnten 800 000 Handys telefonieren. Diese waren Mitte 1993 verkauft. Wer darüber hinaus noch ein C-Netz-Mobiltelefon erwerben wollte, wurde in eine Warteliste eingetragen. Das geht heute nicht mehr. Wenn ich von der Vodafon kein Handy bekomme, dann gehe ich eben zu E-Plus, aber ich warte nicht mehr. Die D-Netze waren für fünf Millionen Teilnehmer geplant, die E-Netze für zehn Millionen. Nun hat aber allein Vodafon Anfang 2003 schon 22 Millionen Kunden in Deutschland, d. h., die D-Mobilfunknetze sind überlastet. Was kann man nun tun, damit mehr Menschen via Funk telefonieren können? Mehr Frequenzen gibt es kaum, da ist die Physik dagegen. Aber man kann ja mehr Antennen aufstellen und gleichzeitig die Abstrahlleistung reduzieren. Dann können mehr Kunden auf der gleichen Fläche telefonieren. Genau das macht UMTS. Die UMTS-Funkzellen sind viel kleiner als die GSM-Zellen. Man muss also für UMTS viel mehr Antennenmasten aufstellen als für GSM. So können mit UMTS, auf der gleichen Fläche, deutlich mehr Menschen mobil telefonieren als mit GSM. In Deutschland gab es Ende 2002 etwa 48 Millionen Handybesitzer bei 60 Millionen Bundesbürgern. In Italien hat bereits jeder Italiener ein Handy. Geht man davon aus, dass dies auch für Deutschland eintreten wird, dann benötigt man für 20 Millionen neue Handykunden bei der derzeitigen Überlastung der GSM D- und E-Netze eine neue Mobilfunktechnik, und das ist UMTS. Der Hauptgrund der Carrier, Milliarden für die UMTS-Lizenzen auszugeben, war es also nicht, die Datenanwendungen zu beschleunigen, sondern vielen Millionen neuen Kunden die Möglichkeit zu geben, auch mobil telefonieren zu können und damit Umsätze und Gewinne zu erhöhen. In China, mit seinen Milliarden von Menschen, ist diese Motivation, weg von GSM und hin zu UMTS, noch viel größer als in Europa.

5.1.6 Sicherheit über Handy-Verbindungen

Abschließend noch eine Bemerkung zur Abhörsicherheit in GSM-Netzen. Mit entsprechend hohem Aufwand kann man GSM-Telefonate oder einen GSM-Datentransfer abhören. Der Anwender muss also selbst dafür sorgen, dass seine Anwendung sicher ist. Dazu startet er eine verschlüsselte Verbindung mit HTTPS zum Bankrechner oder baut einen verschlüsselten VPN-Tunnel in die Firmenzentrale auf.

- **HTTPS** (Hyper Text Transfer Protocol = World Wide Wep over SSL/TLS)
- veraltet **SSL** (Netscape 1995) Secure Socket Layer (v2.0/v3.0)
- **TLS** (IETF 1999) Transport Layer Security (RFC.2246) Nachfolger von SSL
- **VPN** (IETF 1999) Virtual Private Network (RFC.2547)
- **Firewall** (Common Criteria for IT Security) nach (ISO 15408)

Die Zentrale sollte man immer mit einer Firewall gegen das Internet schützen. Die Verschlüsselung der GSM-Verbindung wird dann mit DES (geknackt), 3DES (Hackdauer: 20 Millionen Jahre) oder AES (theoretisch: 20 Milliarden Jahre) vorgenommen.

5.2   Bluetooth als PAN

Der dänische König Harald Blauzahn lebte von 940 bis 981 n. Chr. So wie er das Christentum in Skandinavien verbreitet hat, so soll auch die Bluetooth-Funkschnittstelle sich in der Mobilfunktechnik ausbreiten und nach Wunsch der Erfinder (Ericsson, IBM, Nokia) in jedes neue Handy eingebaut werden.

Bluetooth überträgt seine Daten asynchron bei 2,4 GHz. Mit 723 kbit/s geht es zum Handy hin und mit 128 kbit/s vom Handy weg. Bluetooth ist also fast so schnell wie DSL. Bluetooth kennt drei Übertragungsklassen:

- Klasse 1 bis 10 m, Sendeleistung 1 mW
- Klasse 2 bis 50 m, Sendeleistung 2 mW
- Klasse 3 bis 100 m, Sendeleistung 100 mW

Die meisten Bluetooth-Bauteile arbeiten heute nach Klasse 1 mit 1 mW. Dadurch wird die Reichweite auf maximal 10 m begrenzt.

Die Bluetooth-Spezifikation 1.1 der www.Bluetooth.org wurde als IEEE 802.15-1 WPAN standardisiert. Die IEEE-Arbeitsgruppe 802.15 arbeitet an Techniken für Wireless Private Area Networks (**WPAN**). Generell handelt es sich bei einem WPAN um die drahtlose Kommunikation innerhalb eines Personal Operating Space (POS). Für diese etwa 10 m großen Bereich werden drahtlose Verbindungen definiert zwischen ortsfesten, portablen und beweglichen Geräten. Wireless PAN wird eingesetzt in Komponenten, wie tragbaren Computern, Handys, Mikrofonen, Lautsprechern oder Kopfhörern.

Bluetooth definiert Einsatzprofile rund um den PC, um Kabelverbindungen zu ersetzen. Einige Profile sind: Cordless-Phone (schnurloses Telefon), Headset (schnurloser Telefonhörer), Fax, Common-ISDN, Serial-Port (ersetzt V24-Kabel) und PAN (IEEE 802.15). Technisch gesehen sind Bluetooth-Profile definierte Netzwerkprotokolle für bestimmte Anwendungen. Durch die verschiedenen Protokolle werden Missverständnisse zwischen unterschiedlichen Bluetooth-Geräten verhindert.

Der größte Schutz gegen Mitlesen von Bluetooth ist seine geringe Reichweite von 10 m. Der Hacker muss also unmittelbar neben den Geräten stehen, um mitsniffern zu können. Dennoch wurde in die Bluetooth-Spezifikation eine Verschlüsselung mit 128 bit und ein dynamischer Schlüssel eingebaut, ebenfalls mit 128 bit. Diese Sicherheitstechniken sind aber leider nicht zwingend vorgeschrieben. Beim Ersatz eines Computermauskabels durch eine drahtlose Bluetooth-Verbindung kann man eine Verschlüsselung auch mit gutem Gewissen weglassen, denn Mausbewegungen darf ein Hacker gerne mitschneiden. Er erfährt dadurch nichts.

5.3   Wireless LAN

Drahtlose WLAN werden nach IEEE 802.11 normiert. Zurzeit gibt es folgende Unternormen:

- **802.11a**   mit **54 Mbit/s** bei **5 GHz** aus 2002
- **802.11b**   mit **11 Mbit/s** bei **2,4 GHz** aus 1998
- **802.11g**   mit 54 Mbit/s bei 2,4 GHz (abwärtskompatibel zu 802.11b) 2003

An folgenden WLAN-Spezifikationen wird Anfang 2003 noch gearbeitet:

- **802.11d**   World Wide Roaming (Land eingeben, dadurch automatische Config.)
- **802.11e**   Quality of Service (z. B. für Telefonie)
- **802.11f**   Inter Access Point Protocol (ermöglicht Roaming zwischen AP)
- **802.11h**   Dynamic Frequency Selection and Transmit Power Control (Anpassen von 802.11a an die Europäischen ETSI-Vorschriften)
- **802.11i**   Authentication and better Security

Man sieht also, an der Technik Wireless LAN wird noch stark entwickelt. Dennoch kann man bereits heute WLANs planen, installieren und stabil betreiben. Das beweisen die über tausend weltweit installierten Hotspots, doch mehr dazu später. Die WLAN-Technik wird nicht nur von der www.IEEE.org (Institute of Electrical and Electronics Engineers) normiert, sondern es gibt auch Herstellerverbände, wie die www.WLANA.org (Wireless LAN Association) oder die www.Wi-Fi.org (Wireless Fidelity). Beim Kauf von WLAN-Produkten sollte man auf das Wi-Fi-Logo achten. Nur dieses garantiert, dass die Produkte nach Wi-Fi-Richtlinien getestet wurden und herstellerübergreifend zusammenpassen.

5.3.1 WLAN nach IEEE 802.11b mit 11 Mbit/s bei 2,4 GHz

Der verbreitetste WLAN-Standard im Jahr 2003 ist der IEEE 802.11b. Mit dieser drahtlosen Technik kann man Daten mit maximal **11 Mbit/s etwa 40 m** weit übertragen. In Deutschland ist eine maximale Sendeleistung von 100 mW erlaubt. IEEE 802.11b unterstützt vier Datenraten:

- 11 Mbit/s, 5,5 Mbit/s, 2 Mbit/s und 1 Mbit/s.

Wird das empfangene Signal zu schlecht, schalten die WLAN-Karten automatisch eine Geschwindigkeitsstufe herunter. Dazu durchläuft das Signal aber erst vier Empfangsqualitäten:

- Excellent (hervorragend), Good (gut), Fair (niedrig) und Poor (schlecht).

Erst wenn eine WLAN-Karte bei 11 Mbit/s einen schlechten Empfang erkennt, schaltet diese auf eine niedrigere Datenrate zurück. Bei **1 Mbit/s** kann IEEE 802.11b, mit den in Deutschland erlaubten maximal 100 mW Sendeleistung, noch **etwa 125 m** überbrücken.

Für den WLAN-Standard IEEE 802.11b wurden in Deutschland von der Regulierungsbehörde für Telekommunikation und Post (www.RegTP.de) 13 Frequenzbereiche freigegeben. In den USA sind es nur elf Funkkanäle. Wie aus dem Bild zu erkennen ist, gibt es zwar 13 Funkkanäle, von denen sich aber nur drei nicht überlappen. Das sind Kanal 1, 7 und 13 in Deutschland und Kanal 1, 6 und 11 in den USA. Warum gibt der Autor hier auch die US-Werte an? In manchen englischsprachigen Bedienungsanleitungen stehen nur die US-Werte, und darin ist erklärt, dass es nur elf Kanäle gibt, was für Deutschland nicht stimmt. Wählt man die Kanalgruppe 1-7-13 anstatt Channel 1-6-11, dann sind die Störabstände noch etwas größer, was eine Erhöhung der Signalqualität bedeutet.

Damit es nicht zu einer Funkstörung kommt, dürfen benachbarte Funkzellen nicht im selben oder in sich überlappenden Kanälen senden. Die dargestellte Anordnung ist die einzige Möglichkeit, dieser Regel zu entsprechen, wenn nur drei Kanäle zur Verfügung stehen und man eine größere Fläche mit einem WLAN versorgen möchte oder muss.

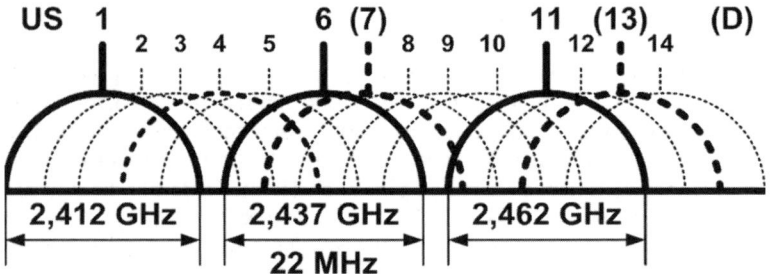

Bild 5.1 Funkkanäle für IEEE 802.11b in Deutschland und in den USA

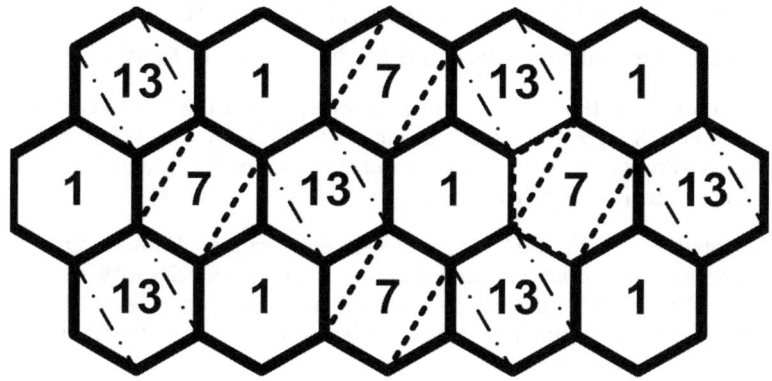

Bild 5.2 Funkzellen für IEEE 802.11b in Deutschland

5.3.2   WLAN nach IEEE 802.11a mit 54 Mbit/s bei 5 GHz

Seit Ende 2002 hat die RegTP auch Frequenzen für 802.11a bei 5 GHz freigegeben. IEEE 802.11a unterstützt folgende Datenraten:

- 54 > 48 > 36 > 24 > 18 > 12 > 9 > 6 Mbit/s

Leider hat die RegTP für Deutschland nur drei Funkkanäle freigegeben, die sich aber, im Gegensatz zu IEEE 802.11b, nicht überlappen.

Mit Hilfe der drei Kanäle kann man die Funkzellen so anordnen wie bei IEEE 802.11b. Damit enden aber schon die Gemeinsamkeiten.

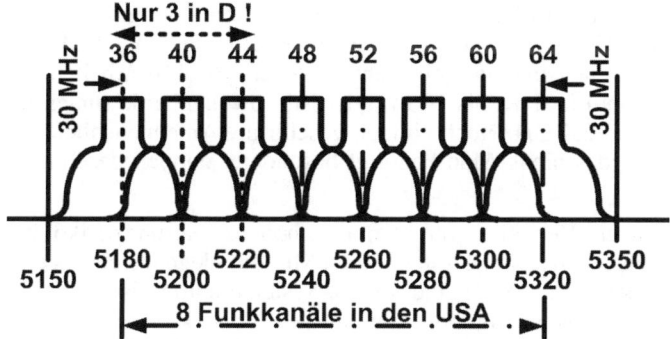

Bild 5.3 Funkkanäle für IEEE 802.11a in Deutschland und in den USA

135

- IEEE 802.11a sendet bei 5 GHz und IEEE 802.11b bei 2,4 GHz.

- IEEE 802.11a arbeitet mit 54 Mbit/s und IEEE 802.11b mit 11 Mbit/s.

Daraus wird deutlich, dass IEEE 802.11a inkompatibel zu IEEE 802.11b ist. Man kann sich mit einer 802.11b-Karte nicht in einem 802.11a-Netzwerk anmelden. Aber es gibt Access-Points, die zwei Antennen nutzen, eine für 802.11a und eine für 802.11b und Karten, die beides beherrschen.

Der größte Nachteil von IEEE 802.11a sind aber die geringen Entfernungen in Deutschland. Die maximal erlaubte Sendeleistung liegt bei nur 20 mW (anstatt 100 mW bei 802.11b). Auch reduzieren sich bei hohen Datenraten (wie 54 Mbit/s) immer die erreichbaren Entfernungen, im Vergleich zu niedrigeren Datenraten (wie 11 Mbit/s). Beides zusammen ergibt

- nur 10 m mit 54 Mbit/s

- und 25 m bei 6 Mbit/s.

In Zukunft gibt es hier eine Änderung: 802.11h. Die RegTP erlaubt für Komponenten mit dynamischer Frequenzwahl (Dynamic Frequency Selection, DFS) eine Erhöhung der Leistung auf 60 mW. Wenn diese Bauteile neben DFS zusätzlich noch Transmission Power Control (TPC) unterstützen, dürfen Sie mit 200 mW senden und im Außenbereich sogar mit 1000 mW, allerdings nicht bei 5,18 GHz bis 5,22 GHz, sondern etwas höher, zwischen 5,47 GHz und 5,73 GHz. Dieser höhere Bereich war eigentlich für Hiperlan2 vorgesehen, aber dies hat sich erledigt, nachdem die beiden einzigen Hersteller, Ericsson und Philips, alle Arbeiten an Hyperlan2 eingestellt haben. Die IEEE hat eine Arbeitsgruppe 802.11h eingesetzt, um die Norm 802.11a an die Forderung der RegTP und des ETSI anzupassen (European Telecommunications Standards Institute, www.ETSI.org).

Was ist an 5,2 GHz eigentlich so Besonderes? Frequenzen in diesem Bereich werden sowohl für die Radarsysteme des Militärs als auch für Systeme der Flugsicherung verwendet, und im Standard 802.11a sind keine Funktionen vorgesehen, die Konflikte mit anderen 5-GHz-Techniken ausschließen. Der Bereich um 2,4 GHz ist international für eine private Nutzung freigegeben. Neben 802.11b arbeiten bei 2,4 GHz nur noch Bluetooth (i. d. R. bis 10 m) oder Mikrowellenherde (innen im Herd). Auch kann man bei 2,4 GHz noch einfach geschirmte Antennenkabel verwenden. Bei 5 GHz geht das nicht. Man benötigt besondere, doppelt geschirmte Spezialkabel.

Viele Anwender und auch Hersteller fürchten das höhere Haftungsrisiko bei 5,2 GHz. Denn wer möchte sich schon gerne mit dem Militär anlegen, wenn es einmal zu Störungen kommen sollte. Auch sind 5-GHz-Systeme teurer als solche für 2,4 GHz. Das gilt erst recht, wenn Komponenten auf den Markt kommen, die den RegTP/ETSI-Anforderungen entsprechen, Bauteile nach IEEE 802.11h. Aber es gibt ja noch eine Alternative, die neue IEEE 802.11g.

5.3.3   WLAN nach IEEE 802.11g mit 54 Mbit/s bei 2,4 GHz

Die IEEE schuf Mitte 2003 eine Norm, die eine Übertragung von 54 Mbit/s bei 2,4 GHz erlaubt. Sie unterstützt wie IEEE 802.11a folgende Datenraten:

- 54 > 48 > 36 > 24 > 18 > 12 > 9 > 6 Mbit/s

Zusätzlich wird IEEE 802.11g auch alle Datenraten nach IEEE 802.11b unterstützen:

- 11 > 5,5 > 2 > 1 Mbit/s.

Vergleicht man IEEE 802.11g mit IEEE 802.11b, dann gilt Folgendes:

- IEEE 802.11g ist zu IEEE 802.11b zu 100 % kompatibel
- IEEE 802.11g-Karten arbeiten problemlos in Funknetzen nach IEEE 802.11b
- Nur eine IEEE 802.11b-Karte in einem IEEE 802.11g-Netz, und das Netz schaltet auf IEEE 802.11b zurück
- IEEE 802.11g und IEEE 802.11b haben dieselbe Reichweite (bis Fair-Empfang)
- IEEE 802.11g sendet mit 54 Mbit/s nur bis guten Empfang (good)
- IEEE 802.11b sendet immer mit 11 Mbit/s (Empfang excellent bis fair)
- IEEE 802.11g sendet ab Empfangsstärke Fair nur mit 6 Mbit/s

Die IEEE-802.11g-Technik wird wahrscheinlich die IEEE-802.11b-Technik ganz ersetzen.

5.3.4   Hotspot

Hotspots sind WLAN an öffentlichen Plätzen, die einen Zugang ins Internet erlauben. Man muss mit Kosten um die 5 Euro/Stunde rechnen. Hotspots findet man an öffentlichen Plätzen, in Universitäten, im Internet-Kaffee, im Hotel, im Flughafen, im Flugzeug (Transatlantik) und eventuell auch im Zug (Intercity). Wie findet man einen Hotspot? Man sucht im Internet:

- http://mobileaccess.de/wlan/ (für Deutschland)
- www.wlan.de (in Hotels)
- www.connect.de > WLAN-Hotspots (Zeitschrift)
- www.neednet.de (Hotspots und Internet-Kaffees)
- www.bahn.de > suche „rail&mail"
- www.lufthansa.de > FlyNet (im Jumbo nach den USA)

Aber auch die Telefongesellschaften installieren heute die ersten Hotspots:

- www.t-mobile.de > suche „Hotspot"
- www.vodafon.de\wlan (gemeinsam mit Lufthansa Launge, Dorint, ...)
- www.swisscom-eurospot.ch (in Europa)

Warum werden derzeit überall WLAN-Hotspots installiert? Sie sind

- schnell (WLAN + DSL mit 768 kbit/s > Modem 56 kbit/s > GSM 9,6 kbit/s)

- bezahlbar (wenige 1000 Euro für WLAN-Technik und Abrechnungs-Server)
- preiswert für den Endkunden (um 5 Euro/Stunde)

und alle Büro-Anwendungen sind auf Notebooks unverändert nutzbar.

5.3.5   Ad-Hoc-WLAN

Für die einfachsten WLAN benötigt man nur eine WLAN-Karte in jedem PC. WLAN-Adapter werden heute für viele Schnittstellen angeboten: PCI-Karte, USB-Adapter, PC-Card (alter Name PCMCIA), CF-Card und SD-Card.

- Man installiert die Karten,
- stellt den „Ad-Hoc"-Modus ein,
- vergibt eine „SSID" (den Namen eines WLAN), und los gehts.

Diese Ad-Hoc-WLAN findet man aber nur in sehr kleinen Installationen.

5.3.6   Infrastructure WLAN mit Access-Points

Alle größeren WLAN werden um kleine Antennen-Stationen herum aufgebaut. Diese nennt man Access-Points (AP). Mit einem Access-Point kann man die Reichweite eines „Ad-Hoc"-WLAN verdoppeln. Jeder Access-Point verfügt über einen Ethernet-Kabelanschluss (10Base-T) und eine kleine Antenne.

Es gibt aber auch Access-Points mit eingebautem DSL-Router. Diese sind ideal für den Einsatz zu Hause. Der Autor nutzt seit Mitte 1999 in seiner Wohnung einen Access-Point. Auf der WLAN-Karte wählt man zur Nutzung eines Access-Points einfach ein anderes Protokoll und stellt nicht mehr „Ad-Hoc", sondern **„Infrastructure"** ein. Manche Access-Points unterstützen alle vier Anfang 2003 definierten WLAN-Protokolle:

- **Root-AP**   ist der normale AP Betriebsmodus
- **Repeater-AP**   verlängert die Funkreichweite, aber nur mit 1/2 Bandbreite
- **Wireless-Bridge** für LAN-zu-LAN-Verbindungen zwischen Gebäuden
- **Wireless-Client** ein AP wird zum WLAN-Adapter für Ethernet-Anschluss

Auf alle vier Protokolle wird im Folgenden noch im Detail eingegangen.

Mehrere Root-AP darf man untereinander nur über Ethernet-Kabel verbinden.

Auch muss man darauf achten, dass sich benachbarte Root-AP stören, wenn sie im selben Funkkanal senden. Nur die in Bild 5.2 dargestellte Anordnung von Funkzellen verhindert dies.

Mit einem Repeater-AP kann man die Funkreichweite eines Root-AP um 50 % erhöhen.

Da nun aber die Daten vom WLAN-Adapter zum Repeater-AP und von diesem zum Root-AP per Funk weitergeleitet werden und alle drei im selben Funkkanal arbeiten müssen, reduziert sich die verfügbare Bandbreite um die Hälfte. Repeater-AP sollen mit IEEE 802.11f normiert werden. Das darin definierte Inter Access Point Protocol

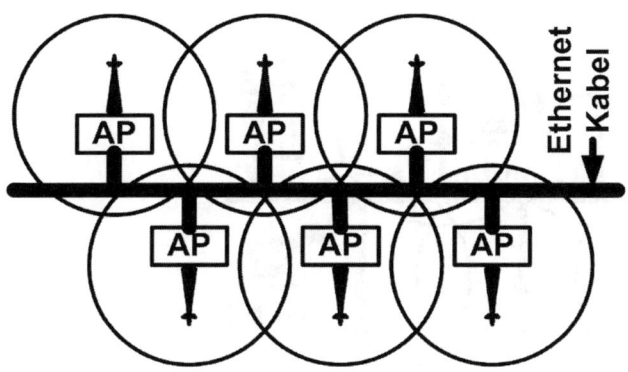

Bild 5.4 Infrastructure mit Root-AP

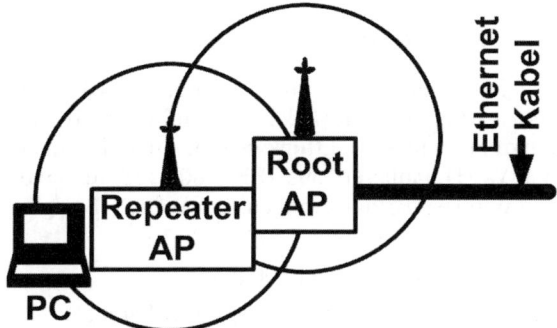

Bild 5.5 Erweitern der Funkreichweite mit Repeater-AP

(IAPP) ermöglicht erst Repeater-AP. Heute arbeiten Repeater-AP noch hersteller-spezifisch.

Eine weitere Funktion des IAPP ist das Roaming von sich bewegenden WLAN-Adaptern.

Nehmen wir einmal an, eine größere Fabrikhalle ist mit einem WLAN ausgestattet. Die Halle ist so groß, dass man mehrere AP installieren musste. Nun will man einem Note-book, auf einem Gabelstapler, per WLAN-Funk, die nächsten Arbeitsaufträge übermit-teln. Dieser bewegt sich aber beim Fahren durch die Halle und wechselt ständig zum sendestärksten, nächsten AP. Damit die Verbindung nicht abreißt, müssen die AP eine Roaming-Funktion unterstützen. Erst das IAPP nach IEEE 802.11f ermöglicht ein Roaming zwischen AP verschiedener Hersteller. Voraussetzung für ein funktionieren-des Roaming ist zusätzlich, dass alle IAPP-AP eine identische SSID verwenden.

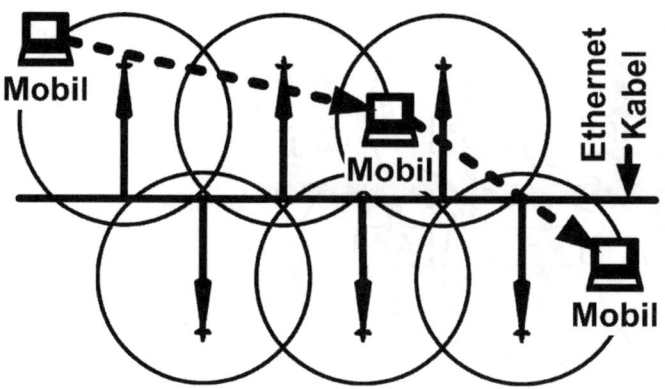

Bild 5.6 Roaming

5.3.7 Meldepflichtiges LAN zu LAN-Bridging

Mit WLAN-Bridging kann man zwei Gebäude miteinander verbinden. Mit 11 Mbit ist es möglich, in Deutschland bis zu 1 km zu überbrücken. Das funktioniert auch durch Glasscheiben hindurch. Hierzu nutzt man Richtfunkantennen und darf dabei sogar die Sendeleistung von 35 mW (Defaultwert aus IEEE 802.11b für einen Access-Point) auf 100 mW für eine Wireless-Bridge erhöhen. Bei WLAN-Bridging sollte man folgende Punkte beachten:

- die maximale **Sendeleistung** beträgt in Deutschland 100 mW
- man muss die richtige **Antennenform** wählen (externe Yagi oder Parabol)
- zwischen Sender und Empfänger sollte eine freie **Sichtverbindung** bestehen
- WLAN-Bridging bitte bei der RegTP **anmelden** (siehe unten)
- an das **Wetter** denken (eventuell ISDN-Wählverbindung als Backup nutzen)

Auch WLAN-Bridge-Verbindungen sind abhängig vom Wetter. Bei starkem Schneefall, dichtem Nebel oder sehr starkem Regen können Reflektionen auftreten, die die Funkverbindung unterbrechen. Daher sollte man parallel zur WLAN-Bridge eine ISDN-Wählverbindung schalten. Nach Erfahrung des Autors funktioniert WLAN-Bridging zu 99 %. Bezieht man dies auf ein Jahr, dann fällt eine WLAN-Bridge wegen schlechten Wetters an drei Tagen pro Jahr aus.

Beim WLAN-Bridging werden zwei Methoden für die Übertragung unterschieden:

- Punkt-zu-Punkt-Verbindungen (P2P = Point to Point) und
- Punkt-zu-Mehrpunkt-Verbindungen (PTM = Point to Multipoint)

Eine Punkt-zu-Punkt-Strecke verbindet immer nur zwei Standorte miteinander. Bei einer PTM-Installation gibt es eine Zentrale und mehrere Außenstellen. Hier muss die verfügbare Bandbreite zwischen den Außenstellen aufgeteilt werden. PTM-Installationen sind selten.

5.3.8 Bitte LAN zu LAN-Bridging bei der RegTP anmelden!

In Deutschland sind WLAN-Installationen gebühren-, anmelde- und genehmigungsfrei, wenn sich diese innerhalb der Grundstücksgrenzen befinden und keine Sprache übertragen wird. Verbindet man aber zwei Standorte eines Unternehmens über WLAN-Bridging miteinander, dann muss man dies der zuständigen Stelle der RegTP formlos melden (ohne Anmeldung = Bußgeld bis 10 000 €):

- Wer betreibt die WLAN-Bridge?
- Welche Standorte (zwei Postadressen) wurden verbunden?
- Was wird wie übertragen (nur Daten mit IEEE 802.11b WLAN-Bridging)?

Die Verbindung von zwei verschiedenen Unternehmen ist nicht erlaubt. Das dürfen nur Telefongesellschaften, und man muss Gebühren an den Staat abführen. Das gilt auch für Sprachverbindungen. Die Adresse der lokal zuständigen Außenstelle der www.RegTP.de findet man im Internet, klickt dort die Regulierungsbehörde an und dann weiter auf die Außenstellen.

5.3.9 Anzahl der Stationen pro AP und nutzbare Bandbreite

Wireless Access-Points oder WLAN-Bridges arbeiten wie Hubs oder Repeater. Nach Aussage von Cisco sollte man daher die Anzahl der gleichzeitigen Benutzer pro AP auf unter 25 beschränken. In der Praxis hängt diese Zahl sicher von den verwendeten Anwendungen ab. Der Autor hat mit fünf Anwendern immer ideale Erfahrungen gemacht. Auch wenn er weiß, dass Compaq bereits 1999 in einem Test bewiesen hat, dass nur vier Pentium-3-PC einen Fast-Ethernet-Hub mit 100 Mbit/s voll auslasten können. Bei diesem Test ging es aber darum zu beweisen, wie schnell PCs sein können und nicht, was Anwendungen wirklich an Bandbreite benötigen. Dazu sollte man den Hersteller fragen oder eine Netzanalyse durchführen.

Nach der Norm verfügt IEEE 802.11b über eine Bandbreite von 11 Mbit/s. Das ist aber nur die Brutto-Bandbreite inklusive Protocol-Overhead. Netto verbleiben dem Anwender bei IEEE 802.11b nur etwa 5 Mbit/s. Das zeigen bisher alle Tests identisch, die der Autor selbst durchführte, im Internet las oder in Fachzeitschriften gesehen hat. Auch die Anbieter von WLAN-Komponenten, wie Avaya oder Cisco, bestätigen diese Angaben. Man muss das leider auch auf die 54-Mbit/s-Normen, wie die IEEE 802.11a und 802.11g, übertragen. Es bleibt nur die halbe Bandbreite für die Nutzdaten übrig. Das ist aber immer noch um Faktoren schneller als DSL (768/128 kbit/s) oder eine Standleitung ins Internet mit 2 Mbit/s.

5.3.10 Ein WLAN installieren und den SNR-Wert ausmessen

Einen einzelnen Access-Point aufzustellen, ist einfach. Nur den Strom einschalten, und schon kann es drahtlos losgehen. Für größere Installationen mit mehreren Access-Points gibt es leider keine Rechenformel. Durch die unterschiedliche Gebäudeform, den Baustoff und die Dicke einer Wand oder eines Fußbodens bzw. einer Decke wird jedes WLAN einmalig. Man kann nur folgende Ratschläge geben:

- die Art der Antenne ist wichtig (Abstrahlcharakteristik)
- höhere Sendeleistungen erhöhen Reichweite (Deutschland maximal 100 mW)
- je höher eine Antenne steht, desto weiter die Abstrahlung
- je freier die Abstrahlung (ohne Wände), umso größer die Reichweite
- Metallbarrieren, wie Regale oder Stahlsäulen, sind immer ein Problem
- schwierig sind Stahlbetondecken, Isolierfolie oder dicke Hauswände
- kaum ein Problem sind Gipskartonwände

Was muss man tun, um ein größeres WLAN planen zu können? Man kommt um eine Ausmessung des Standorts nicht herum (engl. Site-Survey). Dazu verwendet man zwei Access-Points, die man an den geplanten Standorten aufstellt, und ein Notebook mit WLAN-Karte. Mit dem Notebook geht man herum, prüft die Empfangsstärke und dokumentiert diese in einem Grundrissplan. Die beiden Access-Points müssen im selben Funkkanal senden. Damit kann man feststellen, ob sich Interferenzen ergeben, wodurch der Empfang gestört wird. Verwendet man zwei Access-Points, die auch das WLAN-Bridge-Protokoll unterstützen, und zwei Yagi-Antennen, dann kann man auch ein LAN-zu-LAN-Bridging vor Ort testen. Bei einer LAN-zu-LAN-Bridge sollte eine freie Sicht zwischen Sender und Empfänger bestehen.

Bei einer Funkmessung erfasst man je Messort folgende Werte:

- Qualität: Excellent (hervorragend), Good (gut), Fair (niedrig), Poor (schlecht)
- selten die Datenrate, weil man meistens die vollen 11 Mbit/s erreichen will

Vom Signal muss man das Rauschen abziehen, um eine Aussage treffen zu können.

- SNR = Signal minus Rauschen (alle Werte in dB)

Als Ergebnis erhält man den SNR-Wert (Signal Noise Ratio). Mit Hilfe dieses einen SNR-Werts kann man nun beurteilen, wie gut die Empfangsqualität ist. Der SNR-Wert sollte immer über 20 dB für einen guten Empfang liegen. Wird der SNR-Wert kleiner als 10 dB, dann reißt die Funkverbindung ab, wie der Autor leider immer wieder feststellen musste.

Abschließend wird noch die Fehlerrate gemessen:

- gute Frames > 5 ‰ MAC-Frames und > 5 % PLC-Frames

142

5.3.11 WLAN-Antennen und SNR-Werte

WLAN-Antennen für IEEE 802.11b, mit einfachen Koaxialkabeln, gibt es in verschiedenen Formen:

- eine **Omni**-direktionale Antenne am AP strahlt ungerichtet 360° rundum

- eine **Patch**-Antenne, ein kleiner Kasten, strahlt etwa 80° von einer Wand weg

- eine **Yagi**-Antenne ist eine waagrechte Stabantenne mit 30° Abstrahlwinkel

- eine **Parabol**- oder Schüsselantenne strahlt mit 10° (theoretisch bis 50 km)

Omni-Antennen sind senkrecht stehende Stabantennen. Sie gibt es auch als Diversity. In einer Diversity stehen zwei Antennen nahe beieinander. Eine Funkwelle trifft die erste Antenne etwas früher als die zweite. Aus den beiden empfangenen Funksignalen kann man einige Störungen herausrechnen, was mit nur einer Antenne nicht möglich ist. Diversity-Antennen haben eine bessere Sende- und Empfangsqualität, sind aber auch etwas teurer. Wer mehr über Antennen wissen möchte, dem werden die Antennen-Handbücher der Hersteller empfohlen.

5.3.12 Kein Gesundheitsrisiko durch WLAN

Die Gefährdung der Gesundheit durch elektromagnetische Sender ist heute eines der am heftigsten diskutierten Themen. „Aus Sicht des Sachverständigen ist eine gesundheitliche Belastung durch die WLAN-Access-Points nicht zu erwarten", stellt das www.Nova-Institut.de in einem Gutachten für die Uni Bremen fest. Ein WLAN hält alle Grenzwerte ein, nicht nur die gesetzlich vorgeschriebenen, sondern auch die vom Bundesverband gegen Elektrosmog e.V. gewünschten und auch ausländische Standards:

- 10000 mW/m^2 als gesetzlicher Grenzwert in Deutschland

- 100 mW/m^2 als Norm für Schweizer Wohnungen

- 10 mW/m^2 fordert der Bundesverband gegen Elektrosmog

- 3 mW/m^2 senden IEEE-802.11b-Access-Points (nahe der Antenne gemessen)

Da die Sendeleistung von WLAN-Access-Points so gering ist, sind WLANs (im Gegensatz zu GSM-Handys oder Schnurlos-DECT-Telefonen) ausdrücklich auch in Krankenhäusern zugelassen. WLANs erfüllen alle Forderungen der EN 60601 (Sicherheit von medizinischen elektrischen Geräten).

5.3.13 Stromversorgung nach IEEE 802.3af (PoE)

Access-Points und WLAN-Bridges sind aktive Netzwerkkomponenten und benötigen eine Stromversorgung. Daher müsste man zu allen Standorten zwei Kabel verlegen, ein Category-6-Ethernet-Kabel und ein 230-V-Stromkabel. Es geht aber auch nur mit einem Ethernet-Kabel. Nach IEEE 802.3af „DTE-Power over Ethernet"

(PoE) kann man bis zu 15 Watt (48 V Gleichstrom und maximal 350 mA) parallel zu 10Base-T-Ethernet und 100Base-TX-Fast-Ethernet über ein 100 m langes, achtadriges Twisted-Pair-Kupferkabel übertragen. Man kann den Strom über die signalfreien Idle-Pairs Pin 4 + 5 und 7 + 8 senden oder über die Signal-Pairs, die Ethernet-Signalleitungen Pin 1 + 2 und 3 + 6. In PoE ist ein Schutz eingebaut, so dass Endgeräte, die kein PoE unterstützen, unbeschädigt bleiben. Der Standard IEEE 802.3af wurde Mitte 2003 abgeschlossen.

5.3.14 Standard WLAN-Sicherheit (SSID, AP-ACL, WEP)

Ein WLAN hat spezielle Risiken. Um ein Kabel abzuhören, muss man es erst in die Hand nehmen. WLANs enden aber nicht an der Grundstücksgrenze. Funkwellen stoppen auch nicht an einer Haus- oder Hallenwand. Sie gehen hindurch. Eventuell ist das Signal draußen zu schwach, um einbrechen zu können, aber sicher noch stark genug, um es mit spezieller Hardware abhören zu können. Die Abstrahlung eines Access-Points oder die einer Yagi-Antenne beim WLAN-Bridging kann große Flächen abdecken, u. U. mehrere 100 m weit. Das wussten auch die WLAN-Erfinder. Deshalb bauten sie spezielle Sicherheitstechniken in den WLAN-Standard.

Per **Default** ist im WLAN keine Sicherheit aktiv. Jeder kann rein. Das wird für öffentliche Hotspots auch so gewünscht.

Im ersten Sicherheitsschritt kann man seinem WLAN einen Namen geben, eine **SSID** (Service Set Identification). Nur wer die richtige SSID konfiguriert hat, den lässt ein Access-Point ins WLAN hinein.

Die nächste Stufe ist dann eine Access-Control-List im Access-Point (**AP-ACL**). Die AP-ACL ist ein Filter, in den man eintragen kann, welche MAC-Adressen am WLAN teilnehmen dürfen. Jede WLAN- und auch jede Ethernet-Netzkarte besitzt eine weltweit einmalige Media-Access-Control-Adresse, die der Hersteller bereits bei der Produktion vergibt. Eine MAC-Adresse ist eine 12-stellige hexadezimale Zahl, wie die „00000c-123456". Die ersten sechs Hexziffern definieren den Hersteller (00000c steht für die Firma Cisco) und die restlichen sechs Hexziffern sind die Nummer der Karte. Wie eine Fahrgestellnummer eines Autos, so darf sich auch eine MAC-Adresse weltweit niemals wiederholen. Darüber wacht der IEEE.

Nun kommt zwar, dank SSID und AP-ACL, kein ungebetener Hacker mehr in ein WLAN hinein, aber er könnte die Daten noch mitlesen. Das verhindert **WEP**. Die Wired Equivalent Privacy ist eine Verschlüsselungstechnik. WEP arbeitet mit einem statischen Schlüssel, der manuell auf allen Komponenten eines WLAN identisch eingegeben werden muss. WEP verwendet die RC4-Verschlüsselung und einen 40, 64, 128, 256 bit langen Schlüssel. Da sich der WEP-Schlüssel nicht ändert, wird ein häufiger Schlüsselwechsel empfohlen. Ein Schlüsselwechsel ist aber mit erheblichem Aufwand verbunden (man muss alle WLAN-Bauteile umkonfigurieren), und so findet in der Praxis fast nie ein Schlüsselwechsel statt,.

5.3.15 Wardriving

Das ließ die Hacker nicht ruhen. Es müsste doch möglich sein, in ein WLAN einzubrechen. Bei einem offenen WLAN, nach der IEEE-802.11-Standardkonfiguration, muss man ja nur das Netz finden, und schon ist man drin. Zuerst benötigt ein Hacker eine ordentliche Hardware. Er sucht im Internet nach einem Wardriving-Kit und findet für 125 Euro eine www.Avaya.de Orinoco Gold PC-Card plus einer www.HuberSuhner.ch-2,4-GHz-KfZ-Antenne. Jetzt noch die Software www.NetStumbler.com downloaden, alles auf dem Notebook installieren und rein ins Auto.

Das Programm Stumbler zeigt an, wie der SSID-Name eines WLAN lautet (denn der wird im Klartext gesendet), welchen Funkkanal man nutzt, ob WEP-Verschlüsselung aktiviert ist, die Güte des Empfangssignals (Signal, Noise, SNR), den Hersteller des Access-Points (download der Handbücher für die Default-Passwörter) und, wenn ein GPS-Empfänger angeschlossen war, sogar noch Längen- und Breitengrad für eine sichere Standortbestimmung. Aus London kam die Idee, die gefundenen Daten mit Kreide (engl. chalk) auf die Hauswand zu schreiben. „)(" steht für Open-Node ohne Sicherheit, „()" für Closed-Node mit AP-ACL und „(WEP)" für ein WLAN mit WEP-Verschlüsselung. An dieser Stelle ein Hinweis, wenn man keine Kreidezeichen anbringt, dann macht man sich nach deutschem Recht mit dem Stumbler nicht strafbar.

Bild 5.7 Warchalking (Kreidezeichen)

Wie umgeht man nun die AP-ACL? Das ist strafbar! Man startet einen Analyser, wie den AiroPeak© von www.WildPackets.com oder den Sniffer©Wireless von www.Sniffer.com und liest den Inhalt der WLAN-Datenpakete mit. Ein WLAN sendet nicht nur den SSID-Namen, sondern auch die MAC-Adressen im Klartext. Nun wartet man ab, bis ein berechtigter Anwender seine Arbeit beendet und bricht mit dessen MAC-Adresse ins WLAN ein, denn MAC-Adressen kann man überschreiben. Die Analyser kosten Geld (2500 Dollar bzw. 13300 Euro), und es gibt keinen einfachen Menüpunkt, um die MAC-Adresse zu überschreiben, aber der Autor möchte auch keine Anleitung für strafbare Handlungen veröffentlichen. Er möchte nur für Administratoren aufzeigen, wie unsicher ein Default-WLAN sein kann.

Jetzt muss der Hacker noch die 128-bit-WEP-Verschlüsselung als letzte Hürde überwinden. Das ist auch möglich. Er benötigt Linux, ein Programm wie AirSnort und muss 5 bis 10 Millionen Frames mitlesen. Als Ergebnis zeigt AirSnort dann den statischen WEP-Schlüssel an. Den gibt man in Sniffer©Wireless ein, und dieser Analyser decodiert in Echtzeit alle WLAN-Pakete. Macht man das für fremde Netze, begeht man eine strafbare Handlung!

Wie findet man Infos zum Thema Wardriving? Man sucht mit www.Google.de nach „Wireless Security" und findet unter Techupdate.ZDNET.de die Daten. Es ist aber auch möglich, ein Sonderheft eines PC-Magazins zu kaufen. Bitte, das hier ist keine Anleitung für strafbare Netzeinbrüche, sondern ein deutlicher Hinweis an alle Administratoren, wie einfach man die Standard-WLAN-Sicherheitstechniken (SSID, AP-ACL, WEP) aushebeln kann.

5.3.16 WPA (Wi-Fi) mit EAP/RADIUS, LEAP und PEAP

Die Hersteller haben das Problem des gehackten WEP erkannt und Anfang 2003 eine erweiterte WLAN-Sicherheitstechnik veröffentlicht: WiFi-Protected-Access (WPA). Setzt man WPA ein, dann bleiben die Hacker draußen. WPA kann theoretisch per Software auf allen existierenden WLAN-Komponenten nachgerüstet werden, aber nur, wenn die Hersteller solche Upgrades auch anbieten, was leider nicht für alle bestehenden Produkte der Fall sein wird.

Die WPA-Technik wird von der www.Wi-Fi.org wie folgt definiert:

• WPA = RC4 + TKIP + MIC + EAP + RADIUS

WPA verschlüsselt die Daten mit RC4 (Ronald L. Rivest Code 4), wie auch das gehackte WEP. Der RC4-Kode wurde jedoch nie geknackt, selbst theoretisch nicht. Es gibt aber unsichere Implementierungen, wie u. a. die WEP-Methode. WEP verwendet nur einen geheimen Schlüssel, der für das ganze WLAN identisch ist, in allen Access-Points und auf allen WLAN-Adaptern. Dieser WEP-Key ändert sich automatisch nie. Da Hacker RC4 nicht entschlüsseln können, versuchen sie den geheimen WEP-Key zu erraten. Dazu müssen sie nur, mit einem speziellen Programm (im Internet frei verfügbar), etwa 5 bis 10 Millionen Datenpakete mit-

146

lesen, und schon wird der geheime WEP-Key angezeigt. Das dauert im Idealfall nur 5 Minuten, maximal muß der Hacker einige Stunden warten. Übrigens, das Knacken eines WEP-Key in einem fremden Netz ist ein Straftatbestand.

Dieses Problem vermeidet WPA durch den Einsatz von TKIP, dem Temporal Key Integrity Protocol. Der geheime WPA-Schlüssel setzt sich aus drei Teilen zusammen. Der erste Teil ist ein frei definierbarer, geheimer Schlüsseltext, der mindestens 32 Zeichen lang sein sollte. Der zweite Teil ist die MAC-Adresse des Absenders und der dritte Teil ein veränderbarer Init-Vektor. TKIP führt nun alle drei Teile zusammen und errechnet daraus, über einen Hash-Algorithmus, den geheimen WPA-Key. Durch die Verwendung der MAC-Absender-Adressen im WPA-Key ergeben sich zwei TKIP-Schlüssel pro Verbindung und nicht wie bei WEP nur ein identischer Key für das ganze WLAN.

Zusätzlich ist der WPA-Schlüssel, im Gegensatz zum WEP-Key, nicht statisch, sondern dynamisch, d. h. er kann sich automatisch verändern. Michael (Message Integrity Check, kurz MIC, gesprochen Michael) im WPA überprüft jedes Datenpaket und stellt fest, ob ein Hacker versucht es zu fälschen. Das würde TKIP allein nicht feststellen können. Erkennt MIC einen Angriff, dann wird der Init-Vektor verändert, und man erhält automatisch neue WPA-Schlüssel. Der Angriff bleibt so erfolglos.

Woher nimmt WPA nun die geheimen Schlüsseltexte? Dazu gibt es vier Methoden:

• Der Pre-Shared-Key ist eine geheime Zeichenfolge (mindestens 32 Buchstaben), die man in kleinen Büros oder zu Hause (SoHo, Small office Home office) einfach in die WLAN-Komponenten hinein konfiguriert.

• Der Per-Session-Key wird jedesmal neu vom RADIUS-Server vergeben, wenn sich ein Nutzer via EAP mit Username/Password anmeldet (IEEE 802.1x).

• Das Per-Packet-Keying in Cisco's LEAP arbeitet auch mit einer geheimen Zeichenkette, aber über eine Broadcast-Key-Rotation-Funktion wechselt der WPA-Schlüssel nach einem vom Anwender bestimmten Zeitintervall automatisch.

• Signaturen sind digitale Unterschriften, und wenn man diese heute zur Anmeldung im WLAN nutzen möchte, dann sollte man PEAP von Cisco, Microsoft und RSA-Security verwenden und nicht auf die IEEE 802.11i warten, die den frühestens ab 2004 geben soll.

In kleinen Büros und zu Hause wird man kaum Password-Server aufstellen oder Trust-Center für Signaturen installieren, denn das ist zu aufwändig. Hier arbeitet man mit Pre-Shared-Keys. Das sind mindestens 32 Buchstaben lange Zeichenketten. Einen solchen Pre-Shared-Key kann ein Hacker theoretisch erraten, nachdem er etwa 500 Millionen Frames mitgelesen hat. Das entspricht etwa einem Übertragungsvolumen von einem Terrabyte an Daten. Über eine 64 kbit/s ISDN-Leitung, bei 100 % Auslastung, kann man in 24 Stunden etwa 500 MByte an Daten übertragen. Man müsste also 2000 Tage lang, das sind etwa 5,5 Jahre, rund um die Uhr eine ISDN-Leitung zu 100 % auslasten, damit ein Hacker, der die ganze Zeit alles mitgelesen hat, den geheimen Pre-Shared-Key im WPA errechnen kann. Der Autor nutzt zu Hause WLAN, T-DSL und surft täglich im Internet. Da er viele Fotos versendet, liegt sein Transfervolumen pro Woche bei etwa 200 MByte. Hier müsste ein Hacker 5000 Wochen, fast 100 Jahre lang, alle Daten mitlesen, die der Autor via WLAN zum DSL-Router sendet. Man sieht also, bereits die unsicherste WPA-Password-Stufe, der Pre-Shared-Key, ist praktisch nicht zu knacken. Das gilt auch für LEAP und PEAP.

Für Unternehmen empfiehlt die Wi-Fi-Organisation einen RADIUS-Password-Server. Daran kann sich ein WLAN-Nutzer authentisieren, d. h. mit Username und Password anmelden. Bei dieser WPA-Variante sendet der WLAN-Adapter Username und Password via EAP (Extensible Authentication Protocol) drahtlos an den Access-Point. Der AP fragt über TCP/IP den RADIUS-Password-Server (Remote Authentication Dialin User), ob der WLAN-Nutzer ins Netz darf oder nicht. Genau an dieser Stelle unterscheidet sich nun WPA von dem klassischen IEEE 802.1x, dem Port Based Network Access Control, welches EAP und RADIUS zuerst nur für kabelgebundene Netze standardisierte. In der positiven Antwort des RADIUS-Servers ist der WPA-Schlüsseltext enthalten, auf dessen Basis dann TKIP den geheimen WPA-Key berechnet. WPA verwendet die IEEE-802.1x-Sicherheitstechnik, aber mit einer speziellen Erweiterung in den positiven RADIUS-Antworten. Der WPA-Schlüsseltext wird je Session neu vergeben, d. h. jedes Mal, wenn man sich neu anmeldet, erhält man einen neuen WPA-Schlüssel. Wie lange darf man diesen WPA-Schlüssel verwenden, wenn man nicht nach 500 Millionen Paketen oder einem Terrabyte Daten gehackt werden will? Nehmen wir an, ein IEEE-802.11b-WLAN wird nur von einem Anwender, aber immer zu 100 % ausgenutzt. Das entspricht einem kontinuierlichen Datenstrom von 5 Mbit je s. So werden etwa 54 Gigabyte pro Tag übertragen. Eine Verbindung müsste also etwa 18,5 Tage lang, 24 Stunden pro Tag, bei 100 % Netzlast andauern, bevor ein Hacker ausreichend Daten hat, um den WPA-Key theoretisch erraten zu können. Das ist in der Praxis unmöglich, so lange dauert keine Verbindung. Jeder Anwender macht einmal Feierabend und schaltet dann seinen PC aus. Spätestens das beendet seine WLAN-Verbindung.

Cisco hat LEAP entwickelt (Leightwight EAP). Darin gibt es eine Funktion, die Broadcast-Key-Rotation, welche auf Basis eines Pre-Shared-Key (Zeichenkette mit mind. 32 Buchstaben), nach einem vom Administrator in der Konfiguration festgelegten Zeitintervalls, den geheimen WPA-Schlüssel automatisch neu berechnet. Der Default steht hierbei auf 15 Minuten. Cisco's ursprüngliches LEAP ist eine Pre-Standard Implementation von WPA's TKIP, aber dazu nicht kompatibel, sagt Ron Seide, WLAN-Product-Manager, Cisco Systems. Jedoch hat Cisco im März 2003 ein Programm namens „Cisco Compatible Extension" (CCX) gestartet. Das ist ein kostenloses, WPA-kompatibles Lizenz-Programm, das es Chip-Herstellern ohne großen eigenen Aufwand ermöglicht, Sicherheitstechniken, wie LEAP und vor allem WPA, plus VLAN-Funktionen, einfach in Chips zu implementieren. Cisco verschenkt hier sein Know-how. Bisher beteiligen sich Agere Systems, Atheros,

Atmel, Hewlett-Packard, IBM, Intel, Intersil und Texas Instruments an CCX. In der zweiten Version wird CCX zusätzlich IEEE 802.1x mit PEAP und Ciscos Roaming-Technik unterstützen. Intel bietet mit seinem Centrino-Chipsatz (plus Treiber ab Version 7.1) LEAP und WPA. Microsoft liefert für sein Windows/XP kostenlos ein Update (Windows XP Support Patch for Wireless Protected Access). Aber Vorsicht, installiert man das Windows-Update ohne einen WPA-Treiber des WLAN-Kartenherstellers, dann kann man sein WLAN nicht mehr benutzen. Nur allein das Microsoft-Update laden, das funktioniert nicht (Microsoft Knowledge Base Article # 815485: „To upgrade your wireless network adapters to support WPA, obtain a WPA update from your wireless network adapter vendor and update the wireless adapter driver first")!

Cisco, Microsoft und RSA-Security haben den Standard PEAP ins Leben gerufen. Mit dem Protected Extensible Authentication Protocol kann man WLANs bereits heute mit digitalen Zertifikaten schützen. Das ist eine Technik, die eigentlich erst mit IEEE 802.3i ab 2004 genormt werden sollte. PEAP nutzt die Transport Tunnel Layer Security (EAP-TTLS), um die Datenverbindung, wenn verfügbar, auch mit AES zu verschlüsseln. Digitale Zertifikate stellen heute die höchste Sicherheitsstufe der Authentisierung in der Datentechnik dar. PEAP ist sicherer als ein Anmelden mit Username und Password via EAP am RADIUS-Server oder die einfache Pre-Shared-Key Lösung für zu Hause.

5.3.17 IEEE 802.11i Enhanced Security

WPA ist als Zwischenlösung gedacht, bis 2004 der IEEE-802.11i-Standard fertig gestellt sein wird. IEEE 802.11i soll eine umfassende Sicherheitslösung für WLANs bieten. IEEE 802.11i unterstützt:

- die **Default**-WLAN-Einstellung, die ohne Verschlüsselung arbeitet
- den gehackten, statischen **WEP**-Key, mit RC4-Verschlüsselung
- die dynamischen **TKIP**-Keys, ebenfalls mit RC4-Verschlüsselung
- das **802.1x**, mit dynamischen EAP/RADIUS-Keys und RC4-Verschlüsselung
- das **CCMP** mit EAP/RADIUS-Keys, inklusive einer AES-Verschlüsselung

Bis auf CCMP, den Chipher Block Chaining Message Authentication Code Protocol, kann man WEP, TKIP und 802.1x auf allen Access-Points per Software nachrüsten, wenn der AP-Hersteller das anbietet. Für CCMP und seine AES-Verschlüsselung wird man komplett neue Hardware benötigen. Zuerst wollte man WRAP, das Wireless Robust Authentication Protocol, für die AES-Verschlüsselung im 802.11i verwenden. Nachdem aber drei Unternehmen Patente auf WRAP angemeldet haben, fiel die Wahl auf CCMP. Dieses unterstützt eine verschlüsselte EAP-Tunnel-Transport-Layer-Security (EAP-TTLS) mit AES-Verschlüsselung. AES ist der Nachfolger von 3DES. Nehmen wir einmal an, wir hätten einen Rechner, der DES in einer Sekunde decodiert, dann rechnet dieser PC an 3DES etwa 20 Millionen Jahre und an AES 20 Milliarden Jahre. Bereits 1998 hat die EFF bewiesen, dass man DES in 56 Stunden knacken kann.

5.3.18 VPN over WLAN plus Firewall

Die sicherste Methode ist es, man betrachtet das WLAN wie ein externes Netz.

Das bedeutet, zwischen Access-Points und LAN platziert man eine Firewall. Diese sollte nach den ISO-15408-Common-Criteria for IT Security zertifiziert sein, um ein hohes Sicherheitsniveau zu garantieren. Auf den Notebooks oder PCs, auf den WLAN-Adapterkarten installiert man VPN-Clients. Diese verschlüsseln alle Daten nach IPsec mit 3DES. Der verschlüsselte VPN-Tunnel startet auf dem PC. Nun geht es verschlüsselt über das WLAN und den Access-Point bis zur Firewall oder alternativ zu einem VPN-Server. Bei einer IPsec-Verschlüsselung wechselt der Schlüssel alle 15 min. Daher muss man einen Hackerangriff, der den Schlüssel nach 20 Millionen Jahren findet, nicht fürchten. Wenn einmal IEEE 802.11i mit CCMP und AES normiert ist, wird dies noch sicherer sein als IPsec mit 3DES. Allerdings benötigt man dafür neue WLAN-Hardware, während man einen VPN-Client auf fast jedem Betriebssystem nachträglich installieren kann und eine zertifizierte Firewall oder ein VPN-Server nur wenige 1000 Euro zusätzlich kostet.

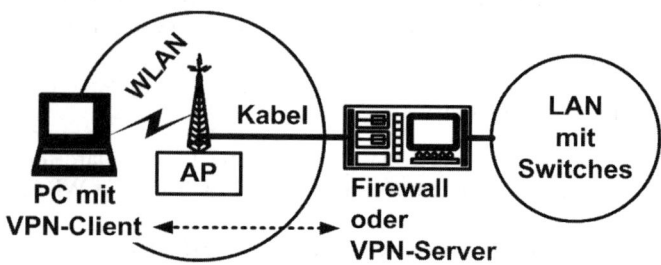

Bild 5.8 VPN over WLAN

Die Lösung mit einem VPN over WLAN sollte man auch bei einer drahtlosen LAN-zu-LAN-WLAN-Bridge einsetzen. Hier verschlüsseln dann zwei VPN-Router, die jeweils zwischen WLAN-Bridge und dem LAN stehen und alle Daten nach IPsec mit 3DES verschlüsseln.

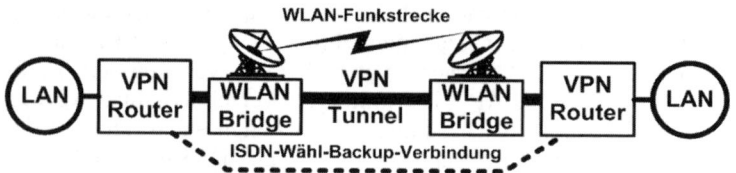

Bild 5.9 VPN over WLAN-Bridge

5.3.19 Sichere WLAN-Anwendungen im Unternehmen

Man kann heute WLAN sicher betreiben. Im Folgenden werden einige Beispiele für sichere installierte drahtlose Lösungen genannt.

Aus Sicht des Autors ist ein WLAN kein Ersatz für eine Verkabelung größerer Büroetagen. Dort ist jeder Anwender mit 100 Mbit/s an einen Etagenswitch angeschlossen, und maximal 48 Anwender müssen sich 1 Gbit/s Uplink in den Serverraum teilen. Selbst wenn alle gleichzeitig arbeiten, erhält jeder Anwender noch eine Bandbreite von 20 Mbit/s. In einem WLAN dürfen sich, nach Aussage der Fa. Cisco, bis 25 Anwender die verfügbare Bandbreite von nur 5 Mbit/s Netto (in 802.11b) teilen. Das ergibt rund 0,2 Mbit/s, etwa den dreifachen ISDN-Durchsatz. Der Autor hatte einmal einen Kunden, der versuchte, ein größeres Bürogebäude nur mit WLAN auszurüsten. Nach drei Monaten wurde das Gebäude verkabelt, weil es den Anwendern zu langsam war. Der Autor sieht WLAN als Ergänzung. Dort, wo es schwierig oder gar unmöglich ist, Kabel zu verlegen, da reicht ein WLAN hin. Das sind öffentliche Plätze, Verbindungen zwischen Gebäuden (auch über fremde Grundstücke hinweg), Besprechungsräume, Wartezimmer, Werks- und Lagerhallen mit beweglichen Stationen, Studentenwohnheime. Aber auch dort, wo man keine Kabel verlegen möchte, wie zu Hause oder in kleinen Büros. In diesem SoHo-Bereich (Small Office, Home Office) ist bereits heute ein WLAN mit allen Bauteilen preiswerter als eine reine Kupferverkabelung durch einen Elektromeister. Für den Autor bedeutet WLAN auch ein Stück Freiheit. Er kann überall in seiner Wohnung arbeiten, vor allem, da der Autor ein Notebook besitzt, das vier Stunden mit einem Akku auskommt.

Die ersten drahtlosen Anwendungen, die der Autor installiert hat, waren Wireless-Bridges. Es wurden zwei Gebäude über eine drahtlose Funkbrücke mit WLAN-Bridges und Yagi-Antennen verbunden. Die Datensicherheit dieses LAN-zu-LAN-Bridging gewährleisten zwei VPN-Router, geschaltet zwischen die WLAN-Bridges und die LAN-Switches. Die VPN-Router verschlüsseln den Datenverkehr sicher nach IPsec mit 3DES und schalten auch eine ISDN-Wähl-Backup-Verbindung, sollte das WLAN einmal wetterbedingt ausfallen. Die Verbindung lief über fremde Grundstücke, von der Nehringstraße bis in die Siemensstraße. Das wirtschaftliche Ziel war es, Telefonkosten für eine Standleitung zu sparen. Die Einsparung betrug über 1000 Euro pro Monat. So amortisierte sich die WLAN-Bridge bereits nach einem halben Jahr.

Eine weitere Anwendung ist die Warenerfassung im Lager. Eine Lagerhalle wurde mit einem WLAN ausgerüstet. Auf den Gabelstaplern fährt ein Industrie-PC mit. Dieser unterstützt zwei drahtlose Technologien gleichzeitig. Die Barcodes auf den Verpackungen werden mit einem Bluetooth-Barcode-Leser aufgenommen und an den PC übertragen. Dieser sendet dann nach Abschluss der Erfassung die Daten via WLAN an das Warenwirtschaftssystem. Obwohl Bluetooth und WLAN nach 802.11b bei 2,4 GHz arbeiten, stören sich diese in der Praxis nicht. Die WLAN-Technik wird fest auf einen Funkkanal eingestellt (1, 7 oder 13), und Bluetooth verfügt über eine dynamische Frequenzwahl, sucht also selbst nach einem Funkkanal mit möglichst wenig Störungen und legt sich nicht in die eingestellten WLAN-Funkfrequenzen. Zur Absicherung gegen Hacker wird das ganze WLAN nach IEEE 802.1x mit Anmeldung, RADIUS-Server, EAP-Key und RC4-Verschlüsselung betrieben. Das erreichte Ziel dieser Anwendung, eine Reduzierung der Erfassungszeit und Minimierung von Eingabefehlern, wurde überraschend deutlich erreicht. Allein die Erfassungszeit sank um 18 %.

Bei einem Energieversorger fahren jeden Morgen die Mitarbeiter zu den Kunden, um Zählerstände abzulesen. Abends mussten die Mitarbeiter dann noch einmal ins Büro kommen, um die Daten abzuliefern und sich neue Aufträge zu holen. Wenn es bei einem Mitarbeiter später wurde, weil er auf Kunden warten musste oder im Stau stand, dann fiel die abendliche Übertragung aus, und am nächsten Tag gab es Probleme mit der Einsatzplanung, denn der Mitarbeiter hatte keine neuen Aufträge. Über den Parkplätzen der Dienstwagen installierte man, außen an einem Gebäude, zwei Patch-Antennen, von denen Koaxialkabel zu zwei innen liegenden Access-Points führen. Für den Abrechnungsserver wurde eine Anwendung programmiert, die die Zählerstände ausliest und neue Aufträge via WLAN in den Handheld-PC des Mitarbeiters herunterlädt. Diese Datenbankanwendung nutzt die Transport-Layer-Security mit 3DES-Verschlüsselung. Heute bringt abends der Außendienstmitarbeiter den Dienstwagen auf seinen Parkplatz, startet, noch während er im Auto sitzt, die Datenbankanwendung, überträgt binnen weniger Minuten die Zählerstände und holt die Aufträge für den nächsten Tag. Eingerichtet wurde diese Lösung, um die ständigen „Querelen" mit den Mitarbeitern, resultierend aus der alten Verfahrensweise, zu beseitigen. Das gelang auch, zusätzlich konnten aber auch noch Überstunden vermieden werden. Rechnet man die Einsparung bei den Überstunden gegen die Investitionskosten, so liegt die Amortisationszeit dieser WLAN-Installation, inklusive Programmierkosten der Datenbankanwendung, bei 18 Monaten.

Aus den obigen Beispielen erkennt man, dass WLANs stabil, kostensparend und sicher betrieben werden können. Nur muss man sich zum Thema Sicherheit einige Gedanken machen und dafür auch etwas Geld zusätzlich ausgeben. Vergleicht man ein WLAN mit einem Haus, dann ist es sicher das Einfachste, in der Haustür kein Schloss anzubringen, denn ein Schloss kostet zusätzlich Geld und hält mich immer auf, wenn ich den Schlüssel suche. Dennoch lässt niemand seine Haustür unverschlossen. Das würde ich auch für kein WLAN empfehlen. Als WLAN-Schlösser stehen bereits heute zur Verfügung: AP-ACL (Überlisten möglich), WEP (einfach hackbar), WPA mit TKIP, VPN bis zur Firewall und HTTPs mit TLS/SSL.

6   Token-Ring

Im Jahr 1985 brachte IBM seinen Token-Ring und das IBM-Verkabelungssystem (IVS) auf den Markt. Der Token-Ring verband, in Konkurrenz zu DECs Ethernet (heute HP/Compaq), als erstes Netzwerk alle IBM-Rechnerwelten: PCs, RS/6000, AS400 (/3x) und ES/9000 (/370). Der Token-Ring wurde später als IEEE 802.5 normiert.

Der Arbeitskreis IEEE 802.5 ist mit dem Jahr 2000 aufgelöst. IBM hat Ende 1999 sein Netzgeschäft für eigene Produkte eingestellt und alle Patente für 2 Milliarden $ an Cisco verkauft. Cisco produziert mangels Nachfrage seit Februar 2003 keine Token-Ring-Produkte mehr. Heute gibt es nur noch einen Hersteller für Token-Ring-Produkte, die relativ kleine Firma Madge, und die hat 2003 Konkurs angemeldet. IBM empfiehlt heute seinen Kunden, von Token-Ring auf Ethernet umzurüsten.

6.1   Token-Ring mit 4 Mbit/s, 16 Mbit/s und 100 Mbit/s

Ein Token-Ring kann mit drei Geschwindigkeiten betrieben werden. Diese muss man auf den jeweiligen Netzwerkkarten fest einstellen:

- 1985 gab es von IBM als Bandbreite nur   4 Mbit/s
- 1987 erhöhte IBM die Geschwindigkeit auf   16 Mbit/s
- 1998 stellte Madge eine fast 100 Mbit/s schnelle Variante vor,
  den High-Speed-Token-Ring (HSTR wird von 3Com, Cisco,
  Enterasys, Nortel, Lucent nicht unterstützt)   96 Mbit/s

Alle diese drei Varianten sind heute in der Spezifikation IEEE 802.5 normiert.

6.2   Der Token und das Token-Passing

Im Token-Ring gibt es, wie beim Ethernet, zwei Techniken zur Steuerung des Datenflusses: die alte Token-Ring-Methode und das neue Full-Duplex.

Das Token-Passing-Verfahren arbeitet ähnlich wie ein Staffellauf. Nur wer den Staffelstab (Token) hält, der darf laufen (senden). Der Datenverkehr im Token-Passing erfolgt im Ring, so wie die Staffelläufer im Stadion immer im Kreis laufen. Hier gibt es nur eine Richtung, dies bedeutet, dass alle Daten durch den ganzen Ring laufen müssen. Ein Staffelläufer darf auch nicht umdrehen und entgegengesetzt zum Ziel rennen, auch wenn dieser Weg kürzer ist.

153

Eine sendewillige Station nimmt den Token vom Netz. Nun darf sie maximal 4442 Byte bei 4 Mbit/s und 17 967 Byte bei 16 Mbit/s senden. Der Empfänger setzt im Datenpaket das Empfangsbit und schickt den Frame an den Absender weiter. Nur der Sender darf sein Frame wieder vom Netz nehmen. Er sendet jetzt den Token. Token-Passing ist ein synchrones Übertragungsverfahren, d. h. es werden immer Daten ausgetauscht. Es läuft also immer ein Token oder ein Frame im Ring. Mit Token-Passing kann man eine Netzauslastung von 60 % bis 80 % erreichen.

- Token-Ring-**Token-Frame** (Steuerung des Rings)

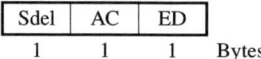

Sdel	AC	ED	
1	1	1	Bytes

- Token-Ring-**LLC-Frame** (Transport der Benutzerdaten)

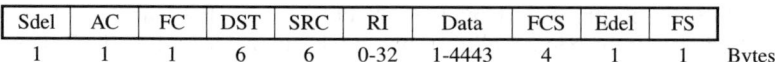

Sdel	AC	FC	DST	SRC	RI	Data	FCS	Edel	FS	
1	1	1	6	6	0-32	1-4443	4	1	1	Bytes

- Token-Ring-**MAC-Frame** (Kommunikationssteuerung und Fehlermeldungen)

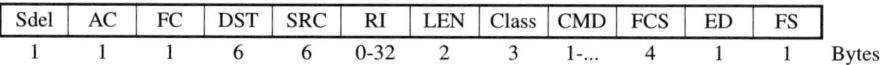

Sdel	AC	FC	DST	SRC	RI	LEN	Class	CMD	FCS	ED	FS	
1	1	1	6	6	0-32	2	3	1-...	4	1	1	Bytes

Tabelle 6.1 Token-Ring-Frame-Formate

Das **Early-Token-Release** ist eine Erweiterung des Token-Passing. Bei sehr großen Ringen (ab 2000 m ohne Switch) darf eine Station nach ihrem Frame direkt den Token senden, schon bevor ihr Frame wieder zurückkommt. Diese Einstellung bringt in kleinen Ringen nichts, da der Frame-Kopf bereits wieder bei der Station ist, bevor sie das Frame-Ende senden konnte.

Ethernet ist kein Echtzeitübertragungsverfahren. Durch die CSMA/CD-Technik weiß man nie, wann man Daten übertragen kann und es keine Collision gibt (Mit Full-Duplex und Priorisierung ist das anders!). Aber auch der Token-Ring ist nicht echtzeitfähig. Nehmen wir folgendes Beispiel. An einem Hochdruckkessel sind eine Anzeige, ein Steuerrechner und ein Ventil mit Token-Ring verbunden. Die Anzeige merkt: „Der Druck ist zu hoch!" Sie darf dies ohne einen Token aber niemandem mitteilen. Nach einer unbekannten Wartezeit erhält die Anzeige einen Token und sendet eine Alarmmeldung an den Steuerrechner. Nun wissen schon zwei: „Der Druck ist zu hoch!", aber auch der Steuerrechner muss auf den nächsten freien Token warten, warten, warten ... Endlich erhält der Steuerrechner einen Token und kann dem Ventil mitteilen: „Öffnen und Überdruck ablassen!" Während der ganzen Wartezeit ist unser Überdruckkessel aber längst explodiert.

Weder die Collision-Detectors (im CSMA/CD-Ethernet) noch die Token-Passers (mit Token-Passing) sind echtzeitfähig. Das schafft nur Full-Duplex mit seinen Pause-Frames im Ethernet und im Token-Ring.

6.2.1 Ring Insertion

Was geschieht, wenn eine Station eingeschaltet wird und in den Ring will? Sie muss folgende Prüfungen bestehen, um am Datenaustausch teilnehmen zu können:

- **Schleifentest**

  Ein Relais im Ringleitungsverteiler schließt das Kabel zur Station kurz. Dann sendet die Station den MAC-Frame „Lobe-Media-Test" zu sich selbst und erkennt, ob ihre Übertragungssysteme und das Lobe-Kabel von der Station bis zum Ringleitungsverteiler fehlerfrei arbeiten.

- **Phantom Power**

  Dann schickt die Station einen Stromstoß, legt damit ein Relais im Ringleitungsverteiler um (engl. Multi-Station-Access-Unit (MSAU)) und ist im Datenring. Im Token-Ring kann man keine Stationen direkt miteinander verbinden. Man muss immer einen Ringleitungsverteiler dazwischenschalten. Einfach ein gekreuztes Kabel nehmen, wie das im Ethernet möglich ist, und damit zwei Stationen verbinden, das geht im Token-Ring nicht.

- **Doppelte MAC-Adresse**

  Die Station nimmt nun einen Token vom Ring und sendet einen „Duplicate-Address-Test"-MAC-Frame mit ihrer MAC-Adresse für Absender und Empfänger. Kommt das Frame unverändert zurück, dann gibt es die Adresse nicht noch einmal im Ring. Wurden jedoch einige Bits geändert, dann lernt die Station „Meine Adresse gibt es schon im Ring" und beendet mit einer Fehlermeldung den Ring-Insertion-Prozess. Diese Prüfung macht im Token-Ring Sinn, da IBM seinen Token-Ring Kunden empfiehlt, die in jeder Netzwerkkarte fest eingebrannte MAC-Adresse mit einer manuell vergebenen Adresse zu überschreiben, die so beginnen muss: 4000.7xxx.xxxx!

- **Nachbarsuche (NAUN-Change)**

  Nun sucht die Station ihren nächsten aktiven, stromaufwärts liegenden Nachbarn (NAUN = Next-Active-Upstream-Neighbour). Von diesem empfängt sie alle Datenpakete und kann hier überprüfen, ob die Prüfsumme fehlerfrei ist. Die Station sendet dazu ein „Report-Stored-Upstream-Address-Change".

- **Bitte um Betriebsaufnahme**

  Als fünfte und letzte Prüfung bei der Ring-Insertion fragt die Station den Ring-Parameter-Server (RPS) mit einem „Request-Init"-MAC-Frame, ob sie am Ringbetrieb teilnehmen darf. Es könnte ja sein, dass der Netzwerkadministrator, der den RPS konfiguriert hat, bestimmte Stationen nicht zulassen will. Hier sind manuell vergebene MAC-Adressen hilfreich, da man sich nicht die kryptischen Herstelleradressen merken muss. Gibt es keinen RPS, dann sendet die Station einfach einen „Transmit-Forward"-MAC-Frame als Schleifentest und nimmt danach am Ringbetrieb teil.

6.2.2   Active-Monitor

Der Active-Monitor (AM) kontrolliert den Paketumlauf im Token-Ring. Er generiert den Token und führt ein Ring-Polling durch. Polling nennt man ein Verfahren, bei dem eine Station regelmäßig andere Hosts abfragt. Der AM sendet alle sieben Sekunden ein „Active-Monitor-Present", das alle anderen Stationen mit je einem „Standby-Monitor-Present" beantworten müssen. Die MAC-Adresse jedes Active-Monitor lautet C000.0000.0001.

6.2.3   Claim Token

Jede Netzwerkkarte im Token-Ring kann Active-Monitor werden. Empfängt eine Station nicht nach maximal 7 s ein „Active-Monitor-Present", dann startet sie den Claim-Token-Prozess. Der Gewinner dieses Prozesses wird dann der neue AM. Das wird von den aktiven Stationen im Ring die mit der höchsten MAC-Adresse. Am Ende des Claim-Token-Prozesses gibt es einen AM und viele Standby-Monitore.

6.2.4   Ring Purge

Nachdem eine Station den Claim-Token-Prozess gewonnen hat und AM wurde, führt sie einen Ring Purge durch. Dieser Schleifentest prüft, ob ein Ring fehlerfrei arbeitet. Der AM sendet hierzu ein „Transmit-Forward"-MAC-Frame an sich selbst. Hat der AM dieses Frame fehlerfrei empfangen, dann ist der Ring o. k. und der AM generiert einen neuen Token.

Es gibt für einen Ring Purge aber noch einen zweiten Grund. Stellt der AM fest, dass ein Token verloren gegangen ist oder sieht er nach 10 ms weder einen Frame noch einen Token, dann startet der AM den Ring Purge auch, diesmal aber zur Fehlersuche.

6.2.5   Latency Buffer

Im Token-Ring muss garantiert werden, dass eine Station einen Token ganz aussenden kann, bevor das erste Bit des Token schon wieder bei ihr ankommt, sonst könnte eine Station durch ununterbrochenes Senden den ganzen Ring blockieren. Deshalb fügt der AM nach jedem Token eine Zwangspause ein, 6 ms (24 bit) bei 4 Mbit/s und 2 ms (32 bit) bei 16 Mbit/s. Diese Zwangspause nennt man Latency Buffer.

6.3   Full-Duplex = Dedicated Token-Ring

Auch im Token-Ring gibt es, wie im Ethernet, eine Full-Duplex-Technik. Nur nennt man diese im Token-Ring „Dedicated":

- der Zugriff einer Station auf das Netzwerk wird gesteuert (Pause-Frames)
- es ist immer eine Auslastung von beinahe 100 % erreichbar

- die maximale Kabellänge wird nur durch die Signaldämpfung begrenzt
- alle **Ringleitungsverteiler (MSAU) sind verboten**, es gibt nur noch Switches
- im Dedicated Token-Ring gibt es keinen Token mehr

Dedicated arbeitet ohne Token, Active-Monitor, Claim-Token-Verfahren, Ring-Purge-Prozess, dafür aber mit Pause-Frames, wie beim Full-Duplex-Ethernet.

Der Dedicated Token-Ring basiert auf einer sternförmigen Struktur, bei der immer nur zwei Komponenten über eine Punkt-zu-Punkt-Strecke miteinander verbunden sind. Das Netz bilden dann viele Punkt-zu-Punkt-Strecken. So reduziert sich die Zugriffssteuerung auf den Verkehr zwischen zwei Stationen. Die Stationen sind mit je einer Sende- und einer Empfangsleitung angeschlossen. Ein gleichzeitiges Senden und Empfangen ist so jederzeit möglich. Droht der Empfangsspeicher einer Station überzulaufen, dann sendet der Empfänger ein „Pause"-MAC-Frame mit einer Wartezeit zum Sender. Der Sender stoppt, wartet die Pause ab und beginnt wieder mit der Sendung. Ist der Empfangsspeicher schneller als erwartet geleert worden, dann kann der Empfänger ein Pause-Frame mit der Wartezeit null senden, und der Sender beginnt sofort wieder. Dieses Verfahren ist sehr einfach und arbeitet in der Praxis extrem stabil.

6.4   Fehlersuche: MAC-Frames im Token-Ring

Im Token-Ring gibt es nicht nur den Token-Frame und die LLC-Frames zum Transport der Benutzerdaten, sondern auch spezielle MAC-Frames für die Kommunikationssteuerung. Einige haben wir ja bereits kennen gelernt: Lobe-Media-Test, Duplicate-Address-Test, NAUN-Change, Active-Monitor-Present, Standby-Monitor-Present, Transmit-Forward und Pause. Darüber hinaus definiert IEEE 802.5 aber noch weitere Frames, die jede Token-Ring-Netzwerkkarte automatisch versenden muss, wenn sie einen Fehler im Ring erkennt:

- **Abort**

  Die Netzwerkkarte ist defekt, oder die Station hat ein Problem.

- **AC**

  Bei „Address recognized, frame Copied" gibt es einen Fehler im NAUN-Prozess, oder es existiert mehr als ein Active-Monitor.

- **Beacon**

  Wenn der Ring unterbrochen ist, dann empfängt eine Station länger als fünf Bit lang keine Daten mehr von ihrem NAUN. Nun sendet sie ein Beacon-Frame mit ihrer und der NAUN-Adresse stromabwärts. Jede Station, die diesen Frame empfängt, weiß jetzt, wo der Ring unterbrochen wurde; zwischen der Station, die den Beacon schickt, und ihrem NAUN. Bitte nicht vergessen, zwischen einer Station und ihrem NAUN gibt es immer einen Switch oder Ringleitungsverteiler, da man Stationen im Token-Ring nicht direkt verbinden darf. Hier ist es sehr hilfreich, wenn man vor dem Fehlerfall eine Liste mit den verwendeten MAC-Adressen in Ring-Reihenfolge erstellt hat. Auch sollte man wissen, zu welcher Station welche MAC-Adresse gehört.

- **Burst**

  Fehlt ein Signal vom NAUN länger als 5 bit, dann meldet die Station einen Burst. Dieser Fehler ist in der Regel eine Folge der Ring-Insertion eines neuen NAUN. Ein Burst kann aber auch eine Folge von Rauschen oder einer defekten Netzwerkkarte im NAUN sein.

- **Congestion**

  Der Empfangsspeicher einer Station ist voll. Die betroffene Station meldet eine Verstopfung. In der Regel wurden die Netzwerktreiber oder Netzanwendungen dieser Station gestoppt. Nur selten ist es eine echte Überlastungsanzeige.

- **Frame Copied (FC)**

  Es gibt eine doppelte MAC-Adresse im Ring, oder eine Source-Route-Bridge wurde falsch mit Ring und Bridgenummer konfiguriert.

- **Frequency**

  Das vom NAUN hereinkommende Signal ist weder 4 Mbit/s noch 16 Mbit/s, noch 96 Mbit/s schnell, d. h. die Netzwerkkarte des NAUN ist defekt.

- **Internal**

  Eine Station meldet einen internen Fehler mit ihrer Netzwerkkarte.

- **Line**

  Die Frames vom NAUN enthalten Prüfsummenfehler. Wenn es keinen Wechsel des NAUN gegeben hat, dann liegt Rauschen vor, oder die NAUN-Karte arbeitet fehlerhaft.

- **Lost Frame**

  Ein Frame kommt nicht zum Absender zurück. In der Regel ist dies eine Folge des Ring-Insertion-Prozesses. Selten ist dieser Fehler ein Anzeichen für ein entferntes Rauschen oder eine defekte Netzkarte irgendwo im Ring.

- **Lost Token**

  Entweder ging ein Token durch den Ring-Insertion-Prozess, durch Rauschen oder durch eine defekte Netzwerkkarte verloren, oder ein Frame kreist ständig, weil der Absender ausgeschaltet wurde.

- **Soft-Error**

  Eine Station meldet einen Fehler in ihrer Netzwerksoftware.

Die MAC-Frames werden an die MAC-Adresse des Ring-Error-Monitors C000.0000.0008 gesendet, auch wenn es diesen in einem Ring gar nicht gibt.

6.4.1   Fehlersuche: Phase-Jitter

Eine Phasenverschiebung liegt dann vor, wenn eine Station die Bits von ihrem NAUN nicht mehr erkennen kann. Die Frequenz des empfangenen Bitdatenstroms stimmt dann nicht mehr mit dem Takt der Netzwerkkarte überein. Es kommt zu Datenfehlern, langen Antwortzeiten und sporadischen Verbindungsabbrüchen. Die von einem Phase-Jitter betroffene Station meldet: Lost-Frames, Lost-Token, Line-Error und Soft-Error. Phase-Jitter sind schwer zu finden, glücklicherweise aber auch recht selten anzutreffen. Bei Switches gibt es sie dann gar nicht mehr.

6.5   Kabelsysteme für den Token-Ring

IBM brachte 1985 nicht nur das Token-Ring-Netzwerk auf den Markt, sondern auch das dazu passende IBM-Verkabelungs-System (IVS, engl. ICS, IBM-Cabling-System). Heute stellt es kein Problem mehr dar, Token-Ring über eine strukturierte Verkabelung nach DIN 50173 zu betreiben, aber damals gab es diese Norm noch nicht. IBM nennt sein DIN-50173-kompatibles Verkabelungssystem ACS (Advanced-Cabling-System). Nach der Neufassung der DIN 50173 im Jahr 2002 sollte man das IBM-IVS mit 150 Ω durch eine strukturierte Verkabelung ersetzen.

6.5.1   Stecker im Token-Ring

Die erste Variante auf Basis des IBM-Verkabelungssystems (ICS) verwendete:

- **DB9-Stecker**   für Stationsanschlüsse auf den Netzwerkkarten und
- **IBM-Datenstecker**   früher in den Ringleitungsverteilern und Patchfeldern

Der Datenstecker ist ein hermaphroditischer Stecker, d. h. er ist Buchse und Stecker zugleich. Zusätzlich gibt es im IBM-Datenstecker Kurzschlusskontakte, die den Ring schließen sollen, wenn ein Kabel abgezogen wurde. Nachteil des IBM-Datensteckers ist seine große Baugröße. Auch hat sich in der Praxis gezeigt, dass dieser

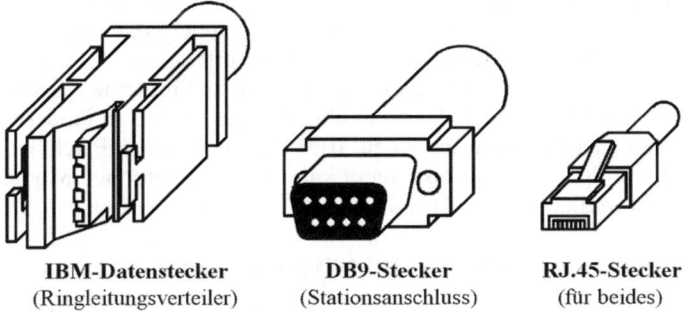

IBM-Datenstecker	DB9-Stecker	RJ.45-Stecker
(Ringleitungsverteiler)	(Stationsanschluss)	(für beides)

Bild 6.1 Stecker im Token-Ring: IBM-Daten, DB.9, RJ.45

IBM-Daten	DB9	RJ45	RO & MSAU	RI & NIC	verdrillt	Kurzschluss
schwarz	5	3	R –	T –	schwarz/orange	schwarz an grün
orange	9	6	R +	T +	schwarz/orange	orange an rot
grün	6	5	T –	R –	grün mit rot	schwarz an grün
rot	1	4	T +	R +	grün mit rot	orange an rot

Tabelle 6.2 Kontaktbelegung für Token-Ring-Kupferstecker

Stecker leider sehr empfindlich gegen Wackelkontakte ist. Die Kurzschlusskontakte öffnen und schließen nicht immer korrekt.

In modernen Token-Ring-Bauteilen nutzt man die Verbindungen nach DIN 50173:

- **RJ45-Stecker** für Stations-, Ringleitungsverteiler- und Switch-Anschluss

Die Glasfaserstecker für Token-Ring waren nicht normiert. Hier hat jeder Hersteller andere eingebaut. Erst seit es die Norm DIN 50173 gibt, setzt sich langsam der teilbare **SC-Duplex-Stecker** auch für Token-Ring durch. Bitte fragen Sie beim Hersteller nach, welche Glasfaserstecker dieser für seine Token-Ring-Komponenten nutzt.

6.5.2 Kabel für Token-Ring

Das IBM-Verkabelungssystem definierte folgende Kabel für den Token-Ring:

- **IBM-Typ.1** bis 100 m   4 Adern, paarweise verdrillt, 2 Schirme, 150 Ω
- **Glasfaser** bis 2000 m 2 Fasern, Multi-Mode-Glasfaserkabel, 62,5/125 μm

Seit der DIN 50173 kann man für Token-Ring auch folgende Kabel nutzen:

- **Category.3** bis 100 m   4 Adern, Twisted-Pair-Kupferkabel, 100 Ω
- **Glasfaser** bis 2000 m 2 Fasern, Multi-Mode-Glasfaserkabel, 50/125 μm

Die Glasfaserübertragung im Token-Ring wurde erst in den letzten Jahren nach IEEE 802.5j normiert. Früher gab es keine Vorgaben, da fertigte jeder Hersteller nach eigenen Standards. Wenn man heute alte Ringleitungsverteiler mit modernen Switches über Glasfaser verbinden möchte, dann führt dies oft zu Problemen. Selbst IBM konnte alte 8230-Ringleitungsverteiler nicht über Glasfaserkabel an moderne 8274-Switches der ersten Generation anschließen. IBM hat jedoch einen Patch entwickelt, den man auf dem 8274 laden muss, dann kann man pro Interface-Modul eine Sorte Ringleitungsverteiler anschließen: 8230 oder Bytex oder Synoptics.

6.5.3 Impedanzwandler: Verbinden von IBM-Typ 1 mit Category.3

Mit Impedanzwandlern, teilweise fälschlich auch als Mediafilter oder Balun bezeichnet, kann man alte TR-Hosts an neue Ringleitungsverteiler anschließen:

- **vom** DB9-Anschluss für IBM-Typ 1 **an** RJ45 und Category.3   IBM#25H1178

Auch ist es möglich neue Stationen mit alten Ringleitungsverteilern zu verbinden:

- **vom** RJ45 für Category.3 **an** IBM-Daten und IBM-Typ 1   IBM#59G0649

Mit diesen etwa streichholzschachtelgroßen Bauteilen ist eine Verbindung von alt
(IVS) mit neu (DIN 50173) über Kupferkabel problemlos möglich.

6.5.4   Virtueller Ring und physikalischer Stern

Ein Frame läuft im Token-Ring kreisförmig von Station zu Station. Nun sind Ringe
die empfindlichsten Netzwerktopologien, denn das Ringkabel ist an jeder Station
unterbrochen. Der Bit-Datenstrom wird von den Empfangsbauteilen jeder Netzkarte
entgegen genommen und dann von der Sendeelektronik derselben Karte verstärkt
weitergegeben. Schaltet man auch nur eine Station aus, dann ist der Ring unterbrochen, da die Kabel nicht durchverbunden sind.

Um dieses Problem zu vermeiden, wird der Token-Ring als Stern verkabelt. So laufen zwei Kabelpaare vom Ringleitungsverteiler zu jeder Station, eines zum Senden
und das zweite zum Empfangen. Der Ring wird dann virtuell im Ringleitungsverteiler zwischen den aktiven Stationen gebildet. Ein virtueller Ring ist ein von Compu-
tersystemen simulierter Ring, der kabeltechnisch, d. h. physikalisch, nicht existiert,
jedoch vom Benutzer als Ring wahrgenommen wird.

Früher hat man zwischen Ringleitungsverteilern (MSAUs) tatsächlich einen Ring
geschaltet. Heute verbindet man die Ringleitungsverteiler sternförmig mit einem
Backbone-Switch.   Anwendern   von   alten   IBM-Verkabelungssystemen   mit
ringförmigen Strukturen wird empfohlen, ihre Verkabelung gemäß DIN 50173 sternförmig umzubauen, da alle neuen Netzwerknormen seit 1990 ausschließlich für sternförmige Netze mit vielen Punkt-zu-Punkt-Verbindungen konzipiert wurden.

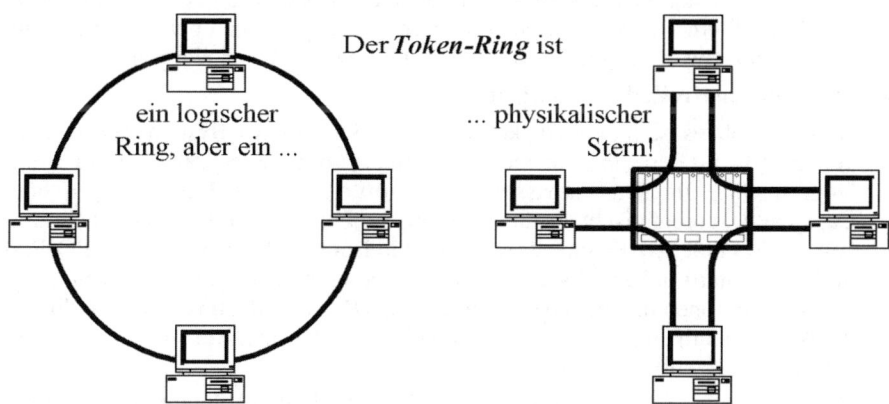

Der *Token-Ring* ist

ein logischer
Ring, aber ein ...

... physikalischer
Stern!

Bild 6.2 Token-Ring: virtueller Ring und physikalischer Stern

161

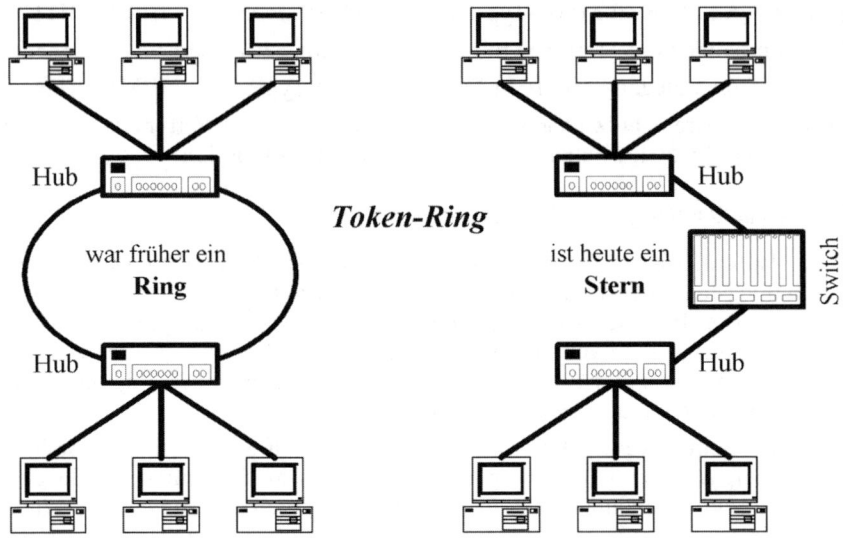

Bild 6.3 Früher ein Ring zwischen MSAUs, heute sternförmig zum Switch

6.6 Ringleitungsverteiler: MSAU und CAU

Früher wie heute gilt: Stationen darf man im Token-Ring nur an Ringleitungsverteiler oder Switches anschließen. Hier gibt es zwei Grundtypen:

- **alte Multi-Station-Access-Units** (MSAU)

  Dies ist eine simple Blechkiste mit einfachen Relais und so gut wie keiner Elektronik, z. B. eine IBM 8228. Vor Inbetriebnahme muss man bei einer 8228 mit einem Spezialwerkzeug die korrekte Einstellung der Relais überprüfen.

- **moderne Controlled-Access-Units** (CAU)

  Hier handelt es sich um ein komplexes elektronisches System mit Verstärkerfunktionen (Repeater) für jeden Anschluss (keine Beschränkung der Ringlänge mehr), Impedanzanpassung pro Port (beliebige Kabel: Typ 1 oder Category.3), automatische Portabschaltung im Fehlerfall (falsche Geschwindigkeit, viele Fehler), Beacon-Begrenzung durch Relais für den RI- und RO-Port und eine Unterdrückung der Phasenverschiebung, was den Anschluss von maximal 260 Stationen in einem Ring ermöglicht. (Das ist jedoch von der Bandbreite her bei der heutigen PC-Rechenleistung absoluter Unsinn. Ein einzelner PC sendet heute bis zu 40 Mbit/s.)

(IBM-Entwicklung: 8228 MAU > 8230 CAU > 8260 Layer-2-Switch IBM/3Com > 8265 ATM-Switch > 8274 Layer-3-Switch IBM/Xylan > 8277 Multilayer-Switch)

Auch im Token-Ring kann man Switches (Router) einsetzen. Diese benutzt man heute, um Ringleitungsverteiler untereinander zu verbinden:

- **Lobe**   nennt man das Kabel von einer Station zum Ringleitungsverteiler

- **Trunk**   ist die Kabelverbindung zwischen zwei Ringleitungsverteilern

Um einen Trunk zu bilden, steckt man ein Kabel in den RO-Anschluss (Ring-Out) des ersten Ringleitungsverteilers und das andere Kabelende in den RI-Port (Ring-In) des zweiten Ringleitungsverteilers. Um den Ring zu schließen, muss man ein zweites Kabel zwischen die beiden Verteiler stecken, denn jeder Ringleitungsverteiler besitzt je einen Ring-Out- und einen Ring-In-Anschluss.

6.6.1   Ringlängenberechnung

Der Autor hat lange überlegt, ob er diesen Absatz noch in sein Buch aufnehmen soll, denn eine Ringlängenberechnung ist nur erforderlich, wenn tatsächlich Ringe über Trunk-Kabel zwischen alten MSAUs gesteckt werden. Es gilt folgende Formel:

MDD $\geq 2 \times$ (ARL + MLL)

MDD =   Maximum-Drive-Distance = maximale Ringlänge im Fehlerfall
Hier gibt es keine Normwerte. Jeder Hersteller definiert die MDD anders.

ARL =   Adjustable-Ring-Length = flexible Ringlänge zwischen RO/RI-Ports
Summe aller Trunk-Kabellängen minus der kürzesten Trunk-Kabellänge.

MML =   Maximum-Lobe-Length = Länge des längsten Lobe-Kabels zum Host

Das hört sich sehr kompliziert an, lässt sich aber vereinfachen. Das Anschlusskabel einer Station (MLL) darf nicht länger sein als 100 m. Diese Regel gilt für alle Twisted-Pair-Kupferkabel, egal ob IBM-Typ 1 oder Category.3. Die MDD ist herstellerabhängig und wird für den IBM 8228 mit 720 m angegeben. Stellt man nun die obige Formel um, erhält man: ARL = 720 m / 2 – 100 m. Das bedeutet:

- **Die Ringlänge** (Summe aller Trunk-Kabel) **darf 260 m nicht überschreiten!**

Bei dieser Rechnung wurde das kleinste Trunk-Kabel mit 2 m Länge unterschlagen. Diese Rechnung erübrigt sich beim Einsatz von Glasfaserkabeln, der Verwendung von CAUs oder Switches. Sie gilt nur für Kupferringe zwischen MSAUs.

6.6.2   Ringlängenmessung

Mit speziellen Messgeräten kann man eine Ringlänge auch nachmessen:

- zuerst misst man die Token-Rotation-Time im Normalbetrieb **(T1)**

- man zwingt den Ring in den Backup-Mode durch Abziehen eines Trunk-Kabels (dabei ist darauf zu achten, dass der Ring keinen Beacon meldet)

- nun misst man wieder die Token-Rotation-Time, jedoch im Backup-Mode **(T2)**

- beim Hersteller fragt man nach, wie schnell ein Signal im TP-Kabel läuft (78 % der Lichtgeschwindigkeit bei IBM-Typ 1 und 59 % bei der Category.3; dies sind Norm-**NVP**-Werte, bitte beim Hersteller aktuelle Werte erfragen)

- man ermittelt die Summe der Kabellängen aller Trunk-Kabel (**MID**), die Multi-Station-Access-Unit-Interconnection-Distance

- zum Schluss muss man rechnen: **MID ≤ (T2 − T1)** × **3** × **NVP** (Beispiel: [23,3 µs − 21 µs] × 3 × 78 % = 538,2 m)

Wichtig! Diese Messung gilt nur für IBM-8228-MSAU und nur für Kupferkabel.

6.6.3 Ausfallsicherung im Token-Ring mit Ringleitungsverteilern

Wie bereits erwähnt, sind Ringnetze sehr empfindlich gegen Ausfälle einzelner Stationen. Hier besitzt der Token-Ring viele Funktionen, um dies zu verhindern:

- den **Ring-Insertion-Prozess**, den jede Station nach jedem Einschalten durchlaufen muss: Lobe-Schleifentest + Phantom-Power + Test auf doppelte Adresse + NAUN-Erkennung + Transmit-Forward durch den ganzen Ring

- ein **Relais für jeden Anschluss** (außer RO + RI) im Ringleitungsverteiler; dieses Relais fällt ab und schließt den Ring, wenn man eine Station ausschaltet oder ein Lobe-Kabel zur Station unterbrochen wird

- wenn der **IBM-Datenstecker** abgezogen wird, schließen die darin eingebauten Kurzschlusskontakte den Ring (hoffen die Entwickler)

- in CAUs gibt es **Elektronik, die den Ring wieder schließt**, selbst wenn Trunk-Kabel zwischen den Ringleitungsverteilern unterbrochen wurden

Wegen der fehlenden Elektronik können das MSAUs nicht. Hier geht der Ring in den Beacon-Status und transportiert dann keine Benutzerdaten mehr. In modernen Token-Ring-Netzen werden die Ringleitungsverteiler einzeln mit den Backbone-Switches verbunden. Dies erhöht nicht nur die verfügbare Bandbreite im Netz (Switchports × 16 Mbit/s), sondern steigert auch die Ausfallsicherheit, da nun jeder Ringleitungsverteiler in sich einen eigenen Ring bildet und so die Ringe kleiner werden. Man sollte jedoch bedenken, dass nicht jede zur IBM 8230 baugleiche CAU via Glasfaser zu einem IBM 8274 kompatiblen Layer-3-Backbone-Switch passt, da früher Glasfasersignale im Token-Ring nicht normiert waren. Man sollte testen, was noch läuft, und nicht funktionierende alte Teile verschrotten.

6.6.4 Topologie der Token-Ringe

Die ursprüngliche Idee war es 1987, Abteilungsringe mit 4 Mbit/s zu bilden und einen Backbone-Ring mit 16 Mbit/s durch das ganze Unternehmen zu führen.

Heute ist jeder Ringleitungsverteiler ein eigener 16 Mbit/s schneller Ring. Im Backbone verwendet man Switches mit Übertragungsraten im Gigabit-Bereich.

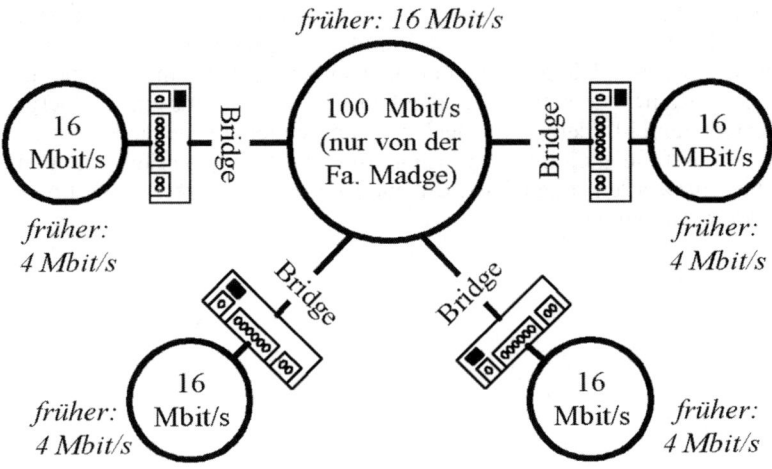

Bild 6.4 Backbone-Token-Ring von 1987

Beiden Topologien gemeinsam ist aber ein Bridging zwischen den Ringen. Das bedeutet, jede größere Token-Ring-Installation verfügt über Bridges. Wie bereits im Kapitel über Switching ausführlich erläutert, gibt es zwei Bridge-Verfahren:

- **Source-Route** Bridging in älteren Token-Ring-Installationen
- **Transparent** Bridging ursprünglich aus dem Ethernet, aber auch für TR

Heute wird auch für Token-Ring generell Transparent-Bridging empfohlen.

Über IP-Netze zwischen Standorten transportiert man SNA-Frames mit DLSW (Data-Link-Switching) und LLC-Pakete mit L2TP (Layer-2-Tunneling-Protocol). Mit diesen Encapsulation-Techniken werden von Routern Layer-2-Frames in IP-Pakete eingepackt, über ein IP-WAN-Netz verschickt und am Ziel wieder ausgepackt. Für die angeschlossenen Stationen sieht es so aus, als ob die ganze IP-WAN-Strecke eine einzelne Bridge wäre. Bei beiden Methoden muss man vorsichtig mit den Paketlaufzeiten sein. Damit die Verbindungen zwischen den Stationen nicht abbrechen, muss die Laufzeit minimiert werden.

6.7 Die Zukunft vom Token-Ring ist Ethernet

Die meisten Hersteller, allen voran die Fa. IBM, empfehlen heute ihren Token-Ring-Kunden auf Ethernet umzusteigen. **Dies muss man aber nicht an einem Tag tun.** Vielmehr lässt man die vorhandenen Ringe bestehen. Man baut parallel dazu ein geswitchtes Ethernet mit Full-Duplex ohne Repeater. Token-Ring und Ethernet werden über einen modernen Router verbunden. Token-Ring und Ethernet schaltet man dazu in getrennte IP-Subnetze. Dabei ist darauf zu achten, dass man nur Transparent bridged, den MTU-Wert jeder Station, auf 1500 Byte begrenzt und ausschließlich SNAP-Frames verwendet. Die Server erhalten zwei Netzkarten: eine Ethernet und eine Token-Ring. Kauft man neue PCs, dann haben diese meistens einen Ethernet-Anschluss fest auf dem Motherboard eingebaut. Man schließt die neuen Rechner im Ethernet an und lässt die alten im Token-Ring. Wenn nach drei bis fünf Jahren alle Rechner getauscht wurden, dann hat man nur Ethernet-Benutzer und kann den Token-Ring ganz abschalten.

7 FDDI

Das Fiber-Distributed-Data-Interface aus 1987 war in erster Linie ein Netz für:

- **Glasfaserkabel** (Multi-Mode- bis 2 km und Single-Mode-Fiber bis 10 km)
- die in einem **Doppelring** (der primäre ist aktiv, der sekundäre ist nur Backup)
- mit **100 Mbit/s** Übertragungsgeschwindigkeit
- bis zu **100 km** mit Zwischenverstärkern (Concentratoren) überbrücken und
- es waren maximal **500 Stationen** in einem FDDI-Doppelring erlaubt

FDDI wurde seit 1987 vom ANSI u. a. als X3.139 normiert (American-National-Standard-Institute „ANSI", der „DIN" der USA). FDDI stellt in weiten Teilen eine Weiterentwicklung des Token-Ring dar.

FDDI hat heute keine Zukunft mehr. Der Arbeitskreis wurde bereits 1998 geschlossen. Man kann kaum noch Produkte kaufen. Seit Ende 2001 stellt Cisco keine FDDI-Komponenten mehr her. Full-Duplex hat es für FDDI nie gegeben. Full-Duplex-Fast-Ethernet ist schneller (2×100 Mbit/s); stabiler (Pause statt Token) und preiswerter als FDDI und arbeitet dank Spanning Tree auch im Ring.

7.1 FDDI-Modell

FDDI hat das OSI-Modell noch weiter detailliert und um vier Sublayer ergänzt:

Datalink	LLC-Sublayer	IEEE-802.2-SNAP-Frame
Layer 2	MAC-Sublayer	SMT
Physical	PHY-Sublayer	Sublayer
Layer 1	PMD-Sublayer	Version 7.2

Tabelle 7.1 FDDI-Sublayer zum OSI-Modell

Der LLC-Sublayer (Logical-Link-Control) nach IEEE 802.2 wurde im FDDI unverändert übernommen. Will man mit anderen Netzen, wie Ethernet oder Token-Ring, über Switches Frames austauschen, dann sollte man in allen Netzen das SNAP-Frame-Format einstellen.

Der MAC-Sublayer (Media-Access-Control) definiert die MAC-Adressen und Frames (4000.7xxx.xxxx) und ist verantwortlich für den Verbindungsaufbau zwischen den Stationen im ganzen Ring.

Der PHY-Sublayer (Physical-Control) ist verantwortlich für den Aufbau von synchronen Verbindungen zwischen den Netzkarten von direkten Ringnachbarn.

Der PMD-Sublayer (Physical-Medium-Dependent) beschreibt die Stecker und Kabel und sorgt für die Übertragung von elektrischen und optischen Signalen.

Der SMT-Sublayer (Station-Management) dient zur Fernsteuerung der MAC-, PHY- und PMD-Sublayer. Dazu verfügt er über etwa 130 Parameter und nicht nur über 12 MAC-Error-Frames, wie der Token-Ring.

7.2   Frames im FDDI

Auch im FDDI gibt es wie im Token-Ring drei Frame-Typen:

- FDDI **Token-Frame** (Ring-Steuerung)

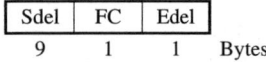

Sdel	FC	Edel
9	1	1	Bytes

- FDDI **LLC-Frame** (Transport von Benutzerdaten)

Sdel	FC	DST	SRC	Data	FCS	Edel	FS
9	1	6	6	1-4472	4	1	1	Bytes

- FDDI **SMT-Frame** (Ring-Management)

Sdel	FC	DST	SRC	Data	FCS	Edel	FS
9	1	6	6	1-4472	4	1	1	Bytes

Tabelle 7.2 FDDI-Frame-Formate

Das Token-Frame steuert den Zugriff der Stationen auf das Netz. Mit LLC-Frames werden Benutzerdaten transportiert, und über SMT-Frames erfolgt das Ring-Management (im Token-Ring erledigen dies MAC-Frames).

7.3   Append-Token für den FDDI-Doppelring

Das Übertragungsverfahren, mit dem FDDI arbeitet, ist Append-Token. Es gibt kein Full-Duplex für FDDI. Man hat die Entwicklung hierzu vor Jahren eingestellt.

Append-Token arbeitet wie eine Rangierlokomotive. Der Token schiebt die Frames vor sich her, wie eine Rangierlok ihre Waggons. Eine sendewillige Station erhält einen Token. Sie nimmt diesen vom Netz und schickt einen Daten-Frame. Die Sendezeit ist auf maximal 4500 Byte begrenzt. Den Token sendet sie direkt hinterher, ohne darauf zu warten, ob ihr Frame schon wieder bei ihr angekommen ist. Wie im Token-Ring setzt die Zielstation ein Empfangsbit, und nur der Absender darf seinen Frame vom Ring nehmen. Erkennt nun eine andere sendewillige Station, dass noch Platz auf dem Ring ist, dann kann sie diesen mit eigenen Frames füllen. Der Unterschied zum Token-Passing besteht also darin, dass im FDDI ein Token mehrere Frames verschiedener Stationen vor sich her schieben kann und nicht nur ein Frame oder ein Token wie im Token-Ring umlaufen darf. Daher der Vergleich: eine Rangierlok (ein Token) schiebt Waggons (viele Frames) durch den FDDI-Ring.

7.4 Timer im FDDI

Im FDDI kann man viele Timer einstellen. In der Praxis ist dies jedoch nicht erforderlich. Die von den Herstellern gesetzten Default-Werte reichen aus:

- **TTRT** = Target-Token-Rotation-Time

  Das ist die aktuelle Token-Umlaufzeit. Bleibt ein Token länger als $2 \times$ TTRT aus, dann veranlasst der Active-Monitor einen Ring-Neustart.

- **TMAX** = maximale TTRT

  TMAX darf höchstens 165 ms betragen. Dauert ein Ring-Neustart länger als $2 \times$ TMAX, dann ist der Ring unterbrochen.

- **TREQ** = TTRT requested

  Das ist die Wunsch-TTRT, die man in jeder Station einstellen kann. Für Sprache setzt man 16 ns, für Video 20 ns und für Daten 40 ns. Die schnellste Station, mit der kleinsten angebotenen TREQ, wird Active-Monitor (AM) und generiert den Token.

- **THT** = Token-Holding-Time

  Das ist die Zeit, die eine FDDI-Station einen Token maximal festhalten darf. Für das Senden eines 4500 Byte langen Frames darf ein Token nicht länger als 0,36 ms behalten werden.

- **TVX** = Timer-Valid-Exmission

  Bleibt ein FDDI-Ring länger als 2,5 ms ohne Frame oder Token, dann erfolgt ein Ringneustart.

- **NOTIFY**

  Man kann die maximale Zeit zur Nachbarsuche (NAUN) im FDDI begrenzen.

- **TME** = Trace-Maximum-Expiration

  Dies ist die maximale Zeit für eine Fehlersuche, bevor ein Ringneustart erfolgt.

- **LATENZ**

  Das ist die Umlaufzeit eines Bits im Ring. Üblich sind 0,1 ms. Das Maximum darf 1,773 ms nicht überschreiten.

- **TTS** = Transmission-Time-Stamp

  Spätestens alle 30 s muss jede Station einen SMT-Status-Frame senden.

Noch einmal der dringende Hinweis: Man sollte im FDDI keine Timer ändern!

7.5   Ring-Insertion im FDDI

Eine FDDI-Station wird eingeschaltet. Der Netzwerktreiber wird geladen. Bevor eine Station am Ringbetrieb teilnehmen darf, muss sie folgende Tests durchlaufen:

- **INIT**

  Die FDDI-Karte startet. Die MAC-Adresse und der TREQ-Timer werden geladen.

- **PCM**

  Beim Physical-Connection-Management erfolgt der Aufbau einer synchronen Verbindung zu den direkten Nachbarn. Es fließt ein ständiger Bitdatenstrom mit 100 Mbit/s. Werden keine Nutzdaten transportiert, dann sendet man Idle-Bits (engl. für untätig).

- **LCT**

  Mit dem Link-Confidence-Test prüft man die Zuverlässigkeit der Verbindung zu den direkten Nachbarn.

- **CMT**

  Das Connection-Management aktiviert logische Pfade zu den Nachbarn, nachdem der LCT fehlerfrei beendet wurde.

- **CFM**

  Das ConFiguration-Management setzt eine Station (MAC-Address) in den Ring ein (Token-Pfad).

- **RMT**

  Das Ring-Management entdeckt Stuck-at-Beacon-Fehler, bei denen die Empfangsleitung von einem Anschluss unterbrochen wurde. RMT findet doppelte MAC-Adressen, auch im normalen Ringbetrieb. Schließlich sendet RMT alle 30 Sekunden einen SMT-Information-Frame von jeder FDDI-Karte.

Nun erst arbeitet die FDDI-Station im Ring und kann mit LLC-Frames Daten austauschen.

7.6   Ring-Start im FDDI

Den Ring-Neustart nennt man auch Claim-Prozess. Beim Neustart eines FDDI-Rings senden alle aktiven Ring-Stationen Claim-Frames mit ihrem TREQ-Timer. Sieht nun eine Station einen Claim-Frame mit einem geringeren TREQ-Wert, dann stoppt sie ihre Übertragung und wiederholt den empfangenen Claim-Frame. Läuft nur noch ein Claim-Frame mit der geringsten TREQ im Ring, dann wird deren Absender zum Active-Monitor. Der AM stoppt die Claim-Frame-Übertragung und schickt den ersten Token in den Ring. Läuft dieser Token dreimal fehlerfrei durch den ganzen Ring, dann kann der normale Betrieb aufgenommen werden.

Der Ring wird jedes Mal neu gestartet:
- wenn eine Station in den Ring geht
- wenn eine Station den Ring verlässt
- wenn der TVX-Wert überschritten wurde (es gab keine Frames > 2,5 ms)
- wenn der Token länger als $2 \times$ TTRT ausbleibt (Daten 40 ns)
- wenn SMT eine Ring-Unterbrechung festgestellt hat

7.7   Stuck-at-Beacon

Den Beacon-Prozess nutzt man, um eine Unterbrechung im Ring zu isolieren und mit kleineren Subringen noch einen Teilbetrieb aufrechterhalten zu können. Im FDDI kann nie der ganze Ring in den Beacon-Status gehen. Meldet Token-Ring einen Beacon, d. h. eine Ringunterbrechung, dann steht dort der ganze Ring, und es läuft nur noch ein Beacon-Frame. Ein Stuck-at-Beacon wird im FDDI gestartet:
- wenn der Claim-Prozess nicht fehlerfrei in $2 \times$ TMAX beendet wurde
- wenn SMT einen Ringfehler entdeckt

Während des Beacon senden alle FDDI-Stationen kontinuierlich Beacon-Frames. Wenn eine Station einen Beacon-Frame vom Nachbarn empfängt, dann stoppt er den eigenen und wiederholt nur noch den Beacon seines Nachbarn (NAUN). Am Ende gibt es nur noch einen Beacon von der Station, dessen Link zu seinem NAUN abbrach. Sendet eine Station länger als 10 s Beacon-Frames, dann startet SMT die Ring-Insertion-Prozedur. Die Station geht aus dem Ring. An dem SMT-Remote-Disconnect-Flag kann man ablesen, ob eine Station gezwungen wurde, aus dem Ring zu gehen. Diesen Vorgang, dass SMT eine Station zum Ring-Insert-Test zwingt, nennt man auch Trace (bitte nicht verwechseln mit IP-Traceroute). FDDI-Stationen senden LLC-Daten-Frames, wenn sie selbst keinen Beacon generieren.

7.8   Fehlersuche mit SMT-Informationen

SMT besitzt etwa 130 Parameter. Bei einer Fehlersuche sind solche Daten sehr hilfreich. Im Folgenden werden hier einige Parameter aufgelistet und kurz erklärt:

Station-Informationen:

- smt STATION ID   Hersteller-Kennung, 8 Zeichen
- smt USER DATA   beliebiger Anwendertext, 32 Zeichen
- mac LONG ADDRESS TYPE   MAC-Adresse, 12 Zahlen, hexadezimal
- smt MAC Count   Anzahl der MAC-Adressen dieser Station

Station-Port:

- smt NON MASTER Count   Anzahl der A- / B- / S-Ports
- smt MASTER Count   Anzahl der M-Ports
- smt BYPASS PRESENT   Station via Bypass in den Ring geschaltet?
- port PMD Class   MMF, SMF, Sonet, LCF, TP, unbekannt
- port MY TYPE   Port-Type dieser Station (A, B, S, M, NONE)

Nachbar-Informationen:

- mac UPSTREAM Neighbour   upstream Neighbour-Address
- mac OLD UPSTREAM Nbr   old upstream Neighbour-Address
- port NEIGHBOUR TYPE   upstream Neighbour-Port (A, B, S, M)
- mac DOWNSTREAM Nbr   downstream Neighbour-Address
- mac OLD DOWNSTREAM Nbr   old downstream Neighbour-Address
- mac DOWNSTREAM PORT TYPE   downstream Port-Type (A, B, S, M)

MAC-Layer:

- FRAME Count   Anzahl fehlerfrei empfangener Frames (in)
- TRANSMIT Count   Anzahl fehlerfrei gesendeter Frames (out)
- COPIED Count   Anzahl fehlerfreier Frames zu dieser Station
- ERROR Count   Anzahl empfangener Frames mit CRC-Fehler
- LOST Count   selbst gesendete Frames mit CRC-Fehler
- LATE Count   eingehende Frames nach Ablauf TTRT-Timer
- FRAME ERROR Ratio   (Error + Lost)/(Error + Lost + Frame) $\times\, 2^{16}$
- NOT COPIED Ratio   (NotCopied)/(Copied + NotCopied) $\times\, 2^{16}$
- RING OP Count   Anzahl der Ring-Operationen seit Start
- DUPL.-ADDRESS Test   doppelte Adresse im Ring (none, pass, fail)
- DUPL.-ADDRESS Flag   doppelte Adresse gefunden (true, false)
- UNA-DUPL.-AD. Flag   doppelte Adresse beim upstream Neighbour

PHY-Layer (PATH-Group):

Steht die synchrone Verbindung zu den Nachbarn noch?

- CURRENT PATH   isolate, primary, second, concatenate

Wie ist der Status der Verbindung: isoliert; im primären Ring; im sekundären Ring; oder wurden irrtümlich primär und sekundär miteinander verdreht, verkettet (concatenated) (steckt A-an-A oder B-an-B)?

PMD-Layer (PORT-Group):

Gibt es Bit-Fehler in den synchronen Verbindungen zu den Nachbarn?

- LCT = Link-Confidence-Test = Test des Verbindungsaufbaus

War der Verbindungsaufbau schnell (short = 50 ms), mittelmäßig (medium = 500 ms), langsam (long = 5 s) oder fehlerhaft (no link = 50 s)?

- LEM = Link-Error-Monitor = Betriebsüberwachung

Der LEM ist ein ständiger Bit-Fehler-Test der synchronen Verbindung zu den direkten Nachbarn. Eine gute Verbindung hat zwischen 10^{-15} und 10^{-12} Fehler. Einen Alarm gibt es bei 10^{-8}, und abgeschaltet wird ein Link bei einer ständigen Fehlerrate über 10^{-7}.

- LEM REJECT Cts = Anzahl der Verbindungsabbrüche

Leider stehen die SMT-Variablen nur einem Systemprogrammierer direkt zur Verfügung. Daher sollten alle FDDI-Komponenten die SNMP-FDDI-MIB unterstützen, damit man die Werte über einen SNMP-Manager abfragen kann.

7.9 Stecker (B, A, S, M) an Station und Concentrator

In der FDDI-Norm wurde auch ein eigener Glasfaserstecker spezifiziert: der MIC. Dieser Stecker sollte in der Mitte über farbige Nasen codiert sein:

MIC-Steckertyp	Farbe	Nase	Verwendung: [IN × NASE × OUT]
B-Stecker	blau	xxN = rechts	DAS = primär OUT und sekundär IN
A-Stecker	rot	Nxx = links	DAS = primär IN und sekundär OUT
S-Stecker	grün	xNx = Mitte	SAS = IN und OUT
M-Stecker	schwarz	NNN = breit	SAS = IN und OUT

Tabelle 7.3 MIC-Stecker-Belegung A, B, S, M

Mit diesen Steckern darf man folgende Verbindungen zusammenstecken:

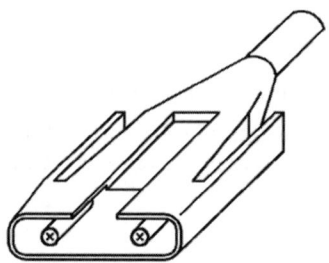

Bild 7.1 MIC-Stecker (Media-Interface-Connector) für FDDI

Anschluss	B (primär OUT)	A (sekundär OUT)	S an Station	M am Hub
B	concatenate = error	OK = THROUGH	wrap	Dual-Homing
A	OK = THROUGH	concatenate = error	wrap	Dual-Homing
S	wrap	wrap	OK = THROUGH	OK = THROUGH
M	Dual-Homing	Dual-Homing	OK = THROUGH	Verboten!

Tabelle 7.4 Erlaubte FDDI-Steckverbindungen

Die Anschlüsse **A** und **B** findet man an FDDI-Stationen, die Verbindung zu beiden Ringen haben. Diese Hosts nennt man Dual-Attached-Stations (**DAS**).

Aus Kostengründen kann man auf den sekundären Backup-Ring verzichten. Systeme mit Zugang nur zum primären Ring nennt man Single-Attached-Stations (**SAS**). Hier findet man den Anschluss **S** an der Station und den Anschluss **M** am Hub oder, wie ihn die FDDI-Nomenklatur auch nennt, am Concentrator. Bei einer Ring-Unterbrechung kann eine SAS keine Verbindung zum Reservering schalten und bleibt somit isoliert.

Through ist der normale Betriebszustand eines FDDI-Rings. Bei DAS sind hier A-mit-B verbunden und bei SAS die Anschlüsse S-mit-M.

Wrap zeigt einen Fehlerfall an. Hier ist der primäre Ring unterbrochen und beide Ringe sind zu einem verbunden. Das passiert natürlich auch, wenn man eine SAS mit dem S-Anschluss an eine DAS mit A- oder B-Ports anschließt. Die Übertragung funktioniert aber immer noch fehlerfrei. Man hat jetzt nur keinen Backup mehr. Sogar folgende Verbindung läuft: **SAS-S === B-DAS-A === S-SAS**.

Bei **Concatenate** sind die Ringe so miteinander verdreht, dass nichts mehr funktioniert. Einige Stationen arbeiten auf dem primären und andere auf dem sekundären

Ring. Eine Kommunikation zwischen den Stationen auf den beiden Ringen ist unmöglich. Eine solche Schaltung A-an-A oder B-an-B ist verboten!

Dual-Homing ist eine Methode, einen DAS-Host besonders sicher an zwei Hubs anzuschließen. Der aktive DAS-B-Anschluss wird in einem M-Port am ersten Concentrator gesteckt und der passive A-Port auch in einen M-Port, aber an einem zweiten Concentrator (siehe Bild 7.2). Fällt nun der erste Concentrator aus, dann schaltet die Station auf den zweiten Concentrator um. Diese Funktion scheint sehr sicher zu sein, führt aber in der Praxis zu Problemen mit der Stuck-at-Beacon-Funktion. Nehmen wir einmal an, die Verbindung des ersten Concentrators zum FDDI-Ring über dessen A- und B-Anschlüsse fällt ganz aus. Der Concentrator steht nun allein und ist nicht mehr am Netz. Von diesen Problemen ist der M-Port jedoch nicht betroffen, an dem unsere Station mit ihrem B-Port angeschlossen ist. Jetzt bildet der erste Concentrator einfach einen neuen Ring und startet einen Inselbetrieb mit der DAS. Eine Umschaltung der DAS auf den zweiten Concentrator erfolgt jetzt nicht. Die Backup-Funktion bei Dual-Homing funktioniert also nur bei Kabelbrüchen von der DAS-Station zum ersten Concentrator oder beim Totalausfall des ersten Concentrators, und das kommt fast nie vor.

7.10   Kabel für FDDI

FDDI wurde in erster Linie als Glasfasernetz konzipiert und ist so auch weitestgehend in Gebrauch.

7.10.1   Multi-Mode-Glasfaserkabel

Mit Multi-Mode-Fiber 50/125 µm (und 62,5/125 µm) kann man 2 km überbrücken. Für jede Verbindung benötigt man vier Glasfasern im Doppelring mit DAS-Bauteilen und nur zwei für den primären Ring mit SAS-Komponenten.

7.10.2   Single-Mode-Glasfaserkabel

Für Single-Mode-Fiber 9/125 µm gibt es zwei Übertragungsklassen. Mit Lasern der Klasse 1 kann man 10 km und mit denen der Klasse 2 bis zu 40 km überbrücken. Bitte fragen Sie aber bei den Herstellern nach, welche Längen wirklich genutzt werden können bzw. welche Dämpfung noch zulässig ist. Auch hier benötigt man vier Fasern für einen Doppelring. FDDI-Klasse-2-Bauteile sind dem Autor unbekannt.

7.10.3   Category-5-Twisted-Pair-Kupferkabel

Es gibt eine ANSI-Normierung für FDDI über Twisted-Pair-Kabel, die TP-PMD/MLT3. Als Stecker verwendet man vier Adern und den bekannten RJ45-Stecker mit der Kontaktbelegung 1 + 2 und 7 + 8.

Diese Norm hat sich jedoch nicht durchgesetzt, da die Amerikaner die in Europa geltende DIN 55022 und das EMV-Gesetz übersehen haben. **In den USA sind alle Frequenzen unter 30 MHz frei.** In Deutschland jedoch gibt es genaue Vorschriften über die erlaubte Strahlung eines Computernetzes. Diese wurden von der TP-PMD/MLT3 nicht eingehalten. Wird dies nicht beachtet, dann bekommt ein Artikel kein CE-Zeichen. Seit 1997 darf in Europa kein Artikel ohne CE-Zeichen mehr verkauft werden. Also nahmen die meisten Hersteller, wie HP, IBM, SUN, aber auch Cisco und Nortel ihre Kupfer-FDDI-Produkte vom Markt. Nur Schneider & Koch modifizierten die Norm minimal, so dass auch weiter Category-5-FDDI-Produkte angeboten werden können.

Kurz nachdem dieses Problem bekannt wurde, hat man die Fast-Ethernet-Norm, die physikalisch ebenfalls auf TP-PMD/MLT3 basiert, so verändert, dass alle europäischen Vorschriften eingehalten wurden. Da Fast-Ethernet mit Full-Duplex doppelt so schnell ist wie FDDI und bereits bei der Einführung nur halb so teuer war, empfahlen die Unternehmen HP und SUN ihren Kupfer-FDDI-Kunden auf Full-Duplex Fast-Ethernet umzusteigen.

7.10.4 FDDI-Anschlusskabel

FDDI-Patchkabel sind immer gekreuzt. Bei dem MIC-Glasfaserstecker sind IN und OUT bzw. rechts und links vertauscht. Das war erforderlich, weil man den MIC-Stecker nicht teilen oder umdrehen kann. Auch die Twisted-Pair-Anschlusskabel sind immer gedreht: 1-7, 2-8 und 7-1, 8-2; da auch ein RJ45-Stecker nicht teilbar ist.

7.11 FDDI-Topologie

FDDI basiert auf einem Doppelring. Der erste Ring wird für den Datentransfer genutzt, der zweite ist ausschließlich als Backup-Pfad gedacht. In einem Ring von bis zu 100 km Länge darf man maximal 500 Stationen betreiben:

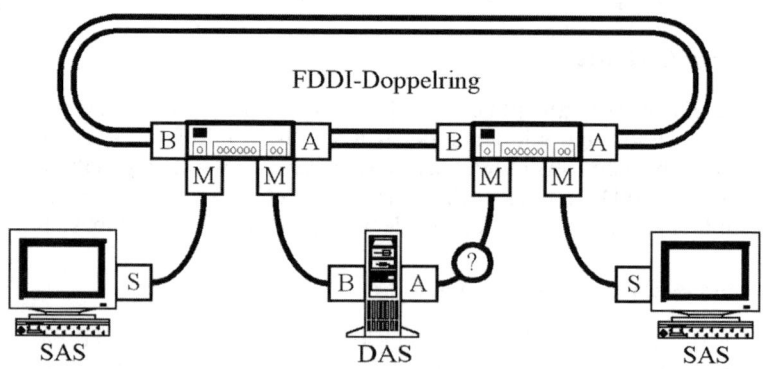

Bild 7.2 FDDI-Topologie

176

- in den Ring darf man nur Concentratoren (Hubs), Switches und Router schalten
- die Hosts sind ausschließlich mit Concentratoren oder Switches zu verbinden

Die Stationen haben im Doppelring nichts zu suchen! SAS sollen ausschließlich an M-Ports eines Concentrators und DAS via Dual-Homing an die M-Ports von zwei Concentratoren angeschlossen werden. Verstößt man gegen diese beiden Regeln, dann erhält man nach der Erfahrung des Autors unweigerlich einen instabilen FDDI-Ring, mit vielen sporadischen und nicht nachvollziehbaren kurzzeitigen Ausfällen.

7.12 Stationsanschluss über Bypass

Ein Bypass (engl. für Umgehungsstraße) ist ein optisches Relais. Es wird in den Doppelring geschaltet und mit einer DAS verbunden. Ist die DAS aktiv, dann versorgt sie den Bypass mit Strom und wird in den Ring geschaltet. Macht man die DAS aus, dann schließt der Bypass den Doppelring. Der Nachteil eines Bypass ist seine hohe Dämpfung. Befolgt man die Regel „Keine Stationen im Doppelring installieren", dann darf man keinen Bypass nutzen.

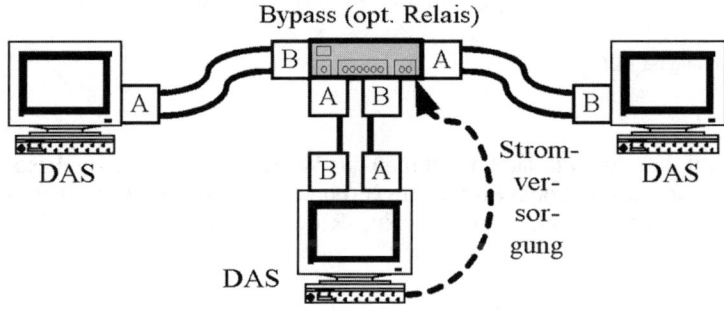

Bild 7.3 Bypass

7.13 Ausfallsicherung im FDDI

Da Ringe sehr empfindlich gegen Unterbrechungen sind, hat man FDDI als Doppelring ausgebildet:

- Status „**through**"

  Im Normalbetrieb werden die Daten nur über den Primärring gesendet.

- Status „**wrap**"

  Sollte der Ring unterbrochen werden, dann schaltet die nächstliegende DAS-Station in den Wrap-Modus und verbindet beide Ringe miteinander.

177

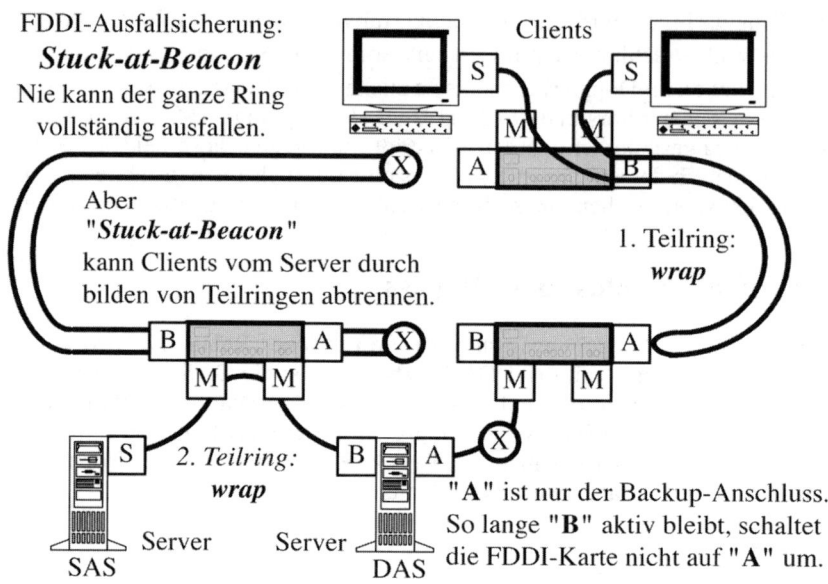

Bild 7.4 Ausfallsicherung im FDDI

Liegt der Fehler auf dem A-Port, dann nennt man das **Wrap-B** (B connected, A isolated), weil der B-Port noch mit dem Primärring verbunden ist. Bei **Wrap-A** ist alles umgekehrt (A verbunden zum sekundären Backup-Ring und B isoliert).

7.14 FDDI-Bridging zu anderen Netzen

FDDI wurde in der Regel als Backbone-Netz eines Unternehmens genutzt:

- **Ethernet => FDDI-Doppelring durchs ganze Haus <= Token-Ring**

Vor allem bei NFS-Zugriffen im Unix-Umfeld gibt es zwischen Ethernet und FDDI immer wieder Probleme, wenn man folgende Regeln nicht ausnahmslos beachtet:

- **maximale Frame-Größe** aller FDDI-Stationen (MTU) begrenzen auf **1500 Byte**
- **das Frame-Format** auch im FDDI in jedem Host konfigurieren auf **SNAP**
- **Source-Route-Bridging** in den Token-Ring-Systemen ändern in **Translation**

Nur bei 100-prozentiger Beachtung dieser drei Regeln funktioniert ein Bridging zwischen FDDI und Ethernet unter Sun's NFS problemlos.

7.15 Keine Zukunft für FDDI

Seit 1997 kann man keine kupferbasierten FDDI-Produkte mehr kaufen (der Standard-TP-PMD erhielt kein CE-Zeichen). Bereits 1998 hat ANSI den FDDI-Arbeitskreis mangels Interesse aufgelöst. Seit Ende 2001 stellt selbst der größte Netzwerkproduzent der Welt, die Fa. Cisco, keine FDDI-Produkte mehr her.

Heute nutzt man statt dem 100 Mbit/s schnellen und für Stuck-at-Beacon-Fehler anfälligen FDDI das schnellere, stabilere und preiswertere Gigabit-Ethernet mit 1000 Mbit/s im LAN-Backbone.

8   ATM

Der Asynchronous-Transfer-Mode ist heute die Technik für den Internet-Backbone der Telefongesellschaften. Diese nutzen ATM über SDH-(Europa) und Sonet-(USA)Glasfasernetze. SDH/SONET-Netze können auch ISDN (Sprache) parallel transportieren. Es gibt aber bereits einige kleinere Gesellschaften, die Ethernet over SDH verwenden, um den ATM-Overhead einzusparen. ATM wird im LAN recht selten eingesetzt. ATM wurde 1988 vom ITU als Transportmedium für ein weltumspannendes, universelles Telefon- und Datennetz mit Glasfaserkabeln definiert. Da ATM mehr ein WAN als ein LAN darstellt, liegt ATM eine ganz andere Technik zu Grunde als Ethernet oder Token-Ring. In einem Punkt ist ATM ungeschlagen. Es gibt kein anderes Computernetz mit so vielen Fachbegriffen.

8.1   Probleme von ATM im LAN

Ethernet ist ein echtes Plug-and-Play-Netzwerk: Geräte aufstellen, mit Kabeln verbinden, einschalten, und es läuft. Man kann Ethernet durch manuelle Einstellungen verbessern, muss es aber nicht. ATM ist da ganz anders. Eine LAN-Emulation im ATM muss aufwändig konfiguriert werden, bevor man die ersten Daten austauschen kann. Auch ist ATM langsamer (höhere Verzögerungszeiten) als Gigabit-Ethernet und durch seine Komplexität (LANE) instabiler (Full-Duplex-Ethernet). Der Hauptgrund, warum viele Firmen heute ATM durch Gigabit-Ethernet ersetzen, sind die deutlich höheren Kosten eines ATM-Netzwerks.

8.2   Normung von ATM

Es gibt weltweit zwei Gremien, die ATM mit-/gegeneinander normieren:

● Das ist in den USA das **ATM-Forum** (Cisco, Enterasys, Fore, IBM, Madge, Lucent, Nortel, ...), welches sich hauptsächlich um den LAN-Bereich kümmert. Das ATM-Forum wurde 1991 gegründet und zählt heute über 400 Mitgliedsunternehmen.

● In der Schweiz sitzt die **ITU** (International-Telephon-Union) in der neben den Telefongesellschaften auch die größten Telefonanbieter sitzen (Alcatel, Nokia, Ericsson, Siemens, ...). Die ITU hieß früher CCITT und wurde um 1900 von Telefonunternehmen gegründet, um Standards für ein internationales Telefonieren zu setzen. Ziel der ITU ist es vor allem, ATM- mit der WAN-Technik kompatibel zu gestalten.

Leider sind sich bei der Normierung die Amerikaner und Europäer oft nicht einig, und es entstehen zwei inkompatible Standards für dieselbe Sache. Der Grund ist der Kampf um Marktanteile. **Cisco** ist Marktführer im LAN-Bereich. 70 % der Router im Internet kommen aus dem Hause Cisco. Alle namhaften LAN-Komponentenhersteller (3Com, Enterasys, Lucent, Madge, Nortel(Bay)) kommen aus den USA. Siemens ist weltweit der ungekrönte König der Telefonwelt. Jedes dritte Telefon auf unserer Erde kommt aus dem Hause **Siemens**. Des Weiteren kommen fast alle großen Telefonanbieter (Alcatel, Ericsson, Nokia) aus Europa. Vor wenigen Jahren war die Welt aus Sicht der Anbieter noch in Ordnung. Man musste für Daten und Telefonie zwei Netze aufbauen und betreiben. In Zukunft werden aber beide Bereiche zusammenwachsen. Man kann sich vorstellen, dass man im Jahre 2020 nur noch ein Netz, wahrscheinlich ein neues Internet für den Transport aller Informationen (Sprache, Daten und Video) verwenden wird. Dann müssen Cisco und Siemens um denselben Markt kämpfen.

Das Modell des Asynchronous-Transfer-Mode steht auf drei Säulen

- User-Plane   Transport der Benutzerdaten
- Control-Plane   Kommunikationsverfahren, wie Routing-Protokolle
- Management-Plane   Steuerung des Netzes, mit Abrechnungsdaten

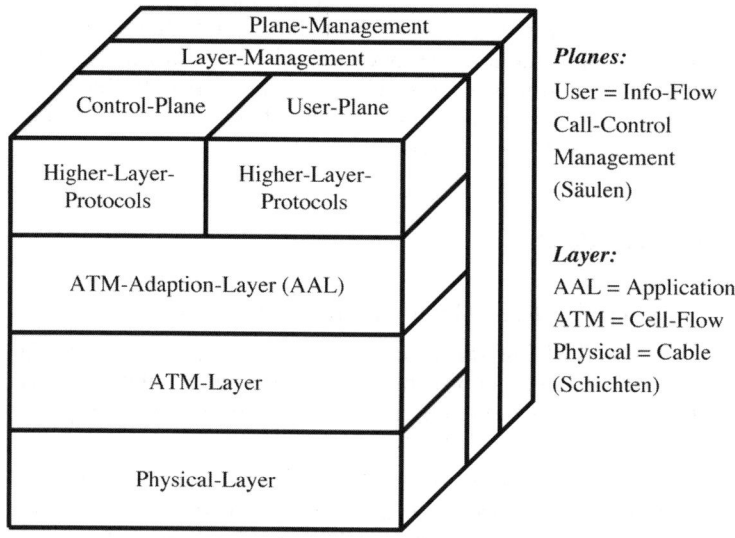

Bild 8.1 Das ATM-Modell

und jede Säule setzt sich aus vier Bausteinen zusammen:

- Higher-Layer-Protocols wie das Internet-Protocol (IP)
- ATM-Adaption-Layer Anpassen der Dienste an den ATM-Layer (AAL)
- ATM-Layer Transport der ATM-Zellen (53 Byte)
- Physical-Layer Definition der Kabel, Stecker und Signale

Im Folgenden werden die Aufgaben der einzelnen Layer im Überblick erklärt.

8.3 Physical-Layer im ATM (PHY)

Im Physical-Layer werden die Komponenten, die elektrischen und optischen Signale, die Kabel und die Stecker für ATM definiert.

8.3.1 PHY: Stecker und Kabel im ATM

ATM kann man über neue Glasfasernetze betreiben, wie SDH aus Europa und SONET aus den USA oder vorhandene PDH-Strecken der Telefonnetze E1/E3 in Europa und DS1/DS3=T1/T3 in den USA bzw. J1/J3 in Japan nutzen.

8.3.2 PHY: SDH und SONET

SONET (Synchronous-Optical-NETwork) und **SDH** (Synchronous-Digital-Hierarchy) sind optische Netze für Glasfaserkabel. Für Stecker und Kabel verwenden beide ATM-Spezifikationen die Spezifikationen der DIN 50173:

- SC-Duplex (teilbar) für Multi-Mode-Fiber 50/125 µm, zwei Fasern je Strecke
- SC-Duplex (teilbar) für Single-Mode-Fiber 9/125 µm, zwei Fasern je Strecke

Die überbrückbaren Entfernungen richten sich bei MMF nach der Bandbreite:

- 155 Mbit/s über Multi-Mode-Fiber 50/125 µm 2000 m
- 622 Mbit/s über Multi-Mode-Fiber 50/125 µm 500 m

Bei Single-Mode-Fiber nennt nur der Hersteller die Entfernungen (Dämpfung):

- 2488 Mbit/s über Single-Mode-Fiber 9/125 µm 50 000 m

Bereits 1988 wurde vom ITU eine Empfehlung verabschiedet, die SDH als Standard für weltweite optische Netze vorsieht. Nur in den USA hält man sich nicht daran und nutzt SONET für die optische Übertragung. Beim Kauf von ATM-Komponenten muss man also darauf achten, ob man SDH oder SONET installieren will. Die meisten Bauteile kann man heute umschalten (Bitte beim Hersteller nachfragen!).

SDH und SONET haben folgende wesentlichen Unterschiede. SONET beginnt mit einer Grundübertragungsrate von 52 Mbit/s, SDH mit 155 Mbit/s. SONET nutzt zur Übertragung das Synchronous-Transport-Signal (STS), in den USA auch Optical-

Carrier-Signal (OC) genannt. SDH verwendet die Synchronous-Transport-Modules (STM) für den Datenaustausch. Die verschiedenen Geschwindigkeiten zur Übertragung ergeben sich aus der Multiplikation mit den Basistransportmodulen. Folgende Bandbreiten wurden bisher spezifiziert:

SONET-Signal	Bandbreite (Mbit/s)	SDH-Stufe	Voice-Channel
STS-1 = OC-1	51,84	nicht möglich	672
STS-3 = OC-3	155,52	STM-1	2 016
STS-12 = OC-12	622,08	STM-4	8 064
STS-24 = OC-24	1 244,16	ungebräuchlich	16 128
STS-48 = OC-48	2 488,32	STM-16	32 256
STS-192 = OC-192	9 953,28	STM-64	129 024
STS-768 = OC-768	39 813	STM-256	516 096
STS-3072 = OC-3072	159 252	STM-1024	2 064 384

Tabelle 8.1 Vergleich SONET und SDH

8.3.3 PHY: ATM über bestehende Telefonstrecken E1/E3

Das ITU hat dafür gesorgt, dass man ATM nicht nur über neue Glasfasernetze betreiben kann (SDH und SONET), sondern auch über existierende Telefonverbindungen der Plesiochronous-Digital-Hierarchy: E1-PDH und E3-PDH.

8.3.4 Telefonieren digital (PCM-Technik: der Satz von Nyquist)

Bevor man zu PDH-Multiplexern kommt, sollte man die Basis digitaler PDH-Telefonnetze kennen. Folgender Satz von Nyquist definiert digitale Sprache:

- eine analoge Telefonverbindung arbeitet in Deutschland mit 4 kHz
- nun wird das Telefonsignal alle 125 µs abgetastet, das sind genau 8000 Messungen pro Sekunde
- jeder Messwert wird in 8 bit umgerechnet
- man muss also 64 kbit/s (8000/s × 8 bit) für eine Sprachverbindung übertragen, auch Sprachkanal oder kurz Kanal genannt

Daher basieren alle öffentlichen digitalen Netzwerke nach ITU-Empfehlung auf einem Vielfachen der Bandbreite von 64 kbit/s.

Die Carrier der USA konnten dies nicht unverändert übernehmen. Dort gilt:

- analoge US-Telefonverbindung arbeiten mit 3,4 kHz (schlechtere Qualität)
- das Telefonsignal wird alle 143 μs abgetastet, das sind genau 7000 Messungen pro Sekunde, es gilt auch hier der Satz von Nyquist
- nun wird jeder Messwert ebenfalls in 8 bit umgerechnet
- die USA übertragen nur 56 kbit/s (7000/s × 8 bit) pro Sprachkanal

ISDN ist in USA nur n × 56 kbit/s schnell und nicht wie bei uns in Deutschland n × 64 kbit/s.

Das oben beschriebene Verfahren nennt man PCM. Die Pulse-Code-Modulation des ISDN übersetzt analoge Sprachsignale (4 kHz) in digitale Informationen (64 kbit/s) durch das Abtasten der Signale (8000/s) und das Umrechnen der Abtastwerte in digitale Informationen (8 bit).

8.3.5   PHY: Die PDH-Stufen E1 und E3

Mit der Plesiochronen-Digitalen-Hierarchie (PDH) kann man mehrere 64 kbit/s breite Kanäle multiplexen und über eine Kabelstrecke übertragen. Die PDH beschreibt folgende Stufen für PDH-Multiplexer:

- E1   2 Mbit/s   30 Telefongespräche   30 Kanäle zu je 64 kbit/s
- E2   8 Mbit/s   4 × E1   120 Kanäle zu je 64 kbit/s
- E3   34 Mbit/s   4 × E2   480 Kanäle zu je 64 kbit/s
- E4   140 Mbit/s   4 × E3   1920 Kanäle zu je 64 kbit/s

Der große Nachteil an der PDH-Technik ist, dass man bei PDH immer die ganze Multiplex-Hierarchie durchlaufen muss. Man kann also keinen einzelnen 64 kbit/s breiten Kanal aus einer E4-Strecke auskoppeln.

Stellen wir uns einmal vor, man richtet eine E4-Fernstrecke zwischen Hamburg und München ein. Nun möchte aber auch ein Kunde nach Frankfurt telefonieren. Mit PDH muss man nun in Frankfurt an einen E4-Verstärker je einen E3-Multiplexer, E2-Multiplexer und E1-Multiplexer aufstellen, um einen Sprachkanal auszukoppeln. Mit der SDH-ATM-Technik kann man direkt aus einer 155 Mbit/s schnellen STM1-Strecke einen 2 Mbit/s breiten Kanal separieren. Bei PDH muss eine Telefongesellschaft vier Geräte kaufen, mit SDH nur eines. So können die Carrier mit SDH viel Geld sparen, was den Siegeszug von ATM als WAN-Backbone-Technik erklärt.

Das digitale ISDN-Telefonnetz der Deutschen Telekom AG (DTAG) ist im Jahr 2000 größtenteils noch ein PDH-Netzwerk, wird aber in Zukunft auf SDH umgerüstet.

Welche Kabel nutzen nun E1- und E3-Verbindungen? Heute werden fast nur noch Glasfaserkabel neu installiert. Man benötigt hier zwei Fasern:

- Single-Mode-Fiber 9/125 μm, bei der DTAG mit Steckern nach DIN 47256

NTPM-Klemme			RJ45	Cisco-RJ48		Cisco-DB15m	
Klemme.5	an.a	Rx (+)	Pin.5	Pin.5 (Tip)	Tx (+)	Pin.9	Tx (+)
Klemme.6	an.b	Rx (–)	Pin.4	Pin.4 (Ring)	Tx (–)	Pin.2	Tx (–)
Klemme.8	AB.a	Tx (+)	Pin.2	Pin.2 (Tip)	Rx (+)	Pin.8	Rx (+)
Klemme.9	AB.b	Tx (–)	Pin.1	Pin.1 (Ring)	Rx (–)	Pin.15	Rx (–)

Hinweise:
(a) und (b) bzw. (+) und (–) oder (Tip) und (Ring) darf man tauschen.
Die Belegung für (an) und (AB) muss immer stimmen.

Tabelle 8.2 Belegung der Steckanschlüsse für E1-Schnittstellen

Früher hat man jedoch auch Kupferkabel verwendet:

- E1 über Twisted-Pair-Category-3 vier Adern, mit RJ45-Stecker (Belegung siehe Tabelle 8.2)

- E3 über zwei RG59-Koaxialkabel von 75 Ω und 2 BNC-Steckern

Die RG59-Koaxialkabel werden auch als Antennenkabel genutzt. Man darf sie aber nicht mit 50-Ω-RG58-Koaxialkabel für Thinwire-Ethernet oder 93-Ω-RG62-Koaxialkabel für IBM3270-Terminalanschlüsse verwechseln.

Der Leser wird sich u. U. fragen, warum man so ausführlich auf die PDH-Technik eingeht. Manchmal können die Telefongesellschaften einen WAN-Anschluss nur über die PDH-Technik anbieten, und man kauft für seinen Router eine E1- oder E3-Interfacekarte.

In den USA sind die Multiplexstufen wieder anders. Hier werden 24 Kanäle zu einer 1,533 Mbit/s schnellen T1/DS1-Leitung gebündelt. Eine T3/DS3-Strecke mit 44,736 Mbit/s (672 Kanäle) besteht aus sieben DS2-Bündeln (96 Kanäle) und diese jeweils wiederum aus vier T1/DS1-Strecken.

8.3.6 PHY: Kabel und Übertragungsraten im LAN

Das ATM-Forum hat für LANs zusätzlich folgende Schnittstellen spezifiziert:

- RJ45 und Category.5 bis 100 m für 155 Mbit/s
  Diese Variante ist selten. Man nutzt ATM im LAN meistens über Glasfaser (s. o.).

- DB9/IBM-Daten-Stecker und IBM-Typ1-Kabel bis 100 m für 25,6 Mbit/s
  Die von IBM entwickelte Variante mit 25,6 Mbit/s ist fast ausgestorben.

- FDDI-MIC und MMF 62,5/125 µm bis 2000 m für 100 Mbit/s (tot)

Zu Beginn der ATM Entwicklung verwendete man auch die FDDI-Spezifikation für den Transport von ATM-Zellen. Heute kann man diese Bauteile nicht mehr kaufen.

8.3.7 PHY: PDH- und SDH-Standleitungen

PDH und SDH sind Techniken für Punkt-zu-Punkt-Verbindungen. Mit PDH/SDH kann man eine Standleitung über Glasfaser zwischen zwei Orten schalten. Da PDH/SDH aber auch Multiplex-Techniken beinhalten, wird es möglich, über ein Glasfaserkabelpaar Sprache und Daten gleichzeitig zu senden. N × 2 Mbit/s für ISDN und parallel M × 2 Mbit/s für Ethernet.

8.4 ATM-Layer

Der ATM-Layer generiert die Datenpakete, ATM-Zellen (engl. Cell) genannt. Er fasst die Zellen in Container zusammen, und zwar so, dass abhängig von der Bandbreite immer alle 125 µs, d. h. 8000 Mal pro Sekunde (siehe Satz von Nyquist und PCM), ein Container übertragen wird. Damit wird eine Sprachübertragung problemlos möglich. Des Weiteren leitet der ATM-Layer die Zellen durch das ATM-Netzwerk von ATM-Switch zu ATM-Switch.

8.4.1 ATM: Zellen

ATM-Zellen sind im Gegensatz zu Ethernet, Token-Ring oder FDDI nicht variabel, sondern immer exakt 53 Byte lang. Die 53 Byte entstanden aus einem Kompromiss. Die Europäer wollten 48 Byte (besser für Sprache) und die Amerikaner 64 Byte (gut für Daten). Man einigte sich etwa in der Mitte für eine Cell im ATM.

GFC	VPI	VCI	PT	CLP	HEC	Daten (48 Byte)

Tabelle 8.3 ATM-Cell mit 53 Byte

Folgende Felder findet man im 5 Byte langen Kopf jeder ATM-Zelle:

- GFC   Generic-Flow-Control, 4 bit, nur bei UNI
- VPI   Virtual-Path-Identifier, 8 bit im UNI oder 12 bit im NNI
- VCI   Virtual-Channel-Identifier, 16 bit
- PT   Payload-Type: User-Data, Control-Information, Management
- CLP   Cell-Loss-Priority, 1 bit (Darf die Zelle verloren werden?)
- HEC   Header-Error-Check, 8 bit (Prüfsumme nur für den Frame-Kopf)

Von den 53 Byte benötigt der Kopf fünf. So bleiben 48 Byte für den Datentransport übrig. Eine Prüfsumme für die Daten ist nicht vorgesehen. Man weiß also nie, ob man die Nutzdaten fehlerfrei empfangen hat. Wenn LAN-Frames, z. B. aus dem Ethernet mit 1518 Byte, via ATM übertragen werden, zerlegt man ein Frame in 32 Teile à 48 Byte und transportiert sie mit 32 ATM-Zellen. Der Empfänger setzt das Ethernet-Frame wieder zusammen. Erst jetzt kann man anhand der Prüfsumme des Ethernet-Frame prüfen, ob die Übertragung fehlerfrei war. Ist dies nicht der Fall, dann muss man den ganzen Vorgang wiederholen, da man nicht weiß, welche Zelle beschädigt wurde oder verloren ging, und so ergeben sich lange Antwortzeiten.

8.4.2 ATM: Path und Channel (VPI/VCI)

ATM ist ein verbindungsorientiertes Netzwerk. Damit zwei Stationen Daten austauschen können, muss zuerst eine Verbindung zwischen ihnen geschaltet werden. Einer der komplexesten Punkte bei ATM ist die Möglichkeit, eine beinahe unbegrenzte Geräteanzahl ohne Adressüberlauf zu verbinden. Dies gelingt mit Pfaden (engl. Path) und Kanälen (engl. Channel). Man kann Path und Channel mit einer Autobahn vergleichen. Es gibt auf jeder Autobahn zwei Richtungsfahrbahnen (ein Pfad zum Ziel und einer zurück) und je Richtung mindestens zwei, manchmal auch drei oder vier Fahrspuren (die Kanäle), auf denen die Autos fahren. In einer physikalischen Kabelverbindung kann ATM maximal 256 Pfade und 65 536 Kanäle schalten. Die Pfade und Kanäle werden nummeriert mit dem Virtual-Path-Identifier (VPI) und dem Virtual-Channel-Identifier (VCI). Diese beiden Parameter findet man im Kopf jeder ATM-Zelle.

VPI und VCI sind nur zwischen zwei ATM-Komponenten gültig und können sich in jedem Kabel ändern. Der Host CPE 1 ist über einen ATM-Switch mit dem Host CPE 2 verbunden. Damit man Daten austauschen kann, muss man erst einen Kanal zwischen diesen beiden Stationen aufbauen. Der Host CPE 1 ist mit Anschluss 1 des ATM-Switches verbunden und nutzt VPI = 2, VCI = 40. Der Host CPE 2 verwendet

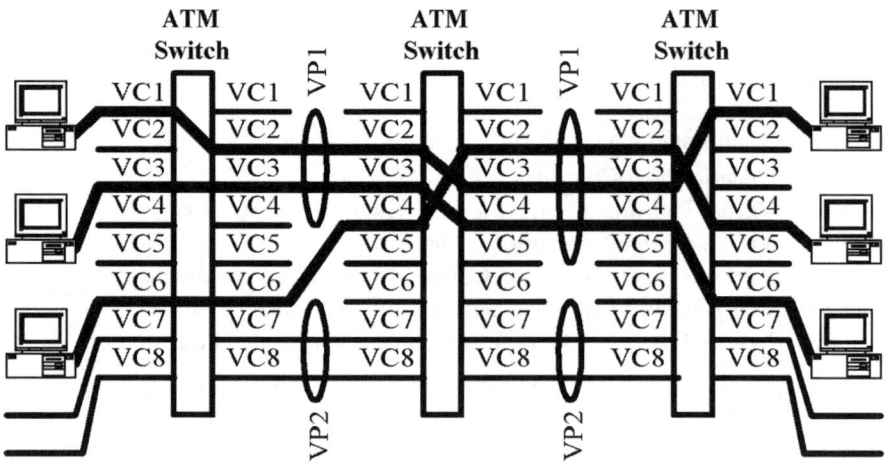

Virtual-Channel-Identifier (VCI) ; Virtual-Path-Identifier (VPI)

Bild 8.2 Path und Channel

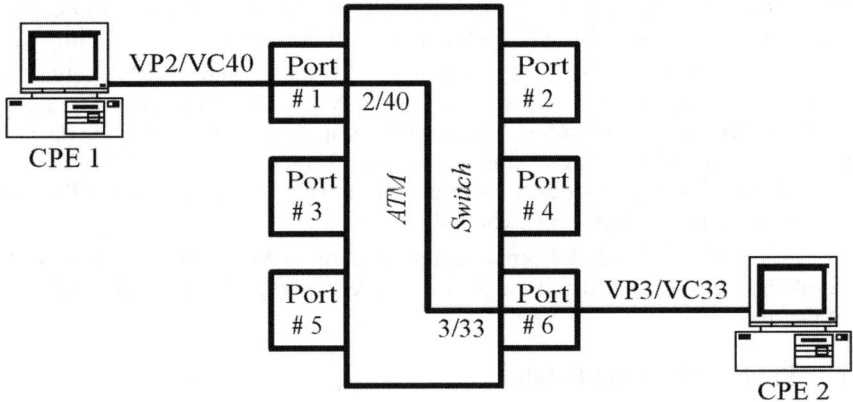

Bild 8.3 Verbindung mit VPI und VCI

VPI = 3 und VCI = 33 am ATM-Switch Port 6. Der ATM-Switch schaltet nun den Kanal von VPI = 2, VCI = 40 nach VPI = 3, VCI = 33 durch. Hierzu muss er den Kopf der ATM-Zellen verändern. So schaltet der Switch eine Verbindung zwischen den beiden Stationen. Ohne ATM-Switch keine Verbindung!

8.4.3 ATM: UNI und NNI

Das User-Network-Interface (UNI) verbindet eine ATM-Station mit einem ATM-Switch. Das Network-Network-Interface oder Network-Node-Interface (NNI) nutzt

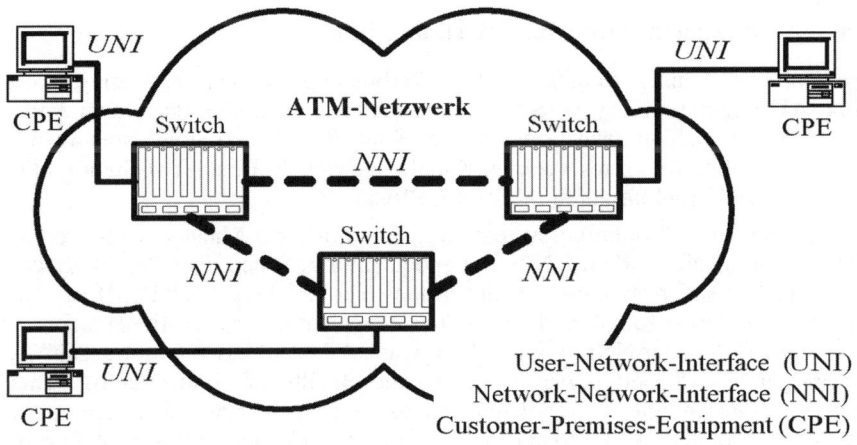

Bild 8.4 UNI und NNI

man, um ATM-Switches zusammenzuschalten. Eine ATM-Station kann ein PC, ein Server, ein Ethernet/Token-Ring-Switch oder ein Router mit ATM-Karte sein. Das UNI hat zwei Enden. UNI-U (User) an der ATM-Station und UNI-N (Network) am ATM-Switch. Wie im Token-Ring, so kann man auch bei ATM zwei Stationen nicht direkt miteinander verbinden. Man benötigt immer einen ATM-Switch dazwischen. Es ist ohne ATM-Switch unmöglich, zwei Router mit einem ATM-Uplink (zweimal UNI-U) miteinander zu verbinden. Ohne ATM-Switch läuft im ATM gar nichts (außer über herstellerspezifische PVC).

Damit wurden schon alle ATM-Komponenten genannt. In ATM gibt es nur Stationen und Switches. Der ATM-Switch ist Repeater (Verstärker), Bridge und Router in einem Gerät.

8.4.4 ATM: Private and Public

Man unterscheidet nicht nur UNI und NNI, sondern auch P-UNI und P-NNI:

- im ersten Fall steht P für Private, für LAN-Normen vom ATM-Forum
- im zweiten Fall steht P für Public, für WAN-Normen vom ITU

Private und Public Standards sind manchmal inkompatibel. Es kann also vorkommen, man kauft eine P-UNI-Karte von Siemens (public) und einen P-NNI-Switch von Cisco (private) und diese arbeiten nicht zusammen. Bei ATM sollte man auf jeden Fall beim Lieferanten schriftlich nachfragen, ob zwei Bauteile unterschiedlicher Hersteller zusammen arbeiten.

Auch gibt es bei allen ATM-Spezifikationen Versionen (v). So arbeitet UNI v.3 nicht mit UNI v.3.1, oder UNI v.4. PNNI v.0 ist mit PNNI v.1 inkompatibel. Das Gleiche gilt für LANE v.1 und LANE v.2.

8.4.5 ATM: Signalisierung mit SAAL und ILMI

Die eigentliche Signalisierung für den UNI-Verbindungsaufbau ist Aufgabe des Signalling-ATM-Adaption-Layers (SAAL). Der **SAAL** nutzt immer den Kanal: VPI = 0, VCI = 5. Sämtliche Informationen für den Start, Betrieb und Stopp einer Verbindung werden über diesen reservierten Kanal abgewickelt. Eine ATM-Station ohne SAAL kann nicht funktionieren (außer mit PVCs).

Das UNI hat ein Verwaltungssystem, das Interim-Local-Management-Interface (ILMI), welches die an dem UNI anfallenden Informationen über den Netzstatus sammelt und an eine Netzmanagementstation weiter berichtet. Auch **ILMI** verwendet einen reservierten Kanal: VPI = 0, VCI = 16. Es werden Informationen über den Gerätestatus (UNI oder NNI, public oder private, ATM-Adressen (eigene, LECS)), die Konfiguration (Kabeltyp, Anzahl der Kanäle, Bandbreite, Status, QoS-Parameter) und die Verbindungen (mit Bitfehlerrate) gesammelt. Das ILMI benutzt das SNMP-Protokoll über AAL5 (dazu später mehr). Nach Vorgaben des ATM-Forums muss jede ATM-Station ILMI unterstützen!

8.4.6   ATM: Routing mit PNNI

Das Private-Network-Network-Interface oder Private-Network-Node-Interface (PNNI) ist das Protokoll, mit dem die ATM-Switches im LAN miteinander kommunizieren. Es wurde vom ATM-Forum definiert.

Die ITU hat für die Signalisierung zwischen ATM-Switches im WAN das Q.93B genormt. Q.93B ist eine wesentliche Erweiterung der Protokolle Q.931 und Q.933 aus ISDN-Netzwerken.

PNNI Phase 0 nennt man auch Interim-Interswitch-Signalling-Protocol (IISP). Es beschränkt sich auf statisches Routing ohne Backup-Verbindungen zwischen relativ wenigen Switches.

PNNI Phase 1 ist ein dynamisches, hierarchisches Link-State-Routing-Protokoll. Sein Ursprung liegt im OSPF aus dem Internet. PNNI kennt Punkt-zu-Punkt- und Punkt-zu-Mehrpunkt-Verbindungen. Erst PNNI ermöglicht ein dynamisches ATM-Netz mit Backup-Wegen zwischen ATM-Switches verschiedener Hersteller. Ohne den hierarchischen Aufbau müsste jeder ATM-Switch die Topologie des ganzen Netzes kennen. Durch die Zusammenfassung von ATM-Switches zu Peer-Groups kann man den Informationsaustausch zwischen den Groups nur auf wenige Border-Nodes reduzieren. Ein ATM-Switch muss jetzt nur noch seine Gruppe kennen. Dem Border-Node-ATM-Switch sind natürlich alle Gruppen bekannt, die er verbindet. PNNI unterstützt mehr als 100 hierarchische Ebenen (OSPF nur zwei Stufen).

PNNI nutzt immer den Kanal VPI = 0 / VCI = 18.

8.4.7   ATM: PVC und SVC (Standleitungen und Wählverbindungen)

Die logischen Kanäle (Virtual-Channel) durch ein ATM-Netz kann man statisch (permanent) oder dynamisch (switched) bei Bedarf einrichten.

Mit einem Permanent-Virtual-Channel **(PVC)** werden zwei ATM-Stationen von Netzadministrator fest, ständig, dauerhaft verbunden. PVCs arbeiten sehr stabil und werden vor allem im WAN häufig als Standleitung genutzt.

Switched-Virtual-Channels **(SVC)** sind Verbindungen, die automatisch von den ATM-Switches bei Bedarf geschaltet und auch wieder abgebaut werden. Die Steuerung dieser Verbindungen übernimmt ein Routingprotokoll, wie PNNI, LANE oder MPOA. SVCs sind im Jahr 2000 noch auf wenige gleichzeitige Kanäle begrenzt. Sie werden überwiegend im LAN genutzt. Es hat sich herausgestellt, dass viele ATM-SVC nicht immer stabil aufgebaut werden können.

8.4.8   ATM: PVC-Festverbindungen (Standleitungen)

Folgendes Beispiel erläutert, mit Cisco-IOS ähnlichen Befehlen, den manuellen Aufbau einer PVC zwischen zwei ATM-Stationen:

- **erste ATM-Station:**

  Interface ATM-nr=1

  > ip address 192.168.129.1 mask 255.255.255.0
  >
  > atm PVC-nr=1 via Kanal vpi=0/vci=5 für SAAL Signalisierung
  >
  > atm PVC-nr=2 via Kanal vpi=0/vci=16 für ILMI Management
  >
  > atm PVC-nr=3 via Kanal vpi=0/vci=18 für PNNI Routing
  >
  > atm PVC-nr=4 via Kanal vpi=2/vci=40 für AAL5 multiplex IP...
  >
  > ... sustain=64k peak=128k burst=32cells
  >
  > map ip address 192.168.129.2 to atm PVC-nr=4

- **dazwischen geschalteter ATM-Switch:**

  Interface ATM-nr=10

  > atm PVC-nr=1 via Kanal vpi=0/vci=5 für SAAL Signalisierung
  >
  > atm PVC-nr=2 via Kanal vpi=0/vci=16 für ILMI Management
  > (atm PVC-nr=3 via Kanal vpi=0/vci=18 für PNNI Routing)
  >
  > atm PVC-Link von Kanal vpi=2/vci=40 ...
  >
  > ... nach interface ATM-nr=20 vpi=3 vci=33

  Interface ATM-nr=20

  > atm PVC-nr=1 via Kanal vpi=0/vci=5 für SAAL Signalisierung
  >
  > atm PVC-nr=2 via Kanal vpi=0/vci=16 für ILMI Management
  > (atm PVC-nr=3 via Kanal vpi=0/vci=18 für PNNI Routing)
  >
  > atm PVC-Link von Kanal vpi=3/vci=33 ...
  >
  > ... nach interface ATM-nr=10 vpi=2 vci=40

- **zweite ATM-Station:**

  Interface ATM-nr=1

  > ip address 192.168.129.2 mask 255.255.255.0
  >
  > atm PVC-nr=1 via Kanal vpi=0/vci=5 für SAAL Signalisierung
  >
  > atm PVC-nr=2 via Kanal vpi=0/vci=16 für ILMI Management
  > (atm PVC-nr=3 via Kanal vpi=0/vci=18 für PNNI Routing)
  >
  > atm PVC-nr=4 via Kanal vpi=3/vci=33 für AAL5 multiplex IP ...
  >
  > ... sustain=64k peak=128k burst=32cells
  >
  > map ip address 192.168.129.1 to atm PVC-nr=4

An dem obigen Beispiel erkennt man, dass der Netzwerkadministrator etliche Befehle eingeben muss, um eine PVC zu installieren. Dieses Beispiel passt übrigens zum Bild Verbindung mit VPI und VCI (Bild 8.3).

Bei „Multiprotocol Encapsulation over ATM" nach RFC.1483 benötigt jeder Router zu jedem anderen Router eine Verbindung. Wenn n die Anzahl der Router ist, dann

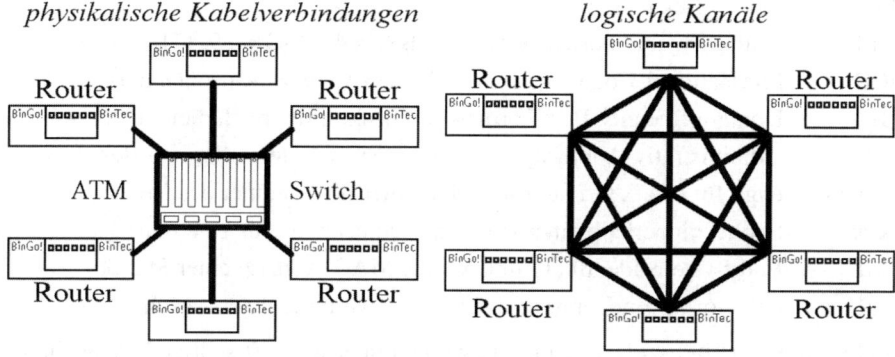

physikalische Kabelverbindungen   *logische Kanäle*

$PVC\text{-}Standleitungen = logische\ Kanäle = n * (n-1)/2$

Bild 8.5 Nach RFC.1473 voll verbundenes PVC-Netz

benötigt man $n \times (n-1)/2$ Kanäle oder PVCs. Natürlich kann man die Router auch zu einem Ring zusammenschalten. Dann benötigt man für jeden Router nur zwei PVCs.

8.4.9 ATM: Adressen für SVC (Wählleitungen)

Um eine Wählverbindung (SVC), wie beim Telefonnetz, aufbauen zu können, muss jede ATM-Station und jeder ATM-Switch eine Telefonnummer, eine ATM-Adresse besitzen. Das Verfahren ist vergleichbar dem Telefonieren. Wenn man jemanden anrufen will, dann muss man dessen Rufnummer kennen und eingeben. Der Aufbau einer ATM-Adresse wurde der Norm ISO 8348 entnommen. Es gibt drei unterschiedliche Formate:

- International-Code-Designator (IDC) vom British-Standard-Institute (BSI) für LAN

AFI	IDC	DFI	AA	Reserved	Domain	Area	ESI	SEL	
1	2	1	3	2	2	2	6	1	Byte
Verwendung: 1. Teil = Vorgabe des BSI, dann					Netzwerk	Sub-netz	MAC-Adresse	Port-Nr.	

- Data-Country-Code (DCC) aus der Norm ISO 3166 für Behörden

AFI	DCC	DFI	AA	Reserved	Domain	Area	ESI	SEL	
1	2	1	3	2	2	2	6	1	Byte

- E164 vom ITU für Telefongesellschaften = weltweites ISDN-Rufnummernsystem

AFI	E164 = weltweite ISDN-Rufnummer	Domain	Area	ESI	SEL	
1	8 Byte für 12 Ziffern (49.177.7051157)	2	2	6	1	Byte

Tabelle 8.4 ATM-Adressformate

Erläuterungen zu Tabelle8.4:

AFI   Authority- and Format-Identifier: BSI = 47, ISO = 39, ITU = 45

ICD   International-Code-Designator: 1 = USA, 49 = Deutschland usw.

DFI   Domain-Specifiy-Port-Format-Id.: Struktur der restlichen Felder

AA   Administrativ-Authority: Unternehmen, wie Hersteller und Benutzer

Domain   engl. für staatl. Grundbesitzgebiet, hier für Nummer des Netzes

Area   Subnetz innerhalb einer Domain (Subject engl. für Untertan)

ESI   End-System-Identifier, im LAN die MAC-Adresse einer Station

SEL   Selector im Endgerät, nach Cisco die Nummer eines Anschlusses

ATM-Adressen sind 20 Byte lang und werden über eine 40-stellige hexadezimale Zahl dargestellt (hexadezimal = Zählsystem mit Basis 16; die Zahlen von 10 bis 15 werden mit A bis F bezeichnet). Ein Mathematiker hat einmal errechnet, dass jede Bakterie auf der Erde mit 10 000 ATM-Adressen versehen werden könnte. Ein Beispiel einer ATM-Adresse wäre:

- 47.0091.123456780000.**bade.affe.**400078154711.01

Eine ATM-Komponente muss in der Lage sein, jedes der drei erlaubten Adress-Formate zu erkennen. Für die Auswahl der ATM-Adressen in einem LAN gibt es drei Methoden. Entweder man verwendet die von den Herstellern in die ATM-Bauteile eingebrannten Adressen, man beantragt beim BSI in England einen Adressbereich für das eigene Unternehmen oder, wenn ein privates ATM-Netz niemals Verbindung mit einem öffentlichen erhält, man könnte sich auch eine ATM-Adresse ausdenken, wobei man die IDC-Struktur einhalten sollte:
„47.0091.AA1234560000.BADE.AFFE.400070004711.01".

Der Aufbau einer Verbindung zu anderen ATM-Stationen (SVC) erfolgt über den SAAL-Kanal (VPI = 0, VCI = 5) mit den Frames Setup, Call-Proceeding, Connect, Transfer der Info-Zellen, Disconnect und Release, vergleichbar zu ISDN in dessen D-Kanal.

8.4.10 ATM: Quality-of-Service (QoS)

Das ATM-Forum hat in seiner UNI v4.0 Anforderungen für eine Verkehrssteuerung definiert, um Überlastungen zu verhindern. Die Summe dieser Funktion nennt man auch Quality-of-Service.

Bisher wurden fünf Parameter für Fehlerquellen und Symptome beschrieben:

- Cell-Error-Ratio   Verhältnis fehlerhafter zu guten Zellen
- Cell-Loss-Ratio   Verhältnis verlorene zu angekommenen Zellen
- Cell-Misinsert-Rate   Verhältnis Irrläufer zu korrektem Header
- Mean-Cell-Transfer-Delay   durchschnittliche Zellenverzögerung

- Cell-Delay-Variation   Schwankungsbreite bei der Zellenverzögerung

Zusätzlich wird zwischen ATM-Stationen und den ATM-Switches die Bandbreite ausgehandelt. Daran müssen sich dann alle Komponenten auf dem Weg halten:

- Sustain-Cell-Rate   mittlere, durchschnittliche Bandbreite (auch average)

- Peak-Cell-Rate   Spitzenzellrate, maximale erlaubte Sendeleistung

- Burst-Tolerance   maximale Zellenanzahl, bei plötzlich auftretender Überlast

Eine ATM-Station muss selbst sicherstellen, dass die oben genannten Zelltransferraten eingehalten werden. Dabei geht man davon aus, dass jede ATM-Station ihre Überlastspitzen selbst ausgleicht und nur die vereinbarte Anzahl an Zellen ins ATM-Netz sendet. Dieses Selbstkontrollverfahren nennt man Traffic-Shaping.

Folgende Serviceklassen wurden in UNI v4.0 vom ATM-Forum für QoS definiert:

- **CBR**   Constant-Bit-Rate

  Eine konstante Bandbreite benutzt man für Sprachübertragungen.

- **rt-VBR**   real-time Variable-Bit-Rate

  Variable Bandbreiten mit garantierten Laufzeiten nutzt man für Video.

- **nrt-VBR**   non-real-time Variable-Bit-Rate

  Variable Bandbreiten ohne garantierte Laufzeiten verwenden E-Mail-Systeme.

- **UBR**   Unspecified-Bit-Rate

  Man definiert weder Bandbreite, Laufzeit, noch Fehlerrate, sondern nutzt einfach die Möglichkeiten des Netzes. Bei Überlast gehen dann Zellen verloren. Dieser Dienst ist für ein LAN immer, auch ohne ATM, die Standardeinstellung.

- **ABR**   Available-Bit-Rate

  ABR ist eine verbesserte Lösung von UBR. Sollte ein Sender zu viele Zellen schicken, kann man diesen mit ABR bremsen. Dazu wird alle 256 Zellen (alle 8 SNAP-Frames) eine RM-Zelle (Resource-Management-Cell) verschickt, die

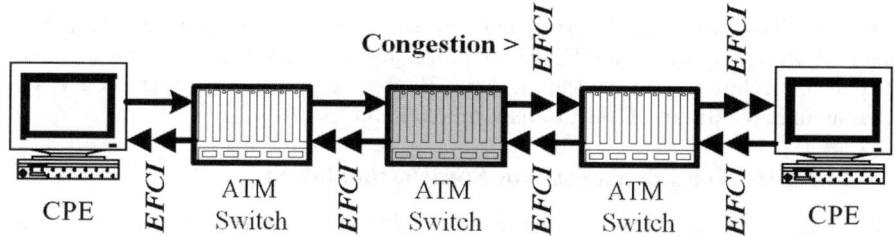

Bild 8.6 Flusssteuerung via ABR

den Sender verlangsamt oder beschleunigt (Hinweis: Ethernet-SNAP-Frame = maximal 1518 Byte = 32 Zellen mit je 48 Datenbyte).

Der Absender schickt eine RM-Zelle. Im unteren Bild stellt der zweite Switch eine Überlast fest. Er setzt das Explicit Forward **Congestion** Bit **(EFCI)** im Header der RM-Zelle. Die RM-Zelle wird zum Empfänger übertragen. Der Empfänger schickt die RM-Zelle an den Sender zurück, dieser erkennt das gesetzte EFCI und reduziert die Datenrate. Kommen RM-Zellen ohne gesetztes EFCI zum Sender zurück, wird die Datenrate wieder erhöht.

Heute versucht man auch, QoS-Funktionen in Ethernet (Layer-2-Bridging) oder ins Internet (Layer-3-Routing) einzubauen.

8.5   ATM-Adaption-Layer (AAL)

Der AAL verbindet den ATM-Layer mit den Protokollen der höheren Schichten, wie Frame-Bridging oder IP-Routing. Die ITU hat entsprechend den heutigen Anforderungen vier Diensteklassen für Anwendungen definiert:

ITU-Dienst	Klasse A	Klasse B	Klasse C	Klasse D
Bandbreite	konstant	variabel	variabel	variabel
Verbindung	ja	ja	ja	nein
Zeitkritisch	ja	ja	nein	nein
AAL-Typen	AAL-Typ 1	AAL-Typ 2	AAL-Typ 5 (AAL-Typ 3/4)	
Anwendung	Sprache, Standleitung	Video	Daten	

Tabelle 8.5 AAL-Serviceklassen

8.5.1   AAL: Typ 1 für Sprache im WAN

Der AAL-Typ 1 dient zur Übertragung von Anwendungen mit konstanter Datenrate über ATM, wie Sprache oder E1/E3-Standleitungen. In der Regel wird dieser AAL-Typ 1 von Telefongesellschaften in deren Backbone verwendet, da er auch WAN-Datennetze, wie Frame-Relay, transportieren kann.

8.5.2   AAL: Typ 2 dynamisch für Sprache und Daten

Der AAL-Typ 2 soll später einmal eine variable Bandbreitenzuordnung zwischen Sprache und Daten ermöglichen. Er ist bis heute noch nicht vollständig definiert. Es gibt noch keine Netzwerkkomponenten dazu.

8.5.3 AAL: Typ 5 für Daten im LAN

Zu Beginn der Normierung wurde für einen verbindungsorientierten Dienst der AAL-Typ 3 und für einen verbindungslosen Dienst der AAL-Typ 4 definiert. Man merkte aber schnell, dass es in einem verbindungsorientierten Netz wie ATM keinen Sinn macht dieses zu unterscheiden, also legte man die Typen zum AAL-Typ 3/4 zusammen. AAL-Typ 3/4 nutzen manche Telefongesellschaften zum Transport von Frame-Relay-Daten über ihren landesweiten ATM-Backbone.

Frame-Relay kann man aber auch über AAL-Typ 5 transportieren. Der AAL-Typ 3/4 basiert auf einem sehr komplexen Protokoll, welches für einen Einsatz im LAN zu viel Overhead, d. h. einen erhöhten Betriebsaufwand, verursacht und mehr Bandbreite für zusätzliche Bits benötigt. Daher hat das ATM-Forum, in Abstimmung mit dem ITU, auf Basis von AAL-Typ3/4, noch eine vereinfachte Variante, den **AAL-Typ 5** definiert. AAL-Typ5 bildet heute die Basis für jeden Datenverkehr in ATM-LANs und wird auch in der neuen WAN-Modemtechnik DSL genutzt.

8.6   Integration von LAN- und ATM-Technik

ATM setzt man als Backbone-Technik ein. In der Regel ist es zu teuer, alle Stationen in einem Netzwerk mit ATM-Karten auszurüsten. Diese verbleiben in der Regel im Ethernet. Nur die Switches und Router verbindet man mit ATM. Daher besteht der Bedarf, lokale Netze wie Ethernet über ATM zu verbinden. Dazu sind vier LAN-Methoden normiert:

- FUNI   Multiprotocol Encapsulation over ATM nach RFC.1483
- IPOA   Classical IP over ATM nach RFC.1577
- LANE   LAN-Emulation V.2 vom ATM-Forum
- MPOA   Multiprotocol over ATM auch vom ATM-Forum

In lokalen Netzen, wie Ethernet oder Token-Ring, sendet eine Station ein Frame mit Ziel- und Quell-Adresse einfach auf das LAN und verlässt sich darauf, dass das LAN den Frame automatisch zum Ziel transportiert. Bei ATM wie auch bei ISDN muss erst die Quellstation die Zielstation anwählen und so eine Verbindung (SVC) aufbauen, bevor Daten ausgetauscht werden. Aufgabe von FUNI, IPOA, LANE, MPOA ist es, LAN-Verbindungen über ATM zu simulieren. Der Anwender-PC im Ethernet oder Token-Ring weiß nicht, dass der Backbone mit ATM betrieben wird. Diese Funktionalität nennt man auch emuliertes LAN oder kurz E-LAN.

8.6.1   Segmentierung von LAN-Frames (SNAP) in ATM-Zellen (Cell)

Ethernet- (1518 Byte) und Token-Ring- (4442 Byte) Frames sind größer als ATM-Zellen (53 Byte). Um ein LAN-Frame mit ATM-Zellen zu transportieren, muss man es segmentieren, d. h. in Teile von 48 Byte zerlegen (Nutzlast einer ATM-Zelle). Der Ablauf gliedert sich dabei wie folgt:

- der Absender teilt ein Ethernet-Frame von 1518 Byte in 32 ATM-Zellen auf (das kann ein Host oder ein Ethernet/Token-Ring-Switch mit ATM-Karte sein)
- ATM transportiert die Zellen.
  Dabei garantiert ATM immer die korrekte Reihenfolge der Zellen!
- ATM-Zellen besitzen für die Nutzlast jedoch keine Prüfsumme
  Beim Transport können Zellen beschädigt werden oder verloren gehen!
- der Empfänger setzt aus den Zellen den Ethernet-Frame wieder zusammen

ATM besitzt keine Fehlerkorrektur für User-Daten. Der Empfänger kann also erst nach dem Zusammensetzen des Ethernet-Frames anhand dessen Frame-Check-Sequence feststellen, ob das Frame fehlerfrei übertragen wurde. Ist das nicht der Fall, muss man den Absender benachrichtigen und alle 32 ATM-Zellen erneut übertragen. Diese Eigenschaft macht ATM beim Transport von LAN-Frames etwas langsamer als Fast-Ethernet.

ATM-Switches sind schneller als LAN-Switches. Das liegt daran, dass die ATM-Zellen immer eine feste Länge haben (53 Byte), während LAN-Frames eine variable Länge aufweisen (Ethernet von 64 Byte bis 1518 Byte). Dieser Geschwindigkeitsvorteil wird im LAN bei wenigen ATM-Switches durch den Aufwand der Frame-Segmentierung mehr als aufgehoben. Erst im WAN, wenn man zwischen Hamburg und München viele WAN-Switches benötigt, können ATM-Switches ihren Geschwindigkeitsvorteil ausspielen (HH < > M = 760 km + alle 20 km ein Switch = 38 Switches in einer Reihe).

8.6.2   FUNI: Frames bridgen über ATM-Standleitungen (RFC.1483)

Das Frame-User-Network-Interface (FUNI) des ATM-Forums basiert auf der Spezifikation RFC.1483 für „Multiprotocol Encapsulation over ATM":

- **FUNI bridged LLC/PPP-Frames über ATM-Standleitungen (PVC)**
- FUNI transportiert LAN-SNAP/LLC- und WAN-PPP-Frames über ATM-Zellen
- FUNI nutzt fest vom Netzadministrator eingerichtete Strecken: PVC's
- FUNI erlaubt die Nutzung der **QoS**-Parameter: **Cell-Loss** und **Congestion**
- FUNI ermöglicht keine Kommunikation zwischen LAN- und ATM-Stationen

Die LLC- oder PPP-Frames werden in einen AAL-5-Container mit einer Nutzlast von 1600 Byte und einer Prüfsumme eingepackt (engl. encapsulation). Der Versand dieses Containers über ATM erfolgt dann mit 34 Zellen. FUNI wird nicht nur für Standleitungen, sondern auch als Transporttechnik für DSL eingesetzt.

8.6.3 IPOA: Classical IP over ATM (mit ARP-Servern nach RFC.1577)

Die Nutzung des Internet-Protocols (IP) und des dazu gehörenden Adress-Resolution-Protocols (ARP) über ein ATM-Netz wird im RFC.1577 beschrieben:

- **IPOA routed IP-Pakete über ATM-Wählverbindungen (SVC)**
- IPOA nutzt SNAP-Frames über AAL-5-Container mit 1600 Byte Nutzdaten
- alle IPOA-Stationen müssen im selben logischen IP-Subnetz (LIS) liegen
- alle IPOA-Stationen sind mit demselben ATM-Netz zu verbinden
- alle IPOA-Stationen müssen Zugang zu einem ATM-ARP-Server haben
- im ATM-ARP-Server ist eine Tabelle IP-Adresse/ATM-Adresse einzugeben
- alle IPOA-Stationen müssen SVCs auf- und abbauen können
- es gibt keine Verbindung zwischen IP-QoS- und ATM-QoS-Parametern
- IP-Hosts im LAN und solche im ATM können via Router Daten austauschen

Ergänzend zum RFC.1577 wurden noch folgende Spezifikationen erarbeitet:

- RFC.1626   SNAP-Frame encapsulation über AAL-5-Container (1600 Byte)
- RFC.1755   Signalisierung für den Verbindungsauf- und -abbau IP über ATM
- RFC.1821   Anforderungen für Echtzeitfunktionen in IP-ATM-Netzen
- RFC.2022   Unterstützung von IP-Multicasts über IP-ATM-Netze

8.7 LANE: LAN-Emulation over ATM (LECS, LES, BUS)

Die heute am weitesten verbreitete Methode, LANs und ATM zu verbinden, ist die LAN-Emulation. Sie hat folgende Vorteile gegenüber FUNI oder IPOA:

- alle heutigen LAN-Protokolle können unverändert über ATM arbeiten
- ATM-Stationen können transparent mit LAN-Hosts kommunizieren

Dazu senden die ATM-Stationen direkt SNAP-LAN-Frames im Ethernet oder Token-Ring-Format, eingepackt in AAL-5-ATM-Zellen. Eine Unterstützung der FDDI-Frame-Formate ist nicht geplant.

- **LANE bridged LAN LLC-Frames über ATM-Wählverbindungen (SVC)**
- LANE unterstützt, wie IPOA, keine ATM-QoS-Parameter

Bei LANE wird jeder MAC- eine ATM-Adresse zugeordnet. So können alle LAN-Protokolle wie IP, IPX, DECnet, Apple-Talk, Banyan-Vines, aber auch NETBIOS, SNA und LAT, das von LANE emulierte LAN unverändert nutzen. Bei ATM spricht man nicht, wie bei Ethernet, von einem virtuellen LAN (VLAN), sondern von einem emulierten LAN (ELAN), meint aber das Gleiche. Das von den Host genutzte emulierte Ethernet-LAN existiert physikalisch im ATM nicht.

8.7.1 LANE: LEC, LECS, LES und BUS

Die LAN-Emulation ist ein Client-Server-Modell mit vier Komponenten:

- **LEC = LAN-Emulation-Client**

  Jedes **ATM-Endgerät** ist ein LEC. Nicht nur Rechner, sondern auch Ethernet/ Token-Ring-Switches und Router mit einem ATM-Uplink-Port sind LECs.

- **LECS = LAN-Emulation-Config-Server**

  Der LECS ordnet einen LEC einem virtuellen ELAN zu. Außerdem übermittelt er dem LEC die ATM-Adresse des LES.

- **LES = LAN-Emulation-Server**

  Der LES steuert jede Kommunikation im ELAN. Er speichert alle MAC-ATM-Adresspaare. Ein LEC, der Daten senden möchte, fragt den LES nach der ATM-Adresse der Zielstation. Dazu sendet der LEC die Ziel-MAC-Adresse zum LES.

- **BUS = Broadcast-Unknown-Server**

  Der BUS verteilt Broad- und Multicast-Frames an alle Stationen im ELAN.

8.7.2 LANE: ELAN-Insertion

Was geschieht nun, wenn ein LEC eingeschaltet wird und ins ELAN möchte?

- der LEC baut einen SVC zum LECS auf. Dazu gib es vier Methoden:

  Er nutzt ILMI und erfragt die ATM-Adresse des LECS.

  Er nutzt den reservierten SVC (VPI = 0, VCI = 7) zum LECS.

  Er verwendet die normierte, well-known ATM-Adresse des LECS: **47.0079.000000000000.0000.0000.00a03e000001.00.**

  Er verwendet eine manuell konfigurierte LECS-Adresse (beste Lösung).

- der LEC erfährt vom LECS die ATM-Adresse des LES

- der LEC baut eine zweite SVC zum LES auf, hinterlegt sein MAC/ATM-Adresspaar und bittet um die Aufnahme in ein ELAN

- nach der Entscheidung über die Aufnahme eines LEC in ein ELAN sendet der LES eine 2 Byte große, individuelle LEC-Identifikation (LECID) dem LEC zu; diese LECID wird bei der Encapsulation in einen AAL-5-Container jedem Ethernet- und Token-Ring-SNAP-Frame vorangestellt

- der LEC sendet einen LE-ARP (LANE-Address-Resolution-Protocol) an den LES und fragt nach der ATM-Adresse des BUS

- der LEC baut eine dritte SVC zum BUS auf

Jetzt kann ein LEC arbeiten. Er hat nun je eine SVC zum LECS, LES und BUS. Diese drei Server müssen nicht in einem ATM-Switch vereinigt sein, sondern können sich auf drei Systeme verteilen. Das senkt zwar die CPU-Last der einzelnen Server, erhöht jedoch den Verwaltungsaufwand. Zusätzlich sollte man für

LECS, LES und BUS jeweils ein Backup-System betreiben. Das geht aber nur bei LANE V.2.

8.7.3 LANE: ELAN-Broadcast senden

Ein LEC sendet im ELAN einen Broad- oder Unicast nicht direkt. Vielmehr nutzt er den BUS dazu:

- der LEC sendet jeden Broadcast oder Multicast nur an den BUS
- der BUS hat Verbindungen (SVCs) zu allen aktiven LECs im ELAN
- der BUS sendet stellvertretend den Broadcast an alle LECs weiter

Fragt man den BUS, dann weiß man, wer im ELAN aktiv ist.

8.7.4 LANE: ELAN-Unicast versenden

Es muss erst eine Verbindung zwischen LEC-A und LEC-B bestehen, damit im ATM ein Datenaustausch möglich wird. Da der Verbindungsaufbau leider etwas Zeit kostet, hat man folgende Methode zur Beschleunigung entwickelt:

- der LEC-A sendet einen LE-ARP an den LES
- der LEC-A sendet parallel schon einmal erste Frames an den BUS
- der BUS leitet erste Frames zu LEC-B (der BUS hat einen SVC zu jedem LEC)
- der LES sendet die ATM-Adresse des LEC-B an den LEC-A
- der LEC-A baut eine direkte Verbindung mit dem LEC-B auf
- der LEC-A sendet einen Flush an den BUS
- der BUS stoppt auf Grund des Flush den Datentransfer an LEC-B
- der LEC-A sendet Daten über eine direkte SVC zum LEC-B

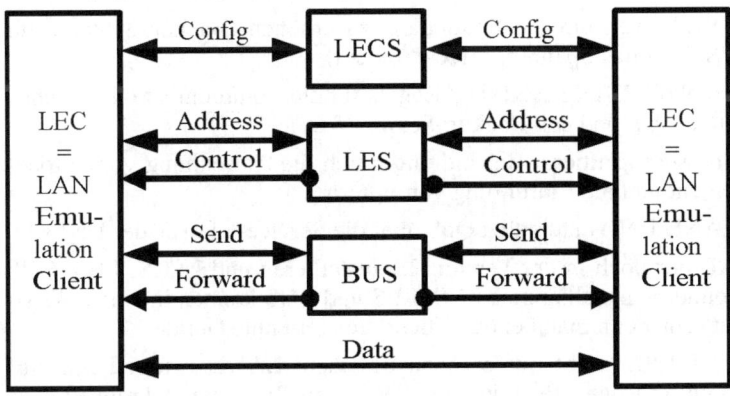

Bild 8.7 Verbindungen im ELAN

Der eigentliche Verbindungsaufbau erfolgt wieder im SAAL-Kanal (VPI = 0, VCI = 5) mit den Befehlen: Setup, Call-Proceeding, Connect, Transfer der Informationszellen, Disconnect und Release.

8.7.5 LANE: Verbindungen in LANE

Folgende Verbindungen (SVC) werden zwischen zwei LANE-Clients benötigt:

Das Problem von LANE sind nicht, wie im LAN, die vielen Adressen, sondern die vielen Verbindungen!

8.7.6 LANE: ELAN-Durchsatz

Da jeder LEC je eine Verbindung zum LECS, LES und BUS haben muss und auch die Encapsulation von Ethernet- bzw. Token-Ring-Frames zusätzliche Bits verbraucht, wird ein erheblicher Overhead erzeugt. Auch das Zerlegen und Zusammensetzen eines 1606 Byte langen AAL-5-Containers in 34 Zellen zu je 53 Byte kostet Zeit. So erreicht man mit LANE und einem 155 Mbit/s schnellen ATM nur einen Durchsatz von etwa 100 Mbit/s, also etwa dem Wert von FDDI oder Fast-Ethernet. Die vielen Verbindungen eines ELAN machen den Einsatz der LANE-Technik auf WAN-Strecken schwierig, wenn nicht gar unmöglich.

8.7.7 LANE: Versionen 1.0 und 2.0

In der Version 1.0 des LANE-Protokolls gab es einige Schwierigkeiten:

- das Hauptproblem ist, dass es für LECS, LES und BUS keine Backup-Systeme gibt; fällt auch nur einer dieser Server aus, dann steht das ganze ELAN
- zusätzlich unterstützt LANE v1.0 keine ATM-QoS-Parameter

Daher hat man die Version 2.0 des LANE-Protokolls entwickelt. Es definiert:

- verteilte LANE-Server, um die Redundanz zu erhöhen (Backup-Systeme für LES und BUS, über das Spanning-Tree-Protocol)
- das LNNI-Protokoll (LANE-NNI) legt Regeln für die Kommunikation zwischen LECS, LES und BUS und den Backup-Servern fest
- es gibt eine bessere Multicast-Behandlung durch die Abtrennung vom Broadcast-Management und die Einführung von Filtern
- das LUNI (LANE-UNI) unterstützt QoS über die Service-Klassen der UNI v4.0

Man sollte LANE nur noch in der Version 2.0 installieren und LECS, LES, BUS doppelt, d. h. redundant installieren. LECS, LES und BUS können in einem ATM-Switch eingebaut sein, denn man benötigt nicht drei getrennte Geräte.

Ein Problem mit LANE bleibt immer noch bestehen: **LANE bridged nur auf Layer 2.** Man benötigt Router für Ethernet oder Token-Ring, um mehrere ELANs miteinander zu verbinden! Doch es gibt Komponenten wie die MSS von Alcatel

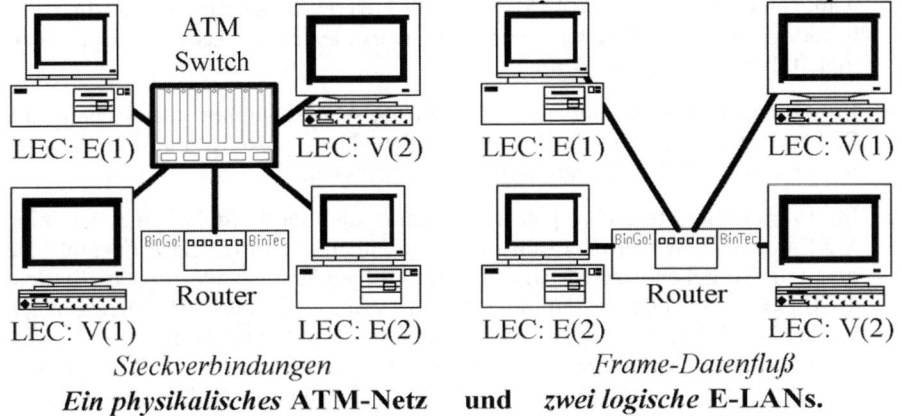

Steckverbindungen *Frame-Datenfluß*
Ein physikalisches ATM-Netz und *zwei logische* **E-LANs.**

Bild 8.8 Nur Router verbinden ELANs

oder die RSM von Cisco, die ATM-Switch (LECS, LES, BUS) und Router in einem Gerät vereinen.

Man kann Ethernet- und Token-Ring-Stationen nicht in einem ELAN zusammenfassen. Hier muss man zwei ELANs einrichten, eines mit dem Ethernet-SNAP-Frame und eines mit dem Token-Ring-SNAP-Frame (MTU-Begrenzung auf 1500 Byte nicht vergessen!). Auch für jedes logische IP-Subnetz (LIS = gleiches Netz und gleiche Maske) muss man ein eigenes ELAN bilden. Die Verbindungen zwischen den verschiedenen ELANs können nur Router auf Layer 3 schalten.

8.7.8   LANE-Installation

Um ein stabiles emuliertes LAN über ATM mit LANE aufzubauen, sollte man nach folgenden Schritten vorgehen:

• Erstens erstellt man eine Liste aller ATM-Switches und ATM-Netzwerkkarten.

• Zweitens fertigt man eine Topologie-Zeichnung mit allen ATM-Verbindungen.

• Drittens weist man jedem ATM-Switch, wegen PNNI, ein eigenes Netzwerk zu. Man kann beim englischen BSI ein offizielles ATM-Netz beantragen. Sich eine Nummer auszudenken ist nur dann erlaubt, wenn das lokale ATM niemals mit einem öffentlichen ATM zusammengeschaltet werden soll. Bei der Wahl der ATM-Adresse sollte man sich in jedem Fall an das normierte IDC-Format halten: 47.0091.AA1234560000.BADE.AFFE.400070004711.01. Für die Firma steht 47.0091.AA1234560000, im ganzen ATM-Netz immer gleich. BADE steht für den Standort Baden-Baden, die ATM-Network-Domain und AFFE ist der

Name eines Switches, eine ATM-Network-Area. Das Ganze bleibt natürlich eine hexadezimale Zahl. Man kann nur aus den hexadezimalen Zahlen A bis F (dezimal 10 bis 15) sinnvolle Worte bilden.

- Im vierten Schritt definiert man, in welchen ATM-Switches oder Routern die Server LECS, LES und BUS laufen sollen. Hierbei sollte man die Backup-Systeme von LANE v2.0 auf keinen Fall vergessen.

- Im fünften Schritt erhält jede ATM-Karte und jeder Switch manuell eine MAC-Adresse. Wir erinnern uns, nach Vorgaben der Firma IBM beginnt jede manuell vergebene ATM-Adresse mit folgenden hexadezimalen Stellen: 4000.7xxx.xxxx. Die Port-Nummer beendet zweistellig die ATM-Adresse. Auch für LECS, LES und BUS sollte man je eine Adresse manuell definieren. Die Verwendung der LECS-Default-Adresse ist zu vermeiden, da sowohl der primäre als auch der sekundäre Backup-LECS dieselbe Default-Adresse nutzt: 47.0079.000000000000.0000.0000.00a03e000001.00.

- Nun steckt man alles zusammen und konfiguriert die Systeme der Hersteller nach deren Vorgaben. Die Adresse des LECS sollte man für eine höhere Stabilität manuell in jeden LEC eingeben. Beim ELAN-Namen ist anzumerken, dass dieser Case-Sensitive arbeitet, d. h. ein großes A und ein kleines a sind im ATM nicht gleich.

8.7.9 LANE und Multicast-Anwendungen

In den Unternehmen wird immer mehr Multicast eingesetzt. Man findet die wichtigste Multicast-Anwendung Business-TV meist nur in den größeren Unternehmen. Damit kann man Filme von Betriebsausflügen, Betriebsversammlungen, Pressekonferenzen und wichtige Informationen der Geschäftsleitung später via Multicast abrufen. Aber auch Microsofts Active-Directory oder Novells Netware-over-IP nutzen Multicast anstatt der alten Broadcast-Technik. Ein Broadcast muss von allen Stationen angesehen werden. Ein Multicast nur von denen, die diesen verstehen. Sendet ein Router einen OSPF-Multicast mit der Ziel-IP-Adresse 224.0.0.5, dann reagieren nur andere OSPF-Router darauf, aber nicht die PC der Anwender.

In einem ELAN gibt es einen BUS. Der Broadcast-Unknown-Server verteilt die Broadcasts im LANE. Setzt man nun im ELAN moderne Multicast-Anwendungen ein, dann erhöht man damit die Netzlast, anstatt diese zu reduzieren. Der BUS behandelt einen Multicast wie einen Broadcast und sendet diesen an jeden Host im ELAN. Nun müssen alle Stationen die ATM-Zellen erst wieder zu IP-Paketen zusammensetzen, um erkennen zu können, dass der Multicast in der Regel nicht für sie bestimmt ist. Das belastet unnötig die ATM-Stationen.

Die Abhilfe, die die meisten Unternehmen in dieser Situation wählen, ist es, den ATM-Backbone durch einen Gigabit-Backbone zu ersetzen.

8.8   MPOA: Routing mit Multi-Protocol-Over-ATM

MPOA ist eine Technik zur Verbindung von Hosts in verschiedenen ELANs:

MPOA routet Pakete (IP und IPX) zwischen emulierten LANs im ATM

MPOA basiert auf folgenden Basistechniken:

- der ATM-Signalisierung **SAAL** über UNI v3.1 oder v4.0
- der LAN-Emulation (**LANE**) in der Version 2.0
- dem Next-Hop-Resolution-Protocol (**NHRP**, eine Variante von PNNI)

Das NHRP bietet die Möglichkeit, dass bei der Paketübertragung zwischenliegende Router umgangen und ein direkter Pfad (Shortcut) vom Ziel zum Empfänger eingerichtet werden kann:

- ohne MPOA: Ingress-MPC => MPS.A => MPS.B => MPS.C => Egress-MPC
- mit MPOA: Ingress-MPC ==========================> Egress-MPC

Wie andere Routing-Protokolle kann auch NHRP Backup-Verbindungen schalten.

MPOA definiert virtuelle Router. Ein solcher besteht aus mehreren physikalischen Geräten: vielen **MPOA-Clients** (MPC) und einem **MPOA-Server** (MPS)

- die **MPCs** haben dieselben Aufgaben wie Router-Schnittstellenkarten: Pakete routen und transportieren; ihre Hauptaufgabe ist es, den Anfang (**Ingress-MPC**) und das Ende (**Egress-MPC**) einer Layer-3-Verbindung zu bilden; ein MPC ist aber immer Ingress und Egress zugleich; d. h. ein MPC kann mehrere LECS bedienen und kommuniziert mit einem oder mehreren MPS

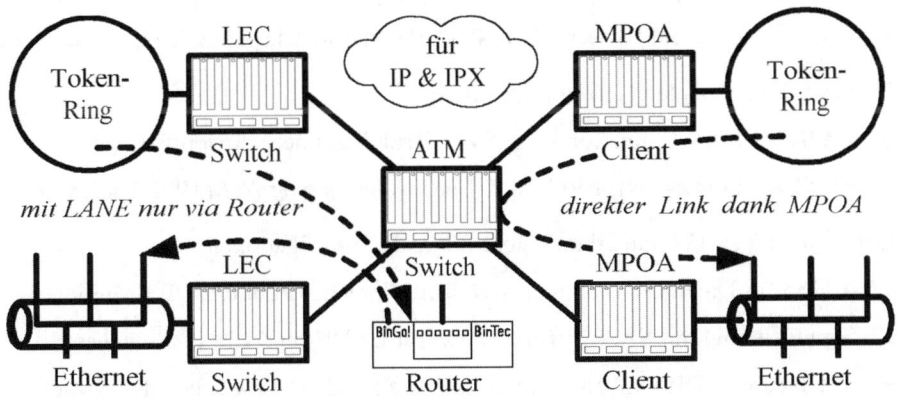

Bild 8.9 LANE- und MPOA-Verbindungen

- ein **MPS**, vergleichbar zur CPU eines Multiprotocol-Routers, berechnet Wege, wie Shortcuts und Backup-Pfade, zwischen den Router-Komponenten; auch steuert er über das NHRP den Informationsaustausch mit weiteren MPS

MPC und MPS müssen vom Netzadministrator manuell eingerichtet werden. Um den Konfigurationsaufwand zu reduzieren, entdecken sich die MPOA-Komponenten über eine Erweiterung des LE-ARP-Protocols weitgehend automatisch.

Wie arbeitet MPOA? Die MPCs überprüfen die Datenpakete in den verschiedenen ELANs. Enthält ein Paket als MAC-Ziel die Adresse der MPC-Karte, dann muss es geroutet werden. Nun schaut sich der MPC die Layer-3-Zieladresse an (IP-Adresse) und sucht die dazu passende ATM-Adresse, eventuell über mehrere MPS hinweg. Der MPC schaltet nun einen direkten Kanal **(Shortcut SVC)** entweder zur Ziel-Station oder zu dem MPC, der dem Ziel am nächsten steht.

Der große Vorteil von MPOA ist, dass es je nach Bedarf Frames über LANE auf Layer 2 bridgen oder via MPOA auf Layer 3 routen kann. Der Nachteil von MPOA ist seine Komplexität und seine geringe Verbreitung.

8.9 ATM in der Übersicht

ATM ist das komplexeste Netzwerk, das sich Menschen je erdacht haben. Es soll alle heute verbreiteten Daten- und Telefonverbindungen weltweit in einem Glasfasernetz integrieren. Das ist schon eine gewaltige Aufgabe.

Für den Layer 3 im LAN wurde definiert:

- **MPOA**   Multiprotocol-Routing over ATM, **SVC**, Routing zwischen E-LANs

- **IPOA**   classical IP over ATM, **SVC**, Punkt-zu-Mehrpunkt, je ein IP-Subnetz

Im Layer 2 von lokalen Netzen findet man:

- **LANE**   LAN-Emulation v2.0, **SVC**, Bridging innerhalb von E-LANs

- **FUNI**   Frame-UNI, **PVC**, LLC-Encapsulation over ATM (PPP bei DSL)

Der Layer 1 ist ATM und arbeitet über folgende Spezifikationen:

- **AAL 5** für Daten (Private) und **AAL 1** für Sprache (Public, E1/E3-Multiplex)

- Signalisierung mit **SAAL**, **ILMI** (muss für LANE) und **PNNI** (Switches)

- Interface via **UNI** v4.0 zur Station (mit QoS) und **NNI** zwischen den Switches

- optische Signale nach **SDH** STM1 (Europa) oder **SONET** OC3 (USA)

8.10 Die Zukunft von ATM

Im Auftrag der EG führte die Fachhochschule Stralsund im November 1997 eine Untersuchung durch. Diese erbrachte folgende Ergebnisse, die heute noch gelten:

- ATM-Switches nutzen nur reduziert Quality-of-Service (QoS) im LAN
- ATM ist für Multimedia im LAN nur eingeschränkt nutzbar
- ATM zeigt deutliche Performance-Probleme (im Vergleich zu Fast-Ethernet)
- ATM-Vorteile kommen wohl erst in Zukunft mit neuen Standards

Den Kampf um das LAN-Backbone hat ATM gegen Gigabit-Ethernet verloren:

- Gigabit-Ethernet ist deutlich preiswerter als ATM (Faktor 5)
- Gigabit-Ethernet ist wesentlich einfacher zu konfigurieren als ATM
- Gigabit-Ethernet ist schneller als ATM (geringere Verzögerung)

Man dachte, ATM würde für die Telefongesellschaften im WAN eine dynamische Bandbreitenzuordnung zwischen Daten und Sprache erlauben. Tagsüber wird mehr Sprache übertragen und nachts mehr Daten. Leider hat aber der AAL2 nie für die Millionen von Kunden der großen Carrier funktioniert. Man musste wieder fest $N \times$ 2 Mbit/s für Sprache und $N \times 2$ Mbit/s für Daten konfigurieren. Damit ging der Vorteil von ATM verloren. Heute nutzt man SDH/SONET-Glasfasernetze; man erreicht dasselbe, aber preiswerter, schneller und stabiler. ATM mit Another Terrible Mistake zu übersetzen ist vielleicht für den Einsatz im LAN korrekt.

Zum Abschluss noch ein kleiner Scherz. ATM ist wie eine Ente, sie kann schwimmen (Sprache), fliegen (Daten) und laufen (Video), aber alles nicht besonders elegant, und dennoch leben Enten ganz gut.

9   Wide Area Networks (WAN)

Für alle Computernetze gilt die Regel: „**Je länger ein Kabel wird, desto geringer ist die Bandbreite.**" Während man heute im LAN bis 100 km Übertragungsraten von 1000 Mbit/s erreicht, werden WAN-Strecken, die weltumspannend tausende von Kilometern überbrücken können, normalerweise mit 64 kbit/s = 0,064 Mbit/s vom Endkunden betrieben. Das ist etwa um den Faktor 15 000 langsamer.

Man kann SDH über Glasfaserstrecken für WAN-Netze nutzen. Das tun die Telefongesellschaften in ihrem Backbone. Leider ist das für einzelne Unternehmen zu teuer.

Auf Grund der zu überbrückenden Kabellängen verwendet man kaum Ethernet, Token-Ring und FDDI für deutschlandweite Datennetze. Man muss andere Techniken nutzen, wie Modem, ISDN, DSL, X.25 oder Frame-Relay.

Als Topologie findet man im WAN fast nur Punkt-zu-Punkt-Verbindungen. Damit kann man über WAN-Switches dann beliebige Sterne oder Ringe schalten. Auch Backup-Strecken zur Ausfallsicherung werden so problemlos möglich.

9.1   Standleitung und Wählverbindung

Wählverbindungen kennt man vom Telefonieren. Wenn man jemanden anrufen möchte, dann wählt man die Nummer des Empfängers. Das gibt es auch genauso in Datennetzen. Bei Wählverbindungen muss man Gebühren pro Minute Verbindungsdauer (oder/und pro Megabyte Übertragungsvolumen) bezahlen. Wählverbindungen werden nur für kurze Zeit (Minuten) aufgebaut.

Standleitungen sind fest eingerichtete Wählverbindungen. Die Deutsche Telekom AG (DTAG) nennt sie daher Festverbindungen. Der Netzadministrator richtet die Leitung zu Beginn des Mietvertrags ein (er hebt den Hörer ab). Erst nach Ablauf des Vertrags (Monate/Jahre) löst der Netzadministrator die Verbindung (und legt den Hörer wieder auf). Hier wird eine Leitung zu einem festen Monatspreis für einen bestimmten Zeitraum angemietet. Wann man eine Standleitung nutzt und wie stark man diese auslastet, hat keinen Einfluss auf den monatlichen Mietpreis. Man zahlt nur für die Bandbreite und Länge der Standleitung von 64 kbit/s bis 155 Mbit/s. Eine Standleitung nennt man engl. Leased-Line (LL).

An dieser Stelle noch ein Hinweis auf Dark-Fiber-Verbindungen. Wenn man Glück hat, dann kann man zwischen zwei Standorten von der DTAG, einem City-Carrier oder den Stadtwerken eine Glasfaserverbindung (Mono-Mode-Fiber, zwei Fasern,

9/125 µm) ohne Übertragungselektronik anmieten. Diese Leitung ermöglicht FDDI (100 Mbit/s), ATM (622 Mbit/s) oder Gigabit-Ethernet (1000 Mbit/s) bis zu 100 km Entfernung. In letzter Zeit verwendet man auch WLAN-Richtfunkstrecken. Selbst wenn man ein Glasfaserkabel, z. B. von den Stadtwerken für 30 000 Euro, neu verlegen lässt, dann ist dies nach 16 Monaten preiswerter, als 2000 Euro im Monat für eine E1-Standleitung zu bezahlen.

9.2 Voll-Duplex und Halb-Duplex

Wenn man mit einer WAN-Verbindung Daten gleich schnell senden und empfangen kann, wie bei ISDN mit 64 kbit/s pro Kanal in beide Richtungen, dann nennt man das Voll-Duplex. Erhält man die Daten schneller aus dem Netz, als man sie senden darf, dann ist das Halb-Duplex. Ein Beispiel hierfür sind V90-Modems. Diese empfangen Daten mit 56 kbit/s vom Amt und senden mit 33,6 kbit/s.

Im LAN werden vier Kupferadern für Voll-Duplex verwendet, zwei zum Senden und zwei zum Empfangen. Im WAN benutzt man in der Regel aber nur zwei Drähte. Wie ist das möglich? Mit einer Frequenzumtastung werden die Frequenzen für Senden und Empfangen so gegeneinander versetzt, dass sie sich nicht stören und eine Datenübertragung in beiden Richtungen mit nur zwei Adern möglich wird.

9.3 Synchron und asynchron

Im WAN werden bis zu 2 Mbit/s Datenrate überwiegend serielle Schnittstellen eingesetzt. Diese gibt es in zwei Varianten. Eine synchrone Übertragung tauscht ständig Signalbits zwischen Sender und Empfänger aus. X.21 ist eine synchrone, serielle Schnittstelle. Asynchron nennt man es, wenn die Bits nur bei Bedarf gesendet werden. Um hier Empfänger und Sender zu synchronisieren, muss man Preamble-Bits vor dem eigentlichen Nutzdatenstrom senden. V.24 kann sowohl synchron (selten) als auch asynchron betrieben werden. An einem PC findet man als Com-Port nur die asynchrone, serielle V.24-(RS232c)-Variante. Wenn man von einer Telefongesellschaft erfährt, der Anschluss erfolgt über eine serielle Schnittstelle, dann sollte man nachfragen, ob man damit V.24 (asynchron) oder X.21 (synchron) meint.

9.4 bit/s und Baud

Baud ist eine Messgröße für die Frequenz des Übertragungstakts. Bei Telefonverbindungen liegt sie bei 4 kHz = 4000 Baud. Man darf sie nicht mit der Bandbreite verwechseln, die in bit/s gemessen wird. Mit einem Baud kann man mehrere bit/s gleichzeitig übertragen. So gilt für eine V90-Modemverbindung ein Takt von

4000 Baud, d. h. eine Frequenz von 4 kHz, jedoch eine Geschwindigkeit von 56 kbit/s. Auch Gigabit-Ethernet kann 1000 Mbit/s via 1000Base-T mit nur 100 MHz (= 100 MBaud) übertragen.

9.5 Vergleich der WAN-Netztechnologien

Jeder Planer von WAN-Netzen sollte folgende drei Fragen beantworten können:

- Welche Bandbreite (Maximum und Durchschnitt) benötigen die Anwender?
- Welche Verzögerungszeiten akzeptieren Anwender und Anwendungen?
- Wie hoch muss die Verfügbarkeit sein (99 % pro Jahr, d. h. vier Tage Ausfall)?

Die meisten Anwender oder Kunden können diese Fragen nicht ausreichend beantworten. Dann sollte man einen Spezialisten mit Experten-Protokoll-Analyser hinzuziehen, der die benötigten Daten beim Anwender und von den Anwendungen ausmisst. Wählt man eine andere Vorgehensweise, dann ist das Risiko einer Fehlinvestition in eine WAN-Lösung sehr hoch.

Die folgende Tabelle stellt die meistgenutzten WANs vergleichend gegenüber:

WAN-Technik	Modem	ISDN	DSL	Frame-Relay	X.25
Haupt-anwendung	Dienstreise, ins Internet	ins Büro, ins Internet	schnell ins Internet	Festverbindung	Daten-wählleitung
verfügbar	weltweit	Industrie-staaten	fast wie ISDN	fast weltweit	weltweit
vermittelnd	Leitung	Leitung	Leitung	Paket	Paket
Wählleitung	ja	ja	nein	nein	ja
Standleitung	nein	ja	ja	ja	ja
kbit/s	9,6–56	64–1920	384–6000	64–34 000	9,6–64
Fehlerfrei	nein	nein	nein	nein	ja
Protokoll	PPP	PPP	PPPoE	RFC.1490	LAPB
Laufzeit	sehr gering	sehr gering	mittel	mittel	hoch
Alter	1960	1980	1995	1990	1970

Tabelle 9.1 WAN-Techniken im Vergleich

10   Modem

Modem ist ein Kunstwort aus Modulator und Demodulator. Ein Modem verwandelt digitale Computersignale in analoge Tonsignale zur Übertragung über ein Sprachtelefonnetz um. Daher piept es, wenn man irrtümlich ein Modem anruft. Modem-Verbindungen sind Wählleitungen. Modems gibt es etwa seit 1969.

Durch die Begrenzung der Tonsignale auf 4 kHz liegt die maximale Taktrate in einem Telefonnetz bei 4000 Baud. Nun kann man mit einem Takt aber mehr als ein Bit übertragen. Mit V.90 und guten, digitalen Leitungen empfängt man 56 000 bit/s.

Jedes Telefon ist mit einem maximal 8 km langen Zweidraht-Twisted-Pair-Kabel (Category1) mit der Ortszentrale einer Telefongesellschaft verbunden. Die DTAG verwendet nur vieradrige Kabel (zwei bleiben unbenutzt). Das Kupfertelefonkabel:

- beginnt am **a/b-Anschluss des Telefons** (man benötigt zwei Kontaktstifte)

- läuft in Deutschland über eine **TAE-Steckdose** (Telefon-Anschluss-Einheit)

- trifft sich im **KVZ** mit anderen Hausanschlusskabeln (ISDN-Systemkabeln) (Kabelverzweiger, etwa 1 m hoher und 1 m breiter, 30 cm tiefer, grauer Kasten am Straßenrand; nur Kabelklemmen ohne Elektronik und ohne Stromversorgung)

- wird von dort mit vieladrigen Kupferkabeln (100 DA) **zur Ortszentrale** geführt

In einem 100-DA-Kabel (Doppeladern) werden bis zu 100 Gespräche gleichzeitig parallel auf 200 Kupferadern übertragen. Damit es im 100-DA-Kabel nicht zu einem Übersprechen kommt, d. h. ein Gespräch ein anderes nicht stört, muss man die Signalgrenze von maximal 4 kHz oder 4000 Baud exakt einhalten. Bei neuen Kabeln für ISDN und DSL liegt die Grenze bei 1 MHz.

Im englischen Sprachraum verwendet man andere Begriffe für dieselbe Technik:

- ein digitales Telefonnetz ist ein **PSTN** (Public-Switched-Telephone-Network)

- der a/b heißt **POTS** (Plain-Old-Telephone-Service) mit **RJ11**-Stecker

- die Ortszentrale der Telefongesellschaft nennt man **POP** (Point-of-Presence)

- und die Telefongesellschaft bezeichnet sich neudeutsch als **Carrier**

Die Deutsche Telekom AG (DTAG) bezeichnet eine Ortszentrale auch als Amt oder DIVO (digitale Vermittlungsstelle Ort).

10.1 Modem: Kennzeichen

Die Modemtechnik ist schon recht alt. Sie stammt noch aus den 1960er-Jahren. Modemverbindungen besitzen:

- **niedrige Datenraten**   von 9,6 kbit/s bis 56 kbit/s
- **eine geringe Stabilität**   hohe Fehlerrate und viele Verbindungsabbrüche
- **minimale Laufzeiten**   durch Verwendung von schnellen Sprachleitungen

Modems werden häufig im **SoHo**-Markt (Small-Office/Home-Office) eingesetzt:

- für den **Zugang zum Internet**, privat von zu Hause aus
- zur **Einwahl von Außendienstmitarbeitern** in Firmennetze
- für **Wartungszugänge** von größeren Anlagen (Remote-Wartung)

In Deutschland nutzt man beruflich, wegen höherer Stabilität, ISDN oder DSL.

Will man jedoch nur selten ins Internet (< 20 Stunden/Monat), dann sind Modems die weitaus preiswerteste Art, Daten über ein WAN-Netz zu übertragen, und man ist schnell drin.

10.2 Modem: Geschwindigkeiten (V.90 = 56 kbit/s / 33,6 kbit/s)

Die ITU (Internation-Telephone-Union) in der Schweiz hat u. a. folgende Standards für Modemübertragungsraten festgelegt:

- V.110   9600 bit/s im Handy-Modem (WAP = Wireless-Application-Proto.)
- V.32   9600 bit/s (Fallback auf 4800), vollduplex, asynchron + synchron
- $V.17_{FAX}$ 14 400 bit/s (Fallback auf 7200), halbduplex, synchron
- $V.32_{BIS}$ 14 400 bit/s (Fallback auf 2400), vollduplex, asynchron + synchron
- V.34   22 800 bit/s (Fallback auf 2400), vollduplex, asynchron + synchron
- V.90   56 000 bit/s (Fallback auf 2400), halbduplex (down 56 / up 33,6)
- V.92   56 000 bit/s (Fallback auf 2400), halbduplex (down 56 / up 44 kbit/s)

Fallback bedeutet, dass bei schlechten Leitungen das Modem die Datenraten, in Abstimmung mit der Gegenseite, in Stufen auf den genannten niedrigeren Wert reduzieren kann. Hiervon wird der Teilnehmer in der Regel nicht informiert.

V.90-Modems nutzen die Halbduplex-Übertragungstechnik. Sie können vom Amt mit 56 000 bit/s empfangen (downstream), jedoch nur mit 28 800 bit/s senden (upstream). Mit deutschen Telefonleitungen kann man in der Regel eine Geschwindigkeit von 33 600 bit/s ohne Schwierigkeiten erreichen. Um V90-Modems mit der maximal möglichen Datenrate fahren zu können, muss man schon Glück haben. Via Mobilfunktelefon (deutsch Handy) ist im Jahr 1999 die Datenrate noch auf 9600 bit/s begrenzt. Zur Not kann man damit noch arbeiten.

10.3 Modem: Frames (LAPM, MNP), Fehlerkorrektur (V.42)

Um Fehler im Datenstrom zu erkennen, muss man die Bits in Frames mit einer Prüfsumme (FCS) einpacken und bei falscher Prüfsumme die Pakete wiederholen, d. h. noch einmal senden. Dazu benötigt man eine Flusssteuerung.

- V.42-Frame LAPM-Frame (Link-Access-Procedure-for-Modem)

Flag	Zieladresse	Control	Daten (bis 128 Byte)	FCS	
1	2	2	1-28	2	Byte

- MNP.4-Frame

Flag	Header	Daten (bis 256 Byte)	FCS	
1	2	1-256	2	Byte

Tabelle 10.1 Modem-Frame-Formate

Die Fa. Microcom aus den USA war das erste Unternehmen, das eine solche Technik für Modems einführte. Sie entwickelte das Verfahren MNP4. Die ITU hat dieses Verfahren verbessert und als V.42 normiert. V.42 und MNP4 werden heute nur noch selten bei Modem-zu-Modem-Verbindungen genutzt.

10.4 PPP: Point-to-Point-Protocol (LCP, NCP, CHAP, PAP)

Schaltet man über ein Modem eine Verbindung zum Internet, nutzt man heute PPP. PPP ist ein Layer-2-Internet-Protokoll (RFC.1661). Es transportiert Daten über asynchrone Wählverbindungen, synchrone Standleitungen, via Modem und ISDN:

- Es benutzt **LCP** (Link-Control-Protocol) für den Verbindungsauf-/-abbau, die Verbindungskontrolle (Link-Control), den Zugriffsschutz (Chap/PAP-Username/ Password) und die Kompression des Paketkopfs.

- Das **NCP** (Network-Control-Protocol) transportiert dann die Datenpakete von IP, IPX, Appletalk, Decnet, SNAP-Bridging über die Leitung. Nach der Encapsulation-Methode werden die Protocol-Pakete in PPP-Frames eingepackt, transportiert und am Ziel wieder ausgepackt.

215

- PPP-Frame für den Datenaustausch

Flag	Zieladresse	Control	Protocol	Data	FCS
1	2	2	2	1-4096	6 Byte

Tabelle 10.2 PPP-Frame als Weiterentwicklung des HDLC-Frames

PPP unterscheidet zwischen zwei Verfahren für den Zugriffschutz. Benutzername (Username) und Kennwort (Password) werden mit **PAP** (Password Authentication Protocol) beim Login unverschlüsselt im Klartext übertragen. Die zweite, sichere Methode ist **CHAP** (Challenge-Handshake-Authentication-Protocol). Aus dem Password errechnet CHAP einen Hash-Wert, nach dem genormten RSA-MD5-Algorithmus. Zur Authentisierung werden immer Username und Hash-Wert gesendet. Der Empfänger errechnet aus seinem Password ebenfalls einen Hash-Wert. Sind beide Werte identisch, dann ist der Zugriff erlaubt. CHAP überträgt also gar kein Password. CHAP ist aber nicht nur wegen dieser Methode sicherer als PAP. CHAP schickt im Gegensatz zu PAP alle zwei Sekunden ein Challenge und überprüft damit, auch im laufenden Betrieb, ständig Username und Password jeder aktiven Session. PPP ist aber auch offen für Erweiterungen. So nutzte die Fa. Microsoft in Windows/NT ein eigenes Authentisierungsprotokoll, das MS-Chap nach MD4, was allerdings nicht sicher gegen Entschlüsselung ist.

Mit Multilink-PPP wird es möglich, bis zu 30 Telefonkanäle à 64 kbits/s zu einer virtuellen Datenverbindung mit höherer Bandbreite (1920 kbit/s) zu multiplexen. Die Firma Cisco bietet in ihren Routern ein Multichassis-PPP an, das es ermöglicht sogar mehrere Schnittstellen verschiedener Router zu einer logischen Verbindung zusammen zu schalten.

Die PPP-Kompressionsmethoden sind nicht einheitlich und universell normiert. So kennt die Fa. Cisco für PPP die Link-Compression. Hier werden sowohl der Frame-Kopf als auch die Nutzdaten komprimiert (Header-Compression & Payload-Compression). Dazu gibt es noch zwei Algorithmen Predictor und Stacker. Hier muss man zwei Cisco-Router schon exakt auf einen Algorithmus einstellen, damit diese untereinander Daten austauschen können. An einen Herstellermix braucht man gar nicht erst zu denken. Funktioniert eine Verbindung nicht, dann sollte man erst einmal jede Komprimierung ausschalten.

Mit PPP/IPCP (Internet Protocol Control Protocol) kann man im WAN über PPP einer Einwahlstation (Dial-In-Host), vom RAS aus, automatisch seine IP-Adresse zuweisen. Das nennt man IP Address Negotiation.

PPP wird noch weiter entwickelt. So soll noch eine Methode zur Priorisierung (QoS) von speziellen Anwendungen, wie VoIP, neu hinzukommen.

10.5   Modem: Datenkompression (V44)

Wie gesagt ist die Bandbreite von WAN-Netzen und insbesondere bei Modem-Verbindungen sehr gering. Daher kam man auf die Idee, die Daten zu komprimieren und so die Anzahl der zu übertragenden Bits zu begrenzen:

- V.44   mit bis zu   600 % Komprimierung
- V.42$_{BIS}$ mit Lempel-Ziv-Welch-Codierung bis   400 % Komprimierung
- MNP7   mit Markov-Codierung bis   300 % Komprimierung
- MNP5   mit Hoffmann-Codierung bis   200 % Komprimierung

Bei der Datenkompression werden die Redundanzen aus den zu übertragenen Daten entfernt. Sich wiederholende Zeichen sendet man z. B. als ein Zeichen plus einem Zähler. In der Regel wird nur der Nutzdatenanteil eines Frames komprimiert, damit man die Steuerinformationen im Frame-Kopf (Header) und die Prüfsumme (FCS) am Frame-Ende jederzeit erkennen kann.

10.6   Modem: Steuerung über AT-Befehle

Zur Steuerung des Modems werden Befehle vom Rechner aus an das Modem gesandt. Diese Steuerbefehle werden zusammen mit den Nutzdaten übertragen, und ein Modem muss sie aus dem Datenstrom herausfischen. Es gibt zwei generelle Arten für die Befehlssätze. Die Norm V.26$_{BIS}$ vom ITU wird kaum verwendet. Durchgesetzt haben sich die AT-Befehle der Fa. Hayes. Diese Befehle beginnen immer mit den zwei Buchstaben „AT" (von engl. Attention für Achtung). Leider sind die AT-Befehle kaum standardisiert, und jeder Modem-Hersteller fügt eigene Erweiterungen hinzu. Als Beispiel werden hier nur zwei Grundbefehle genannt:

- ATDT01777051157   wähle (Dial) mit Tonwahl (Tone) die Rufnummer
- ATH   auflegen (Hold), Verbindung beenden
- ATi   Information aus dem Modem

10.7   Modem: Anschluss (V.24 und TAE)

Ein PC wird über einen seriellen Com1- oder Com2-Port, das ist in der Regel am PC ein DB9-Stecker (am Kabel ist eine Buchse), mit dem Modem verbunden. Es gibt auch Modems mit USB-Anschluss. Der Com-Port ist eine serielle, asynchrone V.24 = RS232C-Schnittstelle. Vom Modem läuft ein zweiadriges Twisted-Pair-Telefonanschlusskabel zur TAE-Steckdose. Das Modemkabel muss eine N-Codierung aufweisen, bei dem die Kontakte a/b-links nach a/b-rechts durchverbunden sind.

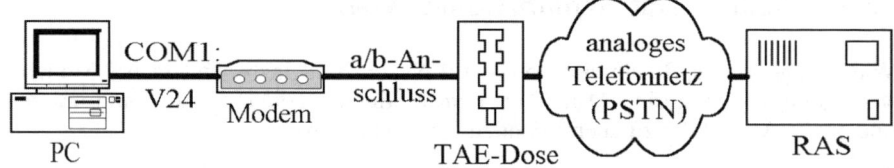

Bild 10.1 Modem-Anschluss

Am anderen Ende der Leitung befindet sich entweder wieder ein Modem, ein Router mit einem digitalen Modem-Chip oder ein Remote-Access-Server (RAS), ebenfalls ausgerüstet mit einem Modem-Chip. **Es können nämlich immer nur Modem-zu-Modem-Verbindungen geschaltet werden.**

Als Einwahlkomponente in ein Firmennetzwerk sollte man keinen Router, sondern einen RAS einsetzen. Router lesen nur die IP-Zieladresse im Datenpaket. Nur wenn sie das Netz kennen, leiten sie den Frame weiter. RAS haben eine Benutzerverwaltung. Man kann so genau kontrollieren, wer sich wann ins Firmennetz einwählen darf. Eventuell kann der RAS noch Filter auf IP-Ziel-Adressen und IP-Port-Nr. setzen und so nur den Zugriff auf bestimmte Netzfunktionen ermöglichen.

10.8   Serielle Schnittstelle RS232c = V.24 plus V.28

Es gibt kaum eine Schnittstelle in der Computerwelt, die mehr verachtet wird als ein serielles V24-Interface. Warum ist das so? Zuerst eine nicht technische Erklärung. Ein Mann aus Missouri hatte in einem Laden einen PC gekauft und in einem zweiten ein Modem. Nachdem er das Modem nicht zum Laufen brachte, ging er mit PC und Modem in den zweiten Laden und bat dessen Besitzer, das Modem für 180 $ zu installieren. Aber auch dieser schaffte es nicht, behielt aber die 180 $. Der Mann aus Missouri fuhr verärgert mit PC und Modem nach Hause, holte seine Pistole, kam zurück und erschoss den Ladenbesitzer. Der Mann wurde wegen vorsätzlichen Mordes verurteilt. Zu lesen war diese Anekdote in der Ausgabe vom 20. Juni 1983 des Magazins www.InfoWorld.com.

Die ITU-Spezifikation V.24 beschreibt die Funktionen und die Norm V.28 die elektrischen Eigenschaften dieser Schnittstelle. In der US-amerikanischen Spezifikation RS232c ist dann beides identisch beschrieben.

Dabei ist eine V24-Schnittstelle gar nicht so schwer zu verstehen. Man unterscheidet den Teilnehmer DTE (Data-Terminal-Equipment), hier einen PC, und das Modem DCE (Data-Communications-Equipment). Diese werden über ein Kabel verbunden. Nach Norm findet man am Modem eine DB25-Buchse. IBM hat in die meisten PCs jedoch einen DB9-Stecker eingebaut. Ein DTE erkennt man daran, dass im Ruhezustand an TxD (Transmit-Data, Stift 2) ein negatives (rotes) Stop-Sig-

Erklärung	Senden	Signal	DB-25 Stift-Nr.	(PC) DB-9 Stift-Nr.
Transmit-Data	**DTE → DCE**	TxD	2	3
Receive-Data	DTE < DCE	RxD	3	2
Signal-Ground	-	SG	7	5
Request-to-Send	**DTE → DCE**	RTS	4	7
Clear-to-Send	DTE < DCE	CTS	5	8
Data-Set-Ready	DTE < DCE	DSR	6	6
Data-Channel-Detect	DTE < DCE	DCD	8	1
Data-Terminal-Ready	**DTE → DCE**	DTR	20	4
Ring/Call-Indicator	DTE < DCE	RI	22	9

Tabelle 10.3 Kontaktbelegungen V.24 bzw. RS232C

nal anliegt. Beim DCE liegt dieses negative (rote) Signal ohne Datenverkehr auf RxD (Receive-Data, Stift 3).

Minimal benötigt man drei Adern: für das Senden (Transmit-Data, Stift 2), das Empfangen (Receive-Data, Stift 3) und die Signalerde (Signal-Ground, Stift 7).

Hinzu kommt zwingend die Einstellung eines Handshake-Verfahrens. Ein durchschnittlicher PC im Jahr 2000 kann bis zu 30 Mbit/s senden, via Modem sind aber nur maximal 56 kbit/s möglich. Der PC ist also um den Faktor 1000 schneller als das Modem mit seinem Telefonanschluss. Nun muss das Modem den PC stoppen können, falls der Modem-Eingangsspeicher überzulaufen droht, und den PC wieder starten, wenn der Speicher sich wieder leert. Diesen Start-Stop-Betrieb nennt man engl. Handshake oder Congestion-Management.

Beim Software-Handshake wird ein XOFF (Stop, ASCII-Zeichen DC3) oder ein XON (Start, ASCII-Zeichen DC1) im Datenstrom gesendet. Nun muss der PC oder das Modem diese Zeichen im Datenstrom erkennen, herausfiltern und darauf reagie-

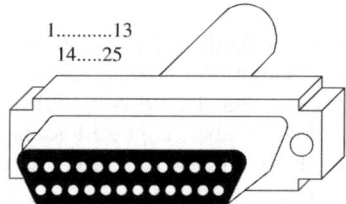

Bild 10.2 DB25-Stecker als V.24 = RS232C-Schnittstelle

ren. Das kostet Zeit, und manchmal wird ein Zeichen übersehen. Daher sollte man bei einer Verbindung eines Modems an einen PC kein XON/XOFF einstellen.

Besser ist hier die Verwendung eines Hardware-Handshakes. Erkennt der PC auf der CTS-Leitung (Clear-to-Send = Stift 5) vom Modem ein negatives (rotes) Stop-Signal, beendet er seine Übertragung. Wird das Signal positiv (grün), dann startet der Datenfluss wieder. Damit der PC dem Modem seine Überlast signalisieren kann, verwendet er die RTS-Kabelader (Request-to-Send = Stift 4). Man spricht hier auch vom RTS/CTS-Handshake.

Ein weiteres Hardware-Handshake kann man mit den Kontakten DSR/DCD (Data-Set-Ready = Stift 6 / Data-Channel-Detect = Stift 8) und DTR (Data-Terminal-Ready = Stift 20) ausführen. Jedoch ist diese Variante glücklicherweise selten. Eventuell muss man diese Signale jedoch auf der Modem-Seite mit sich selbst verbinden, damit das Modem seinen Betrieb aufnimmt.

Sollen zwei DTE-Geräte miteinander verbunden werden, dann muss man die Kabeladern kreuzen: 7-7, 2-3, 3-2, 4-5, 5-4, (6+8)-20 und 20-(8+6). Ein solches Kabel nennt man auch Null-Modem-Kabel. Glücklicherweise kann man bei einer V.24-Schnittstelle jeden Kontakt mit jedem anderen Kontakt verbinden, ohne dass der Anschluss beschädigt wird. (Hinweis: Verbindet man jedoch einen V24-Com-Port mit einem 48V-ISDN-Anschluss, dann zerstört man in der Regel den V24-Com-Anschluss.)

Beim Kauf eines Modems sollte man darauf achten, dass ein passendes PC-DB.9/V.24-Kabel und ein TAE/Telefonkabel beiliegen. Damit umgeht man die oben geschilderten Einstellungen (RTS-CTS, (DSR+DCD)-DTR, Kabelbrücken, Kreuzen der einzelnen Adern).

10.9   TAE: der deutsche Telefonanschluss

Die Deutsche Telekom AG (DTAG) hat als Ende der Amtsleitung die TAE-Steckdose (Telefon-Anschluss-Einheit) entwickeln lassen.

Der TAE-Stecker ist eine deutsche, sechspolige Steckverbindung, die mit zwei Kunststoffnasen als F- oder als N-Variante codiert ist. Anschlusskabel für Telefone (Fernsprecher) besitzen eine F-Nase und Kabel für Modem/Fax/Anrufbeantworter eine N-Codierung (Nebenstelle).

Die F-Buchse für ein Telefon ist immer das Ende jeder Amtsleitung. Darin sind nur die linken Kontake (L.a und L.b) mit dem Stecker verbunden. Bei einer N-Buchse sind die Drähte von links (L.a und L.b) nach rechts (a.2 und b.2) durchgeführt. Steckt ein Stecker in einer N-Buchse, läuft das Signal über angeschlossene Modem/Fax/Anrufbeantworter zum Telefon weiter. Ist die N-Buchse frei, brückt ein Kurzschlusskontakt die Leitung zum F-Telefonanschluss:

Amt ===> N-Buchse (mit Anrufbeantworter) ===> F-Buchse ===> Telefon.

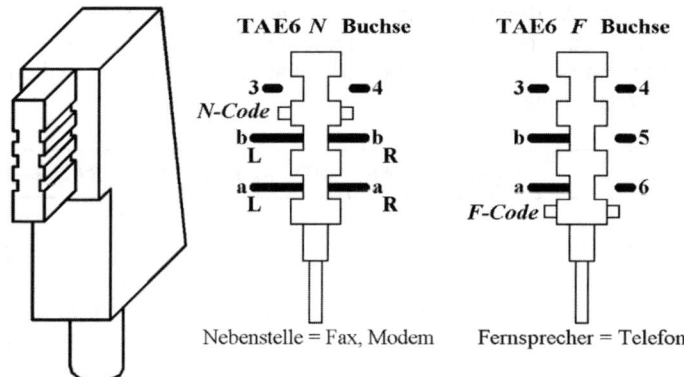

Bild 10.3 TAE-Stecker mit F- und N-Codierung

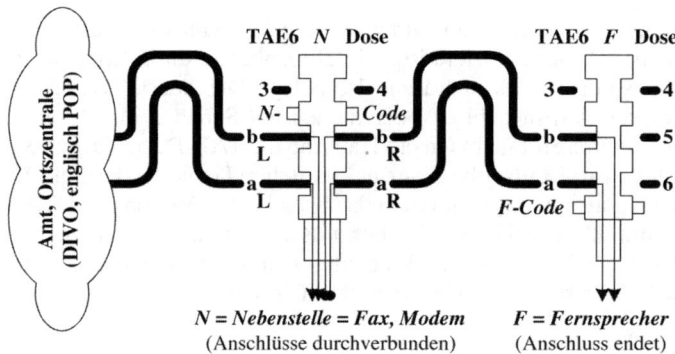

Bild 10.4 TAE-Anschluss und Kabelführung

In Telefonnetzen darf man Endgeräte immer nur wie oben gezeigt in Reihe schalten, jedoch niemals parallel. Stellen wir uns einmal vor, wir haben wie oben dargestellt einen Anrufbeantworter (an N-Stecker) und ein Telefon (an F-Stecker) angeschlossen. Wir erhalten einen Anruf. Geht niemand zum Telefon, dann nimmt der Anrufbeantworter nach dem dritten Klingeln das Gespräch an. Hätten wir das Telefon vor dem Anrufbeantworter angeschlossen und damit das Kabel durch den F-Stecker unterbrochen, könnte der Anrufbeantworter nie funktionieren.

Will man Telefon, Anrufbeantworter und Faxgerät an einer Telefonleitung betreiben, dann empfiehlt sich der Einsatz einer Faxweiche. Diese nimmt nach dem dritten Klingelzeichen ein herein kommendes Gespräch entgegen, prüft, ob Fax-Signale (bestimmte Pfeiftöne) gesendet werden, und schaltet das Gespräch zum Fax oder

221

beim Fehlen der Töne zum Anrufbeantworter weiter. Anhand der Pfeiftöne kann eine Faxweiche jedoch nicht entscheiden, ob es sich um Signale für ein Fax oder ein Modem handelt. Ein Modem muss man also immer manuell ein- und ausschalten oder einen zweiten Telefonanschluss nutzen.

Kennzeichnung der Adern	vom AMT	TAE	RJ.45	RJ.11-USA	RJ.11-D
ohne Ring (Ring, 0 V)	1.a	L.a	4	3	2
mit einem Ring (Tip, 48 V)	1.b	L.b	5	4	5
mit zwei Ringen und großem Abstand	2.a		3		Reserve
mit zwei Ringen und kleinem Abstand	2.b		6		Reserve

Tabelle 10.4 Aderbelegung einer vieradrigen Telefonleitung mit Twisted-Pair-Kupferkabel

Für eine Telefonverbindung benötigt man immer zwei Adern eines Kupferkabels. Nun legt die Telekom aber immer nur vieradrige Telefonkabel zu ihren Kunden. Es sind bei einem Anschluss nur die Adern 1.a und 1.b belegt. Die Adern 2.a und 2.b ermöglichen einen zweiten Amtsanschluss oder dienen bei Schäden als Reserve. Das Telefonkabel von der Ortszentrale bis in ein Haus, an die TAE-Dose, darf maximal 8 km lang sein. Das ist in Deutschland nur in ländlichen Gebieten der Fall. Es stört bei dieser Entfernung also nicht, wenn man das Kabel nach der von der DTAG gesetzten Telefondose um 30 m verlängert. Früher musste man darauf achten, dass man die Adern „a" und „b" nicht vertauscht. Bei heutigen, modernen analogen Telefonen, Faxgeräten oder Modems muss man das nicht mehr beachten.

10.10 Analoge Wählverfahren: IWV und MFV

In den Telefonnetzen gibt es zwei Wählverfahren. Das ältere Impulswählverfahren (IWV) aus Deutschland sendet kurze Stromstöße zur Ortszentrale, um Drehwähler anzustoßen und eine Nummer weiter einrasten zu lassen. Bei dieser Wähltechnik hört man das Klicken der simulierten Wählscheibe im Hörer. IWV ist langsam und sollte heute nicht mehr verwendet werden.

Beim Tonwählverfahren (MFV = Mehrfrequenzwählverfahren) ist jeder Taste ein Ton zugeordnet. Mobilfunktelefone arbeiten nur mit dem MFV aus den USA. Drückt man beim Wählen auf eine Taste, dann hört man einen Ton. Eine digitale Ortszentrale erkennt daran die Rufnummer und schaltet den Anruf durch. Über das reine Wählen hinaus erlaubt MFV auch die Fernabfrage von Anrufbeantwortern oder Voice-Mail-Boxen und das Steuern von weiteren Geräten. Heute sollten Modems und Telefone nur mit dem schnelleren MFV arbeiten.

Wie kann man nun ein Modem oder Telefon vom alten IWV auf das moderne MFV umschalten? Man zieht den Telefonstecker aus der TAE-Dose und den Stromstecker heraus, dann schaltet man den Microschalter im Modem oder Telefon (siehe Bedienungsanleitung) von IWV auf MFV und schließt das Modem oder Telefon wieder an. Die digitalen Ortszentralen der Telekom bemerken automatisch, wie ein Modem wählt. Die Änderung im Modem kann man u. U. auch per Software vornehmen. Vor dem Umschalten muss man keine Bedenken haben. Man kann nichts zerstören. Funktioniert es nicht, dann schaltet man einfach wieder zurück.

10.11 Internet-by-Call via Modem ohne Anmeldung

Die einfachste Methode, ins Internet zu kommen, ist die Einwahl mit einem Modem und Internet-by-Call-Zugängen ohne Anmeldung. Tabelle 10.5 gibt die Rufnummern einiger Anbieter in Deutschland wieder (Carrier, Internet-Service-Provider, Telefongesellschaften). Weitere Anbieter findet man beim Online-Verlag www.Tel-Tarif.de oder bei der Zeitschrift www.Connect.de.

www...de	ISDN-Nummer	Username	Password	DNS
.arcor.	06174666666	arcor-spar	internet	145.253.2.11
.freenet.	019231760	freenet	freenet	
.msn.	0192658	msn	msn	193.101.111.20
.vodafone.	0192060	d2vodafone	internet	
.vodafone.	0172229000	d2vodafone	internet	145.253.2.75

Tabelle 10.5 Internet-by-Call (Zugänge ohne Anmeldung)
(weitere Anbieter siehe www.TelTarif.de und www.Connect.de)

Um ins Internet zu kommen, muss man zuerst das Modem installieren. Wie man das macht, das steht in erster Linie im Handbuch des Modem-Herstellers. Auch sollten einem Modem immer zwei Kabel beiliegen, eins vom PC zum Modem und eins vom Modem zur TAE-Dose. Das PC-Modem-Kabel kann einen RS232- oder einen USB-Anschluss besitzen, je nach den Anschlüssen am PC. Moderne Notebooks besitzen keine Com-Ports für RS232 mehr, aber eventuell ein eingebautes Modem mit RJ11-Stecker. Dann benötigt man ein Kabel RJ11 auf TAE. Des Weiteren sollte man darauf achten, dass die Modem-Treiber für das verwendete Windows-Betriebssystem beiliegen (Windows/98/NT/2000/ME/XP/2003).

Unter Windows/XP gestaltet sich das Einrichten einer Modem-Internet-Verbindung einfach:

- Kabelverbindung herstellen und Modem einschalten

Kommt jetzt nicht automatisch ein Hardwareerkennungsdialog, dann manuell:

- Start > Einstellungen > Systemsteuerung > Telefon und Modem > Modems > hinzufügen > Modem auswählen > Datenträger > durchsuchen > modem.inf

Nachdem das Modem Installiert wurde, sollte man es erst einmal testen (optional):

- Start > Einstellungen > Systemsteuerung > Telefon und Modem > Modems > Modem auswählen > Diagnose > Modem abfragen > Protokoll anzeigen

Jetzt muss man noch die Netzwerkverbindung ins Internet konfigurieren:

- Start > Einstellungen > Systemsteuerung > Netzverbindungen > Neue Verbindung > Verbindung mit dem Internet > Verbindung manuell > Verbindung mit DfÜ-Modem > Modem auswählen > Verbindungsname > Rufnummer > Username + Password

Auch wenn die Mausklicks zu den obigen vier Punkten etwas kompliziert aussehen, sie sind es nicht. In wenigen Minuten ist man durch und nach dem Starten der Netzwerkverbindung im Internet.

An dieser Stelle noch einige Gedanken zum Thema „Modem im Hotelzimmer". Diese Aufgabe hat der Autor unter der Rubrik „unlösbar" abgelegt. Warum ist das so schwierig? Nach der Werbung sollte doch alles so einfach gehen.

- Zuerst sucht man eine Dose mit TAE- oder RJ11-Stecker im Hotelzimmer.

  In der Regel sind die Hoteltelefone aber fest angeschraubt und nicht lösbar. Man kann das Modem ohne Schrauben und Kabel ab-/anklemmen nicht anschließen.

- Zum Zweiten benötigt man einen analogen Telefonanschluss.

  In Deutschland arbeiten die meisten Nebenstellenanlagen mit der Up0-Schnittstelle (eine Zweidraht-ISDN-Basicrate-Variante, nicht kompatibel zum vierdrahtigen S0-Bus). Auch nutzen die TK-Anlagen nicht das Euro-ISDN-Protokoll DSS1, sondern herstellerspezifische Varianten, wie Cornet von Siemens oder Tnet von Tenovis. Man benötigt schon einen Prüfhörer als Messgerät, um zu erkennen, mit welcher Telefontechnik das Hotel arbeitet.

- Zuletzt muss die 019x-Internet-Nummer vom Hotel freigeschaltet sein.

  Internet-by-Call arbeitet in der Regel mit Rufnummern, die mit 019 beginnen (1,5 Cent/min). Viele sehr teure Rufnummern (3 Euro) beginnen leider auch mit 019. Daher haben die meistens Hotels diese Nummer sperren lassen. Eine Einwahl ins Internet ist dann nicht möglich. Selbst wenn man sich ernsthaft bemüht, diese drei Hürden zu überwinden, führt das selten zum Erfolg. Der Autor nutzt lieber andere, vom Hotel angebotene Methoden ins Internet zu gehen, sucht einen WLAN-Hotspot (http://mobileaccess.de/wlan/, www.connect.de, www.t-mobile.de) oder ein Internet-Café (www.neednet.de) und nutzt als letzte Möglichkeit sein GSM-Handy als Modem.

11   ISDN

Das Integrated-Services-Digital-Network ist eine Weiterentwicklung der analogen Telefonnetze. ISDN wurde 1989 in Deutschland von der DTAG eingeführt. Es ist jedoch nicht weltweit verfügbar, und man findet es fast nur in den Industriestaaten. Selbst in den USA ist ISDN selten und teuer. In Deutschland ist ISDN, neben DSL und Frame-Relay, der Standard für eine Datenübertragung im WAN, wie es Ethernet in lokalen Netzen ist.

11.1   ISDN: Kennzeichen

ISDN kann Sprache und Daten über ein gemeinsames Netzwerk transportieren. Für die Übertragung von Videosignalen in Fernsehqualität fehlt es an Bandbreite. Hierzu reichen die maximal 2 Mbit/s von ISDN nicht aus. Die heutigen Fernseh-satelliten benötigen pro Fernsehkanal 3 Mbit/s bis 4 Mbit/s. Bildtelefonie oder Videokonferenzen mit einer schlechteren Bildqualität sind jedoch möglich. Der Schwerpunkt von ISDN ist das Telefonieren. ISDN arbeitet mit:

- einer mittleren Datenrate von 64 kbit/s bis 2 Mbit/s

- minimalen Laufzeiten   noch schneller als analoge Telefonleitungen

- einer hohen Stabilität   minimale Fehlerrate und hohe Verfügbarkeit (99,5 %)

Wenn man professionell und sicher Daten übertragen will, dann sollte man in Deutschland ISDN als Netztechnik für Wahlleitungen wählen.

11.2   ISDN: Wählverbindung und Standleitung

In Deutschland und in Japan gibt es ISDN als Wähl- und als Festverbindung. Wählverbindungen nutzt man für sporadische Verbindungen:

- **Einwahl eines Außendienstmitarbeiters vom PC** aus in ein Firmennetz

- Übertragen von PC-Kassen- und Bestelldaten ein bis zwei Mal am Tag

- einen kurzfristigen PC-Zugang zum Internet, nur wenige Stunden täglich

- Bezahlen mit EC- und Kreditkarte

Standleitungen kommen immer unter folgenden Bedingungen zum Einsatz:

- **bei Server-Server-Verbindungen** (Wegen Hello und Keep-Alive Paketen!)

- bei Terminal-Anbindungen an Großrechner (VT100, IBM3270, IBM5250, X-Window, SAP-Client), auch bei PC-Kassen mit ständigem Server-Link
- wenn man zwei Standorte dauerhaft zusammen schalten möchte
- wenn die Summe der Telefonkosten pro Verbindungsminute und Monat teurer wird als die monatlichen Beträge für eine Standleitung gleicher Bandbreite.

Betrachtet man die Betriebskosten auf drei Jahre, dann ist es preiswerter, ISDN-Router für je 800 Euro zwischen Servern oder LANs einzusetzen, als die Server für je 100 Euro mit einer ISDN-Karte aufzurüsten.

Für **Wählverbindungen** gibt es zwei Geschwindigkeiten:

- der **S0**-Basisanschluss **(BRI)** verfügt über **128 kbit/s** (2×64 kbit/s) (Das erlaubt zwei Telefongespräche gleichzeitig oder Telefon und Fax).
- der **S2M**-Primärmultiplexanschluss **(PRI)** leistet **1,92 Mbit/s** (30×64 kbit/s)

Über die Multilink-Funktion kann das Point-to-Point-Protocol (PPP) mehrere 64-kbit/s-Sprachkanäle zu einem maximal 1,92 Mbit/s schnellen Datenkanal bündeln.

Bei Standleitungen im ISDN bietet die DTAG folgende Varianten an:

- digital 64 S (D64S) 64 kbit/s
- digital 64 Doppelanschluss (ein zentraler Anschluss für zwei Orte) 2×64 kbit/s
- digital 64 S 2 (D64S2) 128 kbit/s
- digital 2 M = PDH-E1 (D2MS) 2 Mbit/s
- digital 34 M = PDH-E3 34 Mbit/s
- digital 140 M = PDH-E4 140 Mbit/s

Will man Standleitungen nutzen, dann sollte man sich vom Komponentenanbieter zusichern lassen, dass diese Anschlüsse auch unterstützt werden. Das ist bei vielen Routern und Karten aus den USA nicht der Fall (Ausnahme: Fa. Cisco).

11.3 ISDN: Dienste

Die Übertragungsfunktionen im ISDN bezeichnet man als Dienst. Die ersten drei Dienste (Sprache, Daten, Analog) gibt es überall auf der Welt. Die anderen Codes werden teilweise nur in Deutschland und nur von der DTAG angeboten.

ISDN musste kompatibel zur alten Telefontechnik sein (engl. PSTN = Public-Switched-Telephone-Network), sonst könnte man PSTN und ISDN nicht parallel betreiben. Man führte für PSTN den Code 2 (Analog) ein. ISDN-Geräte tauschen vor dem Verbindungsaufbau ihre Codes aus. So wird vermieden, dass ein ISDN-Router (Code 7) Verbindung mit einem ISDN-Telefon (Code 4) erhält. Bei PSTN gibt es aber keine Codes. Daher darf ein analoger Anrufer (mit Code 2) Verbindung mit jedem anderen ISDN-Dienst aufnehmen.

Code	Name	Verwendung
01	**Sprache**	ISDN-Telefon oder Mobilfunk Handy (4 kHz)
07	**Daten**	Datenverbindungen zwischen ISDN-Karten und/oder Routern
02	**Analog**	altes Telefon, normales G3-FAX (Gruppe 3), Modemstrecken
03	*ISDN-Sprache*	ISDN-Telefone mit verbesserter Sprachqualität (7 kHz)
04	*ISDN-FAX*	seltenes, digitales G4-FAX (Gruppe 4) mit ISDN-Anschluss
08	*X.31*	X.25-Netz mit 64 kbit/s im B-Kanal und 9,6 kbit/s im D-Kanal
10	*Bildtelefon*	keine Video- oder Fernsehqualität, dafür zu geringe Bandbreite
0F	*T-Online*	Internetzugang von der Deutschen Telekom AG (DTAG)

Tabelle 11.1 ISDN-Dienste (Sprache, Daten, Analog)

Beim **Anschluss von analogen Faxgeräten an eine ISDN-Telefonanlage** sollte man immer den Code 2 (Analog) für diesen Anschluss einstellen oder alle Anrufe zulassen. Das wird in der Regel vom Telefontechniker (scherzhaft „Telekomiker") vergessen. Was geschieht nun, wenn der ISDN-Anschluss für das Fax irrtümlich auf Code 1 für Sprache eingestellt bleibt? Ruft ein analoges G3-Fax an, dann klappt alles. Versucht jedoch ein ISDN-G4-Fax oder ein Handy-Fax aus einem Mobilfunknetz anzurufen, dann kommen diese Anrufe mit dem **Code 4** für digitales Fax. Nun darf bei ISDN nur eine Verbindung geschaltet werden, wenn die Codes vom Anrufer und Empfänger identisch sind oder es ein analoger Anrufer mit **Code 2** ist. Der Empfänger steht hier aber irrtümlich auf **Code 1**, ISDN darf also nicht verbinden, und so gibt es keinen Faxempfang!

11.4   ISDN: Merkmale

Sonderfunktionen, wie eine Rufumleitung, nennt man bei ISDN Dienstmerkmale:

- 3PTY   Dreierkonferenz (3-Party)
- AOCx   Gebühreninfo: am Ende (x = E) und während Verbindung (x = D)
- CCBS   Rückruf bei besetzt
- CFx   Weiterschaltung: immer (x = S), besetzt (x = B), nicht melden (x = N)
- CLIP   Anzeige der Rufnummer des Anrufers beim Empfänger
- CLIR   Unterdrückung der Anzeige der Rufnummer beim Empfänger
- CONF   Konferenz, bis zu sieben Teilnehmer (Erweiterung der 3PTY)
- CW   Anklopfen eines zweiten Anrufers, während gerade telefoniert wird
- DDI   Rufnummernblock für Telefonanlagen

- HOLD   Halten für Rückfragen bei Dritten oder Umstecken am Bus
- MCID   Fangen böswilliger Anrufer (auch von analogen Teilnehmern)
- MSN   drei Mehrfachrufnummern, maximal zehn bei S0-Mehrgeräteanschluss

Für jeden ISDN-Anschluss (S0-Bus) vergibt die Telefongesellschaft drei Rufnummern. Man kann bis zu zehn Rufnummern pro Mehrgeräteanschluss erhalten. Mit diesen Nummern ist es möglich, mehrere Endgeräte an einem S0-Bus zu unterscheiden: 12354411 für ein Telefon, 12300815 für ein Fax und 12304711 für die ISDN-Karte im PC. Die Nummern müssen nicht aufeinander folgen.

11.5   ISDN: Kanäle und Protokolle

Bei ISDN unterscheidet man zwischen einem Signalisierungskanal (D-Kanal) zur Steuerung einer Verbindung und mehreren Sprachkanälen (B-Kanäle) für den Transport der Anwenderinformationen.

Der **D-Kanal** startet und beendet eine Verbindung mit dem E-**DSS1**-Protokoll:

- E-DSS1 bedeutet European-Digital-Subscriber-System-Protocol   Euro-ISDN
- beim S0-Basisanschluss nutzt der D-Kanal eine Bandbreite von   16 kbit/s
- der S2M-Primärmultiplex verwendet Channel 16 als D-Kanal mit   64 kbit/s
- DLCI ist der Data-Link-Connection-Identifier. Jede Verbindung wird mit einer hexadezimalen Zahl, der DLCI, gekennzeichnet. Die DCLI setzt sich zusammen aus der Service-Access-Point-Identification (SAPI), dem Command/Response-Bit (CR), dem Extended-Address-Bit (EA) und dem Terminal-Endpoint-Identifier (TEI).

Das DSS1-LAPD-Frame (Link-Access-Proceduretyp-D) endet wie im LAN auch mit einer FCS-Prüfsumme (Frame-Check-Sequence).

Man nennt das DSS1-Protokoll auch kurz Euro-ISDN. Früher gab es in Deutschland noch das nationale **1TR6**-Protokoll der DTAG. Dies sollte nicht mehr verwendet werden. Es wird von der DTAG daher seit Jahren nicht mehr neu installiert. Vorhandene alte Anschlüsse können noch bis 2005 betrieben werden. Man findet **1TR6** heute nur noch an alten Telefonanlagen.

- LAPD-Frame für den Verbindungslauf- und -abbau im D-Kanal

Flag	DLCI	Control	Data	FCS	
1	2	1-2	0-260	2	Byte

- **PPP-Frame für den Datenaustausch in den B-Kanälen**

Flag	Zieladresse	Control	Protocol	Data	FCS
1	2	2	2	1-4096	6 Byte

Tabelle 11.2 Euro-ISDN (E-DSS1) Frame-Formate

Die **B-Kanäle** transportieren die Benutzerdaten. Hier hat sich PPP durchgesetzt:

- PPP bedeutet Point-to-Point-Protocol (Näheres siehe im Kapitel Modem)
- beim S0-Basisanschluss kann man zwei B-Kanäle zu je 64 kbit/s nutzen, mit der PPP-Kanalbündelung erreicht man so die Bandbreite zu   128 kbit/s
- der S2M-Primärmultiplex verwendet 30 × B-Kanäle (#1-15, #17-31) à 64 kbit/s via PPP-Multilink werden so Übertragungsraten möglich bis zu   1920 kbit/s

PPP kommt aus dem Internet und wird von seiner Funktion her ständig erweitert.

11.6 S0-Bus: Basisanschluss

Dieser Anschluss ist die preiswerteste ISDN-Anschlussart und wird daher auch am häufigsten genutzt. Der S0-Bus oder engl. das Basic-Rate-Interface (BRI) ist ein Mehrpunktanschluss (Point-to-Multi-Point Interface (PMP)) und verfügt über:

- zwei B-Kanäle für den Austausch von Sprache und Daten mit   je 64 kbit/s (das sind **zwei Telefonate gleichzeitig** oder via PPP **maximal 128 kbit/s Daten**)
- mindestens **drei Rufnummern**, die man kostenlos auf 10 erweitern kann
- maximal **vier ISDN-Telefone** am S0-Bus oder eine Telefonanlage
- insgesamt **acht ISDN-Endgeräte**, wie Telefon, Fax, Router oder PC-Karte
- bis zu **zwölf RJ45-Steckdosen**
- und **maximal 120 m** Twisted-Pair-ISDN-Systemkabel für den S0-Bus

Der S0-Bus besteht aus einem Telefonkabel mit vier Adern, das an jedem Ende mit je zwei 100-Ω-Endwiderständen abgeschlossen werden muss.

Das Buskabel verlegt man normalerweise zwischen den Steckdosen ohne Widerstände. An das eine Ende schließt man den NT_{BA} (Netz-Terminator-Basis-Anschluss) an. Dieser beinhaltet bereits zwei 100-Ω-Abschlusswiderstände zwischen den RJ45-Stiften 4 + 5 bzw. 3 + 6. An das andere Busende steckt man einen

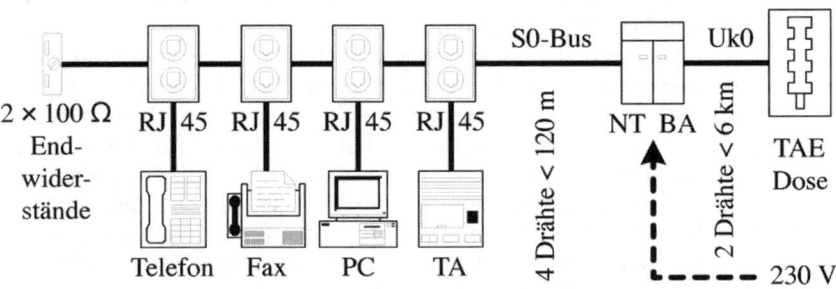

Bild 11.1 Aufbau eines S0-Bus-ISDN-Mehrgeräteanschlusses

kleinen Zwischenstecker mit den zwei anderen Endwiderständen. Diesen Stecker kann man fertig kaufen. Die RJ45-Dosen sollten keine Widerstände beinhalten. Die DTAG nennt den RJ45-Anschluss auch UAE (Universal-Anschluss-Einheit). Die achtpolige RJ45-Buchse wird paarweise an den Kontakten 4 + 5 und 3 + 6 belegt. Das verwendete Twisted-Pair-Kabel muss mindestens Category.2 entsprechen. Mit speziellen ISDN-Systemkabeln kann man sogar bis zu 220 m S0-Buslänge erreichen:

- Geräteanschlusskabel zu den RJ45-Dosen dürfen maximal 10 m lang werden

Installiert man den Bus ohne Abschlusswiderstände am Ende oder ist der Bus zu lang, dann hat man in der Regel mit einem ISDN-Telefon keine Probleme. Mit zwei oder mehr Geräten treten dann aber sporadische Verbindungsabbrüche auf, man kann nicht angerufen werden, oder der ganze Bus bricht total zusammen.

Hier die dringende Bitte: Diese Vorschriften bitte alle beachten und **keine Experimente** durchführen, die Verkabelung prüft man vor Inbetriebnahme ohne Endwiderstände mit einem TDR. Den fertigen S0-Bus mit einem funktionierenden NTBA an dem einen Busende und mit einem ISDN-Prüfhörer am anderen Busende.

11.6.1 S0-Bus: NT_{BA}-Anschluss und Notstrombetrieb

Ein NT_{BA} ist ein kleines Kästchen, etwa so groß wie eine Zigarrenkiste. Den NT_{BA} für S0 (und den NT_{PM} für S2M) gibt es auch in einer 19-Zoll-Baugröße, zum Einbau in einen 19-Zoll-Verteilerschrank:

- der NT_{BA} wird mit einem Kabel an die TAE-Telefon-Dose angeschlossen
- die zwei RJ45-Buchsen im NT_{BA} bilden ein abgeschlossenes S0-Busende
- nun muss man den NT_{BA} noch mit der 230-V-Stromversorgung verbinden

Die Stromversorgung ist für den Normalbetrieb zwingend erforderlich.

Normalerweise versorgt der NT_{BA} den S0-Bus mit einer Spannung von + 40 V (zwischen + 34 V und + 42 V) und mit maximal 4,5 W. Das reicht für acht ISDN-Geräte, davon vier ISDN-Telefone. Fällt die Stromversorgung aus, geht auch die grüne LED aus, und der NT_{BA} schaltet in den „eingeschränkten Betrieb". Nun versorgt das Amt den S0-Bus mit einem Notstrom von – 40 V und nur 0,41 W. Das reicht gerade, um ein ISDN-Telefon zu betreiben, das Eigenschaften für einen Notbetrieb besitzt (siehe Geräte-Handbuch). Andere Systeme funktionieren im eingeschränkten Betrieb gar nicht oder nicht fehlerfrei und zeigen sporadische Fehler. Benötigen die ISDN-Geräte zuviel Strom, dann schaltet das Amt den Bus zeitweise ganz ab. Nach der DTAG-Richtlinie 1TR5 sind nur ISDN-Telefone für den eingeschränkten Betrieb zugelassen. ISDN-Router und ISDN-PC-Karten erhalten keine Zulassung für einen Notbetrieb. Ziel des eingeschränkten Betriebs ist es, dass ein Mensch auch bei Stromausfall noch einen Notruf absetzen kann.

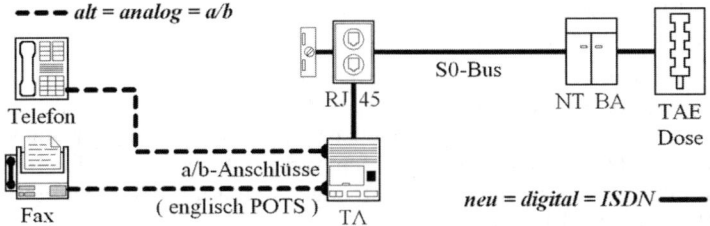

Bild 11.2 ISDN-Terminaladapter (TA)

Vor 1989 waren alle Telefonanschlüsse in Deutschland am analogen PSTN angeschlossen. Im Jahre 2000 gibt es in Deutschland nur noch digitale Vermittlungsstellen (DiV), so dass man technisch alle Telefonanschlüsse auf ISDN umstellen könnte. Moment, da war doch noch was: PSTN unterstützt 8 km Kabel zum Teilnehmer, ISDN nur 6 km; na gut, fast alle. Man kann seinen analogen PSTN-Anschluss selbst auf ISDN umrüsten. Zuerst beantragt man bei der DTAG die Umstellung und erhält einen NT_{BA}. Nun vereinbart man mit der DTAG einen Umstelltermin. (Das kann schwierig werden, wenn die DTAG nicht die vereinbarten Termine einhält.) Hat die DTAG den Anschluss umgestellt, dann funktioniert das alte analoge Telefon nicht mehr. Man schließt den NT_{BA} an die TAE-Dose und die 230-V-Stromversorgung an. Das neue ISDN-Telefon wird in den NT_{BA} gesteckt. Jetzt arbeitet ISDN. Das funktioniert deshalb, weil die alte Telefontechnik über den POTS-Anschluss mit zwei a/b-Drähten arbeitet und auch der NT_{BA} über die U_{K0}-Schnittstelle nur zwei Drähte zum Amt benötigt. Seine alte Rufnummer kann man behalten und erhält noch zwei weitere hinzu.

11.6.2 S0-Bus: Terminaladapter (TA)

Über einen Terminaladapter verbindet man alte analoge Endgeräte, wie Schnurlostelefone und Faxgeräte mit ISDN. Ein TA besitzt in der Regel einen ISDN und zwei a/b-Anschlüsse. Jeden dieser a/b-Anschlüsse kann man mit einer Rufnummer belegen. Man erhält ja automatisch drei Stück bei einem S0-Mehrgeräteanschluss. Stellen wir uns einmal vor, wir schließen an ISDN einen TA und eine ISDN-PC-Karte an. Die erste Rufnummer erhält das analoge Schnurlostelefon am ersten TA-Port, die zweite Rufnummer das alte Faxgerät am zweiten TA-Port und die dritte Rufnummer vergeben wir an die ISDN-PC-Karte. So kann jedes Gerät gezielt angerufen werden, und man kann die analogen Geräte weiter nutzen.

11.6.3 S0: Anlagenanschluss

Es gibt auch noch einen S0-Anlagenanschluss. Das ist eine Punkt-zu-Punkt-Verbindung. Man darf am Ende dieser Schnittstelle nur eine Telefonanlage anschließen. Es werden hier keine Endwiderstände benötigt, und das Kabel darf maximal 550 m lang werden (mit Spezialkabel 1100 m).

Dieser Anschluss wird sehr selten benötigt. Der Autor kennt diese Anschlussart nur aus Falschbestellungen von Kunden, Bekannten und Freunden. Es ist ein Fehler zu glauben, um eine Telefonanlage an ISDN anschließen zu können, benötigt man einen S0-Anlagenanschluss (PTP = Point-to-Point). Man verbindet heute jede Telefonanlage flexibler mit einem S0-Bus bzw. S0-Mehrgeräteanschluss (PMP = Point-to-Multipoint). Es ist auch am S0-Bus kein Problem, die drei ISDN-Rufnummern den einzelnen Telefonen zuzuordnen. Und man kann ja maximal zehn MSN-Rufnummern für einen S0-Anschluss bekommen. Eines ist bei beiden Anschlussarten jedoch identisch: Telefonieren können mit S0 immer nur maximal zwei Teilnehmer gleichzeitig.

11.6.4 Interner S0-Bus: Anschluss an PBX

Einige Telefonanlagen (engl. Private Branch Exchange) verfügen intern über eine S0-Schnittstelle. Wenn man an diese Schnittstelle eine ISDN-Karte oder einen Router anschließt, dann kommt es regelmäßig zu Problemen. Woran liegt das?

Zuerst sind viele Hersteller von ISDN-TK-Anlagen (Telekommunikations-Anlagen) sehr erfinderisch, was ISDN sein soll. Sie halten die Normen leider nicht ein. Ein interner S0-Anschluss müsste so funktionieren wie ein NTBA. Leider gibt es nur wenige Hersteller, wie die Firma Siemens, die dies korrekt nachbilden.

Der S0-Bus wird vom NTBA mit Strom versorgt. Dies muss bei einem internen S0-Anschluss die PBX übernehmen. In der Regel entfällt hierbei die Nachbildung des Notstrombetriebs. Liefert die TK-Anlage aber zusätzlich auch noch keinen S0-Bus-Betriebsstrom (+40 V, bis 4,5 Watt), dann gibt es hier fast immer Probleme mit dem Betrieb eines ISDN-Routers.

Selbst wenn alle obigen Anforderungen erfüllt sind, ISDN-NTBA-Funktionen fehlerfrei arbeiten und die TK-Anlage den S0-Bus-Betriebsstrom liefert, dann gibt es noch ein unlösbares Problem. Ausgehende Sprachverbindungen müssen in Deutschland vor jedem Datentransfer priorisiert werden. Man muss immer einen Notruf zulassen. Da die Notrufnummer nicht eindeutig ist und man auch nie weiß, ob ein Anwender einfach nur telefonieren oder einen Notruf absetzen möchte, muss die PBX generell ausgehende Telefonate priorisieren. Schaltet man das ab, macht man sich strafbar. Es darf nicht sein, dass ein stundenlanger Download aus dem Internet verhindert, dass jemand einen Arzt rufen kann. Das gilt nicht für hereinkommende Anrufe. Diese erhalten einfach ein Besetztzeichen.

Was kann nun im Betrieb passieren? Nehmen wir an, wir haben eine kleine Telefonanlage mit einer S0-Amtsleitung (zwei Kanäle), drei internen Telefonen und einem angeschlossenen PC mit ISDN-Karte. Der Chef telefoniert mit einem Kunden. Seine Sekretärin sucht am PC im Internet nach einem Hotel für die nächste Dienstreise. Beides funktioniert, da nur zwei Kanäle genutzt werden. Zusätzlich möchte jetzt ein Lagerarbeiter beim Lieferanten anrufen, wo denn die versprochene Ware bleibt. Man hat aber nur zwei Amtsleitungen. Da Sprache priorisiert werden muss, stoppt der Anruf des Lagerarbeiters zwangsläufig den Internetzugang der Sekretärin. Diese ruft in der EDV an und sagt, sie könne nicht mehr surfen. Etwas später kommt der Administrator vorbei, aber er findet keinen Fehler, weil jetzt beide Leitungen wieder frei sind. Das wiederholt sich einige Male, und die Sekretärin beschwert sich beim Chef.

Will man einen stabilen Betrieb garantieren, dann darf man den internen S0-Bus an einer Telefonanlage nicht nutzen und sollte jedem ISDN-Router einen eigenen S0-Amtsanschluss gönnen. Es stellt sich die Frage: Was ist wichtiger? Ein stabiler Betrieb oder ein wenig Geld zu sparen (23,60 Euro Grundgebühr/Monat).

11.6.5 UP0: Private Telefonanlagen, Anschlüsse und Protokolle

Große private Telefonanlagen (engl. Private-Branch-Exchange, kurz PBX) nutzen keine S0-Anschlussart, sondern die vom ZVEI (Zentralverband der Elektroindustrie in Deutschland) spezifizierte UP0-Schnittstelle. Diese arbeitet:

- auch mit zwei B-Kanälen à 64 kbit/s und einem D-Kanal mit 16 kbit/s
- aber nicht mit Euro-ISDN, sondern mit Siemens „**Cornet**", Bosch „**Tnet**" o. ä.
- man kann nur ein Endgerät, z. B. ein Systemtelefon, an UP0 anschließen
- das Kabel darf im Gegensatz zu S0 nicht nur 120 m, sondern 2000 m lang sein
- man benötigt nicht vier, sondern nur **zwei Drähte** und keine Endwiderstände

Die UP0 ist nicht kompatibel zur S0! Auf Grund der herstellerspezifischen Protokolle und der UP0-Schnittstelle ist ein Betrieb von normalen Euro-ISDN-Telefonen an großen privaten TK-Anlagen oder umgekehrt nicht möglich.

11.7 S2M: Primärmultiplexanschluss

Das S2M engl. Primary-Rate-Interface (PRI) gibt es nur als Anlagenanschluss (Punkt-zu-Punkt-Verbindung). Man kann jedoch nicht nur eine Telefonanlage, kurz PBX (engl. für private branche exchange), sondern auch einen Router oder eine ISDN-Server-Karte direkt mit einem S2M-Anschluss verbinden. Im Folgenden wird PBX als Synonym für alle drei Möglichkeiten verwendet. (Das Word PBX ist so schön kurz.)

Der S2M-Anschluss verfügt über 32 Kanäle mit je 64 kbit/s:

- Kanal 0   ist für die Signalisierung zwischen PBX und NT_{PM} reserviert
- Kanal 16   dient als D-Kanal für den Verbindungsaufbau mit E-DSS1

Benutzerinformationen werden über die restlichen Kanäle übertragen:

- Kanal 1-15   für Sprache, Daten und Fax (4 kHz analog)
- Kanal 17-31   für Sprache, Daten und Fax (4 kHz analog)

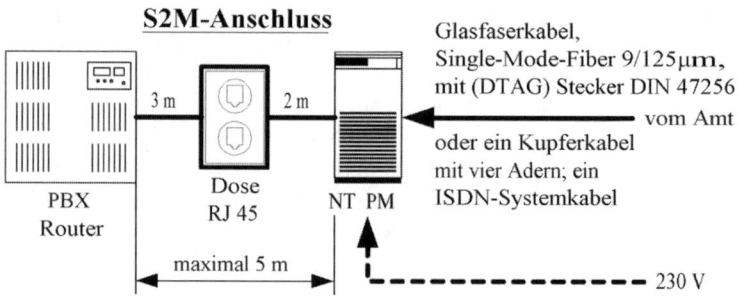

Bild 11.3 Aufbau eines S2M-Punkt-zu-Punkt-ISDN-Anlagenanschlusses

Somit stehen 30 Nutzkanäle zur Verfügung. Mit **S2M** kann man **30 Telefonate** gleichzeitig führen, eine Zentrale mit 30 Standorten verbinden oder via PPP-Multilink die 30 Kanäle zu einer 1920 kbit/s breiten Strecke zum Internet multiplexen. Es ist aber auch jede beliebige Kombination aus den oben genannten Varianten möglich.

11.7.1 S2M: Wählverbindung oder Standleitung

Den Primärmultiplexanschluss gibt es als Wählverbindung S2M und als Standleitung D2MS („S" für strukturiert mit 30 Kanälen). Bei Wählverbindungen muss man jedoch unbedingt darauf achten, dass man nicht mehr als sechs Anrufe in derselben Sekunde startet. Anderenfalls wird der Switch im Amt (EWSD von Siemens oder S12 von Alcatel) überlastet und die Kanäle werden vom Amt gesperrt. Die Kanäle kann man nur entsperren, indem man die Störungsstelle (01172) anruft, diese bittet, den Anschluss (Rufnummer angeben) zu initialisieren, oder das Endgerät ganz aus und wieder einschaltet. Dieses Wählproblem tritt nicht bei Telefonanlagen, sondern nur bei Routern und ISDN-Server-Karten auf, d. h. nicht bei Sprach-, sondern nur bei Datenverbindungen. Es kommt so gut wie nie vor, dass mehr als sechs Mitarbeiter innerhalb derselben Sekunde einen Anruf starten. Für einen Router ist es aber kein Problem, 30 Frames in einer Sekunde zu 30 verschiedenen Standorten zu senden. Im 10 Mbit/s schnellen Ethernet sendet er maximal 15 000 Frames pro Sekunde. ISDN ist eben doch mehr ein Sprach- als ein Datennetz.

Bei S2M erhält man nicht nur drei (maximal zehn) MSN-Rufnummern, sondern einen Durchwahlnummernblock. Über die Größe des Blocks kann man mit der DTAG verhandeln. Er ist abhängig von der Anzahl an S2M-Anschlüssen, die man nutzt, und der Anzahl der Telefone in einem Unternehmen. Unter **Rufnummernblock** versteht man eine Sammelrufnummer, bei der man die letzten Ziffern selbst vergeben kann. Ein Beispiel ist der Block 069/9093-xxxx der Telekom in Frankfurt. Über 069/9093-0 erreicht man die Zentrale und über 069/9093-4102 ein Faxgerät. Wie man die letzten Ziffern vergibt, bleibt dem Anwender selbst überlassen. Es gibt ein-, zwei-, drei-, vier- und fünfstellige Rufnummernblöcke, auch Durchwahlziffern genannt.

11.7.2 S2M: Anschluss

Bei S2M verbindet man die PBX, den Router, die ISDN-Server-Karte Punkt-zu-Punkt direkt mit einem NT_{PM} , der von der Telefongesellschaft installiert wird:

Das Kabel zwischen S2M-Router und NT_{PM} darf nur maximal 5 m lang sein

Der Autor hat oft versucht, diese sehr minimale Kabelstrecke zu verlängern. Aus praktischen Erfahrungen muss man leider sagen, **nur 5 m** funktionieren immer. Das Kabel zwischen S2M-Router und NT_{PM} hat vier Adern.

NTPM-Klemme			RJ45	Cisco-RJ48		Cisco-DB15m	
Klemme 5	an.a	Rx (+)	Pin 5	Pin 5 (Tip)	Tx (+)	Pin 9	Tx (+)
Klemme 6	an.b	Rx (−)	Pin 4	Pin 4 (Ring)	Tx (−)	Pin 2	Tx (−)
Klemme 8	AB.a	Tx (+)	Pin 2	Pin 2 (Tip)	Rx (+)	Pin 8	Rx (+)
Klemme 9	AB.b	Tx (−)	Pin 1	Pin 1 (Ring)	Rx (−)	Pin 15	Rx (−)
Hinweise: (a) und (b) bzw. (+) und (−) oder (Tip) und (Ring) darf man tauschen. Die Belegung für (an) und (AB) muss immer stimmen.							

Tabelle 11.3 Belegung der Steckanschlüsse für E1-Schnittstellen

Am neuen NT_{PM} nutzt die DTAG eine RJ48-Buchse. Ein RJ48-Stecker hat eine breitere Nase als ein RJ45-Stecker. Daher passt jeder RJ45-Stecker in eine RJ48-Buchse, umgekehrt geht das aber nicht. Früher hatte ein NT_{PM} gar keine Buchse, sondern nur eine Lüsterklemmen-Leiste oder LSA-Leiste (löt-, schraub-, abisolierfrei).

Die Kontakte „a" und „b" darf man vertauschen, die Adern „an" mit „AB" nicht. Endwiderstände am vieradrigen S2M-Kabel gibt es nicht. Den S2M-Router verbindet man mit einem Patchkabel. Aber Vorsicht, das Kabel muss unter 5 m lang sein!

Die Schnittstelle zwischen PBX und NT_{PM} ist nach ITU G.703 (Signale) und G.704 (Framing) normiert. Der Anschluss vom NT_{PM} zum Amt:

- erfolgt bei neueren Strecken über zwei Fasern eines Mono-Mode-Glasfaserkabels 9/125 µm mit DIN-47256-Stecker (NT_{PM}-GF)

- oder über eine vieradrige Kupferleitung. Hier kommen spezielle Kupferkabel zum Einsatz. Man kann also nicht davon ausgehen, dass man jedes installierte vieradrige Telefonkabel für einen analogen PSTN-Anschluss einfach auf S2M umstellen kann. Vielmehr muss die Telefongesellschaft den Anschluss noch einmal überprüfen und nachmessen (NT_{PM}-KU)

In der Regel wird ein neues Kabel vom Amt bis zum Teilnehmer gelegt. Ist das der Fall, dann sollte man versuchen, einen Glasfaseranschluss zu bekommen. Ein Glasfaserkabel arbeitet deutlich störungsfreier als eine Kupferleitung.

11.7.3 S2M: Stromversorgung

Auch der NT_{PM} muss mit einer Stromversorgung versehen werden. Normalerweise geht die DTAG davon aus, dass der NT_{PM} von der PBX mit Strom versorgt wird. Das ist aber bei S2M-Routern oder S2M-Server-Karten in der Regel nicht der Fall. Deshalb darf man bei der Beauftragung eines S2M-Anschlusses nicht vergessen, ein 48-V-Netzteil als Stromversorgung für den NT_{PM} mitzubestellen (etwa 15 Euro).

Am NT_{PM} sind drei Leuchtdioden angebracht:

- die **grüne Power-LED** überwacht die Stromversorgung, sie leuchtet immer
- die **rote S2M-LED** kontrolliert den PBX/Router-Anschluss, normalerweise ist sie aus; leuchtet sie rot, hat man einen Fehler auf Teilnehmerseite
- auch die **rote U2M-LED** (UG2 = Glas, UK2 = Kupfer), für die Strecke zum Amt, ist im Normalbetrieb aus. Leuchtet sie rot, hat man keine Amtsverbindung

Die roten LED können auch blinken, dann erkennt die Gegenseite PBX/Router (S2M) oder Amt/DiV (U2M) einen Fehler und teilt dies dem NT_{PM} mit. Hier sollte man zuerst einmal die Verkabelung überprüfen.

Die S2M-Anschlüsse werden von der DTAG ständig überwacht. Nun ist es in der Regel so, dass nicht S2M-Anschluss und Router am selben Tag installiert werden. Die DTAG überwacht jeden S2M-Anschluss, aber kontinuierlich. Fällt dieser aus, gibt es eine Fehlermeldung. Das gilt auch, wenn kein Endgerät angeschlossen wurde. Damit die DTAG-Netzadministratoren nicht in den Fehlermeldungen ersticken, schalten diese häufig ungenutzte S2M-Anschlüsse ab. Das erkennt man an der rot leuchtenden U2M-LED. Hier muss man nur die Störungsstelle anrufen (01172) und diese bitten, den S2M-Anschluss zu aktivieren. Voraussetzung ist aber, dass man die Rufnummer oder die Leitungsnummer des S2M-Anschlusses genau kennt, denn die DTAG hat nicht nur eine S2M-Leitung und auch nicht nur eine Baustelle.

11.8 Verbindung von ISDN und Modem

Man kann ein Modem immer nur mit einem Modem verbinden. Ein Modem wandelt die digitalen Datensignale in analoge Sprachsignale (Töne) um. Diese kann eine ISDN-Karte nicht verstehen. Damit dennoch eine Kommunikation möglich wird, muss auf der ISDN-Karte ein Modem-Chip eingebaut werden:

- PC-Modem > analoge PSTN-Leitung (Public-Switch-Tel-Net) > PC-Modem
- PC-Modem > digitale ISDN-Strecke > ISDN-Karte mit **V.90-Modem-Chip**
- WAP-Handy > GSM-Funknetz > ISDN-Karte mit **V.110-Modem-Chip**

Der Modem-Chip auf der ISDN-Karte wandelt dann die Sprachsignale wieder in Datensignale zurück. Erst so wird eine Kommunikation zwischen Modem und ISDN möglich. Will man also mit einem Modem oder einem Handy Daten austauschen, dann muss man eine ISDN-Karte mit Modem-Chip kaufen, der die Spezifikationen V.90 und V.110 unterstützt.

12   DSL

Digital-Subscriber-Line (DSL) ist eine Weiterentwicklung der Modemtechnik. Mit DSL kann man über einen bestehenden Telefonanschluss in Deutschland:

- **gleichzeitig zum** existierenden **ISDN-Verkehr** mit zwei Nutzkanälen
- noch zusätzlich **mit mindestens 768 kbit/s im Internet** surfen

Das bedeutet, dass man zur selben Zeit ein Telefonat führen, ein Fax empfangen und mit 768 kbit/s schnell im Internet surfen kann (oder zwei Telefonate und ein schneller Internetzugang). Hierzu benötigt man nur die bereits zu jedem Teilnehmer führenden zwei Adern eines Telefonkabels und einige neue Komponenten. Um als Carrier DSL anbieten zu können, benötigt man einen direkten Zugang zu den Kupferkabeln der Telefonkunden in den Ortszentralen.

DSL hat also folgende Vorteile:

- **höhere Bandbreite**: ISDN (0,128 Mbit/s) plus DSL (6/1 Mbit/s down/up)
- **weitere Nutzung der bestehenden ISDN-Komponenten** problemlos möglich
- **keine Neuverkabelung** (nutzen der verlegten, verdrillten zwei Telefonadern)
- **stabile Verbindungen** durch Standleitungen (keine sporadischen Abbrüche)
- das alles **reduziert die zusätzlichen Kosten** für die Carrier und den Endkunden

Die Attraktivität von DSL wird dadurch noch gesteigert, dass die Datenrate nicht festgelegt ist, sondern nach der Norm **in Schritten von $n \times 32$ kbit/s** an die Leitungsqualität angepasst werden kann. Um ähnliche Geschwindigkeiten wie mit DSL zu erreichen, müsste man alternativ Glasfasern neu in jedes Haus verlegen oder die Kabelfernsehtechnik komplett umrüsten (dort fehlt der Rückkanal). Eventuell könnte man alternativ auch die „Powerline"-Technik installieren (www.IPCF.org). Hierbei werden bis zu 1,2 Mbit/s über die 230-V-Stromversorgung transportiert. Ob aber die Energieversorger dies anbieten werden und diese Technik störungsfrei arbeitet, bleibt abzuwarten.

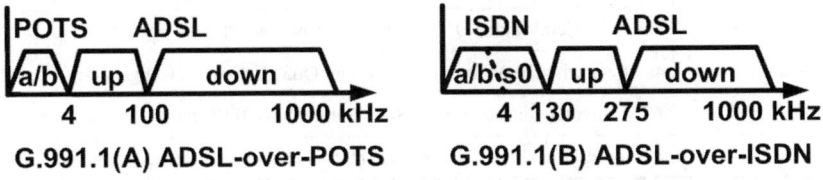

Bild 12.1 Frequenzen für ADSL über POTS oder ISDN

12.1 DSL arbeitet Halb-Duplex

DSL arbeitet Halb-Duplex, d. h., die Übertragungsrate aus dem Internet (downstream) ist höher, als die Geschwindigkeit ins Internet (upstream). Die Telekom bietet in Deutschland folgende Geschwindigkeiten an:

- T-DSL („Lite") download   384 kbit/s und upload   64 kbit/s bis 3400 m
- T-DSL   download   768 kbit/s und upload 128 kbit/s bis 2800 m
- T-DSL 1500   download 1536 kbit/s und upload 160 kbit/s bis 2600 m
- T-Interconnect   download 2048 kbit/s und upload 192 kbit/s bis 2500 m
- T-Interconnect   download 4096 kbit/s und upload 384 kbit/s bis 2000 m
- T-Interconnect   download 6016 kbit/s und upload 576 kbit/s bis 1600 m
- US-Norm   download 8000 kbit/s und upload 640 kbit/s bis 2700 m

Standardisiert wurde DSL zuerst 1995 als Norm T1.413 (2. Ausgabe) vom ANSI aus den USA (American-National-Standard-Institute). Die DSL-Technik wird weiterentwickelt vom DSL-Forum in den USA und der ITU (International Telecommunication Union) aus der Schweiz. Das DSL-Forum ist ein Zusammenschluss aus über 300 Unternehmen, hauptsächlich Telefongesellschaften (Carrier). Die ITU wurde 1844 von 20 europäischen Carriern gegründet, um Standards für Telegrafie (früher), Funkfrequenzen und Telefonie zu entwickeln und herstellerübergreifend festzulegen. DSL wird von der DTAG (Deutsche Telekom AG) seit 1999 angeboten, seit 1998 als Pilotprojekt.

12.2 DSL: ATM-Standleitung mit VPI/VCI

Technisch ist DSL eine neue physikalische Übertragungstechnik von ATM. DSL nutzt zum Transport der Datenpakete die FUNI-Schnittstelle nach RFC.1483 (Multiprotocol Encapsulation over ATM).

DSL-Sublayer	Bemerkung:
IP-Paket	
SNAP-Frame	das SNAP-Frame kann man unverändert in jedes Intranet-LAN übertragen
PPP-Encapsulation	wie in Modem- und ISDN-Strecken transportiert PPP die SNAP-Frames
AAL5-Container	nicht zeitkritische Verbindung, optional QoS (Cell-Loss, Congestion)
ATM-PVC	ATM schaltet eine synchrone Standleitung vom Teilnehmer zum Amt
DSL	mit bis zu 6000 kbit/s über einen Telefonanschluss, zusätzlich zum ISDN

Tabelle 12.1 ATM über DSL

DSL definiert eine Festverbindung zwischen Teilnehmer und Amt. Das bedeutet, es gibt kein Besetztzeichen und keine Pause beim Verbindungsaufbau. Man ist direkt im Internet. Hierzu nutzt DSL die ATM-Technik. DSL schaltet innerhalb von zehn Sekunden nach dem Starten des DSL-Modems einen festen Kanal, einen Permanent-Virtual-Channel (PVC). Dieser bleibt so lange bestehen, bis man das DSL-Modem abschaltet. Der ungenutzte Link ins Internet kostet keine Gebühren. Die verwendeten Nummern für VCI und VPI sind nicht normiert, sondern abhängig vom Anbieter. Ob eine Verbindung vom DSL-Modem zum Amt besteht, erkennt man an der SYNC-LED. Diese sollte am DSL-Modem immer leuchten. Das DSL-Modem sollte man, wie auch den NT_{BA}, nie ausschalten, es kann rund um die Uhr betrieben werden.

12.3 DSL: Topologie

DSL erweitert existierende Standards:

- zwei Adern einer normalen Telefonleitung, die in D an einer TAE-Dose enden
- weitere Nutzung der vorhandenen ISDN-Geräte: NT_{BA}, ISDN-Telefon, PBX
- einen PC oder Router mit Ethernet-10Base-T-Netzwerkkarte
- plus DSL-Splitter, DSL-Modem und PPPoE-Treiber.

12.4 DSL: Anschluss

Bevor die Telekom einem Kunden zusagen kann, dass man seinen ISDN-Anschluss mit DSL aufrüsten kann, muss die DTAG die Kupferkabel zum Kunden durchmes-

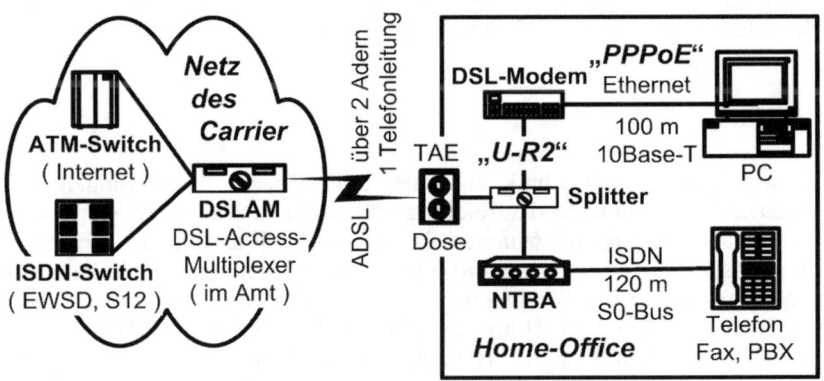

Bild 12.2 DSL-Topologie und Bauteile (Splitter, DSL-Modem, NT_{BA})

sen. Hierbei werden die Vorschriften der Norm ANSI T1.413 gemäß Signaldämpfung und Übersprechen überprüft. Auch wird ein Bit-Error-Rate-Test (BERT) durchgeführt, bei dem die Fehlerrate unter 10^{-7} liegen muss. Diese Messungen werden in der Regel nachts vom Amt ausgeführt, d. h. vom Kunden unbemerkt. Dies wird für die Telekom möglich über den beim Kunden installierten NT_{BA}. Das funktioniert nicht bei analogen Anschlüssen, da die TAE-Dose keine Elektronik besitzt und daher auch nicht remote überprüft werden kann. DSL wird in Deutschland aber nicht nur zusätzlich zu ISDN, sondern auch als Erweiterung eines analogen Telefonanschlusses angeboten.

12.5 DSL-Modem und U-R2-Schnittstelle

Die Verbindung zwischen PC und Internet läuft über das DSL-Modem und den Splitter zum DSLAM in der Ortsvermittlung der Telefongesellschaft. Die Schnittstelle zwischen DSL-Modem und DSLAM ist in den DSL-Normen leider nicht exakt definiert.

- ITU, G.992.1-Annex.A, DSL-over-POTS (DSL über analoge Telefonleitung)
- ITU, G.992.1-Annex.B, DSL-over-ISDN

Trotz dieser Normen funktionierte ein DSL-Modem von Hersteller A nicht an einem DSLAM von Hersteller B. War die Ortszentrale mit einem DSLAM von Hersteller A ausgerüstet, dann mussten hier auch alle DSL-Modems von Hersteller A kommen. Seit Mitte 2001 hat die Deutsche Telekom AG (DTAG) auf Basis der G.992.1-Annex.B ihre U-R2-Spezifikation veröffentlicht. Seit Januar 2002 kann in Deutschland jeder ein U-R2-DSL-Modem von einem beliebigen Hersteller kaufen, und es passt an jeden DSL-Anschluss, an jeden DSLAM, gleich von welchem Anbieter. Zum Abschluss noch ein Hinweis. Im Internet werden viele ausländische DSL-Modems angeboten. Diese funktionieren in Deutschland aber nicht! Ein deutsches DSL-Modem muss den U-R2-Standard unterstützen.

12.6 PPPoE

DSL ist eine Standleitungstechnik zwischen DSL-Modem beim Kunden und DSLAM in der Ortsvermittlung der Telefongesellschaft. Nun möchten aber einige Carrier den Internetzugang im Minutentakt abrechnen. Wie soll man bei einer Standleitung feststellen, wann sich ein Kunde an- und wieder abmeldet? Man nutzt das über Modem- und ISDN-Verbindungen bewährte Point-to-Point-Protocol, hier allerdings über den Ethernet-Anschluss des DSL-Modems. PPPoE (PPP over Ethernet) verwendet LCP (Link Control Protocol), um eine Verbindung auf- und abzubauen, um über Authentisierung mit Username und Password nur berechtigte Kunden zuzulassen und um IP-Informationen zu verteilen, wie IP-Adresse, Subnet-

Mask, Default-Gateway und DNS-Server. LCP sendet nach dem Verbindungsaufbau ständig Link-Establish-Pakete. Nun berechnet der Carrier einfach die Zeit zwischen Kunden-Anmeldung und Ausbleiben der Link-Establish-Pakete.

Den PPPoE-Treiber installiert man auf dem PC, der via DSL ins Internet gehen soll, oder man verwendet einen Router mit PPPoE-Funktion. Hierbei ist darauf zu achten, dass man die 40 Stellen des Telekom-Benutzernamens auch vollständig eingeben kann: Anschlusskennung (12 Zeichen) plus T-Online-Nummer (12 Zeichen) plus Suffix (4 Zeichen) plus „@T-Online.de" (12 Zeichen). Man sollte also nur T-DSL-kompatible Systeme erwerben. Was nicht im Datenblatt steht, das kann ein Router in der Regel auch nicht.

Ein weiteres mögliches Problem ist die MTU-Größe (Maximum-Transport-Unit). Hiermit legt man fest, wie groß der Dateninhalt eines Ethernet-Pakets werden darf. Die MTU beträgt für Ethernet 1500 Byte. Nutzt man PPPoE, dann bleiben durch den PPP-Frame nur noch 1492 Byte übrig. Setzt man ein sicheres, verschlüsseltes VPN über PPPoE-DSL und über Ethernet ein, dann wird der Wert noch kleiner. 1300 Byte sollten aber immer gehen. Moderne Software-Clients stellen diese Werte automatisch ein. Muss man manuell eingreifen, dann ist zu beachten, dass u. U. alle drei MTU-Werte gleichzeitig gelten. Der Ethernet-Wert 1500 Byte in Windows gilt für das lokale Drucken. Für das Surfen im Internet im PPPoE-Treiber gelten die 1492 Byte und im VPN-Client die 1300 Byte.

Wenn man als Telekom-Kunde Probleme hat, dann kann man die auf der Auftragsbestätigung angegebene Hotline anrufen und erhält in der Regel auch eine gute, ausreichende Auskunft. Die Telekom besteht zur Nutzung von T-DSL nicht auf der T-Online-Software, sondern lässt auch andere Programme zu. Das gilt aber nicht für alle anderen Carrier. AOL versucht alles, um den Internet-Zugang via DSL nur über dessen Software zu erlauben.

12.7 DSL: Splitter

Ein Splitter (engl. für Spalter) ist eine Frequenzweiche. Ein Splitter teilt die ISDN Telefoninformationen von den DSL-Datenströmen, so dass man zwischen den beiden Splittern, einer beim Teilnehmer (Remote) und einer im Amt (Central), nur zwei verdrillte Kupferadern eines Telefonkabels für die Übertragung beider Funktionen gleichzeitig benötigt. Damit ist der Splitter ein Multiplexer.

12.8 DSL selbst installiert

DSL eigenhändig zu installieren ist nicht schwierig.

- Man sollte nicht beginnen, bevor der Installationstermin, der in der Auftragsbestätigung genannt wurde, verstrichen ist.

- zu Beginn zieht man den NT_{BA} aus der TAE-Dose
- dann verbindet man den DSL-Splitter (Amt-Buchse) mit der TAE-Dose (das Splitter-TAE-Kabel wird mitgeliefert)
- nun steckt man den NT_{BA} in die TAE-F-Buchse des Splitters
- jetzt noch das DSL-Modem (NTBBA-Anschluss), über ein ebenfalls im Lieferumfang enthaltenes Kabel, mit dem Splitter (BBAE-Port) verbinden
- erst jetzt darf der 230-V-Stromanschluss aller drei Geräte (Splitter, NT_{BA}, DSL-Modem) hergestellt werden (nach spätestens 10 s sollte die SYNC-LED des DSL-Modems leuchten)
- am Ende verbindet man einen PC oder einen Router via Ethernet (10Base-T) und über ein maximal 100 m langes Category-5-Kabel mit dem DSL-Modem (Anschluss 10 BT)

Die am NT_{BA} angeschlossenen ISDN-Systeme kann man, am maximal 120 m langen S0-Bus, ohne Änderung weiter betreiben. Auch die Rufnummer der Teilnehmers ändert sich nicht.

12.9 DSL: Stromanschluss und Leuchtdioden

Wie bereits geschildert, muss der NT_{BA} mit einer 230-V-Stromversorgung verbunden werden. Das gilt auch für das DSL-Modem und den DSL-Splitter. Nun müssen am Hausübergabepunkt (HüP) der DTAG, an der TAE-Dose, mindestens drei Geräte mit Strom versorgt werden: DSL-**Splitter**, ISDN-NT_{BA} und DSL-**Modem**.

12.10 xDSL: DSL-Varianten

DSL ist nur eine Variante der Digital-Subscriber-Line. Es gibt noch weitere.

12.10.1 IDSL (ISDN-Digital-Subscriber-Line) = ISDN-Standleitungen

Die ISDN-Festverbindungen (Standleitungen bis 128 kbit/s) der DTAG basieren auf der IDSL-Übertragungstechnologie:

- Digital 64S (D64S)   64 kbit/s
- Digital 64-Doppelanschluss   (ein Anschluss für zwei Standorte) 2×64 kbit/s
- Digital 64S2 (D64S2)   128 kbit/s

Mit IDSL besitzt die DTAG das größte DSL-Netz der Welt. Bei xDSL, wie zuvor schon bei ISDN, ist Deutschland im Jahr 2000 mit Abstand weltweit Nummer 1. Über IDSL wird man in den USA nichts finden. Diese Technik gibt es nur in Deutschland und in Japan (bald auch in Frankreich und in England).

12.10.2 G.SHDSL

Die neueste DSL-Version ist G.SHDSL (Global.Symmetric Highspeed DSL). Damit kann man maximal 2,3 Mbit/s über bis zu 3 km lange Telefonkabel (AWG26 = 0,14 mm^2) senden.

G.SHDSL ist nach ITU G.991.2 normiert. Am G.SHDSL-Router findet man einen RJ11-Stecker (Pin 3 Tip, Pin 4 Ring). Symmetrisch bedeutet, in beide Richtungen gleich schnell mit bis zu 2,32 Mbit/s, und das über ein einfaches zweiadriges Telefonkabel. Allerdings muss das Kabel nun 1 MHz übertragen und nicht nur 4 kHz wie beim analogen Telefon.

12.10.3 VDSL: Very-Highspeed-Digital-Subscriber-Line

Very-Highspeed-Digital-Subscriber-Line ist eine sehr schnelle DSL-Variante. VDSL wird entwickelt, um später einmal Fernsehen via Telefonkabel übertragen zu können. VDSL wird es als asynchrone:

- downstream **12 900** kbit/s und upstream **2000** kbit/s (bis 1350 m)
- downstream **52 800** kbit/s und upstream **8000** kbit/s (bis 300 m)

und synchrone Varianten geben (die down- und upstream gleich schnell ist):

- downstream **32 000** kbit/s und upstream **32 000** kbit/s (bis 300 m)

Auch VDSL unterstützt Kupferkabel, obwohl es bei den für später geplanten Geschwindigkeiten von 384 000 kbit/s sinnvoller ist, Glasfaserkabel einzusetzen, denn man kann dann nur noch maximal 50 m Telefonkabel nutzen. Im Jahr 2000 gab es noch keine verabschiedeten VDSL-Standards.

12.10.4 DSL-Lite: DSL in einer vereinfachten Variante

DSL-Lite ist eine preiswertere Variante mit geringerer Geschwindigkeit als 384 down/64 up kbit/s. Es sollte eine einfacher zu installierende Technik werden, mit Splitter, DSL-Modem und ISDN-NT$_{BA}$ in einer Box.

12.11 Verfügbarkeit von DSL

Heute ist DSL in ganz Deutschland verfügbar. Kann dann auch jeder DSL bekommen? Nein! Wir erinnern uns, je höher die Übertragungsrate, umso kürzer ist die Kabelstrecke:

- 8 km mit der alten analogen PSTN-Telefontechnik,   Modem bis 56 kbit/s
- 6 km mit einem ISDN-Anschluss,   mit PPP-Multilink bis 128 kbit/s
- 5 km mit DSL der DTAG   via PPP über ATM-FUNI bis 768 kbit/s
- 2 km mit DSL nach US-Norm   downstream aus dem Internet bis 6000 kbit/s

Technisch wird es leider nie möglich sein, alle existierenden Telefonanschlüsse mit DSL nachzurüsten. Dafür sind die verlegten Kabel in Deutschland u. U. zu lang. Die Telekom muss jeden Anschluss prüfen. Auch muss ein Kupferkabel zum Teilnehmer führen, denn DSL läuft nicht über moderne Glasfaserkabel. Und die DTAG muss noch einen DSLAM-Steckplatz frei haben, sonst geht es nicht.

13   X.25

X.25 ist das älteste WAN-Netz. Es wurde in den 1970er-Jahren vom ITU entwickelt. Das war noch die Zeit, als es keine digitalen Telefonnetze gab, sondern man mit Drehwählern und Kupferkabeln arbeitete. X.25 nutzt daher als Basis das analoge Telefonnetz (engl. Plain-Old-Telephone-Service (POTS)) und die Modemtechnik. Daher ist X.25 weltweit verfügbar, also auch in Entwicklungsländern und in Osteuropa. Die Telefongesellschaften benötigen für ein X.25-Netzwerk nur alte, vieradrige, analoge Telefonstrecken (eventuell nur mit 9600 bit/s).

13.1   X.25-Topologie

In einem X.25-Netzwerk gibt es nur drei unterschiedliche Bauteile:

- das **DTE** (Data-Terminal-Equipment), eine X.25-Karte oder **X.25-Router**
- die **CSU/DSU** (Channel-Service-Unit/Data-Service-Unit), ein **X.25-Modem** (ein Kunden-CSU/DSU heißt auch **DCE** = Data-Communication-Equipment)
- den **PSE** (Packet-Switching-Exchange), beim Carrier ein **X.25-Switch**

Zwischen dem Kunden und der Ortsvermittlung wird für X.25 einfach eine Modem-zu-Modem-Verbindung über vieradrige, analoge Telefonkabel aufgebaut.

13.2   X.25-Kennzeichen

Die X.25-Technik ist eine alte Netztechnologie mit vielen Vorteilen:

- X.25 benötigt **analoge**, aber vieradrige **Telefonleitungen** (zwei Doppeladern)

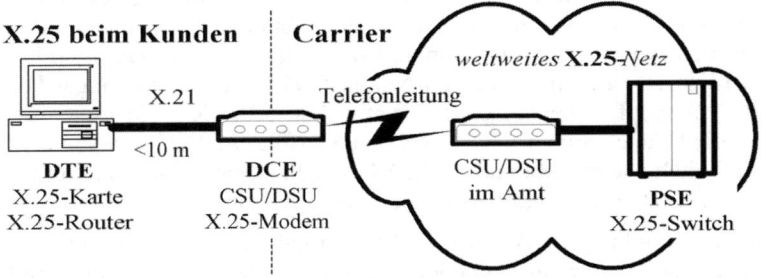

Bild 13.1 X.25-Topologie mit den drei Komponenten: DTE, X.25-Modem, X.25-Router

- X.25 ist **weltweit** verfügbar (in Osteuropa und in den Entwicklungsländern)
- X.25 **garantiert eine fehlerfreie** Datenübertragung durch das LAPB-Protocol
- X.25 ermöglicht weltweite **Wählverbindungen** und Standleitungen (selten)

X.25 hat aber auch zwei große Nachteile:

- X.25 hat eine **geringe Bandbreite** von 9,6 kbit/s bis 64 kbit/s (selten 2 Mbit/s) (nutzen zwei X25-Teilnehmer verschiedene Datenraten, setzt X.25 diese um)
- X.25 bedingt auf Grund der LAPB-Fehlerbehebung **lange Laufzeiten**

Selbst heute, etwa 30 Jahre nach der Normierung, sind X.25-Verbindungen auch in Deutschland noch sinnvoll. Benötigt man einen garantiert fehlerfreien Datenaustausch, z. B. für die Verbindung von Geldautomaten zum Zentralrechner einer Bank, dann ist X.25 die erste Wahl, weil X.25 Anwenderdaten garantiert fehlerfrei überträgt. Möchte man weltweit, wie bei großen Speditionen, nur sporadisch Daten austauschen, um z. B. Versandpapiere an seine Handelskontore zu versenden, dann sollte man auch hier X.25 einsetzen. Datenverbindungen nach Osteuropa oder in die Entwicklungsländer kann man über instabile Modem-Strecken schalten oder besser das fehlerfreie X.25 nutzen, wenn dort kein ISDN, DSL, Frame-Relay oder ein Internet-Zugang verfügbar ist.

13.3   X.25: weltweite Wählverbindungen (X.121-Rufnummern)

X.25 baut vor jedem Datenaustausch einen Kanal (engl. Virtual-Circuit) zwischen zwei Teilnehmern auf. Dabei verwendet X.25 die folgenden Prozesse:

- **Request**   = Wunsch einer X.25-Station nach einem Verbindungsaufbau
- **Accept**   = der Empfänger akzeptiert den Wunsch zur Kontaktaufnahme
- **Transfer** = Full-Duplex Informationsaustausch zwischen den X.25-Stationen
- **Terminate** = jede der verbundenen X.25-Stationen kann den Link beenden

In einem X.25-Anschluss kann es mehrere Verbindungen gleichzeitig geben, d. h. eine X.25-Station ist zur selben Zeit mit vielen anderen Stationen verbunden und zu jeder Station führen zwei Kanäle, einer hin und einer zurück (= Full-Duplex). Jede Verbindung wird durch eine Virtual-Circuit-Number (VCN), ein 12 bit langes Feld im X.25-PLP-Framekopf, gekennzeichnet. Damit können die X.25-Stationen und X.25-Switches die Pakete durch das X.25-Netz routen (führen). Die VCN kann sich von Switch zu Switch ändern. Man nennt die VCN auch Logical-Channel-Number (LCN) oder Logical-Channel-Identifier (LCI).

X.25 kennt Wählverbindungen (SVC = Switched-Virtual-Circuit) und Standleitungen. Um Wählverbindungen zu ermöglichen, muss für jede X.25-Station eine weltweit eindeutige, sich nie wiederholende X.121-Adresse vergeben werden:

- X.121-Adressen haben bis zu 14 dezimale Ziffern

- die ersten vier X.121-Nummern, der Data-Network-Identifier-Code (DNIC), wird vom ITU einer Telefongesellschaft fest zugeordnet

Jeder X.25-Carrier vergibt nun X.25-Nummern an jede Station seiner Kunden. Über die Auskunft der jeweiligen Telefongesellschaft kann man die X.121-Nummer der Zielstationen erfahren. Dadurch wurde es weltweit erstmals möglich, auch firmenübergreifende Verbindungen herzustellen.

Die Abrechnung bei X.25-Wählverbindungen erfolgt neben einer Grundgebühr nicht wie beim Telefon auf Basis der Verbindungsminuten, sondern über das **Datenvolumen**, d. h. die Anzahl der übertragenen kByte pro Monat werden gezählt.

X.25 kennt aber auch Standleitungen (PVC = Permanent-Virtual-Circuit). Hier richtet der Netzadministrator einen festen Kanal zwischen zwei X.25-Stationen ein. Nun zahlt man nicht mehr pro kByte Daten, sondern einen Festbetrag für die genutzte Bandbreite pro Monat.

13.4　X.25-Protokolle

Die X.25-Protokolle arbeiten auf den unteren drei Schichten des OSI-Modells:

- das **PLP** (Packet-Layer-Protocol) auf Layer 3 sorgt für Verbindungsauf- und -abbau, seine Funktionen waren das Vorbild für Euro-ISDN (DSS1) im D-Kanal

- die **LAPB** (Link-Access-Procedure-Balanced) auf Layer 2 ist für den fehlerfreien Transport der Daten verantwortlich (PPP ist eine Weiterentwicklung)

- die **X.21**-Norm definiert die physikalische Stecker-Verbindung auf Layer 1

13.5　X.25: Packet-Layer-Protocol (PLP)

PLP ist das Network Layer Protocol von X.25. Es baut eine Punkt-zu-Punkt-Verbindung, einen Kanal bzw. Virtual-Circuit, zwischen zwei X.25-Stationen auf. Dazu kennt es fünf Operationsmodi:

- **Restarting**　　synchronisieren des Link von X.25-Station zum X.25-Switch
- **Call-Setup**　　SVC-Verbindungsaufbau mit X.121-Adressen zur Gegenseite
- **Data-Transfer**　mit SVC-Wählverbindungen oder PVC-Standleitungen
- **Idle-Mode**　　SVC senden, ohne anstehende Benutzerdaten, immer Füllbits
- **Call-Clearing**　Abbau einer SVC, um die Verbindung zu beenden

PLP arbeitet aber nicht nur via X.21 und Modem über vieradrige, analoge Telefonleitungen, sondern auch:

- über **LAN**s mit LLC2-Frames, wie Ethernet oder Token-Ring und

- über **ISDN** im B-Kanal mit 64 kbit/s und sogar im D-Kanal mit 9,6 kbit/s

Überträgt man X.25 im D-Kanal, dann nennt man das X.31.

13.6 X.25: Link-Access-Procedure-Balanced (LAPB)

Die Aufgabe von LAPB ist es, alle Daten im X.25 garantiert fehlerfrei zu übertragen. Dazu nutzt LAPB folgende drei Arten von Frames:

- LAPB-Frame (encapsulation in X.25)

Flag	Zieladresse	Kontrollfeld	Daten	FCS	
1	1	1-2	1-4096	2	Bytes

Tabelle 13.1 LAPB-Frame zum Transport der Benutzerdaten in X.25

- I-Frames   User-Daten der höheren Schichten encapsuliert in **Info-Frames**
- S-Frames   Kontrollinformationen werden mit **Supervisory** übertragen
- U-Frames   Verbindungsauf-/-abbau und Signalisierung via Receiver-Ready oder Reject sendet LAPB mit **unnumbered** Frames

Fehlerhafte oder fehlende Frames werden wiederholt, und alle Frames liefert X.25 in der richtigen Reihenfolge beim Empfänger ab. Jedes LAPB-Frame besitzt am Ende eine Prüfsumme (FCS). Daran kann man erkennen, ob das Paket den nächsten Switch fehlerfrei erreicht hat. Jeder Switch muss eine Empfangsquittung (Acknowledge) nach spätestens acht (Modulo 8) oder 128 Frames (Modulo 128) senden. Dazu gibt es eine Folgenummer in jedem Frame. LAPB ist hervorragend dazu geeignet, Daten fehlerfrei über verrauschte Leitungen zu übertragen. Durch die vielen Acknowledgements (Empfangsbestätigungen) und Rejects (Paketwiederholungen, ab Frame-Nr. x) wird LAPB leider langsam.

13.7 X.25: die X.21-Schnittstelle mit DB 15-Stecker

Der X.21-Anschluss sendet Daten von 9,6 kbit/s bis 2000 kbit/s. Als Stecker verwendet man das DB15-Interface. Am X.25-Modem (DCE) findet man eine DB15-Buchse und am DTE-Host oder X.25-Router einen DB15-Stecker:

- **10 m** lang darf ein X.21-Anschlusskabel werden bis zum **DB15-Stecker**
- Transmit a/b   DB15-Stifte 2 + 9
- Receive a/b   DB15-Stifte 4 + 11
- Control   DB15-Stifte 3 + 10
- Indicate a/b   DB15-Stifte 5 + 12

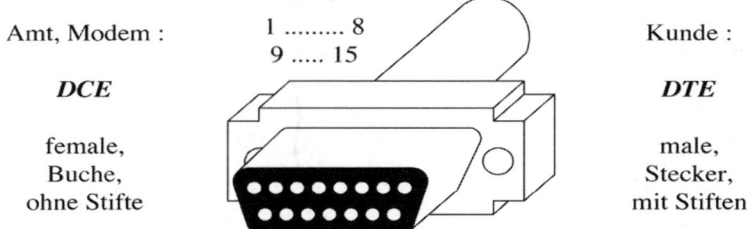

Amt, Modem :   1 8
                9 15   Kunde :

DCE   **DTE**

female,   male,
Buche,   Stecker,
ohne Stifte   mit Stiften

Bild 13.2 X.21-Anschluss mit DB15-Stecker und fast vollständiger Belegung

- Signal a/b   DB15-Stifte 6 + 13
- externe Clock a/b   DB15-Stifte 7 + 14
- Signal-Ground   DB15-Stift 8

X.21 ist eine serielle Schnittstelle für synchrone Punkt-zu-Punkt-Full-Duplex-Verbindungen. Zur X.21-Schnittstelle gehören noch die Unternormen X.24 für die Signale und V.11 für die elektrischen Eigenschaften. X.21 wird hauptsächlich in Europa und Japan eingesetzt.

13.8   X.25: V.35-Interface mit ISO-2593-Stecker

Das V.35-Interface überträgt auch Daten von 9,6 kbit/s bis 2000 kbit/s. Der von V.35 verwendete ISO-2593-Stecker ist sehr groß! V.35 ist in den USA sehr verbreitet (wie dies bei dem riesigen Stecker möglich wurde, bleibt dem Autor bis heute unverständlich).

- **10 m** lang darf ein V.35-Kabel werden bis zum **riesigen ISO-2593-Stecker**
- Ground   V.35-Stifte A+B
- Transmit   V.35-Stifte P+S
- Receive   V.35-Stifte R+T
- Request-to-Send   V.35-Stift C
- Clear-to-Send   V.35-Stift D
- Data-Set-Ready   V.35-Stift E
- Data-Channel-Detect   V.35-Stift F
- Transmit-Clock-One   V.35-Stifte U+W
- Transmit-Clock-Two   V.35-Stifte Y+AA
- Receive-Clock   V.35-Stifte V+X

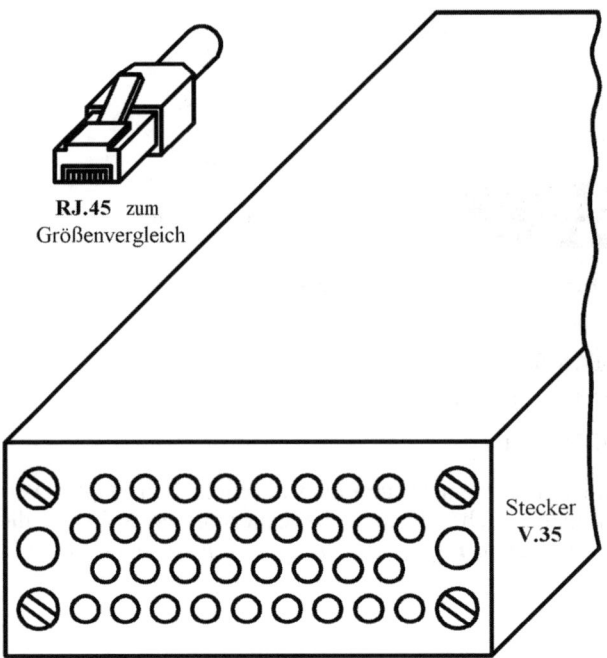

RJ.45 zum
Größenvergleich

Stecker
V.35

Bild 13.3 V.35-Anschluss mit sehr großem ISO-2593-Stecker

V.35 ist ebenfalls eine serielle Schnittstelle für synchrone Punkt-zu-Punkt-Full-Duplex-Verbindungen. V.35 ist mit der US-Norm RS449 identisch. Zur V.35-Schnittstelle gehören noch die Unternormen V.24 für die Signale und V.28 für die elektrischen Eigenschaften. V.35 sollte man heute wegen des Riesensteckers nicht mehr neu installieren.

13.9   X.25: Konfiguration

Ein X.25-Interface hat viele Parameter, wie: X.121-Adresse, Highest-Incomming-Channel, Highest-Outgoing-Channel, Lowest-Incomming-Channel, Lowest- Outgoing-Channel, Highest-Two-Way-Channel, Lowest-Two-Way-Channel, Maximum-Input-Packet-Size, Maximum-Output-Packet-Size, Maximum-Number-of-Virtual-Circuits, Maximum-Input-Packet-Window, Maximum-Output-Packet-Window, LAPB-Modulo und diverse Timer (T 10, T 11, T 12, T 13, T 20, T 21, T 22, T 23). Welche Werte man wie einstellen muss, erfährt man von seiner X.25-Telefongesellschaft. Ein Herausfinden, wenn man die Werte nicht weiß, ist unmöglich.

14   Frame-Relay

Frame-Relay (FR) ist eine Weiterentwicklung der X.25-Technik. FR wurde ursprünglich von der „Gang-of-Four" in den 1990er-Jahren entwickelt. Die „Gang-of-Four", auch „Vendor-Group" genannt, bestand aus den Unternehmen Cisco, DEC (heute HP), Northern-Telecom (heute Nortel) und Statacom (heute Cisco). Seit 1991 wird FR vom Frame-Relay-Forum in den USA spezifiziert (www.frforum. com) und vom ANSI als T1.606 normiert.

14.1   FR: Kennzeichen

Frame-Relay bietet mehr Bandbreite als Modemverbindungen und ist preiswerter als ISDN oder X.25. Frame-Relay ist eine weit verbreitete WAN-Technologie für Standleitungen in den Industriestaaten:

- Frame-Relay basiert auf digitalen Verbindungen (und nicht analogen wie X.25)
- ist daher in der Regel in Entwicklungsländern und in Osteuropa nicht verfügbar
- Frame-Relay ermöglicht Standleitungen (und selten Wählverbindungen)
- kann Daten schnell übertragen (FR ist nicht so langsam wie X.25: missachtet der Frame-Relay-Carrier, die Telefongesellschaft, jedoch die CIR-Bandbreitenzuordnung, dann wird Frame-Relay sporadisch, sehr langsam)
- FR überträgt Daten zwischen 64 kbit/s und 2 Mbit/s (selten bis 34 Mbit/s)

FR hat aber auch Nachteile:

- Frame-Relay beinhaltet keine Fehlerkorrektur (im Gegensatz zu X.25)
- garantiert Bandbreite nur, wenn Carrier und Kunde die CIR-Regel einhalten

Frame-Relay arbeitet effizienter als X.25 und ist schneller, weil es die Fehlersuche und Fehlerbehebung den Netzprotokollen der höheren Schichten, wie IP oder IPX, überlässt. PPP, das zum Internetzugang über Modem und ISDN-Strecken genutzt wird, verfügt auch über keine Fehlerbehebung. Eine fehlende Fehlerbehebung ist heute, bei Verwendung des Internet-Protocols (IP), kein Nachteil mehr.

14.2   FR: Bandbreiten (CIR, AR), Burst (Bc, Be) und DE-Bit

Frame-Relay ermöglicht **ein Management der Bandbreite**. Bei X.25 (9,6 kbit/s), Modem (33,6 kbit/s) und ISDN (64 kbit/s) erhält man immer die volle Bandbreite,

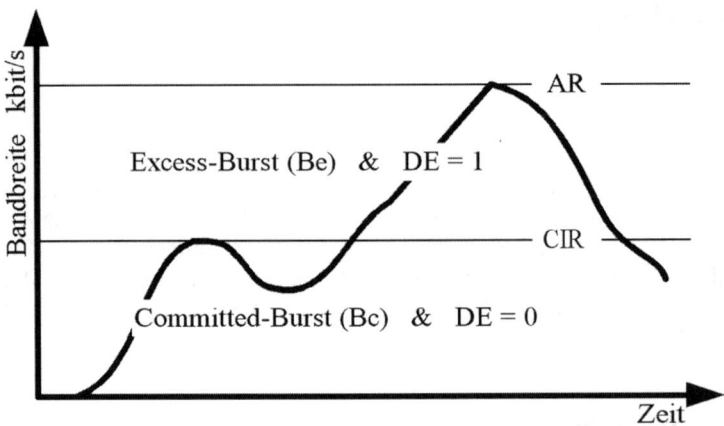

Bild 14.1 Frame-Relay-Bandbreiten (CIR, AR), Datenmengen (Bc, Be) und Überlast (DE)

die verfügbar ist. Hohe Bandbreiten im WAN sind teuer. Die Carrier kamen daher auf die Idee, ob man nicht eine Leitung für zwei Kunden verwenden könnte. Frame-Relay kann das. Hierzu nutzt man folgende Eigenschaft des Datenverkehrs: In einem Computernetz werden die Daten nicht gleichmäßig, sondern immer nur stoßweise, als Burst, übertragen.

Frame-Relay unterscheidet zuerst eine **Access-Rate (AR)**. Das ist die maximal erreichbare Bandbreite eines Anschlusses, z. B. 64 kbit/s. Die Access-Rate nennen manche Carrier auch Burst-Rate (BR) oder Excess-Rate (ER).

Die **Committed-Information-Rate (CIR)** ist die Bandbreite, die FR unter normalen Betriebsbedingungen, mit minimalen Laufzeiten, für den Anwender garantiert, z. B. 32 kbit/s. Die CIR kann minimal null sein oder maximal bis zur AR reichen.

Der **Committed-Burst (Bc)** ist die Menge an Daten (Bit), die FR immer akzeptieren muss und bis zum Erreichen der CIR-Bandbreite garantiert transportiert (unter normalen Betriebsbedingungen beim Carrier).

Der **Excess-Burst (Be)** ist die Datenmenge, die FR nach Überschreiten der CIR bis zur AR noch transportieren kann, wenn noch Platz vorhanden ist. In allen Be-Frames wird das **Discard-Eligible (DE-Bit)** gesetzt. Erkennt ein FR-Carrier-Switch Frames mit gesetztem DE-Bit, dann darf er diese bei Überlastung des Frame-Relay-Carrier-Netzes einfach wegwerfen. Hiervon wird der Absender durch BECN und FECN benachrichtigt. Das DE-Bit sollte der FR-Router des Kunden selbst setzen oder der FR-Switch des Carrier setzt es, sobald die CIR überschritten wird.

252

14.3   FR: Alle müssen sich an die CIR-Regel halten!

Ein FR-Kunde muss seine FR-Komponenten so einstellen, dass Frames, die oberhalb CIR versandt werden, alle mit einem gesetzten DE-Bit gekennzeichnet sind. Der FR-Carrier muss in seinem Backbone eine Bandbreite bereitstellen, die mindestens der Summe der an die Kunden verkauften CIR entspricht.

Dann funktioniert ein Datenaustausch im Frame-Relay wie folgt: Der Carrier besitzt eine 64-kbit/s-Backbone-Strecke von Hamburg nach München. Daran werden zwei Kunden mit je einer Niederlassung in Hamburg und in München angeschlossen. Die zwei Anschlussleitungen in Hamburg (bzw. in München) haben jeweils eine CIR von 32 kbit/s (und eine AR von 64 kbit/s). Der Carrier garantiert seinen Kunden eine schnelle Datenübertragung bis zur CIR von hier 32 kbit/s je Kunde. Eine 64 kbit/s schnelle Backbone-Strecke reicht also für beide Kunden aus. Es senden aber nicht immer beide Kunden gleichzeitig. Wenn der erste Kunde nichts sendet, dann kann der zweite Kunde Daten mit der Access-Rate übertragen und die vollen 64 kbit/s der Backbone-Strecke für sich nutzen, obwohl er nur 32 kbit/s bezahlt.

Von dieser Frame-Relay-Eigenschaft haben Kunde und Carrier Vorteile. Der Kunde zahlt eigentlich nur einen 32 kbit/s schnellen Anschluss, kann aber u. U. 64 kbit/s nutzen, und der Carrier benötigt nur eine 64-kbit/s-Backbone-Strecke von München nach Hamburg. WAN-Backbone-Bandbreite kostet viel Geld. Mit Frame-Relay kann so ein Carrier Bandbreite und damit Geld sparen. Diesen Preisvorteil gibt er teilweise an seine Kunden weiter. Damit sind Frame-Relay-Standleitungen immer preiswerter als ISDN- oder X.25-Festverbindungen.

Was geschieht nun, wenn die Komponente des FR-Kunden keine DE-Bits setzt? Dann darf der FR-Carrier auch Frames verwerfen, wenn kein DE-Bit gesetzt ist und seine Backbone-Strecke überlastet wird.

Und was passiert, wenn der FR-Carrier mehr CIR-Bandbreite an seine Kunden verkauft, als er in seinem Backbone besitzt? Dann steigen die Antwortzeiten der Kunden erst ins Unzumutbare und dann weiter bis zum Abbruch einer Verbindung. Diese Überbuchung des Frame-Relay-WAN-Backbone wird für einen Kunden nur dann erkennbar, wenn er lesenden Zugriff auf die FR-Router erhält oder teure Analyser (spezielle Messgeräte) einsetzt.

Gerade in diesem Punkt wird Frame-Relay zu einem Problem. Der Carrier kann seinen Kunden betrügen (er kann Bandbreite (CIR) verkaufen, die er nicht besitzt) und der Kunde ist normalerweise nicht in der Lage, dies nachzuweisen. ISDN-Standleitungen kennen dieses Problem nicht. Wenn man einen 64-kbit/s-Anschluss kauft, dann hat man diese Bandbreite immer, durchgehend vom Sender bis zum Empfänger. Mit ISDN ist der Carrier technisch nicht in der Lage, mehrere 64kbit/s-Kundenleitungen in eine 64 kbit/s-Leitung zusammenzufassen und so benötigte Bandbreite im WAN-Backbone und auf Kosten des Kunden einzusparen.

14.4   FR: Congestion mit BECN und FECN

Wird das Frame-Relay-Netz überlastet und wirft Frames weg, dann übernimmt:

- Backward-Explicit-Congestion-Notification (BECN) die Info des Absenders
- Forward-Explicit-Congestion-Notification (FECN) die des Empfängers

Erkennt ein FR-Switch eine Verstopfung (engl. Congestion) im Backbone, dann setzt er das FECN-Bit in den FR-Frames an den Empfänger. Das Gleiche kann der FR-Switch über das BECN-Bit mit Frames in Richtung Absender tun. Nur die FR-Switches im Backbone des Carrier dürfen die BECN/FECN-Bits setzen.

14.5   FR: Standleitungen (DLCI)

Frame-Relay ist in erster Linie eine Technik für Festverbindungen, Permanent-Virtual-Circuit (PVC), d. h. manuell eingerichtete, permanente Punkt-zu-Punkt-Strecken (engl. Point-to-Point, kurz PTP). Mehrere FR-PTP-Verbindungen kann man zu beliebigen Topologien (Multipunkt, Stern, Ring) zusammenschalten.

Jeder Kanal (Virtual-Circuit) im Frame-Relay wird gekennzeichnet durch eine:

- 10 bit lange Zahl, den Data-Link-Connection-Identifier (**DLCI**)

Pro physikalischen FR-Anschluss kann man 1024 logische Kanäle schalten.

Die DLCI-Nummern können sich von PTP-Strecke zu PTP-Strecke ändern. Der FR-Switch routet dann zwischen den verschiedenen DLCI:

frame-relay switching
interface <serial-1.11> point-to-point
    frame-relay route <dlci=11> <serial-2.22> <dlci=22>
interface <serial-2.22> point-to-point
    frame-relay route <dlci=22> <serial-1.11> <dlci=11>
show frame-relay route

Die oben stehenden Befehle sind eine Anleihe beim Internet-Operating-System (IOS) der Firma Cisco.

14.6   FR: Wählverbindungen (SVC)

Mit FR kann man auch Wählverbindungen (Switched-Virtual-Channel) schalten. Diese sind in den Implementation-Agreements FRF 4 und FRF 10 des Frame-Relay-Forums spezifiziert. Für Frame-Relay-Wählverbindungen werden die E.164-Rufnummern vom ITU genutzt, wie im ISDN oder auch im ATM. SVC machen Sinn als Backup-Strecken. In Deutschland werden keine SVC angeboten. Für Wähl- und Backup-Strecken wählt man in Deutschland besser das schnellere (geringere Verzögerung) und leider etwas teurere ISDN.

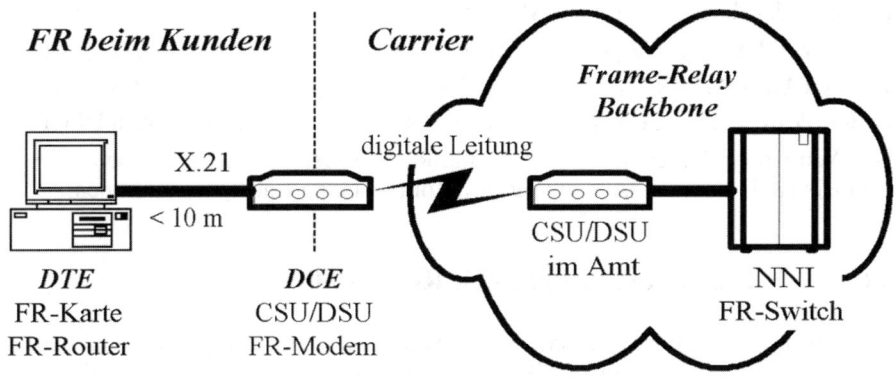

Bild 14.2 Frame-Relay-Topologie mit Router, Modem und Switch

14.7 FR: Anschlusstechnik

FR kennt ausschließlich Punkt-zu-Punkt-Strecken und nur drei Komponenten:

- **DTE** Data-Terminating-Equipment, beim Kunden den **FR-Router**
- **DCE** Data-Communication-Equipment, beim Kunden das **FR-Modem**
- **NNI** Network-Network-Interface, im Amt die **FR-Switches**

Ein Kanal (Virtual-Channel) läuft vom FR-Router (DTE) über das FR-Modem (DCE), die beide beim Kunden stehen, bis zum FR-Switch (NNI) im Backbone des Carrier. FR-Modems nennt man manchmal auch CSU/DSU-Devices (Channel-Service-Unit/Data-Service-Unit). Ein FR-Router oder eine FR-Netzwerkkarte in einem Server wird auch als FRAD bezeichnet (Frame-Relay-Access-Device).

14.8 FR: Local-Management-Interface (LMI)

Das Local-Management-Interface (LMI) wurde entwickelt, um dem Anwender Informationen über den Zustand des Frame-Relay-Netzes möglichst automatisch zu geben. Alle zehn Sekunden wird dazu ein Hallo-Paket (Keep-Alive) vom FR-Switch gesendet. Darin sind Daten über folgende Punkte enthalten:

- den Auf- und Abbau von **Wählverbindungen**   (nicht in Deutschland)
- den **Status** aller Standleitungskanäle (DLCIs, up/down)   DLCI
- die Signalisierung von **Überlast**   Congestion

255

Im Laufe der Zeit wurden drei LMI-Verfahren entwickelt. Zu Anfang entstand:

- der **Vendor-Typ** (oder Cisco-Typ) nur für Standleitungen (PVC)DLCI = 1023
- dann **Annex-D** vom ANSI für PVC-Überlast (BECN/FECN+DE)DLCI = 0
- und **Annex-A** vom ITU (Q.933) mit E.164-Nummer für Wählstrecken DLCI = 0

Den Vendor-Typ unterstützen alle Frame-Relay-Hersteller. Annex-D beherrschen die meisten. Nur Annex-A-Frame-Relay-Komponenten sind selten zu finden.

14.9   FR: Encapsulation nach RFC.1490

Wenn man Daten über ein Frame-Relay-Netzwerk verschicken will, dann werden die LAN-Pakete in nach RFC.1490 in Frames eingepackt (engl. encapsulation).

- Frame-Relay RFC.1490-Frame

Flag	Header	Data	FCS	
2	2	1-2000	2	Byte

Tabelle 14.1 FR-Frame und Encapsulation nach RFC.1490

Der relativ kurze Kopf mit einer Länge von 2 Byte beinhaltet die 10 bit lange DLCI und sechs Kontrollbits, wie DE, FECN, BECN und Command/Respond.

Es gibt zwei Methoden für das Encapsulatieren von LAN-Paketen in FR-Frames:

- RFC.1490 ist eine aus dem Internet kommende Methode vom IETF
- Vendor (Cisco) nach FRF-3.1 normiert vom Frame-Relay-Forum (FRF)

Beide Verfahren übertragen die Standardprotokolle wie IP, IPX, Decnet, Appletalk und Vines-IP. Auch ein LLC-Frame-Bridging ist möglich. Die Spezifikation FRF-3.1 hat Vorteile in SNA-Netzen. SNA-Frames können via Frame-Relay-FRF-3.1 direkt und nicht nur eingepackt in IP (DLSW) transportiert werden.

14.10   FR: Schnittstellen X.21, V.35 und E1 (wie bei X.25)

Im Frame-Relay werden die gleichen Schnittstellen wie bei X.25 genutzt:

- **X.21** mit seinem DB15-Stecker (DTE-Stecker/DCE-Buchse) in Europa
- **V.35** mit dem riesigen ISO-2593-Stecker in den USA

Man kann über ein CSU/DSU-Modem (Channel-Service-Unit/Data-Service-Unit) aber auch einen Router mit einem **E1** PDH-Interface verbinden.

Das E1-Kabel darf aber auch hier nicht länger als 5 m sein. Mit X.21 und V.35 dürfen die Kabel schon maximal 10 m lang werden. Die Schnittstellen X.21 und V.35 sind detailliert im Abschnitt X.25 erklärt.

NTPM-Klemme			RJ45	Cisco-RJ48			Cisco-DB15m	
Klemme 5	an.a	Rx (+)	Pin 5	Pin 5 (Tip)	Tx (+)	Pin 9	Tx (+)
Klemme 6	an.b	Rx (–)	Pin 4	Pin 4 (Ring)	Tx (–)	Pin 2	Tx (–)
Klemme 8	AB.a	Tx (+)	Pin 2	Pin 2 (Tip)	Rx (+)	Pin 8	Rx (+)
Klemme 9	AB.b	Tx (–)	Pin 1	Pin 1 (Ring)	Rx (–)	Pin 15	Rx (–)
Hinweise: (a) und (b) bzw. (+) und (–) oder (Tip) und (Ring) darf man tauschen. Die Belegung für (an) und (AB) muss immer stimmen.								

Tabelle 14.2 Frame-Relay via E1-Schnittstelle (Stiftbelegung)

14.11 FR: V.36-Schnittstelle via DB37-Stecker

Die V.36 oder RS449-Schnittstelle aus den USA ist dort der Nachfolger des riesigen V.35-Interface. Ihre Signale sind mit V.24 identisch, und die Elektrik wird in der V.10-Unternorm spezifiziert. Das Anschlusskabel darf maximal:

- **10 m** lang werden und endet mit einem **DB37-Stecker**

Die Kontaktbelegung am DTE lautet nach V.36 wie folgt:

- Transmit   D1   V.36-Stifte   4 + 22
- Receive   D2   V.36-Stifte   6 + 24
- Data-Terminal-Ready S1   V.36-Stifte   12 + 30
- Request-to-Send   S2   V.36-Stifte   7 + 25
- Data-Channel-Detect M1   V.36-Stifte   11 + 29
- Clear-to-Send   M2   V.36-Stifte   9 + 27
- Data-Set-Ready   M5   V.36-Stifte   13 + 31
- DTE-Clock   T1   V.36-Stifte   17 + 35

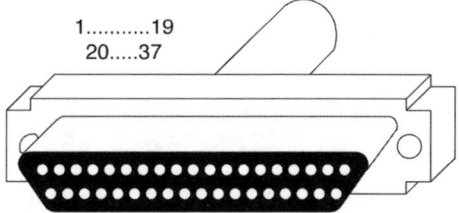

Bild 14.3 Die V.36- oder RS449-Schnittstelle mit DB37-Stecker

- DCE-Transmit-Clock   T2   V.36-Stifte   5 + 23
- DCE-Receive-Clock   T4   V.36-Stifte   8 + 26
- Loop-Test   Px   V.36-Stifte   10 + 14 + 18
- Ground   E2   V.36-Stift   19

14.12   FR: HSSI-Schnittstelle mit EIA/TIA612-Stecker (E3)

Das HSSI-Interface (High-Speed-Serial-Interface) ist eine schnelle synchrone Schnittstelle bis 50 Mbit/s. Das Anschlusskabel darf maximal:

- **15 m** lang werden und endet mit einem **EIA/TIA613-Stecker**

Dieser 50-polige EIA/TIA613-Stecker hat am DTE folgende Belegung:

- Transmit   HSSI-Stifte   11 + 36
- Receive   HSSI-Stifte   4 + 29
- DTE-Ready   HSSI-Stifte   8 + 33
- DCE-Ready   HSSI-Stifte   3 + 28
- DCE-Transmit-Clock   HSSI-Stifte   6 + 31
- DCE-Receive-Clock   HSSI-Stifte   2 + 27
- DTE-Transmit-Clock   HSSI-Stifte   9 + 34
- Loop-A-Local   HSSI-Stifte   10 + 35
- Loop-B-Remote   HSSI-Stifte   12 + 37
- DCE-Test   HSSI-Stifte   24 + 49
- Signal-Ground   HSSI-Stifte   alle restlichen

Der HSSI-Stecker wird in der Regel für ATM und SMDS-Netze eingesetzt.

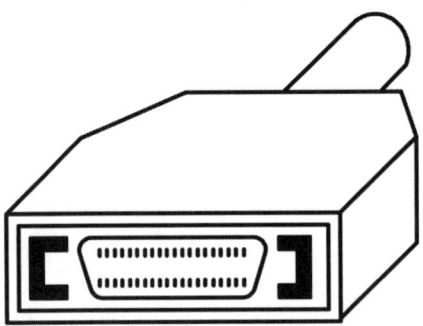

Bild 14.4 Das High-Speed-Serial-Interface (HSSI) mit EIA/TIA612-Stecker

Die Switched-Multimegabit-Data-Services (SMDS) sind Metropolitan-Area-Networks oder, anders gesagt, City-Netze mit einem 100 km langen Glasfaser-Doppelring. SMDS war eine WAN-Technik für Carrier. Zeitlich gesehen liegt die Normierung zwischen FDDI und ATM. Heute baut man keine SMDS-Netze mehr, sondern nutzt gleich ATM bzw. dessen Subnorm SDH oder SONET.

Es wäre schön, wenn sich die DTAG entschließen könnte, den HSSI-Stecker für die E3-Schnittstelle mit 34 Mbit/s zu verwenden und ihre zwei 75-Ω-Koaxialkabel mit einem CSU/DSU-Modem abzuschließen und dort HSSI zum Teilnehmer anzubieten. Die E3-Schnittstelle gibt es natürlich auch in Glasfaser mit zwei DIN-47256-Steckern an 9/125 µm Single-Mode-Fiber.

14.13 FR: Konfiguration

In der Regel verwendet man in Europa das X.21-Interface mit seinem DB15-Stecker nicht nur für X.25, sondern auch für Frame-Relay. Da X.21 eine synchrone Schnittstelle ist, muss man auf einem DCE keine Bandbreite konfigurieren. Das Konfigurieren von Frame-Relay gestaltet sich dann recht einfach:

- zuerst wird der **Schnittstellen-Typ** gesetzt = **DTE**, DCE oder NNI
- man wählt die **LMI-Art** = Vendor (Cisco), **Annex-D** (ANSI), Annex-A (ITU)
- und zum Schluss die **Encapsulation-Methode** Vendor (Cisco) oder **RFC.1490**

Nun muss man nur noch die vom Carrier definierten Kanäle den einzelnen zu übertragenen Protokollen zuordnen, z. B. IP dem DLCI = 23 und IPX dem DLCI = 213, bei Cisco IOS mit dem MAP-Befehl.

15 Internet

Das Internet ist ein weltumspannendes Netzwerk, welches fast 100 Millionen Rechner und mehrere 100 000 lokale Netzwerke miteinander verbindet. Jeder kann über einen Internet-Service-Provider ins Internet gelangen. Nutzt man die Technik des Internet-by-Call, dann ist sogar eine Einwahl ins Internet ohne Anmeldung möglich. Man benötigt dazu nur einen Windows-PC, ein Modem und einen analogen Telefonanschluss. Im Internet werden Informationen ausgetauscht. Unternehmen bieten Produkte an, Verwaltungen präsentieren ihre Stadt, Universitäten tauschen Forschungsergebnisse aus, Gremien zeigen letzte Normen und jeder Internet-Anwender kann anderen Anwendern elektronische Briefe schreiben.

15.1 Geschichte des Internet

1969 entstand das Arpanet, ein Netzwerk in den USA, aus vier Honeywell-Minicomputern der University of Utah, dem Stanford-Research-Institute, der University of California at Los Angeles und at Santa Barbara. Das Arpanet (Advanced-Research-Projects-Agency-Network) wurde vom US-amerikanischen Verteidigungsministerium (Department-of-Defence, DoD) finanziert. **1971** schrieb Ray Tomlinson das erste E-Mail-Programm für den elektronischen Austausch von Briefen. **1973** entwarf Vinton Cerf eine erste Internet-Architektur auf einem Briefumschlag in einer Hotel-Lobby in San Francisco. **1979** entwickelt Steve Bellovin mit anderen Wissenschaftlern das Konferenzsystem **News**. **1982** wird das Internet-Protocol (**IP**) definiert. Im gleichen Jahr entsteht EUNet, das European-Unix-Network in Dänemark, Großbritannien, den Niederlanden und Schweden. **1983** nimmt das Domain-Name-System (**DNS**) seinen Betrieb auf, ein weltweiter Server-Verbund, der eine Zuordnung von Host-Name zu IP-Adresse erlaubt. So kann man einfach die Seite von www.Aldi.de aufrufen und muss nicht erst dessen IP-Adresse 62.55.224.141 suchen. **1984** startet das Deutsche-Forschungs-Netz (DFN) an der Universität Dortmund. In den USA wird das Milnet für militärische Anwendungen vom Arpanet, für Forschung und kommerzielle Nutzung, abgetrennt. **1986** Die National-Science-Foundation (NSF) in den USA bezahlt den Aufbau des Internet-Backbone über langsame **56-kbit/s**-Verbindungen. Noch nennt man das Internet „NSFnet". **1987** erreicht der Internet-Backbone eine Geschwindigkeit von **1,5 Mbit/s**. Im Auftrag der NSF betreibt die Firma Merit-Network das Internet. Merit ist ein Gemeinschaftsunternehmen vom Staat Michigan, ANS, IBM und MCI. **1988** wird das Deutsche-Forschungs-Netz mit dem amerikanischen Internet verbunden. **1989** entwickelt Tim Berners-Lee mit der Hyper-Text-Markup-Language

(HTML) die grafische Oberfläche des Internet. Nach und nach entsteht so das World-Wide-Web. **1990** erhöht man die Bandbreite im Internet-Backbone auf **45 Mbit/s**. Das DoD stellt das Arpanet ein, da dessen nicht militärische Aufgaben vollständig vom Internet übernommen wurden. **1994** übersteigt die Zahl der kommerziellen Netze (.COM-Domains) das erste Mal die Zahl der im Internet vertretenen Bildungseinrichtungen (.EDU-Domains). **1995** arbeitet das Internet mit **622 Mbit/s** schnellen ATM-Strecken. Im Auftrag der National-Science-Foundation wird es von der Firma MCI/Worldcom betrieben. **1997** MCI/Worldcom übernimmt die Backbone-Netze von AOL und Compuserve und kauft die Unternehmen Uunet (USA) und Eunet (D). **1998** MCI/Worldcom (USA) schaltet zusammen mit Cable & Wireless (UK) einen ersten weltumspannenden Internet-Backbone. **1999** Der Internet-Backbone erreicht in den USA eine Geschwindigkeit von **10 Gbit/s**. MCI/Worldcom errichtet im Auftrag der Firma Microsoft weltweit das MSN (Microsoft-Network). Im Jahre **2000** baut die Deutsche Telekom einen **10 Gbit/s** schnellen Ring durch Deutschland als Basis für das aktuelle Deutsche-Forschungs-Netz. Heute nennt man das Internet auch „World-Wide-Web", kurz „www" (engl. für ein weltweites Spinnennetz, oder nur einfach Web für das Netz). Die aktuelle Größe des Internet kann man beim www.DENIC.de in der Rubrik Statistik nachlesen.

15.2   Anwendungen im Internet

Heute spricht man häufig vom Internet. Man hört im Fernsehen und im Radio darüber oder liest davon in den Zeitungen. Warum ist das so? Was macht das Internet zu einem besonderen Computernetz?

●   **Das Internet ist das erste Netz der Welt, das Anwendungen normiert!**

Und nicht nur die Vermittlungstechnik, wie dies z. B. bei ISDN der Fall ist. Alle Informationen sind im Internet so gespeichert, dass es (fast) gleichgültig ist, mit welchem Programm oder welchem Rechner die Gesprächspartner arbeiten. Man muss sich vor einem Informationsaustausch über das Internet in keiner Form absprechen.

Im Internet geht man z. B. einfach auf die Web-Seite der Stadt Dresden (www.dresden.de), lädt sich den Stadtführer herunter und druckt diesen aus. Dazu hat man vorher keinen Kontakt mit der Dresdener Werbe und Tourismus GmbH (DWT) aufgenommen. Man weiß nicht, von welchem Hersteller der Server der DWT stammt oder auf welcher Festplatte der Stadtführer abgelegt war. Andererseits weiß die DWT nicht, mit welchem Leseprogramm (Browser) ein Interessent arbeitet.

Um einen Gegensatz zu benennen: Will man Daten über ISDN austauschen, dann sollten die beiden Geräte an den Enden einer Leitung vom selben Hersteller kommen. Auch muss man für einen Dateiaustausch das Programm Euro-Filetransfer als Client an einem Ende und als Server am anderen Ende installieren. Wenn dies

Bild 15.1 Internet-Browser mit Web-Adresse, URL von www.Peter-Joecker.de

geschehen ist, müssen sich die Anwender darüber unterhalten, welche Dateien man wie bereitstellen und wann austauschen will. Diese vielen Absprachen sind recht aufwändig.

Fazit: Das Internet ist für den Benutzer ein leicht zu bedienendes Computernetz zum weltweiten Informationsaustausch von Texten, Bildern und Daten. Dieses Kapitel stellt die wichtigsten Funktionen aus Sicht des Anwenders dar.

Das Internet definiert die Internet-Engineering-Task-Force (www.IETF.org). Die einzelnen Standards nennt man Request-for-Comments (RFC). Die RFC werden einfach aufsteigend nummeriert. Jeder kann sie kostenlos von IETF herunterladen (www.rfc-editor.org/rfcsearch.html).

15.2.1 Browser: Schmökern und blättern in den Internet-Web-Seiten

Internet-Texte werden im HTML-Format erstellt (Hyper-Text-Markup-Language) und abgelegt. Diese Hypertexte können Bilder, Musik und in letzter Zeit auch kurze Videos beinhalten. Man liest in den Web-Seiten wie in einem Buch, nur etwas langsamer, das Blättern dauert im Internet länger.

263

Hypertexte erstellt man mit HTML-Editoren und liest sie mit Web-Browsern. Web kommt aus dem Englischen und steht für Spinnennetz (eine engl. Analogie zum Computernetz) oder einfach nur Netz. Browsen übersetzt man mit Schmökern und Blättern in Büchern. Browsen ist also das Blättern in den Web-Seiten.

Die bekanntesten Browser-Leseprogramme sind:

- **„Internet-Explorer"**   von www.microsoft.com
- **„Navigator"**   von www.netscape.com

Diese Browser kann man kostenlos über das Internet beziehen. Um eine HTML-Seite ins Internet zu stellen, muss man ein Web-Server-Programm kaufen. Über die Kosten der Web-Server-Programme finanzieren die Hersteller die Entwicklung der kostenlosen Lese-Browser.

Um auf Hypertexte zugreifen zu können, muss man dessen URL eingeben:

- **http://www.denic.de/fragen.html**

Die URL (Universal-Resource-Location) oder „Web-Adresse" ist dreiteilig:

- **http://**   nennt das Übertragungsprotokoll: Hyper-Text-Transfer-Protocol
- **www.denic.de** ist der Name des Rechners im Internet
- **/fragen.html**   bezeichnet die Web-Seite auf dem Server

Man kann die Web-Adresse auch verkürzt angeben. HTTP ist das Standardprotokoll, daher kann diese Angabe beim Browsen entfallen. Will man nur die Startseite eines Servers sehen, dann muss man auch keine Web-Seite angeben. Man gibt nur kurz ein: **„www.vde-verlag.de"**.

15.2.2   Browser: Erweiterungen mit Plug-In's, Winzip oder Acrobat

Zum einfachen Lesen von Web-Seiten (**Surfen**) ist ein Browser ausreichend. Will man jedoch nicht nur Hypertexte (***.HTML** und ***.HTM**), sondern auch andere Dateien ansehen, dann muss man weitere Zusatzprogramme installieren.

Viele Handbücher, Bedienungsanleitungen und Präsentationen werden mit dem **Acrobat**-Programm geschrieben. Um die erzeugten ***.PDF**-Dateien zu lesen, benötigt man einen Acrobat-Reader (www.adobe.com). Den Acrobat-Reader kann man kostenlos aus dem Internet laden. Das Acrobat-Programm kostet Gebühren.

Winzip (www.winzip.de) erlaubt das Komprimieren (Packen) und Dekomprimieren (Entpacken) von Dateien. Überträgt man nur komprimierte ***.ZIP**-Daten über das Internet, dann spart man Zeit und Online-Gebühren.

Audio-Dateien im ***.MP3**-Format spielt man mit **Winamp** (www.winamp.com) ab. Einige Beispiele für solche Dateien findet man unter: www.mp3.com. MP3-Dateien benötigen wesentlich weniger Speicherplatz als ältere Audio-Formate. Sie reduzieren die Datenmenge fast auf ein Zehntel, behalten aber fast CD-Qualität.

Videos im *.MOV-Format zeigt **Quicktime** (www.apple.com/quicktime) auf Computerbildschirmen. Die Qualität der Video-Wiedergabe via Quicktime schlägt alles, womit sich sonst bewegte Bilder aus dem Internet betrachten lassen.

15.2.3 Proxy: Zwischenspeicher von Web-Seiten

Proxy bedeutet Stellvertreter und ist ein Zwischenspeicher für Web-Seiten. Die Bandbreite im WAN und damit auch im Internet ist teuer. Daher wurde eine Technik entwickelt, um Web-Seiten zwischenzuspeichern. In größeren Unternehmen greifen in der Regel mehrere Mitarbeiter auf dieselbe Web-Seite zu. Der Proxy lädt diese dann stellvertretend einmal und verteilt sie im LAN an die Anwender. So muss die Web-Seite nur einmal pro Proxy aus dem Internet geholt werden und nicht einmal pro Anwender. Das spart Bandbreite und geht schneller. Der Nachteil vom Proxy ist: Wann werden die Web-Seiten aktualisiert? Nach jeder Änderung, durch eine manuelle Proxy-Einstellung oder nach dem Ablauf der in einem Cookie definierten Zeit?

15.2.4 Cookie: Info-Datei über gelesene Seiten eines Web-Servers

Ein Cookie ist eine kleine Textdatei, die von einem Web-Server zum Web-Browser gesendet wird und Informationen über die aufgerufenen Web-Seiten auf diesem Server enthält. Bei einem erneuten Zugriff auf diesen Web-Server schickt der Web-Browser das alte Cookie zurück und der Web-Server weiß dadurch, welche Web-Seiten schon gelesen wurden. Im Microsoft-Internet-Explorer kann man sich die Cookies ansehen: „Ansicht" > „Internetoptionen" > „Allgemein" > „Temporäre Internetdateien" > „Einstellungen" > „Dateien anzeigen". Mit Cookies kann ein Hacker aber auch Schaden anrichten. Näheres ist in diesem Buch im Kapitel über Java beschrieben. Ein Hacker ist nach Knaurs Lexikon ein Rechneranwender, der über Computernetze hinweg unberechtigt in einen Rechner eindringt und dort fremde Daten ausspioniert und/oder Schäden anrichtet, indem er z. B. die Dateien löscht oder den Rechner abstürzen lässt.

15.2.5 Suchmaschinen: Es gibt kein Adressbuch für das Internet

Woher erfährt man die Web-Adressen zu den gesuchten Seiten und Informationen? Es gibt leider noch keinen Standard für Internet-Telefonbücher. Als Gründe, warum es noch kein Internet-Telefonbuch gibt, werden genannt:

- die Anwender wechseln häufig Arbeitsplatz und Wohnung
- es gibt Ängste um Datenschutz und Privatsphäre

Diese Gründe gelten aber eigentlich auch für einen normalen Telefonanschluss. Hier gibt es aber elektronische Telefonbücher und eine Norm: den X.500- Directory-Service des ITU. Darauf haben sich alle Telefongesellschaften der Welt geeinigt, um ein weltweites Telefonieren ohne manuelle Vermittlungen zu ermöglichen, d. h. ohne das Fräulein vom Amt.

Im Internet sind sich die Experten und vor allem die Hersteller noch nicht darüber einig, wie man technisch vorgehen soll. Die Konkurrenz unter den Herstellern und Anbietern verhindert eine Einigung und damit die Internet-Telefonbücher.

15.2.6 Suchmaschinen: Web-Adressen über Schlagwörter finden!

Als Ersatz für die Telefonbücher oder die gelben Seiten gibt es im Internet Suchmaschinen. Diese Rechensysteme durchsuchen automatisch und ständig das Internet nach neuen Web-Seiten und nach den Adressen der Server, auf denen diese gespeichert sind. Die gefundenen Web-Seiten und Web-Adressen werden in Datenbanken eingetragen. Darin können dann die Anwender mit Schlagwörtern suchen. Die Suchmaschinen finanzieren sich über Anzeigen und Werbung und sind für Suchende kostenlos. Suchmaschinen erlauben also eine Suche nach Schlagwörtern:

URL-Adresse	Bemerkungen
www.AltaVista.de	seit 1995 die erste Suchmaschine der Welt
www.Google.de	gegründet 1998 von zwei Doktoranden
www.Lycos.de	seit 1997 das europäische Internetportal
www.MetaCrawler.de	seit 1998 die deutsche Suchmaschine
www.Yahoo.de	seit 1995 die bekannteste Suchmaschine
Weitere Adressen suchen kann man über: www.suchmaschinen.de	

Tabelle 15.1 Web-Adressen diverser Suchmaschinen

Für eine schnelle und erfolgreiche Stichwortsuche sollte man Folgendes beachten:

- erst einmal die **Online-Hilfe** der Suchmaschine lesen und danach erst mit dem Suchen beginnen, sonst erhält man auf eine Frage manchmal 10 000 Antworten
- mehrere Worte suchen, die man mit **UND** (AND) bzw. **ODER** (OR) verknüpft.
- man kann auch Begriffe mit **NICHT** (NOT) von der Suche ausschließen
- eine Verwendung von Jokerzeichen ist auch möglich; ein „**∗**" steht in der Regel für ein beliebiges Ende (**ein**∗ = Eintopf, Einfahrt) ein „**?**" steht für einzelne beliebige Zeichen (**?aus** = Haus, Laus, Maus)
- Ist der Dateityp bekannt, dann kann man auch danach suchen lassen:
  Text   HTML (HTL), PDF
  Bild   GIF, TIF (TIFF), BMP, JPG (JPEG)
  Ton   WAV, MID, MP3
  Video   MPG, MOV

Die Endung **.de** steht für deutsche Suchmaschinen und **.com** für kommerzielle, amerikanische.

15.2.7 E-Mail: elektronischer Postversand

Via Internet kann man Briefe mit Texten und Bildern elektronisch versenden. Dazu benötigt man jedoch die E-Mail-Adresse des Empfängers, hier die des Autors: **„pjoecker@yahoo.com"**. Diese muss man telefonisch erfragen, denn für E-Mail-Adressen gibt es weder Telefonbücher noch Suchmaschinen.

Normiert sind als Schriftzeichen heute leider nur die amerikanischen ASCII-Zeichen (American-Standard-Code-for-Information-Interchange). Das bedeutet, dass wir Deutschen auf Umlaute verzichten sollten. Sonst kann es passieren, dass folgender Satz so den Empfänger erreicht:

F?r gro?e Fu?b?lle ben?tigt Herr M?ller f?hige N?herinnen.

Man wollte aber eigentlich Folgendes sagen:

Für große Fußbälle benötigt Herr Müller fähige Näherinnen.

Daher bitte eingeben, wenn man nicht mit WIN/XP arbeitet:

Fuer grosse Fussbaelle benoetigt Herr Mueller faehige Naeherinnen.

E-Mail ist neben dem Web-Browsen die Internet-Hauptanwendung. Man kann innerhalb von Minuten Dokumente weltweit austauschen und erreicht den Empfänger direkt an seinem Arbeitsplatz, auf der Baustelle oder auch zu Hause.

E-Mail basiert auf folgenden Techniken, Protokollen bzw. Normen:

- **SMTP** Simple-Mail-Transfer-Protocol definiert Mailaustausch und Befehle
- **MIME** Multipurpose-Internet-Mail-Extension erlaubt Dateianhänge (secure „S/MIME" kann die Mailinhalte verschüsseln)
- **IMAP** Internet-Message-Access-Protocol dient dem Herunterladen von Mails vom POP-Server beim ISP
- **POP** Post-Office-Protocol zum Zwischenspeichern von E-Mails beim ISP

Ein privater PC ist nicht immer im Internet. Die meiste Zeit steht er ausgeschaltet zu Hause. Wenn man in dieser Zeit eine E-Mail erhält, dann muss der POP-Server beim Internet-Service-Provider die E-Mail so lange zwischenspeichern, bis man sich im Internet wieder anmeldet und die E-Mail über einen, heute in jedem Browser integrierten, POP-Client auf seinen PC lädt. Alle diese Techniken hier im Einzelnen zu erklären, würde den Umfang dieses Buchs sprengen.

Zum Versenden von E-Mails benötigt man einen eigenen Internet-E-Mail-Account (engl. für Benutzerkonto) und die E-Mail-Adresse des Empfängers:

- von **pjoecker@yahoo.com** an **claudia_rauch@yahoo.de**

Einen E-Mail-Account erhält man von seinem Arbeitgeber oder von seinem Internet-Service-Provider.

15.2.8 E-Mail: Kostenlose Accounts, mit Zugriff via Web-Browser

Bei folgenden Anbietern findet man kostenlose Postfächer (E-Mail-Accounts):

Anbieter (Web-Adresse)	Bemerkung
mail.yahoo.de	schnell, übersichtlich, gute Leistung
freemail.web.de	schnell, sehr gute Leistung
www.hotmail.de	etwas langsam (Teil des Microsoft-Systems-Network)
www.gmx.de	unübersichtliche Optik
www.firemail.de	schnell, einfache Handhabung und Ausstattung

Tabelle 15.2 Kostenlose Internet-E-Mail-Anbieter

Die oben genannten Postfächer sind für den Anwender kostenlos. Sie finanzieren sich über Werbeeinnahmen. Das bedeutet, dass der Mail-Box-Anbieter Web-Werbeseiten zwischenschalten muss. Das sind aber in der Regel so wenige, dass man dies durchaus ertragen kann. Auch sind es meistens keine ganzen Seiten, sondern nur kleine Logos oder kurze Schriftzüge.

15.2.9 Java: Programme

Hypertexte können auch Programme beinhalten. Damit kann man bei der Übertragung die Daten verschlüsseln (für Internet-Banking) oder bewegte Symbole programmieren (drehende Firmenzeichen). Die Hypertext-Programmiersprache ist „Java". Die Sprache nannte die Fa. Sun nach einer amerikanischen Kaffeesorte.

Die Java-Programme werden gemeinsam mit den Hypertexten auf den Empfänger-Rechner übertragen und dort von einer Java-VM (virtuellen Maschine) automatisch gestartet. Dies erfolgt unabhängig vom Rechnertyp und vom Betriebssystem. Java-Programme laufen ohne Änderung auf jedem Rechner, dessen Browser Java unterstützt. Leider gibt es aber viele inkompatible Java-Versionen.

Java wird von Sun entwickelt und gepflegt. Jedoch versucht Microsoft, sein Active-X, sein Visual-Basic und sein Windows-Script dagegen zu setzen.

Java kann man leider auch missbrauchen. Ohne dass der Empfänger etwas davon merkt, können Java-Programme den Rechner eines Anwenders ausspionieren oder sogar Dateien löschen. Deshalb kann man im Browser einen automatischen Start von Java oder Active-X ausschalten. Beim Microsoft-Internet-Explorer v.4 geht dies über das Menü: „Extras" > „Internetoptionen" > „Erweitert" > Die „Java-VM". Eventuell sollte man auch „Cookies" deaktivieren, da Hacker u. U. diese Technik verwenden, um unbemerkt Daten auszukundschaften.

15.2.10 News: Nachrichten, Zeitungen und Diskussionsgruppen

Es gibt im Internet auch Diskussionsgruppen. Die Technik für diese Diskussionsforen ist NEWS (engl. für Neuigkeiten). Über NEWS werden „Nachrichten" und „Zeitschriften" im Internet verteilt. Bei einer Diskussionsgruppe muss man sich anmelden, wie bei:

- **German-News**http://www.mathematik.uni-ulm.de/germnews/

  E-Mail an   listserv@listserv.gmd.de

  mit Betreff   SUB GERMNEWS Vorname Nachname

SUB steht für submit, d. h. auf Englisch abonnieren. Danach erhält man immer die neuesten Nachrichten zugesandt. Das Suchen nach alten News ist natürlich auch möglich. Selbstverständlich kann man als Teilnehmer einer News-Group Kommentare zu laufenden Diskussionen abgeben oder auch eine neue Diskussion starten. Die eigenen Beiträge werden dann als News an die anderen Gruppenmitglieder verteilt. Es folgen einige Adressen für News-Gruppen:

• **Newsletter-Übersichten:**
www.Liste.de, www.web.de,
• **Aktuelle Newsletter:**
www.abendblatt.de („Hamburger Abendblatt")
www.Faz.de („Frankfurter Allgemeine Zeitung")
www.rhein-zeitung.de/newsletter („Rhein-Zeitung")
www.wiwo.de (Zeitschrift „Wirtschaftswoche")
www.dm-online.de (Magazin „DM" für private Geldanleger)
• **Business Newsletter:**
www.jobs.zeit.de (Stellenmarkt der „Zeit")
• **Newsletter für Computer und Internet:**
www.connect-online.de (Zeitschrift „Connect")
www.ame.de (Medien und Internet)
www.networkworld.de („Network World Germany")

Tabelle 15.3 Web-Adressen einiger News-Gruppen

15.2.11 FTP: Filetransfer via Internet

Wenn man mit dem Surfen im Internet (Suchen mit einem Web-Browser) eine Information gefunden hat, dann möchte man diese eventuell aus dem Internet auf seinen PC herunterladen (engl. **download**). Es kann aber auch sein, dass man Fehlermeldungen von seinem PC ins Internet, auf den Server des Programmanbieters, kopieren möchte (engl. **upload**).

Mit dem File-Transfer-Program (FTP) kann man via Internet Dateien kopieren. FTP kennt hauptsächlich zwei Befehle:

- **get** Dateien aus dem Internet holen **download** aus dem Internet

- **put** Files vom Anwender ins Internet kopieren **upload** in das Internet

Leider ist das Kopieren von ganzen Verzeichnisbäumen (Directory-Tree's) in der Regel nicht möglich. Das geht nur mit speziellen FTP-Programmen, zwischen Rechnern mit identischen Betriebssystemen, wie unter Windows 95/98 mit dem „Total Commander" (FTP-Client) von www.ghisler.com. Für einen FTP-Filetransfer benötigt man einen FTP-Server und einen FTP-Client. Es gibt auch für Windows 95/98/ME/XP FTP-Server-Programme (siehe www.3com.com, suche 3CDaemon).

Zum Abschluss noch ein Hinweis. FTP kennt zwei Übertragungsverfahren:

- **Binär** überträgt Dateien Bit für Bit, d. h. völlig **unverändert**
  (Es gibt keine Änderung der Dateiinhalte. Dieser Modus wird generell und immer als Standardeinstellung empfohlen.)

- **Text** transportiert Dateien mit ASCII-Texten, ohne Umlaute, **verändert**
  (Hierbei versucht FTP den Text dem Betriebssystem anzupassen. So werden Zeilenenden vom Unix- (nur <LF>) in das Windows-Format (<CR>+<LF>) umgebaut, d. h. die Dateiinhalte werden im Textmodus verändert!)

Normalerweise ist binär beim FTP-Client und FTP-Server als Default eingestellt.

15.2.12 Viren: Vorsicht beim E-Mail-Empfang oder FTP-Download!

An dieser Stelle ein kleiner Hinweis auf die Viren-Problematik. Beim Filetransfer aus dem Internet (FTP) oder beim E-Mail-Empfang kann man Dateien auf seinen PC herunterladen, die mit einem Virus infiziert sind. Das passiert zwar selten, kommt aber immer wieder vor. Da man das nicht vermeiden kann, sollte jeder:

- auf seinem PC einen **aktuellen Viren-Scanner installiert** haben

- und **regelmäßig Datensicherungen** (Backup) durchführen

Ein Computervirus ist ein kleines Programm, das sich in Programmdateien versteckt (auch in Word- und Excel-Dateien als Makro) und unerwünschte Funktionen auf einem Rechner ausführt. Einmal gestartet:

- verteilt es sich selbst weiter, infiziert also andere Programme und Dateien

- stört den Betrieb des Rechners, bis zum Totalabsturz

- löscht Files oder den ganzen Datenbestand (Deshalb ist Backup sehr wichtig!)

und kann, in extrem seltenen Ausnahmefällen, durch Überlastung einzelner Baugruppen sogar Rechnerbauteile beschädigen oder zerstören.

15.2.13 Würmer greifen an: 0190-Dialer

Ein Virus muss aus dem Internet heruntergeladen oder mit einer E-Mail empfangen und dann auf dem Anwender-PC gestartet werden, um seine zerstörerische Wirkung zu entfalten. Ein Vandale ist da viel gefährlicher. Man klickt auf ein Icon auf einer Web-Seite und der Vandale wird gestartet. Vandalen können das, weil sie in Java, Active-X, Visual-Basic oder Windows-Script programmiert wurden. Den Schaden, den diese anrichten, ist mit Computer-Viren vergleichbar.

Als Maßnahme gegen Vandalen kann man auf seinem PC eine Personal-Firewall installieren. Viele Anbieter von Virenschutzsoftware bieten auch Personal-Firewall-Programme an. Leider ist eine Personal-Firewall nicht einfach zu bedienen. Man muss schon wissen, was IP-Port-Nummern sind, wo man diese findet (www.iana.org/assignments/port-numbers) und wie man diese verwendet. Man muss nämlich in seine Personal-Firewall eingeben, welche Anwendungen, d. h. welche Portnummern, man erlauben will.

Besonders gemeine und teure Vandalen sind 0190-Dialer-Programme, die Benutzer von Modem und ISDN-Karten angreifen. Ein Berliner Junge fand im Internet das Programm „Highspeed Connector". Nach der beiliegenden Anleitung sollte das Programm den Internet-Zugang beschleunigen. Er klickte auf das Programm-Icon und der 0190-Vandale installierte sich. Er beschleunigte zwar nicht den Internetzugang, veränderte aber widerrechtlich die Modem-Rufnummer ins Internet. Es wurde nun nicht mehr eine preiswerte Internet-by-Call-Telefonnummer, mit 1,5 Cent pro Minute angerufen, sondern eine teure Sondernummer, die pro Minute 37,50 Euro kostet (35 Euro Grundgebühr plus 2,5 Euro pro Minute). Diese widerrechtliche Änderung bemerkten Mutter und Sohn einige Monate lang nicht. Aufgrund einer EDV-Umstellung konnte der Carrier der beiden, die www.BerliKomm.de, monatelang keine Rechnung schreiben. So ergab sich eine Internet-Rechnung von knapp 9000 Euro. Die BerliKomm ist vom Gesetz her gezwungen, die angefallenen Beträge am Monatsende an den Anbieter der 0190-Nummer zu überweisen, noch bevor Mutter und Sohn ihre Telefonrechnung erhielten. In der ersten Instanz entschied das Berliner Landgericht (Az 18.O.63/01 vom 13. 07. 2001), dass die Mutter zahlen muss, auch wenn ein Nutzer (Sohn), der den 0190-Dialer installiert hat, noch minderjährig ist und das Angebot offensichtlich sittenwidrig war (Installation unter Vorspiegelung falscher Tatsachen). In der zweiten Instanz entschied das Berliner Kammergericht (Az 26.U.205/01 vom 28. 01. 2003) für die Mutter. Sie muss erst einmal nicht zahlen. Dagegen will die BerliKomm beim Bundesgerichtshof Widerspruch einlegen. Übrigens, der Empfänger des Geldes, ein Unternehmen aus Spanien, war bis heute nicht zu ermitteln. Hier sollte der Gesetzgeber eine Regelung einführen, dass der Carrier die 0190-Anbieter erst dann bezahlen, wenn die Widerspruchsfrist des Kunden gegen die Telefonrechnung abgelaufen ist. 30 Tage Zahlungsziel ist an anderer Stelle in der Wirtschaft ganz normal. Aber der Staat und die Telefongesellschaften verdienen ja an den 0190-Dialern Millionen. Ein Dialer-Vandale funktioniert natürlich auch mit 0900-Nummern oder ausländischen Vorwahlziffern.

Was ist zu tun, wenn man sich einen Dialer eingefangen hat?

- sofort das Telefonkabel abziehen
- Kopieren des 0190-Dialers bzw. des falschen DfÜ-Links
- Anzeige erstatten wegen Computersabotage, Computerbetrug, Datensabotage
- die normale Telefonrechnung zahlen
- und nur den 0190-Anteil zurückhalten oder zurückbuchen lassen

Leider entscheiden die meisten Gerichte aber gegen den Kunden und für die Carrier. Sie vertreten dabei die Meinung, der Kunde hätte vorbeugen sollen.

Was kann man vorbeugend gegen 0190-Dialer-Angriffe tun?

- Einzelverbindungsnachweis bei der Telekom, seinem Carrier, beantragen, mit unverkürzten Ortsnummern und 80 Tage speichern aller Rufnummern
- 0190-Warner installieren (www.0190-Warner.info), aber Vorsicht, sie helfen nicht immer (kein 100%iger Schutz!)
- anstatt einer ISDN-Karte einen Router (ab 250 Euro) einsetzen, Dialer greifen Windows an, sehr selten Unix, bisher aber noch nie Router, denn jeder Routertyp ist anders, und viele beinhalten eine Firewall
- anstatt Modem und ISDN kann man ohne Gefahr DSL nutzen, DSL ist eine Festverbindungstechnik, ganz ohne Telefonnummern

Man sieht, es ist möglich, gegen 0190-Dialer-Vandalen etwas zu tun. Leider kostet aber jede Sicherheitstechnik (Antiviren-Programm, Personal-Firewall und Router) etwas Geld. Das muss man aber für ein Türschloss und eine sichere Haustür auch ausgeben.

15.2.14 Telnet: Terminalzugriff auf Großrechner

Telnet erlaubt den Zugriff auf Großrechner. In der Regel gibt es in jedem größeren Unternehmen Warenwirtschaftssysteme (engl. Mission-Critical-Application), welche auf Datenbanken basieren, die von vielen Benutzern gemeinsam genutzt werden. Dieser gleichzeitige Zugriff wurde früher über Terminals realisiert.

Telnet simuliert einen Terminalzugriff über ein IP-Netzwerk hinweg. Telnet unterscheidet zwischen drei Terminaltypen, indem es diese nachbildet:

- TelNet   als VT100-Emulator (Dec/Compaq) für VMS- und Unix-Hosts
- TN5250   für die Systeme /3x und AS/400 von IBM
- TN3270E für die Großrechner der Enterprise/370-Architektur von IBM

Die Anmeldung (Login) an den Mainframe erfolgt dann wie vom Terminal gewohnt mit Benutzerkennung (Username) und Codewort (Password). TN3270E gibt es in zwei Varianten. Die ältere TN3270 (ohne „E") sollte man nicht mehr verwenden. TN3270E (Enhanced) definiert zusätzlich Möglichkeiten für eine benutzerspezifische Tastaturbelegung (ganz wichtig) und einstellbare Druckerparameter, doch auch mit TN3270E bleibt der SNA-Druck problematisch.

15.2.15 Internet: Banking = sicher dank SSL und TLS

Bestellungen, Bank- und Geldgeschäfte kann man heute sicher über das Internet ausführen. Dazu werden die Daten verschlüsselt übertragen. Hierzu muss man aber nicht extra ein Programm installieren und die Verschlüsselung manuell starten, sondern das übernehmen die Browser von Microsoft (Internet-Explorer) und Netscape/AOL (Navigator) automatisch.

Um eine sichere, verschlüsselte, einfach zu bedienende Datenübertragung über das Internet zu ermöglichen, hat die Firma Netscape den Secure-Socket-Layer entwickelt. Er arbeitet zwischen dem Application- und dem IP-Layer. Dabei werden die Anwenderdaten verschlüsselt, mit einem eigenen Kopfteil (Authentication-Header) und einer Prüfsumme am Ende versehen und dann via IP versendet. Ziel- und Absender-IP-Adresse darf man nicht verschlüsseln, sonst könnte man das verschlüsselte IP-Paket ja nicht mehr durch das Internet routen. Ein Router muss die IP-Adressen lesen können. Den SSL hat auch Microsoft in seinen Browser integriert.

Der Secure-Socket-Layer (SSL) wurde später vom IETF als Transport-Layer-Security (TLS) im RFC.2246 normiert. Leider sind SSL und TLS nicht kompatibel, aber die Browser erkennen den Unterschied und stellen sich automatisch darauf ein. TLS garantiert:

- Privatsphäre   durch symmetrische Verschlüsselung (secret cryptographic)
- und Integrität   Gesprächspartner durch Signatur erkennen (sign hash)

TSL kann die Daten nach verschiedenen Methoden verschlüsseln. International in jeden Browser verfügbar ist der Data-Encrytion-Standard (DES), der mit einem 56-bit-Schlüssel arbeitet. Bereits 1998 knackte die amerikanische Electronic-Frontier-Foundation (www.EFF.org) einen DES-Schlüssel mit einem 50 000-$-Rechner innerhalb von 56 Stunden. Dazu sollte man allerdings wissen, dass DES, eine Entwicklung des US-Geheimdienstes und IBM, zu diesem Zeitpunkt schon 20 Jahre alt war.

Das sichere 3DES ist eine dreifache DES-Verschlüsselung. Nur die US-Varianten der Browser werden normalerweise mit 3DES und seinem 168 bit langen Schlüssel ausgeliefert. Die USA-freundliche restliche Welt darf 3DES nachträglich installieren, muss sich dafür aber namentlich registrieren lassen. Wie sicher ist nun 3DES? Nehmen wir einmal an, wir hätten einen Rechner, der DES in einer Sekunde entschlüsseln könnte. Dann würde dieser Rechner an einer 3DES-Entschlüsselung 20 Millionen Jahre rechnen.

Das US-amerikanische National Institute of Standards & Technology (www.NIST.gov) hat als Nachfolger von DES (NIST-Norm: FIPS 46) und 3DES (RFC.2451) nach einer internationalen Ausschreibung im Jahr 2001, einen Advanced-Encryption-Standard definiert (AES nach FIPS 197). AES ist im Gegensatz zu DES vollständig veröffentlicht und kommt von zwei Kryptologen aus Belgien, V. Rijmen und J. Daemen (Rijndael-Algorithmus). Man muss also nicht wie bei DES die Angst haben, dass es ein Hintertürchen für den CIA geben könnte. Ist AES sicherer als DES oder 3DES? Nehmen wir wieder den Rechner, der einen 56 bit langen DES-Schlüssel in einer Sekunde knackt. Er entschlüsselt den kürzesten AES-Schlüssel mit 128 bit erst nach 20 Milliarden Jahren, was etwa dem Alter des Universums entspricht (das US-amerikanische Billion wurde hier korrekt mit Milliarde übersetzt).

DES, 3DES und AES sind symmetrische Verschlüsselungsverfahren, d. h., sie arbeiten mit nur einem geheimen Schlüssel (Secret-Key) zum Ver- und zum Entschlüsseln. Wie kann SSL nun einen Secret-Key beim Verbindungsaufbau über eine unverschlüsselte Leitung übertragen, ohne dass der Secret-Key Hackern in die Hände fällt? Eine Methode dazu ist der Diffie-Hellmann-Algorithmus zum sicheren Schlüsselaustausch über unsichere Leitungen. Die Stationen A und B wollen einen Secret-Key austauschen. Erst denken sich A und B jeweils eine geheime Zahl aus. Das sind dann die Private-Keys von A und B. Die Private-Keys werden versteckt, an niemanden übertragen und auch dem Anwender nicht angezeigt. Nun berechnen A und B nach folgenden Formeln die Public-Keys:

- Public$(A) = (K)^{\text{Private}(A)} \bmod(G)$ und Public$(B) = (K)^{\text{Private}(B)} \bmod(G)$

Das Modulo ist eine Rechenformel, und dann benötigt man noch zwei Primzahlen, eine kleine (K) und eine große (G). Die Modulo-Funktion errechnet den Divisionsrest zweier Zahlen: 17 mod 4 = 1 bedeutet 17 : 4 = 4, Divisionsrest = 1. Zum Verbindungsaufbau senden zunächst beide Stationen sich gegenseitig Folgendes:

- ihre Public-Keys (A, B) und die beiden Primzahlen (K, G).

Jede Station ist jetzt in der Lage, mit Hilfe ihres Private-Keys, den gemeinsamen, geheimen Sekret-Key zu berechnen.

- Secret-Key = Public$(B)^{\text{Private}(A)} \bmod(G)$ = Public$(A)^{\text{Private}(B)} \bmod(G)$

Jeder darf die Public-Keys (A, B) und die Primzahlen (K, G) mitlesen und ist damit nicht in der Lage, den geheimen Secret-Key zu errechnen. Es fehlen die Private-Keys, und die werden ja nicht gesendet, sondern bleiben versteckt. Um die Übertragung noch sicherer zu machen, verwendet SSH je Session einen neuen Secret-Key.

Wie garantiert nun SSH, dass Sender und Empfänger echt (authentisch) und nicht gefälscht sind? Dazu unterschreibt man digital, mit einer Signatur. Erst erzeugen Sender und Empfänger jeweils ein symmetrisches Schlüsselpaar. Ein Paar besteht aus einem privaten (Secret-Key) und einem öffentlichen Schlüssel (Public-Key). Ganz wichtig, nur ein Private-Key kann entschlüsseln. Deshalb wird ein privater Schlüssel immer versteckt, sogar vor dem Anwender. Der öffentliche Schlüssel wird verteilt. Ein Public-Key kann nur verschlüsseln. Daher darf jeder diesen kennen. Private und Public-Keys wurden bereits bei der Auslieferung, für jeden einzelnen Browser unterschiedlich, von Netscape und Microsoft errechnet und im Produkt hinterlegt. Die Stationen erzeugen nun die Datennachrichten. Aus der Nachricht errechnet der Sender eine Quersumme, einen Hash. Dieser wird mit dem Private-Key des Senders gekennzeichnet (signiert). Zwischen Sender und Empfänger werden dann drei Dinge übertragen, die Nachricht (die Daten des Absenders), der signierte Hash und der Public-Key des Senders (den darf ja jeder kennen). Der Empfänger entfernt mit dem Public-Key die Signatur des Hash und errechnet aus der Nachricht einen zweiten Hash. Sind beide Hash-Werte identisch, dann ist die Nachricht wirklich vom Absender. Die Kontrolle erfolgt natürlich beidseitig.

Muss sich nun ein Anwender mit dem oben Genannten auskennen? Glücklicherweise ist das nicht der Fall. Meistens erfolgt die Anwendung von SSH automatisch. SSH bzw. TLS wird heute beim Browsen und beim Versenden von E-Mails eingesetzt. Stöbert man im Internet (engl. browse), dann ist es möglich, die Verschlüsselung manuell zu starten:

- http://www.otto.de   beginnt eine unverschlüsselte Verbindung (http://)
- https://banking.diba.de   benutzt SSH zur Verschlüsselung (https://)

Sucht man einen Artikel in einem Online-Shop, dann beginnt man zuerst unverschlüsselt. Wurde das Gesuchte gefunden und wechselt man in den Warenkorb, dann schaltet der Online-Shop automatisch auf SSL um. Der verschlüsselte Modus wird erkannt an einem kleinen gelben Schloss unten rechts im Browser-Fenster.

Man sieht also, SSH ist technisch komplex, aber einfach zu handhaben. Wenn ein Anwender kritische Daten überträgt, dann muss er nur darauf achten, dass er das Schlosssymbol sieht. SSH macht das Internet wesentlich sicherer als die Geldkarten mit ihren PINs. Heute benutzen die meisten eine Geldkarte, um Bargeld am Automaten zu ziehen, aber vielen ist ein Bestellen via Internet oder das Online-Banking zu unsicher. Technisch ist genau das Gegenteil der Fall.

15.2.16 Voice-over-IP = Telefonieren über das Internet

Im Jahr 2003 gibt es bereits tausende von Unternehmen, die ihre Telefonanlage durch eine Voice-over-IP-Lösung ersetzt haben und VoIP mit gutem Erfolg nutzen. Es gibt Anfang 2003 aber noch keine fertige VoIP-Norm.

Das bedeutet, mit einem VoIP-Telefon von Cisco kann man via IP kein IP-Phone von Siemens anrufen. Aber es wird sicher in Zukunft eine herstellerübergreifende Norm geben. Der Autor ist überzeugt davon, dass VoIP die Technik ist, die in ferner Zukunft einmal ISDN ablösen wird.

Heute kämpft die Internet-Telefonie aber noch mit folgenden Problemen:

- VoIP hat nicht die Sprachqualität von ISDN (aber die von D-Netz-Handys)
- VoIP ist noch nicht so stabil wie ISDN (aber so stabil wie die Mobilfunktelefonie)
- VoIP hat weniger Funktionen als eine PBX (die muss man alle bedienen können)
- VoIP ist noch teurer als eine vergleichbare ISDN-Anlage (warum?)
- VoIP hat manchmal Probleme mit FAX-Geräten (leider)
- VoIP muss priorisiert werden (das können nur neue LANs und IP-Netze)

Die Amerikaner haben in ihrer Sprache einen Ausdruck für den derzeitigen Stand der VoIP-Technik: „bleeding edge", d. h., die ersten Anwender holen sich eine „blutige Nase".

Welche Bauteile benötigt man für eine Voice-over-IP-Lösung?

- IP-Telefone mit Ethernet-Schnittstelle oder ein Headset plus PC-Software
- Fax-Boxen zum Anschluss von analogen Gruppe-3-Faxgeräten an VoIP
- VoIP-Server übernehmen die Funktionen der bisherigen Telefonanlagen
- vielleicht ein zweiter Server zur Ausfallsicherung oder als Anrufbeantworter
- Gateways schalten den Übergang von VoIP zu ISDN und weltweiter Telefonie
- es gibt keine Telefonkabel mehr, sondern nur noch ein VoIP-fähiges Ethernet

Man weiß also, welche Komponenten man benötigt, nur über die verwendeten Protokolle streiten sich noch die Hersteller.

Was bedeutet eigentlich die Bemerkung „ein VoIP-fähiges Netzwerk"? Sprache und Daten stellen völlig unterschiedliche Anforderungen an ein Computernetz.

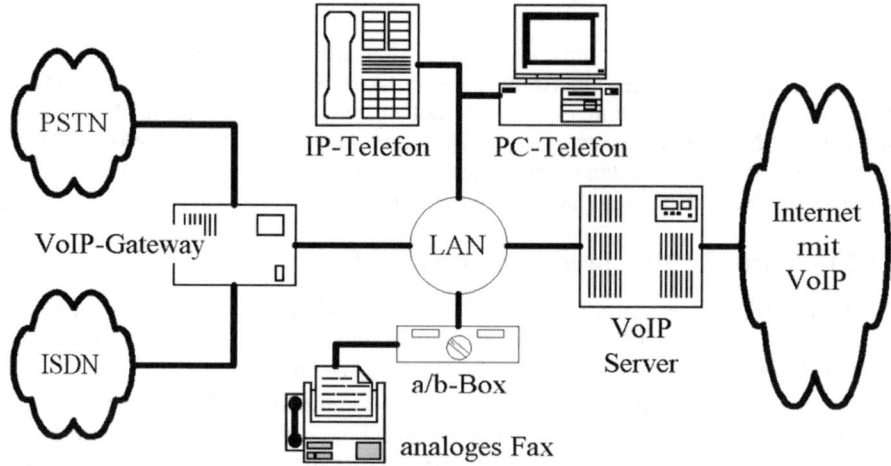

Bild 15.2 Topologie von Voice-over-Internet-Protocol (VoIP)

- Datentransfer erlaubt kleine Pausen, um fehlerhafte Pakete zu wiederholen.
- Der Bandbreitenbedarf variiert, einmal wenige und ein anderes Mal viele Daten.
- Beim Datenaustausch darf auch nicht ein Bit verfälscht werden.

Beim Transport von Sprache mit VoIP ist das ganz anders.

- Das Netz muss schnell sein (ITU definiert die Latency kleiner 150 ms).
- Sprache benötigt pro Gespräch immer eine konstante Bandbreite.
- Es darf, in seltenen Fällen, auch einmal ein VoIP-Paket verloren gehen.

Zusätzlich verträgt VoIP kaum Schwankungen der Paketlaufzeiten (engl. Jitter). Aus den oben genannten Gründen sind VoIP-Pakete vor Daten-Paketen zu priorisieren. Die in einem VoIP-Netz verwendeten Komponenten müssen also VoIP-Pakete erkennen und bevorzugt übertragen können. Diese Anforderung können ältere Bauteile, wie Hubs oder preiswerte Layer 2 Switches, nicht erfüllen.

Welche Bandbreite benötigt ein Telefonat? Wandelt man ein analoges Sprachsignal von 4 kHz mit einem Voice-Coder-Decoder (codec) in ein digitales PCM-Signal (Pulse-Code-Modulation) um, dann benötigt ISDN dafür eine Bandbreite von 64 kbit/s. VoIP muss aber zusätzlich noch den Kopf (IP-Adressen) und das Ende (Prüfsumme) eines IP-Pakets übertragen. Das benötigt weitere Bandbreite. Würde VoIP das unkomprimierte PCM-Signal benutzen, benötigte man etwa 80 kbit/s an Bandbreite für einen VoIP-Call. Daher versuchen alle Hersteller die Sprache zu komprimieren, was zwar minimal die Qualität vermindert, dann aber mit 64 kbit/s problemlos auskommt. Was mit Sprache funktioniert, das versagt leider beim Faxen. Faxe sind schon komprimiert und können nicht noch einmal komprimiert werden. Die 80 kbit/s stellen aber im LAN und via DSL kein Problem dar.

VoIP wird die heutige Teilung in Telefon- und Datennetze aufheben. Heute muss man noch getrennte Sprach- und Datenleitungen schalten. Die Zuordnung der Bandbreite ist statisch: „**n** Kanäle für Sprache und **x** Kanäle für Daten". Über VoIP wird es in der Zukunft möglich sein, diese Zuordnung dynamisch vorzunehmen, d. h. nach Bedarf. Das spart Bandbreite und damit Kosten. Auch benötigt man nur noch ein Kabel zum Arbeitsplatz und nicht mehr wie heute zwei, eins für das Telefon und das zweite für das PC-Netz. Man erwartet über die Einführung der IP-Telefonie eine weitere Senkung der Netzkosten.

15.2.17 IP-TV: Internet-Fernsehen

In den USA entwickelt man an der Technik, komplette Fernsehprogramme über das Internet auszustrahlen. Die Übertragungstechnik hierzu ist Multicast-IP. Eine erste Anwendung ist firmeninternes Business-TV. Man zeichnet eine Betriebsversammlung, Bilanzpressekonferenz oder Schulung auf, und abwesende Mitarbeiter können sich diese Sendungen später jederzeit ansehen.

16   IP, das Internet-Protocol

Nachdem bisher die Internet-Anwendungen kurz vorgestellt wurden, folgt jetzt ein Teil, in dem die dem Internet zu Grunde liegenden Techniken erläutert werden, vor allem das Nummerierungsschema mit den IP-Adressen.

16.1   Das 4-Layer-Internet-Modell

Im Internet und in den meisten LANs erfolgt jeder Datenaustausch mit dem Internet-Protocol (IP). Das dazu gehörende 4-Layer-Internet-Modell ist in seinen unteren drei Layern mit dem OSI-Modell identisch. Der vierte Layer fasst die oberen 4-ISO-Layer zu einem Application-Layer zusammen.

Layer 4	Application	Port-Nummer	von 1 bis 65.535	Host = PC, Server
PORT	beschreibt Anwendung (www.iana.org/assignments/port-numbers)			
TCP	mit Empfangsbestätigung & Fehlerkontrolle (WEB, E-MAIL, FTP, TELNET)			
UDP	senden ohne Empfangsbestätigung (NFS, SNMP, SYSLOG, TFTP)			
Layer 3	Network	IP-Pakete	192.168.128.254	Router = Def.Gate
IP	ein PING prüft die Erreichbarkeit und ein TRACE zeigt den Weg			
Layer 2	Datalink	MAC-Frames	4000.7000.4711	Switch = Bridge
Netze	wie Ethernet mit MAC-Frames oder ISDN mit PPP-Frames			
Layer 1	Physical	Bits (elektr./opt.)	Stecker & Kabel	Hub = Repeater

Tabelle 16.1 Das 4-Layer-Internet-Modell

16.1.1   TCP-Anwendung: verbindungsorientierte Session

Ein verbindungsorientierter Datenaustausch (engl. Session) mit TCP zeichnet sich durch folgende Kennzeichen aus (vergleichbar Einschreiben):

- man muss immer eine **Verbindung** auf- und später wieder abbauen
- jede Übertragung von Datenpaketen erfolgt **mit Empfangsbestätigung**
- hierzu werden die IP-Pakete **durchnummeriert**
- es erfolgt eine Fehlererkennung und im Fehlerfall eine Paketwiederholung

Daten werden von verbindungsorientierten Protokollen fehlerfrei übertragen, aber leider auch relativ langsam, auf Grund der Paketwiederholungen im Fehlerfall und des ständigen Wartens eines Senders auf die Empfangsbestätigungen.

16.1.2 UDP-Anwendung: verbindungsloses Datagramm

Verbindungslose Datenübertragungen nennt man Datagramme (Postkarten):

- es erfolgt **keine Fehlerkontrolle** und keine Fehlerbehebung
- die Datenpakete werden **ohne Empfangsbestätigung** verschickt
- die IP-Pakete sind **nicht nummeriert**
- man sendet einfach, ohne den Empfänger vorher zu benachrichtigen

Man weiß bei einer UDP-Verbindung nie, ob die versandten Datenpakete auch den Empfänger erreicht haben. Dafür ist UDP aber schneller als TCP. UDP wird u. a. als Basis von NFS (Sun's Network-File-System) im LAN verwendet. Im LAN geht man davon aus, dass die Netzfehlerrate sehr gering ist und Datenzugriffe auf Netzwerklaufwerke schnell erfolgen müssen. Datagramme sind schnell, aber um die Fehlerbehebung muss sich die Anwendung selbst kümmern.

16.1.3 Port-Nummer der IP-Anwendung

Auch in jedem IP-Paket findet man die 4 Layer des Internet-Modells wieder.

Am Kopf des IP-Pakets stehen Preamble-Bits. Diese dienen der Synchronisation zwischen Sender und Empfänger. Ein Empfänger muss erkennen können, ob er gerade eine Störung oder ein IP-Paket empfängt. Dazu dienen die Präambel-Bits.

Dann folgen die MAC-Adressen, erst die vom Ziel und dann die vom Absender. Eine MAC-Adresse ist eine zwölfstellige, hexadezimale Zahl BA:DE:AF:FE:47:11, von denen die ersten 6 Stellen dem Hersteller des Netzwerkbauteils zugeordnet sind (00000c-xxxxxx = Cisco). Um die MAC-Adressen muss man sich nicht kümmern, diese werden von den Herstellern vergeben. Man darf sie manuell überschreiben, muss dann aber manuelle Adressen mit 40:00:7x-xx:xx:xx beginnen. Die 40007x-xxxxxx sind private MAC-Adressen. Das mit den MAC-Adressen gilt nur im Ethernet, Token-Ring und FDDI. Auf Direktverbindungen im WAN, mit dem Point-to-Point-Protocol, gibt es keine MAC-Adressen. Sie sind hier unnötig, da es bei Punkt-zu-Punkt-Verbindungen immer nur zwei Stationen, d. h. einen Empfänger und einen Sender geben kann.

Layer 1	Layer 2	Layer 3	Layer 4
Start-Bits	Ziel/Abs.-MAC-Adr.	Ziel/Abs.-IP-Adr.	Anwendungs/Session-Portnr.

Tabelle 16.2 Das IP-Paket (Grobdarstellung)

Den dritten Teil bilden die IP-Adressen, auch wieder von Ziel und Absender. Die IP-Adressen werden später in diesem Kapitel noch im Detail erklärt.

Im vierten Bereich eines IP-Paketes erkennt man an der Portnummer die Anwendung. Zuerst wurden die Adressen vom IETF im RFC.1700 festgehalten. Heute vergibt die IANA die Portnummern (http://www.iana.org/assignments/port-numbers).

- Well Known Ports   (herstellerübergreifend)   von 0 bis 1023
- Registered Ports   (herstellerspezifisch)   von 1024 bis 49 151
- Private or Dynamic Ports (freie Verwendung)   von 49152 bis 65 535

Nicht zugeordnete Portnummern dürfen nicht verwendet werden, da die IANA auch noch neue Anwendungen nummerieren möchte. Leider frönen viele Programmierer dem Irrglauben, alle Nummern ab 1024 aufwärts wären privat oder dynamisch. Das ist so lange kein Problem, wie nicht zwei Anwendungen auf einem Rechner installiert werden, die eine gleiche Portnummer verwenden. Dann funktionieren beide nicht mehr. Einige bekannte Portnummern sind:

- Port 20   TCP-Anwendung   FTP-Data   Datenstrom Filetransfer
- Port 21   TCP-Anwendung   FTP-Control   Verbindung Filetransfer
- Port 23   TCP-Anwendung   TelNet   Terminalemulation via Netz
- Port 25   TCP-Anwendung   SMTP   elektronische Post (E-Mail)
- Port 53   UDP-Anwendung   DNS-Client   URL-Anfrage eines Client
- Port 53   TCP-Anwendung   DNS-Server   Server-Zonen-Transfer
- Port 80   TCP-Anwendung   HTTP   Browsen im Internet (Web)
- Port 123   UDP-Anwendung   NTP   Atomzeit aus dem Internet
- Port 137   TCP-Anwendung   Netbios   Windows over IP (+138+139)
- Port 161   UDP-Anwendung   SNMP   Netzüberwachung (+162)
- Port 3300 TCP-Anwendung   SAP R/3   Verwaltungssoftware
- Port 2404 TCP-Anwendung   IEC 104   Prozessdatenverarbeitung
- Port 33434 UDP-Anwendung   TraceRt   Trace-Route-Test

Mit den Portnummern kann ein Host, eine Internet-Station, auseinander halten, ob ein IP-Paket zum FTP-Filetransfer oder zum Web-Browsen gehört. Wie aber kann ein Host die IP-Pakete von zwei Browser-Fenstern trennen? Das TCP-Protocol baut eine Verbindung (Session) zwischen Absender und Ziel auf. Die Ziel-Portnummer steht für die Anwendung, wie oben beschrieben. Die Absender-Portnummer wird ausgehandelt und für eine Session fest definiert. Das erste Browser-Fenster erhält eine Nummer und das zweite Browser-Fenster eine andere. So trennt man die Daten von zwei Browser-Fenstern, wie des Microsoft-Internet-Explorers.

Das UDP-Protokoll baut keine Verbindung auf. Daher nutzt NTP für Ziel- und Absenderport die gleiche Nummer (123). Daher darf auf einem Host auch immer nur ein NTP-Prozess laufen. Das gilt auch für andere UDP-Anwendungen, wie DNS-Client oder SNMP.

16.2   IP-Adressen

In diesem Abschnitt werden IP-Adressen der Version 4 beschrieben. Eine Station oder einen Rechner im Internet nennt man „Host". Jede einzelne Netzwerkkarte in jedem Host muss eine eigene IP-Adresse besitzen. Jede IP-Adresse hat weltweit eindeutig zu sein und darf sich nicht wiederholen:

- IP-Adressen der Version 4 sind vier Byte lange Zahlen: **194.233.168.123**

Eine IP-Adresse wird dezimal (1-254), Byte für Byte aufgeschrieben, wobei man die einzelnen Bytes (1 Byte = 8 bit) durch Punkte trennt. Die Zahlen 0 und 255 dürfen für Host-Adressen nicht verwendet werden, sie sind reserviert.

16.2.1   IP: öffentliche, public und private Adressen (RFC.1918)

IP-Adressen muss man manuell festlegen. Eine IP-Adresse darf es nie doppelt geben! Daher ist ein Konzept zu erstellen, wie man die Adressen vergibt. Die IP-Adressvergabe muss man exakt planen! Hier sollte man extern Hilfe einholen.

Es gibt öffentliche (public) Adressen für den Datenaustausch im Internet und private Adressen für lokale Netze nach RFC.1918:

- **private**   von **192.168.1-254**.x   über   **172.16-31**.x.x   bis   **10**.x.x.x
  (x = Host-Nummer von 1 bis 254)

Für die Vergabe der „privaten Adressen" ist der Administrator verantwortlich.

- **public**   gibt es nur vom Internet-Service-Provider, und nur für seine Kunden

Die Verteilung und Verwaltung der öffentlichen Adressen erfolgt durch das **RIPE** für Europa und Nordafrika (Reseaux-IP-Europeen = www.ripe.net = ISP-Register), das **APNIC** für Asien (Asia-Pacific-Network-Information-Center) und das **ARIN** für den Rest der Welt (American-Register-for-Internet-Numbers). Diese drei Koordinierungsstellen vergeben öffentliche IP-Adressblöcke nur noch an eingetragene Internet-Service-Provider (ISP) und diese wiederum an ihre Kunden. Public IP-Adressen kann man sich heute als Endkunde nicht mehr beim RIPE, APNIC oder ARIN reservieren lassen! Diese drei Organisationen werden vom ICANN (Internet Corporation for Assigned Names and Numbers = www.icann.org) überwacht. Das ICANN ist eine „non profit Organisation" in den USA. Public IP-Adressen bekommt man heute also nur von seinem Internet-Service-Provider (ISP)! Wechselt man seinen ISP, dann ändert sich auch seine öffentliche bzw. public IP-Adresse.

Das ist aber nicht schlimm, da man seine Web-Adresse behält: www.vde-verlag.de.

16.2.2   IP: Classfull-Adressen der Version 4

IP-Adressen werden immer aufgeteilt in einen links stehenden Netzwerkanteil und einen rechts stehenden Host-Anteil. Bei dieser Aufteilung gibt es vier Klassen:

* Class A **Netz.Host.Host.Host**   das erste Bit von links ist immer null   0...
* Class B **Netz.Netz.Host.Host**   die ersten beiden linken Bits lauten   10...
* Class C **Netz.Netz.Netz.Host**   die ersten drei Bits von links sind   110...
* Class D **Netz.Netz.Netz.Netz**   reserviert für Multicast   (wie OSPF= 224.0.0.5)

Die obige Aufteilung nennt Classfull, ohne Subnetting. Nach RFC.1918 darf man somit folgende private Netze aufbauen:

* Class C **192.168.1-254.x**   sind 254 Netze mit je 254 Hosts
* Class B **172.16-31.x.x**   erlaubt 16 Netze mit je 65 533 Hosts
* Class A **10.x.x.x**   ist ein großes Netz mit 16 777 213 Hosts

Diese Aufteilung erlaubt insgesamt 271 Netze mit 17 890 257 Hosts oder Stationen. Die oben stehenden privaten Netze werden im Internet nicht geroutet. Ein ISP muss diese IP-Adressen herausfiltern und nicht in den Internet-Backbone senden.

Um das Thema Classfull zu beenden, hier auch die öffentlichen IP-Netze:

* Class A **1.x.x.x** bis **126.x.x.x**   ohne 10.x.x.x und 127.x.x.x
* Class B **128.0.x.x** bis **191.255.x.x**   ohne 172.16.x.x bis 172.31.x.x
* Class C **192.0.0.x** bis **223.255.255.x** ohne 192.168.0.x bis 192.168.255.x

Diese public Adressen darf man auf gar keinen Fall in privaten LANs verwenden! Nur RIPE, APNIC und ARIN dürfen diese Adressen verwalten. Sie werden nur an Internet-Service-Provider vergeben! Verwendet man sie irrtümlich in seinem LAN, dann muss man spätestens bei Internet-Anschluss alle IP-Adressen in private ändern.

An dieser Stelle noch ein Hinweis auf die Adresse 127.0.0.1. Diese IP-Adresse gibt es zum Test in jedem IP-Host. Es ist die Loopback-Adresse für einen internen Schleifentest. Wenn man die IP-Software fehlerfrei installiert hat und noch kein Kabel angeschlossen wurde, muss der Ping-Test auf 127.0.0.1 funktionieren:

* **ping 127.0.0.1**

Die Class A 127.0.0.0 mit möglichen 16 777 213 Hosts ist für nur eine Loopback-Adresse reserviert. Man darf daher das Netz 127.0.0.0 niemals extern verwenden.

Jede Netzwerkkarte in jedem Host muss eine eigene IP-Adresse besitzen. Diese darf sich niemals wiederholen. IP-Adressen sind Binärzahlen. Man darf nicht dezimal denken, sondern muss immer binär rechnen (nicht 24, sondern 11000):

- **die Host-Adresse null ist für das IP-Netz selbst reserviert**   192.168.129.**0**

Immer wenn alle Host-Bit den Wert null annehmen, erhält man die Netzadresse!

- **alle Host-Bit auf eins ergeben einen IP-Broadcast**   192.168.129.**255**

Auch der IP-Broadcast (alle Host-Bit = 1) ist reserviert und darf niemals an Stationen vergeben werden.

16.3   Subnetting

Wenn man für sein Unternehmen mit den privaten Classfull-Adressen auskommt:

- 192.168.(1-254).x   plus 172.(16-31).x.x   plus 10.x.x.x
- 254 mal 254 Hosts   plus 16 mal 65533 Hosts   plus ein mal 16777213 Hosts

dann sollte man Subnetting vermeiden. Ohne die Subnet-Technik läuft ein IP-Netz etwas schneller und stabiler.

Wenn man jedoch 600 Filialen besitzt, dann sind 271 Netze zu wenig. Deshalb hat man die Subnet-Technik entwickelt, die aus einem großen Netz viele kleine macht. Bevor man Subnetting einsetzt, sollte man sich aber sicher sein, dass alle Systeme diese Technik verstehen. Bei Zeiterfassungsterminals ist das manchmal nicht der Fall. Auch unterstützen bestimmte Routing-Protokolle, wie RIP in der 1. Version, kein Subnetting.

Zur Trennung der links stehenden Netz-Bits und der rechts stehenden Host-Bits hat man eine **Subnetz-Maske** eingeführt. Stehen in der Subnetz-Maske die linken Bits auf 1, dann ist das der Netzanteil. Werden die rechten Bitwerte 0, dann sind das die Host-Bit. Die Subnetz-Masken sind nicht in den IP-Paketen enthalten. Die Stationen senden zum Austausch der Subnetz-Informationen spezielle ICMP-Mask-Request- und ICMP-Mask-Reply-Pakete. **IP-Adressen** sind 32 bit lange Binärzahlen, die man dezimal darstellt: 192.168.64.160. Auch **Subnetz-Masken** sind ebenfalls 32 bit lange Binärzahlen: 255.255.192.0. Nun muss jede Station, die Subnetting unterstützt, mit der IP-Adresse und der Subnetz-Maske eine logische **Und-Verknüpfung** durchführen, um die Adresse des IP-Subnetzes zu errechnen:

Rechnung:	logisches „und":	Bitwerte: Mask links 1 = Netz und rechts 0 = Host
IP-Adresse	192.168.64.1	11000000.10101000.01000000.00000001
& Subnet-Mask	& 255.255.192.0	logisch „und" 11111111.11111111.11000000.00000000
= IP-Subnetz	= 192.168.64.0	= 11000000.10101000.01000000.00000000

Tabelle 16.3 Berechnen der Adresse eines Subnetzes aus IP-Adresse und Subnetz-Maske

Wie der Leser erkennen kann, wird die Rechnung nur dann verständlich, wenn man die IP-Adresse als Binärzahl aufschreibt. Hier liegt einer der Hauptgründe für Fehler beim IP-Netzdesign. Man stellt fälschlicherweise Regeln für Dezimalzahlen auf. Man vergibt die Netzbits von links nach rechts. Falsch ist daher, wenn wir bei Netzadresse 1 (binär 00000001) beginnen, richtig ist immer, wenn wir mit dem Netz 128 (binär 10000000) starten.

Rechnung:	IP-Subnet = Host-Adresse + Subnetz-Maske							
Bitwerte, Summe = 255	128	64	32	16	8	4	2	1
Maske:	**Alle Netzbits stehen auf 1 und alle Hostbits auf 0.**							
Maske = 224	1	1	1	0	0	0	0	0
	Subnetzbits			Hostbits				
Subnetz:	*Netzbits von LINKS nach RECHTS vergeben ......*							
Subnetz = 128	1	0	0	0	0	0	0	0
Stationen:				*...... von RECHTS nach LINKS vergibt man Hostbits*				
erster Host = 129	1	0	0	0	0	0	0	1
letzter Host = 158	1	0	0	1	1	1	1	0
Broadcast:	*Alle Netzbits des Netzes*			*plus alle Hostbits auf 1.*				
Beispiel = 159	1	0	0	1	1	1	1	1
! Regeln !	*(Nummer dieses Subnet)*			**Nie alle Hostbit = 0!**				
	(Broadcast im Subnet)			**Nie alle Hostbit = 1!**				
strongly discouraged	**Nie alle Netzbit = 0!**			*(RFC.950: this classfull subnet)*				
no support (RFC.1878)	**Nie alle Netzbit = 1!**			*(no Microsoft, no Unix, no Novell)*				

Tabelle 16.4 Regeln für die Vergabe von IP-Subnetzen

Noch einmal, man muss IP-Adressen immer und ausschließlich binär betrachten:

(Wert eines Byte   **128 64 32** 16 8   4   2   1   als Denkhilfe)

● Binärzahl   **1 0 1** *0 0 0 0 1* = 161

Die Maske trennt binär die linken Netz-Bits (1) von den rechten Host-Bits (0):

● Mask .224   **1 1 1** *0 0 0 0 0* = 224 dezimal

Netzwerke setzt man bitweise von links nach rechts (alle Host-Bits sind null):

- IP-Subnet .160   **1**   **0**   **1**   *0*   *0*   *0*   *0*   *0*   = 160 dezimal

Host-Adressen vergibt man ebenfalls bitweise, <= aber von rechts nach links:

- Host-Adresse .161   **1**   **0**   **1**   *0*   *0*   *0*   *0*   *1*   = 1. Host
- Host-Adresse .190   **1**   **0**   **1**   *1*   *1*   *1*   *1*   *0*   = letzter Host

Den Broadcast erhält man, wenn alle Host-Bit auf eins gesetzt wurden:

- Subnet-Broadcast   **1**   **0**   **1**   *1*   *1*   *1*   *1*   *1*   = 191 dezimal

Es dürfen nie alle Bits 0 werden. Das nennt man **Subnet-Zero**. Nach RFC.950 muss man jedem dringend davon abraten, dies zu tun (strongly discouraged). Die IP-Software erkennt daran: „subnet bits all zero = this classfull network"

(die kleinste Subnetmask ist .252 = 2 Host = 1. Netz x.x.x.4 und 1. Host = x.x.x.5):

- Nie Subnet-Zero   **0**   **0**   **0**   0   0   0   0   0   = kein Subnet!
- Das Gleiche gilt, wenn alle Host-Bits auf eins gesetzt sind. Das ist verboten!
     1   **1**   **1**   1   1   1   1   1   = Broadcast!

Nach RFC.1878 wird das nicht unterstützt (exclude all zero and all one subnets).

Die oben genannten Regeln kann man wie folgt zusammenfassen:

- IP-Adressen immer nur binär betrachten
  ($10100000 = 160 = 1 \times 128 + 0 \times 64 + 1 \times 32 + 0 \times 16 + 0 \times 8 + 0 \times 4 + 0 \times 2 + 0 \times 1$)
- Subnet-Mask trennt auf 1 gesetzte Netz-Bits von auf 0 stehenden Host-Bits
  ($11100000 = 224 = 3$ Netz-Bits und 5 Host-Bits = 6 Netze mit je 30 Host)
- IP-Netzbits von links vergeben
  (Anzahl der Subnetze maximal = $2^{(\textbf{Zahl der Mask-Einsbits})} - 2$)
- IP-Hostbits von rechts vergeben
  (Anzahl der Hosts maximal = $2^{(\textbf{Zahl der Mask-Nullbits})} - 2$)
- das erste Subnetz berechnet sich wie folgt: 256 - Subnetzmaske = 1. Subnetz
  (Mask = 240: 16 = 1. Subnet, 17 = 1. Host, 30 = letzter Host, 31 = Broadcast)
- verboten: alle Subnetbits = 0, das ist ein **classfull** Netz und kein Subnetting
  (RFC.950 = strongly discouraged, Subnet-Zero)
- verboten: alle Subnetbits = 1, das ist der **Broadcast**
  (RFC.1878 = from most vendors unsupported: Microsoft, Novell, Unix)

Man sieht, Subnetting ist nicht einfach und erfordert Übung. Nach Möglichkeit sollte man daher auf diese Technik verzichten. Im Internet geht das aber nicht!

In der folgenden Aufstellung sind die sinnvollen Subnetze linear aufgeteilt:

Netzklasse	Subnet-Bits	Subnetz-Maske	Anzahl-Netze	Anzahl-Host
• Class B Subnet	/23	255.255.254.0	125	510
classfull Class C	**/24**	**255.255.255.0**	**254**	**254**
• Class C Subnet	/26	255.255.255.192	2	62
• Class C Subnet	/27	255.255.255.224	6	30
• Class C Subnet	/28	255.255.255.240	14	14
• Class C Subnet	/29	255.255.255.248	30	6
• Class C Subnet	/30	255.255.255.252	62	2

Nachteil dieser Methode ist: Man verliert viele Adressen!

Man kann ein Class-C-Netz aber nicht nur linear, wie oben, sondern auch wie folgt in Subnetze aufteilen. Bei dieser Methode verliert man kaum Adressplätze:

Subnet-Mask	Subnet-Bits	Subnet-Adresse	Host-Adressen
• 255.255.255.252	/30	x.x.x.4	x.x.x.5 + x.x.x.6
• 255.255.255.248	/29	x.x.x.8	x.x.x.9 – x.x.x.14
• 255.255.255.240	/28	x.x.x.16	x.x.x.17 – x.x.x.30
• 255.255.255.224	/27	x.x.x.32	x.x.x.33 – x.x.x.62
• 255.255.255.192	/26	x.x.x.64	x.x.x.65 – x.x.x.126
• 255.255.255.192	/26	x.x.x.128	x.x.x.129 – x.x.x.190
• 255.255.255.224	/27	x.x.x.192	x.x.x.193 – x.x.x.222
• 255.255.255.240	/28	x.x.x.224	x.x.x.225 – x.x.x.238
• 255.255.255.248	/29	x.x.x.240	x.x.x.241 – x.x.x.246
• 255.255.255.252	/30	x.x.x.248	x.x.x.249 + x.x.x.250

So teilt Subnetting ein Class-C-Netz in 10 Subnetze mit insgesamt 228 Hosts.

Wie man sieht, ist das Berechnen von IP-Subnetzen nicht einfach. Daher gibt es technische Hilfsmittel wie den Subnet-Calculator von „www.net3group.com" oder von www.boson.com unter Utilities der „IP-Subnetter". Der Autor nimmt zur Kontrolle von geplanten Netzen immer einen Cisco-Router zu Hilfe. Darin kann man bis zu 254 interne Netze über Loopback-Interface generieren. Auf jedem Loopback-Interface wird dann die niedrigste und die höchste Host-Adresse eingetragen. Das ist möglich, weil Cisco-IOS-Router eine primäre und bis zu 253 sekundäre IP-Adressen auf einem Interface erlauben. Nimmt der Router alle Adressen an und man kann sie auch mit einem Ping-Test erreichen, dann stimmt die Definition der IP-Subnetze.

16.4   Supernetting

Supernetting ist eine Methode, um mehrere einzelne Routen zu einer Summen-Route zusammenzufassen. Man nennt diese Technik daher auch Route-Summarization.

Man kann auf gar keinen Fall mehrere Class-**C**-Adressen zu einem Class-**B**-Netz verbinden! Das wird jedoch leider häufig fälschlicherweise angenommen.

Das ist auch nicht erforderlich. Man arbeitet hierfür einfach mit bis zu 253 secondary IP-Adressen auf einem Router-Anschluss (engl. Interface).

Für Route-Summarization gelten folgende Regeln:

- die IP-Subnetze müssen **binär aufeinander folgend** nummeriert sein
  (alle links stehenden, höherwertigen Bits sind völlig identisch)
- die Router unterstützen **Classless-Inter-Domain-Routing** (CIDR)
  (Subnetting unabhängig von den Byte-Grenzen (x.x.x.x), an jeder Bitstelle)
- die **Routing-Protokolle** können variable Subnetz-Masken transportieren
  (das ist bei OSPF und BGP der Fall, aber RIP v.1 unterstützt kein Subnetting)

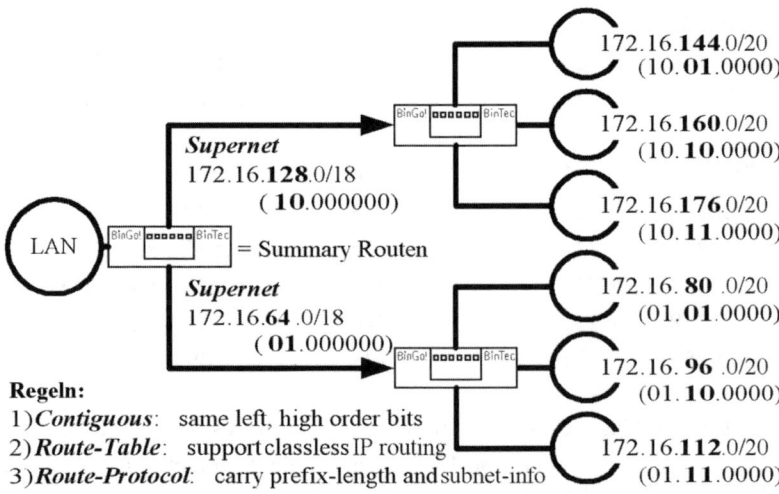

Bild 16.1 Beispiel für Route-Summarization, auch Supernetting genannt

Diese vier Routen mit einer /22 Maske will man zu einer zusammenfassen:

- 172.16.164.0   Mask 255.255.252.0   drittes Byte binär **10100100**
- 172.16.172.0   Mask 255.255.252.0   drittes Byte binär **10101100**
- 172.16.180.0   Mask 255.255.252.0   drittes Byte binär **10110100**
- 172.16.184.0   Mask 255.255.252.0   drittes Byte binär **10111000**

Die Summen-Route hat hier eine Maske von /19 Bit:

- 172.16.160.0   Mask 255.255.224.0   drittes Byte binär **101**xxx00

Verstehen kann man dies nur, wenn man die Binärzahlen betrachtet. Einfacher ist Route-Summarization zu verstehen, wenn man ganze Bytes /24 benutzt:.

- 172.16.001.0   Mask 255.255.255.0   drittes Byte als Subnetz
- 172.16.017.0   Mask 255.255.255.0   drittes Byte als Subnetz
- 172.16.129.0   Mask 255.255.255.0   drittes Byte als Subnetz

Für die Summen-Route verwenden wir ein volles Byte /16 weniger:

- 172.16.0.0   Mask 255.255.0.0   zwei Byte als Supernetz

Je größer eine Routing-Tabelle ist, desto länger benötigt ein Router für seine Wegentscheidung und umso höher wird die CPU-Belastung. Daher sollte es für jeden IP-Designer ein wichtiges Ziel sein, **die Anzahl der Routen zu minimieren**. Das wird mit Route-Summarization oder Supernetting möglich.

16.5   IP-Adressen der Version 6

Der Adressbereich der Version 4 ist begrenzt. Wenn einmal jedes Handy auf der Welt eine IP-Adresse besitzt (Voice-over-IP), dann hat man Angst, der Adressraum könnte zu klein werden. Daher gibt es seit einigen Jahren Entwicklungen, den IP-Adressraum zu erweitern. Derzeit wird an Adressen der Version 6 (IPv6 oder IPng, engl. next generation) geforscht:

- 1999 Februar   Proposed Standard RFC.2373, RFC.2374, RFC.2450
- 1999 Juni   www.IANA.org vergibt erste IPv6-Adressen weltweit
- 1999 Juli   www.RIPE.net vergibt erste IPv6-Adressen in Europa
- 1999 November   Deutsches-Forschungs-Netz erhält IPv6-Präfix 2001:0683::/35
- 2000 Februar   DFN-Forschungsauftrag an www.join.Uni-Muenster.de
- 2000 August   Cisco Beta-Software (Cisco liefert 80 % der Internet-Router)

Wann man IP-Adressen der Version 6 einsetzen wird, das vermag der Autor nicht abzuschätzen. Durch die Erfindung von NAT und privaten IP-Adressen nach RFC.1918 wird das wohl noch einige Jahre dauern.

IP-Adressen der Version 4 sind 32 Bit lang (vier Byte, dezimal): **192.168.129.254**

IP-Adressen der Version 6 sind 128 Bit lang (acht Blöcke mit je 16 bit, hex.):

- **2001:00be:dead:beaf:0000:4000:7815:4711**
  (top-level = 2001, next-level = bedead, side = beaf, interface = 400078154711)

Eine IPv6-Adresse ist hierarchisch gegliedert:

- 3 bit Prefix (001),
- 13 bit **Top-Level**
- 8 bit reserved,
- 24 bit **Next-Level**
- 16 bit **Site-Level** und
- 64 bit Interface

Der vordere Teil einer IPv6-Adresse wird also nur genutzt, um zwischen verschiedenen Netzen zu Routen, z. B. zwischen Super-ISP(top), ISP(next) und Kundenstandort(side). Als Interface-Adresse kann man eine alte IPv4-Adresse verwenden, eine MAC-Adresse oder eine Telefon-Rufnummer:

- IPv4-Interface   2001:00be:dead:beaf::**192.168.129.254**
- MAC-Interface   2001:00be:dead:beaf::**4000:7123:4711**
- Rufnr.-Interface 2001:00be:dead:beaf::**4917:7705:1157**

Weiter gehende Informationen erhält man vom www.IPv6Forum.com und aus den RFCs (www.IETF.org).

16.6   Default-Gateway

Ein Default-Gateway ist der nächste Router im gleichen IP-Subnetz wie ein Host. Router sind die Pfadfinder oder Wegweiser im Internet. Sie kennen die Routen von einem Netz in ein anderes. Ein Host kann in der Regel nur Daten an Stationen im gleichen Subnetz versenden. Möchte man Hosts in anderen Netzen erreichen, dann sendet eine Station die IP-Pakete an ihren Default-Router (Fachbegriff: Default-Gateway = Tor in andere Netze). Dieser Router leitet dann die IP-Pakete direkt oder über andere Router in die Zielnetze weiter.

Ein Router verändert dabei die IP-Pakete. Er setzt in alle von ihm transportierten Pakete seine MAC-Adresse als Absenderadresse ein, stellvertretend für die tatsächlichen Absender. Man kann also immer erkennen, welcher Datenstrom über einen Router läuft und welcher nicht. Schaut man auf die Layer-2-MAC-Adressen, erkennt man den Frame-Transport in einem Subnetz zwischen den Stationen und dem Default-Gateway. Betrachtet man im Layer 3 die IP-Adressen, dann erfährt man, welcher Client mit welchem Server Pakete austauscht.

An dieser Stelle noch eine Bemerkung zur **Ausfallsicherung**. Fällt das Default-Gateway aus, dann kann ein Host keine Pakete mehr in andere IP-Subnetze senden. Man kann zwar mehrere Default-Gateways eintragen, jedoch ist immer nur eines aktiv, und ein Host (Windows-PC) schaltet erst nach einem Neustart (engl. Reboot) auf ein Backup-Gateway um. Man kann mit VRRP (Virtual-Router-Redundancy-

Protocol) oder Cisco HSRP (Hot-Standby-Router-Protocol) ein Backup-Default-Gateway einrichten, das ohne Reboot aktiv wird. Wer sich näher für diese Problematik interessiert, dem wird die Spezifikation RFC.2338 empfohlen. Diese ist wirklich leicht verständlich geschrieben, allerdings in Englisch.

16.7   Je Router-Anschluss ein IP-Subnetz!

In der folgenden Topologie (engl. Map) findet man insgesamt acht IP-Netze oder Subnetze: drei LANs, drei Leitungen zwischen den Routern, die Internet-Verbindung und das Dial-In-Netz. Über jedes IP-Netz sollte es eine Zeichnung geben, die IP-Map. Diese enthält alle Router, alle Netze mit Subnetzmasken, alle Router-Interface mit deren Adressen und ihren Anschlußbezeichnungen. Wer bei Cisco den CCIE-Test bestehen will, der muss eine IP-Map zeichnen können.

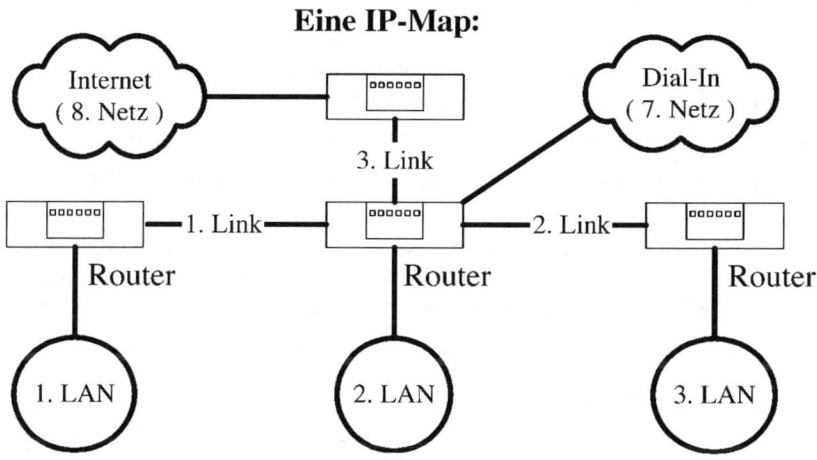

Bild 16.2 Eine IP-Topologie mit acht Netzen

Da ein Router die Aufgabe hat, verschiedene IP-Netze miteinander zu verbinden, führt in der Regel jeder Anschluss in ein eigenes IP-Netz oder IP-Subnetz. Zur Ausfallsicherung kann man aber auch zwei Router-Interface mit einem LAN-Segment verbinden. Dabei muss man jedoch darauf achten, dass jede Router-Interface-Karte eine eigene MAC-Adresse und eine eigene IP-Adresse erhält.

Man kann auch mehrere IP-Netze oder IP-Subnetze auf einer physikalischen Router-Interface-Karte konfigurieren. Neben einer primären IP-Adresse sind zusätzlich noch maximal 253 sekundäre IP-Adressen (jede für ein anderes Netz) auf einer Schnittstellenkarte eines Routers erlaubt.

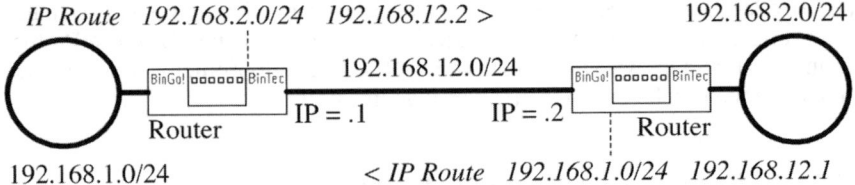

Bild 16.3 Statische Routen

16.8 Router: Statische Routen

Da IP-Adressen manuell vergeben werden, muss man auch Router manuell einstellen. Automatisch geht das nicht. Man muss die Routen (Wegbeschreibungen) manuell in die Router (Internet-Pfadfinder) eingeben.

Jeder Router kennt die direkt angeschlossenen IP-Netze auf Grund der eingegebenen IP-Adressen und Subnetz-Masken und übernimmt diese automatisch in seine Routing-Tabelle. Für entfernte Netze kann man statische Routen eingeben:

- R1: route remote-net 192.168.2.0 mask 255.255.255.0 next-hop 192.168.12.2
- R2: route remote-net 192.168.1.0 mask 255.255.255.0 next-hop 192.168.12.1

Statische Routen besitzen folgende Vorteile: sie arbeiten extrem stabil, und die Router senden nur Nutzdaten. Es werden keine Routing Updates oder Hellos ausgetauscht! Die Default-Route zeigt den Weg ins Internet:

- R1: route remote-net 0.0.0.0 mask 0.0.0.0 next-hop 195.21.197.25

Der Nachteil von statischen Routen liegt darin, dass sie bei einem Ausfall einer primären Verbindung nicht auf Backup-Wege umschalten können. Dazu benötigt man dynamische Routing-Protokolle, wie RIP, OSPF oder BGP.

Will man testen, ob Routen funktionieren, verwendet man dazu folgende Befehle:

- **ping 194.233.168.10**

  Damit testet man die Erreichbarkeit eines Host, der IP-Adresse der Netzkarte.

- **tracert 194.233.168.10**

  Der Befehl Trace-Route zeigt den Weg durch die IP-Netze zum Ziel-Host.

Wenn man mit Ping einen Weg testet, dann sollte man immer daran denken: Zu jedem **Ping** gehört auch ein **Pong**. Der Rückweg, die Route vom Ziel zum Absender, muss auch in die Router eingegeben werden.

16.9   Router: RIP

Das Routing-Information-Protocol ist ein veraltetes Distance-Vector-IP-Routing-Protocol aus den Anfängen des Internet:

- es erlaubt nur **maximal 15 Hops** (Router) zwischen Absender und Ziel
- es sendet alle 30 s seine komplette **Routingtabelle als Broadcast**, daher kann man RIP nur im LAN oder über Standleitungen nutzen; dabei wird eine Route niemals über das Interface zurückgeschickt, über welches der Router diese Route gelernt hat (engl. genannt Split-Horizon)
- RIP unterstützt **in Version 1 kein Subnetting**, d. h. die RIP-v1-Route-Pakete beinhalten keine Informationen über Subnetz-Masken (ein RIP-v1-Router kennt natürlich alle Subnetz-Masken seiner eigenen Netzwerkkarten, aber nicht die Subnetze von anderen Routern und deren Interfacen)
- RIPs Metric zählt nur Hops, d. h. die **Routerdurchläufe** eines Paketes

RIP in der Version 2 unterstützt auch Subnetting. Es erweitert den Route-Eintrag von Version 1 um die Angabe der Subnetz-Maske. Wenn man RIP einstellt, dann ist der Default immer die Version 1, **Version 2 muss man extra aktivieren**. Arbeiten in einem Netzwerk Version 1 und Version 2 RIP-Router, können sich die Router zwar untereinander verstehen, jedoch gelten dann die **Regeln der Version 1**: keine Subnetz-Informationen, kein Supernetting oder Route-Summarization, nur Classfull-A-, B- und C-Netze!

Über die **Metric** entscheidet ein Router, welchen Weg ein Paket nehmen soll. In folgendem Beispiel sind die Stationen A und B ausfallsicher über zwei Routerstrecken verbunden. Die Ethernet-Strecke mit 10 Mbit/s ist wesentlich schneller als die Backup-Route über ISDN mit nur maximal 128 kbit/s.

- Host A = **Router 1** === Ethernet = **Router 2** = Ethernet   === **Router 3** = Host B
- Host A = **Router 1** == direkter ISDN-Link mit128 kbit/s == **Router 3** = Host B

Welchen Weg wählt nun RIP? Immer den mit dem niedrigsten Hop-Count, d. h. den Weg mit den wenigsten Routern. Das ist aber hier der Weg über das langsame ISDN mit 128 kbit/s. Hier liegen nur 2 Hops (Router 1 und Router 3) zwischen Host A und Host B. Den schnelleren Weg über Ethernet mit 10 Mbit/s, über 3 Hops (Router 1 und Router 2 und Router 3) wird RIP nur dann nehmen, wenn die ISDN-Verbindung ausfällt. Mit RIP kann man das nicht ändern.

RIP sollte man heute nicht mehr einsetzen. Aus seiner Praxis kennt der Autor viele Netze, die mit RIP betrieben wurden. Alle RIP-Anwender klagen über sporadische, nicht zu erklärende Ausfälle. Diese waren verschwunden, als man die RIP-Netze auf OSPF umstellte und um Default-Gateways ergänzte. RIP wird boshaft auch übersetzt mit: „**Rest-In-Peace**", d. h. auf Englisch „Ruhe in Frieden".

16.10   Router: OSPF

Das aktuell empfohlene Routing-Protokoll für lokale IP-Netze ist das Link-State-Routing-Protokoll „Open-Shortest-Path-First" (OSPF):

- OSPF erlaubt per Default **30 Hops (Router)** zwischen Sender und Ziel
- OSPF sendet nur **bei Änderungen Routing-Updates** als Multicast (224.0.0.5) (zusätzlich schickt OSPF alle 10 s ein Hallo zu den Nachbar-Routern)
- OSPF unterstützt **Subnetting** in jeder Form
- OSPF arbeitet als **Metric mit Kosten** (engl. cost)

Die Kosten kann man manuell setzen (von 1 bis 65 533) oder automatisch berechnen lassen: **100 000/Anschlussbandbreite in kbit/s** (Fast-Ethernet = 1, Ethernet = 10, und ISDN 128 kbit/s = 781). Um die Metric „cost" im OSPF zu verdeutlichen, zurück zum RIP-Beispiel:

- Host A = **Router 1** === Ethernet = **Router 2** = Ethernet   === **Router 3** = Host B
- Host A = **Router 1** ==   direkter ISDN-Link mit128 kbit/s == **Router 3** = Host B

OSPF wird immer erst den Weg über Ethernet nehmen, da hier die geringeren Wege-kosten vorliegen, zweimal Ethernet: cost = 20. Über ISDN würde die Reise teurer werden: cost = 781. Nur wenn die Ethernet-Verbindung unterbrochen wird, dann wählt OSPF die ISDN-Route. Das will man auch so.

OSPF ist ein hierarchisches Routing-Protocol. Es kennt eine Backbone-Area und viele Sub-Areas. Jede Area sollte nicht mehr als 40 Router beinhalten. OSPF kopiert so lange seine Datenbank, bis alle Router einer Area über dieselben Routing-Infor-mationen verfügen. Nur die Area-Border-Router zwischen zwei Areas kennen alle Routen beider Areas. Das reduziert die CPU-Last der Router in einer Area.

Wer noch mehr über OSPF wissen möchte, der sollte bei www.CISCO.com in „Tech Docs" nach „Designing Large-Scale IP Internetworks" suchen.

16.11   Router: BGP

Das Border-Gateway-Protocol (BGP) wurde entwickelt, um große Internet-Service-Provider (ISP) untereinander zu verbinden. Mit BGP routet man Frames im Internet-Backbone. Man kann damit auch VPN-Standorte verbinden.

Man setzt BGP in multinationalen Konzernen auch als Router-Backbone zwischen den verschiedenen OSPF-Backbone-Areas der einzelnen Landesgesellschaften ein.

Ob man BGP als Routing-Protokoll zwischen Kunden-LAN und Internet-Zugang nutzt, sollte man mit seinem ISP diskutieren. **Eine Default-Route** zu seinem ISP ist sicherlich einfacher und preiswerter zu realisieren. Nur wenn man sein LAN zur Erhöhung der Ausfallsicherung mit zwei ISP verbinden will, dann muss man sich über BGP Gedanken machen.

BGP schaltet feste TCP/IP-Verbindungen zwischen den Routern. BGP sendet daher nur Unicasts, alle 60 s einen Keep-Alive, via Standleitung oder LAN. Somit kann man mit **BGP sicher Routing-Updates durch eine Firewall leiten**.

Alle internen BGP-Router eines autonomen Systems (AS) müssen über TCP/IP miteinander verbunden werden, und zwar jeder mit jedem, über virtuelle Loopback-Interface. Die IP-Adressen dieser Loopback-Interface lernen die BGP-Router über OSPF.

Über **externes BGP** werden Routen zwischen unterschiedlichen autonomen Systemen ausgetauscht. Dazu schaltet man TCP/IP-Verbindungen direkt über die IP-Adressen der BGP-Router-Netzwerkkarten. Die Router übernehmen nur externe BGP-Routen in ihre Routing-Tabellen. Routen, die BGP innerhalb eines „Autonomen-Systems" lernt, werden nicht in die lokalen Routing-Tabellen der Router innerhalb dieser Area übernommen (**internes BGP**).

BGP ist ein sehr stabiles Routing-Protocol. BGP-Routing-Tabellen im Internet können mehrere 100 MByte groß werden, und ein Router muss diese im RAM halten. Leider ist BGP recht aufwändig zu konfigurieren. BGP hat dem Autor in schwierigen Situationen geholfen, immer wenn zwei Firmennetze auf Grund einer Fusion zusammengeschaltet werden mussten oder beim Routing über VPNs.

Wer noch mehr über BGP wissen möchte, der sollte bei www.CISCO.com in „Tech Docs" nach „Designing Large-Scale IP Internetworks" suchen.

16.12 Router: NAT

Zwischen privaten und öffentlichen/public Adressen setzt ein NAT-Router die IP-Adressen um. NAT bedeutet Network-Address-Translation. Für die Vergabe von IP-Adressen gelten generell folgende Regeln:

- **public** oder **outside** Adressen erhält man nur von seinem ISP
- **private** oder **inside** Adressen sind im RFC.1918 definiert
  (**192.168.(1-254).x** plus **172.(16-31).x.x** und **10.x.x.x**)

Eine Möglichkeit für NAT-Router-Adressen umzusetzen, ist **statisch** (1:1):

- ip nat inside 192.168.129.1 outside 195.21.197.25

Damit wird ein Verbindungsaufbau in jeder Richtung möglich.

Richtet man NAT **dynamisch** ein (1:n), dann kann man nur Verbindungen von inside nach outside aufbauen. Wird versucht, eine Verbindung von outside nach inside zu starten, dann ist das unmöglich. Welche IP-Adresse sollte der NAT-Router inside denn auch nehmen? Hier gibt es keine eindeutige Zuordnung:

- ip nat inside-from 192.168.9.1 inside-to 192.168.9.254 outside 195.21.197.25

Arbeiten mehrere private Host über einen dynamischen (1:n) NAT-Router im Internet, dann sieht es für die Stationen im Internet so aus, als ob von einem Host aus viele Verbindungen gleichzeitig gestartet wurden. Der NAT-Router kann die Verbindungen auf Grund ihrer unterschiedlichen Rückweg-Portnummer unterscheiden.

Beide Verfahren, statisch (1:1) und dynamisch (1:*n*), werden auf einem NAT-Router in der Regel gleichzeitig eingesetzt. Für das Web-Browsen von inside nach outside nutzt man dynamisches NAT (1:*n*), für den ständigen Empfang von E-Mails muss man zumindest die Verbindung zum Mail-Server statisch einrichten (1:1). Hierzu benötigt man mindestens zwei offizielle IP-Adressen, für jede NAT-Variante eine.

Ein NAT-Router wird also immer dann benötigt, wenn man ein privates LAN mit dem Internet verbinden möchte.

16.13 DNS: Domain-Name-Service

Ein Mensch kann sich, im Gegensatz zum Computer, Namen besser merken als Zahlen. Daher besitzt jeder Internet-Host neben seiner Layer-2-Netz-Nummer und einer IP-Adresse auch noch einen Domain-Namen (Domänen sind eigentlich Verwaltungsbezirke staatlichen Grundbesitzes, wie die Staatsdomäne Wiesbaden).

Ein Internet-Domain-Name besteht in der Regel aus drei Teilen:

- **Hostname.Organisation.Land**

Zwei DNS-Beispiele sind „www.vde-verlag.de" und „mail.yahoo.com":

- die **Hostnamen** (Rechnerbezeichnungen) lauten wirklich „www" und „mail"
- die **Organisationen** sind hier die Unternehmen „VDE-Verlag" und „Yahoo"
- als **Landeskennung** steht „de" für Deutschland und „com" für die USA

Die drei Teile der DNS-Namen werden **durch Punkte** voneinander getrennt.

16.13.1 DNS-Regeln für Namen „a–z", „0–9" und der Bindestrich

Erlaubt im DNS-Namen in Deutschland sind:

- die Buchstaben „A–Z" ohne Unterscheidung von Groß/Kleinschreibung
- die Zahlen „0–9" und als Sonderzeichen ausschließlich
- der Bindestrich „ – " jedoch nicht am Anfang und Ende eines Namens
- ein Name muss **mindestens drei Zeichen** haben und darf **63 Zeichen lang** sein
- **nur ASCII**-Zeichen sind erlaubt, d. h. keine Umlaute und auch nicht das „ß"
- die Namen müssen mit einem Buchstaben beginnen und können als Zahl enden

Diese Regeln basieren auf der Spezifikation RFC.1035 und auf der Vergaberichtlinie von DNS-Namen des www.DENIC.de für die Registrierung der deutschen Domain (de). In Deutschland ist HP.de verboten, in den USA HP.com nicht.

Hinweis: Microsoft erlaubt in seinen Netbiosnamen auch den Unterstrich „_" und DNS nur den Bindestrich „-". Sollte man daher aus Stabilitätsgründen auf Sonderzeichen ganz verzichten? Die DNS-Regeln gelten nicht für Mail-Adressen! Hier ist Folgendes erlaubt: Peter.Joecker@yahoo.com, Peter-Joecker@yahoo.com oder Peter_Joecker@yahoo.com. Eine Mail-Adresse erkennt man immer an dem Klammeraffen „@" und sollte nicht mit einem DNS-Namen verwechselt werden.

DNS-Namen dürfen aber auch aus mehr als drei Teilen bestehen:

- **peter-joecker**.abt-autoren.**ort-oberursel**.firma-jns.**de** (keine Leerzeichen)

Das Land ist wieder Deutschland „de". Die Domain ist hier „firma-jns". Der Host-Name lautet „peter-joecker". Größere Unternehmen unterteilen ihre Domäne noch in Unterdomänen auf, hier in eine für den Standort „ort-oberursel" und die Abteilungsbezeichnung „abt-autoren". Die gesamte Zeichenkette darf aber niemals länger als 254 Buchstaben werden.

Die Zuordnung von IP-Adressen und DNS-Namen wird in Host-Tabellen auf lokalen Festplatten (Dateiname „hosts" ohne Extension) und/oder in DNS-Servern vorgenommen. Das „Domain-Name-System" (DNS) ist ein weltweiter Verbund dieser Server. Es gibt heute 13 Root-Server (A-M), die alle DNS-Namen auf der Welt kennen und die täglich aktualisiert werden. Alle Server, bis auf drei (I in Stockholm, K in London und M in Tokio) stehen in den USA. Dort werden sie von verschiedenen Organisationen betrieben. An erster Stelle ist hier die bereits erwähnte www.ICANN.org zu nennen. Aber auch das US-Government betreibt über die www.IANA.org (Internet Assigned Numbers Authory) und das dafür beauftragte Unternehmen Network-Solutions-Inc. (www.INTERNIC.com) einige der Root-Server. Wer die Root-Server kontrolliert, der beherrscht das Internet. Kann man einen DNS-Namen wie „www.vde-verlag.de" nicht in seine IP-Adresse „195.21.197.25" auflösen, dann ist ein Zugriff auf diese Web-Seiten unmöglich. Man braucht immer DNS-Server im Internet.

Im Folgenden werden die IP-Adressen der DNS-Root-Server A-M genannt:

- A.ROOT-SERVERS.NET   198.41.0.4   (USA)   (250 ms,15 Hops)
- B.ROOT-SERVERS.NET   128.9.0.107
- C.ROOT-SERVERS.NET   192.33.4.12
- D.ROOT-SERVERS.NET   128.8.10.90
- E.ROOT-SERVERS.NET   192.203.230.10
- F.ROOT-SERVERS.NET   192.5.5.241
- G.ROOT-SERVERS.NET   192.112.36.4
- H.ROOT-SERVERS.NET   128.63.2.53
- I.ROOT-SERVERS.NET   **192.36.148.17**   **(Stockholm)** (180 ms,12 Hops)
- J.ROOT-SERVERS.NET   198.41.0.10
- K.ROOT-SERVERS.NET   **193.0.14.129**   **(London)**   (150 ms,10 Hops)
- L.ROOT-SERVERS.NET   198.32.64.12
- M.ROOT-SERVERS.NET   202.12.27.33   (Tokio)   (400 ms, 20 Hops)

Auf diese Server kann man nicht direkt zugreifen. Das dürfen nur die ISP.

DNS-Server schaffen also eine Verbindung zwischen IP-Adressen und DNS-Namen. DNS-Namen (Domain-Bezeichnungen) werden gegen Gebühr und auf Zeit vergeben. Die Namensvergabe ist Aufgabe der nationalen Internics.

16.13.2 DNS-Namen nur vom Internic (DENIC) oder einem ISP

In Deutschland vergibt eine eingetragene Genossenschaft die „de"-Namen. DENIC bedeutet Deutsches-Network-Information-Center:

> DENIC eG Domain Verwaltungs- und Betriebsgesellschaft
>
> Wiesenhüttenplatz 26
>
> 60329 Frankfurt am Main
>
> Telefon: 069/27235-0
>
> Telefax: 069/27235-236
>
> Web-Adresse: www.denic.de
>
> E-Mail: info@denic.de

Das DENIC gleicht seine Namenstabellen täglich mit den Rootservern A bis M ab. Die Reservierung von DNS-Namen ist, wie gesagt, für die Endung „de" bei DENIC nur auf Zeit möglich und kostet jährlich Gebühren. Man sollte besser bei einem ISP seinen Namen registrieren lassen, das ist preiswerter. Die Vergabe von offiziellen (public) IP-Adressen erfolgte früher auch über den DENIC, heute aber nur noch über Internet-Service-Provider. Diese erhalten Ihre IP-Adressen in Europa vom www.RIPE.net. Die Registrierungsregeln für ISPs sind im RFC.2050 definiert.

16.14 ISP: Internet-Service-Provider

Ein Internet-Anschluss ist nur über Internet-Service-Provider möglich. Einige große ISP, die in Deutschland einen Anschluss anbieten, sind:

- www.T-ONLINE.de
- www.AOL.de
- www.ARCOR.de
- www.WORLDCOM.de
- oder die Internet-by-Call anbietenden ISPs

Andere Provider finden Sie unter den Mitgliedern des DENIC (www.denic.de) oder in der Registry des RIPE (www.ripe.net). Leider ist es hier nicht möglich, alle die kleinen lokalen Provider aufzulisten. Diese haben teilweise auch gute und preiswerte Angebote! Man sollte Suchmaschinen nutzen, wie www.yahoo.de, um sie zu finden (suche Bundesland => suche Region => suche Stadt => suche ISP).

16.15   MAC-Adressen, Rufnummern, Kanal-Kennungen

Das Internet-Protocol arbeitet mit seinen IP-Adressen auf Layer 3. Nun besitzt jedes Netzwerk auf Layer 2 ein davon abweichendes Adressierungsschema.

Es muss immer eine Zuordnung zwischen IP-Adressen (Layer 3) und Netzadressen (Layer 2) geben, damit ein Datentransfer mit IP erfolgen kann. Im WAN macht das der Netzadministrator manuell, wie bei Cisco-IOS-Routern über Map-Befehle:

- map X.25-Adresse = 1843.0047110815   mit IP = 192.168.126.121
- map Frame-Relay, DLCI = 1024   mit IP = 192.168.127.122
- map ISDN-Rufnummer = +49-69/4711-0815   mit IP = 192.168.128.123
- map DSL-PVC = 4711, VPI = 08/VCI = 15   mit IP = 192.168.129.124

In den lokalen Netzen Ethernet, Token-Ring und FDDI übernimmt das Address-Resolution-Protocol (ARP) automatisch die Zuordnung von IP- zu MAC-Adresse, und in ATM-Netzwerken mit „Classical IP over ATM" (IPOA) erledigt ein ATM-ARP-Server die Verbindung zwischen IP- und ATM-Adresse.

Netzwerk	Adressen	Bemerkung
Ethernet Token-Ring FDDI	MAC-Adresse	jede Netzwerkkarte verfügt über eine eingebrannte, weltweit eindeutige 6 Byte lange Adresse, die man hexadezimal schreibt; man kann sie aber auch manuell vergeben: „4000.7xxx.xxxx"
ATM	ATM-Adresse	ATM-Adressen sind 20 Byte lang und auch hexadezimal; Beispiel: „47.0091.123456780000.bade.affe.400078154711.01"
ISDN, PSTN	Telefon-Nr.	„+49-177-705.1157" maximal 12 Stellen sind weltweit erlaubt
X.25	X.121-Nr.	14-stellige Nummer, die ersten vier Stellen nennen der Carrier
DSL	VPI/VCI	VPI/VCI (255/65535) werden für Standleitungen fest vergeben
Frame-Relay	DLCI	Nummer eines virtuellen Kanals, dezimal von 0 bis 1023.

Tabelle 16.5 Netzwerkadressen auf OSI-Layer 2 Data-Link

16.16   ARP: Address-Resolution-Protocol

Die MAC-Adressen sind im LAN fest vergeben. Eine MAC-Adresse ist eine 12-stellige, hexadezimale Zahl „4000.7bee.0815" mit einer Länge von 6 Byte. Jeder Ethernet-, Token-Ring- oder FDDI-Karte wurde bereits vom Hersteller eine MAC-Adresse weltweit einmalig eingebrannt. Diese kann man überschreiben. Vergibt man MAC-Adressen manuell, dann sollte man sich an folgende IBM-Regel halten:

- manuell vergebene MAC-Adressen beginnen immer mit   **4000.7**xxx.xxx

Nur dies verhindert „unerklärliche" Abstürze in VLANs oder bei ELANs im ATM-Backbone.

Ein Datenaustausch im LAN mit IP ist nur möglich, wenn einer Station neben der Ziel-IP- auch die Ziel-MAC-Adresse bekannt ist. ARP erledigt das automatisch.

Wie arbeitet nun ARP? Zwischen Layer-2-MAC-Adresse und Layer-3-IP-Adresse gibt es keine mathematische Beziehung. Jeder Host muss die Zuordnungen erst lernen. Der Absender kennt die IP-Adresse des Ziels. Diese hat man manuell eingegeben. Nun sendet der Absender einen ARP-Request ins LAN. In dieser Anfrage sind die IP-Adressen von Empfänger und Absender enthalten und die MAC-Adresse des Absenders. Die MAC-Zieladresse ist eine Broadcast-Adresse und lautet normalerweise FFFF.FFFF.FFFF. Dieser ARP-Request-Broadcast wird von allen Hosts im Netz gelesen. Jedoch nur der Ziel-Host schickt einen ARP-Reply als Antwort, weil er seine IP-Adresse als Ziel des Broadcast erkennt. In dem Reply-Paket ist nun anstatt der Broadcast-Adresse die MAC-Adresse der Ziel-Station enthalten. Der Absender erhält den ARP-Reply und trägt das Adresspaar IP+MAC für die Ziel-Station in seine ARP-Tabelle ein. Nun kennt der Host die IP und die MAC-Adresse des Ziels und einem Datenaustausch via TCP/IP oder UDP/IP steht nichts mehr im Wege.

Den Inhalt der ARP-Tabelle kann man sich unter Windows ansehen, mit dem Befehl „**arp -a**". Windows behält seine Einträge jedoch maximal 10 Minuten und startet dann den ARP-Prozess erneut. Cisco-IOS-Router behalten ihre IP-MAC-Adresspaare vier Stunden. Da jeder Windows-Rechner spätestens alle 10 min einen ARP an sein Default-Gateway schickt, auch genannt Default-Router, sieht man dort mit dem IOS-Befehl „show arp" alle aktiven Zuordnungen von IP und MAC.

16.17   Proxy-ARP: eine Router-Funktion

Ein Außendienstmitarbeiter besitzt in seinem PC eine ISDN-Karte. Damit hat er zwar eine IP-Adresse, jedoch keine MAC-Adresse, sondern nur eine ISDN-Rufnummer. MAC-Adressen gibt es nur im LAN (Ethernet, Token-Ring, FDDI). Nun möchte der ISDN-PC auf einen Ethernet-Server zugreifen. Der Server muss aber, neben der IP-Adresse des ISDN-PC, auch dessen MAC-Adresse kennen, aber der hat ja gar keine! Was nun?

Dieses Problem löst ein zwischen ISDN-PC und Ethernet-Server geschalteter Router mittels seiner Proxy-ARP-Funktion. Der Router sendet stellvertretend für den ISDN-PC seine Router-Ethernet-MAC-Adresse an den Server. Damit wird eine Kommunikation möglich. Der Router spielt hier den Stellvertreter (engl. Proxy). Das durch den Router laufende IP-Paket wird durch ihn verändert. Die Änderung betrifft aber nicht nur die Adressen (MAC-Adresse/ISDN-Rufnummer), sondern ist umfangreicher. Im LAN wird das IP-Paket in einem SNAP-Frame verschickt und über ISDN mit einem PPP-Frame transportiert. Der IP-Paketanteil bleibt unverändert, aber der Frame-Rahmen und die Adresse werden ausgetauscht.

Es gibt aber auch noch eine zweite Definition für Proxy-ARP. Normalerweise nutzt ein IP-Host ARP nur für Stationen in seinem IP-Teilnetz. Wenn man aber bei einem Windows-PC für das Default-Gateway dessen eigene IP-Adresse eingibt, dann aktiviert man Proxy-ARP. Nun sendet der Windows-PC für jede IP-Adresse, auch in fremden Netzen, einen ARP-Request. Jeder Router, der den Ziel-IP-Host erreichen kann, beantwortet den ARP-Request nun stellvertretend mit seiner MAC-Adresse (Proxy-ARP-Router). Für den Windows-PC sieht es nun so aus, als ob sich die ganze IP-Welt in einem einzigen großen LAN befinden würde. Dies ist eine Methode, um **Backup-Default-Gateways** zu realisieren oder um mehrere entfernte Standorte, die über verschiedene Router angebunden wurden, erreichen zu können. Es ist aber keine stabile Methode.

16.18 Verwaltung von IP mit DNS/DHCP-Servern

Vor der Verwendung des Internet-Protocol muss man manuell ein IP-Konzept entwickeln. Dann sind die IP-Adressen zu vergeben. Im Betrieb muss man seinen IP-Address-Pool ständig verwalten und Änderungen nachtragen. Hier gibt es Hilfsmittel: DNS/DHCP-Server. Diese sind in großen Netzen Standard.

Zu Beginn der Internet-Entwicklung, in der ersten Stufe, existierten noch keine DNS-Server. Die Host-Namen und IP-Adressen wurden in **Host-Tabellen** eingegeben. Host-Tabellen sind Textdateien, von denen es auf jedem IP-Host eine gibt. Ursprünglich gab es nur eine zentrale Master-Tabelle für das ganze Internet. Nur diese durfte man ändern. Sie wurde immer vom Server auf die einzelnen Hosts heruntergeladen. Das ständige Herunterladen war umständlich und kostete viel Bandbreite.

Daher entwickelte man in der zweiten Stufe das Domain-Name-System. Heute kann man für die Zuordnung von Host-Namen und IP-Adressen weltweit **DNS-Server** nutzen. Diese sind untereinander verbunden, kopieren die Zuordnungen (DNS-Name zu IP-Adresse) automatisch und gleichen sich nur bei Änderungen ab. Eine dezentrale Verwaltung der weltweit verteilten DNS-Server ist möglich. So pflegt jeder nur die Namen seiner Domäne. Auch sind die Datenbanken der DNS-Server besser gegen Fehleingaben geschützt als die Host-Tabellen (Text-Dateien).

Mit der dritten Entwicklungsstufe entstanden die **DHCP-Server.** Sie erlauben eine automatische Vergabe von IP-Adressen an die DHCP-Clients. DHCP löst endlich das Problem der Dokumentation der IP/MAC-Zuordnung (Analyser zeigen Fehler meistens nur bezogen auf die MAC-Adresse an). DHCP sollte man immer statisch nutzen, d. h. eine MAC-Adresse bekommt immer wieder die gleiche IP-Adresse zugewiesen. Dynamische, zeitlich beschränkte Zuweisungen haben sich in der

# Beispiel für eine Host-Tabelle „HOSTS"			# Doppelkreuz = Kommentarzeile
127.0.0.1	localhost		# Loopback-Adresse jedes Host
# IP-Adresse	# Host-Name	# Standort	# Anwendungskurzinfo
192.168.1.3	PCw-Tel476	# Haus.3, 1.OG, Raum 129	# Arbeitsplatz PC Peter Jöcker
192.168.1.1	Rou-Backbone	# Haus.1, RZ, Verteiler 5	# Backbone-Router
192.168.1.2	Prn-Autoren	# Haus.3, 1.OG, Raum 129	# Drucker der Abt. Autoren
192.168.1.3	Srv-Autoren	# Haus.1, RZ, Schrank 3	# Fileserver der Abt. Autoren
192.168.1.4	Srv-Mail	# Haus.1, RZ, Regal 2	# Mailserver
# Schlüssel für Host-Namen: „Typ-Name8zei" = Typ dreistellig und beliebiger Name achtstellig			
# Zuordnung IP/MAC sieht man via „show arp" im Default-Gateway oder vom DHCP-Server			

Tabelle 16.6 Host-Tabelle „hosts" (ohne Extension) im Windows-Verzeichnis „c:\windows"

Praxis nicht als besonders stabil erwiesen. Man sollte diese Methode daher meiden, auch wenn das etwas mehr Arbeit kostet.

Moderne DNS/DHCP-Server (nicht Microsoft) lösen folgende Aufgaben:

● sie integrieren DNS- und DHCP-Funktionen in einem Server

● sie erlauben ein dezentrales Management, mit einem automatischen Abgleich mehrerer Server untereinander

● der Zugang auf den DNS/DHCP-Server erfolgt grafisch über einen Browser

● die Namen/IP/MAC-Datenbanken bleiben konsistent, eine doppelte Vergabe von IP-Adressen wird so ausgeschlossen

● es können Backup-DNS/DHCP-Server hotstandby betrieben werden, d. h. man muss keinen Rechner neu starten, um den Backup-Server zu aktivieren; fällt der primäre aus, wird im laufenden Betrieb auf den sekundären umgeschaltet

● IP-Tabellen kann man über Reports und Listen jederzeit einfach generieren

In modernen IP-Netzen sollte man generell moderne DNS/DHCP-Server einsetzen.

16.18.1 DHCP und IPCP: IP-Adressen vergeben

IP-Adressen legt man manuell fest. Verteilen kann man IP-Adressen über die Eingabe auf jedem Host oder besser automatisch mit einem DHCP-Server (Dynamic-Host-Configuration-Protocol). Man kann DHCP statisch einrichten, so dass eine Station über ihre MAC-Adresse immer wieder die gleiche IP-Adresse erhält. Diese Methode wird aus Stabilitätsgründen generell empfohlen.

Was spart man mit DHCP? Entweder man gibt die IP-Adresse auf der Station ein oder zentral auf dem DHCP-Server. Hier spart man nichts. IP-Adress-Strukturen sind statisch. Unsere Welt ist aber dynamisch. Mitarbeiter kommen und gehen, Abteilungen wachsen und schrumpfen. Standorte werden gewonnen oder aufgegeben. Nach einer Weile kommt niemand darum herum, die bisherige IP-Struktur den aktuellen Vorgaben anzupassen und die IP-Adressen ganz oder teilweise neu zu vergeben. Dann muss man entweder zu jeder einzelnen Station hingehen und dort manuell die IP-Adresse ändern oder man hat es einfacher und modifiziert nur die Datenbank des DHCP-Servers.

DHCP-Server verteilen aber nicht nur IP-Adressen, sondern auch Subnetz-Masken, die IP-Adresse des Default-Gateways und die IP-Adresse des DNS-Servers.

Im WAN kann man mit IPCP (Internet Protocol Control Protocol aus PPP) vom RAS oder Router aus, automatisch IP-Adressen zuweisen. Das nennt man dann IP Address Negotiation.

16.19 ICMP: Fehlerprotokoll von IP mit „Ping & Pong"

Das Internet-Control-Message-Protocol ist das IP-Fehlerprotokoll. Der bekannteste Befehl von ICMP ist auf jedem Betriebssystem verfügbar und heißt:

● **ping 193.0.14.129**

Ping ist ein Schleifentest. Man sendet ein Ping zur Zieladresse und erhält vom Empfänger ein Pong als Antwort zurück.

16.19.1 ICMP Error Messages

ICMP wurde zuerst nach Spezifikation RFC.792 genormt. Einige Funktionen sind:

● Ping-Pong (echo und echo-replay)	ein Schleifentest zwischen zwei Hosts
● Destination unreachable	code 0 = unreachable network
Destination unreachable	code 1 = unreachable host
Destination unreachable	code 2 = unreachable protocol
Destination unreachable	code 3 = unreachable port (Anwendung)
● redirect	jemand kennt eine bessere Route zum Ziel
● Time exceeded	zu viele Router auf dem Weg zum Ziel
● Info Request/Info Reply	Informationen über den Zielhost einholen
● Timestamp/Timestamp Reply	Wie lange sind die Frames unterwegs?

Im RFC.950 für Subnetting findet man die erste Ergänzung:

● Subnet Mask Request/Reply	Mit welcher Subnetz-Maske arbeitest du?

Im RFC.1256 über Router Discovery (Protocol) gibt es:

- Router Advertisements   Hallo-Pakete der Router
- Router Solicitation   Bitten eines Hosts um die Gateway-IP

Immer wenn die Funktionalität von IP erweitert wird, ergänzt man auch ICMP.

16.20   Host-Regeln für IP nach RFC.1122

In der Spezifikation RFC.1122 definierte die www.IETF.org Forderungen an eine Internet-Station. So gilt folgende Aussage, die auch Menschen anwenden könnten:

„Sei großzügig mit allem, was du hörst, aber vorsichtig bei der Weitergabe.“
(Be liberal in what you accept and conservative in what you send).

Damit ein Rechner mit dem Internet-Protokoll (IP) arbeiten kann, muss er besitzen:

- **MAC-Adresse „4000.7bee.0815“** der Netzkarte   (vergeben vom Hersteller)
- eine **IP-Adresse „192.168.129.123“**   (die muss man leider manuell festlegen)
- die dazugehörende **Subnetz-Maske „255.255.255.0“**   (siehe Subnetting)
- ein **Default-Gateway „192.168.129.1“**   (die IP-Adresse des nächsten Routers)

Zusätzlich muss man für einen Zugriff auf das offizielle Internet noch eingeben:

- den **DNS-Namen „peter.jns.de“** für den Host   (die Station selbst)
- die IP eines **DNS-Servers „193.0.14.129“**   (k.root-servers.net = London)

Diese sechs Angaben sind für jeden Internet-Host zwingend erforderlich. Man kann sie manuell umständlich in jeden Host eingeben oder automatisch über DHCP-Server oder PPP-IPCP verteilen lassen.

Die IP-Konfiguration eines Hosts kann man sich mit folgenden Befehlen ansehen:

- **winipcfg** (Win 95/98), **ipconfig /all** (Windows/NT) und **netstat -rma** (Unix)

Es werden alle oben genannten sechs IP-Hostwerte angezeigt: MAC-Adresse, IP-Adresse, Subnet-Mask, Default-Gateway, DNS-Host-Name und DNS-Server.

16.21   Internet-Anschlusstechniken

Es gibt fünf Möglichkeiten, einen PC mit dem weltweiten Internet zu verbinden:

- via **Handy**   und Mobilfunk (Spezialadapter je Handytyp), langsam und teuer mit **9,6 kbit/s** geringer Bandbreite und hohen Verzögerungen 1s
- via **Modem**   und Telefonanschluss (TAE-Dose) für den privaten Anschluss mit **56 kbit/s** (56 kbit/s aus dem Internet und 33,6 kbit/s ins Internet)

- via **ISDN** und digitalem Telefonanschluss (NTBA) als professioneller Link mit **128 kbit/s** (wird nur ein Kanal genutzt, erhält man 64 kbit/s)
- via **DSL** deutschlandweit, wenn DSL verfügbar ist, mit **768 kbit/s** aus dem Internet und 128 kbit/s ins Internet
- via **LAN** von einem PC mit Ethernet-Netzwerkkarte im LAN (Intranet) mit **1920 kbit/s** über einen Router und eine Standleitung (ISDN-PRI oder Frame-Relay) zu seinem Internet-Service-Provider

Der Zugriff ins Internet über ein Handy ist technisch noch nicht ausgereift. Er ist sehr langsam, und man sollte ein Handy-Modem nur in Notfällen nutzen.

16.22   Intranet = IP-Technik im LAN

Ein LAN nennt man dann Intranet, wenn man im LAN dieselben Techniken nutzt wie im Internet: das Internet-Protokoll, Web-Browser und Server, E-Mail, FTP-File-transfer usw. Viele Firmen stellen auch intern auf die Internet-Technik um, weil man so Synergieeffekte erreicht (gleiche Technik fürs LAN und fürs Internet) und Kosten sparen kann.

Der Internet-Anschluss in einem Unternehmen läuft über folgende Komponenten:

- **PCs** mit ihren Browsern sind die Anwenderschnittstelle
- **Switches** schalten die Datenströme zwischen Etagen und Gebäuden
- **Default-Gateway** nächster Router, verbindet Abteilungen mit einer Firewall
- **Firewall** sichert ein Intranet gegen unberechtigte Zugriffe von außen
- **NAT-Router** verbinden private Intranets mit dem öffentlichem Internet

Der NAT-Router wird über eine Standleitung zu einem Internet-Service-Provider (ISP) geschaltet. Dieser bildet immer den eigentlichen Internet-Zugang.

Der Autor ist davon überzeugt, dass sich die Internet-Technik immer weiter durchsetzen und vereinfachen wird. Zusätzlich nimmt ihr Funktionsumfang zu (Internet-Telefonie). Man kann sich sehr gut vorstellen, dass man in Zukunft nur eine Weiterentwicklung der heutigen Browser als einzige Anwenderschnittstelle aller Programme erlernen muss.

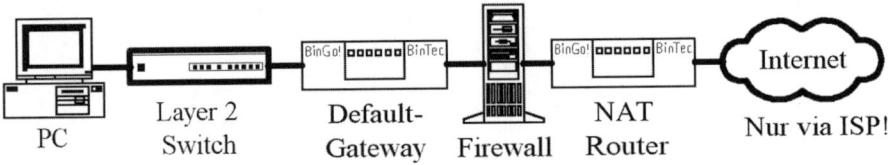

Bild 16.4 Vom PC via Intranet (LAN) und Router über einen ISP ins Internet

17 Sicherheitstechniken

Spätestens wenn ein lokales Netzwerk mit dem Internet verbunden wird, sollte man sich Gedanken zum Thema Sicherheit und Firewall machen. Wichtige Daten werden immer stärker unbefugten Zugriffsversuchen ausgesetzt. Man sollte aber wissen, dass Einbruchsversuche (engl. Hacking) nur zu:

- 20 % über öffentliche Verbindungen und dem Internet hereinkommen, während
- 80 % von internen Benutzern aus dem eigenen Unternehmen stammen

Die Forschungseinrichtung www.CERN.ch in der Schweiz zählte 1988 nur acht Einbruchsversuche, während es 1995 bereits 2412 waren. Die Tendenz ist weiter steigend. In den letzten zwei Jahren hatten 78 % der befragten EDV-Leiter Datenverluste und Zusatzarbeit durch Computerviren und unberechtigte Zugriffe. Die Dunkelziffer hierbei ist hoch. Man schätzt, dass 85 % der Einbrüche verschwiegen werden, aus Angst vor Imageverlust oder schlechter Presse. Das gilt auch intern. Viele Systemmanager nennen als Grund für einen Serverausfall ein abgestürztes System und keinen, meistens internen, Hacker-Angriff.

Ein **Hacker** ist ein Computerbenutzer, der versucht, unberechtigt in fremde Server einzudringen, dort Usernamen/Passwörter erspäht, fremde Daten abruft und Programme kostenlos, widerrechtlich benutzt. Besonders böse Hacker löschen Dateien, versuchen die Server zu überlasten oder sogar zu zerstören.

17.1 Viren, Würmer und Trojanische Pferde

Computer-**Viren** sind kleine Programmteile, die sich in anderen Programmen verstecken (als E-Mail-Anhang, auf CD oder Floppy). Startet man ein mit einem Virus befallenes Programm, dann führt er unerwünschte Funktionen auf dem Rechner aus:

- er verteilt sich selbst weiter, infiziert so andere Programme und Dateien
- er stört den Betrieb des Rechners, bis hin zu einem Totalabsturz
- er löscht Files oder den ganzen Datenbestand, selten ganze Festplatten

In Ausnahmefällen kann ein Virus durch Überlastung einzelner Baugruppen sogar Rechnerbauteile zerstören. Nicht nur deshalb ist ein täglicher Backup aller Daten sehr wichtig! Viren verstecken sich in der Regel in Programmen. Es gibt aber auch Viren als Macro in Word-Texten, Excel-Dateien oder E-Mails. Kopiert man eine Datei, die von einem Virus befallen wurde, dann ist das erst einmal ungefährlich.

Öffnet man die Datei oder startet ein befallenes Programm, aktiviert man den Virus, und dieser beginnt seine zerstörerische Wirkung. Gegen Viren helfen Viren-Scanner.

Im Gegensatz zu Viren starten **Würmer** automatisch. Sie verstecken sich auf Web-Seiten und in E-Mails. Sobald man die Web-Seite eines befallenen Servers aufgerufen oder eine verseuchte E-Mail empfangen hat, beginnt ein Wurm mit seinem Angriff. Würmer werden in den Programmiersprachen Java, Active-X, Visual-Basic oder Windows-Script geschrieben und suchen Lücken in den Schutzmechanismen der Anwender-PCs. Als Gegenmaßnahme zu Würmern sollte man auf jedem PC eine Personal-Firewall installiert haben. Diese gibt es oft in Verbindung mit Viren-Scannern. Einfach die genannten Programmiersprachen über eine Firewall herauszufiltern, ist eine schlechte Lösung, denn viele Anwendungen, wie Internet-Banking oder Internet-Shopping, funktionieren ohne Java und seine Verwandten leider gar nicht.

Ein **Trojanisches Pferd** sieht aus wie ein nützliches Programm, späht aber gleichzeitig im Hintergrund unbemerkt Usernamen und Passwörter aus, kopiert Dateien und erlaubt einem Hacker so den Zugang zum System. Ist ein Trojanisches Pferd erst einmal aktiv, dann kann der Hacker den betroffenen PC fernsteuern und das unbemerkt vom Anwender.

Weitere Informationen zum Thema Viren kann man bei den Viren-Zentren der Uni Hamburg (agn-www.informatik.uni-hamburg.de/vtc/) erfragen. Auch die Web-Seiten der Hersteller von Anti-Viren-Software sind lesenswert: Aladdin (www.esafe.de), PerCamp (www.F-Prot.de), HB-EDV (www.antivir.de), NAI (www.mcafee.com), Symantec (www.symantec.com/avcenter/) Trendmicro (www.antivirus.de) und Eset (www.Nod32.de).

Bindet man Rechner an das Internet an, betrachtet Web-Seiten, lädt Dateien aus dem Internet herunter, sendet und empfängt E-Mails, tauscht Disketten oder CDs aus, dann kann man den ungewollten Empfang von Viren nie ganz ausschließen. Daher gehört ein **regelmäßiges Backup des Datenbestands** und ein **aktueller Viren-Scanner** heute zu den Grundvoraussetzungen eines jeden stabilen Rechnerbetriebs!

17.1.1 Dialer-Attack von 0190-Nummer

Ein besonders teurer und gemeiner Vandalenangriff ist ein Dialer-Attack mit einer 0190-Nummer. Leider sind diese für Betrüger sehr lukrativ und weitgehend ungefährlich. Wer wird angegriffen? Nur die Anwender von Modems und ISDN-Karten. Diese wählen sich in der Regel mit einer 019x-Nummer preiswert (1,5 Cent/Minute) ins Internet ein. Beim Surfen findet der Anwender ein Programm, das den Internet-Zugang beschleunigen soll, und installiert es. Raffinierten Vandalen reicht aber schon ein einfacher Mausklick auf eine Web-Seite zur Aktivierung aus. Der 0190-Vandale ändert jetzt einfach die preiswerte 019x-Nummer (1,5 Cent/Minute) in eine teure 0190-Nummer ab (35 Euro Grundgebühr plus 2,5 Euro pro Minute), und schon tickt der Gebührenzähler für den Betrüger. Wer kontrolliert schon täglich die Internet-Einstellungen (Rufnr.) seines PC? Am Monatsende gibt es dann ein böses

308

Erwachen. Die Telefongesellschaft fordert zwischen 50 bis 9000 Euro für die ungewollt angerufene Nummer. 0190-Dialer-Attacken sind auch möglich von folgenden
Nummern: 0180, 0900, 0137, eventuell plus eine Vorwahl 010xx oder eine Nummer
aus dem Ausland. Die Liste der kostenpflichtigen Nummern sollte in Zukunft noch
wesentlich erweitert werden, fordern die Telefongesellschaften.

Erkennt man einen Angriff, zieht man das Telefonkabel heraus, sichert den Dialer
(zumindest die angewählte Nummer) als Beweis, erstattet eine Anzeige wegen
Computerbetrugs und Computersabotage, geht vor Gericht und muss dennoch zahlen. Denn die meisten deutschen Gerichte sind der Meinung, das Betriebsrisiko
eines PC und seines Internetzugangs muss der Anwender tragen. Hier hat der Bundesgerichtshof noch nicht in der letzten Instanz entschieden. Die Anfang 2003 vom
Gesetzgeber vorgeschlagenen Maßnahmen schützen nach Meinung des Autors leider mehr die Telefongesellschaften als den Endanwender (www.RegTP.de).

Was sollte man tun? Einen ISDN-Router (ab 250 Euro) oder DSL-Router (ab
60 Euro) nutzen, das schützt! Die Dialer-Vandalen können Windows und Linux atta-
ckieren, versagen aber bei den proprietären Betriebssystemen der Routerhersteller.
Leider gibt es keine Router für analoge Anschlüsse. Die 0190-Dialer-Warner-Pro-
gramme für Windows schützen nicht immer (siehe auch http://www.trojaner-
info.de/dialer/dialer.shtml).

Man sieht, es ist möglich (mit Routern) etwas gegen 0190-Dialer-Vandalen zu tun.
Leider kostet aber jede Sicherheitstechnik zusätzlich Geld (Router, Antiviren-Programm, Personal-Firewall-Software). Das muss man aber auch für ein Türschloss
oder eine sichere Haustür ausgeben, und ich kenne niemanden, der seine Wohnung
unverschlossen verlässt.

17.2   Sicherheit ist ein Konzept und kein Produkt!

Man kann nicht 5 kg Sicherheit kaufen, 1 kg für 1000 Euro, Strom anschließen, einschalten und schon ist man sicher. Sicherheit muss man sich über ein Konzept
schwer erarbeiten. Erst wenn das Konzept erstellt, von allen verstanden und von der
Geschäftsleitung genehmigt wurde, kann man Hilfsmittel wie Anti-Viren-Software,
Firewall-Systeme, NAT-Router, Verschlüsselung und VPN verwenden, um das Konzept umzusetzen.

Um ein Konzept zu erstellen, sollte man wie folgt vorgehen:

- **Analyse und Ist-Aufnahme:**
  Dokumentieren des Netzwerks, Baselining der Datenströme, Ermitteln des
  Schutzbedarfs, Feststellen von Schwachstellen und Risiken.

- **Konzeption:**
  Erstellen eines Pflichtenhefts, d. h. eines Sicherheits-Regelwerks (engl. Secure-
  Policy) mit abschließender Freigabe durch die Geschäftsleitung.

- **Produktauswahl:**
  Auf Basis der Dokumentation und unter Beachtung der Secure-Policy erfolgt die Auswahl von Produkten.

- **Realisierung:**
  Erst wird die Software installiert, das ist einfach, dann beginnt man mit der Implementierung der Secure-Policy; das macht richtig und ständig Arbeit.

- **Validation:**
  Validation bedeutet auf Deutsch den Nachweis einer Gültigkeit oder einer Berechtigung. Man führt in der Regel hierzu einen Schwachstellentest der Firewall mit Erfolgskontrolle durch, dabei ist mit Nachbesserungen zu rechnen.

- **Schulung:**
  Nicht nur die Netzadministratoren, sondern auch die Anwender muss man schulen. Man kann nur dann erwarten, dass Regeln eingehalten werden, wenn jeder diese versteht und die Geschäftsleitung keine Ausnahmen zulässt.

- **Betrieb:**
  Es gibt im Leben ständig Änderungen, nichts bleibt heute mehr statisch! Daher muss man auch die Secure-Policy und die Sicherheitseinrichtungen ständig an die Erfordernisse anpassen. Es bringt nichts, einmal eine Firewall zu installieren und dann zu vergessen. Man muss jeden Morgen die Logbücher (Syslog-File) kontrollieren. Manche Unternehmen führen dies nicht selbst durch, sondern beauftragen einen Sicherheits-Dienstleister mit der ständigen Kontrolle und Wartung der Firewall und der Router.

17.3   Secure-Policy

Um ein Sicherheits-Regelwerk, eine Secure-Policy, zu erstellen, sollte man folgende Fragen beantworten können:

- Welche Geschäftsanwendungen werden genutzt?
- Wollen Sie Daten nur lesen oder auch verteilen?
- Was wollen Sie vor wem schützen?
- Wer darf auf was zugreifen (interne Anwender, Außendienst, Fremde)?
- Wer hat Zugang zu den Servern?
- Wer hat Zugang zu den Räumen (Serverraum, Rechenzentrum)?
- Welche Kontaktstellen nach außen gibt es (Internet, Modem, ISDN)?
- Wo sind die Sicherheitsregeln niedergelegt?
- Wer kontrolliert die Einstellungen und Logdateien?
- Wo liegt die Gesamtverantwortung?

Ganz wichtige Voraussetzung für die Erstellung einer Secure-Policy ist eine vollständige Dokumentation des Netzwerks.

Ein Sicherheits-Regelwerk darf man nicht nur erstellen, sondern alle Mitarbeiter eines Unternehmens müssen es leben bzw. einhalten. Dazu sollte man als Netzadministrator öfter einmal denken wie ein böser Junge.

- **Man muss seine Anwender schulen!**
  Nur wenn die Regeln verstanden werden, kann man erwarten, dass alle sie akzeptieren und einhalten. Hier ist ein Sicherheitshandbuch für Endanwender mit den Regeln und zwingend dazugehörenden Begründungen sehr hilfreich.

- **Der Netzadministrator muss die Secure-Policy aktiv leben!**
  Kontrollieren Sie täglich die Logdateien der Firewall. Achten Sie auf Änderungen zum normalen Verhalten. Lernen Sie ständig hinzu.

- **Informieren Sie die Geschäftsleitung!**
  Verstehen sich die Herren nicht nur als oberste Instanz für alle Geschäftsentscheidungen, sondern auch als Gralshüter der Secure-Policy? Erhält der Netzadministrator von der Geschäftsleitung ausreichend Unterstützung, und werden Ausnahmen minimiert?

- **Achten Sie auf Hintertüren!**
  Das sind Modems, ISDN-Karten, Datenaustausch mit Disketten und CDs. Moderne Notebooks haben ein Modem fest eingebaut. Die meisten Faxgeräte arbeiten nach Gruppe 3, also analog, d. h. wie ein Modem. Es ist also technisch kein Problem, ein Faxgerät von der TAE-Dose abzuziehen und dort das Notebook anzuschließen. Wie man Internet-by-Call einrichtet, steht im Modem-Kapitel, und wenn die 0190-Telefonnummer gesperrt ist, sucht man eine lokale Einwahlnummer bei www.TelTarif.de, wie die 069-698.600.707 von Mobilcom/Freenet (das waren Username/Password).

- **Seien Sie nicht zu restriktiv!**
  Das oberste Ziel von Netzwerken ist es, den Anwender in seiner täglichen Arbeit zu unterstützen und die Geschäftsprozesse in einem Unternehmen zu beschleunigen. Die Anwender müssen ihre Arbeiten mit guten Anwortzeiten erledigen können! Wenn man zu strenge Regeln erlässt, dann zwingt das den Anwender dazu, Hintertürchen zu finden, und man kann sicher sein, die Anwender finden welche.

Weiterführende Informationen kann man beim „Bundesamt für Sicherheit in der Informationstechnik" (www.bsi.de) erhalten oder in folgender Literatur nachlesen: IT-Grundschutzhandbuch (www.bsi.bund.de), ISO 15408 (Common Criteria for Information Technology Security), RFC.2196 (Site Security Handbook, www.IETF.org), Angewandte Kryptografie (Bruce Schneider), Firewall and Internet Security (Cheswick & Bellovin), Einrichten von Internet Firewalls (Brent Chapman).

17.4 Sicherheitstechniken

Es gibt verschiedene Basis-Techniken zur Sicherheit in Computernetzen:

- **Anti-Viren** und **Wurm-Software**
  Die größte Bedrohung geht heute von Viren und Würmern aus.

- **Authorization (RADIUS)**
  Zugriffsschutz mit Benutzername (Username) und Codewort (Password).

- **Encryption**
  Wichtige Informationen sollte man verschlüsseln, bevor man diese über öffentliche Leitungen oder das Internet überträgt (Kryptografie-Technik).

- **Authentication**
  Ein elektronisches Dokument soll durch eine digitale Unterschrift so gekennzeichnet werden, dass seine Echtheit authentisch, unzweifelhaft feststeht. Der schärfste Beweis in der deutschen Rechtsprechung ist ein Stück Papier mit einer Unterschrift. Im elektronischen Handel sucht man noch nach einer universellen Technik, die dies auch elektronisch möglicht macht.

- **Tunneling** und **VNP**
  Zwischen zwei Standorten werden LAN-Frames verschlüsselt, in WAN-Pakete eingepackt (engl. encapsulated) und via IP verschickt. Die Verschlüsselung verhindert, dass Fremde die firmeninternen, d. h. privaten Daten lesen können. Nutzt man mehrere Punkt-zu-Punkt-Tunnel-Verbindungen, dann erhält man ein Virtuelles-Privates-Netzwerk (VPN). In der Regel verwenden diese Tunnel öffentliche Internet-Strecken zum Transport der verschlüsselten IP-Pakete.

- **Firewall**
  Eine Firewall ist eine „Brandschutzwand" zwischen dem Internet und dem internen LAN (Intranet). Sie schützt interne Server vor unberechtigten Zugriffen der Hacker von außen und erlaubt nur ausgesuchten Mitarbeitern für definierte Funktionen einen Zugang zum Internet.

- **Trusted-Operating-System**
  Wie kann man einen Rechner gegen berechtigte Anwender schützen? Diese Aufgabe übernehmen sichere Betriebssysteme, kurz TOS.

17.4.1 Authorisierung: Login und Password

Die Authorization-Technik erlaubt nur bestimmten Mitarbeitern den Zugang zu den Servern. Diese Technik wird heute in jedem Serversystem über die Abfrage einer Benutzerkennung und eines Codeworts (engl. Username und Password) realisiert. Man muss sich heute immer am Server anmelden (Fachbegriff: Login), außer bei Lücken durch Betriebssystemfehler, die Würmer zum Angriff nutzen.

17.4.2 RADIUS und TACACS

Der Nachteil von Username/Password ist in der Regel, dass man sich bei jedem Server getrennt anmelden muss und man nach einiger Zeit viele Username/Password-Kombinationen besitzt. Diesen Nachteil beheben die Zugriffs-Protokolle **RADIUS** (Remote-Authorization-Dial-In-User, RFC.2138, mit RSA-MD5 verschlüsselt) und das ältere **TACACS** (Terminal-Access-Controller-Access-Control-System, RFC.927, unverschlüsselt). Username und Password sind auf einem zentralen Datenbank-Server hinterlegt. Nur dort werden sie vom Netzadministrator verwaltet. Dann besitzt ein Benutzer nur noch einen Usernamen/Passwort für alle Systeme. Auf dem RADIUS-Server kann ein Logbuch geführt werden, welcher Benutzer sich wann und wo an- bzw. abgemeldet hat. Es können nicht nur Server, sondern auch Gateways, RAS, Router und Switches an den RADIUS-Server angeschlossen werden. Meldet sich ein Anwender auf einem mit RADIUS verbundenen System an, dann wird die Username/Password-Anfrage an den RADIUS-Server weitergeleitet und dort abgefragt. Auf den Servern, Routern, Switches werden in RADIUS-Systemen keine Usernamen oder Passwörter mehr abgespeichert. RADIUS sendet, unbemerkt vom Anwender, regelmäßig, alle paar Sekunden, einen Keep-Alive zum Server. Fällt diese Verbindung aus, dann werden alle Anwender aus dem Netz geworfen. Dies erhöht die Sicherheit, denn sonst könnte ein Anwender ja ewig angemeldet bleiben, obwohl der Netzadministrator den User bereits gelöscht hat, nachdem ein User sich einmal anmeldete.

17.4.3 Wählverbindungen und Zugriffsschutz

Von alten Wählverbindungen in den USA der 1970er Jahre ausgehend, hält sich in der Datenverarbeitung hartnäckig das Vorurteil, Wählverbindungen wären unsicher. In den USA waren in einigen Städten die Gebühren aller Ortsgespräche bereits in der Grundgebühr enthalten. Zur Zeit der Modem-Mailboxen wählte man einfach alle Nummern in einer amerikanische Stadt an und fand so jedes Modem. Nun probierte man einfach alle Passwörter durch und war in der Mailbox drin. Modem-Mailboxen gibt es heute nicht mehr. Auch kann man heute einstellen, dass nach dem dritten falschen Password in Folge der Anschluss abgeschaltet wird.

Das ging in Deutschland mit ISDN und einem modernen RAS so noch nie:

- zum ersten muss man **jeden einzelnen Anruf bezahlen;** probiert man 100 000 Telefonnummern durch, dann wird das sehr teuer

- bei ISDN wird die **Rufnummer des Anrufers** übertragen; man kann also über die Call-Line-Information (CLI) nur bekannte Rufnummern im RAS zulassen

- über ISDN sollte man die PPP-Encapsulation einsetzen. PPP arbeitet mit dem **Challenge-Handshake-Authentication-Protocol** (CHAP) oder dem einfacheren unverschlüsselten Password-Authentication-Protocol (PAP). Damit kann nur eine Verbindung aufgebaut werden, wenn die vom Netzadministrator konfigu-

rierten Usernamen und Passwörter an beiden Enden der Wählverbindung über-
einstimmen. Man sollte einen RAS so einstellen, dass nach dem fünften falschen
Password der Zugang komplett gesperrt wird und nur der Netzadministrator ihn
manuell wieder aktivieren darf

- zusätzlich ist es möglich, **mit Rückruf** zu arbeiten. Der Außendienstmitarbeiter
wählt die Zentrale an und gibt Username und Password ein. Nun unterbricht der
RAS-Einwahlknoten die Verbindung und ruft den Außendienstmitarbeiter zurück. Dazu wird vom Netzadministrator die Rückrufnummer zusätzlich zu Username und Password im RAS hinterlegt. Diese Funktion bereitet u. U. Probleme
mit Windows/NT, da sich Microsoft nicht an die entsprechenden Standards ge-
halten hat und das Password nicht wie vorgeschrieben mit RSA-MD5 verschlüsselt, sondern nur mit dem einfacheren MD-4-Verfahren. Dieses Problem ist ab
Windows 2000 gelöst.

- nutzt man keine automatische IP-Adressvergabe mit PPP-IPCP (oder DHCP),
sondern vergibt **feste IP-Adressen,** dann muss ein Hacker IP-Adresse und Subnetz-Maske erraten, denn Außendienststation und RAS-Einwahlknoten müssen
im gleichen IP-Subnetz liegen

- nun kann man auf den Servern über **Token-Cards** zusätzlich noch sich **verän-
dernde Passwörter** vergeben. Die Token-Cards berechnen per Zufallsalgorith-
mus alle 60 s ein neues Password. Dieser Algorithmus läuft auch auf dem
TACACS/RADIUS-Servern in der Zentrale

- ist die Verbindung einmal aufgebaut, dann kann man zusätzlich noch die **Daten
verschlüsseln**, so kann kein Fremder sie verstehen (VPN-Tunnel-Technik)

Nehmen wir einmal an, ein Hacker will in Deutschland eine Wählverbindung knacken und alle oben genannten Sicherheitstechniken wären realisiert, dann müsste
der Hacker den Außendienstmitarbeiter überfallen, ihm die Token-Card stehlen und
Username/Password abpressen und den Hack vom PC und aus der Wohnung des
Außendienstmitarbeiters heraus vornehmen. Dazu gehört schon eine gewaltige
Masse an krimineller Energie. Wie man sieht, sind Wählverbindungen in Deutschland über ISDN sehr sicher und nicht so leicht zu knacken.

17.4.4 Einwahl via RAS oder VPN-Server

Immer wenn man sich von zu Hause oder von unterwegs via Modem, ISDN oder
GSM-Handy in ein Netz einwählen will, benötigt man als Einwahlkomponente
einen RAS (und keinen Router). Ein RAS hat die Möglichkeit, Benutzer zu verwal-
ten, während ein Router normalerweise nur IP-Netze kennt und den Transport der
Frames nur nach deren IP-Adressen und nicht nach der Gültigkeit von Username/
Password durchführt (ISDN-RAS sollte V90- und V110-Modem-Chip besitzen).

Seit Anfang 2003 versuchen alle Unternehmen Kosten zu reduzieren. Da eine Inter-
net-Einwahl preiswerter ist als die Direkteinwahl in ein Unternehmen, möchte man
den Weg durch das Internet nutzen. Überträgt man firmeninterne Daten über das

Internet, dann sollte man diese mit 3DES verschlüsseln! Dies ermöglicht die VPN-Technik (Virtual-Private-Network). Man startet die Internet-Verbindung und ruft den VPN-Client auf. Der verbindet den PC via 3DES-Tunnel zum VPN-Server in der Zentrale. Dieser fragt Username/Password, Token oder Signatur ab, und schon ist man sicher verschlüsselt mit der Zentrale verbunden.

In der Regel bleibt die Einwählverbindung so lange aktiv, bis sich der Außendienstmitarbeiter wieder abgemeldet hat. Auch wenn der Mitarbeiter ein Telefonat führt oder eine Pause einlegt, bleibt die Verbindung durch die Keep-Alives aktiv, und der Gebührenzähler der Wählverbindung läuft weiter.

17.4.5 Layer-3-Switch als Collapsed-Backbone und Default-Gateway

Bitte denken Sie daran, 80 % der Hacker kommen von innen. Daher plant man moderne Computernetze wie folgt. In den Collapsed-Backbone setzt man einen Layer-3-Switch. Die Client-PCs und Drucker werden nach ihren Aufgaben oder Geschäftsbereichen in verschiedene IP-Subnetze konfiguriert, die Server in andere, unterschiedliche IP-Subnetze. So wird der Layer-3-Switch zum Default-Gateway und trennt über Filter Anwender von Servern, auf die diese nicht zugreifen dürfen. So enden mögliche interne Hacker nicht erst an der Authorisierung der Server (Username/Password), sondern werden bereits durch den Filter im Backbone-Switch abgeblockt ICMP. Auch Würmer werden so an der Ausbreitung gehindert.

17.5   Verschlüsselung (Encryption)

Wichtige Daten sollte man vor dem Versand verschlüsseln, damit Unbefugte die Texte nicht mitlesen können. Bei der Verschlüsselung darf man nur den Datenteil eines IP-Pakets verschlüsseln, da man den Paketkopf mit den IP-Adressen für das Routing durch das Internet noch lesen können muss. Nur wenn man zwei LANs mit privaten Adressen über das Internet verbindet, wird das ganze Paket verschlüsselt, und die Verschlüsselungssoftware setzt für die Router offizielle Adressen davor. Eine solche Verbindung nennt man auch Secure-Tunnel.

Es gibt prinzipiell zwei unterschiedliche Techniken für die Verschlüsselung:

● symmetrisch mit einem Schlüssel (Secret-Key), wie DES, 3DES oder AES
● und asymmetrisch mit zwei Schlüsseln (Public- & Private-Key), wie RSA

Bei der symmetrischen Verschlüsselung wird mit einem geheimen Schlüssel (Secret-Key) zum Ver- und zum Entschlüsseln gearbeitet. Den geheimen Schlüssel muss man verstecken, und er darf keinem Hacker in die Hände fallen. Daher wird ein häufiger Schlüsselwechsel empfohlen (via IPsec automatisch alle 15 Minuten). Symmetrische Verfahren sind deutlich schneller als asymmetrische. Deshalb wählt man diese Techniken für interaktive Anwendungen, für sicheres Browsen mit HTTPs/SSL oder für verschlüsselte Netzwerkverbindungen über das Internet, für Virtuelle Private-Netzwerke (VPNs).

Das bekannteste symmetrische Verfahren ist das vor 20 Jahren von IBM im Auftrag der US-Regierung (www.NIST.gov) entwickelte DES (Data Encryption Standard nach FIPS 46). DES arbeitet mit einer Schlüssellänge von 56 bit. Bereits 1998 ist es der Electonic Frontier Foundation (www.EFF.org, Verbraucherschutzorganisation aus den USA) mit einem 50 000-$-Rechner gelungen, einen 56-bit-DE-Schlüssel innerhalb von 56 Stunden zu knacken. 3DES verschlüsselt dreifach mit DES. So erhält man mit zwei verschiedenen Schlüsseln einen 128 bit langen und mit dreien einen 168 bit langen 3DES-Schlüssel. Nehmen wir nun an, wir hätten einen Rechner, der 56 bit DES in einer Sekunde entschlüsseln könnte, dann würde dieser Rechner an 168 bit 3DES theoretisch 20 Millionen Jahre rechnen. Die Internet-Browser Navigator von Netscape oder Internet-Explorer von Microsoft arbeiten international verschlüsselt mit DES. Nur die US-Versionen nutzen 3DES. Das liegt daran, dass man 3DES nur exportieren darf, wenn man dies dem amerikanischen Verteidigungsministerium meldet. Diese Aufgabe übernehmen in der Regel die Händler für ihre Kunden.

Im Jahre 2000 hat die NIST international nach einer neuen Verschlüsselungstechnik gesucht und 2001 den Advanced-Encryption-Standard (AES) als Nachfolger von DES normiert. AES arbeitet mit Schlüssellängen von 128, 192 oder 256 bit. AES ist noch sicherer als 3DES. Der theoretische Rechner, der 56 bit DES in einer Sekunde knacken könnte, der rechnet an 128 bit AES etwa 20 Milliarden Jahre. Nach heutigem Stand der Wissenschaft entspricht das dem Alter des Universums, vom Urknall an. AES hat gegenüber 3DES aber noch weitere Vorteile. Die Verschlüsselungsmethode von AES ist Rijndeal und kommt aus Belgien (nach dessen Erfindern Vincent Rijmen und Joan Daemen). Dadurch unterliegt der Algorithmus nicht mehr der Kontrolle des US-Militärs. Der Algorithmus von AES wurde vollständig veröffentlicht, im Gegensatz zur DES-Methode. Es hält sich hartnäckig das Gerücht, im DES oder 3DES gibt es eine Hintertür für den CIA, damit dieser alles mitlesen kann. 3DES erfordert, um ausreichend schnell zu arbeiten, spezielle Hardware und viel Speicher in Routern oder Firewall-Systemen. AES dagegen kommt mit langsamen CPUs und wenig Speicher aus. AES soll sogar auf Organizern performant laufen.

Beim Verfahren **Secret-Key** oder der **symmetrischen** Verschlüsselung arbeiten Sender und Empfänger mit dem gleichen Schlüssel. Daher wird hier ein häufiger Schlüsselwechsel empfohlen, was in der Praxis aus Bequemlichkeit nur selten aus-

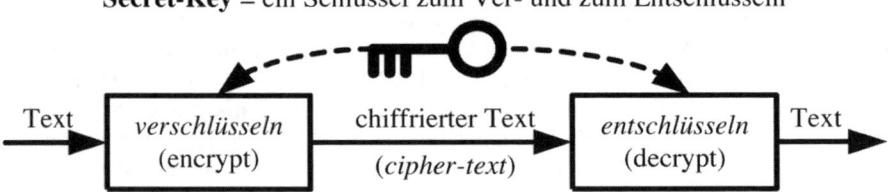

Bild 17.1 Secret-Key (Ver- und Entschlüsseln mit einem geheimen Schlüssel)

geführt wird. Eine symmetrische Verschlüsselung arbeitet relativ schnell. Man kann sie in Hardware implementieren und so einen Durchsatz von 64 Mbit/s erreichen. Man benutzt diese Methode häufig bei Punkt-zu-Punkt-Router-Verbindungen in virtuellen, privaten Netzwerken (VPN).

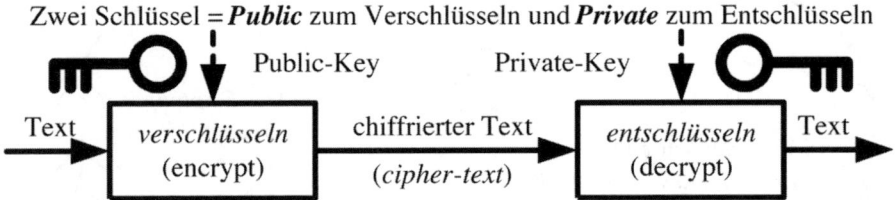

Bild 17.2 Public-/Private-Key (Verschlüsseln mit Public- und Entschlüsseln mit Private-Key)

Beim Verfahren **Public-Key,** einer **asymmetrischen** Verschlüsselung, arbeiten Sender und Empfänger mit unterschiedlichen Schlüsseln. Eine asymmetrische Verschlüsselung ist langsam. Die häufigste Public-Key-Technik ist **RSA** ((Ronald) **Ravest** – (Adi) **Shamir** – (Leonard) **Adleman**). Man kann nur einen Datendurchsatz von 64 kbit/s erreichen (etwa 1000-mal langsamer als mit DES). Dafür ist RSA aber sehr sicher. Bis heute ist es noch niemanden gelungen, einen RSA-MD5-Code (Message-Digest-Nr. 5) zu entschlüsseln.

Asymmetrische Verschlüsselungsverfahren arbeiten mit zwei Schlüsseln, einem Public- und einem Private-Schlüssel. Mit dem Public-Key kann man nur verschlüsseln und mit dem Private-Key nur entschlüsseln. Der Private-Key wird versteckt und der Public-Key öffentlich verteilt.

Der Empfänger einer E-Mail erzeugt Public- und Private-Key. Der Private-Key wird versteckt. Der Empfänger versendet den Public-Key zum E-Mail/Key-Server. Der Absender schreibt seine E-Mail. Dann holt er den Public-Key des Empfängers vom Key-Server und verschlüsselt damit die E-Mail. Dann wird die E-Mail zum Empfänger verschickt. Der Empfänger nimmt seinen, nur ihm bekannten Private-Key und entschlüsselt die E-Mail. Es ist sinnlos, nur einen der beiden Schlüssel zu kennen. Solange der Private-Key nur dem Empfänger bekannt ist, kann niemand außer ihm eine mit seinem Public-Key verschlüsselte E-Mail entschlüsseln. Den Public-Key zum Verschlüsseln darf jeder kennen, und nur dieser wird ja über das Netz verschickt. Auch der Absender kann eine Mail nicht mehr lesen/entschlüsseln, wenn er sie mit dem Public-Key des Empfängers verschlüsselt hat. Er sollte also eine unverschlüsselte Kopie aufheben.

Asymmetrische Verfahren nutzt man häufig zur Verschlüsselung von E-Mails. Jeder kann seinen privaten Schlüssel lokal auf seinem PC behalten, besser auf einer Schlüsselkarte, während der öffentliche Schlüssel auf dem Mail-Server liegt. Pretty-Good-Privacy (**PGP**) von www.PGP.com ist für E-Mail-Verschlüsselung ein weit verbreitetes Public-Key-Encryption-Verfahren.

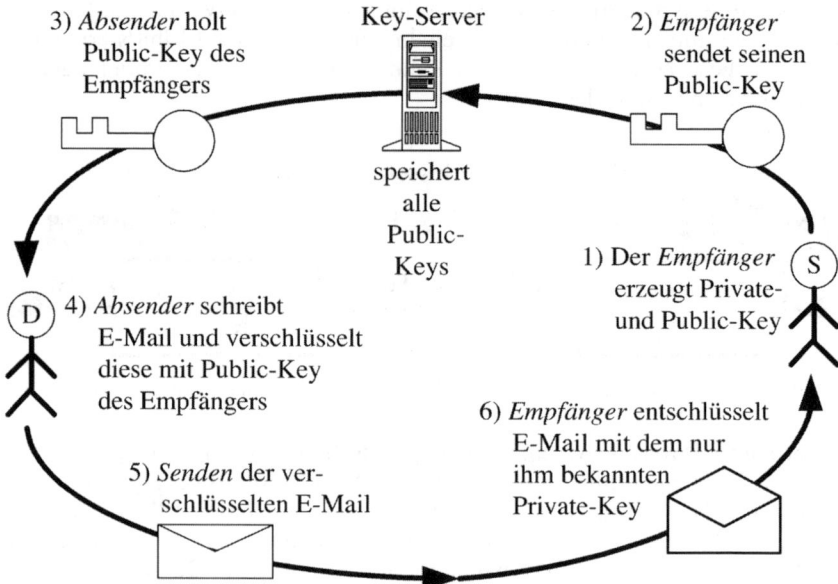

Ein **Public-Key** verschlüsselt, und ein **Private-Key** entschlüsselt!

Bild 17.3 Verteilung von Public- und Private-Key bei asymmetrischen Schlüsseln

Verfahren	Symmetrisch	Asymmetrisch
Beispieltechnik	DES	RSA
Anzahl der Schlüssel	ein	zwei
Art der Schlüssel	gleich für Sender + Empfänger	unterschiedlich, public + private
Schlüsselwechsel	sollte häufig erfolgen	ständig, pro Verbindung ein Paar
Schlüssellänge	128 bit	512 bit
Hardwarelösung	ja	nein
Durchsatz	64 000 kbit/s	64 kbit/s
Knacken des Codes	schwierig	bis heute noch nicht

Tabelle 17.7 Vergleich der Symmetrischen zur Asymmetrischen Verschlüsselung

Mit der asymmetrischen Verschlüsselung wird auch ein Vertrauen unter Fremden möglich. Wer mehr über Verschlüsselung und die Verfahren wissen möchte, dem wird die Bibel der Kryptografie empfohlen, die „Angewandte Kryptografie" von Bruce Schneider.

17.6 Authentisierung: digitale Unterschrift

Man versteht unter Authentication oder Signature eine Technik für digitale Unterschriften. Die Unterschrift ist in der deutschen Rechtsprechung der stärkste Beweis. Mit einer digitalen Unterschrift will man auch elektronisch nachweisen können, dass ein Dokument authentisch, d. h. echt ist. Man benötigt eine eindeutige Antwort auf die Frage: Kommt diese Nachricht wirklich vom Absender?

Das deutsche Signatur-Gesetz (SigG) ist weltweit das erste Regelwerk zu diesem Thema. Nach diesem Gesetz dient eine digitale Unterschrift:

- als Ersatz herkömmlicher Unterlagen auf Papier
- sie muss fälschungssicher sein und
- flexibel in der Anwendung

Eine Unterschrift dient:

- der Identifizierung der Person
- einer Anerkennung des Inhalts
- dem Unterstreichen der Wichtigkeit des Dokuments und
- dem Abschluss des Dokuments für einen vollständigen und richtigen Inhalt

Damit man erkennt, ob ein Dokument noch gültig ist, muss die digitale Unterschrift zusätzlich mit einem Zeitstempel versehen werden.

Eine erste technische Lösung für Signaturen ist das Home-Banking-Connect-Internet (HBCI). Dieses Verfahren ist so sicher, dass der CIA ohne Erfolg versucht hat, die Einführung in Deutschland zu verhindern, da selbst dieser die verschlüsselten HBCI-Daten nicht entschlüsseln kann. Leider bieten noch nicht alle Banken HBCI an, sondern arbeiten mit der unsicheren PIN/TAN-Methode.

Wie unterschreibt man nun digital? Der Absender erzeugt Public- und Private-Key und versteckt den Private-Key. Der Absender schreibt die E-Mail. Der Absender errechnet aus der Nachricht einen ersten Hash-Zahlenwert (engl. für Durcheinander) und signiert den ersten Hash mit seinem Private-Key. **Eine Signatur besteht also aus einem Public-Key und dem signierten Hash der E-Mail.** Nun sendet der Absender die E-Mail, den signierten Hash und seinen Public-Key zum Empfänger. Der Empfänger errechnet aus der Nachricht einen zweiten Hash und entfernt mit dem Public-Key die Signatur des ersten Hash. Nur wenn diese beiden Hash-Werte gleich sind, dann kommt die Nachricht wirklich vom Absender.

Es besteht immer die Gefahr einer Fälschung. **Ist eine Signatur wirklich vom Absender?** Die Lösung besteht darin, dass man einen Dritten fragt, dem beide, Absender und Empfänger, vertrauen. Diesen Dritten nennt man engl. Trust-Center. Für elektronische Signaturen wurden in Deutschland Zertifizierungsstellen eingerichtet, wo man zeitlich begrenzte, gültige Signaturen erwerben kann. Leider gibt es aber nicht nur ein technisches Verfahren für Signaturen. Die verbreitetsten Techniken sind **X.509** (vom ITU aus der Schweiz) und **PGP** (Petty-Good-Privacy von PGP aus den USA). PGP und X.509 sind sehr ähnlich, nur deren Formate sind anders. Auch erlaubt X.509 nur eine hierarchische Struktur, wobei man immer nur einer übergeordneten Stelle vertraut. PGP kann zusätzlich noch als Web-of-Trust eingerichtet werden, in dem jeder jedem vertrauen kann und man einen Dritten beliebig vereinbart. Das Thema Signatur steht technisch noch am Anfang. Nähere Informationen erhält man beim Bundesamt für Sicherheit in der Informatik (www.BSI.de) oder (www.PGPi.org).

17.7 Tunnel: Verbindung zwischen zwei Routern

Zwischen zwei Routern wird eine TCP/IP-Verbindung aufgebaut. Der Datenteil jedes zu transportierenden Pakets wird nun vor dem Transport über die TCP/IP-Verbindung vom sendenden Router verschlüsselt und vom empfangenden Router entschlüsselt. Die Daten zwischen den beiden Routern sind also für Dritte nicht zu lesen. Diese verschlüsselte TCP/IP-Verbindung nennt man Tunnel. Dieser verschlüsselte Tunnel wird zurzeit vom IETF als RFC „IPsec" definiert.

Man spricht auch von einem Tunnel, wenn nicht routbare Frames (NETBIOS, SNA, LAT), vom ersten Router in IP eingepackt, über eine TCP/IP-Verbindung zu einem zweiten Router verschickt und dort wieder ausgepackt werden. Einige Layer-2-Tunnel-Protokolle ohne Verschlüsselung sind:

- DLSW (Data-Link-Switching) für den Transport von   SNA-Frames
- PPTP (Point-to-Point-Tunneling-Protocol) von Microsoft für   NETBIOS
- L2F (Layer-2-Forwarding) von Cisco für alle Layer-2   LLC-Bridging
- MPLS (Multi-Protocol-Label-Switching) der Carrier   RFC-Standard

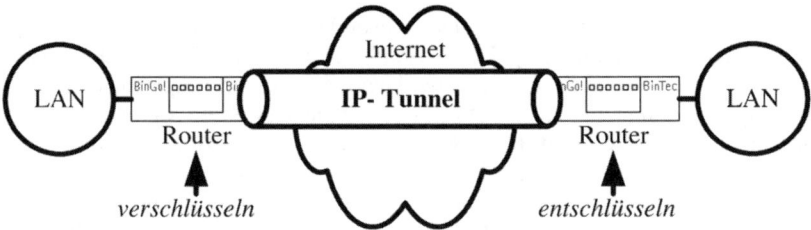

Bild 17.4 Ein Tunnel ist eine verschlüsselte TCP/IP-Verbindung zwischen zwei Routern

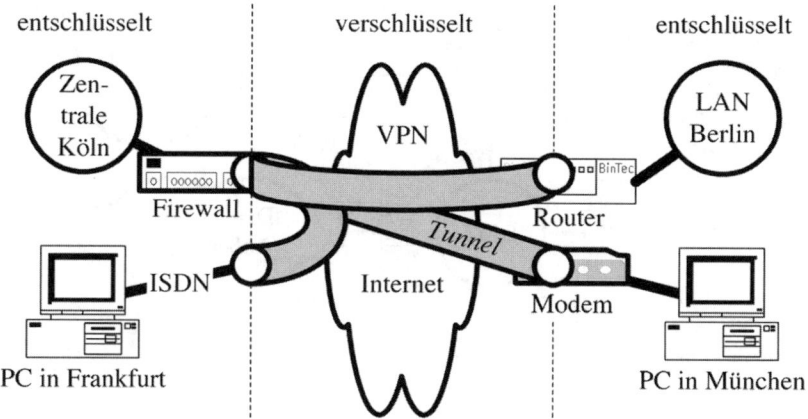

Bild 17.5 Virtual-Private-Network (VPN)

Es ist aber auch möglich, Layer-3-Protokolle, wie IPX, Apple-Talk oder Decnet, über IP zu tunneln. Man kann in Tunneln sogar IP über IP transportieren:

- GRE (Generic-Routing-Encapsulation) von   Cisco
- DVS (Direct-Virtual-Switch) von   Nortel/Bay
- VTP (Virtual-Tunneling-Protocol), zukünftige   RFC-Spezifikation

Jede Ver- und Entschlüsselung benötigt, im Vergleich zum einfachen Routing, eine wesentlich größere CPU-Leistung. Daher werden in Tunneln fast immer einfache symmetrische Verschlüsselungsverfahren und schnellere Router eingesetzt.

17.7.1 Viele Tunnel bilden ein Virtual-Private-Network

Benutzt man, um Außendienstmitarbeiter oder Firmenstandorte zu verbinden, mehrere Tunnelstrecken über das öffentliche Internet, dann nennt man das ein Virtual-Private-Network (VPN). Der Vorteil eines solchen Netzes liegt in den geringeren Kosten des Internet gegenüber Standleitungen mit Frame-Relay, ISDN, DSL oder X.25. Nachteile kommen durch die CPU-intensive Verschlüsselungstechnik, die teureren Router, längere Paketlaufzeiten und eine minimale Chance, dass doch ein Hacker mitlesen könnte. Als VPN-Techniken setzt man bei E-Mail-Verbindungen auf PGP-Encryption und bei Festverbindungen auf IP-Tunneling mit 3DES-Verschlüsselung. Die meisten VPN-Tunnel, wie MPLS-over-ATM, arbeiten aber unverschlüsselt. Wer sicher gehen will, der nutzt eigene IPsec-Tunnel und Bauteile mit 3DES- oder AES-Verschlüsselung.

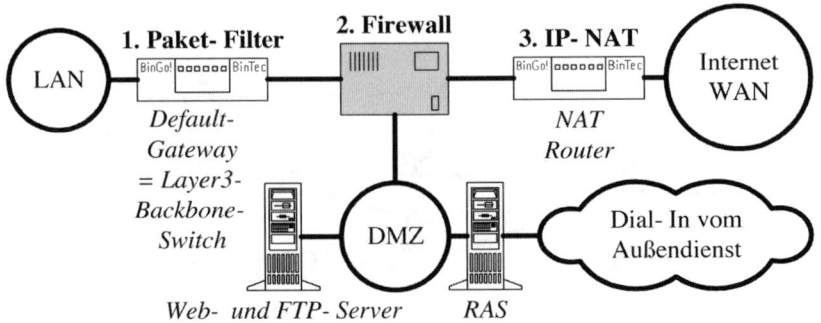

Bild 17.6 Firewall-Topologie

17.8 Firewall

Zwischen ein LAN und das Internet sollte man aus Sicherheitsgründen immer eine Firewall schalten. Eine Firewall ist ein spezieller Rechner, dessen Aufgabe es ist, Datenströme zu überwachen und einen Missbrauch zu verhindern.

Eine Firewall ist kein Produkt, sondern in erster Linie ein Sicherheitskonzept. Man kann keine 5 kg Firewall kaufen, stellt die in ein Regal, schaltet den Strom ein, und schon ist man sicher vor Hackerangriffen. So geht es nicht! Ein Firewall-System sollte immer aus vier Teilen bestehen:

● zuerst muss eine Sicherheitsrichtlinie (**Secure-Policy**) erlassen werden, die für alle gilt, ohne Ausnahme. Hierbei ist jedoch nicht die Sicherheit das oberste Gebot, sondern die Anwender müssen arbeiten können. Das sicherste Netz ist immer eines, in dem alles verboten ist, nur kann dann keiner mehr arbeiten

● im LAN wird ein **Default-Gateway** installiert, ein lokaler Router

● dann erst kommt der eigentliche **Firewall-Rechner**

● der Anschluss ans Internet, an den ISP, erfolgt über einen **NAT-Router**

So wird die FW innen und außen versteckt. Keiner kennt die IP-Adressen der FW. Das LAN kennt nur die IP-Adresse des Default-Gateway, das Internet nur die IP des NAT-Routers. Die IP-Adressen der Firewall kennt im LAN und im Internet niemand. Nach Empfehlung des Bundesamtes für Sicherheit in der Informationstechnologie (www.BSI.de) und des Site-Security-Handbook (RFC.2196) bietet nur eine Firewall, wie oben beschrieben, einen maximalen Schutz.

Unter Beachtung des Regelwerks durchläuft jedes IP-Paket drei Kontrollsysteme:

● über Filter (Access-Control-List) im Default-Gateway (zentraler LAN-Router)

- durch die eingestellte Secure-Policy (Wer darf was?) des Firewall-Rechners
- verändert im NAT-Router mit dem IP-Adresswechsel public/private ins Internet

Nach **Bellovin** und **Cheswick** ist eine Firewall kein Produkt, sondern ein Konzept! Sie stellt die Summe mehrerer Komponenten dar, die wie folgt arbeiten:

- jeder Datenstrom durchläuft die Firewall
- nur von Netzadministrator authorisierter Verkehr wird zugelassen
- es gibt Sicherheitsregeln, die jeder beachten muss
- die Firewall sollte nachweislich gegen Angriffe immun sein

Eine Firewall bedarf ständiger Pflege und Aufsicht. Man sollte täglich das Logbuch (SysLog-File) der Firewall kontrollieren, um zu erkennen, ob es Hackerangriffe oder andere Regelverstöße gab.

In einer Firewall kann man unterschiedliche Schutzsysteme realisieren:

- **Access-Control-List**
  Diese Filter auf Absenderadresse, IP-Adresse des Ziels, Anwendungs-Port-Nummer, herausgehend und hereinkommend, prüfen nur den Verbindungs-aufbau. Steht einmal eine Verbindung, erfolgt keine Kontrolle mehr. So wird „Hijacking" möglich, d. h. eine erlaubte Verbindung wird vom Anwender aufgebaut, und dann nutzt ein Dritter diese für ganz etwas anderes, wie für einen FTP-Copy von Password-Dateien oder um neue Superuser anzulegen.

- **Circuit-Firewall**
  Es gibt die gleichen Filter wie beim Router, jedoch wird jede Verbindung auch noch im Betrieb, Frame für Frame, kontrolliert. Hijacking ist dadurch erschwert und ist nur noch in Verbindung mit nicht definierten Datenströmen wie Web-Browsen, Telnet oder Ping möglich.

- **Application-Firewall**
  Bei einer Application-Firewall werden keine Verbindungen durchgeschaltet. In der Firewall laufen zwei Prozesse, auf denen jeweils die inneren und äußeren Verbindungen beendet werden. Die beiden Prozesse geben nur dann Informationen an die jeweils andere Seite weiter, wenn die Daten zur Anwendung passen. Damit wird Hijacking fast ganz ausgeschlossen. Diese Funktion kann man noch mit **Port-Address-Translation** (PAT) verbessern. Im Internet verwendet man die offiziellen Application-Port-Nummern, wie 80 für den Web-Browser oder 23 für Telnet. Intern im LAN nutzt man jedoch andere Adressen (> 1024), z. B. 8080 für Web und 2323 für Telnet. Selbst wenn ein Hacker vom Internet hereinkommt, findet er so intern keine Server.

In der Praxis sind moderne Firewall-Systeme eine Kombination aus Circuit- und Application-Firewall. Daher wird eine Unterscheidung von Firewall-Systemen nach den obigen Kriterien immer schwieriger. Auch beantwortet die Aufteilung in Filter-, Circuit- und Application-Firewall nicht die Frage: „Wie sicher ist eine Firewall?"

Diese Frage klärt die ISO/IEC 15408 aus 1999: „Common Criteria for IT-Security" (Beurteilungskriterien für IT-Sicherheit). An dieser Norm haben alle wichtigen Industrienationen mitgearbeitet. Man sollte bei der Auswahl einer Firewall darauf achten, dass diese nach ISO 15408 geprüft wurde. Der Standard definiert mehrere Sicherheitsstufen EAL4 (Evaluation Assurance Level). Vier ist die höchste zivile. Nähere Informationen kann man vom Bundesamt für Sicherheit in der Informationstechnik (www.BSI.de) erhalten. Besitzt eine Firewall keine ISO-15408-Prüfung, dann sollte sie wenigstens von den amerikanischen www.ICSAlabs.com zertifiziert sein, auch wenn diese Tests in Deutschland von den Versicherungen und vor Gericht nicht anerkannt werden. Da gelten nur die ISO-15408-Prüfungen. Der Begriff „Firewall" ist ungeschützt. Jeder darf ihn für alles verwenden. Ungeprüfte Firewall-Systeme würde der Autor nicht einsetzen!

17.9 NAT-Router

Zwischen Firewall und Internet schaltet man in der Regel einen NAT-Router. Die Network-Address-Translation setzt die privaten LAN-Adressen 192.168.(1-254).x, 172.(16-31).x.x und 10.x.x.x nach RFC.1918 in offizielle Internet-Adressen des Internet-Service-Providers um.

Nutzt man die dynamische Umsetzung 1:**n** (eine offizielle und viele private), dann können nur Verbindungen von innen nach außen aufgebaut werden. Aus dem Internet kommt niemand ins lokale Netzwerk. Allerdings muss sich dann der E-Mail-Server mit einem POP3-Client nun regelmäßig, z. B. alle 15 min, seine E-Mails vom ISP-Mail-Relay abholen. (Leider liefert Microsoft bei seinem Exchange-Mail-Server keinen POP3-Client mit. Man kann das aber mit Shareware nachbessern.) Zusätzlich müssen Web- und FTP-Server eines Unternehmens beim ISP stehen. In der Regel löst man diese Aufgabe, indem die Server beim Provider eine Kopie eines internen Servers darstellen und man bei Änderungen die Daten von innen zum Provider kopiert. So werden immer Verbindungen von innen nach außen aufgebaut. Ein Hack des internen LAN ist so unmöglich. Einige Hersteller nennen das NAT-Firewall. NAT-FW schützen vor Würmern, aber nicht vor Viren.

17.10 Auditing

Unter Auditing (engl. für Buchprüfung) versteht man die Überprüfung der Sicherheit eines Firewall-Systems. Man führt dazu einen Penetrationstest (engl. für durchdringen) durch. Dabei werden folgende Parameter überprüft:

● Schnüffeln (Sniffern) im Datenverkehr

● Dekodieren von Zugangsberechtigungen, d. h. cracking von Passwörtern

- Suchen nach Konfigurationsfehlern

- Testen von bekannten Sicherheitslecks in Betriebssystemen und Programmen

- Hijacking von bestehenden Verbindungen

- Auffinden von ungeschützten Diensten und Anwendungsports

- Anfälligkeit der Firewall gegen Systemabstürze.

Penetration-Tool	Hersteller / Organisation
Internet-Secure-Scanner	www.iss.net
Nessus	www.nessus.org
Satan	ftp:/ftp.cert.dfn.de/pub/tools/net/satan/

Tabelle 17.8 Penetration-Tools

Für diese Tests und zum Hacken gibt es Hilfsprogramme. Informationen bekommt man bei www.internet-security.de oder www.warforge.com. Jeder kann aber auch einige Tools direkt aus dem Internet herunterladen.

Es nicht einfach einen Penetrationstest durchzuführen. Man sollte einen Fachmann mit dieser Arbeit beauftragen oder zumindest einen zu Rate ziehen.

17.11 TOS: sichere Betriebssysteme

Eine Firewall kann immer nur vor unberechtigten Benutzern schützen. Wenn ein User aber berechtigt ist, dann kommt er ohne Probleme durch eine Firewall hindurch und kann auch verschlüsselte Tunnel benutzen. Auf dem Zielsystem angekommen, könnte er versuchen dieses zu hacken.

Um sich gegen böse, aber berechtigte Benutzer zu schützen, setzt man sichere Betriebssysteme, so genannte **Trusted-Operating-Systems (TOS)**, ein. Bei einem TOS gibt es keinen Superuser oder globalen Systemadministrator mehr, sondern über 100 spezielle Privilegien. In einem TOS kann ein Backup-Operator nur eine Datensicherung starten und nichts anderes mehr. Auch gilt das Vier-Augen-Prinzip. Niemand kann allein Systemprozesse starten, ein zweiter Administrator muss immer erst seine Zustimmung geben. Zusätzlich wird jede Aktivität in ein Logbuch eingetragen, das niemand mehr ändern kann (auf einem CD-R-Laufwerk). So erreicht man auch eine ausreichende Revisionssicherheit aus rechtlicher Sicht. Technisch gesehen sind TOS-Softwarepakete Erweiterungen, Treiber für Unix-Betriebssysteme. Eine TOS-Lösung für Windows ist dem Autor nicht bekannt.

17.12　Risiken für einen sicheren Systembetrieb

Die größten Gefahren für jeden Internet-Anwender gehen heute von **Viren** und **Würmern** aus. Als Schutz helfen hier nur aktive Viren-Scanner auf allen Anwender-PC und auf allen Servern. Eine Firewall blockt Wurmangriffe ab. Kommt ein Wurm aber als E-Mail-Anhang und infiziert einen internen PC ohne Viren-Scanner, dann hilft hier keine Firewall.

Hacker werden von Firewall-Systemen geblockt. Auch verhindert die Firewall-Software einen **Denial-of-Service**, bei dem ein Hacker versucht, mit dem Start von mehr als 1000 Verbindungen in einer Sekunde, das Zielsystem zu überlasten. So sollen die Sicherheitsfunktionen außer Betrieb gesetzt werden oder zumindest will man das Zielsystem durch Überlastung abstürzen lassen. Die Firewall erlaubt einfach nur 500 Zugriffe und ignoriert alle anderen.

Mit der **Hijacking**-Technik überfällt ein Hacker eine bestehende Verbindung und manipuliert die Daten unbemerkt vom Anwender so, dass ein Zugriff auf den Absender-PC oder den Empfänger-Rechner möglich wird. Eine Firewall sollte die wichtigsten Anwendungen kennen und nur die Befehle durchlassen, die eine Anwendung beherrscht und die sinnvoll zu dieser Anwendung passen. Alle anderen Pakete und Befehle filtert die Firewall heraus. Gegen verbotene Übergriffe berechtigter Anwender oder Administratoren helfen nur **TOS**-Betriebssystemerweiterungen.

Snooping, das unerlaubte Mitlesen von Informationen, verhindert eine Verschlüsselung der Daten. Um sicher zwei Standorte über das Internet zu verbinden, nutzt man Secure-Tunnel und viele dieser Tunnel bilden ein VPN. In einem VPN sind alle Daten, die man über das öffentliche Internet schickt, verschlüsselt.

Wer mehr zum Thema Security erfahren möchte, der sollte folgende Bücher lesen: das „IT Grundschutzhandbuch" (www.BSI.de), das „Side Security Handbook" (RFC 2196, www.IETF.org), die „Evaluation Criteria for IT Security" (ISO 15408, www.beuth.de), „Firewall and Internet-Security" (Cheswick & Bellovin, ISBN 0-20163-357-4) und die Bibel für „Angewandte Kryptographie" (Bruce Schneider, ISBN 3-89319-854-7).

18 Storage Area Networks

Nun zu einem ganz anderem Thema. Dieses Kapitel gibt einen kurzen Einblick in die Speichertechnik von Computerdaten. Festplatten nutzt man als schnelle und permanente Datenspeicher, deren Inhalt, im Gegensatz zu RAM-Bausteinen, nach dem Ausschalten nicht verloren geht. Man unterscheidet drei unterschiedliche Methoden, Festplatten anzuschließen.

- DAS   Direct Attached Storage, die lokal angeschlossenen Festplatten
- SAN   Storage Area Network, via Fibre-Channel zur Festplatten-Gruppe
- NAS   Network Attached Storage, Datenaustausch über IP und File-Server

Auch wenn die Storage-Network-Technik eigentlich den Rahmen dieses Buchs überschreitet, hat sich der Autor auf Wunsch von Lesern der ersten und zweiten Auflage entschlossen, zumindest die wichtigsten Grundbegriffe und Ideen zu erläutern, die hinter einem Storage Network mit Festplatten stehen.

18.1 Direct-Attached-Storage (DAS) und RAID

Von seinem PC her kennt jeder Anwender die lokal eingebaute Festplatte. Der Anschluss interner Harddisks erfolgt über ein ATA- oder SCSI-Interface. Man kann über diese Schnittstellen aber auch CD-RW- oder DVD-Laufwerke anschließen.

- sATA   Serial Advanced Technology Attachment (älter ist parallel ATA)
- SCSI   Small Computer System Interface

Externe Festplatten werden über USB oder Firewire angebunden.

- USB   Universal Serial Bus v1/v2 mit 12/480 Mbit/s (an PCs zu finden)
- Firewire   IEEE 1394 a/b mit 400/800 Mbit/s (Apple „Firewire", Sony „i.Link")

Die meisten Desktop- und Notebook-PC sind mit ATA-Festplatten ausgerüstet. Die teureren, aber auch schnelleren und leistungsfähigen SCSI-Festplatten findet man in der Regel nur in Servern. SCSI-Festplatten gibt es seit Anfang 2003 mit bis zu 500 GByte auf einer Disk. Bei vielen Anwendern werden auf Servern schnell Kapazitäten in Größenordnungen mehrerer Terabyte erforderlich. Man muss also mehrere Festplatten in einem Server installieren. Um dies möglich preiswert zu realisieren, hat man 1987 an der University of Berkeley die RAID-Technik entwickelt (Redundant Array of Inexpensive Disks). RAID unterscheidet mehrere Möglichkeiten, RAID-Level, wie man aus kleinen SCSI-Festplatten eine größere, virtuelle Disk bilden kann.

- **RAID 0   Non Redundant Striped Array**

  Man schaltet mindestens zwei Platten paarweise zu einer größeren Kapazität zusammen, das aber ohne Ausfallsicherung. Die Datenblöcke werden abwechselnd auf die RAID-0-Platten geschrieben, was die Schreib-/Lese-Geschwindigkeit, besonders bei sequentiellen Zugriffen, wie bei Video-Daten, erhöht. Da aber RAID 0 keine Ausfallsicherung kennt, sollte man hier Daten nur temporär ablegen.

- **RAID 1   Drive-Duplexing**

  Man nennt RAID 1 auch Festplattenspiegelung. Man schreibt die Daten parallel auf zwei Platten. Fällt eine aus, so kann man mit der zweiten noch problemlos weiterarbeiten. RAID 1 wird nur in kleinen Servern eingesetzt, da man doppelt so viel Festplattenplatz wie Speicherplatz benötigt, was sich finanziell bei größeren Kapazitäten bemerkbar macht.

- **RAID 2   Hamming-Algorithmus**

  Die Daten werden in einzelne Bytes aufgeteilt und auf die RAID-Platten verteilt. Nun errechnet der Hamming-Algorithmus einen Fehlercode und speichert diesen auf einer zusätzlichen Platte. Fällt eine Platte aus, kann man aus dem Fehlercode die Daten wiederherstellen. Da RAID 2 recht langsam ist, weil moderne Betriebssysteme die Daten nicht mehr Byte für Byte ablegen, spielt RAID 2 heute kaum noch eine Rolle. RAID 2 benötigt mindestens drei Platten = 2 × Daten plus 1 × Parity.

- **RAID 3   Byte-Stripping and Parity-Disk**

  In einem RAID-3-Disk-Array werden Prüfsummen (engl. Parity) aus 2 Byte oder 4 Byte gebildet und auf die Parity-Disk geschrieben. Aber auch das ist heute zu langsam. RAID 3 benötigt auch mindestens drei Platten.

- **RAID 4   Sector Striping**

  Erst RAID 4 vergrößert die Datenblöcke (engl. Chunk) auf 128 Byte. Das ist schnell genug, aber nun kommt es immer wieder zu Engpässen beim Schreiben auf die Parity-Disk. Daher gibt es auch RAID 4 nur selten.

- **RAID 5   Sector and Parity Striping**

  RAID 5 verteilt die Parity-Daten über alle Array-Platten. Das sind mindestens drei. Nun ist man beim Schreiben zwar sehr schnell, aber man muss mit etwas längeren Lesevorgängen rechnen. RAID 5 ist derzeit das beliebteste und verbreitetste Level.

- **RAID 6   Byte Striping and Asynchron Path**

  RAID 6 arbeitet mit zwei Parity-Platten. Er arbeitet daher sicherer als RAID 5, ist aber wieder etwas langsamer und auf Grund der zusätzlichen Platte auch etwas teurer. RAID 6 arbeitet ab mindestens vier Platten. RAID 6 wird selten installiert.

328

- **RAID 7   Byte Striping and Full Asynchron Path**

  Ein RAID 7 ist ähnlich wie RAID 5 aufgebaut. Jedoch hat der RAID-Controller ein eigenes Betriebssystem mit viel Speicher und entkoppelt so den Computer-Datenstrom von den Schreibvorgängen auf die Festplatten. Damit werden die Schreib-/Lesevorgänge im Vergleich zu den anderen RAID-Verfahren erheblich beschleunigt. RAID 7 ist ein Patent der Firma www.Storage.com. Die meisten Hersteller haben die RAID-7-Technik in ihre modernen RAID-5-Controller eingebaut.

- **RAID 10   Mirrored Striping Array**

  RAID 10 ist eigentlich kein eigener Level. Vielmehr werden die Schnelligkeit von RAID 0 mit der Ausfallsicherheit von RAID 1 kombiniert. RAID 10 benötigt aber mindestens vier Platten und ist daher recht teuer.

Folgende Tabelle stellt die RAID-Level noch einmal vergleichend nebeneinander.

Level	RAID 0	RAID 1	RAID 2	RAID 3	RAID 4	RAID 5	RAID 10
Anzahl Laufwerke	$n > 1$	$n = 2$	$n = 10$	$n > 2$	$n > 2$	$n > 2$	$n > 4$
Redundante Disk's	0	1	2	1	1	1	1
Disk-Overhead (%)	0 %	50 %	20%	$100/n$ %	$100/n$ %	$100/n$ %	50%
Paralleles Lesen	n	2	8	$n - 1$	$n - 1$	$n - 1$	$n/2$
Paralleles Schreiben	n	1	1	1	1	$n/2$	1
Durchsatz Lesen	n	2	8	$n - 1$	$n - 1$	$n - 1$	$n/2$
Durchsatz Schreiben	n	1	1	1	1	$n/2$	1

Tabelle 18.9 RAID-Level im Vergleich (n = Anzahl der Festplatten)

Weit verbreitet sind nur die RAID-Level 0, 1, die Kombination daraus 10 und 5. Je nach RAID-Ausführung können auch zusätzliche Disks im laufenden Betrieb hinzugefügt oder ausgetauscht werden.

Warum hat der Autor so ausführlich DAS-Techniken und RAID erklärt? Die oben erläuterten Begriffe bilden die Grundlage für jede auf Netzwerktechniken basierte Datenspeicherung.

18.2 Storage-Area-Network (SAN) und Fibre-Channel (FC)

Aber auch RAID-Systeme haben einen entscheidenden Nachteil. In einem Unternehmen gibt es immer mehr als einen Server. Nun kommt es regelmäßig vor, dass auf einem Server noch Platz frei ist, während die Platten eines zweiten Servers komplett belegt sind. Auch kennt der Autor Installationen mit 150 Servern. Hier wird ein Backup mit lokalen Bandlaufwerken zur Lebensaufgabe. Jeden Tag 150 Bandkassetten wechseln? Für beide Probleme ist ein Storage-Area-Network (SAN) die Lösung. Man schließt alle Server mit Fibre-Channel an ein zentrales RAID-System an. Jeder Server bekommt nun virtuelle Plattenlaufwerke, und man verteilt den verfügbaren Plattenplatz zwischen den Servern optimal auf. Das zentrale RAID-Array sollte man um eine Tape-Library erweitern, die alle Daten zentral auf Magnetband sichert. Eine Tape-Library besteht aus mehreren Bandkassetten-Laufwerken, Ablagefächern und einem Roboterarm, der die Bandkassetten wechselt. Pro Kassette kann man 160/320 GByte unkomprimiert/komprimiert sichern. Die RAID-Technik gibt es auch für Bandkassetten. So darf bei der Sicherung auch einmal ein Band defekt sein.

18.2.1 Datensicherung (engl. Backup)

Gesetzlich über DIN-Normen vorgeschrieben und von deutschen Gerichten eingefordert ist ein Backup nach dem Prinzip Großvater, Vater, Sohn. Das bedeutet, man benötigt immer ein Original und zwei Kopien. Leider kann eine Datensicherung so abstürzen, dass das Original und die erste Kopie zerstört wird. Deshalb benötigt man eine zweite Kopie. Nun ist es in der Praxis zeitlich und finanziell selten möglich, täglich zwei Bandkopien anzufertigen. Man behilft sich hier mit RAID-Systemen. Diese bilden das Original und die erste Kopie. Die zweite Kopie legt man mit Bandkassetten an. Wer keine Datensicherung durchführt, der handelt grob fahrlässig, sagen das deutsche Recht und die aktuelle Rechtsprechung. Unterlässt man den Backup, dann begeht man keine Straftat. Im Gegensatz zum Fahren bei Rot über eine Ampel muss man ohne Backup weder eine Geldstrafe zahlen noch erhält man ein Berufsverbot. Aber man haftet ohne Backup aus Privatvermögen und muss seinem Arbeitgeber den Aufwand zur Wiederherstellung der verlorenen Daten bezahlen. Eine Geschäftsleitung kann ungeprüft davon ausgehen, dass ein mit der Aufgabe Backup betreuter Mitarbeiter diese auch durchführt. Nur wenn der Mitarbeiter seine Vorgesetzten mindestens zweimal schriftlich darauf hingewiesen hat, dass er nicht in der Lage ist, den Backup auszuführen (keine Zeit, Bandlaufwerkskapazität zu klein, fehlende Ausbildung), liegt die Verantwortung wieder bei der Geschäftsleitung. In einem Autohaus war seit Monaten das Bandlaufwerk defekt. Da niemand das Backup kontrollierte, merkte das keiner. Nun fiel die Serverplatte im Sommer wegen Überhitzung aus. Ein Backup gab es ja auch nicht. Alle Kunden- und Auftragsinformationen waren verloren. Innerhalb von zwei Wochen erstellten die Mitarbeiter auf Basis von Papierrechnungen aus den Archiven die verlorenen Daten wieder. Der Arbeitgeber verklagte seinen eigenen Systemadministrator auf Schadenersatz und erhielt 80 000 Euro Entschädigung zugesprochen. Das Urteil wurde in der Zwischenzeit vom BGH bestätigt. Übrigens, bei grob fahrlässiger Handlungsweise zahlt auch keine Versicherung. Des Weiteren lagert man Magnetbänder nicht im Serverraum. Brennt es dort, dann ist alles weg, alle Serverplatten, das RAID-System und die Kassetten der Bandsicherung.

18.2.2 Fibre-Channel (FC)

Der Fibre-Channel(FC)-Protocol-Standard ist die technische Grundlage für jedes Storage-Area-Network (SAN). Fibre wurde nach amerikanischer Schreibweise mit Absicht falsch geschrieben, korrekt wäre Fiber. Damit wollten die Entwickler darauf hinweisen, dass man im FC nicht nur Glasfaserkabel, sondern auch kurze Kupferleitungen verwenden kann. FC arbeitet mit bis zu 400 MByte/s (nicht Mbit/s) und einer Entfernung über Glasfaser mit bis zu 100 km. FC wird normiert vom Arbeitskreis T11 des ANSI (www.T11.org).

Den Fibre-Channel hat man, wie das Internet-Modell, in vier Layer eingeteilt:

- FC 0   ist die physikalische Schicht und beschreibt

  Geschwindigkeit

  (400, 200, 100, 50, 25, 12 MByte/s),

  Verbindungskabel

  (SM = 9/125 µm, M5 = 50/125 µm, M6 = 62.5/125 µm, LV = Long-Coax, TV = Video-Coax, MI = Mini-Coax, TP = Twisted-Pair, TW = Twinax),

  Übertragung

  (LL = Longwave-Laser, SL = Shortwave-Laser mit Open-Fiber-Check, SN = Shortwave-Laser ohne Oper-Fiber-Check, LE = Longwave-LED, EL = Electrical)

  und Entfernung

  (L = Long, i = Intermediate, S = Short).

  Die Entfernungen in Meter definieren bei Fibre-Channel die Hersteller der Komponenten. Eine „100-M5-SN-I"-Verbindung kann 100 MByte/s über 50/125-µm-MMF mit Shortwave-Laser ohne Open-Fiber-Check in einer intermediate Distanz bis 300 m übertragen.

- FC 1   Dieser Layer dient zur **Codierung** der Daten gegen Leitungsstörungen. Fibre-Channel arbeitet mit einer 8b/10b-Codierung.

- FC 2   Im Layer 2 wird der **FC-Frame** gebildet. Dieser hat zu Beginn ein 4 Byte langes Start-of-Frame-Trennsymbol, dann folgt der 24 Byte lange FC-Header, nun kommen maximal 2112 Byte Daten, abgeschlossen von einer 4 Byte langen Prüfsumme und einem ebenfalls 4 Byte langen End-of-Frame-Trennsymbol.

Der Layer 2 im Fibre-Channel definiert auch den Verbindungsauf- und -abbau, den Datenaustausch und die Kontrollverfahren für eine FC-Verbindung. Er steuert den Datenverkehr zusätzlich mit einer Flusskontrolle.

- FC 3   Ein Layer für gemeinsame, zukünftige Dienste, wie

  Striping

  (mehrere Point-to-Point-Strecken für einen Link, ähnlich EtherChannel),

  HuntGroups

  (Ausfallsicherung über identische Alias-Namen mehrerer N-Ports)

  und Multicast

  (eine Mitteilung erreicht mehrere N-Ports).

- FC 4   Der vierte Layer verbindet FC mit seinen Anwendungsprotokollen, wie SCSI, IBM-ESCON, HIPPI, ATM-AAL5 oder IP. Ein Betriebssystem muss also nicht um Fibre-Channel erweitert werden, sondern greift mit SCSI auf FC-Disks zu, genauso wie auf lokale Festplatten.

Zusätzlich definiert der FC-Layer 0 noch folgende Topologien und Ports.

- Point-to-Point   Zwei FC-Adapter mit N-Ports verbunden über ein Kabel.
- Loop   Die Arbitrated-Loop (AL) bildet einen Ring aus < 127 L-Ports (NL = L-Port im Node-Adapter, FL = L-Port an einer Fabrik, TL = Translation-Port zwischen Loop und Fabric)
- Fabric   Sternförmige Topologie, in deren Mitte ein FC-Switch die Daten verteilt. Den FC-Switch nennt man Fabric. Die F-Ports der Fabric werden mit den N-Ports der FC-Adapter verbunden.

Es gibt aber noch weitere Ports. Über einen expansion E-Port verbindet man zwei FC-Switches miteinander. Einen generischen G-Port kann man zwischen E-Port und N-Port umschalten. Der U-Port ist der universellste. Diesen kann man mit allen anderen Port-Typen verbinden. Bei Fibre-Channel unterscheidet man also zwischen Host-Bus-Adapter (HBA), Disk-Array, Tape-Library und FC-Fabric.

Fibre-Channel ist ein hochverfügbares, sehr schnelles Speichernetzwerk. Dank FC kann man Ausfallrechenzentren bauen, die über 100 km auseinander liegen, oder auch zwei RAID-Systeme und die Tape-Library auf drei Gebäude verteilen, so dass im Falle eines Brands immer noch ein System verfügbar bleibt.

18.3   Network Attached Storage (NAS) = iSCSI, FCIP + iFCP

Eigentlich könnte man jeden Fileserver in einem Netzwerk als NAS bezeichnen. Gemeint ist mit Network-Attached-Storage aber der betriebssystemübergreifende Aufbau von File- und Backup-Servern für eine Vielzahl von Anwendern. NAS-Produkte basieren auf Gigabit-Ethernet und werden einfach an ein vorhandenes Netzwerk angeschlossen. Die NAS-Server unterstützen in der Regel RAID. Mit Network-Attached-Storage erweitert man kostengünstig und einfach seine Plattenkapazität. Gegenüber herkömmlichen Fileservern mit lokalen Platten (DAS) oder Fibre-Channel (SAN) erreicht man mit NAS eine einfachere Installation, geringere Implementierungs- und Betriebskosten sowie die Möglichkeit, Speicher hinzuzufügen oder zu konfigurieren, ohne das Netzwerk oder einen Server herunterfahren zu müssen.

18.3.1 SCSI over IP (iSCSI)

Für Fibre-Channel muss man ein neues Netzwerk aufbauen. Alle Unternehmen besitzen aber bereits ein Ethernet-Netzwerk, manche setzen auch Gigabit-Ethernet ein. Erst GE ist für Plattenzugriffe schnell genug. Da IP heute als das Standardnetzwerkprotokoll genutzt wird, kam man auf die Idee, auch das SCSI-Protocol (Block-In/Out für Plattenzugriffe) über IP und GE zu transportieren. iSCSI ist eine Technologie, die es ermöglicht, ein Storage-Area-Network aufzubauen, ohne in Fibre-Channel investieren zu müssen. iSCSI soll die Vorteile klassischer Fileserver (NAS) und die von Fibre-Channel-Systemen (SAN) vereinigen. Es wird von der Storage Networking Industry Association (www.SNIA.org) in der Arbeitsgruppe IPstorage (www.IPstorage.org) entwickelt und wurde erstmals im RFC.3347 (www.IETF.org) normiert.

Ein iSCSI-Adapter sieht zum Rechner hin so aus wie eine einfache SCSI-Schnittstellenkarte. Auf der Netzwerkseite ist der iSCSI-Adapter eine normale Gigabit-Ethernet-Karte mit IP-Protocol. Mit iSCSI muss man also weder das Betriebssystem noch das Netzwerk verändern. In einem TCP-Offload-iSCSI-Adapter wird sogar der komplette TCP/IP-Treiber in Hardware realisiert – und diese Karten arbeiten daher sehr schnell. Es geht so um Faktoren schneller als über die Software von IP-Treibern in normalen Betriebssystemen. Allerdings existieren auch deutlich langsamere iSCSI-Implementationen für Fast-Ethernet. Auch gibt es iSCSI-Treiber für normale Gigabit-Ethernet-Karten, aber hier muss man mit Leistungseinbrüchen rechnen.

Auf der Storage-Seite werden RAID-Systeme verschiedener Hersteller angeboten, die direkt mit einem iSCSI-Interface ausgerüstet sind. Es gibt aber auch IP-Storage-Switches, die neben einer iSCSI-Schnittstelle noch ein Fibre-Channel-Interface besitzen.

Ist eine WAN-Verbindung schnell genug, dann kann man, dank IP, sogar länderübergreifend Verbindungen schalten. Der Autor kennt einen Anwender, dessen Server in Basel stehen, während sich einige Platten und Bandlaufwerke in Köln befinden.

Damit iSCSI immer schnell bleibt, unterstützt es bekannte Quality-of-Service(QoS)-IP-Techniken, wie Differential Services (DiffServ), Multi Protocol Label Switching (MPLS) oder das Resource Reservation Protocol (RSVP). Zum Schutz gegen Mitlesen durch Spione oder Hacker setzt iSCSI auf Technologien wie Virtuelles LAN (VLAN), Access-Control-List (ACL) oder IP-Security (IPsec) mit 3DES-Verschlüsselung.

Im iSCSI unterscheidet man zwischen dem **Initiator**, wie einem Host-PC, einer Workstation oder einem Server, und dem **Target**, dem Disk-Array oder einer Tape-Library, möglichst als RAID-System. Zwischen Initiator und Target wird immer eine TCP/IP-Verbindung aufgebaut.

18.3.2 Fibre Channel over IP (FCIP)

Ein Unternehmen hat an zwei Standorten SANs mit Fibre-Channel installiert. Nun sollen Daten zwischen den beiden SANs ausgetauscht werden. Das ist mit den richtigen Fibre-Channel-Adaptern kein Problem, aber man muss nun eine zweite Netzwerkverbindung für FC, zusätzlich zur bestehenden IP-Strecke, aufbauen. Geht das nicht einfacher? Doch, man verwendet Fiber Channel over IP. FCIP ist eine Tunnel-Technik, die es erlaubt, Fibre-Channel-Frames innerhalb von TCP/IP-Paketen zu transportieren. So kann man kostengünstig zwei räumlich getrennte FC-SANs über bestehende IP-Netze verbinden.

FCIP erlaubt, Daten entfernt auf Archiv-Bändern zu sichern, Platten auch über weite Entfernungen zu spiegeln, Desaster-Recovery-Szenarios standortübergreifend aufzubauen und den Einsatz von Personal und Geräten zu optimieren.

18.3.3 Internet Fibre Channel Protocol (iFCP)

Das iFCP ist ein TCP/IP-Protocol, welches Fibre-Channel-Speichersysteme miteinander verbindet, ohne Fibre-Channel Fabrics einsetzen zu müssen. Das Internet Fibre Channel Protocol wird von der Storage Networking Industry Association (www.IPstorage.org) entwickelt.

Fibre-Channel ist eine robuste, sehr schnelle SAN-Schnittstelle für Disk-Arrays und Tape-Libraries. Aber mit Fibre-Channel entstanden in der Praxis SAN-Inseln. Um diese Inseln zu verbinden, benötigt man zusätzliche, bisher nicht benutzte Glasfasern. Diese stehen aber nicht bei jedem Kunden zur Verfügung. Daher kam man auf die Idee, eine FC-Fabric durch einen iFCP-Switch zu ersetzen und die Verbindung via TCP/IP über einen vorhandenen Gigabit-Ethernet-Backbone zu schalten. Man nennt einen iFCP-Switch auch iFCP-Gateway, da dieses einen Übergang zwischen bestehenden FC-Host-Bus-Adaptern (HBA) und Gigabit-Ethernet mit seinen IP-Routern ermöglicht. iFCP erlaubt Verbindungen zwischen HBA und HBA, FC-Fabric und HBA oder Fabric und Fabric. Damit können alle bestehenden FC-Devices an ein iFCP-Gateway angeschlossen werden.

18.4 DAS und SAN und NAS im Vergleich

Lokale SCSI-Festplatten (DAS) und Fibre-Channel (SAN) schreiben und lesen kleine Datenblöcke (Block-I/O). NAS arbeiten auf Dateiebene, d. h., ein NAS schreibt und liest ganze Dateien (File-Sharing). Was bedeutet das nun in der Praxis?

Dazu testete die www.Networkworld.de im Juni 2001 Folgendes. Die Tests wurden mit HP/Compaq ProLiant-Servern durchgeführt. Alle besaßen zwei Intel-866-MHz-Pentium-III-CPUs, 1024 MByte RAM und lokale Ultra-Wide SCSI3-Festplatten.

- **Fileserver** (80 % Lesen, 20 % Schreiben, 4 kByte große Dateien)

DAS   = 0,8 MByte/s = Faktor 1 (Referenz)

NAS   = 1,3 MByte/s = Faktor 1,6 × schneller

SAN   = 1,8 MByte/s = Faktor 2,3 × schneller

- **Webserver** (100 % Lesen, 1 kByte bis 128 kByte große Dateien)

DAS   = 3,0 MByte/s = Faktor 1 (Referenz)

NAS   = 8,0 MByte/s = Faktor 2,6 × schneller

SAN   = 4,0 MByte/s = Faktor 1,3 × schneller

- **Backupserver** (100 % Schreiben, 1 MByte große Dateien)

DAS   = 25 MByte/s   = Faktor 1 (Referenz)

NAS   = 5 MByte/s   = Faktor 0,2 × schneller = 5 × langsamer

SAN   = 30 MByte/s   = Faktor 1,2 × schneller

Im Vergleich zu einer lokalen Festplatte ist ein NAS als Webserver die schnellste Lösung, während es als Backupserver völlig versagt, und hier ein SAN, wie auch als Fileserver, seine Vorteile ausspielt. Aus dem Test der Networkworld ergibt sich, dass es von der Anwendung abhängt, ob ein NAS oder ein SAN schneller ist. Nach Meinung des Autors werden alle drei Lösungen bestehen bleiben: DAS im Desktop und im Notebook, SAN als File- und Backup-Server und NAS als idealer Webserver. (An plattenlose PC glaubt der Autor nicht. Diese sind zu langsam, zu empfindlich gegen Netzwerkabstürze und auch nie unabhängig von der Anbindung an ein Computernetz zu verwenden.)

19   Leistung eines Computernetzes

Die Leistung eines Netzwerks könnte man mit folgender Formel berechnen:

- **Bandbreite (Mbit/s) – Verzögerungen (ms) – Fehler (‰) = Leistung**

Dies ist keine Formel im mathematischen Sinne, zeigt jedoch auf, dass Verzögerungen und Fehler die Antwortzeiten eines Computernetzes stark beeinflussen. In der Regel spricht man beim Netzdesign immer über die Bandbreite. Das ist zu wenig. Seit man an Voice-over-IP arbeitet, hat man erkannt, wie wichtig eine geringe Netzverzögerung ist. Zum Dritten sollte ein Netz möglichst fehlerfrei arbeiten. Aus der Praxis kann der Autor versichern, schon bei 5 % Fehler im Netz kommt es zu sporadischen Ausfällen, und es gibt keine stabilen Verbindungen mehr. Regelmäßig ein defektes Paket pro 1000 fehlerfreie (1 ‰), das verdreifacht die Antwortzeiten.

19.1   Bandbreite (kbit/s und Mbit/s)

Die Bandbreite legt fest, wie viele Anwender gleichzeitig über ein Netzwerk arbeiten können. Die Bandbreite ist mit dem Durchmesser eines Rohrs vergleichbar. Je größer das Rohr und sein Durchmesser wird, desto mehr Wasser (Daten) passt hindurch. Ab 2 Mbit/s sagt die Bandbreite aber wenig über die Antwortzeiten bzw. Wartezeiten der Anwender aus. Hier sind dann vor allem die Netzverzögerung und die Fehlerrate ausschlaggebend.

Die Bandbreite gibt man im WAN in kbit/s an und im LAN, 1000-mal schneller, in Mbit/s. In der folgenden Liste sind alle heute üblichen Datenraten aufgeführt:

- 9,6 kbit/s   Handy (seit 1990) bzw. langsamster X.25-Anschluss
- 33,6 kbit/s   Modem (seit 1970, V.92 mit 56 kbit/s down/33,6 kbit/s up)
- 64 kbit/s   X.25-Standardanschluss (seit 1971)
- 128 kbit/s   ISDN (seit 1989, von zwei bis 30 Kanälen zu je 64 kbit/s)
- 1920 kbit/s   Frame-Relay (selten bis 34 Mbit/s)
- 2 Mbit/s   ATM via E1-PDH (seit 1991)
- 4 Mbit/s   Token-Ring (der erste Ring war 1985 wirklich so langsam)
- 10 Mbit/s   Ethernet (seit 1980)
- 16 Mbit/s   Token-Ring (seit 1987, ab 1997 von Madge mit 96 Mbit/s)

- 34 Mbit/s   ATM via E3-PDH
- 100 Mbit/s   Fast-Ethernet (seit 1997)
- 155 Mbit/s   ATM (STM-1 oder Sonet OC-3/STS-3)
- 622 Mbit/s   ATM (STM-4 oder Sonet OC-12/STS-12)
- 1000 Mbit/s   Gigabit-Ethernet (seit 1999)
- 2488 Mbit/s   ATM (STM-16 oder Sonet OC-48/STS-48)
- 10 000 Mbit/s die Zukunft von Ethernet und ATM (seit 2002)

Seit 2002 gibt es Techniken für Computernetze, die etwa eine Million Mal schneller Datenpakete transportieren können als zu Beginn der Entwicklung in den 1970er-Jahren (vom 10-kbit-Handymodem zum 10-Gbit-Ethernet).

Die Bandbreite kann man nicht verändern. Sie wird vom gewählten Netzwerk fest vorgegeben. Es ist nur möglich, über Monitore und Analyser die Auslastung der verfügbaren Bandbreite in Prozent zu messen.

Kanalrohr

(hier ohne Gefälle)

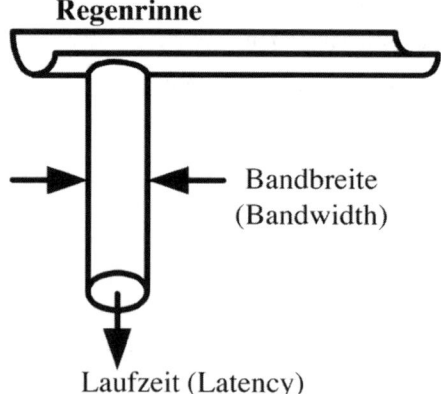

Regenrinne

Bandbreite
(Bandwidth)

Laufzeit (Latency)

Bild 19.1 Bandbreite (Mbit/s) und Verzögerung (ms)

19.2 Verzögerung (ms)

Datenpakete laufen nicht in Nullzeit durch Computernetze. Jedes Netzwerk benötigt eine Durchlaufzeit (engl. Latency) für den Transport der Pakete. So verzögert sich die Lieferung immer um einige Millisekunden.

Die Laufzeit definiert die Antwortzeiten für die Anwender. Wenn die Bandbreite dem Durchmesser eines Rohrs entspricht, dann ist die Laufzeit das Gefälle. Wenn man ein Kanalrohr mit zwei Meter Durchmesser eben auf die Erde legt, dann läuft kein Wasser hindurch, es gibt hier kein Gefälle. In einem Regenrohr von nur 10 cm Durchmesser schießt das Wasser nach unten. Das gilt analog auch für Netze. **Bei einer sehr langen Laufzeit erlebt man die Antwort nicht mehr.** Nur bei minimalen Laufzeiten kann man kurze Antwortzeiten garantieren. Es gilt:

- **Bandbreite** = Anzahl gleichzeitig arbeitender User   **(Rohr-Durchmesser)**
- **Verzögerung** = Antwortzeit für einen Anwender   **(Rohr-Gefälle)**
- **Fehlerrate** = hohe Verzögerungen für alle Nutzer   **(Löcher in Rohren)**

Unterhalb einer Bandbreite von zwei Mbit/s sind die Paketlaufzeiten stark abhängig von der verfügbaren Bandbreite. Zwischen zwei Cisco-Routern wurde ein 2 m langes Kabel gesteckt und eine serielle Strecke mit PPP aufgebaut:

- Seriell   10 000 000 bit/s   +   Ping -L 64   =   3 ms
- **Seriell   2 000 000 bit/s   +   Ping -L 64   =   4 ms**
- Seriell   250 000 bit/s   +   Ping -L 64   =   11 ms
- Seriell   64 000 bit/s   +   Ping -L 64   =   30 ms
- Seriell   38 400 bit/s   +   Ping -L 64   =   47 ms
- Seriell   9 600 bit/s   +   Ping -L 64   =   173 ms

Oben mit kurzen Paketen à 64 Byte und unten mit langen Paketen zu 1472 Byte.

- Seriell   10 000 000 bit/s   +   Ping -L 1472 =   6 ms
- **Seriell   2 000 000 bit/s   +   Ping -L 1472 =   9 ms**
- Seriell   250 000 bit/s   +   Ping -L 1472 =   106 ms
- Seriell   64 000 bit/s   +   Ping -L 1472 =   386 ms
- Seriell   38 400 bit/s   +   Ping -L 1472 =   638 ms
- Seriell   9 600 bit/s   +   Ping -L 1472 =   2521 ms

Man sieht, dass ab etwa 2 Mbit/s die verfügbare Bandbreite kaum noch eine Rolle für die Laufzeiten spielt. Der Unterschied zu 10 Mbit/s ist minimal.

Die Laufzeit wird in Millisekunden (ms) gemessen. Das ist mathematisch 1/1000 s. Wie kann man dafür ein Gefühl entwickeln? Eine gute Sekretärin beherrscht um die 240 Anschläge pro Minute, das sind pro Tastendruck etwa 250 ms. Will man nun über ein Netzwerk hinweg erreichen, dass diese Dame ohne Stocken arbeiten kann, dann muss die Laufzeit unter 100 ms liegen (100 ms hin, 100 ms zurück und 100 ms für die Verarbeitungszeiten der Rechner und Netzbauteile).

Das größte Problem heutiger Netze sind die Laufzeiten der Pakete. Man sollte folgende Grenzen kennen:

- in einem guten LAN gilt immer   < 10 ms
- via ISDN innerhalb von Deutschland   < 100 ms
- via Frame-Relay mit ATM-Backbone in Deutschland   < 150 ms

Achtung: Grenze für Voice-over-IP nach ITU!

- via Frame-Relay mit traditionellem Multiplexer-Backbone in D   < 300 ms
- via X.25 innerhalb von Deutschland   < 500 ms

Achtung: Grenze für IPX-Übertragungen in Novell-Netzen!

- via Handy und Mobilfunknetz in Deutschland   < 1000 ms
- via Satelliten-Verbindung nach Deutschland   < 4000 ms

Auch wenn bei Satelliten-Verbindungen die Bandbreite ausreichend ist, darf man nie vergessen, dass ein Frame bis zu 4 s unterwegs ist. Die Sekretärin drückt eine Taste und wartet dann vier Sekunden auf die Anzeige eines Buchstabens. Das dauert zu lange!

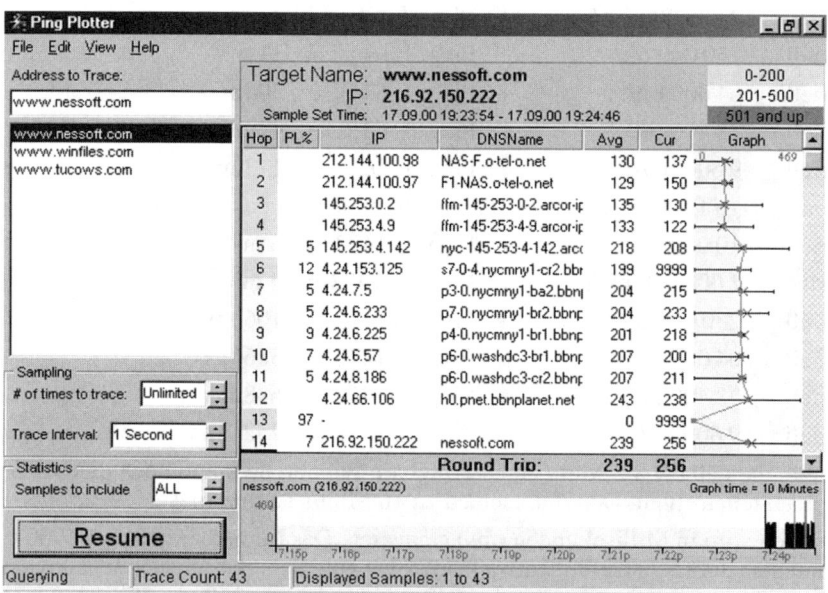

Bild 19.2 Messung der Laufzeit mit Ping von www.nessoft.com/pingplotter

Laufzeiten kann man in IP-Netzen einfach mit dem Befehl Ping messen. Die ermittelte Zeit gilt jedoch für zwei Wege durchs Netz. Der Ping wird gestartet, läuft zum Ziel, ein Pong kommt wieder zurück, und erst jetzt wird die Zeit genommen. Das ist auch bei jeder Netzanwendung so. Man schickt eine Zeichenkette und erhält eine Empfangsbestätigung. Man sollte auf keinen Fall auf den Vorschlag mancher Telefongesellschaften mit langsamen Netzen eingehen und nur die einfache Laufzeit durch das Netz als Grenzwert im Vertrag aufnehmen. Alle hier genannten Zeiten gelten für ein Ping mit Pong, also hin und her durch ein Netz, wie von den Anwendungen, dem IETF und dem ITU gefordert (ICMP Echo plus Echo-Reply).

19.3   Fehlerrate (Promilleangabe)

Fehler gibt es immer wieder, man kann sie nie ganz ausschließen. Bei Netzfehlern kommt es in der Regel nicht sofort zu Totalausfällen, da die fehlerhaften Pakete wiederholt werden. Vielmehr zeigen sich die Fehler zuerst in langen Antwortzeiten. Eine hohe Fehlerrate verursacht:

- einen geringen Datendurchsatz
- lange Antwortzeiten
- und gelegentliche Verbindungsabbrüche (fast nie im Leerlauf, mehr unter Last)

Kommt es dauerhaft zu Ausfällen einzelner Strecken, ist der Fehler durch Abziehen der Kabel schnell gefunden. Für die Suche nach allen anderen Fehlern benötigt man Agenten, Monitore und Analyser.

Da man Fehler nie ganz ausschließen kann, stellt sich die Frage, welche Fehlerrate man ohne Probleme noch tolerieren kann? Die Sniffer-University sagt dazu:

- mehr als **ein defektes Frame pro einem MByte Daten** verdient Beachtung
- bei **einem fehlerhaften Frame pro Minute** sollte man die Ursache suchen

Bei einem über das Sun-Network-File-System angebundenen Netzlaufwerk gilt:

- regelmäßig **1 Error-Frame pro 1000 Frames** verdreifacht die Antwortzeiten

Das Station-Management im FDDI überwacht ständig jeden Glasfaseranschluss:

- steigt die **Bitfehlerrate über 10^{-7}** an, wird der Anschluss abgeschaltet

Im WAN gibt es für jeden 64-kbit/s-Kanal nach ITU einen Bit-Error-Rate-Test:

- BERT-Ergebnis: Unavailable = Nie!, Strong Error < 1,4 ‰, Error < 6,8 ‰
  Die ITU-G.821 und die DTAG-1TR805 definieren 15 min bzw. 24 Stunden Messdauer und Variablen: Error-Seconds (< 1 ‰ Fehler), Strong-Error-Seconds (> 1 ‰ Fehler); Unavailable-Seconds (> 1 ‰ Fehler länger als 10 s).

Der Autor zieht aus diesen Vorgaben und aus seiner Praxis folgendes Fazit:

- Nur Fehler im Promillebereich (< 5 ‰) kann man tolerieren!
- Fehler im Prozentbereich sollte man immer schnellstmöglich abstellen.

Der Autor ärgert sich bei Anzeigen von Fehlerstatistiken immer wieder über lineare Skalen in Prozent. Für die Anzeige der Bandbreite ist Prozent o. k., aber für eine Fehleranalyse sieht man so die Fehler viel zu spät! Besser wäre eine logarithmische Anzeige im Promillebereich.

Die beste Methode gegen Fehler ist es immer, sie gleich gar nicht zu machen. Man muss einen stabilen Netzbetrieb für die Anwender garantieren:

- **Niemals die von der Netzwerknorm gesetzten Grenzwerte überschreiten!**
  Jede Netzarchitektur besitzt ein Regelwerk. Ein Verstoß gegen diese Regeln führt immer zu Fehlern. Diese treten dann für den Anwender zuerst unbemerkt auf, können aber bei hohen Netzlasten zu sporadischen Ausfällen führen.

- **Installieren Sie mit Sorgfalt!**
  Betrachten Sie alles aus der Sicht des Benutzers. Nur der Anwender definiert, was gut ist. Installieren Sie daher sorgfältig, nehmen Sie sich etwas Zeit und machen es gleich beim ersten Mal richtig.

- **Dokumentieren Sie Ihr Netzwerk!**
  Nur eine aktuelle, vollständige Dokumentation vermeidet die Suche nach der Stecknadel im Heuhaufen. Vor jeder Änderung muss man erst den aktuellen Netzwerkstatus dokumentieren. Erst dann darf man Änderungen durchführen. Unterlässt man das, dann wird ein Rückbau schwierig, wenn die Änderung einmal nicht klappen sollte.

- **Vergessen Sie nicht die Stromversorgung!**
  Viele mysteriöse Fehler haben ihre Ursachen in einer schlechten Spannungsversorgung. Ein Bekannter des Autors hat einmal eine Adressdatenbank programmiert. Die Anwender beschwerten sich, dass immer wieder Kunden aus der Datenbank verschwanden. Der Bekannte hat die Datenbank dreimal neu geschrieben, ohne Änderung der Situation. Dann saß der Bekannte eines Tages frustriert beim Anwender und hatte eine Kundenadresse vor sich auf dem Schirm. Der Anwender schaltete seine Kaffeemaschine ein. Gleichzeitig gab es einen Blitz auf dem Monitor und der Kunde war gelöscht. PC und Kaffeemaschine waren an derselben Steckdosenleiste angeschlossen. Man baute eine USV (unterbrechungsfreie Stromversorgung) vor den PC des Anwenders, und das Problem war gelöst.

- **Entwickeln Sie Katastrophenpläne!**
  Was passiert, wenn das System x ausfällt? Wo sind die Schlüssel zu den Räumen und die Passwörter der Systeme hinterlegt? Wen kann man um Hilfe fragen (Kollegen, externe Hotline)? Wer hat Bereitschaft?

20 Dokumentation eines Computernetzes

Jede Fehlersuche in Computernetzen beginnt nach den Erfahrungen des Autors mit der Suche nach Dokumentationsunterlagen. Wie war das noch? Was haben wir damals gemacht? **Einer guten Dokumentation wird viel zu wenig Aufmerksamkeit gewidmet.**

Für ein schnelles Auffinden von Fehlern muss man eine Dokumentation jederzeit einsehen können: Was wurde wo verbaut, und wie wurden die Komponenten verbunden? Hat man keine Doku, dann gleicht die Diagnose der Suche nach einer Stecknadel im Heuhaufen. Bisher hat der Autor mit Kollegen noch jede Nadel gefunden, leider manchmal jedoch erst nach Monaten.

Jede Planung oder Änderung eines Netzes wird ohne Dokumentation zum Experiment. Man kann auf Basis einer stimmenden Dokumentation wesentlich sicherer und preiswerter planen.

Die Folgen einer fehlenden Dokumentation sind immer die gleichen:

- **unnötig lange Ausfallzeiten**
- **erhöhte Kosten bei Fehlersuche, Wartung und Änderungen**

Eine Dokumentation rechnet sich bezogen die Nutzungsdauer immer!

Die DIN 50173 schreibt im Kapitel 10 eine Dokumentation zwar zwingend vor, gibt jedoch es keinen Hinweis darauf, wie man diese erstellen sollte.

Nach deutscher Rechtsprechung sollte man eine Dokumentation elektronisch erstellen, und auf Papier archivieren, denn wie will man im Fehlerfall auf die Dokumentation zugreifen, wenn das Netz oder die Rechner ausgefallen sind.

20.1 Bezeichnungen (engl. Label)

Der erste Schritt bei Erstellung einer Dokumentation ist immer das Festlegen von standardisierten Bezeichnungen für alle Bauteile eines Netzwerkes.

Hierbei sollte man versuchen, wirklich an alles zu denken:

- **Kabel** — Anschlusskabel, Dosen, Kabel, Muffen, Patchfelder, Verteiler
- **Netzbauteile** — Hubs (Repeater), Switches (Bridge), Router, Modem, RAS
- **Stationen** — PC, Drucker, Terminal, Workstation, Plotter
- **Überträger** — Printserver, Terminalserver, Steuereinheiten, Gateways
- **Server** — Mini/Midrange, Großrechner/Mainframe

Der Vorschlag des Autors ist, eine 12-stellige Einheitsbezeichnung festzulegen:

- **Typ3Name8zei**

Die Bezeichnung beginnt mit der Benennung des Typs der Komponente. Dieser Typ wird unternehmensweit festgelegt. Der Typ ist immer drei Zeichen lang.

Dann folgt als Trennzeichen eine Zahl, z. B. die Zwei („2"). Auf Sonderzeichen sollte man ganz verzichten! Dann hat man keine Probleme, heute nicht mit Windows/NT und in Zukunft auch nicht mit neuen Programm-Versionen. Nach der Spezifikation RFC.1035 ist der Bindestrich „-" das einzig erlaubte Sonderzeichen im DNS-Namen. Verwendet man Sonderzeichen, dann ist das Risiko hoch, in der Zukunft einmal alle Bezeichnungen ändern zu müssen: von PDC_B nach PDC-B.

Für den Nnamensteil können die Administratoren der jeweiligen Systeme (Kabel, Netze, PC/Server, Großrechner) nach ihren Wünschen zwischen ein und acht Zeichen für eine Netzwerkkomponente vergeben. Es folgen einige Beispiele:

- **R45^{2}H06E5D123**   123-te RJ45-Dose auf der 5. Etage im Haus 6
- **VTE^{2}H23OG4A**   erster Verteilerschrank auf der 4. Etage im Haus 23
- **ROU^{2}BBRZHH**   Backbone-Router im RZ des Standorts Hamburg
- **PCW^{2}4711**   Windows-PC des Anwenders mit der Durchwahl 4711
- **DRL^{2}Einkauf**   Laserdrucker der Abteilung Einkauf
- **WIN^{2}Mail**   Windows Mail-Server
- **WIN^{2}PDC**   Windows Primary-Domain-Controller
- **UXI^{2}Kohl**   IBM-AIX, Unix-Server mit dem Namen Kohl
- **SNA^{2}GATE3174**   SNA-Gateway mit 3174-Emulation

Damit man die Bauteile wiederfindet, müssen in allen Unterlagen identische Bezeichnungen vergeben werden, auf der Anschlussdose, im Patchfeld, auf dem Grundrissplan und im Messprotokoll. Die Bezeichnungen sollte man festlegen, bevor man mit einer Planung und Installation beginnt.

20.2   Dokumentation einer Verkabelung

Folgende Unterlagen sollte man erstellen und bei Änderungen immer nachpflegen:

- **Kabelspinnplan** oder Kabelspinne ist eine Schemazeichnung, die festhält, wie die Verteilerschränke mit Kabeln untereinander verbunden sind
- **Verteilerfrontansichten** werden benötigt, um zu zeigen, wo die Kabel von den Steckdosen und aus den anderen Verteilerschränken enden und wo welches aktive Bauteil zu finden ist. Für Planungsaufgaben sind sie auch sehr hilfreich, man erkennt, wieviel Platz noch für Erweiterungen übrig geblieben ist
- **Etagengrundrisse** zeigen, wo Dosen gesetzt wurden und an welchem Ort man die Verteilerschränke aufgestellt hat

- **Werksgrundrisse** werden nur benötigt, wenn man mehr als ein Gebäude in einem Werksgelände stehen hat. Der Plan sollte die Lage der Gebäude, die Position der Gebäudeverteiler und grob die Kabeltrassen wiedergeben

- **Messprotokolle** sind vom Installateur zu liefern, um einen Nachweis für die Vermessung der einzelnen Kabelstrecken zu erhalten. Vor jeder Inbetriebnahme eines neuen, fest installierten Kabels sollte man dieses messen lassen

- **Aufmaßlisten** ermöglichen einem Installationsunternehmen vor Gericht zu beweisen, dass man die in Rechnung gestellten Bauteile auch tatsächlich eingebaut hat. Diese Liste müssen alle Installateure kostenlos liefern.

Heute sollte man alle Unterlagen elektronisch über Rechner erstellen. Architektenbüros liefern die Grundrisse in der Regel im Autocad-Format. Von www.Autodesk.de gibt es das kostenlose VoloViewExpress zum Ansehen, Drucken und Kommentieren von Autocad-Dateien. Für Tabellen und Listen nutzt man Excel. Man kann auch Verteilerfrontansichten in Excel aufbauen. Messprotokolle kommen als Druckfile im ASCII-Format aus den Kabelmessgeräten. Für Schemazeichnungen nutzt man meistens Visio. Zeichnungen in diesem Buch wurden mit Visio erstellt.

Bitte drucken Sie alle Unterlagen zusätzlich aus, denn wer weiß, ob man in zehn Jahren noch eine Windows-CD mit ihren elektronischen Daten lesen kann.

20.3   Dokumentation der aktiven Bauteile

Ein Netz aus Hubs, Switches und Routern sollte man wie folgt beschreiben:

- **Die IP-Map** stellt die Verbindungen zwischen den Routern und den IP-Netzen dar (engl. MAP für Landkarte). Man muss alle Subnetze mit ihren Masken angeben. Die IP-Adressen und Bezeichnungen der Router-Interface dürfen nicht fehlen. Die DNS-Namen der Router kommen noch hinzu.

- **Die Host-Tabellen** sollten durch Listen und Reports aus modernen DNS/ DHCP-Servern ersetzt werden. Alle Stationen sind mit ihrem DNS-Namen, ihrer IP-Adresse und der MAC-Adresse oder ISDN-Rufnummer aufzuführen. Die MAC-Adresse kann man auch mit „show arp" aus dem Default-Gateway holen. Ergänzen sollte man diese Angaben um den System-Typ (falls nicht im DNS-Namen enthalten), den Standort und eine Anwendungskurzinformation.

- **Eine Net-Topology** beschreibt die Verbindungen auf Layer 2 zwischen den Switches und Hubs (mathematisch Topologie = im Raum die Anordnung geometrischer Gebilde). In der Topologie bitte nicht die Namen der Komponenten und die Bezeichnungen der Schnittstellen vergessen einzutragen. Hier wird keine Patchliste gefordert, wo man welchen PC angeschlossen hat. Eine Patchliste für PC zu erstellen hält der Autor für viel zu aufwändig. Bei wichtigen Systemen kann man die Anschlusskabel beschriften.

- **Die Stückliste** mit den aktiven Bauteilen des Netzes ist vergleichbar zur Aufmaßliste bei der Verkabelung. Alle aktiven Komponenten sind mit Angabe von Einbauort, Hersteller, Artikelnummer und Seriennummer aufzuführen. Will man Garantie oder Wartungsansprüche geltend machen, dann benötigt man immer Artikel- und Seriennummer.

- **Die Konfiguration** aller einstellbaren, aktiven Komponenten (Hub, Switch, Router) beendet die Dokumentation eines Datennetzes.

Alle Unterlagen sollten elektronisch erstellt und dann ausgedruckt werden. Für die Zeichnungen wird auch hier Visio empfohlen. Texte und Listen sind in der Regel ASCII-Dateien ohne gesonderte Formatierung und damit sicher gegen Versionsänderungen der Anwendungsprogramme.

20.4   Dokumentieren ist eine ständige Aufgabe!

Unsere Welt ist dynamisch, Mitarbeiter kommen und gehen, Abteilungen werden größer und kleiner, Standorte werden hinzugewonnen und gehen verloren. Daher bedarf eine Dokumentation ständiger Pflege. Eine Liste, die seit fünf Jahren nicht mehr geändert wurde, hilft so gut wie gar nicht.

Welchen Umfang sollte eine Dokumentation annehmen? Eine Dokumentation ist so zu gestalten, dass ein geschulter Systemspezialist mit ihrer Hilfe eine ausgefallene Anlage vollständig wiederherstellen kann.

Der Serverraum brennt. Bei den Löscharbeiten wird der Systemmanager von herunterfallenden Deckenteilen erschlagen. Stehen danach genügend Informationen zur Verfügung, damit der Systemlieferant die Anlage wieder erstellen kann?

Ein Kunde und sein Händler streiten sich vor Gericht. Können nun der Richter, die Staatsanwälte und Verteidiger anhand der dem Gericht vorliegenden Dokumentation erkennen, welche Leistungen erbracht wurden und welche nicht?

Leider gibt es für den Aufbau einer Dokumentation noch keine Normen, nur Gerichtsurteile, auf denen die obigen Empfehlungen basieren.

21 SNMP

Das Simple-Network-Management-Protocol (SNMP) ist der erste Standard, der eine herstellerunabhängige Fehlersuche und Überwachung von Computernetzen erlaubt. Eigentlich war SNMP nur als Übergangslösung gedacht, bis man Standards für ein OSI-Management entwickelt hatte. Das komplexe OSI-Management hat sich aber im LAN nicht durchgesetzt, während man Komponenten mit dem einfacheren SNMP heute bei allen Herstellern kaufen kann.

SNMP wird seit 1987 entwickelt:

- 1990 SNMP Version 1
  leicht zu realisieren, keine Sammelabfrage, Klartext-Password, ein Manager

- 1993 SNMP Version 2
  Sammelabfragen, Password verschlüsselt, inkompatibel zu Version 1

- 1996 SNMP Version 1.5
  Frames und Abfragen nach Version 1, zusätzlich Sammelabfragen

- 1999 SNMP Version 3
  kompatibel zu Version 1, mit oder ohne Verschlüsselung, mehrere Manager

SNMP wird ständig weiterentwickelt, um Lücken zu schließen. Eine wichtige noch fehlende Standardfrage wäre: An welchem Switch-Port ist die Station mit folgender MAC-Adresse „4000.7cab.4711" angeschlossen? Eine Antwort kann man heute nur von wenigen, ausgesuchten Produkten herstellerspezifisch erhalten.

SNMP basiert auf folgenden zwei Prinzipien:

- **Zentralisierung** der Überwachungsinformationen **auf wenige Manager**
- **Reduzierung der Komplexität** aller anderen Bauteile, vor allem **der Agenten**

Darüber hinaus können die Hersteller eine Basisfunktionalität von SNMP sehr leicht in ihre Geräte implementieren und um herstellerspezifische Funktionen erweitern. Dadurch wird SNMP leider wieder sehr herstellerabhängig.

SNMP ermöglicht es, Frames und Fehler zu zählen, Statistiken zu generieren, Grenzwerte zu definieren und bei deren Überschreitung Alarme auszulösen. SNMP erlaubt über Agenten in den Netzwerkkomponenten und Stationen einen detaillierten Einblick in die Datenübertragung. **SNMP ist die Ampel eines Netzes:**

- **rot** = Bauteil (Agent) ausgefallen
- **gelb** = kurzfristig keine Info über diese Netzkomponente
- **grün** = Station (Agent) antwortet

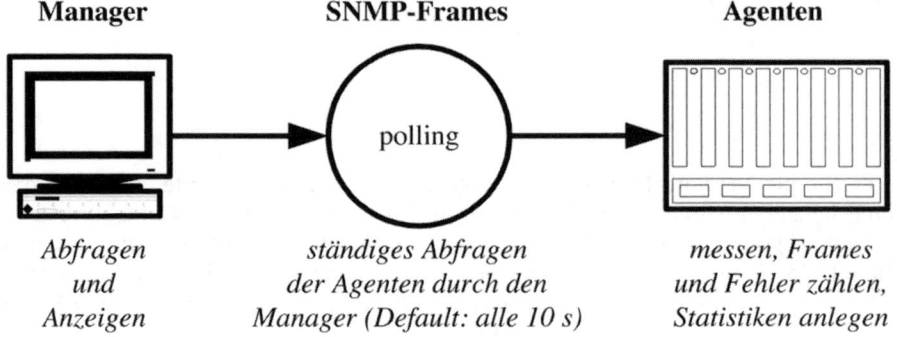

Manager	SNMP-Frames	Agenten
Abfragen und Anzeigen	*ständiges Abfragen der Agenten durch den Manager (Default: alle 10 s)*	*messen, Frames und Fehler zählen, Statistiken anlegen*

Bild 21.1 SNMP-Datenaustausch und Aufgaben von Agent und Manager

Mit SNMP überwacht man die Verfügbarkeit von Computernetzen. SNMP kann aber keine Anwender anlegen oder deren Rechte ändern, Netzwerkdienste für ihre Benutzer freigeben oder Server managen. Man sollte SNMP nicht Management, sondern besser Überwachungsprotokoll nennen.

SNMP ist technisch gesehen eine echte Client/Server-Lösung:

- nur die **Agenten messen und zählen** vorbeikommende Pakete und Fehler
- die Aufgabe der **Manager** ist das **Abfragen und Anzeigen** der Agentendaten

Agent und Manager tauschen ihre Daten über das Simple-Network-Management-Protocol aus. Manager können ohne Agent nichts anzeigen!

21.1 Agenten

SNMP-**Agenten** sind kleine Programme, die in den Netzwerkkomponenten und Stationen laufen. Es gibt sie als **Einsteckkarte** für Hubs, Switches, Router und Drucker, als **RMON-Probes**, das sind **eigenständige Geräte**, und als **Programme** für PC und Server.

Alle Komponenten, die SNMP verstehen, nennt man **Objekte**. In einem Objekt, wie einem Server, können mehrere SNMP-Agenten gleichzeitig arbeiten. Der erste Agent überwacht die Netzwerkkarte, der zweite die CPU-Auslastung und der dritte die Plattenbelegung. Jedes Objekt hat Eigenschaften (Attribute), Zähler (Counter) und eine Geschichte (History).

Ein Agent kann viele Funktionen besitzen. Ein Netzwerk-Agent zählt die Frames und Netzfehler, ein USV-Agent überwacht den Stromanschluss und ein Klima-Agent die Temperatur im Verteilerschrank. Woher soll nun ein Manager wissen, welche Funktionen und Variablen ein Agent besitzt? In einer **MIB-Textdatei** werden die Eigenschaften und Funktionen, d. h. die Variablen des Agenten, beschrieben. Diese Beschreibung des Agenten erfolgt mit Hilfe der Programmiersprache **ASN.1** (Abstract-Syntax-Notation-One). Also ist jede MIB-Textdatei ein ASN.1-Programm. Dieses ASN.1-Programm oder SNMP-MIB beschreibt jede Variablen eines Agenten. Jede SNMP-MIB ist hierarchisch wie ein Baum aufgebaut. Alle Bezeichnungen beginnen in der Root mit dem OSI-Modell: „1 = ISO". Jede Variable erhält eine eindeutige hierarchische Nummer:

- 1.3.6.1.2.5.1.3   = 4712

Das bedeutet, nach der Erklärung der Variable in der MIB-Textdatei:

- ISO.Organisation.DoD.Internet.Management.RMON.Statistics.InOctet = 4712

Die Wertangabe „4712" ist die Anzahl der Datenbytes (Octet), die eine Netzwerkkarte empfangen hat (In).

Es gibt zwei grundsätzliche Varianten von MIB-Textdateien bzw. ASN.1-Programmen, welche die Funktionen von Agenten beschreiben:

- die nach RFC normierten   ISO.Organisation.DoD.Internet.Management

- die **herstellerspezifischen**   ISO.Organisation.DoD.Internet.**Private**.Cisco

Und genau hier beginnt ein Problem von SNMP. Jeder namhafte Netzwerkhersteller (3Com, Cisco, Nortel usw.) hat sich im MIB-Baum einen eigenen Ast reservieren lassen. Warum also eine Variable normiert beschreiben, wenn man diese auch herstellerspezifisch ablegen kann? So sollen die Kunden gezwungen werden, nur Komponenten eines Herstellers zu kaufen! Vom Hersteller erhält man via Internet normalerweise immer die private MIB-Textdatei für eine bestimmte Netzwerkkomponente. Ob sich die darin beschriebenen Variablen mit einem SNMP-Manager eines anderen Anbieters überhaupt auslesen lassen, das wird aber nicht garantiert und ist in der Praxis die große Frage. **Man sollte versuchen, mit normierten MIBs auszukommen.**

Nur ein SNMP-Agent stellt Messungen an und ermittelt so Daten. Die Agenten dürfen von sich aus keine Daten senden. Nur wenige **Alarmmeldungen** (engl. **Trap**) sind erlaubt. In SNMP v.1 gibt es nur fünf Standardalarme:

- **Cold Start**   der Strom wurde eingeschaltet, der Agent startet

- **Warm-Start**   Neustart des Agenten, aus dem laufenden Betrieb heraus

- **Link up**   ein Anschluss wird aktiv

- **Link down**   ein Port schaltet sich ab

- **Community error**   Versuch der Agentenabfrage mit einem falschen Password

Alle anderen Traps definiert der Gerätehersteller selbst, und der SNMP-Manager (das Ziel der Alarmmeldungen) sollte diese auch anzeigen können.

21.2 Manager

Ein SNMP-Manager verfügt über keine Funktionen, um Daten zu sammeln. Er hat keine eigenen Messfunktionen! Er benötigt die Daten der Agenten, um etwas anzeigen zu können. Dazu fragt er mit SNMP-Paketen die Agenten regelmäßig ab (engl. Polling). Das bedeutet: **Ohne aktive SNMP-Agenten und ohne ständige SNMP-Verbindungen ist keine Anzeige im SNMP-Manager möglich!**

Der SNMP-Manager lernt die Funktionen der SNMP-Agenten aus den MIB-Textdateien. Die darin enthaltenen ASN.1-Programme müssen von Text nach binär übersetzt (Compiler) und in die Datenbank des Managers eingetragen werden (Linker). Das ist die Aufgabe eines **MIB-Compilers.** Nun kennt der SNMP-Manager zwar die Variablen der SNMP-Agenten, aber kann er die abgefragten Daten auch anzeigen? Gibt es dafür Felder in der Anzeigemaske? Das ist ein Problem.

Die Hauptfunktion der SNMP-Manager, die **Darstellung eines Computernetzes**, ist leider nicht normiert. Hier kann jeder Hersteller die Anzeige selbst designen. Daher wird es oft schwierig, Netze mit Komponenten verschiedener Hersteller in einem Manager darzustellen. Universell und in allen Managern gelöst ist eine symbolische Darstellung über kleine **Icons**. Schwieriger wird schon eine fotoähnliche Abbildung mit blinkenden Leuchtdioden, eine **View**. Diese sieht für einen Anwender zwar toll aus, bringt aber einem Netzwerkadministrator kaum sinnvolle Informationen. Den Netzadministrator interessieren vielmehr **Tabellen-Anzeigen**, in denen man die Zahl der übertragenen Frames im Verhältnis zu den Fehlern ablesen kann (o. k. = schlechte Frames < 1 ‰ gute Frames).

Über folgende Funktionen sollte ein moderner SNMP-Manager verfügen:

- **IP-Map:** Eine IP-Map ist eine schematische Darstellung des zu überwachenden Computernetzes mit Ampelfunktion: grün erreichbar, rot ausgefallen. Hierbei sollte man sich bewusst sein, dass SNMP nur logische IP-Netze auf Layer 3 darstellt und nicht die physikalisch gesteckten Verbindungen zwischen den Layer-2-Switches. Zusätzlich benötigt man also zur Fehlersuche noch eine Netzwerk-Topology als Dokumentation.

- **MIB-Compiler:** Programm, um MIB-Textdateien (ASN.1-Beschreibungen der Variablen eines Agenten) von neuen Agententypen in die Datenbank des SNMP-Managers einzufügen.

- **MIB-Browser:** Möglichkeit zur Darstellung beliebiger Variablen möglichst aller SNMP-Agenten, herstellerunabhängig.

- **Script-Sprache:** Man sollte recht einfach kleine Programm-Macros erstellen können, die helfen, sich wiederholende Abfragen zu automatisieren.

- **View:** Grafische Darstellung der SNMP-Agenten (sieht toll aus, bringt aber für die Fehlersuche nur wenig).

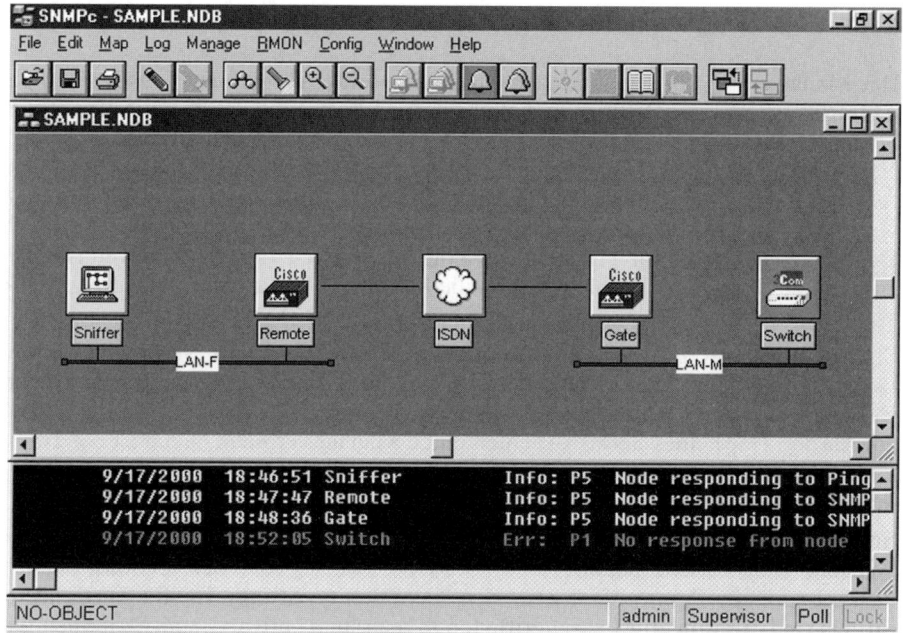

Bild 21.2 IP-Map eines SNMP-Managers als Ampel: grün = o. k. und rot = ausgefallen

- **Report:** Auswertungstool zur automatisierten Erstellung von Tabellen und Statistiken. Es sollten HTML-Dateien erstellt und über einen Scheduler terminigesteuert exportiert werden können. Auch Excel-Dateien sind hilfreich.

- **Syslog:** Liste mit allen Alarmen (Traps). Die Alarme sollte man bestätigen können, damit auch ein Kollege weiß, was noch zu tun ist bzw. was bereits erledigt wurde.

- **Bitmap:** Hinterlegen von eingescannten Grafiken als Hintergrund der einzelnen IP-Maps.

- **Auto-Discovery:** Automatische Suche nach SNMP-Stationen. Diese Funktion hält der Autor für wenig hilfreich. Der Netzadministrator sollte definieren, welche Systeme er überwachen möchte, und dies nicht dem Zufall einer Automatik überlassen.

Verteilte SNMP-Manager werden in größeren Netzen benötigt. Auch ist es eine gute Idee, einfach über einen Web-Browser auf die SNMP-Management-Station zugreifen zu können.

351

21.3 Polling = Datenaustausch mit SNMP

Der Manager fragt in regelmäßigen Abständen seine Agenten ab. Dieses ständige Abfragen nennt man **Polling**. Das Poll-Intervall kann man selbst einstellen. Eine Sekunde ist sicherlich zu kurz und eine Minute eventuell zu lang? Das muss der Netzadministrator selbst entscheiden. Hierbei ist jedoch darauf zu achten, dass eine Abfrage auch einmal fehlschlagen kann. Sie wird dann noch drei- bis fünfmal wiederholt, bevor das Icon auf rot wechselt. Sind dann fünfmal eine Minute zu lang? Das Gegenargument für ein geringes Poll-Intervall ist der dadurch verursachte zusätzliche Datenverkehr im Netz und die erhöhte CPU-Belastung der Netzwerkkomponenten. Das ist ein Problem auf langsamen WAN-Strecken.

SNMP verwendet zum Transport seiner Daten **UDP/IP**, einen verbindungslosen Datagramm-Dienst (ohne Fehlerkontrolle und keine Empfangsbestätigung). Daher ist SNMP auf gute Leitungen angewiesen. Auch kann nicht garantiert werden, dass ein Alarm (Trap) eines SNMP-Agenten einen Manager erreicht. Auch ist bei Traps leider nicht normiert, dass diese überhaupt wiederholt werden. Es ist durchaus möglich, dass SNMP-Traps auf Grund von kurzen Netzstörungen verloren gehen.

SNMP nutzt den UDP-Port 161 für das Manager-Polling und den Port 162 für Agenten-Traps. SNMP hat am Kopf jedes UDP-Paketes nach der Versionsnummer (v.1/v.2/v.3) ein Password stehen, den Community String. Häufig verwendete Strings sind **„public"** für Lesezugriffe (engl. read) und „private" zum Schreiben für geänderte Variableninhalte (engl. write). Version 1 überträgt die Community-Passwörter im Klartext, Version 2 verschlüsselt die Passwörter immer und mit Version 3 können die Agenten mit dem Manager eine Methode (verschlüsselt oder unverschlüsselt) aushandeln.

SNMP kennt in seiner Version 1 nur vier Abfragebefehle für das Manager-Polling:

- **Get-Request**   Manager an Agent, sende Wert der Variable 1.3.6.1.2.5
- **Get-Response**   Antwort des Agenten an den Manager (Variablenwert)
- **Get-Next-Request**   Manager an Agent, sende den nächsten Variablenwert
- **Set-Request**   Manager an Agent, setze den Wert der Variable auf (x)

SNMP wurde in seiner Version 1.5 um folgende Poll-Abfragen erweitert:

- **Get-Bulk-Request**   Manager an Agent, sende Wertetabelle
- **Inform-Request**   Manager an Manager, Informationen austauschen

21.4 SNMP-Installation

Was muss man tun, um SNMP zu installieren? Man fängt bei den Agenten an.

Jeder SNMP-Agent muss konfiguriert werden, lokal am Aufstellort:
- Eingabe von IP-Adresse, Subnetz-Maske, Default-Gateway (+ DNS-Name?)

Hinzu kommen folgende SNMP-Minimalangaben:

- Community-Passwörter für Read-Only („Public") Read-Write („Private")?

Zu empfehlen ist die Eingabe folgender Textfelder (maximal 64 Zeichen):

- SysName, SysLocation (Ort), SysContact (Kontaktperson, Hotline-Nummer)

Vorsicht, wenn man die Adresse des Managers als Trap-Zielhost eingibt!

- IP-Adresse des SNMP-Managers. (Wird der Syslog ungewollt überladen?)

Ein Alarm- oder **Trap-Management** ist nicht einfach aufzusetzen. Man muss sich genau überlegen, welche Alarme man erhalten will. Normalerweise haben Drucker mit Netzwerkkarte einen SNMP-Agenten automatisch mit eingebaut. Der Netzadministrator startet am Freitagabend noch einen längeren Ausdruck gegen 17:00 Uhr. Dann geht er nach Hause. Montag ist Feiertag, und er ist am Dienstag gegen 9:00 Uhr wieder im Büro. Er stellt fest, dass der SNMP-Manager stehen blieb. Am Freitag um 17:23 Uhr hatte der Drucker kein Papier mehr. Nun sendet der Drucker, vom Hersteller programmiert, alle 10 s einen Trap (kein Papier mehr) an den Manager. Nach 20 000 Meldungen, Drucker 192.168.129.123 hat kein Papier mehr, war die Syslog-Datei des Managers voll, und dieser blieb stehen. Will man wirklich jeden möglichen Trap im Syslog stehen haben? Der Autor empfiehlt zu Beginn einer SNMP-Installation gar **keinen Trap-Zielhost zu konfigurieren** und keine IP-Adresse für den Trap-Host einzugeben. Das kann man später immer noch.

Nach der Einrichtung der SNMP-Agenten spielt man den SNMP-Manager auf:

Wenn man für Windows die erforderlichen Fehlerbehebungen eingespielt hat (Bug-Fixes und Service-Packs), ermöglicht das Setup-Programm eine schnelle und einfache Installation der SNMP-Manager-Software.

Dann folgt die eigentliche Arbeit, die Konfiguration des SNMP-Managers:

Alle SNMP-Agenten muss man mit IP-Adresse, Community-Passwort, MIB-Typ und Poll-Intervall in die IP-Map des SNMP-Managers eintragen. Hier hält der Autor von der Funktion Auto-Discovery wenig. Diese Funktion findet nicht alle wichtigen, dafür aber viel unnötige Hosts. Man sollte nur die Agenten manuell in die IP-Map eintragen, die man als kritische Komponenten überwachen will.

Man muss keine ASN.1-Programme umschreiben oder MIB-Compiler nutzen:

Man sollte immer versuchen mit den normierten Standard-MIB-Textdateien auszukommen. Diese werden bei jedem SNMP-Manager automatisch mitgeliefert. Dann erübrigt sich die Suche nach den herstellerspezifischen MIB-Textdateien. Der Autor kennt keinen MIB-Compiler, der den vollen Sprachumfang von ASN.1 unterstützt. Wenn eine MIB-Textdatei 12 Switch-Ports als ein Feld mit 12 Werten beschreibt, der MIB-Compiler aber nur 12 einzelne Variablen zulässt und keine Felder kennt, dann hat man ein Problem und sieht keine Port-Werte.

Zum Schluss kommt der aufwändigste Teil, das Trap-Management:

Man muss am SNMP-Agenten einstellen, wem man einen Trap senden will. Im SNMP-Manager muss für jeden Trap eine Priorität zugeordnet werden, denn es gibt unwichtige (kein Papier im Drucker) und wichtige Alarme (primärer Backbone-Switch ausgefallen). Geht man hier nicht sehr sorgfältig vor, dann läuft der Syslog des SNMP-Managers garantiert über.

Alle SNMP-Agenten müssen aktiv sein, wenn man den SNMP-Manager konfigurieren will. Es muss Netzwerkverbindung zu allen Agenten geben.

Es gibt leider bei SNMP ein immer wiederkehrendes Installationsproblem: „MIB-Compiler, MIB-Textdatei und Agenten-Programm passen nicht zusammen!"

- **Der Manager versteht die Agenten nicht!**

Der MIB-Compiler meldet Fehler, weil er die MIB-Textdatei nicht vollständig kompilieren kann. Er versteht einige Variablen des Agenten nicht. Das kommt immer wieder vor, wenn die Netzwerkkomponenten jünger sind als die Manager-Software.

- **Der Agent wird falsch beschrieben!**

Das ASN.1-Programm in der MIB-Textdatei beschreibt nicht die Variablen des Agenten. Der Hersteller hat in letzter Minute noch einen Fehler im Agenten-Programm behoben, eine Optimierung eingebracht oder vergessen, die MIB-Textdatei anzupassen, die zum Download im Internet bereit steht. Schon passen MIB-Textdatei und Agenten-Programm (Agent-Firmware) nicht mehr zusammen.

Diese Probleme kann nur der Hersteller lösen. Er muss es schaffen, alle drei Teile in Übereinstimmung zu bringen: Compiler, MIB-Textdatei und Agenten-Programm.

Anbieter	Name des SNMP-Managers	Web-Adresse
WhatsUpGold	IPswitch	www.IPswitch.com
Aprisma	Spectrum	www.aprisma.com
Castle-Rock	SNMPc (995 \$)	www.castlerock.com
Cisco	Works 2000	www.cisco.com
3Com	Transcend	www.3com.com
HP	OpenView	www.hp.com
Nortel	Optivity	www.nortelnetworks.com

Tabelle 21.1 Anbieter von SNMP-Netzwerk-Überwachungssystemen (unvollständig)

21.5 RMON-Probes (Monitore)

RMON-Probes (Remote-Monitoring) sind genormte Messgeräte (Probe engl. für Sonde oder Messfühler). Sie basieren auf den SNMP-Spezifikationen des IETF. Die RMON-Spezifikationen haben sehr geholfen, die Messtechniken in Computernetzen zu standardisieren und vergleichbare Messergebnisse zu erzeugen. Die wichtigsten zwei RMON-Spezifikationen sind:

- RFC.1757 für Ethernet-Probes (ersetzt älteren RFC.1271)

- RFC.1513 für Token-Ring-Probes (stirbt mit Token-Ring aus)

Monitore (RMON-Probes) sind selbstständig arbeitende Systeme, die den an der Netzwerkkarte vorbeikommenden Datenverkehr lesen und auswerten. Aus den erfassten Daten kann man eine Vielzahl von Netzwerkinformationen ableiten. Ein Monitor arbeitet wie ein Agent, er liest die Frames, zählt diese, stellt Statistiken auf und löst Alarme aus, wenn ein Maximum überschritten oder ein Minimum unterschritten wurde. Ein Monitor hat im Vergleich zum SNMP-Agenten Vorteile:

- eine **RMON-Probe erzeugt keine Netzlast** (außer bei Auskünften), während ein SNMP-Agent vom SNMP-Manager ständig gepollt, abgefragt werden muss und dadurch eine dauernde Netzlast verursacht

Eine RMON-Probe hat gegenüber einem SNMP-Agenten aber auch Nachteile:

- eine **RMON-Probe sieht nur die externen Datenpakete**, während ein Agent auch an interne Informationen herankommt, wie CPU-Last oder Temperatur

Ein modernes Computernetzwerk muss man mit einer Kombination aus Agenten und Monitoren überwachen, um es bestmöglich betreiben zu können.

Die RMON-Funktionen wurden vom IETF in Gruppen eingeteilt. Die ersten vier RMON-Gruppen nach RFC.1757 (ersetzt den RFC.1271) beinhalten Folgendes:

- **1 Statistik:** Im Ethernet mit Zähler für Bytes(Octets), Frames, Broadcasts, Multicasts, Collisions, CRC-Fehler, Undersizes, Oversizes, Fragments, Jabbers, Paketlängen (64, 65-127, 128-255, 256-511, 512-1023, 1024-1518). Die Netzlast in Prozent muss sich jeder SNMP-Manager, leider, nach folgender Formel selbst ausrechnen:

  Last (bit/s) = Paketanzahl ¥ bits/Messdauer (s)

  Berechnen der bits = Bytes × 8 + 96 bit (Gap) + 64 bit (Preamble). Es gibt also in der Norm und in der RMON-Probe leider keine Variable für die Auslastung eines Netzwerksegments!

- **2 History:** Man kann einen Wert aus der Statistik auswählen und über einen längeren Zeitraum betrachten. Als Mess- und Zeitintervalle werden folgende vorgeschlagen: **kurz = 50 Werte × 30 Sekunden** und **lang = 50 Werte × 30 Minuten.**

- **3 Alarm:** Ein Alarm wird ausgelöst, wenn ein vorgegebenes Maximum überschritten oder ein gegebenes Minimum unterschritten wurde.

- **9 Event:** Was soll bei einem Alarm geschehen? Ein Eintrag in den Log-Bereich der Netzwerkkomponente oder muss ein Trap an den SNMP-Manager gesendet werden? Will man Alarme auslösen, dann muss die Event-Gruppe zwingend mit implementiert werden: kein Alarm ohne Event-Management (Event steht engl. für Ereignis).

Wenn ein Hersteller davon spricht, RMON implementiert zu haben, ohne dies genauer zu spezifizieren, dann meint er in der Regel nur die ersten vier RMON-Gruppen 1 + 2 + 3 + 9. Diese Werte sind aber auch in Repeater-Mib, Bridge-Mib oder in den meisten Private MIBs enthalten. Hier verkauft der Hersteller u. U. eine Funktion, die der Kunde bereits über einen anderen Abfrageweg besitzt.

Die nächsten drei Gruppen unterscheiden die Funktion einer RMON-Probe deutlich von den MIBs der SNMP-Agenten in Repeatern, Switches oder Routern:

- **4 Hosts:** Die Gruppe listet alle aktiven Layer-2-Stationen in einem Teilnetz auf. Folgende Werte werden pro Host gespeichert: MAC-Adresse, In-Frames, Out-Frames, In-Bytes, Out-Bytes, Out-Errors, Out-Broadcasts, Out-Multicasts (In = empfangen / Out = gesendet).

- **5 Top-N:** Die ersten zehn Stationen (Top 10) werden in einer Tabelle zusammengefasst. Man kann nach den Top10-Talkers (Sender) oder Top10-Errors (Störer) sortieren lassen. Die Messgrößen sind: MAC-Adresse, In-Frames, Out-Frames, In-Bytes, Out-Bytes, Out-Errors, Out-Broadcasts, Out-Multicasts.

- **6 Matrix:** Wer redet mit wem? Diese Informationen ermittelt die Matrix-Gruppe: Source-MAC-Adresse (Sender), Destination-MAC-Adresse (Empfänger), Pakete, Bytes und Errors.

Die Implementierung der Gruppen 4 + 5 + 6 erfordert eine hohe CPU-Leistung und viel RAM-Speicherplatz in der RMON-Probe.

Noch mehr CPU-Leistung und weitaus mehr RAM benötigen die Gruppen 7 + 8:

- **7 Filter:** Welche Pakete sollen aufgezeichnet werden?

- **8 Capture:** Ein Ringspeicher für empfangene Frames. Ist der Speicher voll, werden die ältesten Daten überschrieben, oder die Messung wird angehalten.

Diese beiden Gruppen 7 und 8 werden in der Praxis auf Grund des hohen Aufwands so gut wie nie realisiert oder angewendet.

Für den **Token-Ring** hat man nach RFC.1513 die **10. Gruppe** festgelegt. Diese ist sehr umfangreich und beinhaltet viele für den Token-Ring wichtige Messdaten:

- **MAC-Statistik** (der Frames zur Fehlermeldung)
  Anzahl der MAC-Bytes und der MAC-Frames wie Abort, AC, Beacon, Burst, Claim-Token, Congestion, Frame-Copied, Frequency, Internal, Line, Lost, NAUN-Change, Ring-Poll, Ring-Purge, Soft-Error, Token-Error

- **Promiscuous-Statistic** (Historie der LLC-Anwender-Frames)
  Anzahl LLC-Bytes, LLC-Frames, LLC-Broadcasts, LLC-Multicasts, LLC-Größen: 18-63, 64-127, 128-255, 256-511, 512-1023, 1024-2047, 2048-4095, 4096-8191, 8192-18000, >18000 Byte. (Promiskuität = Gruppenehe mit regellosem, häufigem Partnerwechsel; nie in primitiven Kulturen oder Stämmen)

- **Ring-Station-Control**
  Anzahl der aktiven Stationen im Ring, Ringstatus, MAC-Adressen vom Beacon-Sender, Beacon-NAUN und Active-Monitor

- **Ring-Station-Entry**
  Liste aller Stationen. Zu jeder Station wird gespeichert: MAC-Adresse, NAUN, Status, Enter/Exit-Time, Duplicate-Address-Test-Errors, In-Line-Errors, Out-Line-Errors (CRC), Internal-Errors, In-Burst-Errors, Out-Burst-Errors (5 bit), AC-Errors (Station-Error oder doppelter AM), Abort-Errors und Lost-Frames

- **Ring-Station-Order**
  Liste mit den MAC-Adressen aller Stationen in ihrer Reihenfolge im Ring

- **Source-Route-Statistik**
  Ring-Nummer, In-Frames, Out-Frames, Through-Frames, All-Route-Explorer, Single-Route-Explorer, Local-Data/LLC-Frames, Hop-Frames

Schicht	OSI-Modell	Layer	IP-Modell	Netzkomponenten	RMON
7	Application				Expert-Analyser
6	Presentation	4	Application Layer mit Port-Nr. aus TCP oder UDP	Host = Station PC, Drucker Server, Großrechner	RMON-Probe v.2
5	Session				
4	Transport				
3	Network	3	IP-Pakete	Router (Gateway)	
2	Datalink	2	MAC-Frame	Switch (Bridge)	RMON-Probe v.1
1	Physical	1	Bits	Hub (Repeater)	(SNMP-Agent)

Tabelle 21.2 Vergleich OSI-Modell (7 Schichten) zu IP-Modell (4 Schichten)

Mit RMON Version 1 für Ethernet und Token-Ring kann man nur Fehler auf dem Layer 2 des OSI-Modells, auf den MAC- und LLC-Sublayern, finden. Wenn ein PC mit seinem Server, wie im Bild 21.3 dargestellt, via IP Daten austauscht, dann findet man mit einer RMON-Probe der Version 1 und den Gruppen 1 bis 10 u. U. keinen Fehler zwischen den beiden Routern, obwohl die Verbindung nicht zu Stande kommt. Sollte die RMON-Probe Frame-Fehler sehen, dann kommen diese von den Routern und garantiert nicht vom PC oder vom Server. Um diesen Nachteil auszugleichen und eine Verbindung auf allen IP-Layern untersuchen zu können (Datalink mit MAC-Frames, Network mit IP-Paketen, Application mit TCP/UDP/Port-Nr.), wurde **RMON Version 2** in den RFCs 2021 und 2074 definiert.

Im Network und Application-Layer gibt es in den Host- und Matrix-Tabellen keine Felder für Frame-Fehler. Diese existieren immer nur auf Layer 2! Im obigen Beispiel können Frame-Fehler nur von den Routern verursacht werden. Treten Frame-

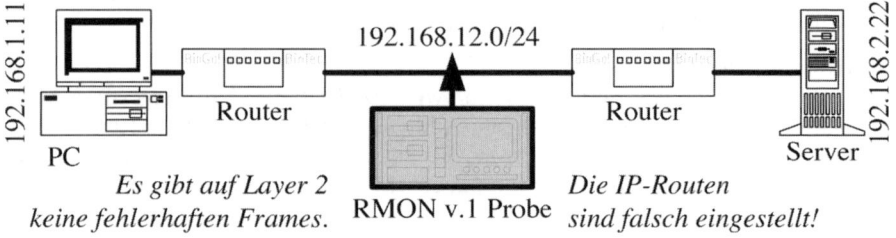

Bild 21.3 Messung mit RMON auf Layer-2-MAC und Layer-3-Network

Fehler beim PC oder beim Server auf, dann werden diese von den Routern herausgefiltert. Die fehlerhaften Frames erreichen so niemals die RMON-Probe.

Die RMON Version 2 definiert im RFC.2021 und RFC.2074 weitere 20 Gruppen:

- **11 Protocol-Directory:** Welche Protokolle und Anwendungen kennt die Probe? Auf Network-Layer die **Protokolle**: „IP (ARP, ICMP, TCP, UDP), IPX, Apple-Talk (ARP), XNS (IDP)" und auf Application-Layer die **Anwendungen**: „FTP, Telnet, SMTP-Mail, DNS, BOOTP, TFTP, HTTP = Web, POP3-Mail, SUN-RFC, SUN-NFS, SNMP", plus selbst definierte.

- **12 Protocol-Distribution:** Welche Protokolle nutzen wieviel der Bandbreite?

- **13 Address-Mapping:** MAC- zu IP-Adresse (show arp auf Default-Gate)

- **14 Network-Host:** Host-Tabelle auf Network-Layer, mit IP-Adresse (Data-Source), Probe-Dropped-Frames, Inserts-In-Table, Delete-From-Table, In-Pakete, Out-Pakete, In-Bytes, Out-Bytes, Out-Non-Unicasts.

- **15 Network-Matrix:** Wer redet mit wem über IP? IP-Absender (Network-Layer-Source), IP-Ziel (Network-Layer-Destination), Inserts-In-Table, Delete-From-Table, IP-Pakete, Bytes, Uptime.

- **16 Application-Host:** Host-Tabelle auf Application-Layer, mit IP-Adresse (Data-Source), In-Pakete, Out-Pakete, In-Byte, Out-Byte, Last-Update-Time.

- **17 Application-Matrix:** Wer redet mit wem auf Application-Layer? IP-Absender (Application-Layer-Source), IP-Ziel (Application-Layer-Destination), Pakete, Bytes, Last-Update-Time.

- **18 User-History:** Vom Benutzer definierbare Langzeitstatistiken.

- **19 Probe-Configuration:** Normierte Setup-Methode für RMON-2-Probes.

- **20 RMON-Conformance:** Test der Kompatibilität mit den RMON-2-Vorgaben

Jede dieser RMON-2-Gruppen kann eigenständig implementiert werden. Wird jedoch eine Gruppe ausgewählt, dann muss man diese Gruppe vollständig, ohne

Auslassungen, in eine RMON-2-Probes einbauen. RMON-2-Probes sind auf Grund ihrer Komplexität, der benötigten Rechnerleistung und des großen Speicherbedarfs selten und teuer.

Alle RMON-Probes benötigen immer eine hohe CPU-Leistung und viel RAM-Speicher! Für RMON-Probes gibt es drei technische Lösungen:

- **RMON als Software**
  Man nehme einen PC mit Netzkarte und ein Windows- oder Unix-Betriebssystem, installiere darauf die RMON-Software, und fertig ist die Probe. Das ist heute die gängigste Methode. Allerdings sollte man darauf achten, einen PC zu nutzen, der ohne angeschlossene Tastatur und ohne Monitor booten kann.
  Kauft man eine RMON-Software für einen Switch oder Router, dann ist Vorsicht geboten. Hier muss die Switch oder Router-CPU die Messaufgaben mit übernehmen. Das führt dann u. U. dazu, dass die Durchsatzleistung von Switch oder Router um bis zu 80 % absinkt. Vor einer solchen Lösung kann der Autor nur warnen, auch wenn diese auf den ersten Blick sehr preiswert ist.

- **RMON als Hardware-Karte**
  Es gibt zusätzlich RMON-Einschubkarten für Hubs, Switches und Router. Bei dieser Lösung ist darauf zu achten, dass die Gruppen 1 bis 6 (und 9) unterstützt werden und die Karte ausreichend RAM-Speicher besitzt. Diese Zusatzkarten arbeiten unabhängig von der Haupt-CPU im Router oder Switch. So bleibt die Transportleistung für die Datenpakete unverändert erhalten.

- **RMON als Probe**
  Dies ist zwar die teuerste, aber technisch beste Lösung. Der Hersteller ist bei einer Box (RMON-Probe) in der Lage, alle Bauteile optimal aufeinander abzustimmen. Diese RMON-Probes laufen am stabilsten.

Einige RMON-Probe-Hersteller sind www.HP.com, www.NetScout.com, www.NAI.com, www.Sniffer.com (suche RMON oder Probe oder distributed).

22   Analyser

SNMP-Agenten und Monitore zählen die Datenpakete, die Fehler und erstellen Statistiken. Sie schauen aber in der Regel nicht in die Datenpakete hinein. Dazu benötigt man Analyser. Diese decodieren den Inhalt eines Frames und zeigen ihn an. Verschlüsselte Daten können sie aber nur sehr selten entschlüsseln.

Für die Suche nach versteckten Netzfehlern benötigt man spezielle Messgeräte: Analyser. **Eine Analyser-Messung** erfolgt normalerweise in zwei Schritten. Zuerst werden die Daten vom Netz in den Frame-Buffer eingelesen. Danach erfolgt erst die Decodierung der Pakete. Es gibt nur wenige Analyser, die während der Messung (online) die Daten decodieren können. Dazu ist eine große CPU-Leistung und viel RAM erforderlich.

Mit Filtern kann man den gewünschten Datenstrom herauslesen, so will man z. B. nur eine Station sehen oder nur ein Protokoll betrachten. **Trigger** sind automatische Ereignis-Schalter. Tritt das von Netz-Administrator definierte Ereignis ein, dann wird die Messung gestartet oder beendet.

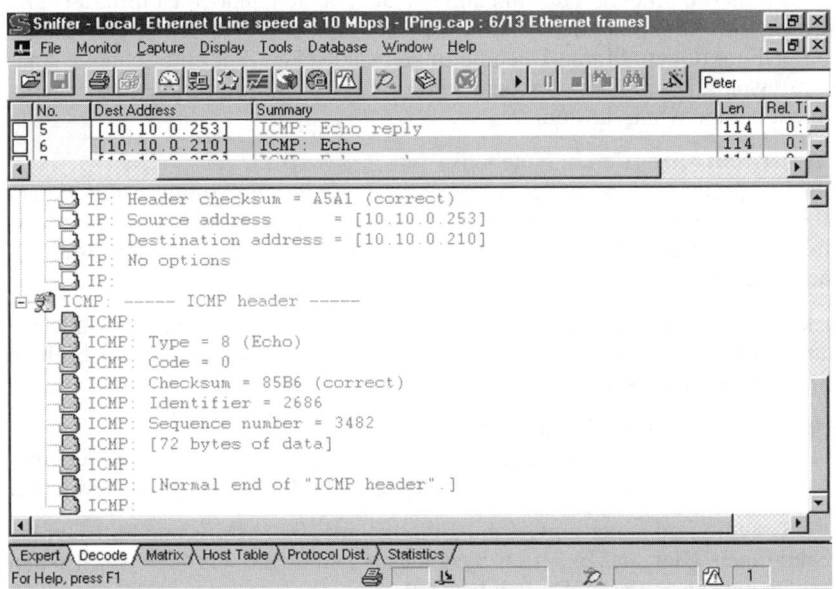

Bild 22.1 Sniffer-Decodierung eines IP-ICMP-Ping-Pakets (www.nai.com)

Expert-Analyser decodieren nicht nur die Frames, sondern stellen auch Beziehungen zwischen den Paketen her. Startet ein PC eine Serveranfrage und wiederholt diese Anfrage bereits nach einer Millisekunde, dann konnte der Server so schnell gar nicht antworten, und der PC muss überprüft werden. Lässt sich jedoch der Server eine Sekunde Zeit für die Antwort, dann ist der Server zu langsam, und man sollte die Ursache suchen. Der Expert-Analyser Sniffer-Pro von www.NAI.com beachtet während der Messung etwa 400 solcher Experten-Regeln. Dies könnte man auch manuell tun. Bei 150 000 Frames pro Sekunde im Ethernet wird man aus Zeitgründen aber keine manuelle Analyse aller Pakete mehr durchführen können. Nun ist ein Expert-Analyser aber auch kein Allheilmittel. Etwa 90 % der gefundenen Diagnosen sind keine wirklichen Fehler und können ignoriert werden. Die restlichen 10 % aber führen zur Lösung vieler Netzprobleme. Um hier eine Trennung vornehmen zu können, was man ignorieren kann und was man beachten muss, benötigt man einen menschlichen Experten (wie den Autor: pjoecker@yahoo.com).

22.1 Analyser-Bauformen

Analyser kann man in drei Bauformen einteilen:

- **Handheld** (Handmessgeräte)
  Analyser als Handmessgeräte sind einfach zu bedienen, jedoch ist ihre Leistung eingeschränkt. Implementiert sind in der Regel nur einfache Schleifentests und Monitor-Funktionen. Frame-Decodierungen sind selten. Für eine schnelle Analyse mit wenig geschultem Personal sind sie hervorragend geeignet, auch wenn sie nicht gerade wenig kosten.

- **Analyser-Software** (für ein Notebook)
  Einfache, preiswerte Analyser, ohne Expertenfunktion, kommen mit einem Notebook und einer normalen Netzkarte aus. Ihre Leistung ist auf Grund der verwendeten Notebook-Hardware begrenzt. Nur 30 Mbit/s bis 40 Mbit/s kann man so analysieren.

  Ein kostenloser Software-Analyser ist „Ethereal", den man aus dem Internet herunterladen kann (www.ethereal.com). Zusätzlich benötigt man noch einen Treiber (winpcap.polito.it).

- **Experten-Box** (Notebook plus externe Box)
  Bei Hochleistungs-Expert-Analysern ist die eigentliche Messelektronik in einer getrennten Box untergebracht, die man via Kabel mit dem Notebook verbindet.

  Diese Systeme sind heute für Gigabit-Ethernet mit 1000 Mbit/s und Full-Duplex zu bekommen. Hier sind Experten-Systeme eingebaut, die wie oben beschrieben selbst Diagnosen erstellen. Das sind die teuersten Analyser, man erhält aber auch die höchste Leistung.

Hersteller	Hand-Held	Notebook-Software	Expert-Box
www.FlukeNetworks.com	LinkRunner	Network-Inspector	Opti View
www.Agilent.com	–	–	Advisor (HP)
www.WildPackets.com	–	Ether Peek	–
www.Sniffer.com	–	Sniffer Basic	Sniffer Pro
www.Acterna.com	–	–	DA3000
www.EtherReal.de	kostenlos	winPcap.polito.it	EtherReal

Tabelle 22.1 Hersteller und Bauformen von Analysern (unvollständig)

Ein Analyser soll die Protokolle decodieren, er muss sie daher kennen. Kein Analyser kennt alle Protokolle. Man sollte sich daher vorher überlegen, welche Anwendungen man einsetzt und dann den dazu passenden Analyser auswählen.

Marktführer im LAN ist derzeit der Sniffer von www.NAI.com aus den USA. Im WAN haben die DA von www.Acterna.de aus Deutschland die Nase vorn.

22.2 Analyser-Anschluss am Switch = Broadcast-Storm?

Schließt man einen Analyser einfach an einen Switch an, dann bekommt man ein Problem. Der Expert-Analyser meldet sofort einen „**Broadcast-Storm**". Diese Diagnose ist falsch, aber woran liegt das? Ein Switch sendet Frames nur an die Zielports. Er darf nur Broadcasts an alle Ports verteilen. Da der Analyser keine Frames sendet und sich auch nicht an den Servern anmeldet, sieht der Analyser nur Broadcast-Frames. Nun sagt eine Expert-Sniffer-Regel: ab 40 % Broadcasts pro Anzahl sonstiger Frames gibt es einen Broadcast-Storm. Da der Analyser nur Broadcasts sieht, meldet er am Switch einen nicht existierenden Broadcast-Storm.

Ein Analyser muss alle Frames einer Verbindung sehen, um eine Diagnose abgeben zu können. Nur aus den Broadcasts lassen sich keine Rückschlüsse auf das Netzwerk ableiten. Man muss also den Analyser zwischen Switch und Server oder Default-Gateway schalten. Bei CSMA/CD oder Token-Ring geht das mit einem Hub (Repeater oder Ringleitungsverteiler). Im Full-Duplex benötigt man eine spezielle Full-Duplex-Messgeräte-Box mit getrennten Ein- und Ausgängen. Eine nicht so gute Lösung ist es, wenn der **Switch über eine Spiegelfunktion** (Mirror, Span) verfügt. Damit kann man den Switch anweisen, den Datenstrom eines Ports, einer Gruppe von Anschlüssen, eines VLANs oder den gesamten Verkehr zu kopieren und auf den Analyser-Anschluss zu spiegeln. So sieht der Analyser wieder alle Frames: Unicasts, Multicasts und Broadcasts. Leider arbeitet die Spiegelfunktion der Switches nicht immer fehlerfrei.

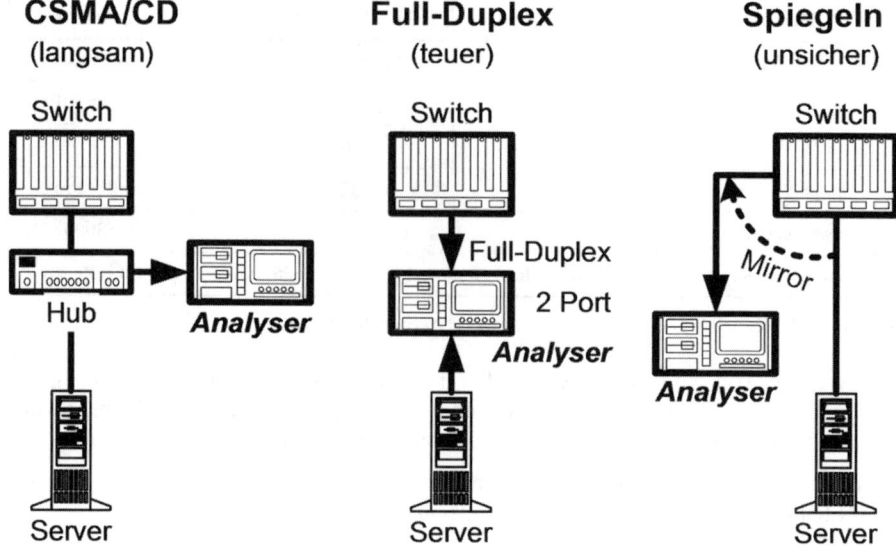

Bild 22.2 Analyser-Anschluss an einen Switch

Ausgenommen hiervon sind die Frames mit den FCS/CRC-Prüfsummenfehlern, denn die überträgt kein Store-and-Foreward-Switch. Um in einem geswitchten Netzwerk erkennen zu können, ob es CRC/FCS-Fehler gibt (Wackelkontakte, Rauschen), muss es im Switch für jeden Port einen SNMP-Agenten geben. Der zählt die defekten Pakete. **SNMP-Agent und Analyser ersetzen einander nicht, sondern arbeiten ergänzend zusammen.** Nur die Messergebnisse beider Geräte zusammen erlauben eine vollständige Netzwerkdiagnose.

22.3 Fehlersuche

Die Amerikaner unterscheiden scherzhaft drei Menschen bei der Fehlersuche:

- der **Höhlenmensch** (caveman) oder Hilfstechniker tauscht bei einem Netzwerkfehler so lange Bauteile, bis es irgendwie wieder läuft. Ob der Fehler gefunden wurde, das interessiert nicht. Hauptsache man kann wieder arbeiten. Anwender und Antwortzeiten kommen bei seinen Überlegungen nur am Rande vor

- der **Wissenschaftler** (scientist) ist das genaue Gegenteil. Tritt ein Fehler auf, dann beschafft er sich zuerst die modernsten Messgeräte und analysiert das stehende Netz so lange, bis der Fehler wissenschaftlich nachweisbar ist. Auch hier bleibt der Anwender auf der Strecke

- der gut ausgebildete **Ingenieur** (engineer) kennt die Eigenschaften der Netzwerkprotokolle, fragt die Anwender nach ihren Problemen, nimmt Messungen mit einem Analyser vor und tauscht nur die defekten Teile

Danach arbeitet das Netz dann wieder störungsfrei.

22.3.1 Kabel-Fehlersuche

Basis jedes stabilen Netzwerks ist eine ordentliche Verkabelung. Vor Inbetriebnahme jeder neu verlegten Kabelstrecke sollte man diese vermessen, um Installationsfehler auszuschließen.

Die Messung ist eine Aufgabe der mit der Installation beauftragten Unternehmen. Doch Vorsicht, nach DIN 50173 beinhaltet eine **Abnahmemessung** eines Twisted-Pair Category-6-Kupferkabels nur eine einfache Durchgangsprüfung aller acht Adern plus Schirm. Wichtig für eine sichere Datenübertragung sind aber auch noch Angaben über die Dämpfung, das Übersprechen und weitere Messgrößen. Die Norm nennt eine vollständige Messung **Normkonformitätsprüfung**. Diese muss man beauftragen und extra bezahlen. Da früher 70 % aller Netzfehler auf defekte Kabel zurückzuführen waren, sollte man eine Messung immer in Auftrag geben.

In der amerikanischen Norm **EIA/TIA TSB-67** werden Verfahren und Toleranzen für die Vermessung von Category-6-Kabeln definiert.

- ACR   Attenuation-Crosstalk-Ratio: ACR = NEXT – Attenuation
- Attenuation Dämpfung der Signale, durch den Widerstand des Kabels
- Continuity   Durchgang aller acht Adern plus Schirm (Kurzschluss = short, Unterbrechung = open, vertauschtes Adernpaar = split-pair)
- Capacity   aus dieser Kapazitätsmessung kann man eine Aussage über die Güte der Schirmung ableiten
- Delay-Skew   Laufzeitunterschiede zwischen den vier Adernpaaren
- ELFEXT   Equal-Level-FEXT: ELFEXT = FEXT – Attenuation (Equal-Level = Messung auf allen Aderpaaren)
- FEXT   Übersprechen am Kabelende (Sendesignal stört den Empfang) (Far-End-Cross(X)-Talk, Messung nur als ELFEXT)
- Length   Länge eines Category-5-Kabels (bis zum Ende; bis zur Störung)
- NEXT   Übersprechen am Kabelende (Sendesignal stört Empfangssignal) (Near-End-Cross-Talk = Near-End-X-Talk)
- Noise   Rauschen auf der Leitung während der Messdauer. Da Rauschen durch Magnetfelder von Elektromotoren, Schaltern, Neonröhren, Starkstromfeldern in der Regel nur sporadisch vorkommt, kann man über den Sinn dieser Messung streiten. Besser ist es, sich im

Betrieb die CRC- und Fragment-Fehler anzusehen. Kommen diese vor, dann ist oft Rauschen die Ursache.

- Propagation   Signallaufzeiten auf einem Twisted-Pair-Kupfer-Kabel
- PSNEXT   NEXT auf einem Adernpaar, wenn man auf drei Paaren sendet
- PSACR   Energiesumme von ACR über alle Adernpaare
- PSELFEXT   Energiesumme von ELFEXT über alle Adernpaare
  (PS = PowerSumm NEXT, ACR, ELFEXT = alle Adern messen)
- Resistance   Widerstand (kleiner als 40 Ω bei 100 m Kabel)
- Return-Loss   Rückflussdämpfung (von Kabelfehlern reflektierte Signale)
  (Diese Messung ersetzt eine Impedanzprüfung.)

Die Messungen können aber nur bis maximal 300 MHz durchgeführt werden. Das reicht für eine Category-6-Messung aus. Category.7 kann man mit heute üblichen Handmessgeräten bis 600 MHz nicht vermessen. Es gibt im Jahr 2004 keine elektronischen Bauteile, die den erforderlichen Dynamikbereich von 1 MHz bis 600 MHz aufweisen. Der Bereich endet heute von 1 MHz bis 300 MHz.

Diese Messwerte muss sich ein Installateur aber nicht merken. In modernen TDR-Messgeräten sind die Werte gespeichert, oder man kann sie eingeben. Man muss:

- den zu vermessenden **Kabeltyp** auswählen (Category.x, IBM-Typ 1, ...)

- und das gewünschte **Netzwerk** einstellen (1000Base-T stellt höchste Grenzen)

Dann drückt man auf die Taste „Autotest", und das Messgerät zeigt an: gut oder schlecht. War das Ergebnis ungenügend, dann gibt das Messgerät noch die Entfernung zur Störstelle an. Ob man diese Anzeige auch als grafische Messkurve benötigt, muss der Anwender selbst entscheiden. Der Aufwand für eine grafische Dokumentation ist hoch, und letztlich interessieren den Anwender doch nur fehlerfreie Leitungen. Stellt der Installateur einen Fehler fest, dann wird er diesen beheben müssen, und zwar vor Inbetriebnahme des Kabels durch den Anwender.

Zur Prüfung von Category-6-Twisted-Pair-Kupferkabeln verwendet man heute Handmessgeräte (Handheld-Scanner) vom Typ **Time-Domain-Reflectometer** (TDR). Ein **TDR** arbeitet wie ein Radargerät. Er sendet Signalimpulse in ein Kabel. Aus den vom Kabelende reflektierten Signalen kann der TDR Rückschlüsse auf die Kabeleigenschaften ableiten. Ein TDR besteht aus zwei Teilen, dem Sender (engl. Injektor) und einem Empfänger, dem eigentlichen TDR-Messgerät. Injector und TDR müssen an die beiden sich gegenüberliegenden Kabelenden angeschlossen werden, bevor eine Messung beginnen kann.

Ein TDR kann aus der Laufzeit der Impulse bis zum Echo errechnen, wie lang ein Kabel ist oder wie weit sich ein Messgerät von der Störstelle entfernt befindet. Dazu muss man wissen, dass sich ein Signalimpuls in einem Kabel nicht mit Lichtgeschwindigkeit fortbewegt, sondern langsamer durch ein Kabel läuft:

- Thickwire-Coax   NVP 0,77 = 231 000 km/s
- Thinwire-Coax   NVP 0,67 = 201 000 km/s
- **Glasfaser**   **NVP 0,66 = 198 000 km/s**
- **Twisted-Pair**   **NVP 0,59 = 177 000 km/s.**

Die Geschwindigkeit der Signalausbreitung (engl. NVP = Nominal-Velocity-of-Propagation) in einer Kabelstrecke wird als Prozentsatz der Lichtgeschwindigkeit (c = 300 000 km/s) angegeben. Sie ist ausschließlich abhängig von der Bauart des Kabels, also nur vom Kabelhersteller. Damit die von einem TDR angezeigten Längen korrekt sind, muss man beim Kabelhersteller den NVP-Wert des zu vermessenden Kabels erfragen, oder man nimmt ein exakt 30 m langes Stück Kabel, und der TDR berechnet den NVP-Wert, indem man die Länge von 30 m eingibt.

TDR-Messgeräte kosten um die 5000 Euro. Sie werden von verschiedenen Herstellern angeboten.

Hersteller	TDR	optisches Zusatzgerät	(850 nm + 1300 nm)
www.Fluke.com	DSP 4000	Fiber-Test-Adapter	(Dämpfung)
www.Microtest.com	Omni Scanner 2	Omni-Fiber	(Länge + Laufzeit + Dämpfung)
www.Scope.com	HP Wirescope 155	Fiber-Smart-Probe	(Länge + Laufzeit + Dämpfung)
www.idealindustries.com	LANTEK 7	Fibertek	(Länge + Laufzeit + Dämpfung)

Tabelle 22.2 Hersteller von TDR-Kabelmessgeräten (unvollständig)

Wichtig für den Installateur ist vor allem eine **kurze Messdauer für den Autotest.** Muss man **spezielle Anschlusskabel** kaufen, oder reichen normale Patchkabel aus? Auf Grund der von Gigabit-Ethernet 1000Base-T geforderten Genauigkeit sollte man die Anschlusskabel etwa alle 500 Messungen austauschen. Teure Spezialkabel gehen da ins Geld. Zur Ausgabe und Archivierung der Messdaten ist ein **Notebook-Anschluss** (V.24 oder USB) zwingend erforderlich. Diesen Anschluss benötigt man auch für Firmware-Updates. Dadurch kann man den TDR an die aktuellen Normen anpassen, da u. a. die Spezifikationen TSB-97 und Category.6 noch nicht endgültig verabschiedet sind. Alle Messdaten sollte man in einer einzigen CSV-Datei ablegen können (Comma-Separate-Value in einer Textdatei). Diese **CSV-Dateien** kann man dann auf eine CD brennen und somit zukunftsicher (10 Jahre) archivieren. Natürlich muss man die Messdaten auch mit der Bezeichnung der Dose beschriften können. Legt man pro Verteiler eine Messdatei an, dann kann man für die Dosen einfach eine laufende Nummer vergeben, da Standort, Gebäude, Etage und Verteilerschrank für alle Messungen unverändert bleiben.

Die DIN 50173 unterscheidet zwei Messaufbauten. Der **Permanent-Link** beinhaltet nur die Verbindung zwischen Anschlussdose und Verteilerschrank. Für den

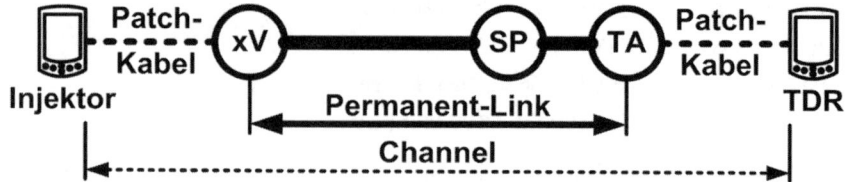

Bild 22.3 Channel- und Permanent-Link empfohlen

Anwender weniger interessant ist der **Channel-Link**, der zusätzlich zum **Permanent-Link** noch die Anschlusskabel umfasst: 5 m Anschluss + 90 m fest verlegt + 5 m Patch. Aber die Channel-Link-Messwerte werden ungültig, wenn man die Patchkabel entfernt, und der Permanent-Link definiert größere Reserven.

Da es bei Glasfaserkabeln kein Rauschen und kein Übersprechen gibt, muss man nur zwei Messwerte mit OTDR und OPM ermitteln:

- die **Länge** (m), (OTDR **einseitig**) das Kabel ist von rechts und links gleich lang
- die **Dämpfung** (dB, (OPM **zweiseitig**) Fehlanpassungen werden so sichtbar

Es gibt drei optische Wellenlängen für die Signalübertragung:

- 850 nm über Multi-Mode-Fiber   für Fast-Ethernet und für Token-Ring
- **1300 nm über Multi-/Single-Mode-Fiber**   für Gigabit-Ethernet oder ATM
- 1500 nm über Single-Mode-Fiber   für Telefonnetze

In der Regel reichen Messungen mit 1300 nm aus. Die Abweichungen zu den Messungen mit 850 nm und 1500 nm sind so gering, dass sie für einen LAN-Betrieb bis Gigabit-Ethernet keine Rolle spielen.

Die **OPM-Dämpfungsmessung** sollte man zweimal, und zwar einmal mit der Lichtquelle an jedem Kabelende, durchführen. Nur so lässt sich eine fehlerhafte Verbindung einer 50/125-µm- mit einer 62,5/125-µm-Multi-Mode-Faser finden. Von der 50-µm- zur 62,5-µm-Faser gibt es keine höhere Dämpfung, von der 62,5-µm- zur 50-µm-Faser sehr wohl. Weichen die beiden Dämpfungswerte voneinander ab, dann hat man ein Problem mit der installierten Glasfaser.

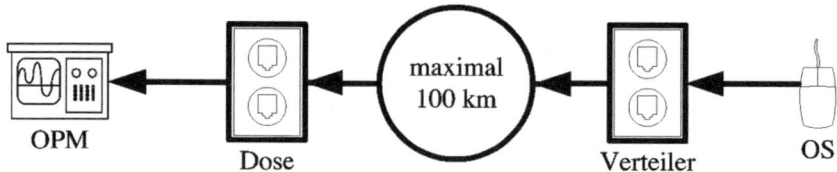

Bild 22.4 Dämpfungsmessung an einer Glasfaser mit einem OPM

Hersteller	OPM	OTDR
www.3m.com	Pegelmesser	Mini OTDR
www.exfo.com	Max Meter	Mini OTDR
www.gnnettest.com	CMA 4000	Model 6000
www.flukenetworks.de	Certi Fiber	Opti Fiber
www.tektronix.de	YOPM	Net Tek
www.Acterna.com	OLP	MTS5000

Tabelle 22.3 Hersteller von optischen Messgeräten: OPM und OTDR (unvollständig)

Für **Messungen am Glasfaserkabel** gibt es drei Typen von Messgeräten:

- **OPM** (Optical-Power-Meter) Dämpfung (keine Länge)
- **OTDR** (Optical-TDR) Dämpfung und Länge
- **TDR mit optischem Zusatz** Dämpfung (leider nicht immer Länge)

Die Dämpfungsmessung mit einem OPM ist einfach. Man eicht OPM und OS. Dann schließt man an ein Glasfaserende die Lichtquelle an (OS = Optical Source) und an das andere Ende den OPM. Nun liest man einfach die Dämpfung ab.

Ein OTDR ist nicht nur wesentlich teurer, sondern auch schwerer zu bedienen. Der Autor erinnert sich an heiße Diskussionen, wo mehrere Ingenieure grafische OTDR-Ausdrucke stundenlang herumreichten, um eine Fehlerursache zu finden. Dennoch wird ein Installationsunternehmen, das selbst Glasfaserkabel verlegt und an Stecker anschließt (Fachbegriff: Spleißen), sich einen OTDR kaufen müssen.

Einem Anwender wird empfohlen, seinen **Kupfer-TDR mit einem optischen Zusatzgerät** aufzurüsten. Jedoch sollte man darauf achten, dass dieser Zusatz nicht nur die Dämpfung, sondern auch die Länge einer Glasfaser messen kann.

Da man TDR-Messungen immer mit zwei Mitarbeitern ausführen sollte, einer bleibt im Verteilerraum und der zweite bewegt sich mit dem Injektor durch die Räume, ist die Anschaffung von **zwei Hand-Funksprechgeräten** (Walkie-Talkie) zusätzlich zu einem **Notebook** zu empfehlen. Die optional zu den meisten TDR angebotenen Sprecheinrichtungen nützen nichts, wenn das zu prüfende Kabel defekt ist. Es macht Sinn, in den Verteilerräumen Telefonanschlüsse zu installieren. Diese sind später auch im normalen Netzbetrieb für die Fehlersuche oder bei PC-Neuanschlüssen sehr hilfreich.

Der Autor hat lange überlegt, ob er **Messungen am Koaxialkabel** überhaupt noch in dieses Buch aufnehmen soll. Da aber viele kleine Unternehmen oder Standorte auch im Jahr 2000 nicht nach DIN 50173, sondern noch mit Ethernet Thinwire-Coax-RG58 verkabelt sind, gilt folgender Hinweis. Man installiert Thinwire-Coax nur noch mit EAD-Doppeldosen. Nun nimmt man einen TDR mit RG58-Coax-Anschluss und zehn 5 m lange EAD-Stationskabel. Alle Komponenten und Stationen werden von Coax-Bus abgetrennt. Man entfernt die beiden 50-Ω-Endwider-

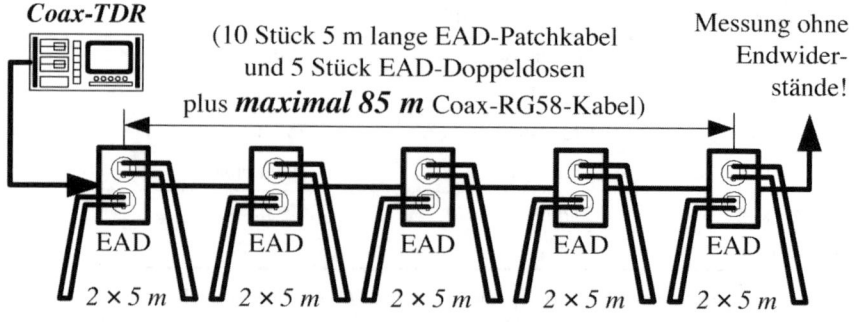

Länge < 185 m; Dämpfung < 11 dB (10 mHz); Widerstand < 0,479 Ω/m

Bild 22.5 RG58-Coax-Verkabelung eines Thinwire-Ethernet vermessen

stände. Die zehn EAD-Stationskabel steckt man in die EAD-Dosen. Den TDR verbindet man mit einem Ende des Thinwire-Coax-Segments. Das andere Ende am Coax-Bus bleibt offen. Nun gelten folgende **Coax-Messwerte**:

- Impedanz des RG58-Koaxialkabels
  (kann nicht verändert werden) $= 50 \, \Omega$
- Widerstand (146 Ω/kft) $= 0,479 \, \Omega/m$
- Dämpfung (bei 10 MHz) $< 11 \, dB$
- Länge (IEEE802.3a, 1988, Seite 40, RG58-NVP = 67%, 600 ft) < 185 m

22.3.2 Ethernet-Fehlersuche

Im Ethernet gibt es kein Hub-übergreifendes Fehlermanagement, wie die MAC-Frames in Token-Ring, das Station-Management vom FDDI oder ILMI im ATM.

Die Ethernet-Switches haben nur einige wenige Funktionen zur Fehlerbegrenzung:

- Link-Integrity   ständige, analoge Verbindungskontrolle zu einer Station
- Auto-Negotiation   Bandbreite 10/100/1000 Mbit/s wird automatisch erkannt
- Jabber-Protection   Dauersender (> 12194 Bit) werden aus dem Netz geworfen
- Auto-Partition   ab der 32. Collision in Folge wird ein Port deaktiviert
- Loop-Detection   unzulässige Schleifen werden erkannt und abgeschaltet
- Spanning-Tree   Backup-Verbindungen aktivieren sich automatisch

Es existiert aber keine stabile automatische Erkennung von Full-Duplex oder CSMA/CD. Die Link-Integrity, die durch das Leuchten der Link-LED angezeigt wird, arbeitet nur analog, d. h. ein Port zeigt nur an, ob Spannung anliegt. Nimmt man einen Kurzschlussstecker und steckt diesen auf einen Switch-Anschluss, schon geht die grüne Link-LED an.

370

Daher muss man sich im Ethernet die Frames genau ansehen, um Fehler zu finden:

Paketgröße	Fehler < 64 Byte	korrekt = 64 bis 1518 Byte	Fehler > 1518 Byte
Prüfsumme korrekt	**= Undersize =** Protokollfehler	**Frame** o. k.	**= Oversize =** Protokollfehler
Prüfsumme falsch	**= Runt / Fragment =** remote Collision / Rauschen	**= CRC / Alignment =** Wackelkontakt, Rauschen / Hardware-Fehler	**Blabber = Giant** Komponenten-Fehler

Tabelle 22.4 Ethernet-Frame-Fehler

Ein Frame ist o. k. bei einer Länge zwischen 64 Byte und 1518 Byte und mit einer korrekten Prüfsumme (FCS: Frame-Check-Sequence oder CRC: Cyclic-Redundancy-Check). Von Fehlern (engl. Bugs) in den Frames kann man Folgendes ableiten.

- Runt/Fragment:

Fragments sind Bitfehler, die durch Rauschen oder Übersprechen erzeugt werden. **Runts** sind wie Fragements zu kurze Frames mit falscher Prüfsumme, jedoch wurde das Frame-Segment von der sendenden Netzkarte auf ein volles Byte aufgefüllt. Hier handelt es sich um eine remote Collision jenseits eines Repeaters. Ein Runt ist immer 8 Byte bis 12 Byte lang und beinhaltet am Ende die Hexadezimal-Werte „AA" oder „55", binär 101010 oder 010101. Ein Runt ist immer ein Zeichen für einen abgebrochenen Sendevorgang.

- CRC/Alignment:

Bei diesen Frames ist die Frame-Länge zwar korrekt, aber der CRC zeigt einen Fehler. Frames mit defekter **FCS** oder **CRC** werden durch Wackelkontakte, defekte Kabel, zu lange Kabel, Rauschen, aber nur selten durch defekte Hardware verursacht. Bei einem **Alignment** hat der Absender auch wieder das letzte Byte voll aufgefüllt. Bei einem Alignment handelt es sich immer um einen Hardwarefehler. Nur wenn die Frame-Daten hexadezimal „AA" oder „55" am Ende beinhalten, ist auch dies eine Remote Collision. Diese sind aber sehr selten.

- Blabber = Giant:

Ein **Blabber**mouth ist engl. eine Quasselstrippe. Hier handelt es sich um eine Station, die zu lange Frames mit falscher Prüfsumme sendet. Die Netzkarte oder der Treiber dieses Hosts könnte defekt sein. Selten werden Blabber durch lang anhaltende Magnetfelder oder Dauerrauschen erzeugt. Ein **Giant** (engl. Riese) ist nur ein anderes Wort für einen Blabber.

- Undersize/Oversize:

Undersize sind zu kurze (< 64 Byte) und **Oversize** zu lange (> 1518 Byte) Frames mit korrekter Prüfsumme. Diese Frames kann nur eine Station senden, deren Netzwerkprotokoll oder Treiber fehlerhaft arbeitet.

Abschließend noch ein Wort zu den **Collisions**. Diese gibt es in Full-Duplex-Netzen nicht mehr. Auch in voll geswitchten Netzen ohne Hubs und Repeater sind Collisions selten. Auf Grund der kurzen Kabellängen bei Twisted-Pair-Kabeln, von maximal 100 m, kommen Collisions auch bei Half-Duplex nur selten zwischen PC und Switch vor.

Fehler bei der Installation können aber auch **ungewollt Collisions** verursachen:

- **Endwiderstände,** die am Ende eines Koaxialkabelsegments fehlen, verursachen bei jedem Frame eine Collision. Dies ist bei allen Coax-Arten der Fall, bei Thickwire und bei Thinwire.

- Ein **Kurzschluss** zwischen den RJ45-Adern 1 + 3 und 2 + 6 erzeugt bei jedem großen Frame eine Collision. Dieser Kurzschluss ist vor allem in Typ-1-Twisted-Pair-Kabeln mit IBM-Datensteckern zu finden. Genau diese Adern werden gebrückt, um einen unterbrochenen Token-Ring wieder zu schließen. Im Ethernet erzeugt dieser Kurzschlusskontakt im Daten-Stecker aber Collisions.

- Der **Heartbeat-** oder **SQE**-Schalter eines Transceivers wird vom Hersteller nach Norm auf ON gesetzt. Dies wurde zu Beginn der Ethernet-Entwicklung genutzt, um ein Collision-Signal zu testen. Diese Funktion fehlt aber in modernen Netzkarten. Heute erzeugt SQE-ON nur Fehler! Daher folgende Bitte: **Vor Benutzen eines Transceivers SQE auf „AUS" schalten!**

- **Backpressure** nennt man eine Funktion zur Flusskontrolle. In CSMA/CD Netzen gibt es kein Pause-Frame, mit dem ein überlasteter Empfänger den Sender bremsen könnte. Daher bauen einige Unternehmen in ihre Ethernet-Chips eine Backpressure-Funktion ein. Droht der Empfangsspeicher überzulaufen, sendet der Empfänger so lange Collision-Signale an den Sender, bis dieser seinen Sendebetrieb unterbricht. Das können einige tausend Collisions pro Sekunde werden. Ein Switch schaltet einen Port aber schon nach der 32. Collision in Folge ab. Abhilfe: Auf Full-Duplex umschalten.

- eine **Late-Collision** oder Out-Of-Window-Collision erhält man nur dann, wenn das Netz zu groß ist. Bei 10 Mbit/s größer als 3000 m oder mehr als vier Repeater und bei 100 Mbit/s größer als 205 m oder mehr als zwei Class-2-Repeater

- Auch wenn man Ether Channel oder Full-/Half-Duplex falsch konfiguriert, kommt es zu CRC-Fehlern, vielen Collisions, und manchmal werden sogar Out-of-Window-Collisions angezeigt. Man muss hier immer auf beiden Seiten manuell fest einstellen: Bandbreite, Full-Duplex und Ether Channel. Sonst kommt es immer zu Fehlern.

22.3.3   Token-Ring-Fehlersuche

Als Voraussetzung für eine Fehlersuche im Token-Ring sollte man die Abläufe folgender Token-Ring-Prozesse kennen und verstehen:

● **Ring Insertion**   Eine Station geht in den Ring:
1) Schleifentest auf der Token-Ring-Netzkarte, 2) Phantom-Power zum Ringleitungsverteiler, 3) Test auf doppelte MAC-Adresse, 4) NAUN-Change, 5) Bitte um Betriebsaufnahme
● **NAUN change**   Wechsel des nächsten, aktiven, stromaufwärts liegenden Nachbarn:
Eine Station kann immer nur die hereinkommenden Signale von ihrem NAUN prüfen, nie die selbst gesendeten. Dies kann erst der nächste, aktive, stromab liegende Nachbar tun.
● **Claim-Token**   Wer wird neuer aktiver Monitor (AM)?
Die Station mit der höchsten MAC-Adresse wird AM (Manuell 4000.7xxx.xxxx vergeben!). Der AM kontrolliert den Token und den Datenfluss im Token-Ring. Übrigens kann jede Netzkarte AM werden. Die standardisierte MAC-Adresse des AM lautet immer „c000.0000.0001".
● **Ring-Poll**   Active Monitor anwesend:
Spätestens alle **7 s** startet der AM einen Ring-Poll. An dem dabei versandten Active-Monitor-Present erkennen die Stationen im Ring, dass es noch einen aktiven AM gibt. Jede aktive Station sendet als Antwort einen Standby-Monitor-Present.
● **Ring-Purge**   Schleifentest:
Der Ring-Purge-Schleifentest prüft, ob der Ring fehlerfrei arbeitet. Der Ring-Purge wird vom AM gestartet, nachdem er den Claim-Token gewonnen hat, wenn ein Token verloren ging oder wenn der AM **10 ms** lang weder einen Frame noch einen Token gesehen hat.

Tabelle 22.5 Token-Ring-Prozesse

Für eine schnelle Fehlerbehebung im Token-Ring ist es wichtig, dass man die **Reihenfolge aller Stationen im Ring** mit ihren MAC-Adressen kennt. Eine Liste Anwender/Anwendung, DNS-Name, IP- und MAC-Adresse hilft immer. Wenn eine Station einen Fehler meldet, wo findet man sie und ihren NAUN?

Im Token-Ring gibt es ein **MAC-Fehlermanagement** (Media-Access-Control IEEE-Sublayer im OSI-Layer-2-Data-Link). Jede Station kontrolliert die hereinkommenden Frames von ihrem NAUN. Findet sie einen Fehler, dann schickt sie eine Fehlermeldung an folgende normierte Adresse: **„c000.0000.0008".** Das ist die MAC-Adresse des Ring-Error-Monitors. Stellt man in einem Analyser einen Filter auf diese MAC-Adresse, dann erfährt man genau, ob und wo es welche Fehler im Ring gibt. Jetzt braucht man nur noch eine Stationsliste in Ringreihenfolge, um den Fehlerort zu finden.

Ein **Phase-Jitter** ist eine Phasenverschiebung, die bewirkt, dass Stationen die Bits ihrer NAUNs nicht mehr erkennen können. Die von dieser Phasenverschiebung betroffenen Stationen melden Line-, Lost-, Soft- und Token-Fehler. Phase-Jitter kommen nur in großen Ringen ohne Verstärker (Repeater) vor und sind heute dank der Backbone-Switches glücklicherweise fast ausgestorben.

Neben den Standardadressen für den **Active-Monitor** (c000.0000.0001) und den **Ring-Error-Monitor** (c000.0000.0008) gibt es noch zwei weitere universell normierte MAC-Adressen. Über den optionalen Ring-Parameter-Server (c000.0000.0002) kann der Netzadministrator manuell den Ring-Insertion Prozess kontrollieren und nur bestimmten Stationen den Ringbetrieb erlauben. Der Configuration-Report-Server (c000.0000.0010) ist ebenfalls optional und steuert eine Priorisierung der Stationen im Ring, falls vom Netzadministrator vorgegeben.

● **Abort**	Datenübertragung wird abgebrochen, das Frame ist unvollständig:	
Station sieht defekten Token, meldet Sendefehler, bleibt trotz Fehler im Ring.		
● **AC**	Address recognized, copied (Station ist Ziel, aber Copy-Bit gesetzt):	
Fehler in Ringstation oder mehrere AM gleichzeitig (Standby- vor AM-Present).		
● **Beacon**	**Der Ring steht!** Es gibt keinen Datenverkehr mehr:	
Ring unterbrochen zwischen NAUN und beaconing Station. NAUN startet Ring-Insert.		
● **Burst**	länger als fünf Bit kein Signal vom NAUN:	
Folge von Ring-Insertion, auch Wackelkontakte, zu lange Kabel oder Rauschen.		
● **Congestion**	Empfangsspeicher einer Station läuft über:	
durch angehaltenen Netzwerktreiber, selten Anzeige einer tatsächlichen Überlast.		
● **Frame Copied**	Station liest eigene Adresse in fremdem Frame:	
Doppelte MAC-Adresse im Ring oder Source-Route-Bridge falsch konfiguriert.		
● **Frequency Error**	Signal vom NAUN weder 4 Mbit/s noch 16 Mbit/s schnell:	
Rauschen (Übersprechen) auf der Leitung oder defekte Netzkarte im NAUN.		
● **Internal Error**	interner, behebbarer Stationsfehler:	
Ursachen sind in der Regel defekte Token-Ring-Netzwerkkarten.		
● **Line Error**	eine Station setzt in einem Frame das Frame-Error-Bit:	
Frame vom NAUN mit CRC/FCS-Fehler. Meist Folge von Ring-Insert, auch Rauschen.		
● **Lost Frame**	gesendetes Frame kommt nicht zum Absender zurück:	
Meistens Folge eines Ring-Insert, aber auch Rauschen oder Fehler in einer Netzwerkkarte.		
● **Soft-Error**	interner Stationsfehler in den höheren OSI-Schichten:	
Fehler im Treiber der Netzwerkkarte, im Netzwerkprotokoll oder in der Anwendung.		
● **Token Error**	ein verlorener Token oder ein ständig kreisendes Frame:	
Sender abgeschaltet, oder Token ging verloren. AM sendet einen neuen Token.		

Tabelle 22.6 Token-Ring-Error-Frames

22.3.4 ISDN-Fehlersuche

Im ISDN sollte man zwischen vier Funktionstests unterscheiden. Im ersten Test geht es darum, ob die Funktionsfähigkeit eines ISDN-Anschlusses gegeben ist (Kabelbelegung + Stromversorgung). Der zweite Test prüft, ob die Telefongesellschaft auch alle Dienste freigeschaltet hat. Der dritte Test versucht, sporadische Bit-Fehler zu finden. Erst mit dem vierten Test schaltet man eine ISDN-Verbindung, wie ein Telefonat. Diese Tests kann man mit einem einfachen ISDN-Prüfhörer durchführen. Besser aber ist ein Kombinationsmessgerät für analoge Telefonleitungen, ISDN S0 und E1, DSL-over-ISDN und DSL-over-POTS. Selten benötigt wird ein X.21-Tester für X.25 und Frame-Relay.

Beim ISDN-Test **konfiguriert** man zuerst den ISDN-Prüfhörer: Endwiderstand simulieren (nein/ja), Layer-3-Protokoll einstellen (aktuelles E-DSS1 oder altes 1TR6) und ISDN-Schnittstellentyp wählen (meistens PMP = S0-Bus = Mehrgeräte-Anschluss, fast nie PTP = PBX = Anlagenanschluss).

Der erste Test vor Inbetriebnahme eines ISDN-Anschlusses überprüft Folgendes:

- **Sind die Kabel, Dosen und Endwiderstände korrekt installiert?**

Erlaubt sind maximal 120 m verseiltes, achtadriges ISDN-System-Telefonkabel (I-2Y2Y(St)(Zg)2Y...St.III Bd) oder Category-1-Twisted-Pair-Kupferkabel mit bis zu zwölf RJ45-Dosen. An diesen S0-Bus darf man maximal acht ISDN-Endgeräte, davon vier ISDN-Telefone, gleichzeitig betreiben.

Hat man die Busenden mit vier 100-Ω-Endwiderständen korrekt abgeschlossen? Die beiden Endwiderstände des ersten Endes findet man immer im NT_{BA}. Am anderen Ende muss man einen kleinen Zwischenstecker einsetzen, der die RJ45-Kontakte 4 + 5 und 3 + 6 mit zwei 100-Ω-Widerständen verbindet.

Die ISDN-Anschlusskabel von den RJ45-Dosen zu den ISDN-Endgeräten dürfen maximal 10 m lang werden.

- **Wird der S0-Bus vom NT_{BA} mit Strom versorgt?**

Im Normalbetrieb muss die grüne LED am NT_{BA} immer leuchten. Dann versorgt der NT_{BA} die ISDN-Endgeräte am S0-Bus mit einer Spannung von + 40 V und einer Leistung von 4,5 W. Fehlt die Stromversorgung, dann leuchtet die grüne LED nicht, und der S0-Bus erhält nur eine Notspeisung vom Amt, mit – 40 V und nur 410 mW. Im Notbetrieb darf nur ein Telefon am Bus mit Notlaufeigenschaften aktiv sein. Das soll auch bei Stromausfall die Möglichkeit für einen Notruf ermöglichen. ISDN-Datenendgeräte, wie ISDN-Karten oder ISDN-Router, dürfen nach Vorschrift BZT 1TR67 nicht im Notbetrieb ohne Stromversorgung durch den NT_{BA} arbeiten, nur ein Telefon ist dann erlaubt.

- **Nimmt der S0-Bus im D-Kanal seinen Betrieb korrekt auf?**

Auf **Layer 1** werden ständig Info-Signale ausgetauscht: Info-S0 (Idle), Info-S1 (User call), Info-S2 (PoP call), Info-S3 (User active) und Info-S4 (PoP active).

Im **Layer 2** stimmen sich ISDN-Endgeräte (User) und NT_{BA}, nach Q.921, mittels Vergabe von Terminal-Enduser-Identifiern (TEI) aufeinander ab: TEI-Setup (IDREQ), TEI-Check (UI), TEI-Request (IDASSIGN: 127 = TEI-Broadcast), TEI-Assign (UI = Unnumbered-Info: TEI von 64 bis 126 für ISDN-Endgeräte). Dies geschieht in der Regel einmalig nach dem Einschalten eines ISDN-Geräts.

Diese ersten Schritte zur Betriebsaufnahme testet ein ISDN-Prüfhörer automatisch!

Als zweites sollte man einen **ISDN-Dienste-Test** durchführen. Sind die Dienste Sprache (#01), Analog = Fax + Modem (#02), Daten (#07) und T-Online (#0F) freigeschaltet? Der Dienst T-Online müsste bei jedem ISDN-Anschluss der DTAG freigeschaltet sein, ist es manchmal aber nicht. Das ist dann ein Versehen. Da man den Dienst T-Online nur in Deutschland findet, sollte man beim Hersteller des ISDN-Prüfhörers nachfragen, ob diese Funktion unterstützt wird. Der X.31-Dienst (#08), d. h. X.25 über ISDN, wird nur dann aktiviert, wenn man einen X.31-Anschluss bestellt hat.

- **Arbeitet der S0-Bus fehlerfrei?**

Der dritte Test versucht, sporadische Leitungsstörungen nachzuweisen. Der **Bit-Error-Rate-Test (BERT)** sendet Bits in einen B-Kanal des ISDN-Anschlusses. Diese Bit-Daten werden vom Amt (engl. PoP = Point-of-Presence) über den zweiten B-Kanal zum Absender zurückgeschickt. So kann man gesendete und empfangene Daten miteinander vergleichen. Als Laufzeit für diesen Test werden 15 Minuten oder 24 Stunden empfohlen, vom ITU nach G.821 und von der DTAG nach 1TR805. Um einen BERT zu starten, muss man am ISDN-Prüfhörer nur die Rufnummer des eigenen Anschlusses eingeben (Selbstanruf). Der BERT ist wie oben beschrieben ein Schleifentest, der die Bits zu sich selbst zurückschickt. Man ruft sich also selbst an. Da der BERT beide Kanäle des S0-Busses belegt, kann man, während der Test läuft, keine Telefonate führen oder im Internet browsen. Das BERT-Ergebnis muss weniger als 6,8 % Error-Seconds (ES) und 1,4 ‰ Strong-Error-Seconds (SES) aufweisen. Auch darf es gar keine Unavailable-Seconds (US) geben. US ist eine Zeitdauer von 10 s, in denen die Fehlerrate ununterbrochen über 1 ‰ liegt. SES sind Sekunden mit einer Fehlerrate von über 1 ‰. ES sind Sekunden mit einer Fehlerrate unter 1 ‰.

- **Kann man telefonieren?**

Als vierten Test kann man mit einem ISDN-Prüfhörer abschließend noch ein Telefonat durchführen. Im **Layer 2** (Q.921) startet ein Anruf mit dem Befehl „SABME" (Start Asynchronous Balance Mode Extended). Das Amt bestätigt den Anruf (User-Call) dann mit einem UA (Unnumbered-Acknowledge). Im **Layer 3** beginnt jetzt Euro-ISDN einen Ruf aufzubauen, mit dem E-DSS1-Protokoll nach Q.931:

- zuerst der Anrufaufbau über: Setup, Ack, Call-Proceed, Alert, Connect, Ack

- dann folgt der Datenaustausch: Info, Receiver-Ready (RR), RNotR, Reject

- und es endet mit dem Rufabbau: Disconnect, Release, Release-Complete

376

22.4.1 Datenaustausch in IP-Netzen

Ein Netzadministrator sollte auch Grundkenntnisse über den Verkehr durch Netzwerkprotokolle besitzen. Vor allem bei Wählverbindungen muss man die Protokolle und ihre Hallo-Pakete kennen.

Das wichtigste Netzwerkprotokoll ist heute das Internet-Protocol (IP):

- **Anwendungen** sollten die meisten Daten austauschen. Bei Telnet-Sessions oder SQL-Clients werden oft alle 60 s Keep-Alive-Pakete zum Server gesendet. Auch Microsoft-Windows-Netze sorgen für einen ständigen Datenaustausch. Microsoft unterstützt bei Server-Server-Verbindungen offiziell nur Standleitungen. Hier gibt es immer ein „Rauschen" mit Grunddaten auf der Leitung. Das gilt auch für TN3270 und TN5250 zu IBM-SNA-Hosts.

- **Address-Requests** der Protokolle DHCP, ARP oder DNS sollte man mit Hilfe von Routern im LAN halten und nicht über WAN-Strecken transportieren.

- **Routing-Updates** kann man durch die Verwendung von statischen Routen völlig vermeiden. Durch den Einsatz von RIP (alle 30 s ein Update), OSPF (alle 10 s ein Hallo) und BGP (alle 60 s ein Keep-Alive) kann man zwar Backup-Wählverbindungen schalten, muss aber immer Standleitungen für den Normalbetrieb und den ständigen Austausch der Updates, Hallos und Keep-Alives anmieten.

- **Encapsulation-Verfahren**, zum Beispiel DLSW zum Transport von SNA-Frames, senden in der Regel auch ständig einen Keep-Alive, spätestens jedoch alle 60 s, von einem zum anderen Ende der Router-Verbindung.

Generell ist beim Einsatz des Internet-Protokolls zu beachten:

- Server-Server-Verbindungen schaltet man nur über Standleitungen und beim

- Dial-In von Clients in IP-Netze bleiben die Wählverbindungen so lange aktiv, bis sich der Anwender wieder abgemeldet hat. Alle anderen Lösungen erfordern massive Eingriffe in die IP-Parameter. Das sollte man Spezialisten überlassen. Und auch die schaffen nicht immer eine von den Kosten her akzeptable Lösung.

22.4.2 Datenaustausch in IPX-Netzen

Die Netware-Server von Novell bildeten die ersten lokalen Client/Server-Netze. Das dazugehörende LAN-Protokoll war IPX (Internetwork-Packet-Exchange), das Novell bei Xerox kaufte. IPX wurde in erster Linie für LANs entwickelt und tut sich mit WAN-Netzen recht schwer. Heute empfiehlt die Firma Novell bei Netware-Servern ab Version 5, besser das Internet-Protocol IP zu verwenden. Das IPX-Protokoll wird nach Aussagen von Novell nicht mehr weiterentwickelt. Alle Dienste, wie das NDS, werden in Zukunft nur auf Basis von IP gepflegt:

- Die hauptsächlichen **Anwendungen** von IPX liegen im LAN. Die Anwendungen sollten den Großteil der verwendeten Bandbreite ausnutzen.

- Jeder an einem Server **angemeldete Novell-Client** sendet jede Minute einen Keep-Alive zum Server und fragt, ob seine Benutzerkennung noch gültig ist.

- Jeder **Server** sendet alle 60 s einen Service-Access-Point (**SAP**)-Broadcast ins lokale Netz. Zu den Servern zählen natürlich auch alle IPX-Drucker mit Netzwerkkarte. IPX-Clients können nur dann auf einen Server zugreifen, wenn sie vorher von diesem einen SAP-Broadcast gesehen haben. Wenn man IP als Transportprotokoll für Novell nutzt, dann bleiben alle SAPs erhalten, einen je Service alle 60 s, diesmal aber als IP-Multicast. Man sollte daher Netware-IP statisch einrichten.

- über **IPX-RIP** (Route-Information-Protocol) tauschen die Novell-Server Routen aus. In Novell-Netzen gibt es keine **Router**, sondern nur Server, d. h. bei IPX gibt es keine Unterscheidung zwischen Router und Server. Novell hat das Routing-Protokoll NLSP (Netware-Link-State-Protocol) als Nachfolger von IPX-RIP entwickelt. NLSP hat sich aber nicht durchgesetzt.

- Novell verkauft seine Lizenzen bezogen auf Benutzeranzahl je Server. Um Raubkopien zu verhindern, senden Novell-Server alle 60 s **Serialization**-Pakete zu ihren Server-Nachbarn.

Wie man sieht, sind Novell-Netze sehr gesprächig. (Bemerkung: Microsoft-Windows-Netze sind auch nicht besser!) Daher sollte man IPX nur im LAN oder über Standleitungen einsetzen. Über Wählverbindungen ist nur die Einwahl von remote stehenden Clients problemlos möglich. Allerdings bleibt bei IPX eine Wählverbindung durch die Keep-Alive-Pakete so lange bestehen, bis sich der Client am Server manuell abgemeldet hat oder dieser ausgeschaltet wurde.

22.4.3 Datenaustausch in SNA-Netzen

Die Systems-Network-Architecture (SNA) wurde von IBM in den 1970er-Jahren entwickelt, um über Standleitungen weltweite, komplexe Netze zu Großrechnern aufzubauen. Im LAN werden die SNA-Informationen mit LLC2-Frames übertragen. SNA ist ein echtes Master-Slave-Netz. Nur der Großrechner fragt ständig alle Terminals und Drucker über Steuereinheiten (Cluster-Controller) ab. Ein Slave-Terminal oder Drucker darf niemals ohne vorhergehende Anfrage durch den Großrechner etwas senden. Dieses ständige Abfragen nennt man **Polling**:

- alle Terminals und Drucker werden vom Großrechner jede Minute gepollt

- jede aktive Terminal-Session antwortet jede Minute mit einem Keep-Alive

SNA-Netze benötigen nur eine geringe Bandbreite. Jedoch sind SNA-Netze sehr empfindlich gegen hohe Laufzeiten. Wenn ein Poll auch nur einmal länger als 80 ms dauert, kann die Session abbrechen, und man muss sie manuell wieder starten. Daher muss man die Laufzeit zwingend reduzieren. Am besten geeignet sind Standleitungen in Sprachqualität mit einer Laufzeit von unter 30 ms. SNA unterstützt nur lokale Netze und Standleitungen. Nur für Backup-Strecken zu Standleitungen sind

Wählverbindungen im SNA vorgesehen. Vorgestern hat man SNA-Frames direkt über X25 und Frame-Relay transportiert. Gestern wurden SNA-LLC-Frames über WAN-Strecken encapsuliert in IP-Pakete gebridged. Heute empfiehlt IBM den Einsatz von Telnet-3270/5250 über IP-Netze via IP/SNA-Gateways (u. U. mit Kanalanschluss), mit direktem Zugriff auf den IBM-Großrechner (ES9000/370-Enterprise oder AS400/3x-Midrange) oder die direkte IP-Anbindung an den Host.

22.4.4 Datenaustausch mit SQL-Datenbanken

Client/Server-Anwendungen arbeiten aus Netzwerksicht nicht sehr effizient. Das gilt insbesondere für SQL-Datenbanken. SQL-Clients senden bei einer einzigen Abfrage viele kleine Pakete. Jedes dieser Pakete muss von SQL-Servern beantwortet werden, bevor es weitergeht. Die unvermeidbaren Netzwerk-Laufzeiten, gerade auf WAN-Strecken, verhindern so kurze Antwortzeiten. Die verfügbare Bandbreite spielt bei Strecken über 2 Mbit/s nur noch eine untergeordnete Rolle. SQL über WAN-Strecken erfordert minimale Laufzeiten. Auch hier haben Leitungen mit Sprachqualität eindeutige Vorteile (< 30 ms). Wer ist für langsame SQL-Datenbank-Zugriffe verantwortlich? Nach einer Untersuchung der Advance-Seven-Limited, UK aus 1996 (das gilt noch heute):

- zu 70 % die Programmierung der SQL-Clients

- zu 20 % die Datenbankroutinen auf den SQL-Server und

- zu 10 % das Netzwerk mit seiner Übertragungsmethode

Nur schnell die Bandbreite zu erhöhen ist also die falsche Maßnahme. In erster Linie sind die Software-Entwickler gefragt. Sie müssen den Programmcode optimieren, die Anzahl der Response/Request-Zyklen reduzieren, die Zahl der Datenbank-Tabellen minimieren und alle Veränderungen mit einem Netzwerk-Analyser kontrollieren. Optimieren kann man SQL-Client-Zugriffe auch, indem man die SQL-Clients durch Web-Browser oder durch NC-Client-Software von Windows-Terminal-Servern ersetzt.

22.5 Baselining

Jedes Netzwerk ist einmalig. Daher gibt es keine normierten Grenzwerte. Man muss also selbst definieren, was richtig und was falsch ist. Dazu nimmt man mit einem Analyser Messungen im Normalbetrieb vor. Das nennt man Baselining:

- **Was geschieht im LAN?**
  Netzauslastung, Fehler, Antwortzeiten, Peak (Spitze) und Non-Peak (Tal) interessieren und sollten dokumentiert werden

- **Wann passiert etwas im LAN?**
  man sollte aber auch wissen, wann Peak und Non-Peak auftreten

- **Welche Protokolle werden genutzt?**
  viele Netzadministratoren wissen nicht, was auf den PCs alles geladen ist
  Man sollte aber auch wissen, welche Daten durch ein Netzwerk laufen:

- **Welche kritischen Anwendungen gibt es?**
  Warenwirtschaftssysteme, Enterprise-Resource-Planning, PPS, Abrechnung
  (via Telnet 5250, 3270, X-Window, SQL-Client, NC-Terminal, Browser);
  Bürokommunikation und E-Mail, zentral oder verteilt auf mehrere Server (mit
  Outlook/Exchange, Notes, Netscape, Intranet);
  Technische Systeme mit Datenarchivierung lokal oder auf einem Server (wie
  CAD, CAM, CNC-Programmierung, BDE, GIF);
  Controlling, Personalwesen, Zeiterfassung, Gehaltsabrechnung

- **Was nutzt man noch an Anwendungen?**
  Office-Anwendungen, wie Word und Excel, auf dem lokalen PC (sind die Programme lokal oder auf einer Server-Platte; nutzt man NC); liegen die Anwenderdaten lokal, als Backup oder ganz auf Server-Platten (Welche Server sind im
  Einsatz? Windows, Novell, Unix, IBM-SNA); bitte die Drucker nicht vergessen
  (Drucker machen immer und kontinuierlich viel Arbeit!); ein Internetzugang ist
  heute Standard für viele Mitarbeiter großer Unternehmen (mit Web-Browser,
  E-Mail, FTP, News, Telnet und weiteren Anwendungen); Welche zentralen Anwendungen werden genutzt? Wo stehen die Server? (Mission-Critical, Waren-
  wirtschaft, Produktionsplanung und -steuerung); IP-Adressen müssen verwaltet
  und verteilt werden; gibt es Schutz gegen Hacker (DHCP/DNS, Authentisierung
  (RADIUS), Verschlüsselung (VPN), Firewall)

- **Wer ist im Netzwerk angeschlossen?**
  man benötigt eine Tabelle: Anwender (Abteilung), Anwendung und Standort

- **Wer hat die Schlüssel zu den Räumen, und wer kennt die Passwörter?**
  kann man auf alles zugreifen, gerade im Fehlerfall, nachts, am Wochenende

- **Wo kann man um Hilfe nachfragen?**
  Hotline, Spezialisten, Lieferanten, Service- und Wartungsverträge

22.6 Zehn Regeln zur Fehlersuche

Für eine schnelle Fehlersuche sollte man in folgenden zehn Schritten vorgehen:

- **Schritt 1: Beschreiben Sie das Problem**
  Fragen sie den Anwender: Wann ist was passiert? Lassen Sie sich die Fehler zeigen. Testen Sie, ob eine Wiederholung möglich ist. Vereinfachen Sie das Problem, indem Sie zwei und nicht 200 Stationen beschreiben. Sind Sie sicher, dass
  Sie nicht etwas testen, was vorher noch nie funktionierte?

- **Schritt 2: Schreiben Sie mögliche Fehlerursachen auf**
  Gibt es Messwerte von Agenten, Monitoren und Analysern?

- **Schritt 3: Entwickeln Sie ein Konzept zur Fehlersuche**
  Ersetzen Sie immer nur ein Bauteil, und reparieren sie es später. Dabei sind voll funktionsfähige Ersatzteil-Komponenten sehr hilfreich. Eine komplette Dokumentation, Installationsprozeduren und Konfigurationsregeln erleichtern die Arbeit.

- **Schritt 4: Reduzieren sie die möglichen Fehlerursachen**
  Übersehen sie nicht das Einfache: Gibt es lose Stecker und Kabel? Ist der Stromanschluss in Ordnung? Flog eine Sicherung heraus? Setzen Sie die richtigen Werkzeuge ein: TDR, SNMP-Agenten, RMON-Probes und Analyser.

- **Schritt 5: Ändern Sie immer nur einen Parameter pro Test**
  Vor jeder Änderung sollte man den Ausgangszustand dokumentieren. Eventuell muss man noch einen Backup anlegen. Kann man u.U. wieder zurückbauen?

- **Schritt 6: Wiederholen Sie die Schritte 2 bis 5**
  Bis das Problem behoben ist. Bitte nicht vergessen, immer nur einen Parameter pro Test zu verändern.

- **Schritt 7: Überprüfen Sie, ob das Problem tatsächlich behoben ist**
  Arbeitet das Netzwerk wie zuvor? Tritt der Fehler erneut auf, dann so lange keine Geräte tauschen, bis der Defekt gefunden ist.

- **Schritt 8: Was muss man tun, um solche Fehler in Zukunft zu vermeiden?**
  Entwickeln Sie ein Konzept für morgen. Denken Sie dabei auch an nicht aktive Reservekomponenten und an einen Wartungsvertrag.

- **Schritt 9: Dokumentieren Sie das Problem und die Lösung**
  Netzwerkfehler haben die Tendenz, sich zu wiederholen.

- **Schritt 10: Üben Sie sich im Gebrauch ihrer Analyse-Werkzeuge**
  Besitzen Sie SNMP-Agenten, einen SNMP-Manager, eine RMON-Probe oder einen Analyser? Dann arbeiten Sie damit und erstellen regelmäßig ein Baselining. Schulungen sind heute unverzichtbar!

22.7 Es geht nicht ohne Messmittel!

Ein Computernetzwerk kann man, wie unseren Körper, als lebenden Organismus betrachten. Ähnlich wie in unserem Körper zeigen sich Krankheiten durch Symptome (Fehler) an. Diese kann man aber nur mit Messgeräten erkennen. Moderne Computernetze kann man heute ohne Messmittel nicht optimal betreiben!

An Messmitteln sollte man einsetzen:

- **TDR** und **OPM** für Kabel (ein Installateur benötigt zusätzlich einen OTDR)

- **SNMP-Agenten** zur ständigen Überwachung der Netzwerk-Komponenten (Regel: Traue keiner Komponente, die dir nicht sagen kann, wo es ihr wehtut!)

- **RMON-Probes**, wenn immer man von kritischen Bereichen Daten braucht

- **Analyser** für sporadisch auftretende, schwierige Problemfälle
  oder einen Expert-Analyser, plus Schulung, generell zur Netzoptimierung

Die Norm EIA/TIA-TSB67 (Electronic/Telecom-Industry-Association) sagt klar:

- **Wer keinen Analyser einsetzt, der ist kein Netzwerkspezialist!**

Hat man schon bei der Inbetriebnahme eines Computernetzes mehrere kleinere Fehler eingebaut, dann ist das Netzwerk von Beginn an langsam. Der Benutzer weiß dann ohne Analyser, Monitore oder Agenten nicht, dass es ohne Fehler auch schneller gehen könnte.

Diese Messgeräte muss man nicht alle selbst besitzen, sondern man kann sie bei Bedarf mieten, wenn man das erforderliche Know-how besitzt, oder die ganze Messung in Auftrag geben. Als absolutes Minimum sollte man aber unbedingt SNMP-Agenten und einen SNMP-Manager für eine ständige Überwachung des Netzes installieren. Wichtig ist natürlich auch eine vollständige und ständig nachgepflegte Dokumentation des Netzes.

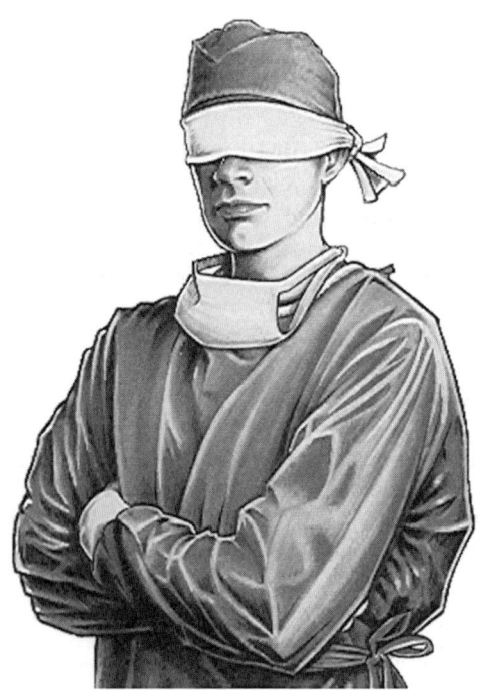

Bild 22.6 Ohne Analyser ist ein Netzadministrator blind (Quelle: www.nai.com)

Anhang 1: Abkürzungen

Weitere Abkürzungen findet man unter www.**Acronymfinder**.com.

0190   *Telefonvorwahl*
Vorwahl für preiswerte (1,5 Cent/min) aber auch teure
(2,5 Euro/min) Dienste

1TR6   *1. Technische Richtlinie Nr. 6*
Altes deutsches ISDN-D-Kanal-Protokoll zum Verbindungsauf-
und -abbau

1TR805   *1. Technische Richtlinie Nr. 805*
Bit-Error-Rate-Test der DTAG für einen ISDN-Kanal mit
64 kbit/s (15 min, 24 h)

3DES   *Triple Data Encrytion Standard*
Dreimal verschlüsseln mit drei verschiedenen DES-Schlüssel
(168 Bit Key)

3PTY   *Three Party*
ISDN-Konferenzschaltung für drei Personen, die gleichzeitig
mit einander reden

6P4C   *6 Positions 4 Contacts*
RJ11-Telefonstecker mit sechs Positionsrillen, davon nur vier mit
Kontakten belegt

10Broad-36   *Ethernet, Broadband (3 Kanäle), CATV-Koaxialkabel bis 3600 m*
3×10 Mbit/s über sehr dickes ($^1/_2$ Zoll), graues 75-Ω-CATV-
Koaxialkabel (veraltet)

10Base-5   *Ethernet, Baseband (1 Kanal), 500 m Thickwire-Koaxialkabel*
10 Mbit/s über dickes ($^3/_8$ Zoll), gelbes Yellow-Ethernet-Coax
RG.58-C/U bis 500 m

10Base-2   *Ethernet, Baseband, etwa 200 m Thinwire-Koaxialkabel*
10 Mbit/s über dünnes ($^1/_5$ Zoll), schwarzes RG.58-Koaxialkabel
bis 185 m

10Base-F   *Ethernet, Baseband (nur 1 Datenkanal), Fiber-Optic*
10 Mbit/s über Multi-Mode-Fiber 50/125 μm oder 62,5/125 μm
bis 2000 m

10Base-T   *Ethernet, Baseband (nur 1 Datenkanal), Twisted-Pair*
10 Mbit/s über vier Adern (1+2, 3+6) Twisted-Pair-Category-3-
Kabel bis 100 m

10GE   *10 Gigabit Ethernet*
Mit 10000 Mbit/s über Single-Mode-Fiber, 10 km oder 40 km im
LAN und WAN

10GBase-EW   *9,6 Gigabit Ethernet, Extra Long Fiber, im WAN*
Mit 10000 Mbit/s mit 1550 nm über SONET/SDH und EMF
bis 40 km

10GBase-LW   *9,6 Gigabit Ethernet, Long Fiber, im WAN*
Mit 10000 Mbit/s mit 1310 nm über SONET/SDH und EMF
bis 10 km

10GBase-ER   *10 Gigabit Ethernet, Baseband, Extra Long Fiber*
Mit 10000 Mbit/s mit 1550 nm über Ein-Moden-Faser bis 40 km
im LAN

10GBase-LR   *10 Gigabit Ethernet, Baseband, Long Fiber*
Mit 10000 Mbit/s mit 1310 nm über Ein-Moden-Faser bis 10 km
im LAN

10GBase-SR   *10 Gigabit Ethernet, Baseband, Short Fiber*
Mit 10 000 Mbit/s mit 850 nm über Multi-Mode-Fiber
(2000 MHz.km) bis 300 m

10GBase-LX4   *10 Gigabit Ethernet, Baseband, CWDM*
10000 Mbit/s mittels vier Wellenlängen durch eine MMF bis
300 m

100Base-FX   *Fast-Ethernet, Baseband, Fiber-Optic, Extended*
100 Mbit/s über Multi-Mode-Fiber 62,5 oder 50/125 µm bis 412 m
(FD 2000 m)

100Base-T4   *Fast-Ethernet, Baseband, Twisted-Pair-Extended*
100 Mbit/s über acht Adern eines Category-3-Twisted-Pair-Kabels
(extrem selten)

100Base-TX   *Fast-Ethernet, Baseband, Twisted-Pair-Extended*
100 Mbit/s über vier Adern (1+2, 3+6) eines Category-5-Twisted-
Pair-Kabels, 100 m

1000Base-LX   *Gigabit-Ethernet, Baseband, Long-Wavelength-Fiber*
1000 Mbit/s über MMF 50/125 µm bis 550 m, SMF 9/125 µm
bis 3000 m

1000Base-SX   *Gigabit-Ethernet, Baseband, Short-Wavelength-Fiber*
1000 Mbit/s über Multi-Mode-Glasfaser 50/125 µm bis 500 m,
62,5 µm bis 220 m

1000Base-TX   *Gigabit-Ethernet, Baseband, Twisted-Pair-Extended*
1000 Mbit/s über acht Adern eines Category-5 enhanced Twisted-
Pair-Kabels

3270   *IBM Terminal Typ*
3270 findet man in der /370-Welt, 5250 im Umfeld von
AS/400-Systemen

8228   *IBM Netzbauteile (Produktion 1985 bis 1999)*
8228 MSAU, 8230 CAU, 8260 3Com, 8265 ATM, 8274 Xylan,
8277 Layer-4

A   *Ampere*
Einheit der elektrischen Stromstärke, Einheitenzeichen „A"

a/b   *„a" und „b" Ader eines analogen Telefonanschlusses*
Ein analoger Telefonanschluss (POTS) hat zwei Adern: „a" und „b"

AAL   *ATM Adaption Layer*
Verbindung vom ATM-Layer zu den Higher-Layer-Protocols

AAL.1   *ATM Adaption Layer, Service Typ 1*
Konstante Bit-Rate, zeitkritische Funktionen für Sprache und
Video-Übertragung

AAL.2   *ATM Adaption Layer, Service Typ 2*
Variable Bit-Rate, zeitkritische Funktionen für Sprache und Daten
(Keine Norm!)

AAL.5   *ATM Adaption Layer, Service Typ 5*
Variable Bit-Rate, nicht zeitkritisch, für Daten-Übertragung

ABR   *Available Bit Rate im ATM*
Variable Bit-Rate, nicht echtzeitfähig, für Datenübertragung mit
Überlastkontrolle

AC   *Alternating Current*
Englische Bezeichnung für Wechselstrom (DC = Gleichstrom)

AC   *Address recognized, Frame copied*
MAC-Fehlerframe im Token-Ring, zeigt Stationsfehler oder
doppelten AM an

AC   *Access Control*
Bezeichnung eines Feldes im Token-Ring Frame

Ack   *Acknowledge*
Bestätigung eines empfangenen Datenpakets

ACL   *Access Control List*
Filter, das bedeutet Zugriffsliste, in AP, Routern oder Firewall-
Systemen

ACR   *Attenuation Crosstalk Ratio*
Messgröße für Twisted-Pair-Kabel, Verhältnis vom Dämpfung
zum Übersprechen

ACS *Access Control Server*
RADIUS-Server von Cisco Systems

ACS *Advanced Cabling System*
Verkabelungssystem von IBM mit Category-5-Kabeln und
RJ.45-Stecker

DSL *Asymmetric Digital Subscriber Line*
Internetzugang bis 8 Mbit/s mit Ethernet via ATM über einfache
Telefonleitungen

AES *Advanced Encrytion Standard*
Verschlüsseln von Daten mit 128-bit- bis 256-bit-Schlüssel
(Nachfolger von DES)

AFI *Authority and Format Identifier*
Erstes Feld im NSAP-Format einer ATM-Adresse

AL *Arbitrated Loop*
Maximal 100 km großer Ring aus Fibre-Channel-Adaptern,
mit Dual L-Ports

AM *Active Monitor*
Die Netzkarte, die AM ist, übernimmt die Token-Steuerung,
im Token-Ring

AMP *Aircraft Marine Products*
Heute größter Steckerhersteller der USA, Erfinder des
MT.RJ-Glasfaser-Steckers

ANSI *American National Standards Institute*
Normungsorganisation in den USA, vergleichbar dem DIN
in Deutschland

APON *Asynchronous Transfer Mode over Passive Optical Networks*
Ethernet über ein passives optisches Netzwerk im Bereich der
ersten WAN-Meile

AOC *Advice of Change*
ISDN-Dienst-Merkmal, Austausch von Gesprächsinformationen,
wie den Gebührenimpuls

AOL *American On Line*
Größter Internet-Service-Provider der Welt, ein Unternehmen aus
den USA

AP *Access Point*
Ein Access-Point ist ein kleine Funkantenne zum Aufbau eines
WLAN

AP *Alternative Port*
Alternative-Port in RSTP, Backup-Pfad zur Root-Bridge

AP-ACL	*Access Point – Access Control List* Auf MAC-Adressen basierende Zugriffsliste in WLAN Access-Points
APNIC	*Asia Pacific Network Information Center* Vergabestelle für IP-Adressen im Asiatischen Raum
A-Port	*Anschluss A im FDDI* Stecker-Typ im FDDI für Dual-Access-Station, sekundärer Glasfaser-Anschluss
AR	*Access Rate* Maximale mögliche Datenrate eines Frame-Relay WAN-Standleitungsanschlusses
ARIN	*American Register for Internet Numbers (USA)* Vergabestelle für IP-Adressen in der ganzen Welt, außer in Europa oder in Asien
ARL	*Adjustable Ring Length* Im Token-Ring die Länge aller Trunk-Kabel minus dem kürzesten Trunk
ARP	*Address Resolution Protocol* Verfahren zur Zuordnung von MAC- zu IP-Adresse im LAN
AS	*Autonomous System* Gruppe von Routern in OSPF- oder BGP-Umgebungen
ASBR	*Autonomous System Border Router* Grenzrouter zwischen zwei autonomen Systemen, zwischen zwei OSPF-Gruppen
ASCII	*American Standard Code for Information Interchange* Internationaler 8-bit-Code für die Darstellung von Zeichen und Zahlen
ASN.1	*Abstract Syntax Notation One* OSI-Programmiersprache für die Beschreibung von Computerstrukturen in SNMP
AT	*Apple Talk* Netzwerk-Protocol der Firma Apple für Mac Computer (veraltet)
AT-Adresse	*Apple Talk Netzwerk Adresse* Sie ist dreiteilig: „Zonename:Cablerange.Hostnumber" (Char32case:65297.254)
ATA	*Advanced Technology Attachement* Standardschnittstelle für Festplatten in Desktop-PC und Notebooks

ATALK   *Apple Talk*
Netzwerk-Protocol der Firma Apple für Mac Computer (veraltet)

ATDT   *Attention, Dial Tone*
Modem-Befehl zum Wählen der Nummer 4711 mit Tonwahl-verfahren

ATH   *Attention, Hold*
Modem-Befehl zum Beenden einer Wählverbindung

ATM   *Asynchronous Transfer Mode*
Weltweites WAN-Netzwerk für Sprache und Daten, Backbone-technik der Carrier

AUI   *Attachment Unit Interface*
Ethernet-Schnittstelle zwischen Netzkarte und Transceiver

BALUN   *Balanced Unbalanced*
Bauteil, um Twisted-Pair- (Balanced-) mit Koaxialkabel (Unbalanced-Cable) zu verbinden

Bc   *Burst Committed im Frame-Relay*
Maximal zulässige Datenübertragung innerhalb der CIR, DE-Bit = 0 gesetzt

BDC   *Backup Domain Controller*
Reserve Bereichs-Überwachungs-Server in Microsoft-Netz-werken

BDE   *Betriebs Daten Erfassung*
System zur Verwaltung von Auftragsdaten in der Fertigung

Be   *Burst Excess im Frame Relay*
Maximale Datenrate oberhalb der CIR bis zur AR, DE-Bit = 1 gesetzt

BECN   *Backward Explicit Congestion Notification*
Das Bit wird gesetzt, wenn eine Verbindung im Frame-Relay überlastet wird

BERT   *Bit Error Rate Test*
Test zur Ermittlung der Bitfehlerrate in einem 64 kbit/s breiten ISDN-Kanal

BFOC   *Bayonet Fiber Optic Connector*
Genormter Name für einen ST-Stecker am Glasfaserkabel

BGP   *Border Gateway Protocol*
Routing-Protocol für den Internet-Backbone zwischen den ISP

B-ICI   *Broadband Inter Carrier Interface*
Vom ITU genormte Schnittstelle zwischen zwei Telefongesell-schaften

B-ISDN	*Breitband ISDN* ITU-Norm für ein weltweites Telefon-, Daten- und Videonetz auf ATM-Basis
Bit	*Dualzahlensystem* Binärer Speicherplatz in Computern. Er kann die Werte null und eins annehmen.
Bit/s	*Messgröße für die Bandbreite* Wieviel Bit pro Sekunde können über eine Leitung übertragen werden
BNC	*Bayonet Network Connector* Stecker im Thinwire-Ethernet, für IBM-3270-Terminals und an Antennenkabeln
BOOTP	*Bootstrap Protocol* Damit erhält eine Station nach dem Start seine IP-Adresse und ein Betriebssystem
BP	*Backup Port* Backup-Port in RSTP, verhindert Schleifen, wenn zwei DP-Ports verbunden sind
BPDU	*Bridge Protocol Data Unit* Name der Frames, die im Spanning-Tree-Protocol verwendet werden
B-Port	*Anschluss B im FDDI* Stecker-Typ im FDDI für Dual-Access-Station, primärer Glasfaser-Anschluss
BRI	*Basic Rate Interface* ISDN-Basisanschluss, auch S0 genannt. In der Regel als Bus (PMP) installiert
BSI	*Bundesamt für Sicherheit in der Informationstechnik* Gute Quelle für alle Bereiche zum Thema Netzwerksicherheit, inkl. Backup
BSI	*British Standard Institute* Normungsorganisation Großbritanniens, vergleichbar dem DIN in Deutschland
BUS	*Broadcast Unknown Server* ATM-Server im LANE mit der Aufgabe, die Broadcasts zu verteilen
BZT	*Bundesamt für Zulassungen in der Telekommunikation* Vorläufer der Regulierungsbehörde für die Telekommunikation in Deutschland

c   *engl. Abkürzung für Lichtgeschwindigkeit*
Das Licht bewegt sich mit einer Geschwindigkeit von
300 000 km/s

CAD   *Computer-Aided Design*
Rechner-unterstützte Konstruktion, erstellen von Zeichnungen am
Computer

CAM   *Computed-Aided Manufacturing*
Rechner-unterstützte Fertigung, übernahme von CAD-Daten für
CNC-Programme

Category.1   *Category-1*
Norm für achtadrige 100-Ω-Twisted-Pair-Telefonkabel bis 0,1 MHz

Category.2   *Category-2*
Norm für achtadrige 100-Ω-Twisted-Pair-ISDN-Systemkabel
bis 1 MHz

Category.3   *Category-3*
Norm für achtadrige 100-Ω-Twisted-Pair-Kabel für Ethernet
bis 16 MHz

Category.5   *Category-5*
Norm für achtadrige 100-Ω-Twisted-Pair-Kabel für Fast-Ethernet
bis 100 MHz

Category.5e   *Category-5 enhanced*
Erweitere Norm für achtadrige 100-Ω-Twisted-Pair-Kabel für GE
bis 100 MHz

Category.6   *Category-6*
Norm für achtadrige 100-Ω-Twisted-Pair-Kabel für GE
bis 250 MHz

Category.7   *Category-7*
Norm für achtadrige 100-Ω-Twisted-Pair-Kabel bis 600 MHz

CATV   *Cable Television*
Abkürzung für die Fernsehkabeltechnik in den USA

CAU   *Control Access Unit plus LAU zu den Stationen*
Weiterentwickelter Ringleitungsverteiler im Token-Ring mit
RI/RO-Anschlüssen

CBR   *Constant Bit Rate*
Konstante Bitrate im ATM, echtzeitfähig, für Sprach- und
Videoübertragung

| **CCBS** | *Completion of Calls to Busy Subscriber* |
| | ISDN-Dienst-Merkmal Rückruf, wenn Empfänger besetzt ist |

CCBS
Completion of Calls to Busy Subscriber
ISDN-Dienst-Merkmal Rückruf, wenn Empfänger besetzt ist

CCITT
alter Name der ITU (International Telecom Union)
Consultative Committee for International Telegraph and Telephone

CCIE
Cisco Certified Internetworking Expert
Auf Cisco-Systemen geschulter Netzwerk-Spezialist, höchster Ausbildungsgrad

CCMP
Chipher Block Chaining Message Authen. Code Prot
Im WLAN Verschlüsseln mit AES und Anmelden am RADIUS-Server

CCNA
Cisco Certified Network Assistant
Auf Cisco-Systemen geschulter Netzwerk-Spezialist, kleinster Ausbildungsgrad

CCNP
Cisco Certified Network Professional
Auf Cisco-Systemen geschulter Netzwerk-Spezialist, mittlerer Ausbildungsgrad

CD
Compact Disk
Nach dem Duden Kompaktschallplatte, Speicherkapazität etwa 680 MByte

CD-R
Compact Disk, recordable
Einmal vom Endanwender beschreibbare Kompaktschallplatte, bzw. CD

CD-RW
Compact Disk, read/write
Mehrfach vom Anwender wiederbeschreibbare Kompaktschallplatte

CSE
Cisco Sales Expert
Für Cisco-Systeme ausgebildeter Vertriebsmitarbeiter

CE
Communauté Européenne
Das CE-Zeichen zeigt an, dass ein Produkt den EU-Richtlinien entspricht

CF-Card
Compact Flash Card
Speicherkarte für Digitalkameras, mit In/Out-Schnittstellen als Compact-Card

CFM
Configuration Management
Das Configuration-Management fügt eine Station in den FDDI-Ring ein

CFx　　　　*Call Forwarding / On Busy / No Reply / Un Conditional*
ISDN-Dienst-Merkmal für Anrufweiterschaltung oder Rufumleitung

CHAP　　　*Challenge Handshake Authentication Protocol*
PPP nutzt CHAP, mit MD5, zur An- und Abmeldung von Wählverbindungen

CIA　　　　*Central Intelligence Service*
Der Auslandsgeheimdienst der USA

CIDR　　　*Classless Inter Domain Routing*
Von Bytegrenzen unabhängiges Subnetting, mit IP-Routen-
Zusammenfassung

CIR　　　　*Committed Information Rate*
Die Datenrate, die Frame-Relay unter normalen Bedingungen
garantiert überträgt

CLI　　　　*Command Line Interface*
Konfigurationsinterface für Cisco-Router, ähnlich wie MS/DOS
oder Unix-Shells

CLIP　　　*Call Line Information Presentation*
ISDN-Dienst-Merkmal für Rufnummern-Anzeige beim
Empfänger

CLIR　　　*Call Line Information Restriction*
ISDN-Dienst-Merkmal für Rufnummern-Unterdrückung
beim Empfänger

CLP　　　　*Cell Loss Priority*
Feld im Kopf eines ATM-Frames, engl. Cell, Überlast CLP = 1,
normal CLP = 0

CMD　　　*Command*
Feld in einem Token-Ring-Frame

CMT　　　*Connection Management*
Das Connection-Management aktiviert logische Pfade zwischen
FDDI-Nachbarn

CNC　　　*Computerized Numeric Control*
Rechnergesteuerte Werkzeugmaschinen, wie Drehbänke oder
Fräsen

CODEC　　*Coder Decoder*
Diese Technik wandelt analoge Tonfolgen in digitale Sprachsignale und zurück

CONF   *Conference*
ISDN-Dienst-Merkmal für eine Konferenzschaltung von bis zu
sieben Anrufern

CPE   *Customer Premises Equipment*
Beliebiges Endgerät an einer WAN-Leitung beim Endkunden

CPU   *Central Processing Unit*
Zentraler Rechenschaltkreis eines Computers, in der Regel als
Chip ausgeführt

CRC   *Cyclic Redundancy Check*
Über die Prüfsumme am Frame-Ende kann man Übertragungsfeh-
ler finden

CRS   *Configuration Report Server*
Der CRS ermöglicht die Priorisierung von Stationen im
Token-Ring

CSMA/CD   *Carrier Sense, Multiple Access / Collision Detect*
Veraltete Kommunikationssteuerung im Ethernet, vor allem bei
Koaxialkabel

CSU/DSU   *Channel Service Unit / Data Service Unit*
Digitale Schnittstelle zwischen Teilnehmer und Amtsleitung, wie
ein Modem

CSV   *Comma Separate Value*
Textdatei, in der die Feldwerte durch Kommas voneinander
getrennt werden

CTRL   *Control*
Beschriftung einer Taste auf US-PC-Tastatur, in Deutschland
STRG für Steuerung

CTS   *Clear to Send*
Das V24-Signal CTS liegt auf Stift 5 eines DB25-Steckers (DTE <
DCE)

CW   *Computerwoche*
Eine Wochenzeitschrift aus dem Computerwoche Verlag GmbH,
München

CW   *Call Waiting*
ISDN-Dienst-Merkmal Anklopfen, man telefoniert und erhält
einen zweiten Anruf

CWDM   *Coarse Wave Division Multiplex*
Optische Multiplextechnik, sendet acht Lichtwellen (Farben)
durch eine Glasfaser

D64S   *Digital 64 strukturiert*
               ISDN-Standleitung, 64-kbit/s-Festverbindung mit IDSL-Technik,
               ohne D-Kanal

D64S2   *Digital 64 strukturiert, zwei Kanäle*
               ISDN-Standleitung, 128-kbit/s-Festverbindung mit IDSL-Technik,
               ohne D-Kanal

DA   *Doppel Ader*
               Zum Anschluss eines Telefons benötigt man zwei Adern, d. h. eine
               Doppelader

DAC   *Dual Attached Concentrator*
               Ringleitungsverteiler im FDDI, der an beide Ringe angeschlossen
               ist

DAS   *Direct Attaced Storage*
               Sammelbezeichnung für lokal via ATA und SCSI angeschlossene
               Festplatten

DAS   *Dual Attached Station*
               Station im FDDI, die mit beiden Ringen, primär und sekundär, ver-
               bunden ist

dB   *Dezibel*
               Die Signaldämpfung auf einem Kabel wird in Dezibel gemessen

DB9   *Data Bus Connector (x = Anzahl der Stifte)*
               EIA/TIA-Stecker für serielle und parallele Daten-Busse, wie V.24,
               X.21, RS.449

DB15-female *Data Bus 15 Buchse*
                 Buchse mit 15 Löchern, engl. female für weiblich

DB15-male *Data Bus 15 Stecker*
               Stecker mit 15 Stiften, engl. male für männlich

DC   *Direct Current*
               Englische Bezeichnung für Gleichstrom (AC = Wechselstrom)

DC1   *ASCII Zeichen XON*
               Im Start/Stopp-Betrieb über V.24 verwendetes Zeichen für Start
               (<CTRL>+<Q>)

DC3   *ASCII Zeichen XOFF*
               Im Start/Stopp-Betrieb über V.24 verwendetes Zeichen für Stopp
               (<CTRL>+<S>)

DCC   *Data Country Code*
               Eines von drei ATM-Adress-Formaten (DCC, ICD, E164), vom
               ISO für Behörden

DCD   *Data Channel Detect*
Signal auf Stift 8 des DB25-Steckers einer V24-Schnittstelle (DTE
< DCE)

DCE   *Data Communication Equipment*
Netzwerk-Komponente zum WAN-Anschluss, wie ein Modem
oder ein NT.BA

DDI   *Direct Dialing In*
ISDN-Dienst-Merkmal Rufnummernblock für Telefonanlagen

DE-Bit   *Discard Eligible Bit*
Bit in jedem Frame-Relay-Frame, um Überlast anzuzeigen

DEC   *Digital Equipment Corporation (mit PDP- und VAX-Rechnern)*
Vor dem IBM-PC meistverkaufter Computer der Welt, kam von
DEC (jetzt Compaq)

DECnet   *Digital Equipment Corporation*
Digitals Netzadresse besteht aus zwei Teilen: Netzwerk.Host
(65.1024)

DECT   *Digital European Cordless Telephone (plus GAP)*
Standard in Europa für schnurlose Telefone (plus Generic Access
Profile!)

DENIC   *Deutsches Network Information Center*
Genossenschaft zur Vergabe von Domain-Namen mit der Endung
„de"

DES   *Data Encrytion Standard*
Verschlüsselungstechnik, mit einem 56-bit-Schlüssel zum Ver- und
Entschlüsseln

DFI   *Domain Specific Port Format Identifier*
Feldbezeichnung innerhalb einer privaten ATM-Adresse

DFN   *Deutsches Forschungs Netz*
Im Jahr 2000 ein 10 000 Mbit/s schneller Ring zu allen Universitäten in Deutschland

DFS   *Dynamic Frequency Selection*
Das WLAN-Bauteil sucht sich automatisch einen störungsfreien
Funkkanal

DFÜ   *Daten-Fern-Übertragung*
Deutsche Bezeichnung für eine WAN-Verbindung, meistens via
Modem

DHCP   *Dynamic Host Configuration Protocol*
Protocol zur automatischen Vergabe von IP-Adressen zu
MAC-Adressen im LAN

DiffServ — *Differential Services Bits*
Im Kopf jedes IP-Pakets kann man Bits zur Priorisierung setzen, für QoS

DIN — *Deutsche Industrie Norm*
Offizielle Normungsorganisation in Deutschland

DIV — *Digitale Vermittlungsstelle*
Ortszentrale der deutschen Telekom AG. Davon gibt es etwa 5000 in Deutschland.

DIX — *Dec Intel Xerox*
Die erste Ethernet-Norm kam von DIX. Man nutzt heute noch DIX-2.0-Frames.

DLCI — *Data Link Connection Identifier*
Dieser Wert definiert einen logischen Datenkanal in einer Frame-Relay-Strecke

DLSW — *Data Link Switching (RFC.1434)*
Transport von SNA-Frames eingepackt in IP-Paketen über WAN-Verbindungen

DM — *Deutsche Mark*
Deutsche Währung vom 20. 06. 1948 bis 31. 12. 2001 (Wert 1,95583 DM = 1 Euro)

DNC — *Direct Numeric Control*
Zentrale Steuerung von von CNC-Werkzeugmaschinen

DNIC — *Data Network Identifier Code*
In X.25-Netzen ein Teil der X.121-Adresse, der die Telefongesellschaft definiert

DNS — *Domain Name System*
Internet-Server-Service zur Verbindung von IP-Adresse und Domain-Name

DoD — *Department of Defence*
US-Verteidigungsministerium, finanzierte das Internet und die GPS-Navigation

DP — *Designated Port*
Designated-Port in RSTP, Anschluss zu einem anderen RSTP-Switch (kein Root)

DRP — *Decnet Routing Protocol*
Routing-Protocol in veralteten Decnet-Netzwerken

DS1 — *Digital Signal Level One*
Erste WAN-Multiplex-Stufe in USA, 24 × 64 kbit/s-Kanäle via 1,544 Mbit/s

DS3 *Digital Signal Level 3*
Dritte WAN-Multiplex-Stufe in den USA mit 44,736 Mbit/s
(672 × 64 kbit/s)

DSAP *Destination Service Access Point*
Feld im LLC-Frame, Ziel-Adresse, Verwendung je nach Protocol
IP, IPX usw.

DSL *Digital Subscriber Line*
Techniken (DSL, HDSL, SDSL) für WAN-Anbindung über
Telefonleitungen

DSLAM *Digital Subscriber Line Access Multiplexer*
DSL-Modem steht zu Hause, am anderen Kabelende steht ein
DSLAM, im Amt

DSR *Data Set Ready*
Signal auf Stift 6 des DB25-Steckers einer V24-Schnittstelle (DTE
< DCE)

DSS1 *Digital Subscriber System 1*
Protocol für Euro-ISDN im D-Kanal zum Verbindungsauf-
und -abbau

DST *Destination*
In jedem Frame gibt es ein Feld für die Zieladresse, MAC-DST
und IP-DST

DTAG *Deutsche Telekom AG*
Offizielle Abkürzung für den ehemaligen Telefon-Monopolisten in
Deutschland

DTE *Data Terminal Equipment*
Endgerät eines Kunden am Ende einer WAN-Strecke, wie ein
Router oder Server

DTR *Data Terminal Ready*
Signal auf Stift 20 des DB25-Steckers einer V24-Schnittstelle
(DTE > DCE)

DVS *Direct Virtual Switch*
Cisco Protocol für das Tunneln von IP über IP

DWDM *Dense Wavelength Division Multiplexing*
Optische Multiplextechnik, sendet bis zu 128 Lichtwellen durch
eine Glasfaser

DWG *Drawings*
Systeminternes Dateiformat der Fa. Autodesk für AutoCAD-
Zeichnungen

DXF	*Data Exchange Format* Austauschformat der Fa. Autodesk für CAD-Zeichnungen des Systems AutoCAD
E1	*European Multiplexlevel 1* Erste WAN-Multiplex-Stufe in Europa, 30 × 64 kbit/s-Kanäle via 2,048 Mbit/s
E164	*Teil einer öffentlichen ATM Adresse* Internationales Rufnummernschema vom ITU für weltweite Telefonnummern
E3	*European Multiplexlevel 3* Dritte WAN-Multiplex-Stufe in Europa mit 34,368 Mbit/s (480 × 64 kbit/s)
E4	*European Multiplexlevel 4* Vierte WAN-Multiplex-Stufe in Europa mit 140 Mbit/s (1920 × 64 kbit/s)
E2000	*E2000 Connector* Kleiner Glasfaserstecker (Small-Form-Factor) für Glasfaser MMF und SMF
EAD	*Ethernet Anschluss-Dose* Von der Fa. Telegärtner entwickelte Dose für Thinwire-Ethernet mit TAE-Stecker
EAL	*Evaluation Assurance Level* In der Norm ISO 15408 Sicherheitsniveau für Firewall-Systeme
EAP	*Extensible Authentication Protocol* Netzanmeldung im 802.1x mit EAP und MAC-Adressen am RADIUS-Server
EBCDIC	*Extended Binary Coded Decimal Interchange Code* 8-bit-Code von IBM für die Darstellung von Zeichen und Zahlen
ED	*Ending Delimeter* Synchronisationsbits am Ende eines LLC-Frame im Token-Ring oder FDDI
EDI	*Electronic Data Interchange* Norm zum elektronischen Austausch von Bestellungen, Lieferscheinen usw.
E-DSS1	*European Digital Subscriber System One* Protocol für Euro-ISDN im D-Kanal zum Verbindungsauf- und -abbau

EDV   *Elektronische Daten-Verarbeitung*
Sammelbegriff für alle Computer und Programme, neuerdings
abgelöst von IT

EFM   *Ethernet in the first Mile*
Sammelbegriff für alle Computer und Programme, neuerdings
abgelöst von IT

EFCI   *Explicit Forward Congestion Information*
Überlastanzeige im ATM, welches mit Available-Bit-Rate über
AAL.5 arbeitet

EFF   *Electronic Frontier Foundation (www.EFF.org)*
US-Verbraucherschutzorganisation, die 1998 DES mit einem PC
geknackt hat

EFM   *Ethernet in the First Mile*
Ethernet mit 2 Mbit/s über normales zweiadriges Telefonkabel bis
zu 2700 m

EIA   *Electronic Industries Association*
Vergleichbare Organisation in den USA zum ZVEI in Deutschland

EIGRP   *Enhanced Interior Gateway Routing Protocol*
Routing-Protocol von Cisco, Hybrid aus Link-State und
Distance-Vector-Technik

ELAN   *Emulated Local Area Net*work
Logisches Netz mit Ethernet- oder Token-Ring-Frames in einem
ATM-Netz

ELFEXT   *Equal Level Far End Cross(X) Talk*
Messung des Übersprechens auf allen vier Aderpaaren minus
Dämpfung

E-Mail   *Electronic Mail*
Übers Internet kann man elektronisch Post verschicken, Texte mit
Anhängen

EMF   *Ein-Moden-Faser (auch SMF genannt)*
Glasfaserkabel mit sehr dünnem Glasfaserkern 9/125 µm im WAN
bis 100 km

EMVG   *Elektro-Magnetische-Verträglichkeits-Ges*etz
Grenzwerte für Abstrahlung und fehlerfreien Betrieb im
Störstrahlumgebungen

EN   *Europäische Norm*
Weltweit gelten ISO-Normen, EN in Europa und DIN bzw. VDE-
Bestimmungen in Deutschland

E-Port	*Expansion Port* Über einen Expansion-Port verbindet man zwei Fibre-Channel-Fabrics
EP	*Edge Port* Edge-Port in RSTP, ohne STP-Funktionalität, d. h. Ausfallsicherung
EPON	*Ethernet Passive Optical Networks* Ethernet über ein passives optisches Netzwerk im Bereich der ersten WAN-Meile
ES	*Error Seconds im BERT* Sekunden mit weniger als 1 ‰ Fehler. Erlaubt sind nur 6,8 s mit Fehlern pro Messintervall.
ESCON	*Enterprise System Connect* Glasfaserschnittstelle für Festplatten und Peripherie an IBM-Großrechnern
ESI	*End System Identifier* Feld in einer ATM-Adresse, normalerweise besetzt mit einer MAC-Adresse
Et	*Ethernet* Hier Abkürzung für Ethernet und nicht der kleine Außerirdische im Film „E. T."
ETSI	*European Telecommunication Standards Institute* Organisation zur Definition von Telefon- und Mobilfunk-Normen in Europa
EUnet	*European Internet* Bezeichnung des Internet-Backbone in Europa, das nicht nur die EU verbindet
EWSD	*Elektronisches Wählsystem Digital (ISDN Backbone Switch)* Digitale Vermittlungssysteme von Siemens für ISDN-Ortszentralen der DTAG
EV	*Etagen-Verteiler* Verteilerschrank auf der Etage, von dem die Kabel zu den Dosen laufen
EVZI	*Endverzweiger, innen* Übergabepunkt, Verteilerkasten beim Kunden, als Schnittstelle zum Amt (DIV)
F	*Fernsprecher* Abkürzung für den Telefon-Anschluss in einer TAE-Steckdose

FC	*Fibre Channel* Netzwerktechnik zum Aufbau von Storage Area Networks (SAN)
FC	*Frame Control* Ein Feld im Token-Ring- oder FDDI-Frame
FC	*Frame-Copied-Fehlermeldung* Station sieht eigene Adresse im fremden Frame, doppelte MAC im Token-Ring
FCIP	*Fibre Channel over IP* Protocol zur Verbindung von zwei Fibre-Channel SAN über TCP/IP
FCS	*Frame Check Sequence* Prüfsumme zur Fehlererkennung am Ende jedes LAN- oder WAN-Frames
FD	*Full Duplex* Überlastkontrolle: Wird ein Empfänger überladen, dann sendet er ein Pause-Frame
FDDI	*Fiber Distributed Data Interface* Seit 1987 Doppelring mit 100 Mbit/s, ab 1997 durch Fast-Ethernet abgelöst
FE	*Fast Ethernet* Ethernet mit 100 Mbit/s über Twisted-Pair-Kupfer- und Multi-Mode-Glas-Kabel
FEC	*Fast Ethernet Channel* Technik um 2 / 4 / 6 / 8 FE-Leitungen zu einer Verbindung zusammenzuschalten
FECN	*Forward Explicit Congestion Notification* Bit-in-Frame-Relay-Paket, das gesetzt wird, um eine Überlastung anzuzeigen
FEXT	*Far End Cross (X) Talk* Messung des Übersprechens am Kabelende eines Twisted-Pair-Kabels
FL-Port	*Fabric Loop Port im Fibre-Channel* Dual-Interface zum Anschluss einer Fabric an eine FC Arbitrated-Loop
F-Port	*Fabric Port* Fibre-Channel Fabric-Interface, zum Anschluss von N-Port HBAs
FR	*Frame Relay* Industrie-Standard einer WAN-Technik für Standleitungen (X.25-Verbesserung)

FRAD   *Frame Relay Access Device*
Router oder Switch am Ende einer Frame-Relay-Standleitung

FRF   *Frame Relay Forum*
Normungsgremium für Frame-Relay-Spezifikationen in den USA

FS   *Frame Status*
Letztes Feld im Token-Ring- oder FDDI-Frame, nach FCS und
Edel

ft   *Feet*
Englische Längeneinheit: 1 ft = 30,48 cm = 12 Zoll = 12 × 2,54 cm

FTP   *File Transfer Protocol (RFC.959)*
Internet-Protocol zum Filetransfer zwischen unterschiedlichen
Betriebssystemen

FTP   *Foiled Twisted Pair*
Ein Twisted-Pair-Kupfer-Kabel mit äußerem Folien-Schirm

FTZ   *Fernmelde-Technisches Zeugamt*
Ehemalige Zulassungsstelle der Telekom (Zeugamt, früher Amt
für Lagerverwaltung)

FUNI   *Frame User Network Interface von ATM*
Bridge von Frames über PVC-Standleitungen (LLC-over-ATM,
PPP-over-ATM)

FW   *Ein Firewall System (FW) wird in den Datenstrom geschaltet*
Eine FW beachtet Sicherheitsregeln und lässt nur authorisierten
Verkehr durch

G.703   *ITU Normen für Telefonie mit 2 Mbit/s*
Schnittstelle von PBX zum NT.PM, Norm nach G.703 (Signale),
G.704 (Frames)

G.704   *ITU Normen für Telefonie mit 2 Mbit/s*
Schnittstelle von PBX zum NT.PM, Norm nach G.703 (Signale),
G.704 (Frames)

G.821   *ITU Norm für BERT*
Bit-Error-Rate-Test eines 64-kbit/s-Kanals über 15 min oder
24 Stunden

GBIC   *Gigabit Interface Converter*
Universeller Steckplatz für alle GBIC-Module, wie 1000Base-SX,
-LX und -TX

GE   *Gigabit Ethernet*
Mit 1000 Mbit/s über über Twisted-Pair-Kupfer- und Glasfaser-
Kabel

GEC *Gigabit Ethernet Channel*
Technik, um 2 / 4 / 6 / 8 GE-Leitungen zu einer Verbindung
zusammenzuschalten

GF *Glas-Faser*
Kabel zur Informationsübertragung, dessen Kern ein 125 μm
dicker Glasstab ist

GFC *Generic Flow Control*
Erstes Feld im Kopf einer ATM-Cell. Nur innerhalb einer
UNI-Schnittstelle.

GG45 *Giga Gate 45 (Buchse) und Giga Plug 45 (Stecker)*
Von Nexans entwickelter, RJ45 kompatibler Stecker für 600-MHz-
Signale/Category.7

GHz *Gigaherz*
1 000 000 000 Hertz = 1 GHz ist eine Maßeinheit für Schwingungen pro Sekunde

GIF *Graphics Interchange Format*
Austauschformat für digitalisierte Bilder und Grafiken

GII *Gigabit Independant Interface*
Schnittstelle für Gigabit-Ethernet Transceiver (im Jahr 2000 nur
als Norm)

GIS *Grafische Informations Systeme*
Verarbeitung von Bilddaten und Liegenschaften mit Hilfe
grafischer Programme

G-Port *Generic Port*
Umschaltbares Fibre-Channel-Interface zwischen N-Port und
E-Port

GP45 *Giga Gate 45 (Buchse) und Giga Plug 45 (Stecker)*
Von Nexans entwickelter, RJ45-kompatibler Stecker für
600-MHz-Signale/Category.7

GPRS *Global Packet Radio Service*
GPRS sendet mit bis zu 38,4 kbit/s pro Anwender über
GSM-Mobilfunknetze

GRE *Generic Routing Encapsulation*
Tunnel-Protocol von Cisco zum Transport von verschiedenen
Frames via IP

G.SHDSL *Global Standard Highbitrate Digital Subscribel Line*
Modem-Technik, um über einfache Telefonkabel 2,3 Mbit/s bis
3,5 km zu senden

GSM *Global System for Mobile Communications*
Europäische Norm zum Aufbau von Mobiltelefonnetzen mit
Handys bis 9,6 kbit/s

GV *Gebäude-Verteiler*
Verteilerschrank im Gebäude, von dem die Steigleitungen zu den
EV ausgehen

HBA *Host-Bus-Adapter*
Bezeichnung für eine Fibre-Channel-Schnittstellenkarte in einem
Server

HBCI *Home Banking Connect Internet*
Deutscher Banken-Standard für verschlüsselte Datenübertragung
von zu Hause

HDLC *Highlevel Data Link Control*
WAN-Basis-Protocol, Vater von SDLC(IBM), LAPB(X25),
LAPD(ISDN), PPP

HDSL *Highspeed Digital Subscriber Line*
Bis 8 Mbit/s mit DSL-Technik über eine einfache Telefonleitung,
siehe DSL

HE *Höhen-Einheit*
Maßeinheit für 19-Zoll-Schränke.
Eine HE ist etwa 4,5 cm = 1,75 Zoll hoch

HEC *Header Error Control*
Prüfsumme am Ende eines ATM-Cell-Kopfes, Verfahren zur
Fehlersuche

HIPPI *High Performance Parallel Interface*
Sehr schnelle Festplatten-Schnittstelle (6400 Mbit/s) in Super-
computern

HOLD *Call Hold*
ISDN-Dienst-Merkmal, zum Halten von Verbindungen (zwei
Anrufe gleichzeitig)

HP *Hewlett Packard*
Im Jahr 2000 einer der größten Computer-Hersteller der Welt

HSBF *Highest Significant Bit First*
Der Token-Ring sendet das höchstwertige Bit eines Byte immer als
erstes

HSCSD *High Speed Circuit Switched Data*
HSCSD schaltet drei bis vier GSM-Sprachkanäle zu einem Datenkanal mit 38,4 kbit/s

HSRP *Hot Standby Routing Protocol*
Von Cisco entwickeltes Protocol für ein Backup-Default-Gateway

HSSI *High Speed Serial Interface*
Steckverbindung für serielle WAN-Anschlüsse bis 52 Mbit/s

HSTR *High Speed Token-Ring*
Von der Fa. Madge entwickelte Token-Ring-Variante mit
100 Mbit/s

HTML *Hyper Text Markup Language*
Alle Internet-Seiten, lesbar mit Web-Browsern, wurden mit HTML
geschrieben

HTTP *Hyper Text Transfer Protocol*
Internet-Protocol, das Web-Browser und Web-Server miteinander
verbindet

HTTPS *Hyper Text Transfer Protocol Secure*
Sichere, d. h. verschlüsselte Verbindung über das Internet, nutzt
SSL / TLS

HÜP *Haus-Übergabe-Punkt*
Stelle in einem Gebäude, wo die WAN-Leitung einer Telefongesellschaft endet

HW *Hardware*
Rechner, Chips, Festplatten, Floppy-Laufwerke, CD-Laufwerke,
Gehäuse usw.

IANA *Internet Assigned Numbers Authority*
Organisation, die u. a. alle offiziellen IP-Adressen der Welt verwaltet

IBM *International Business Machines*
Im Jahr 2003 der größte Computer-Hersteller der Welt

IAPP *Inter Access Point Protocol*
Das IAPP ermöglicht im WLAN Repeater-Access-Points und
Roaming

ICANN *Internet Corporation for Assigned Names and Numbers*
Dachorganisation im Internet oberhalb von APNIC, ARIN und
RIPE

ICD *International Code Designator*
ATM-Adress-Typ vom British-Standard-Institute für private LAN

ICMP *Internet Control Message Protocol*
Fehlerprotocol zum Internet-Protocol, definiert im RFC.792 und
anderen

ICS
IBM Cabling System aus 1988
Erstes strukturiertes Kabelsystem von IBM, mit Typ-1-Kabel und
Datenstecker

ID
Identifier
Kennzeichnung eines Frames, Datenstroms, Protokolls mit einer
Zahl

IDC
International Code Designator
Landestelefonvorwahl, vom ITU festgelegt, +49 Deutschland oder
+1 USA

IDN
International Data Number
Internationale Datennummer (IDN) im X.25, vergleichbar einer
Telefonnummer

IDSL
ISDN Digital Subscriber Line
Standleitungen, Festverbindungen der DTAG über ihr ISDN-Netz-
werk

IEC
International Electrotechnical Commision
Internationales Normungsgremium der Elektrotechnik mit Sitz in
der Schweiz

IEEE
Institute of Electrical and Electronics Engineers
Vergleichbare Organisation in den USA zum VDE in Deutschland

IETF
Internet Engineering Task Force
Hier werden in über 80 Arbeitsgruppen alle Internet-Spezifikatio-
nen erarbeitet

iFCP
Internet Fibre Channel Protocol
Ersatz einer FC-Fabric durch einen iFCP-Router

I-Frame
Information Frame
Layer-2-Frame in der HDLC-Protocol-Familie, welches die Nutz-
daten beinhaltet

ILMI
Interim Local Management Interface
Managementsystem der ATM-UNI-Schnittstelle mit Informatio-
nen über den Netzstatus

IMAP
Internet Message Access Protocol
Protocol zum Herunterladen und Versenden von E-Mails mit
Anhang im Internet

I/O
Input/Output
Block-I/O: Schreiben und Lesen von Datengruppen, z. B. von
Blöcken à 128 Byte

IP *Internet Protocol*
Das weltumspannende Internet arbeitet mit diesem Protocol und dessen Adressen

IP-Adresse *Internet Protocol Adresse der Version 4*
Sie hat 32 bit und besteht aus zwei Teilen: „Netzwerk.Host" (254.254.254.001)

IPCP *Internet Protocol Control Protocol*
Dieses Protocol sendet IP-Pakete mit PPP-Frames über Punkt-zu-Punkt-Strecken

IPOA *IP over ATM*
Das Protocol transportiert IP-Pakete über ATM-Netze (ohne FUNI oder LANE)

IPSEC *IP Security*
Internet-Standard für ein Tunnel-Protocol, das die Daten verschlüsselt überträgt

IPTV *IP Television*
Protocol zur Übertragung von Fernsehprogrammen über das Internet

IPX *Internetwork Packet Exchange*
Altes Übertragungsprotocol in Netware-Netzwerken der Fa. Novell

IPX-Adresse *Internetwork Packet Exchange*
Sie hat zwei Teile: „Netzwerk:MAC-Adresse" (BADEAFFE:400070001234)

IPX-RIP *IPX Routing Information Protocol*
Routing-Protocol in alten IPX-Netzwerken, arbeitet ähnlich wie RIP

IPX-SAP *IPX Service Advertisement Protocol*
Früher sandte jeder Novell-Server einmal pro Minute einen Service-Broadcast

IPv4 *Internet Protocol Adressen der Version 4*
32 bit lange IPv4-Adressen: 123.123.123.001 255.255.255.0

IPv6 *Internet Protocol Adressen der Version 6*
128 bit lange IPv6-Adressen: 2001:0683:0000:0000:8150:BADE:AFFE:4711/64

ISBN *International Standard Book Number*
International hat jedes Buch eine eindeutige, unverwechselbare Bestellnummer

iSCSI	*Small Computer System Interface over IP* Transport des SCSI-Protocols über TCP/IP und Gigabit-Ethernet
ISDN	*Integrated Services Digital Network* Leitungsgebundenes, digitales Telefonnetz aus Deutschland
ISL	*Inter Switch Link* Protocol und VLAN-Informationen zwischen Switches zu übertragen
ISO	*International Standard Organisation* Internationales Normungsgremium, entwickelte das OSI-Modell
ISP	*Internet Service Provider* Um Zugriff zum Internet zu erhalten, kann man dies nur über einen ISP tun
IT	*Information Technologie* Sammelbegriff für alle Computertechniken. Nachfolge des Begriffs EDV.
ITU	*International Telecommunication Union* Weltweites Normungsgremium für alle Telefontechniken (alter Name CCITT)
IVS	*IBM-Verkabelungssystem aus 1988* Erstes strukturiertes Kabelsystem von IBM, mit Typ.1-Kabel und Datenstecker
IWV	*Impulswählverfahren* Altes analoges Wählverfahren mit Drehscheiben-Telefon und Amts-Drehwähler
JPEG	*Joint Photographic Experts Group* Fotos werden im Internet auf HTML-Seiten in diesem Format gespeichert
kbit/s	*Kilobit pro Sekunde* Maßeinheit für die Bandbreite: 1000 bit/s = 1 kbit/s
kHz	*Kilohertz* 1000 Hertz = 1 kHz ist eine Maßeinheit für Schwingungen pro Sekunde
KVz	*Kabelverzweiger für Telefonie* Grauer Verteilerkasten am Straßenrand, ohne Stromversorgung und Elektronik
L2F	*Layer 2 Forwarding Protocol* Bridgen von LLC-Frames über eine IP-Verbindung, ein VPN, Cisco-Entwicklung

L2TP   *Layer 2 Tunneling Protocol*
Bridgen von LLC-Frames über eine IP-Verbindung, ein VPN,
IEEE-Entwicklung

LAN   *Local Area Network*
Netzwerk innerhalb der privaten Grundstücksgrenzen, selten
größer 3000 m.

LANE   *LAN Emulation*
Layer 2 Protocol für die Simulation eines LAN in einem
ATM-Netzwerk

LAPB   *Link Access Procedure Balanced*
Layer 2 und Frame-Format in weltweiten X.25-Netzwerken,
HDLC-Variante

LAPD   *Link Access Procedure in D-Kanal*
Frame-Format und Verbindungsauf- und -abbau im Euro-ISDN,
auf HDLC-Basis

LAPM   *Link Access Procedure for Modems*
Frame-Format und Fehlerkorrektur für V.42-Modem-Strecken,
HDLC-Variante

LAT   *Local Area Transport*
Teil des DECnet-Protocols zur Anbindung von Terminals und
Druckern

LAU   *Lobe Access Unit als CAU-Erweiterung*
Weiterentwickelter Ringleitungsverteiler im Token-Ring mit
Station-Ports

LC   *Lucent Connector*
Kleiner Glasfaserstecker (Small-Form-Factor, wie RJ45) für MMF
und SMF

LCI   *Logical Channel Identifier*
Logische Kanalnummer in X.25-Standleitungen, auch genannt
LCN oder VCN

LCN   *Logical Channel Number*
Logische Kanalnummer in X.25-Standleitungen, auch genannt
LCI oder VCN

LCP   *Link Control Protocol*
PPP-Subprotokoll für Verbindungskontrolle, Zugriffsschutz und
Kompression

LCT   *Link Confidence Test*
Prüfung der Zuverlässigkeit zu den zwei nächsten Nachbarn im
FDDI-Ring

LEAP   *Lightweight Extensible Authentication Protocol*
              Netzanmeldung im 802.1x mit LEAP- und MAC-Adressen am
              Cisco Secure ACS.

LE-ARP   *LAN Emulation Address-Resolution-Protocol*
              Methode der Adresszuordnung von IP- zu MAC-Adresse im
              ATM-LANE

LEC   *LAN Emulation Client*
              Teilnehmer, Client-Station in einem ATM-LANE, mit ATM- und
              MAC-Adresse

LECS   *LAN Emulation Config Server*
              Teilt dem LEC die Adresse des LES mit, speichert zusätzlich
              Config-Daten

LED   *Light Emitting Diode*
              Leuchtdiode, als Sender im MMF (bei SMF verwendet man
              Laserdioden)

LEM   *Link Error Monitor*
              Ständiger Bit-Fehler-Test der synchronen Verbindung zum
              FDDI-Nachbarn

LEN   *Length*
              Abkürzung für ein Längenfeld innerhalb eines Frames

LES   *LAN Emulation Server*
              Steuert die LANE Kommunikation, speichert alle MAC-/ATM-
              Adresspaare

LIS   *Logical IP Subnet*
              IP-Subnetz in einem ATM-Netz mit Classical IP over ATM (IPOA)
              Protocol

LL   *Leased Line*
              Dauerhaft, ständig geschaltete Festverbindung oder Standleitung
              im WAN

LLC   *Logical Link Control*
              LAN-Frameformat und oberer IEEE-Sublayer in Schicht 2 des
              OSI-Modells

LLC1   *Logical Link Control, Type 1*
              Layer.2-Protocol, ohne Empfangsbestätigung und Fehlerkontrolle,
              verbindungslos

LLC2   *Logical Link Control, Type 2*
              Layer.2-Protocol, mit Empfangsbestätigung, Fehlerkontrolle,
              Verbindungscheck

LMI   *Local Management Interface*
              Informiert Anwender automatisch über den Zustand eines
              Frame-Relay-Netzes

LNNI   *LAN Emulation Network Network Interface*
              Schnittstelle zwischen ATM-Switches im LANE, Trunk-Verbin-
              dung

Log   *Logfile*
              Logbuch einer Station, in dem alle wichtigen Systemmeldungen
              festgehalten werden

LPD   *Line Print Daemon (Port 515)*
              Druck-Dienst im Internet, LPD-Server im Drucker und
              LPR-Client in Station

LPR   *Line Print Remote (Port 515)*
              Druck-Dienst im Internet, LPD-Server im Drucker und
              LPR-Client in Station

LSA   *Lötfreie, schraubfreie, abisolierfreie Klemmleiste*
              Kabelklemmsystem der Fa. Krone, aber ohne Löten, Schrauben
              oder Abisolieren

LSBF   *Lowest Significant Bit First*
              Der Ethernet sendet das Bit mit dem niedrigsten Wert eines Byte
              immer als erstes

LSZH   *Low Smoke, Zero Halogen Cable*
              Kabel, das ungiftig, salzsäurefrei (keine Halogene), mit wenig
              Rauch verbrennt

LUNI   *LAN Emulation User Network Interface*
              Schnittstelle zwischen Station (UNI-U) und ATM-Switch
              (UNI-N) im LANE

LWL   *Lichtwellenleiter*
              Anderer Name für Glasfaserkabel. Vielleicht gibt es zukünftig
              Kunststoffkabel mit geringer Dämpfung?

M5   *Multi Mode Fiber 50/125 μm*
              Bauart eines Glasfaserkabels mit 50/125 μm im Fibre Channel

M6   *Multi Mode Fiber 62,5/125 μm*
              Bauart eines Glasfaserkabels mit 62,5/125 μm im Fibre Channel

MAC   *Media Access Control*
              Unterer IEEE-Sublayer in Schicht 2, Datalink, des OSI-Modells

MAC-Address *Media Access Control Address*
6 Byte lange Layer.2-Adresse im LAN, Beispiel:
4000.7BAD.AFFE (Hex-Zahl)

MAN *Metropolitan Area Network*
Netzwerk innerhalb einer größeren Stadt, maximale Ausdehnung
etwa bis 100 km

MAP *Manufacturing Automation Protocol*
Von General Motors geförderte Automatisierungssoftware für die
Fertigung

MAU *Media Attachment Unit*
Veralteter Multiport-Transceiver in 10 Mbit/s schnellen
Ethernet-Netzwerken

Mbit/s *Megabit pro Sekunde*
Pro Sekunde werden eine Million Bits gesendet
(**M** großer, **b** kleiner Buchstabe)

MByte/s *Megabyte pro Sekunde*
Pro Sekunde werden eine Million Byte = 8 Mbit/s gesendet
(**M** groß, **B** groß)

MCID *Malicious Call Identification*
ISDN-Dienst-Merkmal für das Fangen von böswilligen Anrufern

MD4 *Message Digest Number 4*
Genormte Verschlüsselungsmethode für An- und Abmelden in
Windows/NT

MD5 *Message Digest Number 5*
Genormte Verschlüsselungsmethode für An- und Abmelden im
PPP oder SNMP

MDD *Maximum Drive Distance*
Maximale Länge eines Token-Rings im Fehlerfall, bei Ausfall
eines Segments

MDI *Medium Dependent Interface*
Mit MDI bezeichnet die IEEE 802.3af einen RJ45-Anschluss im
Ethernet

MFV *Mehrfrequenz-Wähl-Verfahren*
Modernes Telefonwählverfahren, jede Taste erzeugt einen Ton
(man hört es)

MHz *Mega-Hertz*
Eine Million Schwingungen pro Sekunde

MHz/km *Mega-Hertz pro Kilometer*
Messgröße der Übertragungsqualität einer Multi-Mode-Glasfaser

MIC   *Message Integrity Check (genannt Michael)*
MIC erkennt, ob man ein WLAN-Frame fälschte und ändert dann
den Schlüssel

µm   *Micrometer*
Maßeinheit für 0,000001 Meter (1 Millionstel Meter)

MIB   *Management Information Base*
Datenbank eines SNMP-Managers mit den Beschreibungen der
Agenten

MIB-Text   *Management Information Base Textfile*
Funktionsbeschreibung eines SNMP-Agenten in der Programmiersprache ASN-1

MIC   *Media Interface Connector*
Glasfaserstecker in FDDI-Netzwerken

MID   *Multi Station Access Unit Interconnection Distance*
Summe der Längen aller Trunk-Kabel zwischen den Ringleitungsverteilern

MII   *Media Independent Interface*
Transceiver-Schnittstelle für Fast-Ethernet bei 10 Mbit/s und
100 Mbit/s

MIME   *Multipurpose Internet Mail Extension*
Internet-Standard für das Anhängen von Dateien an E-Mails

MLL   *Maximum Lobe Length*
Maximal zulässige Länge eines Stations-Anschluss-Kabels im
Token-Ring

MLT3   *Multi Level Transmission 3*
Technik zur Frequenzreduzierung, indem man 4 bit in einem Hertz
überträgt

MMF   *Multi Mode Fiber*
Bauart eines Glasfaserkabels mit dem Durchmesser 62,5/125 µm
oder 50/125 µm

MNP4   *Microcom Network Protocol Number 4*
Fehlererkennung und Behebung durch Framebildung über
Modemstrecken

MNP5   *Microcom Network Protocol Number 5*
Komprimierung über Modemverbindungen mit Hoffman-Code um
maximal 200

MNP7   *Microcom Network Protocol Number 7*
Komprimierung über Modemverbindungen mit Markov-Code um
maximal 300

MOP *Maintenance Operation Protocol*
Verbindung von VAX-Computern der Fa. DEC innerhalb von
DECnet-Netzen

MPC *MPOA Client*
Interface eines virtuellen Routers in einem Multiprotocol-
ATM-Netzwerk

MPEG *Motion Picture Experts Group*
Video-Daten-Kompression, mit MPEG.2 benötigt man 4 Mbit/s
pro Fernsehkanal

MPLS *Multi Protocol Label Switching*
Technik von Carriern, um Kunden-VPN durch ihr WAN-Backbone
zu schalten

MPOA *Multiprotocol over ATM*
Routen von IP, IPX und Apple-Talk über ein ATM-Netzwerk
hinweg

M-Port *Anschluss M im FDDI*
SAS-Stations-Anschluss an einem FDDI-Concentrator

MPS *MPOA Server*
Zentrale Instanz eines virtuellen Routers in einem Multiprotocol-
ATM-Netzwerk

ms *Millisekunde*
Maßeinheit für 1/1000 Sekunde

MSAU *Multi Station Access Unit*
Ringleitungsverteiler im Token-Ring. Der erste Verteiler war ein
IBM 8228.

MS-Chap *Microsoft Chap*
Microsoft nutzt CHAP-MD4 zur Anmeldung, im Gegensatz zu
PPP mit CHAP-MD5

MSN *Microsoft Network*
Microsoft als weltweiter Internet-Service-Provider und nicht nur
als Softwarehaus

MSN *Multiple Subscriber Number*
ISDN-Dienst-Merkmal für Mehrfachrufnummer, bis zu 10 pro
S0-Anschluss

MT-RJ *Glasfaserstecker für zwei Fasern*
Kleiner Glasfaserstecker (Small-Form-Factor, so groß wie RJ45)
von Tyco

LC
Lucent Connector
Kleiner Glasfaserstecker (Small-Form-Factor) für Glasfaser MMF und SMF

MTU
Maximum Transmission Unit
Maximale Länge eines Frames, den man über ein Netzwerk transportieren kann

MUX
Multiplexing Device
Schalten mehrerer Signale über eine Leitung; beim Empfänger wieder aufteilen

mW
Milliwatt
1/1000 Watt, Zeichen für elektrische Leistung
= Spannung (V) × Stromstärke (A)

N
Nebenstelle
Anschluss für Fax oder Modem an einem TAE-Stecker

NAI
Network Associates Incorporated
Hersteller des Sniffer-Analysers und der Virenscanner Mc. Afee und Dr. Solomon

NAS
Network Attached Storage
Jeder Fileserver ist ein NAS, Platten- und Bandzugriffe via TCP/IP

NAT
Network Address Translation
Routerfunktion zur Umwandlung von privaten zu öffentlichen IP-Adressen

NAUN
Nearest Active Upstream Neighbor
Nächster, aktiver, stromaufwärts liegender Nachbar im Token-Ring oder FDDI

NBP
Name Binding Protocol
Verfahren, um im Apple-Talk Adressen 65297.254 mit Zone-Namen zu verbinden

NC
Network Computer (kleiner PC ohne Festplatte)
Ein NC lädt seine Anwendungen von einem Windows-Terminal-Server

NCP
Network Control Protocol
NCP transportiert IP, IPX, Apple-Talk, Decnet, SNA-LLC über PPP-Strecken

NDIS
Network Driver Interface Specification
Von Microsoft als generelle Treiber-Schnittstelle zwischen Protokoll und NIC

NDS
Netware Directory Service
Benutzer- und Resourcen-Verwaltung in Novell-Netware-Netzwerken

NETBIOS
Network Basic Input Output System
Von 3Com entwickeltes Netzwerk-Protocol für IBM-Client/Server-Netzwerke

NETBEUI
NETBIOS Extended User Interface
Von Microsoft erweitertes NETBIOS-Protocol für Windows-Netzwerke

NEXT
Near End Cross (X) Talk
Übersprechen bzw. Nebensprechen am Kabelanfang in einem Category-X-Kabel

NFS
Network File System
Von SUN entwickeltes, im Netz über mehrere Stationen verteiltes Dateisystem

NHRP
Next Hop Resolution Protocol
Routing Protocol zur LAN-Emulation (LANE) Version 2 in ATM-Netzwerken

NIC
Network Interface Card
Abkürzung für eine Netzwerkkarte in einem PC, Drucker, Server, Router usw.

NIST
Network Institute of Standards and Technology
Das NIST normiert in den USA Maße, aber auch Verschlüsselungstechnik (DES)

NLSP
Netware Link Service Protocol
Netware 4 Routing Protocol, sollte RIP und SAP in Novell-Netzen ersetzen

nm
Nano-Meter
Ein Millionstel Meter = 0,000001 m oder 1/1000 mm

NNI
Network to Network Interface
Schnittstelle zwischen zwei ATM-Switchen. UNI zwischen Station und Switch.

NL-Port
Node Loop Port im Fibre-Channel
Dual-Interface zum Anschluss eines Nodes an eine FC Arbitrated-Loop

N-Port
Node Port
Fibre-Channel-Adapter vom Typ N, zum Anschluss an eine FC-Fabric Port-F

NRT   *Non Real Time*
              Normaler Datenverkehr in Computernetzen, ohne Echtzeit-
              anforderungen

NSF   *National Science Foundation*
              Der US-amerikanische Staat gründete die NSF, um das Internet
              aufzubauen

NT-A   *Network Termination Analog*
              Analoge Telefonschnittstelle, in Deutschland mit TAE-Stecker

NT-BA   *Network Termination Basic Access*
              Netzwerkanschluss für einen ISDN-S0-Bus mit zwei Kanälen zu
              je 64 kbit/s

NT-PM   *Network Termination Primary Rate Access*
              ISDN-S2M-Anlagenanschluss mit 30 Kanälen zu je 64 kbit/s

NTP   *Network Time Protocol*
              Normierte Methode, um die Atomzeit im Internet zu übertragen
              (ptbtime1.ptb.de)

NVP   *Nominal Velocity of Propagation (66)*
              Signalausbreitung im Kabel im Verhältnis zur Lichtgeschwindig-
              keit 300000 km/s

OC   *Optical Carrier*
              Physikalische Protokolle innerhalb eines Sonet-Netzwerks
              (ATM Physical Layer)

OF-300   *Optical Fiber Channel 300*
              Längenklasse für Glasfaserkabel mit einer Länge von mindestens
              300 m

OF-500   *Optical Fiber Channel 500*
              Längenklasse für Glasfaserkabel mit einer Länge von mindestens
              500 m

OF-2000   *Optical Fiber Channel 2000*
              Längenklasse für Glasfaserkabel mit einer Länge von mindestens
              2000 m

OM1   *Optical Mode Fiber Type 1*
              Category für Multimode-Glasfaserkabel (MMF) mit Qualität von
              200 MHz · km

OM2   *Optical Mode Fiber Type 2*
              Category für Multimode-Glasfaserkabel (MMF) mit Qualität von
              500 MHz · km

OM3	*Optical Mode Fiber Type 3* Category für Multimode-Glasfaserkabel (MMF) mit Qualität von 1500 MHz · km
OPM	*Optical Power Meter* Optisches Messgerät zur Messung der Lichtstärke, Messung des Dämpfung
OS	*Optical Source* Optischer Sender, als Lichtquelle für ein OPM (drei LED für 850 nm, 1310 nm, 1550 nm)
OS1	*Optical Single Fiber Type 1* Category für Ein-Moden-Glasfaserkabel (EMF) = Single-Mode-Fiber (SMF)
OSI	*Open Systems Interconnection* Internationale Basisnorm für Computernetze, Referenz-Modell mit sieben Schichten
OSPF	*Open Shortest Path First* Aktuelles, hierarchisches Routing-Protokoll für private IP-Netzwerke
OTDR	*Optical Time Domain Reflectometer* Glasfasermessgerät zur Prüfung der Kabellänge und Güte optischer Verbindungen
P2P	*Point to Point* Punkt-zu-Punkt-Verbindung zwischen zwei Routern, Switches oder Standorten
PABX	*Private Automatic Branch Exchange* Private Telefonanlage, mit analogen oder digitalen Telefonanschlüssen
PAP	*Password Authentication Protocol* PPP nutzt PAP zum An- und Abmelden, jedoch Passwortübertragung im Klartext
PAM	*Pulse Amplitude Modulation* Modulationsart, um über eine analoge Schwingung digitale Bits zu übertragen
PAN	*Personal Area Network* Drahtloses Netzwerk etwa 10 m um einen PC herum, Übertragung via Bluetooth
PAT	*Port Address Translation* Umsetzen der IP-Portnummern von internen (8080) nach externen Zahlen (80).

PBX	*Private Automatic Branch Exchange* Private Telefonanlage, mit analogen oder digitalen Telefon-anschlüssen
PC	*Personal Computer* Persönlicher Rechner am Arbeitsplatz mit Intel CPU und Microsoft Windows
PC-CARD	*Personal Computer Card* Etwa scheckkartengroße Notebook-Erweiterungskarte, mit 32-bit-Schnittstelle
PCMCIA	*PC Memory Card International Association* Etwa scheckkartengroße Notebook-Erweiterungskarte, mit 16-bit-Schnittstelle
PCI	*Peripheral Component Interconnect* Von Intel 1994 eingeführter 32 bit breiter und 133 MByte/s schneller Bus im PC
PCI-X	*Peripheral Component Interconnect eXpress* Von www.PCISIG.org weiterentwickelte PCI-Version mit bis zu 1066 MByte/s
PCM	*Physical Connection Management* Aufbau einer synchronen Verbindung von einer FDDI-Station zum Nachbarn
PCM	*Pulse Code Modulation* Digitalisierung der Sprachtelefonie, aus 4 kHz analog werden 64 kbit/s digital
PDC	*Primary Domain Controller* Zentraler Verwaltungsserver einer Windows/NT Domaine der Version 4
PDF	*Portable Document Format* Adobes universelles Austauschformat für lesbare elektronische Dokumente
PDH	*Plesiochrone Digitale Hierarchie* ITU-Multiplextechnik für 64-kbit/s-Sprachkanäle, 30 Kanäle = E1, $16 \times E1 = E3$
PGP	*Pretty Good Privacy* Verschlüsselungsverfahren für E-Mail und Aufbau öffentlicher Signature-Stellen
PHY	*Physical Sublayer, Physical Layer* Unterschicht im FDDI (Link zu Ring-Nachbarn) oder physical Layer im ATM

PING   *Packet Internet Groper (IP-Taster)*
                Der Befehl PING prüft mit einem Schleifentest die Erreichbarkeit
                des Ziel-Hosts

PKI   *Public Key Infrastructure, nach X.509 oder PGP*
                Aufbau öffentlicher Vertrauensstellen (Trust-Center), zur
                Signatur-Prüfung

PLP   *Packet Layer Protocol*
                X.25-Layer.3-Protocol für den Verbindungsauf/-abbau, Vorbild
                vom Euro-ISDN

PMD   *Physical Medium Dependent*
                Sublayer im FDDI, definiert Stecker, Kabel, elektrische und
                optische Signale

PMP   *Point to Multi-Point*
                Topologie, um von einem Punkt aus viele andere zu erreichen,
                wie ein S0-Port

PNNI   *Private Network Network Interface*
                Vom ATM-Forum definierte Schnittstelle zwischen ATM-Switches
                im LAN

POP   *Point of Presence*
                Englischer Name für Ortszentrale oder Standort einer Telefon-
                gesellschaft

POP3   *Post Office Protocol Version 3*
                Postkasten, E-Mail-Zwischenspeicher bei ISP, Methode zum
                Herunterladen der E-Mail

POTS   *Plain Old Telephone Service*
                Englische Bezeichnung für das alte, analoge Telefon-Netz mit
                a/b-Anschlüssen

PPK   *Per Packet Key*
                Bezeichnung für den Schlüssel im TKIP, der WPA-Verschlüsse-
                lung im WLAN

PPP   *Point to Point Protocol*
                Senden von Frames über Modem, ISDN, DSL, ATM, Et-Punkt-zu-
                Punkt-Links

PPPoE   *Point to Point Protocol over Ethernet*
                Im T-DSL meldet man sich über PPPoE bei der Telefon-
                gesellschaft an

PPS   *Produktions-, Planungs- und Steuerungssystem*
                Software und Hardware für die Steuerung mechanischer und elek-
                tronischer Systeme

420

PPTP
Point to Point Tunneling Protocol
Von Microsoft und Ascend definiertes Bridge-Verfahren über
IP-Tunnel-Strecken

PoE
Power over Ethernet
Bis 15 W Stromversorgung über ein Ethernetkabel für WLAN-AP
und Web-Cams

PRI
Primary Rate Interface
Erste ISDN-Multiplex-Stufe, in Europa E1 = 30×64 und in den
USA T1 = 24×64

PSACR
Power Sum Attenuation Crosstalk Ratio
Energiesumme von ACR über alle vier Aderpaare eines
Twisted-Pair-Kabels

PSE
Packet Switch Exchange
Ein Switch in X.25-WAN-Netzwerken

PSELFEXT
Power Sum Equal Level Far End Cross(X) Talk
Energiesumme von ELFEXT über alle vier Aderpaare eines
Twisted-Pair-Kabels

PSNEXT
Power Sum Near End Cross(X) Talk
Energiesumme von NEXT über alle vier Aderpaare eines
Twisted-Pair-Kabels

PSTN
Public Switch Telefon Network
Englischer Name für öffentliche, digitale Telefonnetze mit
analogen Telefonen

PT
Payload Type
Feld im Kopf einer ATM-Cell, Unterscheidung von User-Daten
und Control-Informationen

PTT
Post, Telephone and Telegraph
Bezeichnung für die alten, staatlichen Telefongesellschaften,
mit Monopolrecht

PTM
Point to Multi-Point
Topologie, um von einem Punkt aus viele andere zu erreichen,
wie ein S0-Port

PTP
Point to Point
Punkt-zu-Punkt-Verbindung zwischen zwei Routern, Switches
oder Standorten

P-UNI
Private User Network Interface
Vom ATM-Forum definierte Schnittstelle zwischen Station und
Switch im LAN

P-UNI   *Public User Network Interface*
Vom ITU-Forum definierte Schnittstelle zwischen Station und
Switch im WAN

PVC   *Permanent Virtual Circuit*
Manuell geschaltete, logische Festverbindung, Standleitung durch
ein ATM-Netz

Q.921   *ITU Q-Telefonnorm Nummer 921*
Framebildung und Verbindungsaufbau im Layer 2 des
Euro-ISDN

Q.931   *ITU Q-Telefonnorm Nummer 931*
Rufaufbau im Layer 3 des Euro-ISDN: Setup, Alert, Connect, Info,
Disconnect

Q.93B   *ITU Q-Telefonnorm Nummer 93B*
Verbindungsaufbau im Breitband-ISDN mit seiner ATM-Technik

QLLC   *Qualified Logical Link Control*
Von IBM entwickeltes Protocol zum Transport von
SNA-LLC2-Frames über X.25

qm   *Quadratmeter*
Quadratische Fläche mit einer Kantenlänge von 1 m mal 1 m

QoS   *Quality of Service*
Technik zur Garantie von Transfergeschwindigkeit, Fehlerrate und
Bandbreite

RADIUS   *Remote Authorisation Dial In User (RFC.2138)*
Protocol zum Aufbau eines Username/Password-Servers zur
Login-Verwaltung

RAID   *Redundant Array of Inexpensive Disks*
Verschiedene Techniken, um viele kleinen Platten zu einer großen
zu vereinen

RAM   *Random Access Memory*
Ohne Stromversorgung flüchtiger Speicher in Computern und
Netzbauteilen

RAS   *Remote Access Server*
Außendienstmitarbeiter können sich via RAS in ein Firmennetz
einzuwählen

RC4   *Rons Code 4*
Verschlüsselungstechnik, bisher nie geknackt, man kann u. U.
Schlüssel erraten

REJ *Reject*
Ein Frame wird fehlerhaft empfangen. Bitte an den Absender, es erneut zu senden.

RegTP *Regulierungsbehörde für Telekommunikation und Post*
Nachfolgeorganisation des Postministeriums in Deutschland

REM *Ring Error Monitor (Default Adresse: c000.0000.0008)*
Ziel-Adresse für MAC-Status-Frames im Token-Ring von jeder Netzkarte

RFC *Request for Comment*
Bezeichnung für die Standards, die die Technik des Internet definieren

RG58 *50-Ω-Koaxialkabel*
Definition für Koaxialkabel im Thinwire-Ethernet 10Base-2

RG59 *75-Ω-Koaxialkabel*
Definition für Koaxialkabel für Fernseh-Antennen und PDH/ATM E1/E3-Strecken

RG62 *93-Ω-Koaxialkabel*
Definition für Koaxialkabel für IBM-3270-Terminal-Anschlüsse

RI *Ring In*
Eingangsanschluss für Trunk-Kabel an Ringleitungsverteilern im Token-Ring

RIF *Routing Information Field*
Feld im Kopf eines Token-Ring-Frame, wenn man Source-Routing verwendet

RIP *Routing Information Protocol (Rest in Peace)*
Ältere Internet-Norm für ein Routing Protocol in privaten Netzwerken

RIP-IPX *Routing Information Protocol – Internetwork Packet Exchange*
Altes Routing-Protocol in Novell-Netzen, noch heute in IPX-Umgebungen

RIPE *Reseaux IP Europeen*
Zentrale Stelle in Europa für die Vergabe von offiziellen IP-Adressen im Internet

RJ11 *Registered Jack Connector Number 11*
Sechspoliger Stecker in den USA, an allen analogen Telefonen und Modems

RJ45 *Registered Jack Connector Number 45*
Achtpoliger Stecker, als Standard für alle Telefon- und Daten-Verbindungen

RJ48   *Registered Jack Connector Number 48*
So groß wie RJ45, aber breitere Nase. RJ45 passt in RJ48, umgekehrt aber nicht.

RM   *Resource Management Cell*
Bei ABR im ATM wird alle 256 Zellen eine RM-Cell gesendet, Überlastanzeige

RMON   *Remote Monitoring*
Spezifikation im SNMP für Messfunktionen im Ethernet und Token-Ring

RMT   *Ring Management*
Fehlermanagement im FDDI-Doppelring, mit ständigem Bit-Fehler-Nachbar-Test

RNR   *Receiver Not Ready*
Meldung im HDLC, wenn der Empfänger keine Daten mehr empfangen kann

RO   *Ring Out*
Ausgangsanschluss für Trunk-Kabel an Ringleitungsverteilern im Token-Ring

RP   *Root Port*
Root-Port in RSTP, aktiver Pfad zur Root-Bridge

RPC   *Remote Procedure Call*
Client/Server-Lösung, um Prozesse auf entfernten Servern zu starten

RPS   *Ring Parameter Server*
Optionaler Config-Server, um im Token-Ring Prioritäten vergeben zu können

RR   *Receiver Ready*
Frame als Empfangsbestätigung auf HDLC-Strecken in WAN-Netzwerken

RS232C   *Serielle Schnittstelle V.24*
Standardanschluss, um ein Modem mit einem PC zu verbinden, identisch zu V.24

RS449   *Serielle Schnittstelle V.36*
Schnittstelle mit 37-poligem DB37-Stecker bis 10 Mbit/s, auch genannt V.36

RSA   *Ravest Shamir Adlermann*
Asymmetrisches Verschlüsselungsverfahren mit zwei Schlüsseln für E-Mails

RSTP *Rapid Spanning Tree Protocol*
IEEE-802.1w Layer-2-Verfahren zum Schalten von
Backup-Strecken im LAN

RSVP *Resource Reservation Protocol*
Protocol zum Transport von Echtzeitdaten, wie Sprache oder
Video, über IP-Netze

RT *Real Time*
Um Sprache oder Video zu übertragen, darf es zu keinen
Verzögerungen kommen

RTMP *Routing Table Maintenance Protocol*
Dynamisches Routing-Protokoll in Apple-Talk-Netzwerken,
heute veraltet

RTP *Real Time Protocol*
Echtzeit-Protocol zum Transport von Sprache oder Video in
IPv6-Netzwerken

RTS *Request to Send*
Das V24-Signal RTS liegt auf Stift 4 eines DB25-Steckers (DTE >
DCE)

RU *Rack Unit*
Eine Höheneinheit von 4,45 cm (1,75 Zoll) in einem
19-Zoll-Verteilerschrank

RxD *Receive Data*
Das Empfangen liegt bei V24 auf Stift 3 eines DB25-Steckers
(DTE < DCE)

RZ *Rechenzentrum*
Abkürzung für den Serverraum oder ein Rechenzentrum in einem
Unternehmen

S/FTP *Shielded and Foiled Twisted Pair*
Doppelt geschirmtes Twisted-Pair Kabel, mit Geflecht und
Folienschirm

S/STP *Shielded, shielded Twisted Pair*
Doppelt geschirmtes Twisted-Pair Kabel, mit zwei getrennten
Geflechtschirmen

S0 *ISDN Basisanschluss*
Mit zwei Kanälen à 64 kbit/s, maximal vier Telefonen und 120 m
Category-1-Kabel

S0-Bus *ISDN Mehrgeräteanschluss*
Bus 120 m lang, vieradrig, maximal 12 Dosen und acht ISDN-
Geräte, davon vier Telefone

S12 *Switch Nummer 12 von der Firma Alcatel (SEL)*
Digitale Vermittlungssysteme für ISDN-Ortszentralen, EWSD
kompatibel

S2M *ISDN-Primärmultiplexanschluss*
Mit 30 Kanälen à 64 kbit/s, nur ein Endgerät an maximal 5 m
ISDN-Systemkabel

SAAL *Signalling ATM Adaption Layer*
Signalisierung für den Verbindungsaufbau im ATM mit
VPI = 0 und VCI = 16

SABME *Start Asynchronous Balance Mode Extended*
Start-Frame, um im ISDN eine Verbindung aufzubauen, einen
Anruf zu starten

SAN *Storage Area Network*
Speichernetzwerk auf Fibre Channel Basis für Festplatten und
Bandlaufwerke

SAP *Service Access Point*
Feld in LLC-LAN-Frames, als Teil der Ziel-DSAP- und
Absende-SSAP-Adresse

SAP *Service Advertisement Protocol*
Im Novell-Netzwerk, um Client-PC über die Funktionen der IPX-
Server zu informieren

SAPI *Service Access Point Identifier*
Ein Teil der DLCI-Zieladresse (Kanalnummer) im Frame-Kopf
im Frame-Relay

SAS *Single Attachment Station*
Station im FDDI, die nur mit einem Ring, mit dem primären Ring,
verbunden ist

SC *Standard Connector, auch SC-Duplex*
Genormter Doppel-Stecker für Glasfaser MMF und SMF. Er sollte
teilbar sein.

SCSI *Small Computer System Interface*
Schnittstelle für Festplatten und Bandlaufwerke in Servern und
RAID-Systemen

SD-Card *Secure Digital Card*
Speicherkarte für Organizer, mit Input/Output-Schnittstellen als
SDIO-Card

SDEL *Starting Delimiter*
Erstes Byte im Ethernet-Frame, zur Synchronisation, mit diesen
Bits 10101011

SDH   *Synchronous Digital Hierarchy*
Optisches Netzwerk für ATM, IP, 10GE, PDH (SDH in Europa,
SONET in USA)

SDLC   *Synchronous Data Link Protocol*
Alte Standleitungen im IBM-SNA-WAN mit HDLC-Modems
(siehe auch QLLC)

SDSL   *Synchronous Digital Subscriber Line*
Standleitung mit 2 Mbit/s über vier Adern eines normalen Telefonkabels

SEL   *Network Service Access Point Selector*
Letztes Feld in einer ATM-Adresse, bei Cisco Nummer der
Netzwerkkarte

SES   *Strong Error Seconds*
Sekunden mit mehr als 1 ‰ Fehler im BERT (weniger 1,4 ‰ der
Messdauer)

S-Frame *Supervisory Frame*
Kontrollinformationen werden mit S-Frames in
X.25-WAN-Netzen übertragen

SFF   *Small Form Factor*
Kleine Glasfaserstecker, als Paar (Duplex) etwa so groß wie ein
RJ45-Stecker

SFP   *Small Formfactor Pluggable GBIC*
Von der Bauform her kleinerer GBIC mit LC-Glasfaser- oder
RJ45-Stecker

SG   *Signal Ground*
Die Signalerde liegt auf Stift 7 eines DB25-Steckers
(bei DTE und DCE)

SigG   *Signatur-Gesetz*
Erstes deutsches Gesetz zur Rechtsgültigkeit von digitalen Unterschriften

SLIP   *Serial Line Internet Protocol*
Veraltetes Verfahren für Punkt-zu-Punkt-Modemstrecken
(heute nutzt man PPP)

SM   *Single Mode*
Glasfaserkabel mit sehr dünnem Glasfaserkern 9/125 µm im Fibre
Channel

SMDS   *Switched Multimegabit Data Service*
Hochgeschwindigkeits-MAN-Netz im Doppelring, ein Vorläufer
von ATM

SMF	*Single Mode Fiber* Glasfaserkabel mit sehr dünnem Glasfaserkern 9/125 µm im WAN bis 100 km
SMT	*Station Management Sublayer* Ringfernsteuerung im FDDI mit etwa 130 Parametern, auf jeder FDDI-Karte
SMTP	*Simple Mail Transfer Protocol* Internet-Norm für den Austausch von E-Mails ohne Anhänge zwischen Hosts
SNA	*Systems Network Architecture* Eine Spezifikation von IBM für große, komplexe Netze zwischen IBM-Rechnern
SNAP	*Subnetwork Access Protocol* Erweiterung der ISO-Norm für Layer-2-LLC-Frames um das Ethernet-Type-Feld
SNMP	*Simple Network Management Protocol* Internet-Spezifikation für eine Netz-Überwachung, sollten alle Bauteile können
SNR	*Signal Noise Ratio* Internet-Spezifikation für eine Netz-Überwachung, sollten alle Bauteile können
SoHo	*Small Office, Home Office* Kleines Büro zu Hause oder kleine Außenstelle eines größeren Unternehmens
SONET	*Synchronous Optical Network* Optisches Netzwerk für ATM, IP, 10GE, PDH (SDH in Europa, SONET in USA)
S-Port	*Anschluss S im FDDI* SAS-Port an einer FDDI-Station, die nur mit dem primären Ring verbunden ist
SP	*Sammel-Punkt* Sammel-Punkte (keine Elektronik!) liegen im Kabel zwischen EV und Dose
SPX	*Sequenced Packet Protocol* Verbindungsorientiertes Layer-3-Protokoll in Novells IPX-Netzwerken
SQE	*Signal Quality Error (Heartbeat)* Bei einer Collision sendet ein Transceiver dieses Signal zur Ethernet-Station

SQL *Structured Query Language*
Genormte Datenbanksprache, als SQL*Net mit Erweiterungen für
Netzbetrieb

SR/TLB *Source Route / Translational Bridging*
Bridging zwischen Ethernet und Token-Ring, mit RIF-Adding und
RIF-Stripping

SRB *Source Route Bridging*
Eine von IBM entwickelte Bridge-Methode im Token-Ring, nutzt
RIF-Felder

SRC *Source*
Quell- oder Absende-Adresse, normalerweise eine MAC, in jedem
LAN-Frame

SRT *Source Route Transparent*
Eine SRT-Switch bridged Transparent und Source-Route, ohne das
RIF zu ändern

SRV *Server*
Abkürzung für Server-Computer, dem Butler in Computer-
netzwerken

SSAP *Source Service Access Point*
Feld in LLC-LAN-Frames, als Teil der Ziel-DSAP- und
Absende-SSAP-Adresse

SSID *Service Set Identification*
Name eines WLAN im 802.11-Standard

SSL *Secure Socket Layer (siehe auch TLS)*
Von Netscape 1995 entwickelte Technik zur verschlüsselten
TCP/IP-Übertragung

ST *ST-Stecker*
Veralteter Glasfaserstecker, der in der Norm auch BFOC
genannt wird

STAC *Stacker*
Komprimierungsverfahren für Festplatten und
IP-Router-Verbindungen

STM *Synchronous Transport Mode*
Übertragungsgeschwindigkeit in SDH-Netzen:
STM-1 = 155 Mbit/s

STP *Spanning Tree Protocol*
IEEE-802.1d Layer-2-Verfahren zum Schalten von
Backup-Strecken im LAN

STP *Shielded Twisted Pair*
Geschirmtes Twisted-Pair Kupferkabel, in der Regel bei
Category-5, -6 und -7

STS *Synchronous Transport Signal*
Übertragungsgeschwindigkeit in SONET-Netzen:
STS-3 = 155 Mbit/s

SVC *Switched Virtual Circuit*
Automatisch geschaltete Wahlverbindung in ATM-Netzwerken

SV *Standort-Verteiler*
Verteilerschrank im Rechenzentrum, von dem die Kabel zu den
Gebäuden führen

SW *Software*
Abkürzung und Sammelbegriff für Computerprogramme

SysLog *System Logfile*
Logbuch einer Station, in dem alle wichtigen Systemmeldungen
festgehalten werden

T1 *Telephone Digital Signal Level One*
Erste WAN-Multiplex-Stufe in den USA, 24×64 kbit/s-Kanäle via
1,544 Mbit/s

T1.413 *ANSI Norm für DSL*
Asymmetric Digital Subscriber Line wurde vom ANSI genormt

T1.606 *ANSI Norm für Frame Relay*
Frame Relay wurde vom ANSI (dem DIN der USA) genormt

T3 *Telephone Digital Signal Level Three*
Dritte WAN-Multiplex-Stufe in den USA mit 44,736 Mbit/s
(672×64 kbit/s)

TA *Teilnehmer Anschlussdose*
Bezeichnung für eine Datendose in der DIN EN 50173

TA *Terminal Adapter*
Gerät zum Anschluss analoger Telefone und Faxe (a/b-POTS) an
ISDN

TACACS *Terminal Access Controller Access Control System (RFC.927)*
Protocol zum Aufbau eines Username/Password-Servers zur
Login-Verwaltung

TAE *Telefon-Anschluss-Einheit*
Sechspoliger Standard-Telefon-Stecker der Deutschen Telekom AG

TAE-F *Telefon-Anschluss-Einheit Fernsprecher*
F-Kodierte TAE-Buchse für den Anschluss eines Telefons
(Nase unter den Stiften)

TAE-N *Telefon-Anschluss-Einheit Nebenstelle*
N-Kodierte TAE-Buchse für den Anschluss von Fax oder Modem
(Nase oben)

TCP/IP *Transmission Control Protocol / Internet Protocol*
Datenübertragung mit Verbindungsauf/-abbau und Fehlerkontrolle
im Internet

TDR *Time Domain Reflectometer*
Messgerät zur Prüfung der Kabellänge und Güte von Kupferkabeln
und Steckern

T-DSL *Telekom Digital Subscriber Line*
DSL-Anschluss der DTAG

TEI *Terminal Endpoint Identifier*
Feld im Euro-ISDN, im LAPD-Frame, zur Identifikation eines
Geräts am S0-Bus

TELNET *Terminal Emulation over Network*
Standard für den entfernten Zugriff auf Server über eine
Terminal-Software

TFTP *Trivial File Transfer Protocol*
Vereinfachtes FTP-Programm zur Dateiübertragung ohne
Username und Password

THT *Token Holding Timer*
Die Zeit, die eine FDDI Station einen Token maximal festhalten
darf

TIA *Telecommunications Industry Association*
Verband der Telefontechnikhersteller in den USA, ähnlich ZVEI in
Deutschland

TIFF *Tag Image File Format*
Austauschformat für digitalisierte Bilder und Grafiken

TK-Anlage *Telekommunikationsanlage*
Andere Bezeichnung für eine private Telefonanlage

TKIP *Temporal Key Integrity Protocol*
Verschlüsselungsverfahren im WPA mit dynamischen
128-bit-Schlüssel

TL-Port *Translation Loop Port*
Translation-Port in Fibre-Channel zwischen Arbitrated-Loop und
FC-Fabric

TLB
Translational Bridging
Bridging zwischen Ethernet und Token-Ring, mit RIF-Adding und RIF-Stripping

TLS
Tranport Layer Security (SSL-Weiterentwicklung)
Standardisierte TCP/IP-Verschlüsselungstechnik zum Web-Browsen

TTLS
Tunnel Tranport Layer Security
Verschlüsselter Transport von Frames im WLAN nach 802.11i und CCMP

TN3270E
Telnet 3270 Enhanced
Terminalemulation eines IBM-3278-Modell-2-Bildschirms, mit 80 × 24 Zeichen

TN5250
Telnet 5250
Terminalemulation eines IBM 5250 Bildschirms an eines /3x oder AS/400

Tok
Token-Ring
Veraltetes Netz von IBM für 4 Mbit/s, 16 Mbit/s und von Madge für 96 Mbit/s

TOS
Trusted Operating System
Betriebssystem, das gegen Missbrauch durch seine User und Admin geschützt ist

TP
Twisted Pair (auch Category-x)
Kupferkabel mit vier oder acht verdrillten Adern, für Telefon und Datennetze

TPC
Transmission Power Control
Ein WLAN-Device berechnet automatisch die erforderliche Sendeleistung

TP-PMD
Twisted Pair – Physical Medium Department
Norm zur Übertragung von 100 Mbit/s via Twisted-Pair im FDDI und Ethernet.

TR
Token-Ring
Veraltetes Netz von IBM für 4 Mbit/s, 16 Mbit/s und von Madge für 96 Mbit/s

T-Stück
Stationsanschlussstecker in T-Form
Ethernet Thinwire 10Base-2 Koax-Anschlussstecker, wie ein T-Stück geformt

TTL
Time to Live
Feld in einem IP-Paket, Inhalt wird je Router um 1 erhöht, größer 30 gelöscht

TxD *Transmit Data*
Das Senden liegt bei V24 auf Stift 2 eines DB25-Steckers (DTE > DCE)

Typ.1 *IBM Kabeltyp 1*
Veraltetes Twisted-Pair Kupferkabel mit vier Adern und einer 150-Ω-Impedanz

U2M *U-Schnittstelle, 2 Mbit/s*
U-Schnittstelle im ISDN zwischen NTBA und Amt, hier für 2 Mbit/s

UA *Unnumbered Acknoledge*
Nicht nummerierte Empfangbestätigung im HDLC über WAN-Strecken

UAE *Universal Anschluss Einheit*
Bezeichnung der Deutschen Telekom AG für einen ungeschirmten RJ.45-Stecker

UBR *Unspecified Bit Rate*
Transport von normalem LAN-Verkehr über ein ATM-Netz, ohne QoS-Parameter

UDP/IP *User Datagramm Protocol / Internet Protocol*
Datenübertragung ohne Empfangsbestätigung und ohne Fehlerkontrolle im IP

U-Frame *Unnumbered Frame*
Layer-2-Frame im HDLC-Protocol für Datentransport ohne Verbindungsnummer

Uk0 *ISDN U-Schnittstelle für Kupferkabel*
Schnittstelle mit 160 kbit/s zwischen Amt und NTBA über 2-Draht-Telefonkabel

UMTS *Universal Mobile Telecommunications Systems*
Neuer europäischer Mobiltelefonstandard mit höherer Übertragungsrate als GSM

UNI-N *User Network Interface, Network Node*
Vom ATM-Forum genormte Schnittstelle am ATM-Switch, hin zur ATM-Station

UNI-U *User Network Interface, User Node*
Vom ATM-Forum genormte Schnittstelle an der ATM-Station in Richtung Switch

U-Port *Universal Port*
Einen U-Port kann man mit allen Fibre-Channel-Schnittstellen verbinden

UP0	*Schnittstelle von Alcatel, Bosch, Siemens usw.* Vom ZVEI genormte ISDN-Schnittstelle mit zwei Drähten für private Telefonanlagen
U-R2	*Schnittstellenstandard der DTAG* Schnittstelle zwischen DSL-Modem beim Kunden und DSLAM im Amt
URL	*Universal Resource Location* Technische Bezeichnung für eine Web-Adresse, wie „www.vde-verlag.de"
US	*Unavailable Seconds (Niemals im BERT!)* Wenn die Fehlerrate über 1 ‰ liegt und dies länger als 10 s andauert, hat man US
USB	*Universal Serial Bus* Schnittstelle, um externe Geräte am PC anzuschließen (v1 = 12 Mbit/s, v2 = 480 Mbit/s)
USV	*Unterbrechungsfreie Stromversorgung* Ein Akkumulator oder Notstromaggregat für Server oder wichtige Netzstationen
UTP	*Unshielded Twisted Pair* Ungeschirmtes verdrilltes Kupferkabel, meistens als Category-3 in USA
USB	*Universal Serial Bus* Universelle Schnittstelle am PC mit 12 Mbit/s (v1) und 480 Mbit/s (v2)
V.11	*ITU V-Norm Nummer 11* Elektrische Eigenschaften der X.21-Schnittstelle mit DB15-Stecker (alt V.10)
V.110	*ITU V-Norm Nummer 110* Asynchrone Geschwindigkeitsanpassung von GSM 9,6 kbit/s an ISDN 64 kbit/s
V.17	*ITU V-Norm Nummer 17* Definition der analogen Fax-Schnittstelle der Gruppe 3 bis 14,4 kbit/s
V.24	*ITU V-Norm Nummer 24* V.24 beschreibt Funktionen, um Modem und PC zu verbinden (RS232C)
V.28	*ITU V-Norm Nummer 28* V.28 beschreibt elektrische Signale, um Modem und PC zu verbinden (RS232C)

V.32 *ITU V-Norm Nummer 32*
Datenfernübertragung via Modem über analoge Telefonanschlüsse
bis 9,6 kbit/s

V.32bis *ITU V-Norm Nummer 32 bis*
Datenfernübertragung via Modem über analoge Telefonanschlüsse
bis 14,4 kbit/s

V.34 *ITU V-Norm Nummer 34*
Datenfernübertragung via Modem über analoge Telefonanschlüsse
bis 28,8 kbit/s

V.42 *ITU V-Norm Nummer 42*
Methode zur LAPM-Frame-Bildung und Fehlerkontrolle über
Modem-Strecken

V.42bis *ITU V-Norm Nummer 42 bis*
Datenkompression bis zu 400 kbit/s über Modem-Verbindungen

V.44 *ITU V-Norm Nummer 44*
Datenkompression bis zu 600 kbit/s über Modem-Verbindungen

V.90 *ITU V-Norm Nummer 90*
Daten via Modem über digitale Telefonanschlüsse
bis 56 kbit/s down / 33,6 kbit/s up

V.92 *ITU V-Norm Nummer 92*
Daten via Modem über digitale Telefonanschlüsse
bis 56 kbit/s down / 48 kbit/s upload

V.110 *ITU V-Norm Nummer 110*
Geschwindigkeitsanpassung zwischen GSM-Handy und ISDN-
Telefon

VAX *Virtual Address Extension, ein Rechner von DEC (Compaq)*
Die VAX-Computer waren neben den PDP-Rechnern die Rechner
im Decnet

VBR *Variable Bit Rate*
Datenübertragung mit variabler Datenrate im ATM, z. B. von
Videofilmen

VCI *Virtual Channel Identifier*
Kanalnummer einer Verbindung zwischen zwei ATM-Switches im
Cell-Kopf

VCN *Virtual Circuit Number*
Logische Kanalnummer in X.25-Standleitungen, auch genannt
LCN oder LCI

VDE
Association for Electrical, Electronic & Information Technologies, Frankfurt am Main
Verband der Elektrotechnik Elektronik Informationstechnik e.V., Frankfurt am Main

VDSL
Very Highspeed Digital Subscriber Line (gleich HDSL)
Bis 52 Mbit/s Down und bis 8 Mbit/s Up über 2-Draht Telefonkabel ins Internet

VF-45
Volicity with Flaps
Kleiner Glasfaserstecker (Small-Form-Factor, wie RJ45) von 3M

VINES
Virtual Integrated Network Service
Netzbetriebssystem von der Firma Banyan für PC-Netze mit WAN-Verbindungen

VLAN
Virtual LAN
Logisches Netz aus einer Gruppe von Stationen, gebildet mit Layer-2-Switches

VLAN-ID
Virtual LAN Identification von 0 bis 2047
VLAN-Nummer, ein 11-bit-Feld im Ethernet-Frame-Kopf nach IEEE-802.3ac

VLSM
Variable Length Subnet Mask (im IP)
Verfahren, um Netzmasken noch flexibler zu vergeben, jenseits der Byte-Grenzen

VOIP
Voice over IP
Übertragung von Telefongesprächen und Sprache über das Internet-Protocol

VPI
Virtual Path Identifier
Nummer eines Kanals zwischen zwei ATM-Switches im Kopf einer ATM-Cell

VPN
Virtual Private Network
Verschlüsselte Verbindungen über das Internet zwischen Firmenstandorten

VRRP
Virtual Router Redundancy Protocol
Verfahren, um ein Backup-Default-Gateway zu realisieren

VT100
Virtual Terminal Type 100
DEC-Terminal mit 80 × 25 Zeichen für den Zugriff auf Unix- und Vax-Rechner

VTP
Virtual Terminal Protocol
Vom ISO definiertes Verfahren für eine Terminalemulation über Netzwerke

WAN	*Wide Area Network* Netzwerk über eine Grundstücksgrenze hinaus, u. U. mit weltweiten Verbindungen
WAP	*Wireless Application Protocol* Vereinfachtes HTTP, um Internetseiten auf einem Handy-Display darzustellen
WEB	*Engl. für Netz, ein Synonym fürs Computernetz Internet* Ein Web-Browser erlaubt ein Stöbern in den Informationsmengen des Internet
WEP	*Wireless Equivalent Privacy* Geknackter WLAN Verschlüsselungsstandard, ersetzt durch WPA oder 802.11i
WPA	*Wi-Fi Protected Access* Verschlüsselung im WLAN lokal mit TKIP oder via 802.1x mit RADIUS
Wi-Fi	*Wireless Fidelity Alliance* Ein gemeinnütziges Firmenkonsortium zum Test der WLAN-Interoperabilität
WLAN	*Wireless LAN* IEEE-802.11-Technik, um Ethernet-Frames drahtlos mit via Funk zu übertragen
WLANA	*Wireless LAN Association* Ein gemeinnütziges Firmenkonsortium zur Entwicklung der WLAN-Technik
WML	*Wireless Markup Language* Vereinfachtes HTML, um Internetseiten auf einem Handy-Display darzustellen
WPAN	*Wireless Personal Area Network* Drahtloses Netzwerk etwa 10 m um einen PC herum, Übertragung via Bluetooth
WRAP	*Wireless Robust Authentication Protocol* Sichere, patentierte WLAN-Verschlüsselung; soll durch CCMP ersetzt werden
WWW	*World Wide Web* Technik zur Anzeige von Texten und Bildern im Internet über HTML-Befehle
X.11	*X-Window System, Version 11* Grafische Oberfläche für Unix-Systeme, Zugriff auch über Netzwerke möglich

X.121 *ITU X Standard Nummer 121*
Internationale Datennummer (IDN) im X.25, vergleichbar einer
Telefonnummer

X.21 *ITU X Standard Nummer 21 mit DB15-Stecker*
Serielle Schnittstelle bis 2 Mbit/s in Europa für X.25- oder
Frame-Relay-Netze

X.24 *ITU X Standard Nummer 24*
X.24 definiert Signale für X.21 und V.11 definiert die elektrischen
Eigenschaften

X.25 *ITU X Standard Nummer 25*
Fehlerfreies, weltweites Datennetz mit international gültigen
Datenrufnummern

X.31 *ITU X Standard Nummer 31*
X.25 über ISDN-Strecken, im B-Kanal mit 64 kbit/s und im
D-Kanal mit 8 kbit/s

X.500 *ITU X Standard Nummer 500*
Norm für ein internationales, digitales Telefonbuch, auch
Directory genannt

X.509 *ITU X Standard Nummer 509*
Verfahren für digitale Unterschriften (Signaturen) und zum
PKI-Aufbau

X3.T9.5 *ANSI-Standard zur Normierung von FDDI*
LAN-Norm für einen 100 Mbit/s schnellen, maximal 100 km
großen Doppelring

XLS *Microsoft Excel Spreadsheet File*
Dateiformat für Tabellen des Kalkulationsprogramms Microsoft
Exel

XNS *Xerox Network System*
Eines der ersten Netzwerkprotokolle. Aus XNS entwickelte Novell
sein IPX.

XON *ASCII Zeichen DC1*
Im Start/Stopp-Betrieb über V.24 verwendetes Zeichen für Start
(<CTRL>+<Q>)

XOFF *ASCII Zeichen DC3*
Im Start/Stopp-Betrieb über V.24 verwendetes Zeichen für Stopp
(<CTRL>+<S>)

Y2K *Year 2000*
Jahr-2000-Problem; Programme mit zweistelliger Jahreszahl
liefen nicht mehr

ZIP   *Zone Information Protocol*
                 Verfahren, um im Apple Talk Netzwerknummern mit Zonennamen
                 zu verbinden

ZVEI   *Zentralverband Elektrotechnik- und Elektroindustrie e.V.,*
                 Frankfurt am Main
                 ZVEI normte die UP0-ISDN-Schnittstelle über zwei Drähte für
                 private TK-Anlagen

Stichwortverzeichnis

Numerics

A

L

L2F   320
Label   95, 343
LAN   25, 133, 305
LANE   197, 199, 205
LANE-Installation   203
LAN-Emulation   199
LANE-Versionen   202
LAN-Frames   41
Länge 90 m   76
LAPB   247
LAPB-Frame   40, 248
LAPB-Modulo   250
LAPD-Frame   40, 228
LAPM-Frame   40, 215
Laser   84
LAT   33, 65
Late-Collision   102, 103, 372
Latency   277, 339
Latency Buffer   156
LATENZ   170
Layer   20
Layer-2-Switch   31, 46
Layer-3-Switch   32, 62, 315
Layer-4-Switching   66
LCI   246
LCN   246
LCP   215
LC-Stecker   89
LCT   170, 173
LEAP   147
Learning   47, 52, 53
Leased-Line   209
LEC   200
LECS   200
Leistung   337
LEM   173
Length   365
LES   200

Lichtgeschwindigkeit   103, 367
Lichtwellenleiter   82
Line   158
Line Error   374
Link down   349
Link up   349
Link-Aggregation   122
Link-Integrity   105, 370
Link-Segmente   110
Listening   52
LLC   22, 106
LLC.2   33
LLC-Frame   41, 154, 168
LLC-Sublayer   167
LMI   255
Lobe   163
Lobe-Media-Test   155
Logdateien   311
Logical-Link-Control   22
Login   312
Lokale Stationen   29
London   297
Long Range   84
Loop   332
Loopback-Adresse   283
Loop-Detection   105, 370
Lost Frame   158, 374
Lost Token   158
LSA-Leiste   235
LSBF   44
LSZH   82
Lycos   266

M

MAC   22
MAC based   61
MAC-Adressen   42, 280, 299
MAC-Fehlermanagement   373
MAC-Frame   154

N

Nachbarsuche   155
NAI   363
NAS   327, 332
NAT-Firewall   324
NAT-Router   295, 322, 324
NAUN-Change   155
N-Buchse   220
N-Codierung   217, 220
NCP   215
Negotiation   303
Neighbour   172
Nessoft   340
Net   345
NETBIOS   33, 65
NETBIOS-Namen   296
Netscape   273
Net-Topology   345
Network   100, 283, 366
Network Attached Storage   332
Network-Host   358
Network-Layer   21
Network-Matrix   358
Netz   100, 283, 366
Netzwerk-Protokoll   22
Netzwerkspezialist   382
News   261, 269
NEXT   93, 365
Next-Level   290
NFS   280
NHRP   205
Nicht stabil   127
NNI   189, 255
Noise   142, 365
Non-Peak   379
Norm   19
Normkonformitätsprüfung   365
NOTIFY   169
Notstrom   230

Notstrombetrieb   230
Nova-Institut   143
Novell-Frame   41, 106
nrt-VBR   195
NSFnet   261
N-Stecker   221
NTBA   230, 239
NTPM   230, 235
NTPM-GF   235
NTPM-Klemme   186
NTPM-KU   235
Null-Modem-Kabel   220
NVP   367
Nyquist   184

O

Objekte   348
OC   184
OC 192   124
OF-2000   86
OF-300   86
OF-500   86
OM1   85
OM2   85
OM3   85
Omni   143
OPM   91, 369
Ortszentrale   213
OS   91
OS1   85
OSI-Management   347
OSI-Referenz-Modell   20
OSPF   62, 294
OTDR   90, 369
Out-Of-Window-Collision   102, 372
Outside   295
Over   39
Oversize   371

P

X

Y

Z